W I Z A R D

プライスアクション

Reading Price Charts Bar by Bar

The Technical Analysis of Price Action for the Serious Trader by Al Brooks

トレード入門

足1本ごとのテクニカル分析とチャートの読み方

アル・ブルックス[著]　長尾慎太郎[監修]　井田京子[訳]

Pan Rolling

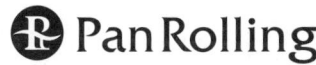

Reading Price Charts Bar by Bar :
The Technical Analysis of Price Action for the Serious Trader
Copyright © 2009 by Al Brooks
All rights reserved
This translation published under license with the original publisher John Wiley & Sons, Inc.

監修者まえがき

　本書は、元眼科医で個人投資家のアル・ブルックスの手による"Reading Price Charts Bar by Bar"の邦訳である。さて、原則として、どんな調査においても先行研究に網羅的にあたって、関連する分野の広い枠組みのなかで、自分の問題がどこに位置づけられるかを知る必要がある。なぜなら「巨人の肩の上に立つ」（ベルナール）ことで、より広い視野で深く問題を考察することができるからである。本書の場合は、著者が冒頭で書いているように、エドワーズとマギーによる**『マーケットのテクニカル百科　入門・実践編』**（パンローリング）などが先行研究にあたることになる。それを踏まえて、ブルックスは、テクニカル分析にも数多くの分派があるなか、比較的だれにでも理解しやすい価格変化に特化したテクニカル分析の解説書を著した。

　ところで、もともとテクニカル分析自体は科学とは対極に位置する極めて主観的かつ便宜主義的なものであるから、その気になれば際限なく対象とする範囲を広げたり、荒唐無稽な論を展開することも可能である。しかし、科学的探究法としてのコンピューターサイエンスが一般化した21世紀にあっては、あまりに非現実的な絵空事はよほどの好事家でないかぎり受け入れることはない。現に、テクニカル分析本は過去に数多く出版されてきたが、生き残っているものは非常に少ないし、テクニカルアナリストという職業も今となっては絶滅寸前である。

　そうした環境下にあって、本書をほかのテクニカル分析本から識別せしめているのは、分析の対象を価格変化に限ったこと、およびマーケットを動かす売買主体をほとんどの場合において機関投資家と個人投資家の二者に絞り、デフォルメ化した世界観に基づいて解釈を行った点にある。一般に、あるエコシステムにかかわるエージェントの数

が増えるほど、その解釈はより困難になる。したがって、著者が思い切った単純化を行ったことは極めて正しい選択だと言えるし、トレード対象として株式先物ではなく個別銘柄を推奨していることも、値動きにかかわる当事者の数を考えれば当然の帰結なのである。

　もっとも、ここであえて贅沢を言えば、ニュートラルな立場の個人投資家、ポジティブフィードバックの動因としての機関投資家、ネガティブフィードバックの担い手としてのコンピュータープログラムというように、その機能が明確に区別された売買主体を三者登場させたモデルを用いたほうが、一層説明は容易であったろうし、現実のマーケットのフレームワークにより近いデザインとなったとは思う。だが、それは著者の今後の課題であると同時に、私たち読者の側で補って考えれば済む話である。

　翻訳にあたっては以下の方々に心から感謝の意を表したい。翻訳者の井田京子氏は分かりやすい翻訳を、そして阿部達郎氏は丁寧な編集・校正を行っていただいた。また本書が発行される機会を得たのはパンローリング社社長の後藤康徳氏のおかげである。

2013年4月

長尾慎太郎

本書を、美しくて才能あふれる3人の愛する娘たち――ミーガンとスカイラーとテス――に捧げる。彼女たちは私に人生最大の喜びを与えてくれた。愛する娘たちのことを考えるだけで、私は1日中幸せで誇らしい気持ちになることができる。

目次

監修者まえがき　　　　　　　　　　　　　1
序文　　　　　　　　　　　　　　　　　　11

第1章　プライスアクション　　　　　　31
トレンド足と同時線　41
基本の足——シグナル足、仕掛け足、セットアップ、ロ
　ーソク足のパターン　46
シグナル足——反転足　49
シグナル足——そのほかのタイプ　55
包み足　81
その足の終値の重要性　90
ETFと逆さチャート　94
2回目の仕掛け　95
見逃して仕掛けるのが遅くなったトレード　98

第2章　トレンドラインとトレンドチャネル　101
トレンドライン　101
ミクロトレンドライン——強いトレンドのなかの小さく
　て急なトレンドライン　107
水平線——スイングポイントとほかのカギとなる価格水準　115
トレンドチャネルライン　118
デュエリングライン——トレンドラインとトレンドチャ
　ネルラインの交差　125

CONTENTS

第3章　トレンド　　　　　　　　　　　　127
ツーレッグ　134
強さを示すサイン　135
よくあるトレンドのパターン　142
寄り付きからのトレンド　144
反転日　149
トレンドの再開日　150
トレンディング・トレーディングレンジ日　152
狭いチャネルと強気と弱気のスパイク・アンド・チャネル　156
ステア（階段）――幅広いチャネルトレンド　160

第4章　プルバック　　　　　　　　　　　165
最初のプルバックからの流れ――足、マイナーなトレンドライン、EMA、EMAギャップ、メジャーなトレンドライン　167
ダブルトップベアフラッグとダブルボトムブルフラッグ　172
EMAプルバックとギャップEMAプルバック　179
2HM――2時間以上EMAから離れていれば、EMAと最初のEMAギャップ足で逆張りする　180
トレンド日の11時30分に損切りに達するプルバックという落とし穴　184
トレンドのレッグを数える　187
高値1、2、3、4と安値1、2、3、4　191
高値2と安値2のセットアップの変形　206
スリープッシュのプルバック　211

第5章　トレーディングレンジ　　　　　　　　217

狭いトレーディングレンジ　218
バーブワイヤー　223
1日の真ん中にできたレンジの真ん中　232
大きい上げと大きい下げ　234
トレンドの反転を設定するトレーディングレンジ　237

第6章　ブレイクアウト　　　　　　　　　　241

強いトレンドでのブレイクアウトによる仕掛け　242
ブレイクアウトプルバックとブレイクアウトの試し　246

第7章　マグネット効果　　　　　　　　　　253

最初のプルバックに基づいたメジャードムーブ（AB=CD）　254
狭い領域とフラッグに基づいたブレイクアウトのメジャードムーブ　256
反転は前の失敗した反転のシグナル足で終わることが多い　262
そのほかのマグネット効果　263

第8章　トレンドの反転　　　　　　　　　　267

トレンドラインのブレイク　282
トレンドチャネルラインのブレイクアウトのダマシ——
　クライマックス、放物線、V字天井とV字底　285
反転の最初のレッグに見る強さのサイン　288
トレンドの反転と試し——アンダーシュートかオーバー

CONTENTS

　シュート　290
　ダブルトッププルバックとダブルボトムプルバック　306
　クライマックス──スパイク・アンド・トレーディング
　　レンジの反転　312
　クライマックス──スリープッシュとウエッジ（トレ
　　ンドチャネルラインのオーバーシュートと反転）　317
　拡大トライアングル　325

第9章　小さな反転──失敗　331
　ダマシのシグナルと仕掛け足と1ティックだけブレイク
　　アウトしたダマシ　332
　高値2と安値2の失敗　338
　高値の切り上げや安値の切り下げのブレイクアウトのダマシ　342
　トレンドラインとトレンドチャネルラインの突き抜け　349
　反転の失敗　356
　ファイナルフラッグの失敗──狭いトレーディングレンジ　361
　ファイナルフラッグの失敗──巨大なトレンド足　364
　ウエッジの失敗　367
　スキャルピングの失敗──5ティックのブレイクアウト
　　のダマシとスキャルパーの利益目標に届かないケース　373

第10章　デイトレード　377
　銘柄選択　379
　時間枠とチャートのタイプ　382
　グローベックス、プレマーケット、ポストマーケット、

オーバーナイトなどのマーケット　394
　　スキャルピングとスイングとトレードと投資　397
　　常にマーケットにいる　403
　　仕掛けるときには少なくとも2つの理由が必要　406
　　仕掛けの逆指値で仕掛ける　409
　　損切りの逆指値と落とし穴　414

第11章　最初の1時間　　　　　　　　　　425
　　プレマーケットにかかわるパターン　429
　　前日と関連するパターン　430
　　ギャップを空けての寄り付きのトレンド足──1本目か
　　　2本目の足　445
　　ギャップを空けての寄り付き──反転と継続　445
　　寄り付きからのトレンドと最初の足からのトレンド　449
　　3番目の足と15分足の引け　456
　　最初の1時間に大きいトレンド足ができると、その日の
　　　後半に同じ方向で強い動きがあることが多い　458
　　寄り付きのパターンと反転　460
　　ダブルボトムブルフラッグとダブルトップベアフラッグ　466
　　トレーディングレンジ・ブレイクアウト　468
　　最初のプルバック　471

第12章　デイトレードの詳しい例　　　　　　475

CONTENTS

第13章　日足、週足、月足のチャート　　483
大商いでの反転　501

第14章　オプション　　505

第15章　最高のトレード　　513
重要な反転　520
トレーディングレンジ日の小さな反転でのスキャルピング　536
強いトレンドのなかのプルバック　538
日中の株のトレード　544

トレードの指針　　　　　　　553
用語集　　　　　　　　　　　563

序文

　本書を執筆する目的は、どのようなチャートでも（例えば**図P.1**）素晴らしいリスク・リワード・レシオのトレードを提供しているということと、株でも先物でもこのようなセットアップで利益を上げることができる方法を説明することにある。なかでも最も重要なメッセージは、絶対的に最高のトレードに集中し、絶対的に最悪のセットアップを避けながら、トレードサイズを大きくしていくということである。ただし、本書でセットアップに関して述べた裏づけはすべて私の個人的な意見にすぎず、これがうまくいく理由はまったく間違っているかもしれない。しかし、心配は無用だ。大事なことは、プライスアクションを読むことが非常に効率的なトレード方法であり、なぜそのような動きになるのかについて私が熟考したということなのである。私は自分の説明に納得しており、自信を持ってトレードを仕掛けることができる。ただ、その説明とトレードを仕掛けることとは別で、説明が正しいかどうかは重要ではない。それに、もしもっと理論的な理由や私の理論の間違いが見つかれば、マーケットの方向に関する見方が変わるように、特定のパターンに対する意見が変わることもあり得る。私が意見を述べるのは、それが理にかなっていると思えるからで、読者が特定のセットアップをより安心してトレードできる可能性があり、知的な刺激を与えられるかもしれないからだ。しかし、これがプライスアクショントレーダーにとって必要なわけではない。

　本書は、洗練されたトレーダーとマーケットのプロがプライスアクションを理解するための総合的な手引書である。しかし、ここで述べる概念はどんなレベルのトレーダーにも役に立つはずだ。この手法は、『**マーケットのテクニカル百科　入門・実践編**』（パンローリング）の著者であるロバート・D・エドワーズやジョン・マギーなどさまざ

図P.1　2008年6月10日までのアップルの日足チャート（このチャートは第15章の図15.1にトレンドラインを追加してトレードの理由とともに掲載してある）

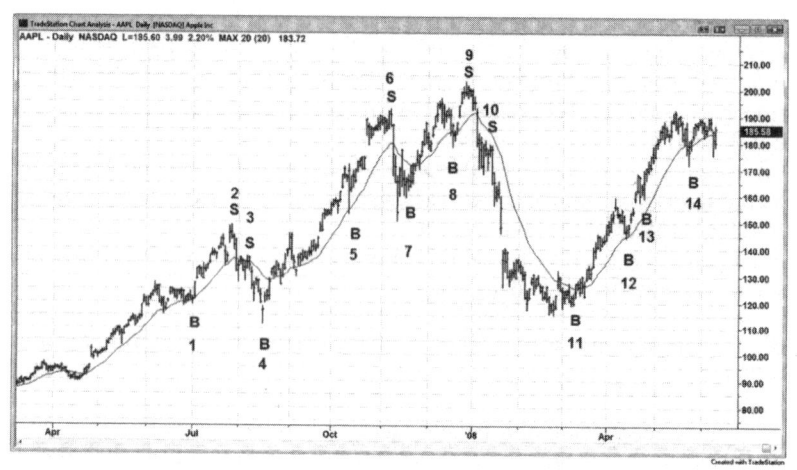

まな人たちが考案した標準的なテクニックを使っているが、本書では足1本ずつに注目して、これらの情報がリスク・リワード・レシオを大いに向上させることを示していく。トレード本の多くは、1枚のチャートで3つか4つのトレードに注目している。これは言い換えれば、それ以外の部分は理解できないか、意味がないか、リスクがあるということになる。しかし、私は1日のなかのすべてのティックには何かしら意味があり、明らかなトレード以外にも素晴らしいトレードがたくさんあると考えている。ただ、それを見つけるためにはプライスアクションを理解する必要があり、そのためには重要でない足など1本もない。私は眼科医時代に顕微鏡を通してたくさんの手術を行った経験から、非常に小さいことのなかにも重要なことがあるということを学んだのである。

　私はチャートを見るとき、それぞれの足がどのような情報を伝えようとしているのかを考える。どの足もすべて大事なのだ。足が完成すると、多くのトレーダーは「何が起こったのか」と考える。しかし、

ほとんどの足は難しすぎて理解できないから、見覚えのあるパターンができるまで待つことにする。これは、その足がなかったことにしたり、機関投資家向けで個人トレーダーには関係ないと無視するようなことである。しかし、なかったことにすると、その間はマーケットに参加していないような気持ちになり、それが1日のほとんどを占めることになる。そして、彼らが無視した足の出来高は、トレードに使った足の出来高と同じくらいに上る。つまり、マーケットでは実際にたくさんのトレードが行われているのに、彼らはその理由が理解できないから、なかったことにしているのである。これでは現実を否定していると言わざるを得ない。トレードは常に行われている。トレーダーはその理由を理解し、そこで利益を上げる方法を見つけなければならない。マーケットが伝えようとしていることを理解するのは難しく、時間もかかるが、それがトレーダーとして成功するための基礎を築いてくれるのである。

　トレード本の多くは、ローソク足チャートのパターンを暗記させようとするが、本書では特定のパターンが信頼できるセットアップになる理由を説明していく。このとき出てくる用語のなかには、テクニカルアナリストとトレーダーが別の意味で使っているものもあるが、本書ではすべてトレーダーの視点で用いている。読者の多くは、すでに本書の内容を理解しているだろうが、プライスアクションについて私と同じような説明をする人はいないと思う。成功しているトレーダーは何か特別なことをしているわけではなく、だれでも知っているセットアップを使っている。ただ、それらに勝手に名前を付けている人もなかにはいる。みんなそれぞれの理由で同じようなときに買ったり売ったりして、同じスイングをとらえている。彼らは直観的にプライスアクションを解釈し、なぜそのセットアップがうまくいくのかを明確に説明する必要を感じていない。彼らが私のプライスアクションに関する理解と見通しを知ることで、これまでの成功をさらに後押しでき

ればうれしい。

　ほとんどのトレーダーは、自分に合ったスタイルで最大の利益を得ることを目指している。トレードのスタイルが自分に合っていなければ、長期的に利益を上げていくことはほぼ不可能だろう。多くのトレーダーは、成功するまでに何年かかるのか分からないが、しばらくの間は損失が出ても仕方がないと思っている。なかには２～３年かかってもよいと思っている人もいる。実は、私がトレードで利益を上げられるようになるまでには10年かかった。トレーダーはみんなさまざまな事情を抱えているため、成功までの時間は違うが、大きな利益を上げられるようになる前にさまざまな問題を片づけなければならない。私にも片づけるべきいくつかのことがあった。そのなかのひとつが３人の素晴らしい娘たちの育児だった。私の頭の中は常に娘たちのことでいっぱいで、父親として何をすべきかをいつも考えていた。この件は、子供たちが大きくなって自立し始めたことで解決した。次に、自分のさまざまな性格と、それを変えることができないということ（少なくとも私は変える気がないという結論に至った）を受け入れるのにも長い時間がかかった。そして最後に、自信を持つという問題があった。それまでの私は尊大と言ってもよいほどの自信家で、それを知っている人たちはトレードに苦しむ私を見て驚いた。実はこのときの私は、長年にわたって継続的に利益を上げることなどできないと思っていた。そこでさまざまなシステムを買い、数えられないほどの指標やシステムを試し、大量の本や雑誌を読み、講習会に参加し、個人的にも講師を雇い、チャットに参加し、成功しているというトレーダーの話を聞いた。しかし、実際に彼らの損益を見たことがないということに気づき、教えることはできても実際にトレードができる人はそのうちのほんの一部なのではないかと思い始めた。トレードにおいては、知っている人は語らず、語る人は知らないということがよくある。

　この発見は非常に役に立った。成功するために何を避けなければな

らないかが分かったからだ。実際にトレードしない人はトレードなど簡単だと言い、その言葉にだまされる人もいる。取引が終わってからチャートを見れば、仕掛けポイントや手仕舞いポイントはだれにでもはっきりと分かるからだ。しかし、難しいのはそれをリアルタイムで探すことなのである。最安値で買ってそれ以上下がらないことを願うのは自然なことだ。しかしそうなると、初心者は大きい損失を避けたくて損切りするため、負けトレードが続いて結局資金が底をつく。これは損切りを離して置くことである程度は回避できるが、何回か大きな損失を被ると、怖くてこの方法を続けることができなくなる。

　基本的にトレンドラインとブレイクアウトとプルバックしか使っていないのに、なぜ多くのビジネススクールがエドワーズとマギーの本を使い続けているのだろうか。理由は、この手法がこれまでも、これからもうまくいくからなのである。今日ではほとんどのトレーダーがパソコンで日中のデータを入手できるため、これらのテクニックはデイトレードにも応用できる。そのうえ、ローソク足チャートはだれがマーケットを支配しているのかまで教えてくれるため、より小さいリスクでよりタイミング良く仕掛けることができる。ただ、エドワーズとマギーは全体的なトレンドに注目しているが、私は同じテクニックを使ってチャートの足１本ずつに注目することで、リスク・リワード・レシオを改善した。ちなみに、私は主に日中のチャートを観察している。

　もしチャートを正しく読んで最適なタイミングで仕掛け、価格が予想した方向に動いて逆戻りすることがなければ、非常に有利なのは明らかだ。それができれば勝率は高くなり、数少ない損失も小さく抑えることができる。そこで私は、まずこれを目指すことにした。ところが、それができるようになるとあとは何も必要ないということに気がついた。実際、これ以上何か追加してもジャマになるだけで、利益率を下げることにしかならなかった。こう書くと簡単で当たり前に聞こえ、信じられない人も多いのではないだろうか。

私はプライスアクションのみに基づいて日中のＥミニS&P500先物（以降「Ｅミニ」）をトレードしているデイトレーダーで、プライスアクションをうまく読むことはトレーダーにとって必須のスキルだと考えている。多くの初心者は、ほかにも何か（ほんの一握りの人たちだけが使いこなして優位に立つことができる複雑な数式など）が必要だと思い込んでいる。資金も人材も豊富なゴールドマン・サックスならばスーパーコンピューターや強力なソフトウェアを使ってはるかに優位に立っているだろうから、個人トレーダーは失敗するに決まっているなどと考えるのだ。彼らはあらゆる指標を試し、それらを自分用にカスタマイズしようとする。どの指標もうまくいくときはあるが、私にとって指標は助けになるよりも混乱を来すことのほうが多い。実際、チャートを見なくても買い注文を入れれば、50％の確率で勝てるのである。

　ただし、指標やシステムを完全に無視しようとしているわけではない。私は何年もかけて１万時間以上さまざまな指標やシステムを書いたり試したりしてきた。これほどの時間を費やした人はあまりいないと思う。この経験は、私がトレーダーとして成功するために不可欠だった。指標は多くのトレーダーの役に立つが、大きな成功をもたらすのは自分の性格に合う手法を見つけたときなのである。私にとって指標やシステムの最大の問題は、それを完全に信じることができないことだった。どのセットアップにも、試すべき例外がある。私はマーケットから最後の１セントまで手に入れたいと思うタイプで、システムをいくら改善してもそのリターンには満足できなかった。私は、指標や自動システムから長い期間継続してリターンを上げるには支配欲が強すぎ、神経質で、落ち着きがなく、観察が鋭すぎ、信用することができない人間だったのである。ただし、これは私の極端な性格のせいであり、このような問題に直面する人はあまりいないと思う。

　多くのトレーダー、特に初心者は指標に引かれ、それが仕掛けるタ

イミングを教えてくれることを願う。しかし、ほとんどの指標が単にプライスアクションに基づいたものだということに彼らは気づいていない。それに、トレードを仕掛けるとき、いくつもの指標が意味していることを素早く判断することなど私にはとてもできない。また、オシレーターがあると、反転のタイミングに気をとられて価格チャートに集中できなくなる。このような指標は、反転してから1時間以上方向が変わらないことが2〜3回起こるような日にはとても役に立つ。ただ、問題は強いトレンドがあるときだ。もし指標にばかり注目していると、1日中ダイバージェンスになっているため何回もトレンドに逆行して仕掛けては資金を失うことになる。そして、トレンドができていることに気がつくころには、その日のうちにそれまでの損失を回復するだけの時間が残っていない。もし単純にバーチャートやローソク足チャートを見ていればトレンドができていることは明らかで、指標で反転ポイントを探そうとは思わないはずだ。トレンドの最初の有効な反転は、強いモメンタムでトレンドラインをブレイクしたあとにプルバック（押しや戻り）で極値を試すことが多い。しかし、もしダイバージェンスばかりに注目していれば、この基本的な事実を見落とすことになる。トレンド方向に反するモメンタムが強まってトレンドラインがブレイクされていないときにダイバージェンスで仕掛けるのは負ける戦略でしかない。トレンドラインがブレイクされるのを待って、前の極値が試されるのかそれまでのトレンドが継続するのかを確認してほしい。指標がなくても、強い反転が高勝率のトレードだということは分かるし（少なくともスキャルピングにおいては）、そうであれば必ずダイバージェンスになっている。わざわざ指標を追加して複雑に考える必要があるだろうか。

　評論家のなかには、時間枠や指標や波動やフィボナッチリトレースメントとフィボナッチエクステンションなどを組み合わせるよう勧める人もいるが、それをしても実際にはみんな良いプライスアクション

のセットアップができたときにしか仕掛けない。また、良いプライスアクションセットアップが見つかると、指標を見てダイバージェンスになっているかを調べたり、さまざまな時間枠の移動平均線への試しや波動の数やフィボナッチのセットアップを調べて、目の前の出来事を確認したりしようとする。つまり、彼らは実はたった1枚のチャートのプライスアクションのみを使ってトレードするプライスアクショントレーダーなのに、それを認めることには抵抗があるのだ。トレードを複雑にすると分析に過度に時間を取られて数多くのトレードを逃してしまい、次のセットアップができるまで待たざるを得なくなる。しかし、単純なことを複雑にする理由はどこにもない。もちろん、情報を追加すれば良い判断につながるかもしれないし、仕掛けの判断に間に合う速さでたくさんの情報を処理できる人もいるのかもしれない。つまり、単純に徹するという信念だけでデータを無視するのはバカげている。トレーダーの目的は利益を上げることであり、最大の利益を追求するためにできることはすべてすべきなのである。ただ、私の場合は単純に限られた時間内に複数の指数や時間枠を正確に判断したうえで正確に注文を出すことができないし、1枚のチャートを注意深く読むほうが利益率が高いというだけだ。それに、もし指標に頼ればプライスアクションの読み方が甘くなり、明らかなトレードを見落とすことにもなりかねない。プライスアクションはほかのどの情報よりも大事で、そこから得られる情報を犠牲にしてほかからの情報を得ることは間違った選択である可能性が高いのである。

　株やEミニのトレードで利益を上げる方法は無数にあるが、どれも価格が動かなければどうにもならない（正確に言えばオプションの売り以外）。もしチャートの読み方を学べば、どこかの機関投資家がトレンドを起こした理由や指標の意味が分からなくても、毎日たくさんの勝ちトレードを仕掛けることができる。また、価格を読めば彼らが何をしているのかは分かるため、同じソフトウェアをそろえたり同じ

分析をしたりする必要もない。彼らのトレードに便乗して、利益を上げればよいだけだ。プライスアクションで彼らの行動を知ることで、早めに仕掛けて損切りを近くに置くことができるのである。

　私はトレードを仕掛けるときに考慮すべきことを最小限に抑えると、利益を継続的かつ大幅に増やすことができることに気づいた。必要なのはノートパソコンに表示した1枚のチャートのみで、そこには20EMA（20期間指数移動平均線）以外何の指標も表示していない。20EMAは大した分析を必要としないうえ、毎日良いセットアップを教えてくれる。私は20EMAさえ使わずにトレードするときもあるが、これが教えてくれるセットアップの数を考えると、チャートに表示しておく価値はある。ちなみに、1分足チャートの出来高はトレンドの反転が迫ったサインを探しているときには多少の役に立つが、私はたいてい5分足チャートでトレードしているため使っていない（5分足チャートのトレンドの始まりを知るために、1分足チャートを使うことはたまにある）。ちなみに、下降トレンドの終わり近くで1分足の出来高が異常に増えると、次かその次のスイングの安値はスキャルピングの買いのチャンスになることが多い。しかし、これはあくまで経験則でトレード戦略として信頼できるものではないため、無視してほしい。また、売られ過ぎになると、日足チャートでも出来高が突出することもある。

　さまざまな指標に基づいてトレードしているトレーダーでさえ、仕掛けたり手仕舞ったりするときはいつもプライスアクションを見ている。ダイバージェンスで買うとき、その安値で強い反転足が出現すればそれに越したことはない。チャートはトレーダーが考える以上にマーケットを支配しているのがだれかという情報を伝えている。ほぼすべての足は、マーケットの方向に関して重要な手掛かりを与えてくれており、これらをノイズとして無視すれば毎日利益が出るトレードを見逃すことになる。

私はトレーダーとして、すべてはグレーの霧の中にあると思っているため、常に確率で考えるようにしている。もし完全ではなくてもパターンができつつあり、信頼できるセットアップにある程度似ていれば、そのあとも似たような動きになる可能性が高い。似ていればたいていはそれで十分なのだ。もし教科書のセットアップに似た動きがあれば、そのトレードは教科書のセットアップと似た展開になる可能性が高い。それがトレードを極めるということであり、グレーゾーンでうまくトレードできるようになるには何年もかかる。みんな最初のリスクで最大の利益をもたらす正確な仕掛けポイントを教えてくれる明快で具体的なルールや指標、チャットルーム、ニュースレター、ホットライン、講師などを望むが、どれも長期間うまくいくものではない。トレーダーは自己責任で判断を下さなければならないが、その前に判断の仕方を学ぶ必要がある。それにはまず、グレーの霧の中でトレードすることに慣れなければならない。白黒はっきりしていることなどどこにもないし、長くトレードしている私はどれほどあり得ないことでも起こり得ることを知っている。量子物理学のようなものだ。考えうるすべての出来事には可能性があり、それはまだ考えてもいない出来事についても言える。これは感情的な問題ではないため、何かが起こる理由を考えても仕方がない。FRB（連邦準備制度理事会）が今日利下げに踏み切るかどうかを観察することが時間の無駄でしかないのは、彼らが何をしても必ず強気と弱気両方の解釈があるからだ。マーケットの動きを見るときにカギとなるのは、FRBがどうするかではない。つまり、トレードするときはニュースを見てはならない。ニュースが意味することを知りたければ、目の前のチャートが教えてくれる。もしCNBCの番組で専門家が「弱気のリポートが出ていたから、これからマーケットは上がる」と言えば、空売りをしようとするのだろうか。チャートさえ見ていれば、知っておくべきことは分かる。あなたの資金を増やすのも減らすのもチャートであり、トレードで考慮

すべき唯一の物なのである。トレードフロアにいれば、親友のすることでさえ信用できない。もし彼が大量のオレンジジュースの売りを勧めてきても、実はその10倍安く買いたいだけなのかもしれない。パニックを起こしてマーケットを下げ、はるかに安く買おうとしているのかもしれないのである。

　ニュースには別の問題もある。マーケットが大きく動くと、マスコミはこのことを予想した自信満々で説得力のある専門家を探し出してきてコメントを求めるため、視聴者はこの人物がマーケットを予想する不思議な能力を持っていると信じてしまう。このとき、彼の過去10回の予想がすべて外れていたという事実が語られることはもちろんない。そして、彼が次の予想を発表すると、無邪気な視聴者はそれを重視し、それに基づいてトレードしてしまう。ただ、視聴者は知らないかもしれないが、専門家のなかには常に強気の予想しかしない人や、弱気の予想しかしない人、ホームランを狙って奇をてらった予想をする人などもいる。マスコミは、その日のニュースに合う人に殺到しているだけで、それはトレーダーにとって何のメリットもない。むしろ、それを聞いたことで自分の手法を疑問視してそこから外れてしまうなどの影響を受ければ害にもなりかねない。もしトレードをしている日にテレビを見たければ、アニメや外国の番組などトレードに影響のないものにしておいてほしい。

　また、友人や同僚が勝手に言っている意見も無視してよい。私は、素晴らしいセットアップについて私の意見を聞きたいというトレーダーの申し出をときどき受ける。しかし、興味がないと答えると彼らは怒りだす。そして、私を利己的で、頑固で、心が狭い人間だと決めつける。トレードに関して言えば、そのとおりか、それ以上かもしれない。利益につながるスキルは、普通の人から見れば欠陥に見えることが多い。私はなぜトレードに関する本や記事を読まなくなり、ほかのトレーダーのアイデアに耳を傾けることもなくなったのだろうか。そ

れは前にも述べたように、知るべきことはすべてチャートが教えてくれるからであり、それ以外の情報は害にしかならないからだ。私の姿勢を批判した人たちもいたが、その原因の一端は彼らが私のためと称して何らかの見返りを期待していた手法を私が断ったからだろう。私が他人のトレードテクニックについて話を聞くつもりがないと答えると、彼らは失望し、怒りだす。しかし、私はまだ自分の手法さえ極めていないし、極められるとも思っていないが、プライスアクションに基づかない手法を取り入れるよりは自分の手法を完璧に近づけるほうがはるかに大きい利益につながる自信がある。彼らにもそう伝えた。もしジェームズ・ゴールウェイがフルートの演奏で大成功したからと言ってヨーヨー・マにフルートを学ぶよう強要したら、マはそれに従うべきだろうか、と問うこともある。もちろん、そんなことはしないだろう。マはチェロの腕をさらに磨くべきで、それによってフルートを始めるよりもはるかに大きな成功を収めることができるだろう。私はゴールウェイでもマでもないが、同じことだ。私にとってはプライスアクションが唯一の楽器であり、これを極めるほうが、ほかの成功したトレーダーのアイデアを取り入れるよりもはるかに大きな成功を収めることができると固く信じている。

昨日、コストコの四半期の決算発表があり、アナリストの予想よりも高い32％の増益だった。それを受けて今日はギャップで始まり、最初の足がギャップを試したあとわずか20分で１ドル以上上昇した（**図P.2**）。しかし、そのあと下げて前日の終値を試した。２回の上昇が下降トレンドのトレンドラインをブレイクしたが、どちらもダマシになった。これがダブルトップ（足２と足３）ベアフラッグ、あるいはトリプルトップ（足１と足２と足３）を形成したあと、マーケットは３ドルも急落して前日の安値を下回った。もしニュースを聞いていなければ、下降トレンドラインのブレイクアウトのダマシ（足２と足３）で空売りして、次のブレイクアウトプルバック（戻りである足４）で

図P.2　好調な決算報道に基づいて買うべきか、それともプライスアクションに基づいて空売りすべきか

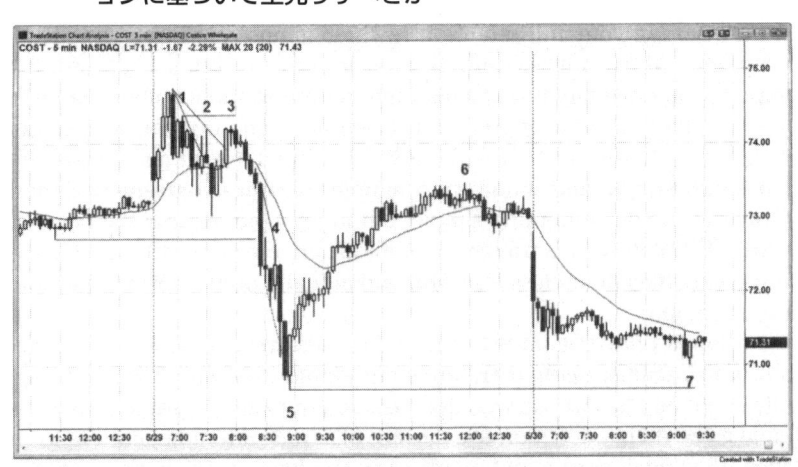

もさらに売っていただろう。そして、反転の大きな足5で買いに転じる。これは、前日の安値よりも安いところでブレイクアウトした2回目の反転で、急激な下降トレンドチャネルラインの底をブレイクアウトしたクライマックスでの反転だった。しかし、もしテレビを見ていたら、強気の報道を聞いて寄り付きで買ったのにアナリストの予想に反して下落しているのが心配になり、2回目に急落した足の5で買いトレードを手仕舞っていたかもしれない。

　2～3本の足でたくさんのポイントをカバーするトレンド、つまり長大線があまり重なっていないトレンドは、いずれプルバック（押したり・戻したり）する。このようなトレンドには強いモメンタムがあるため、プルバックのあとにはトレンドの極値を試し、たいていは超えていく。ただ、プルバックが新しいトレンドになって前のトレンドの始点を超えてしまった場合はこの限りではない。通常、プルバックが75％以上リトレースすると、それまでのトレンドの極値に達する可能性は大幅に下がる。例えば、下降トレンドでそうなった場合は、そ

のトレンドのプルバックではなく新しい上昇トレンドになったと考えたほうがよい。しかし、足6では約70％もプルバックした（戻した）が、マーケットは下降トレンドのクライマックスの安値を翌日の寄り付きで試した。

　そして、その動きを確認できる唯一の方法がチャートを見ることなのである。もしチャートが語っていることが理解できなければ、トレードすべきではない。それができるようになるまで待ってほしい。そのときは必ずやって来る。そして、そのときになったらリスクを理解し、自分の計画に従ってトレードを仕掛けなければならない。ただ、このとき損失を避けるために時間枠を短くして1分足チャートを使い、損切りを近づけてはならない。それをすれば結局は負けになる。1分足チャートの問題は、たくさんの仕掛けポイントがあることだ。しかし、その全部で仕掛けるわけにはいかないため、好きなポイントを選んでいるうちに失敗トレードが重なって資金が底をつく。最高のトレードは仕掛ける間もなく過ぎ去ってしまうため、結局劣ったトレードのなかから選ぶことになり、負けが多くなるのである。5分足チャートのみ使えば、1分足チャートを気にせずに5分足チャートのみの分析で仕掛けることができる。つまり、5分足の損切りや目標値に頼るしかない。1分足チャートが逆行して1分足の損切りに達することが頻繁に起こるという現実を受け入れるしかないのだ。1分足チャートを見ていると、5分足チャートに完全に集中することができなくなるため、あなたの資金は私がもらうことになるだろう。競争に参加したければ、気を散らす原因や目の前のチャート以外の情報を最小限に抑え、あとは大金が儲かると信じるしかない。現実的とは思えないかもしれないが、これが真実だ。疑ってはならない。単純に徹し、自分の単純なルールに従えばよい。単純さを保つのは極めて難しいことだが、それが最高のトレード方法だと私は考えている。そして、プライスアクションに対する理解が深まれば、トレードによるストレスが減り、

むしろ退屈になっていく反面、利益は増えていくだろう。

　ギャンブルは勝率が不利なので私はやらないが、トレードと似ている部分もあり、実際にトレードしない人にとっては特にそう見えるだろう。例えば、単純なゲーム理論を用いて負けトレードのあとはトレードサイズを増やすトレーダーがいる。また、ブラックジャックでカウンティングをする人は、トレーディングレンジでトレードする人とよく似ている。カウンティングは勝率がどちらかに偏っているかどうかを判断する方法で、特に知りたいのは、残りのデッキに絵札が多いかどうかだ。もしカウントして絵札が出る可能性が高いと思えば、勝率が高いからトレードする（ベットする）。トレーディングレンジでトレードするときも、マーケットが一方向に動きすぎたと判断すれば反対方向にトレードする（逆張り）。

　残念ながら、トレードにはギャンブルに非常に似た側面がある。なかでも深刻なのは、負けトレードでも利益が出ることがあると、いずれは長期的に勝つ方法が見つかると誤解してしまうケースだ。そうなると、確率というどうにもならない敵に過酷な戦いを挑み、打ち負かすどころか破綻することになる。最も分かりやすい例は1分足チャートを使ったトレードだろう。見かけは5分足と似ているし、デイトレードでたくさんの勝ちトレードができるならば、それを中心にトレードするのは一見、理にかなっている。しかし、最高のトレードの多くは仕掛ける間もなく消えてしまうため、二番手のトレードしか残っていない。結局、それを長く続けていれば5分足チャートを使う場合よりも破綻するか大きな損失を被る可能性のほうが高いのである。

　また、トレードをしない人のなかには、デイトレーダー（ひいてはすべてのトレーダー）はギャンブル依存症で要するに精神を病んでいるのだと思っている人もいる。おそらく、そういうトレーダーは利益ではなく興奮を求めてトレードし、たまに勝ったときの快感を求めてたくさんの低勝率トレードをして大金を失っているのだろう。しかし、

成功しているトレーダーの多くは商業不動産や中小企業に投資する投資家と本質的には変わらない。投資との唯一の違いは、時間枠が短く、レバレッジが大きいことだけだ。

　ギャンブルについてもうひとつ付け加えておきたい。モンテカルロ法は理論上はうまくいっても実際には感情が数学的理論と対立するためうまくいかないということである。負けるたびにポジションサイズを２倍（または３倍）にして負けを取り返そうと仕掛ければ理論的には利益が上がる。ただ、Ｅミニの５分足チャートで４回連続で負けることはほとんどなくても（特に日中の狭いトレーディングレンジを避ければ）絶対にないとは言えないし、同じことは６回、７回以上についても言える（実際に見たことはないが）。いずれにしても、たとえ10枚のトレードが可能でも、負けるたびにそれを２倍にして反対方向にトレードするならば、１枚から始めたほうがよい。それでも４回連続で負ければ次は16枚になり、４連敗のあとに安心してトレードできるサイズを超えて仕掛ける気になるとは思えない。また、10枚でトレードしたい人は１枚のトレードの利益には満足できないが、結局はそうせざるを得ないことが多くなる。

　普通の人は暴落のリスクも気になるため、そこからもトレードがギャンブルを連想させるのかもしれない。しかし、日足チャートで暴落することはあまりない（日中のチャートならばよくある）。彼らは極めて感情的な出来事が起こったときに効果的な行動をする自信がない。通常、「暴落」という言葉は日足チャートで短期間に20％以上下落したとき（例えば1927年や1987年のケース）に使われ、これもよくあるチャートパターンのひとつだと思えば、感情的にならずにいつものルールに従うことができる。チャートの時間や価格の目盛りを見ないでプライスアクションだけに注目すれば、日中のチャートによくある急落と変わらないはずだ。すべてのチャートにはトレード可能なプライスアクションがあるため、感情をやりすごすことができれば暴落でも

図P.3　暴落はどんな時間枠で見ても同じように見える

利益を上げることはできるのである。

　図P.3（出所＝トレードステーション）は、マーケットがどのような時間枠でも暴落するということを示している。左端は1987年の暴落時のゼネラル・エレクトリック（GE）の日足チャート、中央が好決算を発表したあとのコストコ（COST）の５分足チャート、右側はＥミニの１分足チャートである。通常、「暴落」という言葉は、日足チャートで短期間に20％以上暴落したときのみに使われ、一般的に暴落と認識されているケースは過去100年間に２回しかないが、プライスアクショントレーダーは日中のチャートで同じような暴落パターンをよく目にしている。日中チャートには暴落が頻繁にあり、単なる下降スイングというトレード可能なプライスアクションのひとつにすぎないため、これをわざわざ暴落と呼ぶ必要はない。

　多くのトレーダーは、ダイバージェンスやプルバックでトレードするときのみプライスアクションについて考える。彼らは、大きく反転した足の終値が強い動きをすることを願うが、実際にそうなることは

あまりない。プライスアクションを理解するうえで最も役に立つツールはトレンドラインとトレンドチャネルライン、前の高値と安値、ブレイクアウトとブレイクアウトのダマシ、ローソク足の実体とヒゲの大きさ、現在の足と直近の数本の足の関係などである。特に、現在の足の始値と高値と安値と終値を、直近の数本の足の動きと比較すれば、次の動きについて多くを知ることができる。本書で紹介するケースのほとんどは実際の仕掛けを意識したものだが、それ以外にも勝率は高くないが単純に興味深いプライスアクションについてもいくつか取り上げている。

　私は、Eミニのトレードにはローソク足チャート、株のトレードにはバーチャートを使っているが、ほとんどのシグナルはどのタイプのチャートからでも読み取れるし、単純な折れ線チャートのほうが明らかなときもある。本書では主に5分足のローソク足チャートを使って基本的な原則を説明していくが、日足チャートや週足チャートも詳しく見ていく。私は、毎日いくつかの銘柄で日中のスイングトレードを行い、ときには日足チャートを使ってオプションも買っているが、これらのトレードをプライスアクションのみを使って行う方法についても紹介していく。

　本書に掲載したチャートの多くはさまざまな概念を紹介しており、その多くにはカギとなるプライスアクションが含まれている。そのため、どのチャートがどのページにあってもおかしくはないが、その都度のポイントに最適と思われるページに配置してある。ちなみに、多くのチャートではその時点でまだ紹介していないセットアップでも重要なものについては指摘しているが、それは本書を2回目に読むときの助けになると思う。また、毎日のように目にする日中のパターンの多くは、本書のいくつかの項目に分類できる。反転がダブルボトムのプルバックになるのか、スパイク・アンド・トレーディングレンジの安値を付けたのか、安値を切り上げたのかで長いこと悩む必要はない。

あなたはトレーダーであって、事務員ではないからだ。反転パターンに気づいたら、正確な名称に悩んで時間を浪費せずに、ただ仕掛けてほしい。また、本書は各章が統一されているわけではない。章によって成功するための必須事項だったり、完全を期すために執筆した章だったりするからだ。初心者であれば、最高のトレードについて書いた第15章を理解してから必要に応じてそれ以前の章に戻り、さらに学ぶとよいだろう。ただ、マグネット効果やメジャードムーブなどの概念を理解するのにあまり時間を割く必要はない。それで儲かるわけではないからだ。これらの概念は、プライスアクションの特徴を説明するために載せているだけで、信頼できるトレードパターンではない。

　最後に、私はカリフォルニア州でトレードをしているため、すべてのチャートは米・カナダの太平洋標準時間になっている。また、すべてのチャートはトレードステーション（TradeStation）で作成している。

第1章 プライスアクション
Price Action

　トレーダーは、マーケットがトレンドを形成しているのかどうかという基本的な問題に毎日何回も直面する。もしトレンドがあれば、そのトレンドが続くと考えてその方向に仕掛けようとする（「順張り」または「トレンド方向」）。そして、トレンドがなければ、直近の動きと反対方向に仕掛けようとする（「逆張り」または「カウンタートレンド方向」）。トレンドは、最も小さければ足1本かもしれないし（その1本の足のなかに、短い時間枠では強いトレンドができていることもある）、5分足チャートのトレンドが1日以上続くこともある。それではどのように判断すればよいのだろうか。目の前のチャートのプライスアクションを読めばよいのだ。

　トレーダーにとって最も役立つプライスアクションの定義は、あらゆる種類や時間枠のチャートのあらゆる価格の変化、という最も単純な定義である。価格変化の最小単位はティックで、その価値はマーケットによって違う。ちなみに、ティックには2つの意味がある。価格が変化する最小単位を示す場合と、執行されたトレード自体を指す場合があるのだ（もし買えば、その注文は取引データに表示され、執行されればサイズに関係なく1ティックと数える）。日中、価格はティック（トレード）ごとに変化するため、その変化はすべてプライスアクションになる。プライスアクションに関して一般的な定義はないが、

マーケットが提供するほんのわずかな情報まで含めようとすれば、かなり幅広い定義になるかもしれない。最初はささいなことに見えた動きが素晴らしいトレードにつながることもよくあるため、マーケットではどんなことでも見落とすわけにはいかない。プライスアクションの最も広い定義は、トレード中の価格の動きのすべてということになる。このなかには、すべての金融商品やすべての種類のチャートとすべての時間枠が含まれている。

ただ、定義だけでトレードを仕掛けることはできない。すべての足が、買いと空売り両方のシグナルになり得るからだ。マーケットには、価格はこれ以上上がらないから次のティックで空売りしようと待ち構えているトレーダーもいれば、これ以上下がらないと信じて買おうとしているトレーダーもいる。しかし、正しいのは一方だけで、他方は間違っている。もし買い方が間違っていて、マーケットが1ティック下げ、次もその次のティックも下げれば、彼らは間違ったかもしれないと思い始める。そしてある時点で手持ちのポジションを売って損切りすると彼らは買い方ではなく新たな売り方になり、マーケットはさらに下げる。売り方（新たに空売りする人と、手仕舞わざるを得なくなった買い方）は次々と参入し、それは買い方の参入が勝るときまで続く。このときの買い方には新たな買い方と空売りを利食う人たちがいて、最後のほうで空売りした人は含み損を抱えていずれ買い戻しを迫られることになる。マーケットはさらに上昇し、いずれ売り方の参入が勝るときまでそれが続く。

すべての動きには関連性があり、瞬時に逆転することもあり得るし、それが価格の変化を伴わない場合もある。突然トレンドラインが現在の足の高値よりも7ティックも上になると、それまで空売りしようとしていたのにトレンドラインへの試しを狙った買いを探すことになるかもしれないのだ。バックミラーを見ながら運転するようなトレードをしていれば間違いなく資金を失う。トレーダーは常に前を見てトレ

ードし、直前の間違いを気にしてはならない。次のティックとはまったく関係がないからだ。過去の間違いは忘れ、損益も気にせず、プライスアクションを見直し続けることが大事なのである。

　ティックが動くとすべての時間枠——ティックチャートや1分足チャート、月足チャートなど——とすべての種類のチャート——時間枠チャート、出来高チャート、ティックチャート、ポイント・アンド・フィギュアチャートなど——のプライスアクションが変化する。もちろん1ティックの動きが与える影響は、月足チャートよりも（反転前のブレイクアウトのティックなどでないかぎり）もっと短い時間枠のチャートのほうが大きい。もしEミニの1分足チャートの足の長さが平均3ティックだとすれば、1ティックはその33％なので大きな動きと言えるからだ。

　プライスアクションの最も役に立つ側面は、チャート上のそれまでの足やトレンドラインを超えた（ブレイクアウト）あとの動きを見ることである。例えば、ある足が前の重要な高値を超え、それに続く足の安値も高値も前の足のそれを上回れば、このプライスアクションは近いうちにプルバック（押し）で何本かの足が下げたとしても、この先しばらくは上昇する可能性が高い。反対に、もしマーケットが上方にブレイクアウトしてもその次の足が小さいはらみ足（高値がブレイクアウトした足の高値以下）になり、その次の足は安値がはらみ足の安値を下回っていれば、ブレイクアウトはダマシで下げに転じる可能性がかなり高い。

　株価は長期的に見ればファンダメンタルズの影響を大きく受けるが、価格を決めるのはトレードサイズが格段に大きい機関投資家である（投資信託、銀行、証券会社、保険会社、年金ファンド、ヘッジファンドなど）。プライスアクションは、機関投資家が株の価値を探るのに合わせた動きなのである。彼らは高すぎると思えば手仕舞ったり空売りしたりするし、安すぎる（お買い得）と思えば買うか空売りポジ

ションを利食う。ただ、陰謀説派は信じないかもしれないが、機関投資家が無防備で善意の個人トレーダーから搾取するために談合しているわけではない。彼らはそれぞれ独自の評価を下して売買を行っているが、その結果は価格チャートに表れている。短期的に見れば、ある機関投資家が株価を操作することも可能ではある（特に出来高が少ない銘柄ならばやりやすい）。しかし、それをするよりも通常のトレードのほうが利益が上がるため、操作する意味はほとんどない。このことは、特に出来高が大きいマーケット（Eミニ、株の主要銘柄、債券、通貨など）について言える。

　価格はなぜ1ティック上がるのだろうか。それは、現在の価格では売り気配値（オファー）よりも買い気配値（ビッド）のほうが多いからで、買い方のなかには必要とあれば現在の価格以上を支払ってもよいと思っている人もいる。この状態は言い方を変えれば、売り方よりも買い方のほうが多い、買い方が支配している、買い圧力が大きいなどということになる。現在の価格（直近でトレードされた価格）でこれらの買い注文がすべて執行されると、残りの買い方はあと1ティック高く買うかどうかを決めなければならない。そして、買うならば買い気配値を上げる。価格が上がると、マーケットのすべての参加者はマーケットに対する評価を見直す。もし売り気配値よりも買い気配値が多い状態が続けば、直近の価格で買い方の注文に応えるだけの売りがないため、価格は上がり続ける。しかし、ある時点になると、利食いのために保有している株の一部を売る人が出てくる。また、現在の価格が空売りに値すると考える売り方が現れ、売りが買い方の需要を上回るようになる。売り方の注文（買いポジションの一部または全部を利食う人と新たに空売りしようとする人）が多くなれば、すべての買い注文が現在の価格で執行され、買い方を見つけられない売り方が出てくる。すると、買い気配値は1ティック下がる。そして、もしこの価格で売る人がいれば、これが直近の価格になる。

ほとんどのマーケットは機関投資家が牽引しているため、彼らがプライスアクションに基づいて仕掛けているのか、それとも彼らの注文がプライスアクションを動かしているのかという当然の疑問がわいてくる。実は、機関投資家は個別銘柄をティック単位で観察して1分足チャートにツーレッグのプルバック（押し）ができれば買うなどということはしていない。彼らは、膨大な数の注文を日中に処理しなければならないため、それを最も有利な価格で執行しようと努力しているのである。プライスアクションは彼らが考慮するたくさんの要素のひとつで、ある程度重視している機関投資家もいれば、ほとんど考慮しないという機関投資家もいる。彼らの多くは数学的モデルやプログラムを使って、いつ、どれくらい売ったり買ったりするかを決めており、彼らのもとには1日中顧客からの注文が入ってくる。

　日中にトレーダーが目にするプライスアクションは機関投資家の活動の結果であり、その原因ではほとんどない。利益率が高いセットアップが形成されると、さまざまな予見できない影響が現れ、その結果トレードは利益を生んだり損失を出したりする。セットアップは、すでに始まっている動きの第1段階で、プライスアクションの仕掛けを使えばその波に早めに乗ることができる。プライスアクションが展開していくとその方向に仕掛けるトレーダーが増えてチャートにモメンタムが生まれ、さらに多くのトレーダーが仕掛ける。機関投資家を含めてトレーダーはさまざまな理由で売り気配値や買い気配値を出すが、その理由を気にする必要はほとんどない。ただ、ひとつだけ利用できるのは、行き場を失ったトレーダーの動きで、プライスアクショントレーダーにはこれがはっきりと分かる。もしある足の1ティック下に損切りの逆指値が置かれていることが分かっていれば、その価格で空売りすると追い詰められたトレーダーが損切りせざるを得なくなるのを利用して利益を上げることができるのである。

　機関投資家の活動はマーケットの動きを支配し、彼らは膨大な残高

を数時間から数カ月間保有するつもりでいる。つまり、彼らの多くはスキャルピングをするよりも仕掛けた水準を死守したいのである。もしバンガードやフィデリティが運用している投資信託で保有する株を買うならば、彼らの顧客はその日の終わりにその銘柄が保有されていることを期待したからである。投資信託を買う顧客は、投資運用会社がデイトレードをしてその日の終わりに資産がすべて現金になっていることなど望んでいないのだ。つまり、投資運用会社は株でスキャルピングをするのではなく、買って保有しなければならないのである。例えば、彼らが買った銘柄を買い増したいときは、小さなプルバックを待って買っていく。しかし、もしプルバックがなければ、彼らは価格が上昇しても買い続けていく。

初心者のトレーダーのなかには、マーケットが急騰しているときに買ったり、プルバック（押し）を待たずに買ったりする人がいるのかと疑問に思っている人もいるだろう。答えは簡単だ。これは顧客の依頼を受けた機関投資家がそのとき最も有利な価格で買おうとしているのであり、マーケットが上昇を続けていれば、彼らは少しずつ買っていく。このような買いは機関投資家のシステムが自動的に行っているもので、すべての処理が終わればやむ。もしトレードが失敗すれば、それは機関投資家が方針を変えたり処理を始めてすぐに利食ったりしたというよりも、トレーダーがプライスアクションを読み違えた可能性のほうがはるかに高い。

機関投資家がプライスアクションを生み出しているということを認識することが重要な理由は、プライスアクションに基づいたトレードをより信頼して仕掛けることができるという点にある。ほとんどの機関投資家は、デイトレードの売買をしないため、彼らのせいであなたが仕掛けるたびにマーケットが反転するようなことはない。プライスアクションの仕掛けは彼らの売買に便乗するトレードだが、彼らと違ってあなたはポジションの一部または全部をスキャルピングしていく

のである。

　なかには、膨大な株数のデイトレードをするプロップファーム（自己トレード専門会社）もある。しかし、彼らが利益を上げるためには、トレードの方向に価格が何ティックも動く必要がある。プライスアクショントレーダーはその動きを非常に早い段階で見つけることができるため、高勝率トレードになるという自信を持って早めに仕掛けることができる。もしプロップファームが４～８ティックのスキャルピングを狙っていれば、15ティックの逆行は受け入れ難いため、彼らはそのリスクが低いときにしか仕掛けない。そのため、もしチャートから彼らの行動を読み取ることができれば、彼らと同様に自信を持ってトレードできる。ただし、チャートの読み違えに備えて損切りの逆指値は必ず置いておかなければならない。

　マーケットでは仕掛け足の極値まで試されても損切りには達しないケースが多い。これは機関投資家による大きいサイズのトレードが損切りに達するのを阻止しているに違いないし、それはプライスアクションに基づいて行われているのだと思う。Ｅミニの５分足チャートには、賢いトレーダーの見方を変える特別なプライスアクションがある。例えば、高値からの大幅な下落が戻りを見せなければ、賢いトレーダーはさらに陰線が続く可能性が高いと考える。もし機関投資家のトレーダーが高値で買えば、損切りは避けたいため重要な損切りの逆指値よりも１ティック上に価格を保つべく買い増していく。つまり、この機関投資家はプライスアクションを使って自分の買いポジションを買い支えているのである。

　マーケットの大きな動きを止めることはできないが、小さなプライスアクションは、ティックの動きを細かく観察している一部の機関投資家によって微調整されている。もしＥミニで買いのセットアップから５ティック上がったのにそこで止まってしまい、あなたはあと１ティック上がれば４ティックのスキャルピングができるという場面で突

然250枚のトレードが出てくれば、価格は下がらない。今日のEミニのマーケットでは、通常100枚を超えるトレードは機関投資家だと考えてよい。仮にそれが大口の個人トレーダーだとしても、その人は機関投資家と同じ洞察を持っているだろうし、実際に機関投資家のサイズでトレードしているのだから機関投資家と区別する必要はない。価格はまだ5ティックのところで止まっているため、250枚の買いは機関投資家のものと考えてほぼ間違いない。もしだれかがこの神経質な買いを抱えたマーケットで売れば、すぐに下落する。マーケットが5ティック上げて機関投資家がさらに買い始めれば、それは彼らが何分かの間に1ティック以上の上げを期待しているということで、価格は6ティックを超えてもう少しスイングすることになるだろう。機関投資家が高値でも買うということは、彼らがさらに上昇すると考えているということで、そうなれば彼らはさらに買おうとする。ちなみに、4ティックのスキャルピングがうまくいくことが多いということは、機関投資家のスキャルピングが日中のスキャルピングに大きな影響を及ぼしている可能性が高いことを示している。

　トレーダーは、主な時間枠（特に3分足、5分足、15分足、60分足）の足の終値の何秒か前の価格に注目している。同じことは、出来高チャートにも言える。例えば、Tノート（10年物国債）の先物市場で多くのトレーダーが1本が1万枚を表す足に注目していれば、現在の足の終値が近づくと（足の始まりから累計で1万枚に達するトレードが執行されるとその価格が終値になる、つまり、1本の足が正確に1万枚になることはあまりない）、マーケットが突然激しく動いて足の形に影響を及ぼすことがある。これは、どちらかの側がその足を強気か弱気に見せたいということかもしれない。簡単に言えば、強い上昇トレンドを示す足は、ブル派が支配している。強いトレンドがあるときにできた反転足の様子をまったく変えようとして反転の5分足が終わる2～3秒前に急に動くなどといったことがよく起こるのである。例

えば、強い下降トレンドで高値2の買いのセットアップと強力な反転足ができたとき、あと5秒でその足が終わるというタイミングで価格が急落してその足が安値を付けて終わると、上昇トレンドへの反転足を期待してすでに買ってしまった人たちは行き場を失う。強いトレンドとカウンタートレンド方向にトレードするときは、必ずシグナル足が終値を付けるまで待ち、トレードの方向に1ティック離して置いた逆指値で仕掛けなければならない（買いならば、直近の足の高値の1ティック上に仕掛けの逆指値を置く）。

　プライスアクションの読み方を学ぶためには何をすればよいのだろうか。それには、チャートを印刷して利益が出たトレードをすべて探せばよい。もし5分足チャートでスキャルピングしてアップル（AAPL）で50セントとか、グーグル（GOOG）で2ドルの利益を上げたければ、1日のなかでその利益が可能なところをすべて探してほしい。それを数週間続ければ、その利益と同じ程度のリスクで利益を上げられるパターンがいくつか見つかるようになるだろう。もしリスクとリワードが同じならば、勝率が50％を超えないとトレードする意味はない。しかし、多くのパターンの勝率は70％以上で、その多くは目標値に達するのを待つ間に損切りの逆指値をシグナル足の極値のすぐ下から仕掛け足のすぐ下に近づけてリスクを減らすことができる。また、これらのトレードは、目標値をはるかに超えていく可能性が高いため、ポートフォリオの一部だけを利食うことにする。ただ、最初は仕掛けのみに集中してほしい。あとは損切りの逆指値をトントンのところに置いて、成り行きに任せればよい。そうすれば、反対方向に仕掛ける前に目標値の4〜5倍の利益が上がるトレードが、少なくとも週に2〜3回はできるはずだ。

　フィボナッチリトレースメントやフィボナッチエクステンションはプライスアクションの一部だが、その多くは概算でたいていは失敗に終わるため、トレードに使ってはならない。もしうまくいくものがあ

るとすれば、それは信頼できてトレード可能なチャートパターンに基づいたものだからであり、フィボナッチやそれ以外の指標とは関係ない。エリオット波動理論もプライスアクション分析のひとつだが、多くのトレーダーはそれではトレードできない。波動がはっきりと分かるのは理想的な仕掛けポイントよりもかなり先の足になってからで、その途中はあらゆるところで正反対の解釈もできるため、活発なデイトレーダーにとっては考慮すべきことが多すぎるうえ、確信も持てない。

　本書の情報を公開すると、みんなが優れたプライスアクショントレーダーになって同じときに同じトレードをするようになるため、あとから仕掛けて価格を目標値まで動かしてくれる人がいなくなることが心配だろうか。それはない。マーケットは機関投資家が支配しており、そこで働く最高の頭脳を持ったトレーダーたちは本書に書いてあることなどすでに知っているからだ（少なくとも直観的に分かっている）。マーケットのパターンが予想した展開になるのは、効率的市場で無数のトレーダーがさまざまな理由で注文を出しているように見えても、支配的な出来高は堅実な理論に基づいてトレードされているからなのである。私にはそう見えるし、これまでもそうだった。それに、同じパターンが世界中のすべてのマーケットのすべての時間枠で展開しており、それらをすべての段階で瞬時に操作するのは単純に不可能なのである。

　もしみんなが突然プライスアクションでのスキャルパーになれば、小さいパターンが若干変わるかもしれないが、それは一時的なことで長くは続かない。いずれ効率的市場が勝ってすべてのトレーダーの動きは標準的なプライスアクションパターンに収斂されていく。無数の人たちが理論的に行動すれば、そうなることは避けられないからだ。それに、実際のトレードは簡単ではないため、たとえプライスアクションに基づいたトレードが堅実な方法であってもリアルタイムで実行

するのはやはり難しい。この手法を同時にうまく実行できるトレーダーの数は、それによってパターンに大きな影響を与え続けるほど多くはない。エドワーズとマギーを思い出してほしい。彼らのアイデアを世界中の最高のトレーダーが何十年も使ってきたが、今日でも同じ理由でうまくいっている。チャートの動きが変わらないのは、膨大な数の賢い人々が、膨大な数の手法と時間枠でできるだけ多くの利益を上げようとしている効率的市場を変えることはできないからなのである。

トレンド足と同時線

　マーケットは、目の前のチャートでトレンドを形成しているか、形成していないかのどちらかになっている。もし形成していなければ、何らかのトレーディングレンジが形成されているということだが、それはさらに短い時間枠のトレンドで構成されている。また、足を1本ずつ見ていくと、それはトレンド足かレンジ足のどちらかになる。それぞれの足はブル派かベア派のどちらかが支配しているか、ほぼ均衡を保っている（1本の足でトレーディングレンジを形成している）のである。

　トレーダーは、すべての足について、その足がトレンド足か非トレンド足（レンジ足）のどちらかだと考えるとよい。後者はおかしな言葉で、その多くは同時線に似ているため、ここではすべての非トレンド足を同時線と呼ぶことにする（図1.1）。もしローソク足の実体がないか小さければ同時線でブル派もベア派も支配していないため、1本でも本質的にトレーディングレンジなのである。ちなみに、Eミニの5分足チャートの同時線は、実体が1～2ティックしかない。しかし、グーグルの日足や週足チャートでは、実体が100ティック（1ドル）かそれ以上でも完全な同時線と同じくらい重要な意味があるため、同時線として扱うのは理にかなっている。この判断は相対的かつ主観的

図1.1　同時線の例

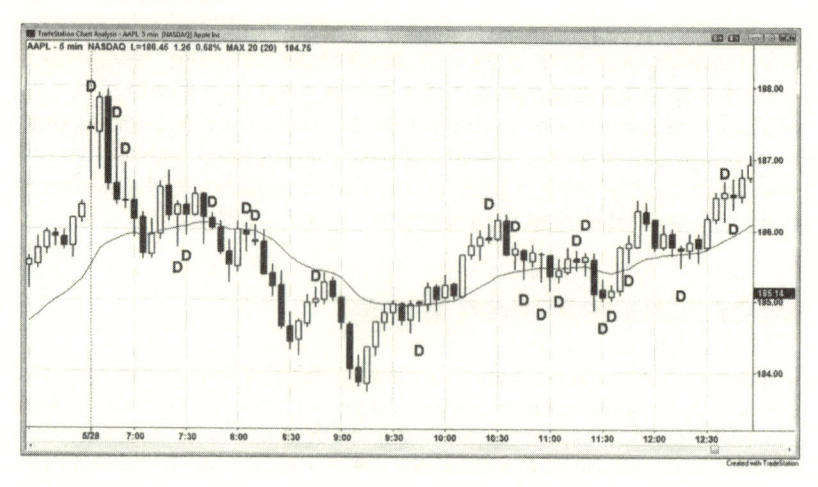

で、マーケットや時間枠によって変わってくる。

　もし実体があれば、始値から終値までに価格が動いているため、その足はトレンド足ということになる。しかし、長い足でも実体が短ければ、あまり強くないトレンドと言える。また、1本の足の時間帯にさらに短い時間枠ではいくつかのスイングが横ばいを形成しているかもしれないが、目の前のチャートに集中すべきなので、それは関係ない。通常、長い実体のほうが強さを表しているが、長引いた動きやブレイクアウトのあとの極端に長い実体は、トレンドが力尽きて終わることを示している可能性もある。そのときは、さらなるプライスアクションを見るまでトレードすべきではない。連続した強いトレンド足は、健全なトレンドを示しており、そのあとすぐにプルバックしたり（押したり、戻したり）しても、いずれ高値や安値を更新する場合が多い。

　理想的なトレンド足は中くらいの実体で、マーケットがその足の始値から終値まで動いてトレンドを形成したことを示している。陽線は

必ず終値が始値よりも上にあり、その実体は白い。もしこの陽線の実体が直近5～10本の足の実体の平均よりも長ければ、ブル派の強い支配を示している。また、始値が安値かその付近とか、終値が高値かその付近とか、終値が直近数本の足の終値や高値と近いかその上にある、高値が直近何本かの足の高値を上回っている、ヒゲが短いなどといったことも強さを示すサインとなる。ただ、非常に長い長大線の場合、力尽きたことを示しているときもあるが、1本の足のダマシのブレイクアウトで新たに参入したブル派を追い詰めてから次かその次の足で下落に転じる可能性もある。もちろん、弱気のトレンド足については、その逆のことが言える。

ただ、すべての判断は相対的で、再評価を繰り返して判断する必要があり、それによってマーケットの方向に関する見方がまったく変わってしまう場合もある。先に述べたとおり、すべての足はトレンド足か同時線（非トレンド足）のどちらかで、後者はブル派とベア派が拮抗していることを意味している。しかし、連続した同時線は、トレンドを示している場合もある。例えば、一連の同時線の終値が切り上がっていて、ほとんどの高値と安値も切り上がっていれば、終値と高値と安値がトレンドを形成しているためトレンドがあると考えられる（**図1.2**）。

トレードのためには、すべての足をトレンド足か同時線（または非トレンド足、**図1.1**のDの印が付いた足）とゆるやかに分類するとよい。このとき、実体が短い足は場所によって同時線と見ることもあれば、小さなトレンド足と見ることもある。分類の唯一の目的は、ある足を一方が支配しているか、それともブル派もベア派も膠着状態にあるのかを素早く見極めることにある。**図1.1**のなかには、トレンド足とも同時線とも考えられる足が数本ある。

図1.2の右側の5分足チャートには、足1から4本連続で同時線があり、終値と高値と安値がすべてトレンドを形成している。また、左

図1.2 トレンドを示す同時線

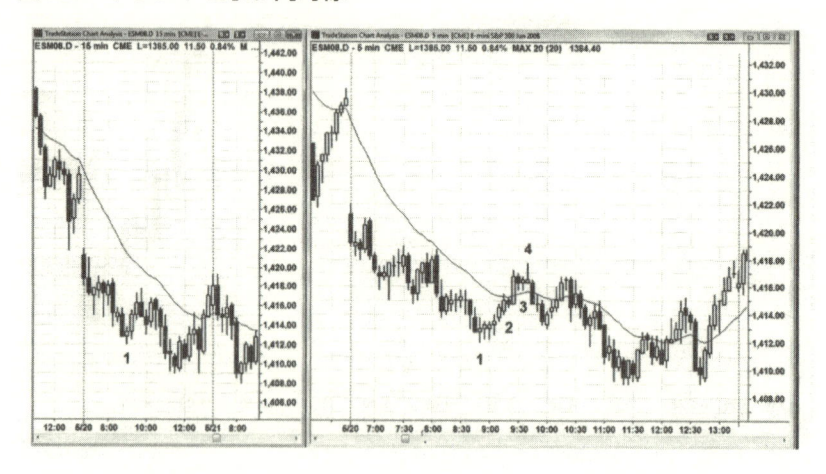

側の15分足チャートは、陽線の反転足が下降スイングの最安値になり、下降トレンドチャネルライン（表示していない）をオーバーシュート（価格が重要な価格を超えること）した。

足4は同時線で、1本の足でもトレーディングレンジを形成しているが、それでも前後の流れによっては良いセットアップの足になることがある。ここでは、ダマシのファイナルフラッグ（ⅱフラッグ、ⅱは連続したはらみ足）とEMAギャップ足（安値がEMAの上にある足）の空売りセットアップが形成されているため、信頼できるシグナルと言える。

同時線が必ずしもトレンドではないとは言えないように、トレンド足も必ずしもトレンドを表しているわけではない。図1.3の大陽線1は一連の同時線から抜け出している。しかし、そのあとにフォロースルーはなかった。そして、次の足はこの大陽線を1ティック上回ったが、終値で見ると下げた。この弱気に見える足の1ティック下で買い方は逃げ出し、売り方は上方のブレイクアウトがダマシになったと考

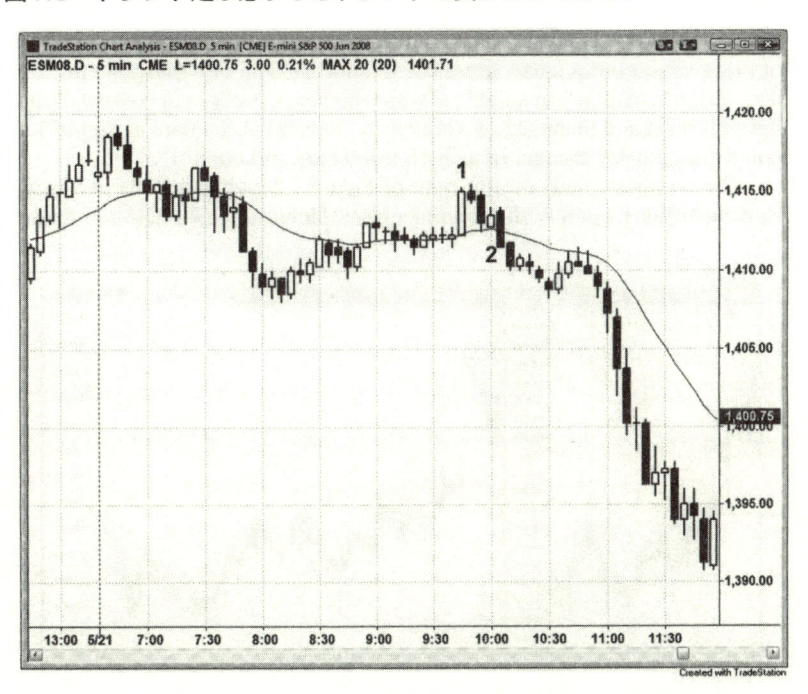

図1.3　トレンド足が必ずしもトレンドを表すわけではない

えて、新たな空売りを仕掛けた。ここでは、さらに強気なプライスアクションにならないかぎりだれも買おうとはしないため、マーケットは下落した。ブル派は上方へブレイクアウトした足の安値を守ろうとして小さな陽線を形成したが（2は買いのブレイクアウトプルバックのセットアップだが、仕掛けには至らなかった）、マーケットはその安値を下回ってそのまま下落したため、買い急いだブル派は逃げ出し、売り方は増し玉した。ブル派の試しが2回失敗したこの時点では、よほど有利なプライスアクションでなければ彼らは買おうとはしないため、ブル派もベア派も最低でも2本のレッグダウンを待つことになる。

基本の足——シグナル足、仕掛け足、セットアップ、ローソク足のパターン

　トレーダーは1日中セットアップを探している。セットアップはチャート上に1本以上の足で構成されるパターンのなかで、トレーダーがそこで仕掛ければ利益が上がるトレードになる可能性が高いと思うものを指す。実は、チャート上のすべての足は、その次の足からどちらかの方向に強い動きが始まる可能性があるという意味では、すべてがセットアップの足なのである。トレードを直近、またはそれまでのトレンドの方向に仕掛けるためのパターンはトレンド方向のセットアップ、その反対ならばカウンタートレンド方向のセットアップと呼ぶ。例えば、もしトレンドが上昇しているときに買えば、トレンド方向のセットアップを使ったことになる。しかし、もしそのときに売ったのならば、カウンタートレンド方向のセットアップを使ってカウンタートレンド方向のトレードを行ったことになる。

　シグナル足は、その足が終値を付け、トレードを仕掛けたあとになってから特定できる。仕掛けの注文が執行されると、その前の足は単なるセットアップの足からシグナル足に変わり、現在の足が仕掛け足になる。初心者は、シグナル足がトレードしようとしている方向のトレンド足になっている場合のみ仕掛けることを勧める。例えば、もし空売りする場合はシグナル足が陰線になっているときだけに仕掛けてほしい。そうすれば、マーケットはすでに売り圧力を示しており、陽線の場合よりもフォロースルーがある可能性が高いからだ。同様に、初心者が買おうとしているときはシグナル足が陽線のときしか仕掛けてはならない。

　チャート上のほとんどの足はシグナル足になり得る。しかし、そのほとんどは仕掛けに至らないため、結局、シグナル足にはならない。つまり、デイトレーダーは執行されない注文を大量に出すことになる。

通常、仕掛けるときには前の足の1ティック上か1ティック下に逆指値を置いて仕掛けるのが最も良い方法で、そこに達しなければ、注文をキャンセルして次のチャンスを待ってほしい。ただ、株の場合は仕掛けの逆指値注文をシグナル足になりそうな足の2～3ティック遠くに置くとよい。これは、ブレイクアウトしたあと1ティックで反転して逆指値で仕掛けた人たちが行き場を失う「1ティックの落とし穴」がよく起こるからである。

　もし仕掛けの逆指値注文に達すれば、前の足に基づいて仕掛けたとも言えるため、前の足がシグナル足になる（注文すべきだというシグナルを与えてくれるから）。多くの足は両方向のセットアップになり得るため、仕掛けの逆指値注文を足の両端の先に置いてブレイクアウトした方向に仕掛けてほしい。

　ローソク足パターンについては広く紹介されており、耳慣れない日本語の名称がいにしえの特別な知恵に基づいた不思議な力を意味するような気がするかもしれない。初心者トレーダーは、そういったものを探し求めている。彼らは苦労して得た知識ではなく、神の啓示を求めようとする。しかし、トレーダーにとって最も重要な課題はマーケットがトレンド状態にあるのか、トレーディングレンジにあるのかを見極めることなのである。足を1本ずつ分析する場合も、それがトレンドなのかどうかを見る。もしブル派かベア派が支配していれば、そのローソク足は実体があるトレンド足になる。もし均衡を保った状態で実体がないか、小さい場合は同時線になる。また、ローソク足を使っているトレーダーの多くは、実体の上や下に伸びる「ヒゲ」も利用している。ヒゲは影やしっぽなどと呼ばれることもある。

　足を観察するときは、プライスアクションの一部として見ることが大事で、無意味で誤解を招く名称に惑わされて不思議な力を与えてくれる足の集まりだとは思わないでほしい。重要なのは足とプライスアクションの関係だが、ほとんどの場合、ほとんどのパターンはプライ

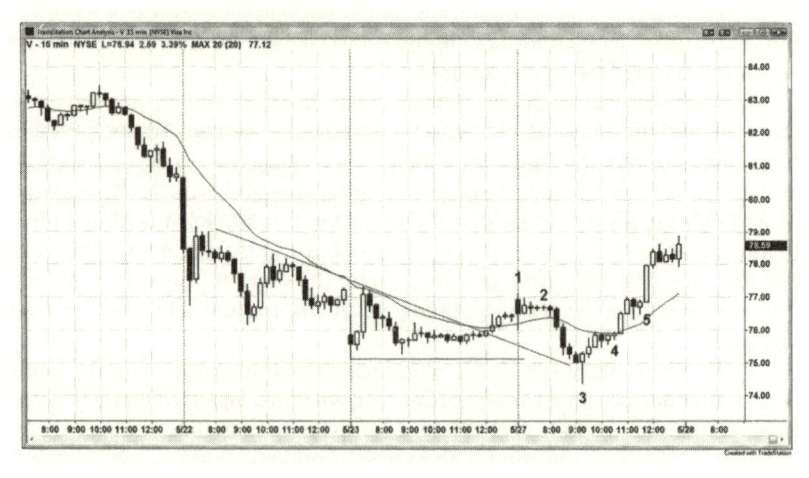

図1.4　トレンドの完璧な反転の例（ビザの15分チャート）

　スアクションのなかの高勝率が期待できない場所にできるため、役には立たない。つまり、これらに惑わされていると考慮すべきことが多すぎてトレードが複雑になるうえ、トレンドに集中する妨げにもなる。

　図1.4は、下降トレンドラインが上抜かれたあと、2本の下降レッグが前日の安値を下抜いた。最初のレッグは足2までのｉｉｉ（3本の連続して小さくなるはらみ足）で完成した。足3は大陽線の反転足で、前日の安値よりも下から反転しただけでなく、下降トレンドラインを試して買いのセットアップになる可能性を見せた。そして、この足の1ティック上の買いの逆指値に達して注文が執行されると、足3はセットアップの足のみならずシグナル足になり、実際に仕掛けたときの足が仕掛け足になる。

　足4は、2回目のレッグアップを狙ったｉｉセットアップの仕掛け足になっている（ｉｉは2本の連続して小さくなるはらみ足）。

　足5は、はらみ足のブレイクアウトプルバック（かろうじて足2のｉｉｉを上抜いた）からの仕掛け足。2本のポーズの足の実体はどち

らもはらみ足になっており、このセットアップはｉｉパターンと同様の効果がある。足4と足5はどちらも高値1の買いポイントでもある。

シグナル足──反転足

　マーケットでは、どの足のあとからでも上昇トレンドや下降トレンドを始められるため、すべての足がセットアップの足と言える。しかし、セットアップの足は次の足でトレードが仕掛けられた場合（仕掛け足）のみシグナル足になる。また、セットアップの足のみではトレードを仕掛ける理由にはならない。セットアップは、それまでの足との関係を見たうえで、継続パターンか反転パターンの一部である場合のみトレードにつながるのである。
　どのようなときでもトレードはトレンド方向に仕掛けるのが賢いため、もしシグナル足がトレードの方向の強いトレンド足であればそのトレードは成功する可能性が高い。もし1本の足のみのトレンドのあとで仕掛けたとしても、その方向にさらなるトレンドが期待できる。シグナル足から離したところに置いた仕掛けの逆指値注文まで待つということはマーケットがその方向へさらに順行するということなので、勝率はさらに高まる。ただ、反対方向のトレンド足も、チャート上のほかのプライスアクションによっては適当なシグナル足になり得る。しかし、シグナル足が同時線やトレードと反対方向の足ならば、望む側がまだ主導権を握っていないことを示しているため、失敗する可能性が高い。そのため、仕掛けるのは正しい側（ブル派またはベア派）が最低でもシグナル足の支配を確立したあとにするのがよい。シグナル足の方向が合っていれば、自信を持って仕掛けたり、損切りの逆指値を離して置いたり、さらに大きいサイズのトレードをしたりできるうえ、スキャルパーが目標を達成する可能性も高まる。ただ、同時線は状況によっては素晴らしいシグナル足にもなり得る。

最も有名なシグナル足は反転足で、最高の強気の反転足には次のような特徴が1つ以上ある。

- 始値が前の足の終値の近くか下にあり、終値が始値と前の足の終値よりも上にある
- 下ヒゲは値幅の3分の1から半分の長さで、上ヒゲはそれより短いかまったくない
- 直前の1本以上の足と重なっていない

　また、最適な弱気の反転足には次のような特徴がある。

- 始値が前の足の終値の近くか上にあり、終値が始値と前の足の終値よりも下にある
- 上ヒゲは値幅の3分の1から半分の長さで、下ヒゲはそれより短いかまったくない
- 直前の1本以上の足と重なっていない

　反転足には、強さを示す特徴が見えることもある。最も有名な強気の反転足には、陽線の実体（終値が始値よりもかなり高い）と中くらいの長さの下ヒゲがある。これは、マーケットが一度下げてから上げて終値を付けたということで、ブル派が積極的に最後のティックまで攻めて勝ったことを示している。ただ、反転足だけではトレードを仕掛ける理由にはならない。あくまで、それまでのプライスアクションの流れのなかで判断しなければならないのである。
　強いトレンドがあるときにカウンタートレンド方向のトレードを考えているときは、トレンドラインがブレイクされて強い反転足が極値を試すまで待たなければならない。そうならなければ成功する可能性は低い。また、1分足の反転足の多くはダマシになってトレンド方向

のセットアップに変わるため、これを使って仕掛けてはならない。損失は小さいかもしれないが、4ティックの負けが5回あれば、その日のうちに利益をプラスに戻すのは難しい（紙で切った傷でも1000カ所あれば出血多量で死に至る）。

　なぜ、極値を試すことが重要なのだろうか。例えば、下降トレンドの最後で買い方が主導権を握って価格が上昇したとする。しかし、そのあと下げて直近の安値に近づくと、マーケットは買い方が再び積極的に攻めて元の価格を回復しようとするのか、それとも前の安値よりも下を目指す売り方に圧倒されてしまうのかを見極めようとする。もし売り方が2回目の試しに失敗してマーケットを下げることができなければ、価格は少なくともしばらくは上がることになる。マーケットが何かを2回試して、それが失敗すれば、次は反対側が試すことが多い。ダブルトップやダブルボトムが機能するのも、反転しても前のトレンドの極値を試さないとトレーダーが信用しないのもそのためだ。

　もし反転足が前の1本以上の足と重なっているか、ヒゲが前の足を2～3ティックだけ超えていれば、これはトレーディングレンジの一部かもしれない。もしそうならば、マーケットは横ばいでトレンドはないため、反転もしない。その場合、この足はシグナル足にはならないが、行き場を失ったトレーダーが十分いれば反対方向のセットアップに変わることもあり得る。もしこの足が完璧な強気の反転足の形をしていても、追い詰められたベア派がいなければ、買ってもフォロースルーは期待できないし、新しい買い方もせめてトントンになることを期待して仕掛けた価格になるまで、足数本が形成されるまでは様子を見るだろう。これが、抑制された売り圧力である。

　もし実体は小さい同時線でも足自体が大きければ、その足に基づいてトレードすべきではない。大きい同時線は1本の足でもトレーディングレンジであり、下降トレンドのレンジの高値で買ったり、上昇トレンドのレンジの安値で買ったりするのは勧められない。そのような

ときは、2回目のシグナルが出るまで待ってほしい。

もし強気の反転足に長い上ヒゲがあったり、弱気の反転足に長い下ヒゲがあったりするときは、カウンタートレンド派がその足の終値に確信を持てなくなっているため、カウンタートレンド方向のトレードを仕掛けるならば、実体がある程度力強くてプライスアクションもそれを支持している場合（例えば2回目の仕掛け）に限ってほしい。

もし反転足が直近数本の足よりもかなり小さくて、特に実体も小さければ、カウンタートレンド派には力強さがないためシグナル足としてはリスクが高い。しかし、もしその足の実体が大きくて正しい流れのなかにあれば、トレードのリスク（小さい足の反対側の1ティック先）は低くなる。

強いトレンドがあるときは、反転足が形成されても足の終値の何秒か前に反転してダマシになることがある。例えば、下降トレンドのなかで長い下ヒゲがある大陽線の反転足ができつつあるとしよう。価格は足の始値と前の足の終値のはるかに上で推移しているし、安値は下降トレンドチャネルラインを突き抜けているが、足が終わる2～3秒前に突然下落に転じ、安値で引けた。そのため、トレンドチャネルラインのオーバーシュートから強気の反転足になるはずが大陰線になり、強力な強気の反転を予想して早めに仕掛けたトレーダーたちは行き場を失う。彼らが損切りせざるを得なくなると、それがさらにマーケットを引き下げることになる。

また、長大線の反転足でも実体が小さければ、やはりプライスアクションの流れのなかで考えなければならない。長い下ヒゲは、売り方が拒否されて買い方がその足を支配していることを示している。しかし、もしその足が前の1本以上の足と重なっていれば、それは短い時間枠のトレーディングレンジを表しているのかもしれないし、終値が足の高値になれば、その終値はレンジの高値に近いのかもしれないため、1分足チャートのブル派が利食うとさらなる売りが続くことにな

図1.5　横ばいのなかでの反転足は流れのなかで分析する

る。このようなときは、カウンタートレンド方向に仕掛ける前に、さらなるプライスアクションを待つ必要がある。ベアフラッグの高値で買ったり、ブルフラッグの底で売ったりはしたくはないからだ。

　図1.5では、反転足1が直近4本の足と重なっている。これは、両方向のマーケットを示しているため、反転はしない。つまり、これは買いのセットアップの足ではない。

　反転足2は、弱気のシグナル足の好例と言える。この足は、反転足1のブレイクアウトのダマシになっただけでなく（強気の反転足のブレイクアウトで買った人たちが行き場を失っている）、その日の高値から続く下降トレンドラインを上抜いてから反転している。そうなると、追い詰められた買い方は損切りして売り方にならざるを得ない。

　マーケットが下降スイングのなかでトレーディングレンジにあると

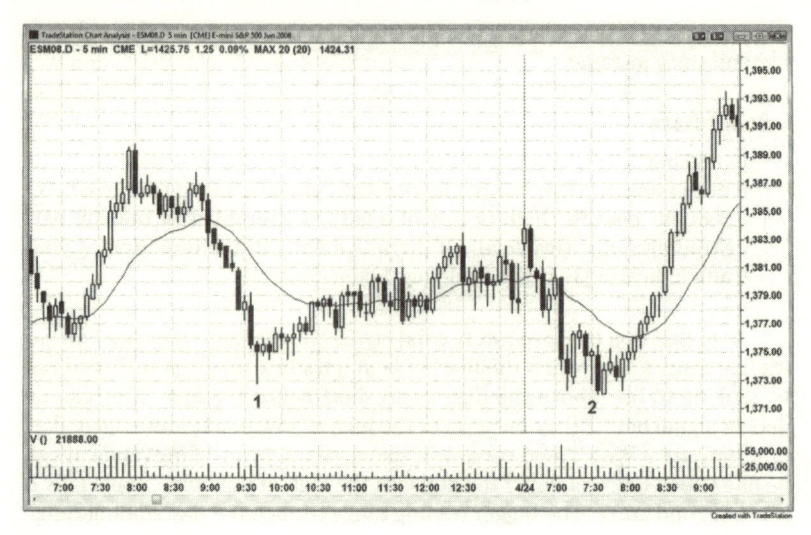

図1.6 実体の小さい反転足は流れのなかで分析する

きは、ベアフラッグを形成している。賢いトレーダーは、高値付近では売り、もしそのセットアップが強気だったならば安値付近で買う。使い古された言い方だが、「安く買って高く売る」はトレーダーにとって今でも最高の原則のひとつなのである。

　長いヒゲと小さい実体の反転足は、プライスアクションの流れのなかで評価しなければならない。**図1.6**の反転足1は売られ過ぎの状態で、その前の主要なスイングの安値を下抜いたあと、直近8本の足にかかる急なチャネルラインを下抜いてから反転した。ここで空売りポジションを利食った人は、行き過ぎが解消するのを待ってからでなければ再び空売りしようとは思わない。同時線はベアフラッグの可能性があるが、買うためには2つ目のシグナルが必要だ。すると2本先の足が小さい足を下抜いた（1本の足のベアフラッグ）が、この弱気のブレイクアウトは次の足でダマシになった。空売りしていた人たちは行き場を失ったが、買い方にとっては2回目のシグナルになるため少なくともスキャルピングでの買いはできる。

反転足２はその前の足の約半分と重なっており、その前の数本の足とも重なっているが、前の安値を突き抜けることはなかった。おそらくこれは１分足チャートのトレーディングレンジを表しているため、さらなるプライスアクションがなければトレードを仕掛けることはできない。

　典型的な反転足は最も信頼できるシグナル足のひとつだが、ほとんどのケースはそれがなくても反転している。ちなみに、信頼できるシグナルとなるローソク足パターンはほかにもたくさんある。そして、そのほとんどで、シグナル足がトレンド足ならばトレードしようとしている方向の長い足になっている。例えば、上昇に転じてから買おうとしているときは、シグナル足の終値が始値よりもかなり上にあれば勝率はずっと高くなる。

シグナル足──そのほかのタイプ

　シグナル足は仕掛けにつながるセットアップの足だということを思い出してほしい。しかし、すべてのトレードに仕掛ける価値があるわけではないし、仕掛けの逆指値注文に達してその前の足がシグナル足に変わっても必ずしもトレードする価値があるわけではない（例えば、バーブワイヤーのなかのシグナルの多くは避けたほうがよい）。反転（トレンドの反転またはプルバック［押しや戻り］の最後での反転）の可能性が高いことを示すプライスアクションがなければ、シグナル足は無意味なのである。

　典型的な反転足のほかに、よく見られるシグナル足には次のようなものがある（なかには２本足のパターンもある）。

短小線
●はらみ足

- ⅱまたはⅲパターン（２本または３本の連続してより小さくなるはらみ足）
- 長大線（トレンド足または包み足）やトレーディングレンジ（特に買っているときは陽線で、売っているときには陰線のようにトレードしている方向に向いていて主導権を握ったことを示しているとき）の高値か安値付近での短小線

ちなみに、同時線は１本の足のトレーディングレンジなので良いシグナル足になることはあまりない。マーケットがトレーディングレンジを形成しているときは高値の上で買ったり、安値の下で売ったりすべきではないからだ。しかし、トレーディングレンジ日の高値か安値にある場合や、強いトレンドのなかのトレンド方向のセットアップとしてできた同時線ならば妥当なシグナル足になり得る。トレーディングレンジでは、もし同時線がレンジの高値にあれば、その下で空売りしてもよい。それが２回目の仕掛けならばなおさらだ。大きいトレーディングレンジは同時線が表す狭いトレーディングレンジに勝るため、同時線の下で空売りすることは大きいトレーディングレンジの上で空売りするのと同じことであり、それは通常良いトレードにつながる。

そのほかのシグナル足
- 包み足（次項参照）
- ダブルボトムツイン――強い下降トレンドのなかで安値が同じの連続した２本の足で、下ヒゲは短いかないことが望ましい（ベアフラッグの一種）
- ダブルトップツイン――強い上昇トレンドのなかで高値が同じの連続した２本の足で、上ヒゲは短いかないことが望ましい（ブルフラッグの一種）
- 反対ツイン――アップダウンツイントップとダウンアップツインボ

トム（連続した反対方向のトレンド足で、ヒゲは短く、高値や安値がほぼ同じになっている）
●反転足のダマシ（例えば、強いトレンドにできた弱気の反転足の上で買うこと）
●強いトレンドのなかの坊主（上ヒゲと下ヒゲの両方または一方がない足）
●勢いが衰えた足（大きいトレンド足）

　小さい足にはさまざまな種類があり、さまざまな状況でできるが、いずれにしてもブル派やベア派の勢いが欠けていることを表している。これらの足は、必ず流れのなかで評価しなければならない。短い足は、実体がトレードしようと思う方向を示していれば、望む側がその足を支配しているということで良いセットアップになる（小さい反転足）。しかし、もし短い足に実体がなければちゃぶつく可能性が高く、勝率はかなり下がるため、2回目のチャンスを待つほうがよい。
　はらみ足は、必ずしも完全にはらんで（高値は前の足の高値よりも安く、安値は前の足の安値よりも高い）いなくてもよい。つまり、高値か安値の両方あるいは一方が前の足と同じでもよい。通常、はらみ足は短小線で終値がトレードしようとしている方向にあるほうがシグナル足として信頼できる（買おうとしているときは陽線のセットアップの足、売ろうとしているときは陰線のセットアップの足のほうが良い）。
　大きいトレンドでブレイクアウト足のあとにはらみ足ができれば、それは単純にトレンド派が小休止したのかもしれないが、もしかしたら自信を失って反転につながるのかもしれない（ダマシのブレイクアウト）。もしこのはらみ足が短くて、大きいブレイクアウト足と反対方向のトレンド足であれば、反転の可能性が高い。トレンド方向のはらみ足は、ブレイクアウトの動きが続く可能性を高め、もしその日の

早い時間に同じ方向のトレンドがあった場合はなおさらだ（例えば、期待していた2回目のスイングの始まりかもしれない）。

　ブレイクアウトのトレンド足のあとの短いはらみ足は、仕掛けの逆指値注文でどちらかの方向に仕掛けてさまざまな情報を素早く処理しなければならないときにできるため、少し感情的なものかもしれない。例えば、下げ日に強気のブレイクアウトが起これば、通常はまずはらみ足の高値の1ティック上で買い注文を出し、次に安値の1ティック下で売り注文を出す。そして、どちらかの注文が執行されれば、もう一方が損切りの逆指値になる。もしダマシのブレイクアウトで執行されてしまえば（売り注文）、ブレイクアウトのダマシがブレイクアウトプルバック（ダマシのダマシは信頼できるトレードになることが多い）になる場合に備えて買いの逆指値注文のサイズを2倍にすることを考えたほうがよい。反対に、もし買い注文（トレンド方向）のほうが先に執行されれば、損切りの逆指値で反転トレードすることはあまりないが、もしその日がそれまで下降トレンドだった場合はその可能性もある。ブレイクアウトから2～3本あとの足でダマシになったときは、トレード可能なダマシというよりもブレイクアウトプルバックの仕掛けチャンスになる可能性が高い。通常、優れたトレーダーは、数多くの些細な要素に基づいて素早く主観的な判断を下すことができる。もしその過程が難しいとか嫌だと感じるならば注文は出さないほうがよいし、ブレイクアウトが重なる注文や反転を期待した注文ならばなおさらだ。難しいトレードを前にして心が乱れると、そのあとの明らかなトレードに万全で臨めなくなりかねないため、トレーダーは感情的になってはならない。

　スイングのあとのはらみ足は、そのスイングの終わりを示す可能性がある。特に、終値がトレンドと反対方向にあってほかの要素（トレンドライン、トレンドチャネルラインのオーバーシュート、高値2または安値2、トレーディングレンジのなかの新しいスイングの高値な

ど）も、それを示唆していればその可能性は高まる。また、長い足（トレンド足、同時線、包み線など）の極値付近にできた短い足ははらみ足に限らず反転のセットアップになる可能性があり、もしその足が短い反転足ならばなおさらだ。通常、トレーダーは安く買って高く売ろうとする。トレーディングレンジ（トレーディングレンジの日でもトレンド日のなかのトレーディングレンジでも）で短い足を使った仕掛けは、極値での逆張りしかない。例えば、もしスイングの高値や下降トレンドラインを試したあとや上昇トレンドチャネルラインをオーバーシュートしたあとで反転したときに短い足で仕掛けるときは、空売りのみを考えてほしい。反対に、スイングの安値ならば買いトレードしか仕掛けない。

　トレンドのなかでは（トレーディングレンジ日であっても）、短い足は両方向の仕掛けのセットアップにもなり得る。例えば、強く上昇していてもそれまでにトレンドラインがブレイクアウトされていなければ、大陽線の高値近くのはらみ足やトレンド足の高値よりも上まで伸びた短い足は、買いのセットアップとしてのみ見てほしい。もしそれがはらみ足で、特に陽線の場合は、素晴らしい買いのセットアップになる。単に陽線の高値よりも高く伸びた短い足の場合は、トレンドに十分な強さがあれば安全な買いのセットアップなのかもしれない。通常は、短い足が弱気の反転足でないかぎりプルバック（押し）を待ったほうがよい。弱気の反転足はベア派を追い詰めている可能性があるため、高値の1ティック上に置いた仕掛けの逆指値で買うのは理にかなっている。

　はらみ足の次にさらにはらみ足ができる形をｉｉパターンと呼ぶ。つまり、これは2本の連続したはらみ足で、2本目は1本目と同じか、それよりも短くなっている（ｉｉｉは3つ連続した形で、さらに強力）。長く続いた動きのあとで、特にトレンドラインがブレイクアウトされれば、ｉｉパターンからのトレンド方向へのブレイクアウトはせいぜ

いスキャルピングのチャンスで、目標値前後で反転する可能性が高い（ファイナルフラッグの失敗）。しかし、カウンタートレンド方向のブレイクアウト（またはファイナルフラッグの失敗からの反転）は大きな反転につながることがよくある。このパターンは、ブル派とベア派が最終的に拮抗したことを示しているため、ファイナルフラッグに発展することが多い。少なくとも一時的に弱い側の力が強い側に追いついたのだ。そのため、もしトレンド派が主導権を握れば、トレンド方向のブレイクアウトのあとでカウンタートレンド派が奪還しようとする可能性が高い。ⅰⅰパターンの仕掛けの逆指値は両方の足の先に置く（実質的にシグナル足である２本目の足だけではない）が、２本のはらみ足が比較的長いときはもう少し近づけることもある（両方の足の先ではなく２番目の足の先）。そして、仕掛け足が終値を付けたら、逆指値を近づけてその足の１ティック先で反転することを考えてほしい。ⅰⅰブレイクアウトがすぐにダマシになることはよくあることで、特にこのパターンが日中のレンジのなかで形成された場合はその可能性が高いため、そのあと足数本の間はダマシで反転したときに仕掛けるチャンスを探してほしい。

　５分足チャートのⅰⅰパターンは、１分足チャートでは反転パターンのダブルボトムやダブルトップになっていることが多い。このことが、小さいⅰⅰが大きなカウンタートレンドの動きにつながる理由かもしれない。

　強い上昇トレンドでは２本の同じ大きさの足ができることがあり、これらの足にはたいてい短い上ヒゲが付いている。これはダブルトップツインという買いのセットアップで、このとき１分足チャートではダブルトップが形成されている。２本の足の高値の１ティック上に買いの逆指値を置くのはダマシのダブルトップで買うためで、そこにあるすでに空売りした人たちの損切りの逆指値が上昇の燃料になってくれる。同様に、強い下降トレンドではダブルボトムツインの１ティッ

ク下に置いた売りの逆指値で空売りを仕掛けてほしい。

　アップダウンツインのセットアップとダウンアップツインのセットアップにはいくつかの名前があるが、どれも反対方向のトレンド足が2本重なったもので、実体の大きさはほぼ同じになっている（反対ツイン）。アップダウンツインのセットアップは最初の足が陽線で次の足が陰線になっており、この組み合わせはトレーディングレンジのときでなければ売りのセットアップになる。一方、ダウンアップツインは陰線のあとに陽線があり、買いのセットアップになる。どちらも基本的に2本足の反転パターンで、10分足チャートならば反転足になる（5分足の2本の足が合わさればどう見えるか想像してみてほしい）。

　強いトレンドのなかのトレンド足が坊主（一方または両方のヒゲがない）ならば、それはどちらかが一方的に優勢だということを示している。しかし、上昇トレンドの途中にできた5分足の陽線は上ヒゲがないほうが下ヒゲがないよりも強さがある。それは終値に向かう力には非常に強さがあるからで、5分前に起こった動きよりも続く可能性が高い。つまり、上ヒゲがないことは買いの良いセットアップになるが、買うための逆指値注文を置こうとしても、その前に次の足がすでに高値を超えてしまって不可能になることが多い。もし上ヒゲが1ティックだったり下ヒゲがなかったりする場合も強さは変わらないが、普通はそれだけでは高値の上で買う十分な理由にはならない。それに、足は必ず流れのなかで分析しなければならない。もしこの足がトレーディングレンジのなかにあれば、高値の上で買うのはバカげている。トレーディングレンジでは極値を何回も試す傾向があり、試す可能性のほうが本当のブレイクアウトになる可能性よりも高いならば高値近くで買うべきではない。

　同様に、下降トレンドの途中にできた下ヒゲのない陰線は、安値の1ティック下で空売りするセットアップになった。

　ただ、短い足のすべてが良い空売りのセットアップになるわけで

ない。例えば、短い同時線（直近何本かの足よりも短い足）は、シグナル足には使えない。実体がなくて、EMA（指数移動平均線）の近くに午前9～11時ごろできたバーブワイヤーのパターンのなかならばなおさらだ。このケースは失敗率が高いため、さらなるプライスアクションがなければ仕掛けることはできない。

　ただ、トレンド方向の長いトレンド足のほとんどは強力だが、もしそれが異常に長ければ疲労のピークを表していることが多い。これは上昇トレンドならば、たいていは最後の買い方が買ったことを意味している。そして買い方が残っていなければ、マーケットは下落する。標準的な反転セットアップはどれでもシグナル足になり得るが、カウンタートレンド方向のトレードは強力な反転足を使った2回目の仕掛けのほうが常に安全だ。

　長いトレンド足のブレイクアウトは次の足でダマシになることが多く、たくさんのトレーダーがマーケットの間違った側に取り残されることになる。このようなことは、静かなトレーディングレンジ日に特によく起こる。

　トレンドのプルバック（押しや戻り）でできた短い足は、トレンド方向のセットアップにしかならない。**図1.7**の1、2、4、6の足はプルバックのなかの短い足で、このときは安値の1ティック下に置いた逆指値で空売りを仕掛けることしかできない。ちなみに、これらはほとんどが同時線だったが、トレンド方向の足だったため空売りすることができた。

　短い足がトレンドのなかのスイングの安値にあり、ほかにもカウンタートレンド方向でトレードする理由があれば（例えば、それまでにトレンドラインがブレイクされているなど）、カウンタートレンド方向のセットアップになり得る。足3はスイングの安値にあり、安値2で空売りしたあと反転して上昇に転じており、2回目のレッグダウンのなかの2回目のレッグダウンで高値4の買いのセットアップになっ

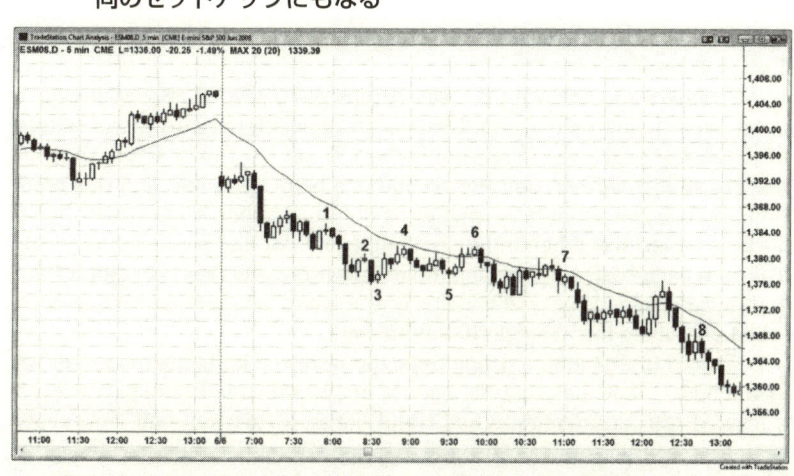

図1.7 短い足はトレンド方向のセットアップにもカウンタートレンド方向のセットアップにもなる

ている。足5は足4までの強い上昇（トレンドラインをブレイクした）のあとの高値2で、2回目のレッグアップになる可能性が高い。そのうえこれはトレーディングレンジの安値にもなっている。

　安値の短い足で売るのは、下降トレンドの場合に限られる。8の足は特別短いわけではないが、はらみ足になっているため短い足と同じ効果がある。そのうえこれは陰線なので、この日の安値で安心して空売りできる。ちなみに、これはブレイクアウトプルバックの空売りセットアップであるだけでなく、ミクロトレンドライン（安値1）の空売りポイントでもある。

　図1.8はゴールドマン・サックス（GS）の5分足チャートで、弱気の反転足がダマシになって、足1が買いのセットアップになっている。この日は上昇トレンド日（ほとんどの足が上昇するEMAの上にある）で、トレーディングレンジをブレイクアウトした大陽線のあとに短い弱気の反転足が形成された。反転足が空売りシグナルを出す前に売り急いだ空売り派は行き場を失った（結局、次の足が安値を下抜かなかった）。強いトレンドのなかでも1分足チャートでは1日中カ

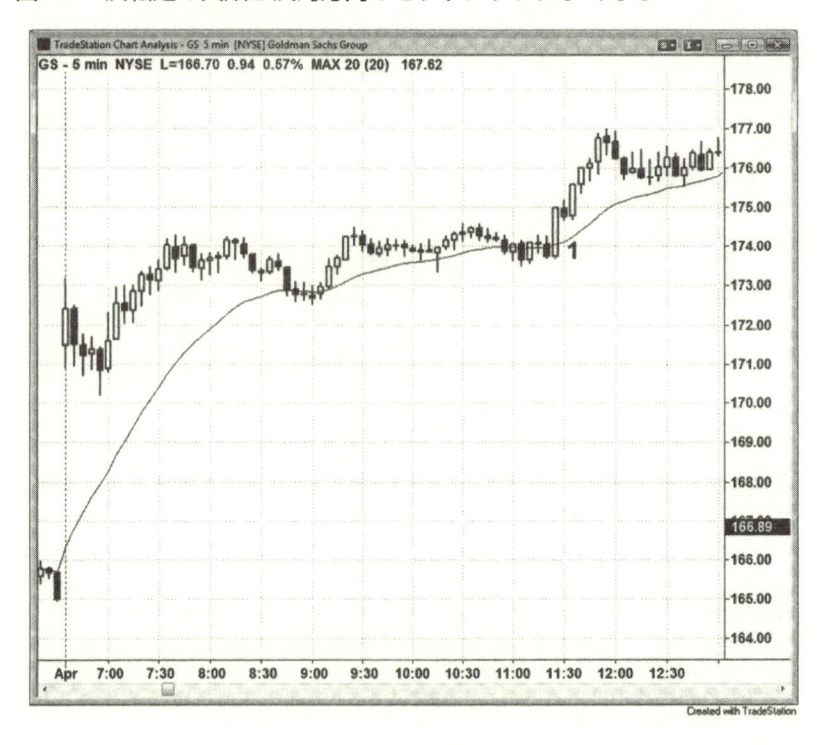

図1.8 反転足の失敗は反対方向のセットアップによくなる

ウンタートレンド方向のトレードがたくさん行われ、反転パターンのたびに空売りでの小さな負けが重なって多くのトレーダーが資金を失ったのだろう。彼らは弱気の反転足の1ティック上で手仕舞うことになるため、賢いトレーダーはそこで買いを仕掛ける。もし反転が十分ありそうな場所でも、反転足のみでは仕掛けるに十分な理由にはならない。ここでは、トレーディングレンジのブレイクアウトがダマシになりそうに見えるが、その足の下に置いた空売りの仕掛けの逆指値に達しないで反対方向の仕掛けのセットアップになった。

図1.9の足3は寄り付きの安値と下降トレンドチャネルラインを下回る大陰線で、そのあとに上ヒゲのない陽線のはらみ足ができた。これは、買い方がその足の終値に向けて積極的に買ったことを意味して

図1.9 強いトレンド足はトレンドの終わりを示すことがある

おり、少なくとも2本のレッグが期待できる素晴らしい買いのセットアップになった。また、この足は下降トレンドのスパイク・アンド・チャネルの底になっており、チャネルの始まりにある足2を試すことが予想され、実際にもそうなった。

この強い上昇トレンドでは、ダマシになった反転足4が包み足5での素晴らしい買いの仕掛けにつながっている（強い上昇トレンドのなかのダマシの安値2の高値）。安値2は、反転足の下で売った経験不足のトレーダーを追い詰めた。彼らは、その前の足3のようにベア派が強さを見せるまで待つことができなかった。強い上昇トレンドでは、前に強気のトレンドラインがブレイクされていないかぎり売ってはならない。

ちなみに、足1前後の同時線はこの日のレンジの真ん中にあるうえ、水平のEMAにもごく近いため、良いシグナル足にはならない。

図1.10はポタッシュ（POT）の5分足チャートで、前日の安値よりもギャップダウンで寄り付いたあと、反転してEMAを上抜いた。前日に弱気のトレンドラインが何回かブレイクされていることは、も

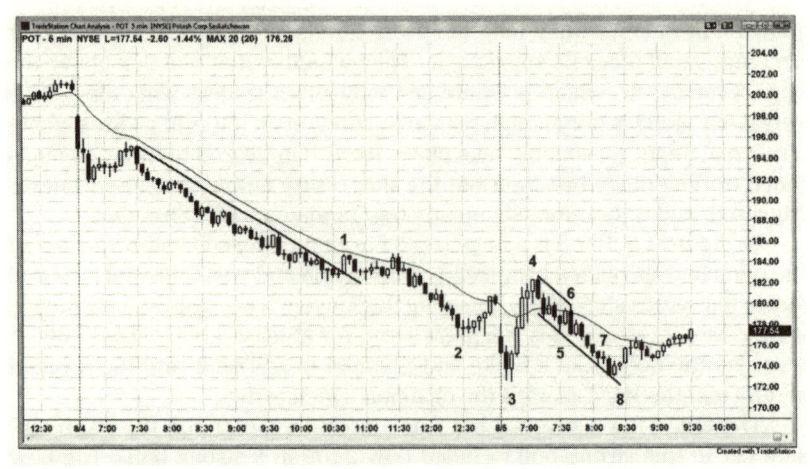

図1.10　カウンタートレンド方向のトレードはその前にトレンドラインのブレイクが必要

し良い買いのセットアップと良いシグナル足の両方がそろえば買いのチャンスがあるということを示している。

前日の安値よりも下から上昇に転じた陽線3は、明らかに買いを示している。ちなみに、その1時間くらい前に足2からの上昇が下降トレンドライン（表示していない）をブレイクしていた。

EMAギャップ足4の空売りポイントのあとに足6で高値2の買いの可能性があるが、シグナル足はなかった。陰線5は下降トレンドで買うときに必要な強気のシグナル足ではないのである。ちなみに、足4〜6のトレンドラインを使うと、足5の安値を通るチャネルラインを引くことができる。

足7は前の足の高値を超えたが、下げて終わった。トレンドチャネルラインを下回ったあとのプルバックだけでは買いの十分な理由にはならないのだ。ここは陽線のシグナル足が必要となる。

足8は陽線のはらみ足のあとにできた短い陽線のはらみ足で、トレンドチャネルラインを2回目に下回ったあとにできた。これも安値を切り上げて下降トレンドの安値である足3を試したのかもしれない。

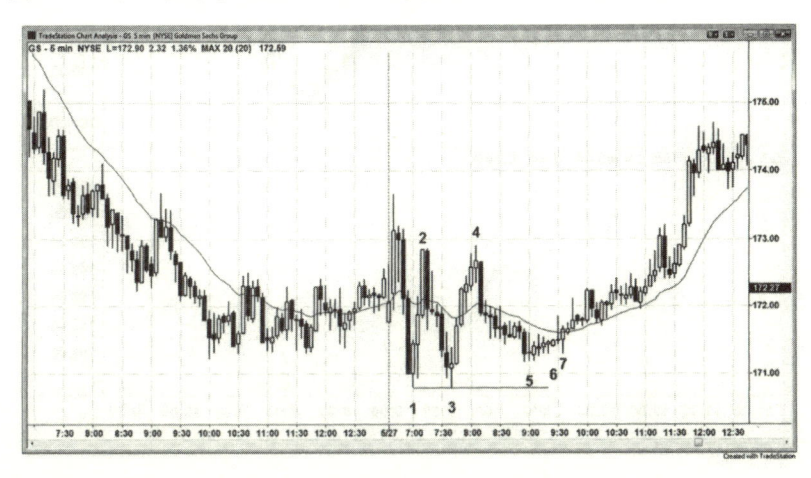

図1.11　ダブルボトムプルバックの買いのセットアップ

　足4までの上昇はそれまでのすべての下降トレンドラインをブレイクしたため、足3の安値を試したら買いを考えるべきで、ｉｉの陽線のはらみ足8は素晴らしい買いのセットアップになった。

　図1.11のゴールドマン・サックスの5分足では、積極的なトレーダーならばダブルボトムプルバックで反転したｉｉの足5の上で買うこともできるが、足4からの下降トレンドラインはまだブレイクされていない。

　2回目の仕掛けチャンスは、足6のｉｉセットアップだった。このフラッグは足4から始まった小さいトレンドラインをブレイクするまで続いたうえに、2回目の仕掛けポイントだった。

　足7は、ダマシのダマシ（上方のブレイクアウトがダマシになり、次の足の下げが再びダマシになった）で3回目の仕掛けとなり、非常に信頼できるブレイクアウトプルバックの買いのセットアップになっていた。これはミクロトレンドラインの高値1の買いポイントでもある。

　ダブルボトムプルバックは、たいていは50％を超えるだけでなく、

図1.12　ファイナルフラッグの失敗による買いのセットアップ

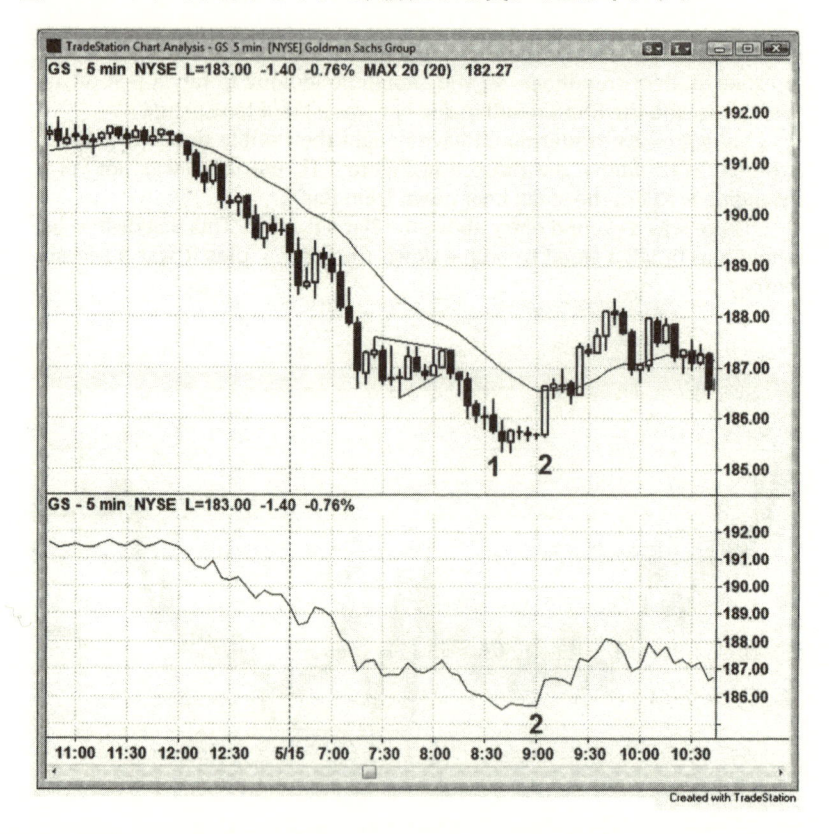

ダブルボトムとほぼ同じ水準まで下げることも多い。今回のダブルボトムは底がぴったりと一致した。安値を切り上げると底が丸くなることが多く、昔ながらの株のトレーダーならばアキュミュレーション（買い集め）だと言うかもしれない。しかし、名称は関係ない。大事なことはマーケットが2回目の下げで安値を切り下げられなかったということで（1回目は足3）、それができなければベア派は退いてマーケットは上方を探り始める（もっと高い価格で売り方がいるかどうか）。ところが、今回は売り方ではなく、もっと高い価格でも買おうとする買い方が見つかった。

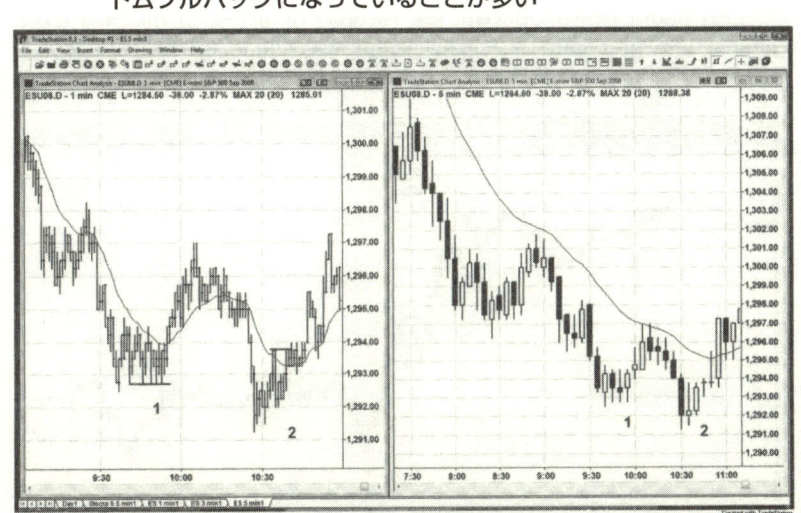

図1.13　買いのｉｉセットアップは短い時間枠のチャートではダブルボトムプルバックになっていることが多い

　図1.12のシグナル足２は、短い足（185ドルの株価に対して値幅が11セントの足）だったが、終値の折れ線チャート（下のグラフ）を見るとポイント２で安値を切り上げたことがはっきりと分かる。その２本前の足の高値２では事前にトレンドラインがブレイクされていなかったため、理想的な安値の切り下げでもファイナルフラッグの失敗による買いの仕掛けではなかった。足２は２回目の仕掛けポイントで、安値も切り下げているため、最小限のリスクで仕掛けられるセットアップになった。ちなみに、これは非常にｉｉパターンに似ており、トレードでは似ていればそれで十分なのである。

　強い下降トレンドを反転させるのに必要な陽線がない高値１の足１は、良い買いポイントにはならない。また、その前にある５本の陰線は、下降トレンドで買うときに必ず必要となる上昇モメンタムがこのセットアップではまだないことを示している。

　図1.13の右側の５分足チャートには、２つのｉｉパターンが示されている（１つ目はｉｉｉ）。左側の１分足チャートを見ると分かる

図1.14　ダブルボトムツインの売りのセットアップ

ように、1つ目はダブルボトムプルバックの買いパターンで、2つ目は安値2のダマシだった。

どちらのケースも、ⅰⅰの最後の陽線は買いを仕掛けるための素晴らしいセットアップになっていた。短い足は方向的にはあまり重要ではないが、最後の足は常にトレードしようとしている方向のトレンド足になっていることが望ましい。

図1.14の足1はダブルボトムツインのセットアップになった（強い下降トレンドのなかの安値が同じ連続した足）。ここではこれらの足の安値の1ティック下で売ればよい。また、次の足の間に2本足のブレイクアウトプルバックの下で売れば、早めに仕掛けることができる。これもミクロトレンドラインの安値1の空売りポイントだった。

足2も同様の例になった。

足3はダブルトップツインの買いのセットアップで、ミクロトレンドラインの高値1の買いポイントでもあった。

図1.15はリーマン・ブラザーズ（LEH）の5分足チャートで、下降トレンドチャネルラインをダウンアップツインの反転足が試してい

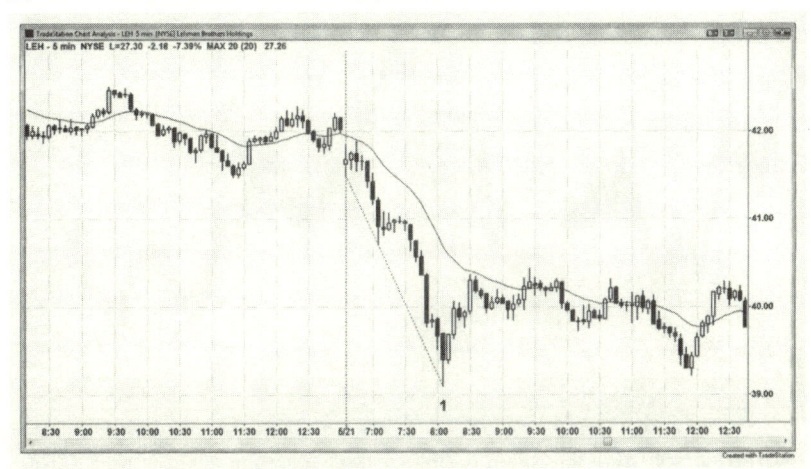

図1.15　アップダウンツインの買いのセットアップ

る。この下落は、持続不可能なほど激しいクライマックスの下げだった。その前の17本の足のうち16本の高値が前の足のそれを下回っていた。そして、クライマックスのあとはかなりの足の数に及ぶツーレッグの調整が続くことが多い（少なくとも5分足チャートで1時間は続く）。

図1.16の足4はアップダウンツインの反転足で、前日の高値と上昇トレンドチャネルラインを上抜き、足3の小さいフラッグのブレイクアウトしたあとにできた。

しかし足1のダウンアップツインのほうは高値を切り下げてブレイクアウトした直前の2本の陰線のモメンタムが強すぎるため、良い買いのセットアップとは言えない。そして、直後に別のダウンアップツインの買いのセットアップが続いたが（連続することはよくある）、この4本の重なり合う足はベアフラッグを形成しており、下降トレンドのレンジの高値で買うことはできない。このようなパターンは、反転を期待できる理由がないかぎりカウンタートレンド方向のシグナルにはならない。強いブレイクアウトのあとの最初の小休止はブレイ

図1.16　アップダウンツインの売りのセットアップ

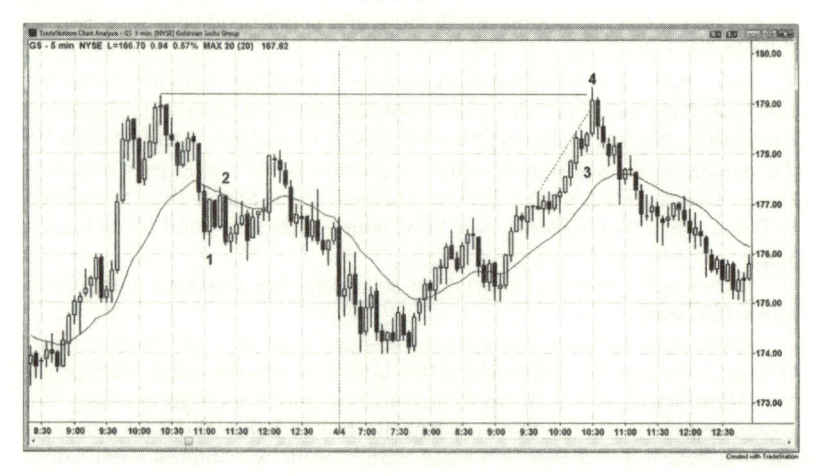

アウトプルバックで、そのあとはトレンドがさらに継続することが多い。

　しかし、足2は連続したダウンアップツインの反転足の上で買ったブル派が行き場を失っているうえにツーレッグのプルバックが弱気のEMAで終わっているため（2本のアップレッグはベアフラッグのなかの2本の陽線で、間に陰線がある）、良い空売りになる。

　ちなみに、足2はアップダウンツインの売りのセットアップの2番目の足に似ているが、この足の終値と安値は前の足の安値をはるかに下回っている。それに、多くのトレーダーが弱気のM2S（移動平均線上の安値2の空売り）に基づいて、この足が終わる前にすでに空売りしてしまっている。

　強いトレンドのなかでできるどちらかのヒゲがない足は強さを表しているため、ブレイクアウトでトレンド方向にトレードしてほしい。図1.17の足1には上ヒゲも下ヒゲもない。これは激しい売り圧力を表しているため（足の始めから終わりまで売りが続いた）、さらなる売りがある可能性が高い。マーケットの動きが速いため、急いで売

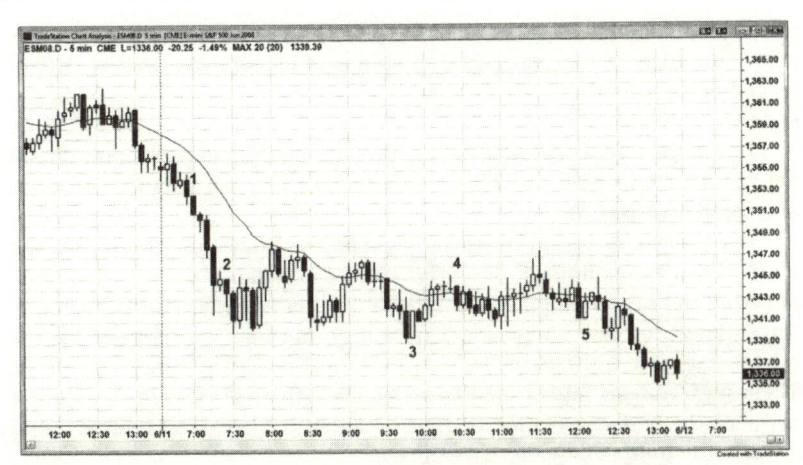

図1.17　上ヒゲや下ヒゲがない足では自信を持って急いで仕掛ける

の逆指値注文を出さなければならない。

　ただ、足2は下降トレンドのなかの上ヒゲがない足だが、この時点ではマーケットが急落しているわけではないため、それが空売りの理由にはならない。実は、この足は下降トレンドのなかの短いはらみ足の安値を下抜いており（安値1）、この理由でならば空売りを仕掛けることができる。

　足3は上ヒゲも下ヒゲもない陽線だが、上昇トレンドではないため買いのセットアップにはならない。ただ、その次の足は高値2で安値を切り下げたダウンアップツインの反転足を形成し、トレーディングレンジでのブレイクアウトのダマシでもあるため、買うことができる。また、最初のEMAプルバックが下降トレンドラインをブレイクし、足3までの下げはツーレッグで安値を切り下げたため、少なくともスキャルピングはできる。

　足4と足5も一方にヒゲがないが、急落の最中ではないため、売りのセットアップにはならない。

　図1.18のアップルの5分足チャートには、頻繁にできるシグナル

図1.18 さまざまな良いセットアップの例

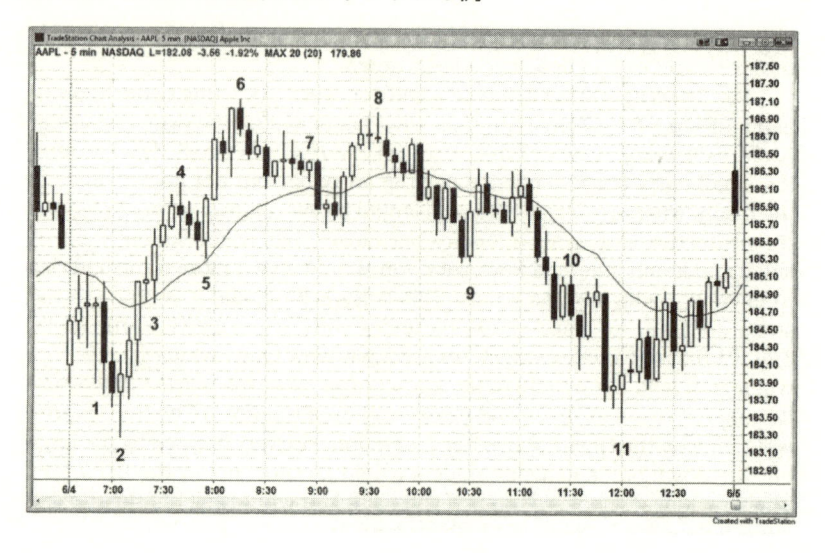

足が数多く見られる。足1は実体が小さい同時線で、前の2本の足とかなり重なっている（バーブワイヤー）。この同時線では多くのローソク足崇拝者が間違った買いトレードを仕掛けるだろうが、そうするとベアフラッグ（EMAよりも下にあるバーブワイヤー）の上で買うことになるためバカげている。

足2は長い下ヒゲが前の足の安値を大きく下回ったあとに上昇に転じた良い反転足で、陽線の実体の長さも適度にある。上ヒゲは多少の弱さを示しているが、それは次の陽線で帳消しになった。これは新しいスイングの安値にできたトレンドチャネルライン（表示していないが、前の3本の足の安値を結んだ線）をブレイクアウトしたあとの寄り付き後の反転で、高値2の買いポイントになっている。

足3は陽線の包み線で、この日の新高値を付けたあとのポーズの足のあとにできたミクロトレンドラインの買いポイントでもある。新しいトレンドにできた包み足は瞬く間にできるため、それまで素晴らし

いトレードをしていたトレーダーを追い詰めることが多い。多くのトレーダーは、弱気から強気に素早く見方を変えることができず、上げに転じたマーケットを追いかけることになる。

足4は新高値にできた陰線の同時線だが、上昇モメンタムが非常に強いうえに反転足は短いため、空売りは2回目のチャンスを待ってほしい。

足5は陽線の包み足で、EMAを試すとともに寄り付きのレンジをブレイクアウトしているだけでなく、強い上昇のなかの最初のプルバック（押し）で、高値1の買いポイントになった。足6は比較的短い弱気の反転足で、足4までスイングの高値と前日の高値を上抜いたあとの2回目の空売りチャンスだった。また、最初のプルバックである足5からも足2の安値からも2回目のレッグアップだった。ちなみに、2回目のレッグは反転することが多い。さらにここは安値4で、ウエッジを形成しており、足3の安値からスリープッシュアップで寄り付きのレンジを上抜いた。このようにたくさんの要素が重なっていれば、少なくともツーレッグダウンは期待できる。

足7は始まってすぐはツーレッグダウンや5の足よりもEMAを試すことが期待できるｉｉの空売りポイントだった。これは小さいバーブワイヤーになっていたが、リスクは小さい。小さい仕掛け足の次の足は仕掛け足の上に向かったが、ｉｉの2本の足の上の損切りの逆指値を置く価格を超えることはなかった。通常、仕掛け足が終われば損切りを近づけるが、仕掛け足が2～3セントしかない短い足ならば余裕を持ってｉｉの高値の上に置いておく。これはバーブワイヤーで損切りに達しやすいため、空売りするならば余裕を持たせたほうがよい。ｉｉのブレイクアウトはのちに反転して足2～3本は上昇したが、それはｉｉがこの日のレンジの真ん中にあったことで予想できた。また、マーケットはツーレッグダウンでEMAを下抜いた。足7の上の高値2で買ったトレーダーは、大陰線による包み足ですぐに行き場を失っ

ているため、機敏なトレーダーは足7の安値で空売りする。追い詰められてパニックを起こした買い方は、足7の下で損切りして空売りの勝率を高めてくれた。

足8は、ツーレッグアップとトレンドラインのブレイク(足6からのプルバック)のあとの高値を切り下げて2回目の空売りポイントになった。これはトレンドの反転かもしれないため、慎重に観察しなければならない。この足が同時線、つまり1本足のトレーディングレンジでその下で空売りすべきではなくても、広いトレーディングレンジの高値であり、2回目の仕掛けだからだ。また、反転の可能性があるときに連続した同時線で3本の足が横ばいになっていれば、ｉｉパターン(実体が短い2本の足)と似ているため、空売りセットアップになり得る。

足9は新しいスイングの安値のあとにできたダウンアップツインの反転足(10分足チャートならば反転足になる)で、足5の安値を試している(ダブルボトムブルフラッグを形成しかけた)。これは足6の高値から見た2回目のレッグダウンでもある。

足10は、ブレイクアウトプルバックとダブルボトムツイン(強い下降トレンドにできる安値が同じ連続した2本の足)の空売りポイントになった。

足11は3回プッシュダウンしたあとの強気の反転足だが、その前の足が長い同時線で足11には長い下ヒゲと短い実体があり、その前の2本の足と大きく重なっている。これは強い反転ではないが、ブル派の強さもある程度は見える。しかし、大きく反転するよりもトレーディングレンジである可能性のほうが高いだろう。

図1.19の足1は、強い下降トレンドのなかで強気の反転足を下抜いた(反転足の失敗)。こうなると反転足で買い急いだブル派は行き場を失ってこの足の安値の1ティックかそれよりも下で売らざるを得ないため、そこは素晴らしい空売りポイントになった。

図1.19　反転足はカウンタートレンド方向ではなくトレンド方向のセットアップにもなる

　同時線は1本の足でもトレーディングレンジで、トレーディングレンジの高値にできた短い足の下で売るのは常に良いトレードになる。特に、足2や足3のように強い下降トレンドのなかで長い同時線のあとにできた場合はなおさらだ。ちなみに、足3は下降トレンドの安値2でもある。

　図1.20の足1は、寄り付きの安値を下抜いたあとのダウンアップツインの反転足で買いポイントになっており、安値も切り上げている。

　足2は大陽線の高値にできた短い弱気の反転足で、EMAを試している。しかし、反転は失敗に終わり、2回目のレッグアップを狙って高値の1ティック上で買うセットアップになった（1本の足でできた最初のレッグの終わりを示している）。

　足3は上昇トレンドチャネルラインと前日の高値をブレイクしたあとにできた陰線のはらみ足で、ウエッジでの空売りのセットアップに

図1.20　さまざまなセットアップの分析

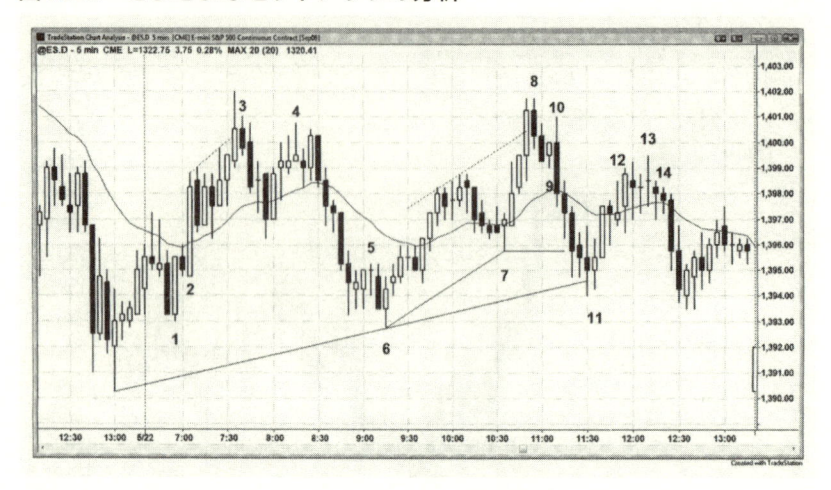

なった。

　足4は2本の同時線のあとにできた同時線で、実体が小さい足は安値と高値と終値が上昇トレンドを形成しているときは良いセットアップにはならない。待っていた2回目の仕掛けのセットアップは2本先の足で、ここではトレンドラインがブレイクされたあとに高値を切り下げた。

　足5はiiの高値を1ティック上抜いたダマシのブレイクアウトで、そのあと足6で再び反転した。この足は、この日の新安値もブレイクアウトしてから反転して足1と共にダブルボトムブルフラッグを形成した。これはダマシのファイブティックブレイクアウトにもなった。

　足7はM2B（EMA上の高値2）のセットアップになる同時線で、足6からの上昇レッグのあと安値を切り上げて買いポイントになった。この足は実体は短いが、2回目の仕掛けポイントでトレンド方向にもなっている。

　足8は陰線のはらみ足で、2回目のレッグアップの終わりに当たり、この日の高値を試している。また、この足はトレンドのチャネルライ

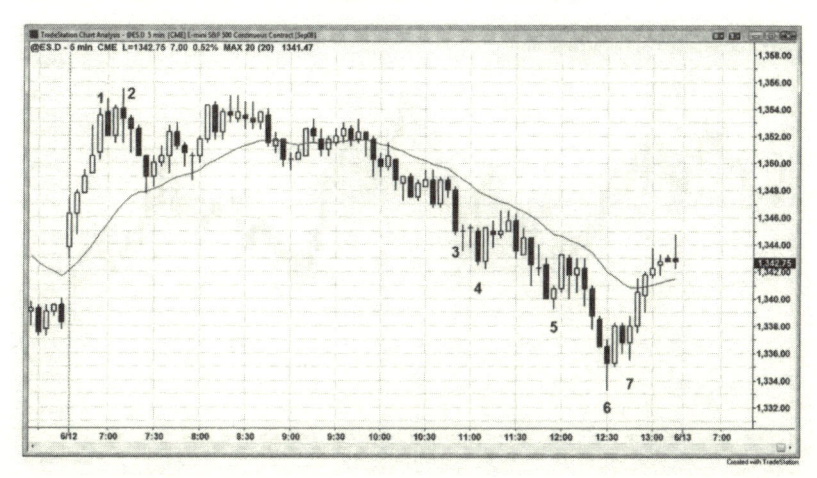

図1.21　良いセットアップと悪いセットアップの例

ンがブレイクアウトされたあとにある。しかし、足7からの上昇モメンタムが強かったため、2回目の仕掛けまで待ったほうがよい。ちなみに、そのチャンスは陰線の包み足である足10で強気の反転が失敗になったときに訪れた。足7からの上げが非常に強力だったため、多くの買い方がその前の2本の陰線と比べて短い強気の反転足9の高値1で買ったが、陰線の包み足の足10ができるとすぐに行き場を失った。これでベア派が主導権を奪還したため、ここから2本のレッグダウンが期待できる。トレーダーを追い詰める包み足はツーレッグにつながることが多い。

　足11は、テクニカル的には高値3になるが、足10の陰線の包み足の落とし穴が（実際には足6からのスイングの高値ではない）下降スイングの始まりと考えれば、高値2のような動きになると予想できる。
　ｉｏｉ（はらみ足－包み足－はらみ足）パターンのなかの陰線のはらみ足の足11は足7を下抜いてから反転する2回目の試しで、トレンドラインをブレイクして反転した。これはトレンドがない日にできたEMAギャップ足2で、買い方を追い詰めた陰線の包み足の足10のあ

とにできた高値2でもあった。

　図1.21の足1は大陽線だが、それまでにはかなりの上昇モメンタムがあるため、空売りは2回目（足2）の仕掛けポイントで考えてほしい。

　足3は陰線だが、次の2本の足が短い同時線になったため、買いのセットアップにはならなかった。短い同時線がカウンタートレンド方向の良い仕掛け足になることはめったにないため、ほとんどのケースではほかのセットアップを待つほうがよい。

　陽線5は下降トレンドの陰線のあとにできた良い反転足で、足4の安値のあとのスリープッシュダウンで、足4から引いたトレンドチャネルラインのブレイクアウトであり、反転でもある。これはスキャルピングの買いとして使える。足6は下降トレンドの最後に急落してできた陰線の長大線で、長い下ヒゲが付いている。この足は、何本かの下降トレンドチャネルライン（表示していない）をオーバーシュートした。そのうえ、その前にも4本の陰線の長大線が続いたため、買うならば2回目の仕掛けとなる足7の陽線の包み足にしてほしい。足7の安値は前の安値を少し切り上げ、そこから2本目のレッグアップが始まった。

　図1.22の足1は大陰線が大きいフラッグ（ブレイクアウトのダマシのセットアップ）をブレイクしたあとにできた比較的短い足で、前の安値をぴったり試した。トレーディングレンジ日に足1が2回反転しかけたことで、これは妥当な買いのセットアップになった。

　足2は、狭いトレーディングレンジをブレイクして9本前の足の高値を切り上げた大陽線のあとに出現した。これは陰線の反転足で、この日の引けに向かって強い下降トレンドにつながり、ブレイクアウトがダマシになって空売りのセットアップにつながった（実際は30ポイント下げて引けたが、そこまで表示するとこの陽線が縮小されてリアルタイムで見たときほど目立つ形にならないため省略してある）。

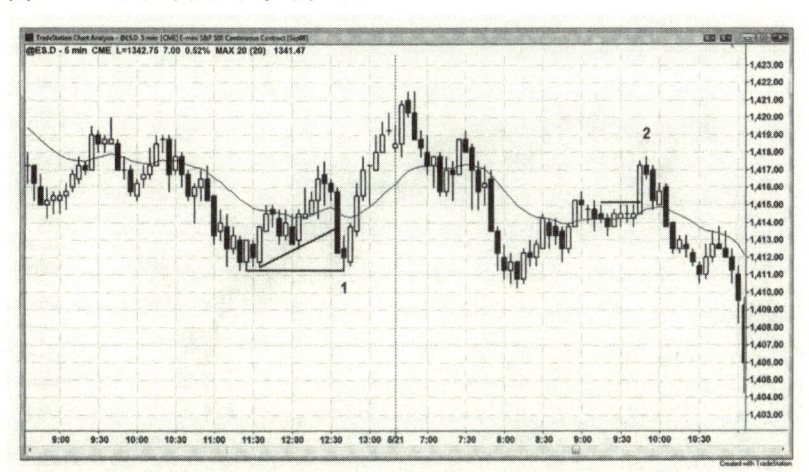

図1.22　ブレイクアウトのダマシ

包み足

　もし現在の足の高値が前の足の高値よりも高く、安値が前の足の安値よりも安い位置にあれば、現在の足は包み足になっている。包み足は読み方が複雑で、分析するときには細かい注意点がたくさんある。長い包み足はブル派やベア派がさらに積極的になっていることを意味しているが、もし終値が足の中央付近にあれば、本質的には１本の足でもトレーディングレンジを表している。そうでなければ、反転足やトレンド足になることもある。包み足は、どのような流れのなかでできたのかという点に注意して判断しなければならない。

　普通のテクニカルアナリストは、包み足はどちらの方向のブレイクアウトでもセットアップの足になるので、その上か下に仕掛けの逆指値注文を置くよう教える。そして、注文が執行されたら執行されなかったほうの注文のサイズを２倍にしろというのである。しかし、５分足チャートの包み足をブレイクアウトしたところで仕掛けるのは、ほとんどの場合賢いとは言えない。特に、包み足が長大線のときは損切

りの逆指値が遠くなってリスクが大きくなるためそう言える（ただし1分足の包み足のブレイクアウトは良いトレードになることが多い）。もし何らかの理由で包み足のブレイクアウトで仕掛け、損切りの逆指値が遠すぎる場合はマネーストップ（例えばEミニで2ポイントなど）を使うか、トレードする枚数を減らせばよい。包み足は1本の足だけのトレーディングレンジで、横ばいの高値で買ったり、安値で売ったりしないほうがよいことを考えれば、包み足のブレイクアウトでの仕掛けは勧められない場合が多い。

ただ、ときにはしこり玉を抱えたトレーダーがいればブレイクアウトしなくても包み足で仕掛けるべきときもある。特に強い動きのあとはそうなることがある。もしトレンドラインがブレイクされたり、トレンドチャネルラインがオーバーシュートされたあとに強く反転して2回目の仕掛けが包み足になれば、素晴らしい仕掛け足になることもある。例えば、2回目にスイングの安値を下回ったり、トレンドチャネルラインをオーバーシュートしてから上昇に転じたりした場合は、買いの逆指値を前の高値よりも足の1ティック上に動かして執行されるのを待つ。ときには、包み足で仕掛けが執行されることもあり、その場合はめったにない良い反転トレードになる。これはレンジの高値近くで買った不安なレンジトレーダーが仕掛けて、すぐに間違に気づいてパニックを起こし、逃げ出すからだけではなく、強力な買い方も買っているからだ。

トレーディングレンジの真ん中にある包み足は無意味で、次にその足の高値か安値付近に短い足ができて逆張りのセットアップにならないかぎりトレードすべきではない。トレーディングレンジのなかの包み足は、みんなが知っていること（つまりブル派とベア派が拮抗していて、どちらもレンジの高値近くで売って、安値近くで買う）を再確認しているだけで、包み足の反対側に向かうことが予想できる。もしマーケットが予想と反対方向にブレイクアウトすれば、様子を見なが

ら包み足のブレイクアウトがダマシになれば、逆張りすればよい。普通は足2～3本のうちにできるはずだ。そうでなければ、プルバックを待ってほしい（ブレイクアウトのダマシのダマシはブレイクアウトプルバックになる）。

　もし包み足の次の足がはらみ足ならば、これはｉｏｉ（はらみ足－包み足－はらみ足）パターンで、はらみ足のブレイクアウトの方向に仕掛けるセットアップになる。しかし、仕掛けるのはマーケットが目標値まで十分動く理由があるときのみにしてほしい。例えば、ｉｏｉが新しいスイングの高値にあれば、下方のブレイクアウトは２回目の仕掛けなので良い空売りができるかもしれない（おそらく包み足の安値が最初の仕掛けになる）。しかし、もしそれがバーブワイヤーのなかで、しかもはらみ足が大きくて包み足の真ん中にある場合は、さらに強力なセットアップを待ったほうがよいだろう。

　トレンド方向の包み足がトレンドが反転した最初のレッグにあって、前のトレンドが強かった場合、この包み足はトレーディングレンジではなく、強いトレンド足として機能する。包み足はトレンド方向の仕掛けがダマシになったということなので、包み足のあとはツーレッグになることが多い。みんなが突然新しい方向に向かうため、モメンタムが高まってプルバックのあとに試されて２本目のレッグができるのである。包み足は、実際には前のトレンドの極値なのだが、トレンドの始まりのように機能する。例えば、もし下降トレンドで足の始めが安値１（または安値２）の空売りポイントになるが、足の終わりには陽線の包み足になって空売りの損切りの逆指値を超えたあとに高値で終われば、この足は新しい上昇トレンドで安値を切り上げたことになる。このダマシによって新しいトレンドには強さがあるとみんなが考えれば、最初のレッグアップは次のレッグアップで試されることになる。このダマシ（下降トレンドの実際の安値ではなく）が上昇レッグの始まりで、そこから２本のレッグアップになるのだ。これでチャー

トはスリーレッグアップになるが、機能的には包み足の安値からのツーレッグアップで、ここでブル派が主導権を握ったことがはっきりした。

しかし、なぜこれは強い動きになることが多いのだろうか。安値1がベア派を空売りに誘ったからだ。そして、仕掛け足が素早く反転して陽線の包み足になり、仕掛けているベア派と仕掛けたいブル派を追い詰めた。マーケットが反転してこれからしばらくは間違いなく上昇することにみんなが気づいており、次の動きを探っている。ベア派は小さく損切りするために押し目を期待し、ブル派は同じ押し目でリスクを抑えて買い増そうとしている。みんなが同じことを待っているときは、わずか2～3ティックのプルバックでも両方がすぐ買ってしまうため、トレンドがかなり進むまでそれ以上大きいプルバックができない。賢いプライスアクショントレーダーはそのことが最初から分かっているため、もし2本の大きいレッグアップを待っているならば最初の安値1と安値2を注意深く観察してダマシになるかどうかを見極める。そして、そのときは包み足の上で仕掛けることになっても（特に空売りの仕掛け足の場合は）、前の足の高値のすぐ上で仕掛けの注文を出す。

包み足に関して最も重要なことは、すべきことが分からなければさらなるプライスアクションができるまで待つということである。

日中に強いトレンドから横ばいに変われば、その日の後半に2回目のレッグができることが多い。**図1.23**でもトレンドが再開している。強いトレンドのなかで包み足がブレイクアウトされると、ツーレッグにつながることが多いことを覚えておいてほしい。足1は包み足で、賢いトレーダーがこの足の安値の1ティック下で空売りの注文を出すのは、熱心な買い方がそこで手仕舞い、あとはさらなる支持線ができるまで買おうとはしないからである。

足2は2回目のレッグダウン（最初のレッグは2本前の高値1の包

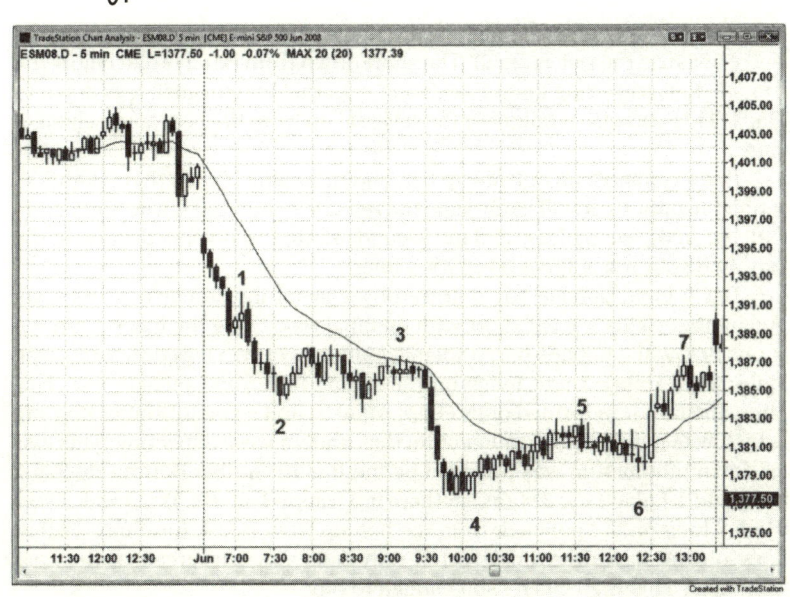

図1.23　強いトレンドは途中で横ばいになってもまた継続することが多い

み足）になった。ブレイクアウトからツーレッグになったあとは、マーケットは調整しようとすることが多い。

　足5は陰線の包み足だが、マーケットは基本的に横ばいで多くの足が重なり合っているため、ブレイクアウトで仕掛ける信頼できるセットアップとは言えない。それに、その次のはらみ足（ｉｏｉの3本目）で仕掛けようとするとトレーディングレンジの安値で売るか高値で買うことになってしまう。買うときは安値、売るときは高値という原則を考えると、この足はブレイクアウトシグナルに使うには大きすぎる。

　包み足は形成されている途中までブル派とベア派の両方が主導権を争っていたということなので、次の何本かの足でさらに反転する可能性があり、判断が難しい。**図1.24**の包み足1は、はらみ足－包み足－はらみ足のｉｏｉパターンを形成している。足2は足1がダマシになったあとのはらみ足をブレイクアウトしているが、このようなこと

図1.24　包み足は判断が難しい

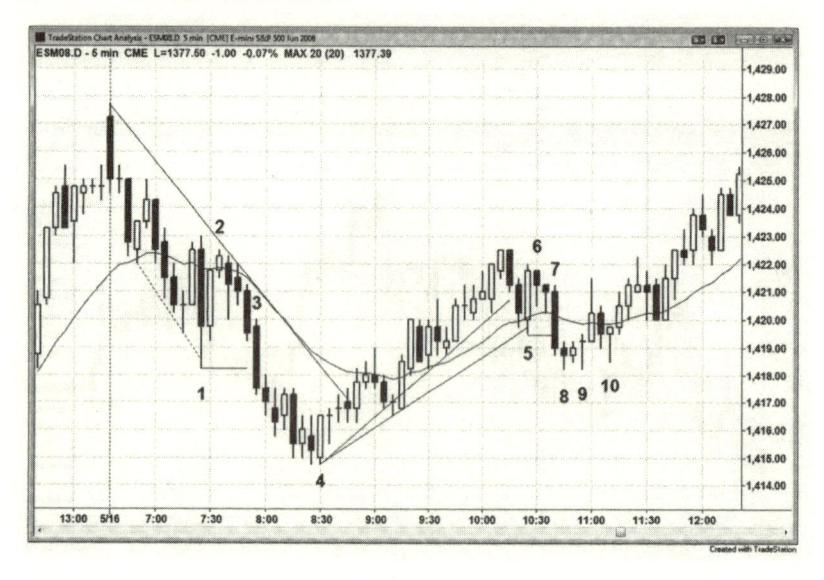

はよくある。足2ははらみ足のセットアップの足が大きすぎてレンジの高値近くで買わなければならないため、ひどい買いトレードになりかねない。しかし、短いダマシの足はリスクが小さいため、素晴らしい仕掛けポイントになる。足2からの下げは先の包み足を下抜いて買い方に損切りをうながしたため、足4までの2本のレッグができた。ここでも、下降トレンドチャネルラインから上げに転じたが、結局はダマシになった。

　陽線4はほぼ包み足であり、トレードでは信頼できるパターンにかなり似ていれば結果も信頼できる可能性が高い。そのうえ足4は2本目のレッグの2本目の陽線で、その日の安値で反転しようとする2回目の試しだったため、買いの素晴らしいセットアップになった。

　足5は包み足で、その高値近くに短いはらみ足が続いている。ここでも最小限のリスクで素晴らしい空売りができる。価格が包み足の下の仕掛けの逆指値に達したら、強い陽線の包み足で買ったブル派は追

図1.25　包み足

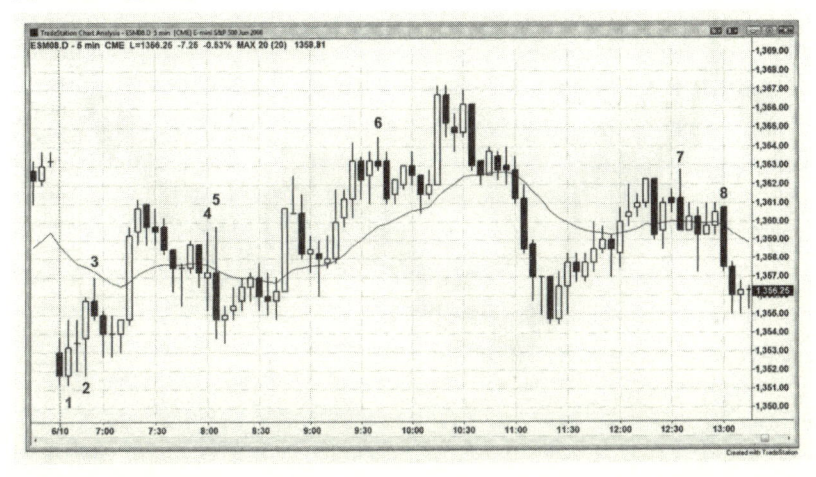

い詰められるため、ツーレッグダウンが予想できる。今回は2本のレッグが同時線（足8と足9）の小さいダブルボトムになって、みんなが期待していた下げのモメンタムにはつながらなかった。そして、下げのモメンタムがなくなったことで、そのあとに足10のダブルボトムプルバックの買いポイントと安値2の空売りポイントのダマシが続き、ベア派は追い詰められた。足9も、足4からの上昇のプルバックにできた高値2の買いポイントで、下降トレンドラインがブレイクされたあとしばらく上昇が続いてからこの日の安値を切り上げた。この高値2だけでも、買いを仕掛ける十分な理由になる。

　図1.25の陽線の包み足である足2は、安値1で空売りした人たちを追い詰めた。

　次の足は、包み足の高値にできた陰線の反転足で、逆張りで空売りを仕掛けるための優れたセットアップになった。このケースのように横ばいで始まった日でも、寄り付きの動きは少なくともスキャルパーにとっては十分利用できる。大きなギャップを空けて寄り付くと、マーケットがそのギャップを埋めようとするときにベア派を追い詰めら

れるため、寄り付きでギャップダウンした陰線を包み足1が上にブレイクアウトしたところで仕掛けるのは良い賭けになる。そのうえ足2の仕掛け足がはらみ足を上抜く前に下抜いたことで、勝率はさらに高まった。2回目の下方への動きがこの日最初の動きに続いてさらに多くのベア派を追い詰めたからだ。

包み足の足4はバーブワイヤーのなかにあり、その次の足は逆張りに使えるような短い足ではなかった。この足はむしろ足4よりも長い包み足で、足4がその前の足を上下にブレイクアウトしたところで仕掛けた買い方と売り方の両方を追い詰めた。

足5の次の足は素晴らしい買いのセットアップになった。これは包み足の安値近くにできた短い足で、小さいリスクで買うことができる。この足は高値2で安値を切り上げた。

弱気の反転足6は包み足の高値近くにある安値2の良い空売りポイントになった。

包み足7はスイングの高値をブレイクアウトしてから下げに転じた。その次の足は安値近くにできた小さい足だが、その高値の上で反転しなかったため、買いポイントにはならなかった。足8の2本前の足も買いポイントになりかけたが、ここでも足7の次の小さいはらみ足の上に置いた仕掛けの逆指値に達しなかった。ここはバーブワイヤーにはなっているが、買いの逆指値に何回も達しなかったことを考えれば空売りすべきなのかもしれない。また、下落の動きは足7の高値から2本目のレッグダウンをもたらした。この日は2本目のレッグがよくできる日のようだ。ちなみに、足8もミクロトレンドラインの空売りポイントの一種と考えてよい。

図1.26の足3までの下落はメジャーなトレンドラインをブレイクし、足2の高値を試したら空売りするよう示唆している。足3は包み足で、反転足と仕掛け足を兼ねている。

足4は大陽線（クライマックス）で高値を切り上げ、そのあとに空

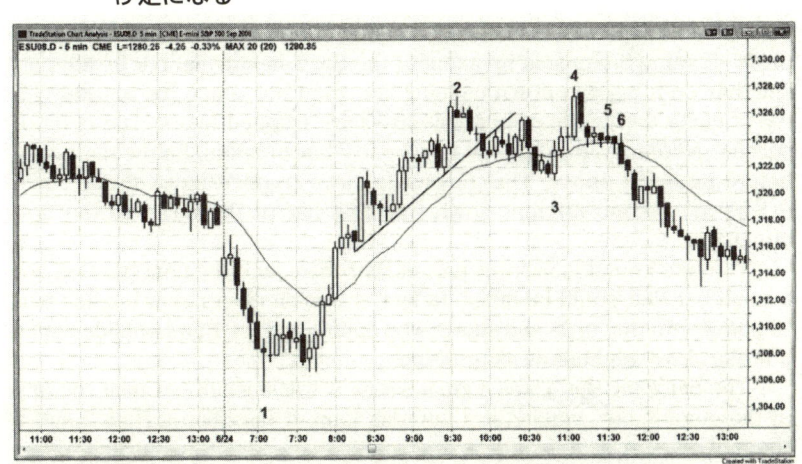

図1.26 包み足はツーレッグのプルバックではトレンド方向の良い仕掛け足になる

売りのシグナルとなる強い陰線のはらみ足を形成した。このような強力なセットアップができると、ツーレッグダウンが期待できる。そこで、賢いトレーダーは高値1と高値2が形成されるかどうかを注視し、もしこの買いのセットアップがダマシになってブル派が追い詰められれば空売りできるように準備をしておく。

足5はダマシの高値1の空売りのセットアップで、足6はブル派を追い詰める素晴らしい落とし穴になった。このダマシの高値2は大きい仕掛け足が反転して陰線の包み足になり、手仕舞いたいブル派と仕掛けたいベア派を追い詰めた。この包み足はただの包み足ではなく、陰線のような動きをした。つまり、包み足の仕掛け足はほんの1～2分でダマシになったため、みんな情報を処理する十分な時間がなかった。しかし、足1～2本のうちに下降トレンドに変わったことに気づき、ブル派は損失を少しでも小さくするために足2～3本のプルバックを待ち、ベア派も空売りのリスクを小さくするためにやはり戻りを待つ。そうなると、2～3ティック戻しただけでブル派もベア派も売り始めるため、足2～3本のプルバックができるのはしばらく先にな

る。

　ちなみに、高値2の買いポイントは過去6本の足のうち5本が陰線で残りは同時線だったため、ひどいセットアップだった。高値2だけではセットアップにはならないのである。特にクライマックスの高値で大きく下げに転じたあとはそう言える。セットアップになるためには早めに強さがなければならず、これはたいていはトレンドラインをブレイクする高値1のレッグや、少なくとも早めの強い陽線で示されることが多い。

その足の終値の重要性

　足は、最後の何秒から何分かで最終的な形が作られる。もしある足が終値を付ける少し前にトレードを仕掛ければ、1ティックくらい有利になるかもしれない。しかし、1日に1回か2回はシグナルで期待したことが起こらずに、例えば8ティックの損失が出ることもある。そうなると失敗トレードを埋め合わせるためには早めの仕掛けが8件必要になるが、そううまくいくものではない。強いトレンドでトレンド方向のトレードならば早めに仕掛けることはできるし、たいていはうまくいくだろう。しかし、強いトレンドでシグナルには自信があれば、足の終値まで待ってその先に置いた逆指値で仕掛けても不利にはならない。トレード中はほかにも判断すべき大事なことがたくさんあるため、早めの仕掛けが適切かどうかを足ごとに決めていく余裕はない。すべきことのなかにその判断まで加えると、良いトレードとそれよりはるかに多いチャンスをたくさん見逃すことになり、その損失はたまにうまくいく早めの仕掛けよりもはるかに大きくなるだろう。

　このことは、すべての時間枠について言える。例えば、日足チャートには安値近くで始まって真ん中辺りで終わる足がたくさんある。これらの足はみんな陽線で、1日のどこかの時点で高値を付けたという

ことを意味している。もしある足が高値で終わると思って高値近くで買ったのに真ん中で終われば、そのときになって間違いに気づく。そして、その日の終わりまで待てばけっして仕掛けなかったようなトレードを持ち越すことになる。

5分足チャートでよく起こる問題が2つある。最も高くつくのは、強いトレンドの底値を探そうとすることだ。トレンドラインがブレイクされると安値が切り下がることが多いが、そうなるとトレーダーは強い反転足を期待する。もし下降トレンドチャネルラインがオーバーシュートされればなおさらだ。セットアップができて強力な強気の反転足が3分くらいたったころにできたとしよう。価格は現在の足の高値近くで2～3分とどまっているため、早めに仕掛けて損切りの逆指値を近くに置きたいカウンタートレンド派が集まってきた（損切りはこの足の下に置く）。しかし、この足が終わる5秒前に価格は下落し、安値で引けた。結局、リスクを1～2ティック減らそうとして早めに買った人たちは2ポイント以上失うことになった。彼らは自ら進んで失敗トレードに飛び込んでいったのである。

また、良いトレードなのに落とし穴にはまることもよくある。例えば、買ったばかりで3～5ティックの含み益が出ているのになかなか6ティックまで行かないとき、4ティックで利食ってもよいのに迷うことがある。そこで、この足が引ける約10秒前に3分足チャートを開いてみると強力な弱気の反転足ができている。そこであせって損切りの逆指値をその足の1ティック下に引き上げるが、その足が終わる直前にマーケットは下落して損切りに引っかかってから、終値の2秒前に数ティック上昇した。そして次の足の最初の30秒でさらに6ティック上げ、賢いトレーダーが一部を利食うのを傍観することになる。良い仕掛けと良い計画があったのに、規律が守れなかったのである。良いトレードだったのに、自分から落とし穴にはまったのだ。もし自分の計画に従って仕掛け足が終わるまで最初の損切りを信頼していれば、

図1.27　底を打った弱気相場（新安値で買いが入り始めている）

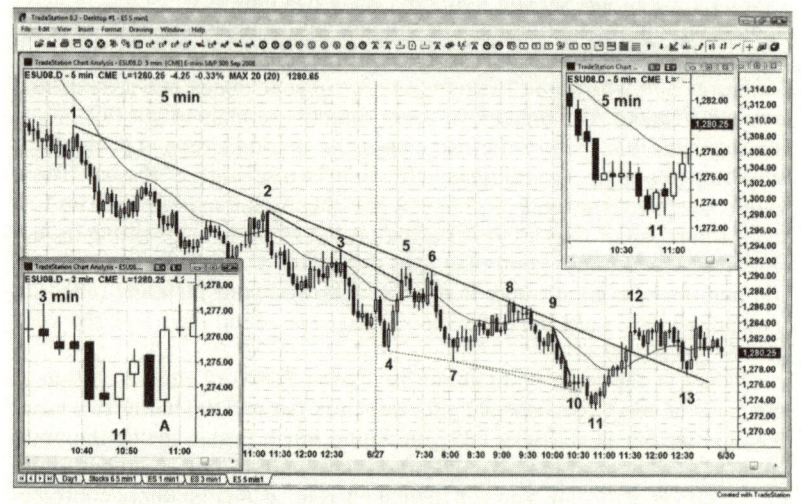

含み益を失うことはなかったのである。

　足の終値に関しては、大事なことがもうひとつある。それは足1本ずつの終値に注意を払うということで、特に仕掛け足とその1〜2本先の足はよく観察してほしい。もし仕掛け足の長さが6ティックならば終値の数秒前に、実体が突然2ティックから4ティックに変わるほうがよいはずだ。そうなれば、スキャルピングで利食う枚数を減らすことができる。これは次の2〜3本の足についても言える。もし終値に勢いがあれば、そうでない場合よりもスイング部分の枚数を増やし、しばらく保有してさらなる利益を狙うことができるからだ。

　図1.27はEミニの5分足チャートで、何週間も強い下降トレンドにあった。しかし、最近大きいプルバックができ始めたため、安値を切り下げるたびに買われ、カウンタートレンド派の利益が上がっている。ブル派は自信を深め、ベア派は利食い始めている。チャートの一部を拡大したのが、左下の3分足チャートと右上の5分足チャートである。

足5はトレンドラインを上抜き、足8も別のトレンドラインを1ティック足らずだが上抜いた。

　足10はiiで、もしその実体だけを見れば実はiiii（4本の連続したはらみ足で、どの実体も前の足の実体よりも小さい）になっている。これは素晴らしいダマシのファイナルフラッグから2本のレッグアップと、もしかしたらEMAの上でギャップになるかもしれない（足12でそうなった）。ちなみに、このギャップ足はプルバックで安値を切り上げたあとに上抜かれる可能性が高い（足13がトレンドラインを試したあとかもしれない）。

　足11は強力な反気の反転足で、安値を切り下げたあと上昇に転じる2回目の試しだった（1回目はiiii）。これは非常に高勝率の買いだったが、損切りの逆指値は安値の下で、仕掛け価格の3ポイント下に置かなければならない。3ポイントは通常のEミニの損切り幅よりも大きいが（たいていは2ポイントで十分）、今回のプライスアクションはそれが必要だと示唆している。もし心配ならば半分のサイズでトレードしてもよいが、このように強力なセットアップは必ず仕掛けて半分はスイングしなければならない。

　次のケースは、リスクを減らすために短い時間枠チャートを見たことで直面する問題の好例と言える。足11は、3分足チャートにも反転足ができており、ヒゲのない陰線が仕掛け足の下の損切りに達して売り方の強さを示していた。この時点で、5分足チャートは損切りにまだ達していないため、どう判断するのかは難しい。5分足チャートのほうが損切りを離して置いているが、早めに損切りしたくなるからだ。もし3分足チャートを見れば、間違いなく強い陰線を見て逃げ出していただろう。ところが、3分足チャートの次の足は、非常に強力な陽線の包み足になり、ブル派が安値を切り上げてその存在を主張していた。しかし、3分足を使ったほとんどの人は損切りに達していたため、怖くて次のプルバックまで仕掛けたくはないと思っている。

大事な反転ポイントにおいて3分足チャートで損切りに達するのはよくあることで、賢いトレーダーはこれを素晴らしいチャンスととらえる。そうなると気の弱い買い方はマーケットから追い出され、価格を追いかけざるを得なくなるからだ。マーケットでは進展が速すぎて2枚のチャートを見て矛盾点を整合してから注文を出す時間がないときがある。そのため、どのようなときでも1枚のチャートに絞ってトレードするほうがよい。

ETFと逆さチャート

　チャートは、少し変えるとプライスアクションがより明確になることがある。例えば、バーチャートや折れ線チャートに変えたり、出来高チャートやティックチャートを見たり、時間枠を変えたり、単純に印刷してみるだけでもよい。また、いくつかのETF（上場投資信託）も参考になる。例えば、スパイダースのチャートはEミニのチャートとそっくりだが、プライスアクションがより明らかなときもある。
　また、いつものチャートを反対の視点で見るとよいこともある。例えば、ブルフラッグが見えていても何かが違うと感じたときは、スパイダースのインバース（対象銘柄の動きと反対に2倍の速さで動く）ETFであるSDS（ウルトラショートS&P500）を見てみるとよいかもしれない。そうすれば、Eミニとスパイダースで見ていたブルフラッグが、SDSでは鍋底になっているかもしれないからだ。そのときは、Eミニのフラッグで買わずにさらなるプライスアクションが展開するまで待ったほうがよい（例えばブレイクアウトを待ち、それがダマシになったところで空売りする）。ちなみに、ほかの株価指数先物（例えばEミニナスダック100やそのETF、QQQQ、そのダブルインバース銘柄、QIDなど）もそのほうがパターンがはっきりと表れるときもあるが、実際にはほとんど役に立たないことが多いため、Eミニとせ

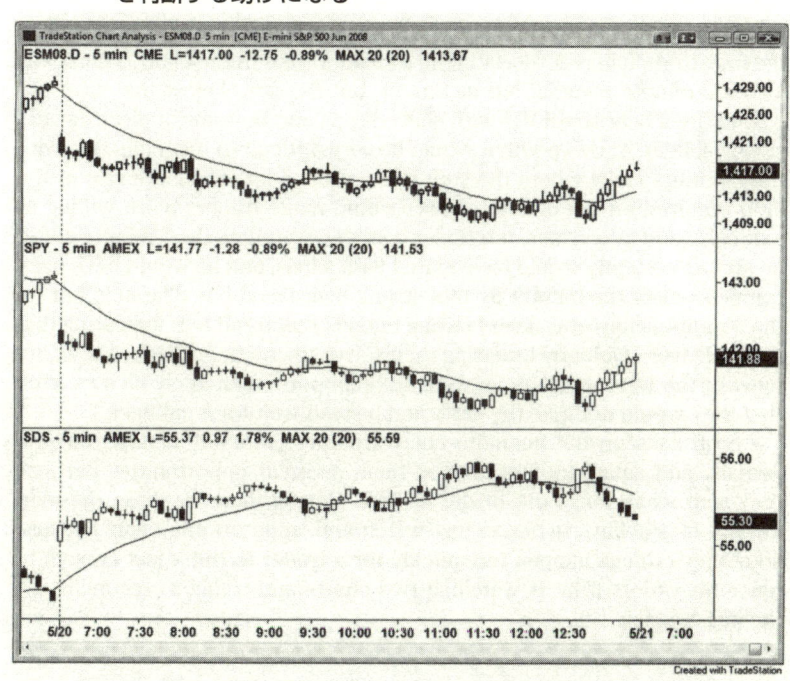

図1.28 SDSは基本的にEミニのインバースで、Eミニのセットアップを判断する助けになる

いぜいSDSにとどめておくほうがよい。

　図1.28の一番上はEミニのチャートで、2番目のスパイダースとほぼ同じだが、スパイダースのプライスアクションのほうが読みやすいときがある。3番目はスパイダースのインバースETFであるSDS（レバレッジは2倍）のチャートで、これを見るとEミニチャートの読みを考え直したくなることがある。

2回目の仕掛け

　日足チャートの底には、多くのトレーダーに新しい上昇トレンドの可能性を信じさせる安値からの2回目の反転がある。この2回目の仕掛けはほとんどの場合、最初のそれよりも利益率が高いトレードにな

る。売り方は２回目も価格を下げようとするが、マーケットでは何かが２回続けてダマシになったときは反対の動きにつながることが多い。

　どの時間枠でも、２回目の仕掛けが最初よりも有利な価格になっているときは落とし穴の場合もあるので疑ってみてほしい。良い２回目の仕掛けは、最初と同じかむしろ不利な価格になっていることが多い。２回目に仕掛けたトレーダーは遅く仕掛けた分リスクを最小限に抑えようとするが、マーケットは追加の情報料をトレーダーに負担させようとする。もしその負担が少なければ、ダマシの高値２か安値２であなたの資金を奪おうとしているのかもしれない。

　２回目の仕掛けを探すトレーダーは積極的で自信があり、たいていは短い時間枠のチャートで仕掛けている。つまり、５分足チャートのトレーダーが仕掛けるときにはすでにたくさんのトレーダーが仕掛けたあとで、価格が少し不利になっている。もしマーケットが良い価格を提示しているときは、何かを見落としていないかと疑い、トレードしないという選択肢も考慮してほしい。有利な執行はたいていは悪いトレードになる（そして不利な執行は良いトレードになる）。

　もし逆張りするときに、例えば上昇トレンドでのプルバック（押し）で買って、その動きには４本程度の強いトレンド足または２～３本の大きいトレンド足があったとすると、反対方向の注文を出すにはモメンタムがありすぎる。このようなときは仕掛けないで少し待ち、２回目のプルバックの足でマーケットが２回目に反転しようとするところで仕掛けてほしい。

　良いセットアップの２回目の仕掛けは成功することが多いため、もし失敗したらマーケットを読み違えたと思って３回目はウエッジ（トレンドチャネルラインのダマシのブレイクアウト）でないかぎり仕掛けてはならない。

　図1.29には２回目の仕掛けがたくさんあり、１つを除いてどれも価格は１回目と同じかそれよりも不利になっている。ところが、足10

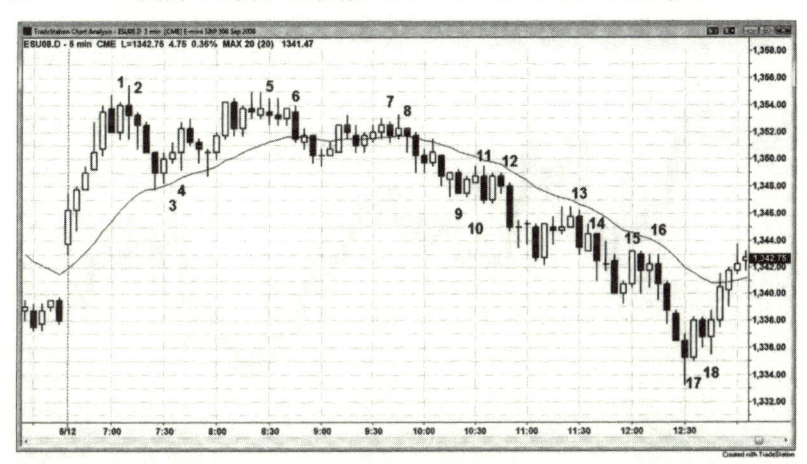

図1.29　2回目の仕掛けは素晴らしいシグナルであることが多い

の買いは足9の買いよりも1ティック良い価格を示している。通常、マーケットでは「良い執行は悪いトレード」の原則が適用される。もし有利な価格で仕掛けられるときには、自分のチャートの読みが間違っていると考えてトレードしないほうがよい場合が多い。

図1.30の足1はこの日の新高値での安値1の空売りポイントだが、その前に陽線が5本あって売るには上方のモメンタムが大きすぎる。賢いトレーダーは空売りする前にブル派の2回目の上げの試しが失敗するかどうかを見極めようとし、2回目の空売りポイントである足2でそうなった。

足3はこの日の新安値での最初の買いポイントだったが、その前に終値が強気でない足が6本続いたため2回目の買いポイントを待つほうが理にかなっている。それが足4だった。通常、トレードしようとしているのと反対方向のトレンド足が4本以上できれば、それは2回目の仕掛けを選んだほうが良いことを意味している。

足5は高値2だが、その前に陰線が4本あるため、下降モメンタムが強すぎた。このケースは2回目の仕掛けに発展しなかったため、長

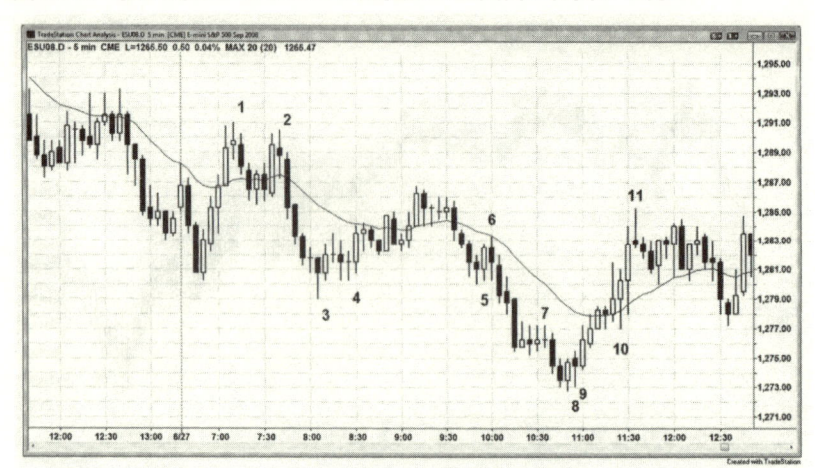

図1.30　強い動きがあるときの逆張りは2回目の仕掛けを待つ

い動きのあとにｉｉフラッグ（7本前の足）の反転で買えば良いトレードになることが多くても、賢いトレーダーは待つことで損失を回避した。

足7のｉｉはダマシのファイナルフラッグの可能性がある。ここは足8で買うこともできるが、その前の反転足がさらに前の足と大きく重なっているうえ、足6からの下げが強すぎる。次は、下げようとした足のあとにできた足9で2回目の仕掛けができる。

足10は足8の安値のあと2本の陰線のあとにできた安値1だが、その前に安値を切り上げた足が6本あり、ブル派の力が強すぎることを示している。2回目の仕掛けは、弱気の反転足11だった。

見逃して仕掛けるのが遅くなったトレード

もし最初のチャンスで仕掛けていて、今もまだそのトレードの一部を保有し続けていると思うのならば、今すぐ仕掛けるべきだということはどのチャートについても言える。ただし、仕掛けるときは最初に

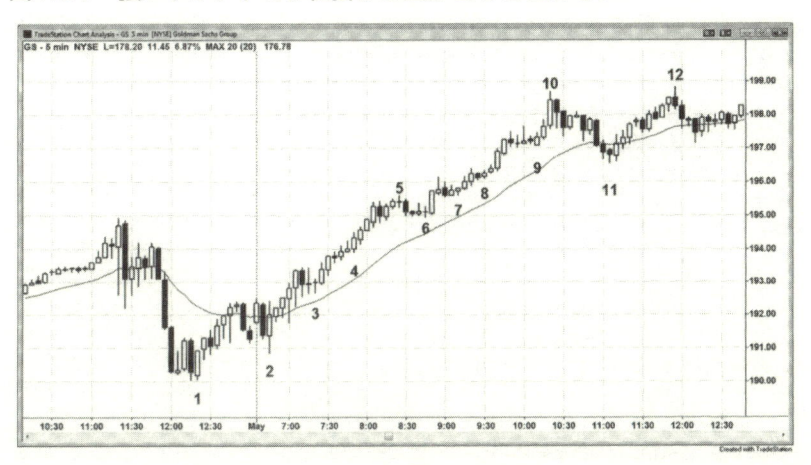

図1.31　強いトレンドでは仕掛けが遅すぎることはない

仕掛けたとして現時点で保有しているはずのスイング部分の枚数にして、同じトレイリングストップを使ってほしい。例えばゴールドマン・サックスが強いトレンドにあるときに、もし最初のチャンスならば300株仕掛けて損切りの逆指値を1.50ドル離して置き、今は100株保有しているはずならば、今買うのは100株で損切りの逆指値はやはり1.50ドルのところに置いてほしい。今買う枚数と最初のチャンスで買ってスイングしているはずの株数に論理的な違いはない。含み益の出ているトレードだから他人のお金をリスクにさらしていると考えるほうが気持ちは楽かもしれないが、あまり現実的ではない。それはあなたのお金で、あなたがとっているリスクはいつ買っても1.50ドルなのである。そのことを分かっている人は躊躇しないで仕掛ける。それができないのは、前に仕掛けたとしても今保有しているとは思っていないか、感情面のコントロールができていないかのどちらかだろう。

　図1.31で、ゴールドマン・サックスは前日の引けの前に大きく下落したあと上昇して下降トレンドラインをブレイクした。そして、高値２のあとの陽線１が２回目の買いのチャンスになった。

寄り付きでは足3本が下げてEMAと前日の終値を試したあと上げに転じてオープニングリバーサルになり、ツーレッグの調整の安値を切り上げた。

　もし買いのチャンスに気がつかないで足4の辺りで初めてチャートを見たとすれば、陽線が連続しているのを見て寄り付きで仕掛けていれば今でもその一部を保有していたはずだと思うだろう。もしこのトレーダーが通常トレードするのは300株で、足3で仕掛けていれば足4の辺りで損切りの逆指値をトントンに引き上げて100株をスイングしていたはずならば、今は100株買って損切りの逆指値を足3のシグナル足の高値（ゴールドマン・サックスは損切りに達することが多いので高値の10セント下でもよい）に置く。そのあとは、ポーズとプルバックを見ながら買い増してもよい。足6のあとの高値2で買い増したあとは、ポジション全部の損切りをシグナル足6の1ティック下に動かし、あとはトレイリングストップで追わせていけばよい。

　仕掛けるのが遅くなっても、最初のチャンスで仕掛けたのと同じ損切りの逆指値を置けば、最初のチャンスで仕掛けて一部をスイングしているのと同じ状態にすることができるのである。

第2章 トレンドラインとトレンドチャネル
Trendlines and Trend Channels

トレンドラインとトレンドチャネルラインはどちらもトレンドと並行の直線だが、トレンドとは反対側にあり、2本合わせてプライスアクションを挟むチャネルを形成している。トレンドラインはトレンド方向のトレードのセットアップになることが多く、トレンドチャネルラインはトレード可能な反転を探す助けになる。ちなみに、曲がった線は直線と違って主観的すぎるため、素早く仕掛けるときに考慮すべき点が多すぎる。

トレンドライン

トレンドラインは、プルバック（押しや戻り）でトレンド方向に仕掛けたいときやブレイクされたときに反対方向に仕掛けるとき役に立つ。トレンドラインはスイングポイントを使って描くこともできるし、線形回帰分析などで最適化した線でもよいし、単純に最も近そうなところに描いてもよい。また、トレンドチャネルラインをトレンドラインの側に平行に動かしてもよいが、トレンド方向のシグナルはほとんどが普通のプライスアクション分析に基づいたものなので、この線が必要になることはほとんどない。最適化したトレンドラインは、ローソク足の実体だけを使い、ヒゲは無視して描かれることもある。これ

はウエッジパターンで、形がウエッジ（くさび）に見えないときなどによく行われる。トレンドラインはたいていは明らかなので実際に線を描くことはあまりない。もし描いたとしても、マーケットがそれを試したことを確認したらすぐに必要なくなることが多い。

　一連の高値と安値によってトレンドが確立すれば、トレンドラインがブレイクされるまではトレンド方向のトレードが最も利益が上がる。価格がトレンドライン近辺までプルバック（押したり・戻したり）したときは、トレンドラインをオーバーシュートしたり、アンダーシュートしたりしても、反転したらトレンド方向に仕掛ける。トレンドラインがブレイクされたあとで、その状態が２～３時間以上続いたとしても、プルバックのあとはトレンドとの極値が試される可能性が高い。そしてその試しのあとはトレンドが継続するか、反転するか、トレーディングレンジに入る。トレンドラインのブレイクに関して最も重要な点は、マーケットが一方の側（買い方か売り方）だけに支配されている状態ではなくなったことを示す最初のサインだということで、両方向のトレードが増える可能性が高くなったことを意味している。トレンドラインは、ブレイクされるたびに新しいトレンドラインの基礎となる新しいスイングポイントができ、それに基づいて新しいトレンドラインを描くことができる。通常、連続したトレンドラインは傾斜が急でなくなっていく。これはトレンドがモメンタムを失っていることを示している。そしてどこかの時点で、マーケットを支配する側がベア派からブル派（またはその逆）に代わって、反対方向のトレンドラインのほうが重要になる。

　トレンドラインのブレイクの強さは、カウンタートレンド派の強さを示している。カウンタートレンド派の動きが大きくて速いほど、マーケットがトレンドの極値を試したあとで反転する可能性は高くなる（例えば、上昇トレンドの高値を試す高値の切り上げや切り下げのあと）。

また、ギャップを空けての寄り付きや大きいトレンド足は実質的なブレイクアウトと考え、それぞれを１本の足のトレンドとして扱う必要がある。これはブレイクアウトの多くがダマシになり、そのとき逆張りのセットアップができている場合に備えて準備を整えておかなければならないからである。次の２〜３本の足が横ばいならば、それがトレンドをブレイクさせることになる。これらの足はフラッグを形成して、そこからトレンド方向の動きにつながるが、ときにはブレイクアウトがダマシになって反転することもある。横ばいがトレンドラインをブレイクしたときは、良いシグナル足があれば逆張りの可能性を探してほしい。

　図2.1のトレンドラインのなかでどれが有効かを考えてみてほしい。どれもトレードにつながる可能性はある。すべてのスイングポイントをひとつ前のポイントと結び、それを右に伸ばして価格がその線に達したり突き抜けたりしたときにどうなるかを見てほしい。また、トレンドラインがだんだん水平になっていき、ある時点で反対方向にそれまでよりもメジャーなトレンドラインができることにも注目してほしい。

　実際のトレードで、トレンドラインかもしれない線が現在の足とどれくらい近いのかが分からないときは、実際に線を描いてそこに達したかどうかを確認してからすぐに消せばよい。トレード中はチャート上に線があると邪魔になるため、不要になればすぐに消したほうがよい。それよりも足に集中し、トレンドライン自体よりもそれに近づいたときの動きに注目してほしい。

　トレンドが進むとカウンタートレンド方向の動きがトレンドラインをブレイクするが、それはほとんどがダマシになってトレンド方向のセットアップができる。ダマシのブレイクアウトは、新しくて長くて傾斜が緩いトレンドラインを描くための２つ目の点になる。そして、いずれダマシのブレイクアウトがダマシになり、ブレイクアウトプル

図2.1　すべてのトレンドラインが重要

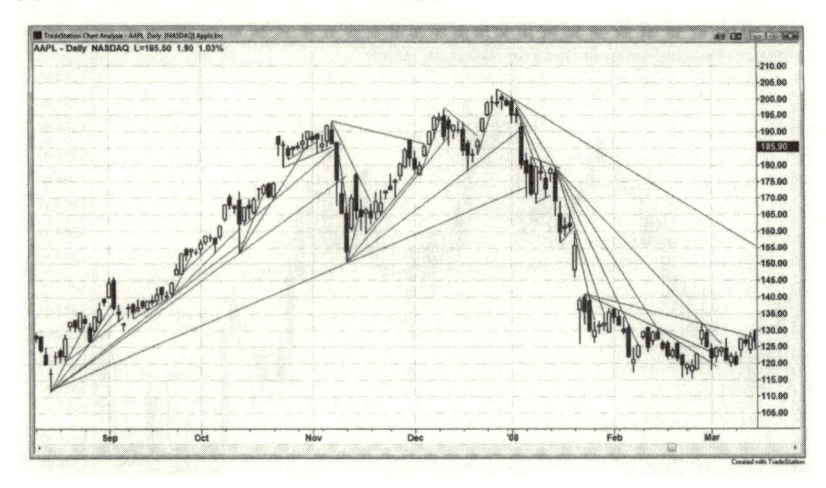

バックになると、反対方向のトレンドラインが描けるようになる。メジャーなトレンドラインがブレイクされると、反対方向のトレンドラインのほうが重要になり、その時点でトレンドは反転した可能性が高い。

　トレンドラインは、トレンドチャネルラインを使って描くこともできるが、この線を使っても普通のプライスアクション分析ですでに判明しているもの以外のトレードが見つかることはほとんどない。

　図2.2のトレンドラインは、下降トレンドの足1～4の下降トレンドチャネルラインを足2の高値を基点に平行に描いた。こうすると、トレンドチャネルラインの始まりと終わりである足1と足4のすべての価格が2本の線のなかに収まる。

　足6はこの線を上抜いて反転する2回目の試しなので、良い空売りのセットアップになった。

　このトレンドラインは、足2と足5のそれぞれの高値を結んで描いたトレンドラインとほとんど見分けがつかないため、空売りを探しているトレーダーにとって付加価値はない。知識として覚えておけば十

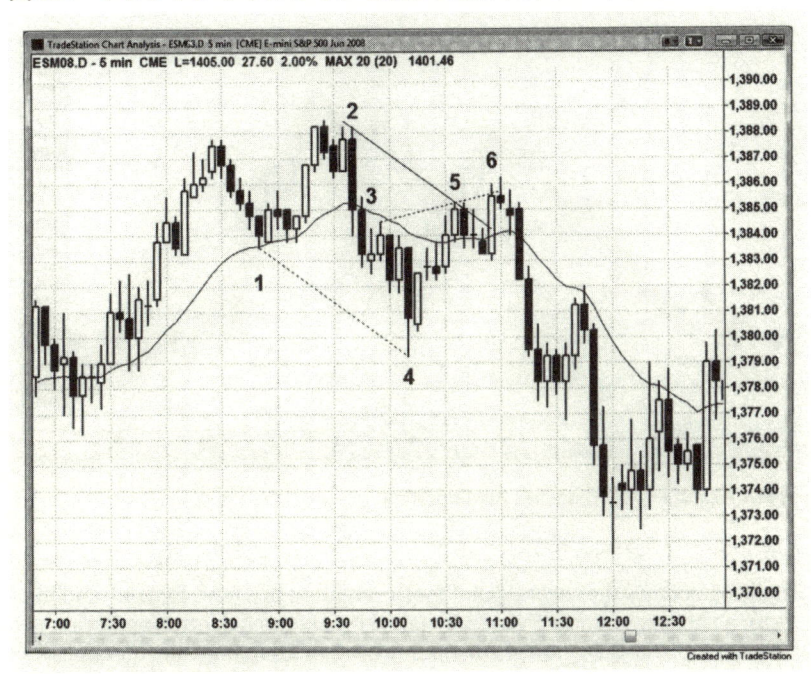

図2.2 トレンドチャネルラインを使って描いたトレンドライン

分だろう。

　足6は、足3と足5を結んだトレンドチャネルラインをオーバーシュート（価格が重要な価格を超えること）してダマシになったため、足6での空売りはデュエリングライン（反対方向のトレンドラインとトレンドチャネルラインが交差している）トレードの一例になっている。

　図2.3の足2から足3のトレンドチャネルラインを足1を基点に平行に描けば、トレード可能な反転の目安となるトレンドラインを描くことができる。このEミニの1分足チャートでは、ツーレッグのプルバックがトレンドラインを下抜いてから上げに転じた。

　長大線2は、1本足のトレンドと考えるべきだろう。横ばいもトレンドラインをブレイクするが、たいていはこの図のようにフラッグを

図2.3　トレンドチャネルラインを平行に動かして引いたトレンドライン

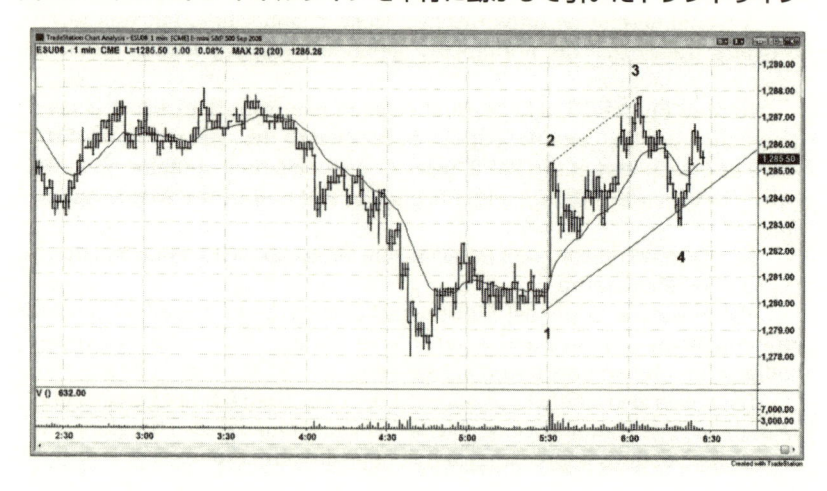

形成する。しかし反転することも多く、良いシグナル足があればトレードすることができる。

　図2.4のようにヘッド・アンド・ショルダーズのパターンができそうなときは、ネックライン（足2と足6を結んだ線）として描いたトレンドチャネルラインを左のショルダー（足1）まで動かせば右のショルダー（足8）ができそうな場所を予測することができる。ただ、仕掛けの場所を探すときには直近の足のほうが常に重要なのでこれはさほど重要ではない。このチャートも、知識として覚えておいてもらえばよい。ちなみに、高値を切り下げた足8は、足5と合わせてダブルトップベアフラッグ、小さいウエッジ、そして足6の安値からの強気のスパイク・アンド・チャネルになっていることから、ヘッド・アンド・ショルダーズに関係なく足8では空売りを仕掛けてほしい。

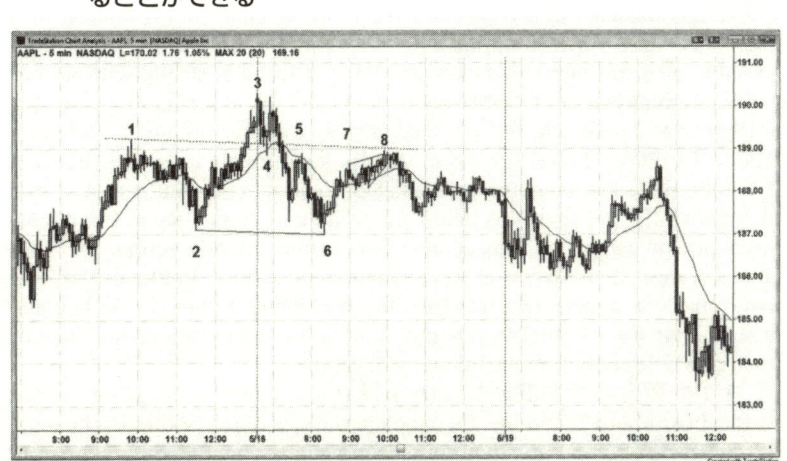

図2.4　トレンドチャネルラインを使って右のショルダーの場所を予測することができる

ミクロトレンドライン──強いトレンドのなかの小さくて急なトレンドライン

　ミクロトレンドラインはどの時間枠でも連続した２〜10本程度の足のほとんどに接しているかそれに近い線で、トレンドラインと似ているが、そのなかの足の１本がトレンドラインのダマシのブレイクアウトになっている。実は、このダマシのブレイクアウトがトレンド方向の仕掛けのセットアップになり、上昇トレンドでの高値１の買いや下降トレンドでの安値１の空売りのなかでは最も信頼できるタイプと言える。このセットアップは小さいが（たいていは足１〜２本分しかない）、強力なブルフラッグやベアフラッグになっている。しかし、もし足１〜２本の間にダマシになれば、カウンタートレンド方向のチャンスになることが多く、実質的なブレイクアウトプルバックの仕掛けとダマシのファイナルフラッグになる。ミクロトレンドラインのダマシのブレイクアウトのほとんどは１分足チャートでは高値１と高値２か安値１と安値２のプルバックになっているが、１分間チャートを追

107

ってもすべてのトレードを仕掛けるのは不可能なので、結局たくさんの不利なトレードを選ぶことになり、資金をなくすことになる。プルバックがない強いトレンドで仕掛けたいときは、1分足チャートで高値2か安値2のプルバックを探すこともできるが、5分足か3分足チャートでミクロトレンドラインのダマシのブレイクアウトを使って仕掛けるのも同じくらい簡単だ。このブレイクアウトは、おそらく1分足のプルバックなので、ブレイクアウトのダマシで仕掛ければよい（上昇トレンドならばトレンドラインを下抜いた足の1ティック上で仕掛ける）。小さくて急なトレンドラインは、たとえそれが2本の連続した足をつなげたものであっても、トレンド方向のセットアップになることがよくある。もしトレンドが急ならば、小さなプルバック足かポーズの足がその小さいトレンドラインを突き抜けることがあり、そのときはそれがトレンド方向の仕掛けのシグナル足になる。Eミニの場合、突き抜けても1ティックにも満たないときもあるが、それでも有効であることに変わりはない。

　ブレイクアウトプルバックの仕掛けがダマシになったときは（例えば、下落しているなかの弱気のミクロトレンドライン）足の実体の大きさに注目してほしい。もしそれがトレンド足ならば、この2回目のダマシ（ダマシのブレイクアウトとそのあとのダマシのブレイクアウトプルバック）はトレード可能な安値2の空売りチャンスの可能性が高い。しかし、その足が同時線に近い大きさならばバーブワイヤーになるかもしれないが、それでも下方のブレイクアウトの可能性は高い。自信がないときは、ほとんどの人もそう思っているし、バーブワイヤーになる可能性も高いため、もう少し待てばよい。

　ミクロトレンドラインは、やはりダマシのブレイクアウトの反転を教えてくれるミクロトレンドチャネルラインを描くのにも使える。ミクロトレンドチャネルラインは、通常はミクロトレンドラインを平行に移動させて描く。しかし、ミクロトレンドラインの最初の2～3本

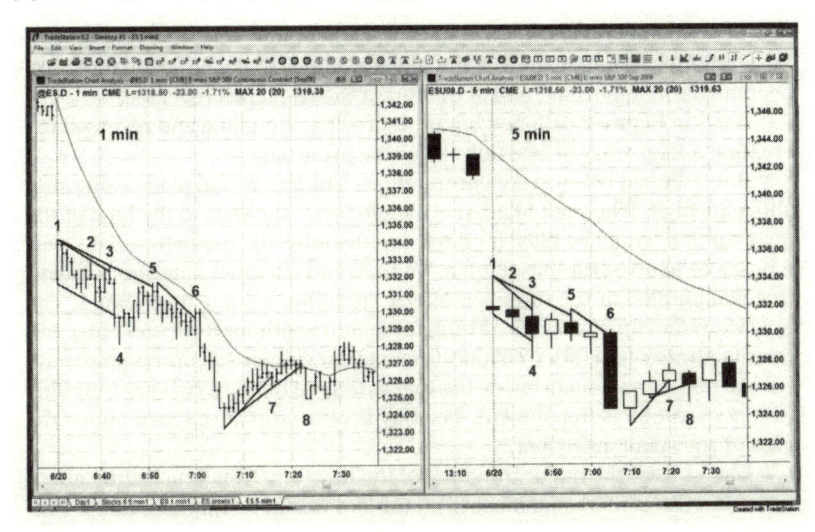

図2.5　ミクロトレンドラインは素晴らしい仕掛けを教えてくれる

の足のあとで、足の反対側がまだ完成していないミクロトレンドラインに近づいてくることがある。

　最後に、ミクロトレンドラインのなかに長くて（例えば、足10本分）狭いチャネルがあるときはダマシのブレイクアウトがダマシになる可能性が非常に高まり、ブレイクアウトプルバックの反転は少なくともスキャルピングには使える。特にトレンドが長く続いているときには、そうなることが多い。

　ミクロトレンドラインは１日中たくさんのスキャルピングのチャンスを提供しており、普通はあまりトレードする価値がない１分足チャートでは特にそう言える。**図2.5**の左側のチャートはＥミニの１分足チャートで、右側の５分足チャートと同じところに数字が振ってある。どちらも小さいトレンドラインのダマシのブレイクアウトが利益の高い逆張りにつながることを示している。１分足チャートにはほかにもトレードチャンスがあるが、ここでは５分足のミクロトレンドラインが１分足チャートのもっと明らかで長いトレンドラインに対応してい

ることを示すことが目的なので、5分足チャートが読めるならば仕掛けるためにわざわざ1分足チャートまで見る必要はないということが分かればそれでよい。ちなみに、これらのトレードの多くは、1分足チャートを使ったスキャルピングでもうまくいくだろう。

5分足チャートのミクロトレンドラインのブレイクには1ティック未満で見落としやすいものもたくさんある。例えば、5分足チャートの足3、足5、足6、足7はミクロトレンドラインのブレイクがダマシになっているが、ほとんどのトレーダーにはそうは見えないだろう。ただし、足5のブレイクアウトは特に重要で、空売りの良いスキャルピングにつながった。ちなみに、これは下降トレンドラインを上抜こうとしてダマシになった2回目の試しだった（1回目は足3）。

プライスアクショントレードは、小さい動きにも使える。1分足チャートの足8は高値を切り上げたあとのブレイクアウトの試しで買いのセットアップになっているが、マーケットが下げて仕掛けの2本先で足8のシグナル足の安値を試しても、シグナル足の下に置いた損切りの逆指値には達しなかった。また、1分足のこの部分にはさらに小さい「重要な反転」もある。チャートの安値からの上昇ミクロトレンドラインのあとで足7がそれをブレイクアウトし、そのあと高値を切り上げてこの小さい上昇トレンドの極端な足を試しているところだ。ただ、このパターンは非常に小さいため、当然ながら足8までの「トレンドの反転」はスキャルピングにしか使えない。

急なトレンドでは、2〜3本の連続した足だけで描いたトレンドラインでもすぐに反転する小さいブレイクアウトがあればトレンド方向のセットアップができることもある。新しいブレイクアウトは、より長くて水平なトレンドラインが描ける2点目のポイントになるが、いずれ反対方向のトレンドラインのほうが重要になるとトレンドは反転する。

図2.6の足1は、その前の3本の足のトレンドラインを下抜いてか

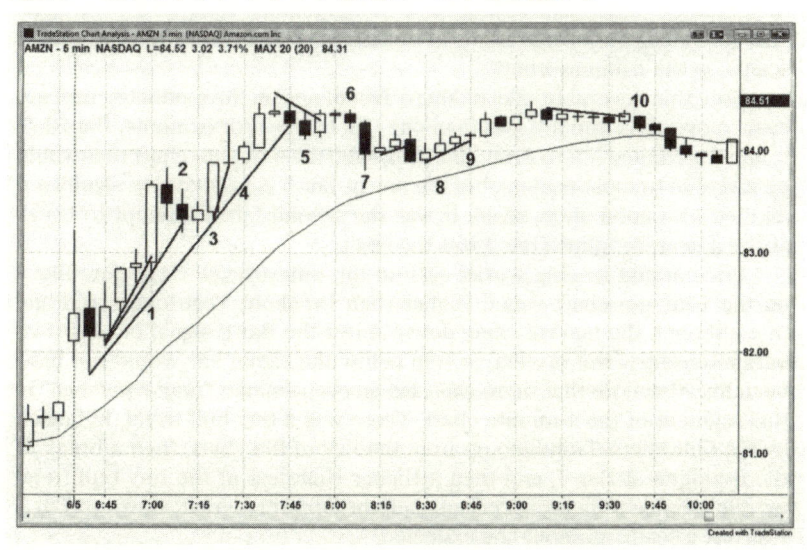

図2.6　ミクロトレンドラインは足2～3本でも描ける

ら上昇に転じ、前の足の1ティック上で買う機会になった。

足2は、それまでの6本の足で描いたトレンドラインを下抜いた。この足の上に買いの逆指値注文を置いてほしい。しかし、それが執行されなければ買い注文を次の足の高値に動かすと足3で執行された。ちなみに足2の前の足は、足1の直近3本の足を使って描いたミクロトレンドラインと平行のミクロトレンドチャネルライン（表示していない）に基づいた空売りポイントになっていた。ただ、2回目の仕掛けでもないかぎり空売りするには上昇モメンタムが強すぎる。それでも、このケースはミクロトレンドチャネルラインがカウンタートレンド方向のトレードをセットアップできることを示している。小さいはらみ足4は、その直近2本の足のトレンドラインを伸ばせばそれを下抜いている。買うときは、この小さいはらみ足の高値の1ティック上に逆指値を置いて仕掛ける。

足5はこの日のメジャーなトレンドライン（1時間程度続くトレンドラインは重要）をブレイクしたため、ツーレッグのプルバックが予

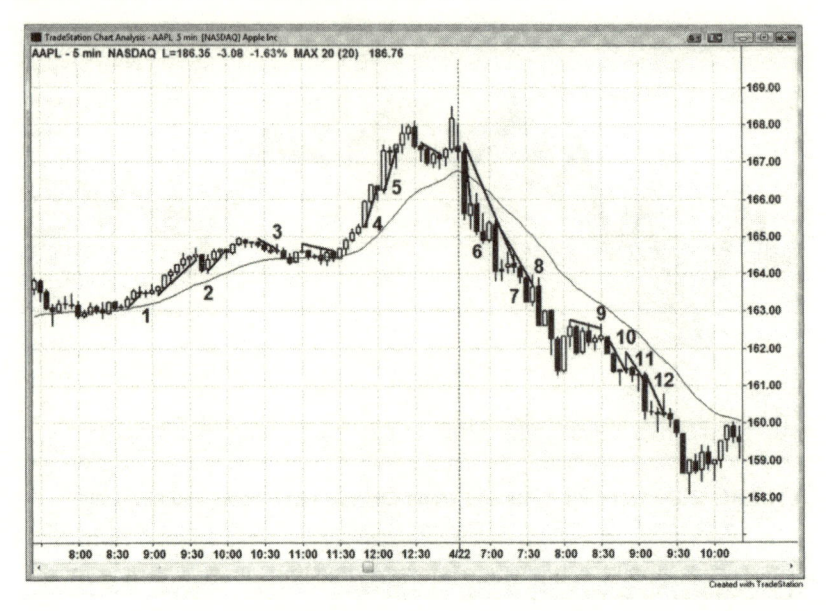

図2.7 強いトレンドのなかのミクロトレンドライン

想できる。足5の次の足が下降トレンドラインを上抜いたあとは、高値を切り下げた足6で空売りを仕掛ける。このとき、足5のあとのような小さい同時線ならば大きいトレンド足ができるまで待ってから仕掛けたほうがよいが、このアマゾンのトレンドラインの反転でも30～50セント程度のスキャルピングはできた。

　強いトレンドのなかの小さいトレンドラインは、たとえ連続した足で描いたものであっても、試しが失敗しても（ブレイクアウトがダマシ）、トレンド方向の良い仕掛けポイントになることが多い。これらの多くは、1分足チャートで高値2や安値2のセットアップになっているが、**図2.7**のように5分足チャートでブレイクアウトがダマシになれば、わざわざ1分足チャートを見る必要はない。

　トレード中はトレンドラインがどこになるかはだいたい分かるため、実際に描く必要はほとんどない。

　Eミニの1分足チャートは、トレンドラインの試しやトレンドチャ

図2.8 トレンドラインへの試しやトレンドチャネルのオーバーシュートと反転

ネルのオーバーシュートが反転したところでの仕掛けチャンスを１日中教えてくれる。**図2.8**の突き抜けの多くは１ティック未満だが、それでも意味がある。ちなみに、ここで示したトレンドラインはほんの一部であり、これ以外にもたくさんある。

連続するトレンドラインは少しずつ傾きが緩くなっていき、いずれ反対の側がプライスアクションを支配し始める。

図2.9はダウ平均が１日で700ポイントも下げたあと引けにかけてその約半分を戻した珍しい日で、たくさんのミクロトレンドラインとチャネルトレードがある（図中で示してあるのは４つのみ）。

足５はミクロトレンドチャネルラインでの反転で、チャネルラインは足１～４を結んだミクロトレンドラインと平行になっている。ちなみに、チャネルラインは足１のあとの足の安値から足３の安値を結んで描くこともできる。そして２本の足が強気で終わったところは素晴らしいｉｉセットアップになった。強い下降トレンドで逆張りするときは、このような形が望ましい。

足７と足９はミクロトレンドラインのブレイクアウトがダマシにな

図2.9 ミクロトレンドラインとチャネルトレード

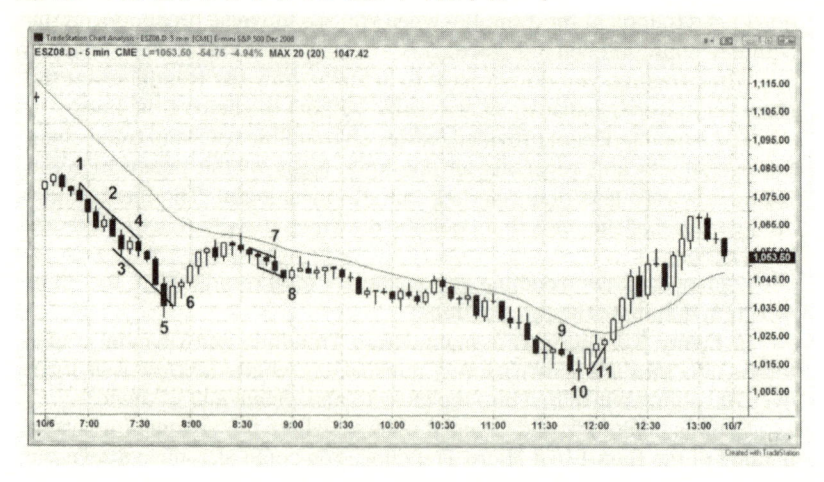

っており、スキャルピングの空売りポイントになったが（安値1のセットアップ）、どちらもすぐにダマシのダマシになってスキャルピングの買いポイントになった。これによって、実質的にブレイクアウトプルバックの買い（どちらも安値を切り下げた）とダマシのファイナルフラッグ（1本足のベアフラッグである足7と足9からのブレイクアウト）になった。

　足5からの上昇はEMA（指数移動平均線）を試し、トレンドラインをブレイクしたため、買い方は足5の安値を試したところで2回目の買いチャンスを探した。足10は安値を切り下げているうえ、足5の安値をブレイクしたあと上昇しようとする2回目の試しだった。この安値の切り下げは足5の安値を下回りすぎていたうえ、トレンドライン（足1～4を伸ばしたところ）をブレイクした上昇からも時間がたちすぎていて理想的とは言えないが、それでも2回目の仕掛けでシグナル足も終値を上げているし、ミクロトレンドラインブレイクのダマシも失敗に終わった。

　ちなみに、ここには描いていないが、足5の安値からのミクロトレ

ンドラインを小さい６本の陰線がブレイクしている。そして、そのあとに高値を切り上げてこの小さな上昇トレンドの極値が試されると、下降するEMAの近くで下げに転じた。このときのプライスアクションも、メジャーなトレンドの反転と同じで、トレンド、トレンドラインのブレイク、トレンドの極値を上抜こうとする試し、２回目の試しが失敗して反転、という順に展開した。マーケットが何かを２回試してどちらも失敗になれば、次はその逆を試してみることが多い。

　足11は、強い上昇からあなたを追い出そうとする典型的な落とし穴である。ここで手仕舞ってしまうと、ミクロトレンドラインブレイクアウトのダマシである足11の上の高値１でもう１回買わなければならない。

　ちなみに、この日の足の多くは６～８ポイント以上の長さだった。このようなときはポジションサイズを半分以下にして損切りの逆指値の位置を４ポイント離し、目標値を２ポイントにするのが賢明だ。それ以外は分かりやすいプライスアクションの日だった。

水平線——スイングポイントとほかのカギとなる価格水準

　マーケットでほとんどを占めるトレーディングレンジ日には、スイングの高値や安値を通る水平の線がバリアになってブレイクアウトがダマシになると価格は反転する。スイングの高値のブレイクアウトがダマシになって高値を切り上げ、スイングの安値のブレイクアウトはダマシになって安値を切り下げると思っておいてほしい。ときには、ダマシのダマシになって２回目のさらに極端な高値の切り上げや安値の切り下げになることもある。この形の多くはスリープッシュパターンの一種であることから、２回目の高値の切り上げや安値の切り下げのセットアップはさらにうまくいく可能性が高い。

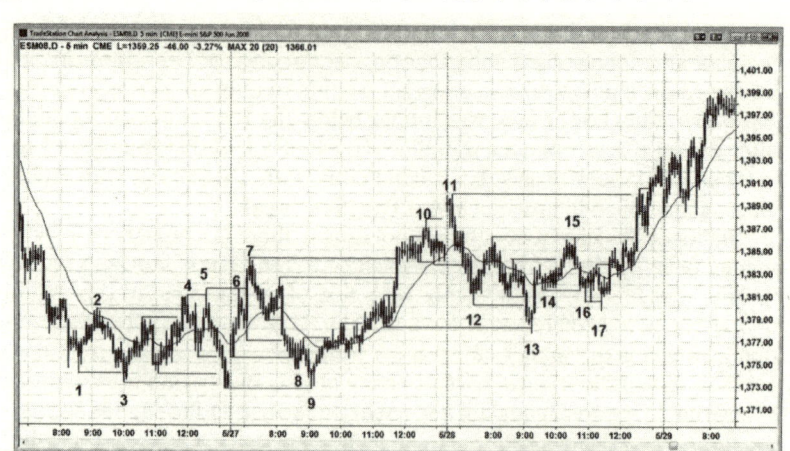

図2.10　ブレイクアウトのダマシになった水平のトレンドライン

　トレンド日の水平線は、通常ダブルトップベアフラッグやダブルボトムブルフラッグといったパターンを使ってプルバック（押しや戻り）で仕掛けるときのみ使われる。トレンドラインが明らかにブレイクされて極値への試しが失敗に終われば、良い反転のセットアップになるかもしれない。強い反転足の2回目の仕掛け（高値2か安値2）ならばなおさらだ。

　強いトレンド日はあまり多くないため、そうでない日はそれまでのスイングの高値と安値への試しが失敗して反転する仕掛けポイントを探してほしい。高値2と安値2の仕掛けが最も望ましい。2回目の高値の切り上げか安値の切り下げはトレーディングレンジ日の極値になり、昼ごろは吸引効果もあるため、さらなる極値はスキャルパーの利益を生み出す可能性が高い。例えば、図2.10の足5は、足2から見て2回目の高値の切り上げになった（足3からはスリープッシュの上昇）。

　足9はこの日の寄り付きよりも下で、安値を切り下げている（拡大トライアングルの底の7つ目のポイント）。

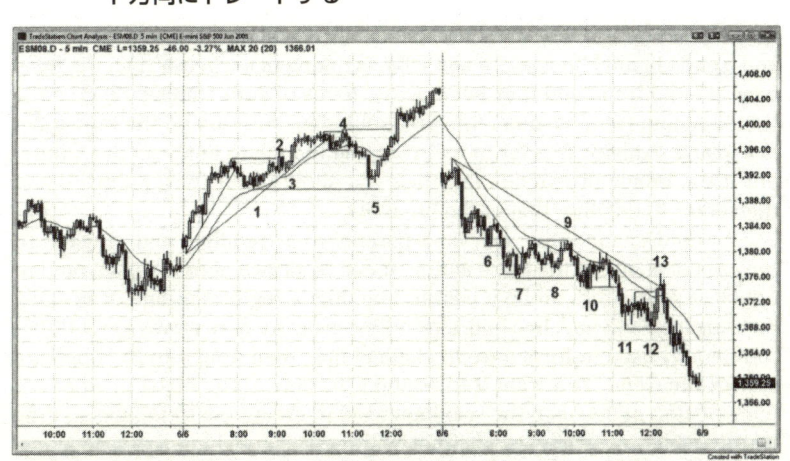

図2.11 最初にトレンドラインがブレイクされれば、カウンタートレンド方向にトレードする

足13は、大きいダブルボトムプルバックになっている。ダブルボトムとしていくつかの組み合わせが考えられるが、ここでは足3と足9が最適だと思う。

足15は、ダブルトップベアフラッグになっている。これが失敗に終わると、マーケットは明らかに強気になった。

足17は、足14から見て2回目に安値を切り下げ、足16から見ても安値を切り下げている。

図2.11の2日間は、どちらも寄り付き近くで極値を付けたあと2時間近くEMAまでプルバックすることがなかった（2HMの日）。強いトレンド日に逆張りを考えるのは、最初にトレンドラインの良いブレイクアウトがあったときで、上昇トレンドならばスイングの高値、下降トレンドならばスイングの安値のみにしてほしい。今回カウンタートレンド方向の仕掛けとして許容できるのは、足4、足8、足12だろう。しかし、これらのブレイクアウトはカウンタートレンド方向のモメンタムが最低限しかなかったため、ここで仕掛けたとしてもスキャルピングにとどめてほしい。それに、もしそれが利益の多くを占め

るトレンド方向の仕掛けのジャマになるのならば、見送ったほうがよい。

　足1と足5はダブルボトムブルフラッグを形成しており、足9はダブルトップベアフラッグの一部だった。

　足5と足13はどちらもスイングの終わりの逆張りポイントで（足5はスイングの安値のブレイクアウトで逆張り、足13はスイングの高値のブレイクアウトで逆張り）、トレンド方向の素晴らしい仕掛けチャンスになった（EMAギャップ足［安値がEMAの上にある足］、11時30分の落とし穴）。

トレンドチャネルライン

　トレンドチャネルラインは、プライスアクションを挟んでトレンドラインと反対側にある同じ傾斜の線である。上昇トレンドでは、トレンドラインは安値の下で、トレンドチャネルラインは高値の上にあり、両方とも右上に向かっている。トレンドチャネルラインはトレンドが行きすぎ、かつ速すぎるときには逆張りするために役立つツールとなる。この線をオーバーシュートして反転するとき、特に2回目にそうなるときを探してほしい。

　トレンドがあるときは、それを挟むトレンドラインとトレンドチャネルラインを見つけてほしい。マーケットはいずれそのチャネルラインをどちらかの方向にブレイクする。ほとんどのトレンドチャネルラインは、反転してから再度チャネルに引き返すが、ときにはそのまま進んでさらに急なトレンドになることもある。また、ほとんどのトレンドラインのブレイクはダマシになるが、それが新しいスイングポイントになり、それを通る新しくて傾きが少ないトレンドラインができれば、トレンドが弱まっているのかもしれない。価格はいずれトレンドラインをブレイクしてさらに先まで進み、強いモメンタムがあるた

めプルバックは前のトレンドの極値には達しなくなる。このスイング
ポイント（新しい上昇トレンドの安値の切り上げ、または新しい下降
トレンドの高値の切り下げ）とそれまでのトレンドの最後の価格を最
初のポイントとして使って、始まったばかりのトレンドのトレンドラ
インを描くことができる。新しいトレンドが進展すると、その動きを
教えてくれるのは前のトレンドのラインではなく新しいトレンドのト
レンドラインとトレンドチャネルラインになるため、今度はこの2本
に注目しなければならない。トレンドラインとトレンドチャネルライ
ンのブレイクアウトのほとんどはダマシになるため、ブレイクアウト
で仕掛けるのは負ける戦略と言える。それよりも、ダマシで仕掛けた
ほうがはるかに利益になるが、もしブレイクしてそのまま進めば、プ
ルバックを待ってブレイクアウトの方向に仕掛けてほしい。

　トレンドチャネルラインは、トレンドラインと平行の線をプライス
アクションの反対側に動かしてもよいし、トレンドラインの反対側の
スパイクをつなげてもよいし、回帰分析や目測で適正化して描いても
よい。上昇トレンドのトレンドラインは、2つの安値を結んで描く。
もしこの線を使ってトレンドチャネルラインを描くならば、トレンド
ラインをトレンドの反対側に動かせばよい。トレンドチャネルライン
は、トレンドラインを描くのに使った2本の足の間にある高値よりも
上にしたいため、そのなかで最も高い足まで動かす。ときにはトレン
ドラインをそのもととなる2本の足の外側にある足に固定してみると、
トレンドの感覚をさらによくつかめることもある。トレンドが最もよ
く見えるように工夫をしてほしい。

　一方、トレンドチャネルラインは独自に描くとよい。下降スイング
では、トレンドラインは高値の上で下方に傾斜している。トレンドチ
ャネルラインも似たような傾斜になっているが、下降スイングの安値
をどれか2つ選んで描く。トレンドチャネルラインは、そのスイング
のなかのすべての足よりも下にあるときが最も役に立つため、そうな

るように2本の足を選ぶとよい。

　トレンドチャネルラインのオーバーシュートとウエッジには深いかかわりがあり、これらを観察したりトレードしたりするときは同じように扱ってよい。多くのウエッジはトレンドチャネルラインのブレイクアウトがダマシになって反転トレードのきっかけになるし、トレンドチャネルラインのオーバーシュートと反転はほとんどがウエッジの反転になっている。ただし、ウエッジが完璧な形にならないときや、一見そうとは分からないときもある。ちなみに、トレンドチャネルラインをトレンドラインと平行の線として描くとウエッジらしい形にならなかったりまったくできなかったりすることもあるが、それでも実際にはできていることが多い。

　トレンドチャネルラインをオーバーシュートすると反転につながることが多いことはみんなが知っているのに、なぜそうなるのだろうか。早めに仕掛けた人たちは、この線に達するのを阻止しようとしないのだろうか。実は、間違った側にいる初心者のトレーダーが含み損を抱えたポジションを耐えきれなくなるまで保有して、ある時点で一気に損切りすることで、爆発的で放物線状のクライマックスを迎えることをみんな期待しているのである。しかし、Eミニのような巨大マーケットでは、それだけで反転するわけではない。賢いトレーダーは、トレンドラインを強くブレイクしたあとのプルバック（押し・戻り）か、トレンドチャネルラインをオーバーシュートしてから反転しなければ、カウンタートレンド方向のトレードは仕掛けない。例えば、もし上昇トレンドでいわゆるスマートマネーが上昇トレンドチャネルラインを上回るまで買い続けたあと利食うと、途中で何回かダマシになってもそのうちに長くて急な線が現れる。しかし、最終的な線はマーケットの総意で決まる。それと同時に、利食いが終わったトレーダーの多くが空売りに転じ、ポジションを持っていなかった人たちの多くも空売りを仕掛ける。それ以外の賢いトレーダーは、チャート上で反転を待

つ。そしてついに反転すると、あらゆるタイプのチャートで一斉に仕掛けが始まる（1～5分足チャート、出来高チャート、さまざまなティックチャートなど）。

しかし、みんなが天井が近いと思ったら、スマートマネーはもう買いには関心がない。彼らは空売りに転じ、その多くは高値が近いと信じながら高値が更新されて含み損が出てもポジションを保有し続ける。実際、多くは高値を超えてもポジションを積み増して売値の平均を上げるとともに、売り圧力をかける。大口プレーヤーは空売りのことしか考えていないため、逃げ出すようなことはないが、まれに2回目の仕掛けが失敗になったり、大きな損失（例えば仕掛けよりも3ポイントも上がる）になったりしたときは例外もある。この時点でマーケットに買い方は残っていないため、価格は下げる以外にない。

このとき、カギとなる転換点での出来高を見てほしい。膨大になっているはずだ。これには、機関投資家がある側を手仕舞って、別の側で仕掛けていたり、別の機関投資家がほかのマーケット（株、オプション、債券、通貨など）のヘッジとして反対側のポジションを建てていたりする以外に論理的な理由はない。彼らは、高値で先物を買ったり安値で売ったりしてほかのマーケットのリスクを相殺したほうがリスク・リワード・レシオが高くなると考えているのだ。それ以外に説明がつかない。この出来高は、小口の個人トレーダーがスクイーズに遭って高値で買っているような量では明らかにないからだ。マーケットにはバカなトレーダーもたくさんいるが、高値で買う人たちの出来高をすべて合わせても機関投資家の出来高にははるかに及ばないのである。

オーバーシュートの反転は、機関投資家に染み付いたトレード心理の一部なので避けることはできない。彼らはもしチャートを見ていなくても、ほかの条件に従ってマーケットが行きすぎたから手仕舞うか反転し、それが必然的に一般トレーダーが目にするプライスアクショ

121

図2.12　トレンドチャネルラインはトレンドの方向を示しているが、トレンドラインとはトレンドを挟んで反対側にある

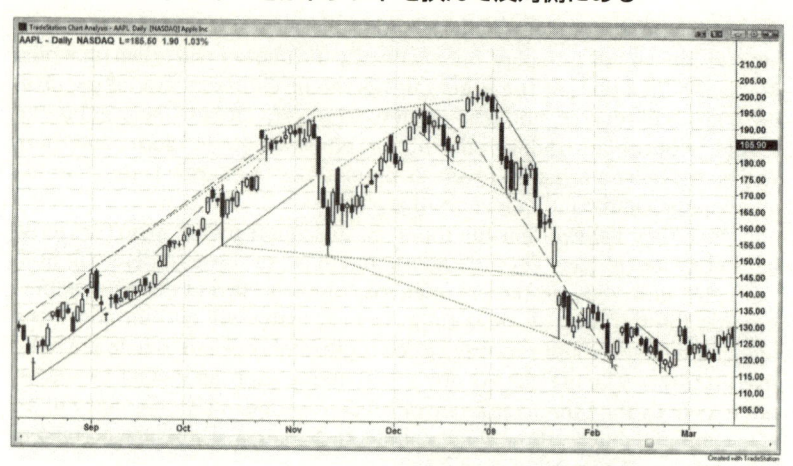

ンと合致する。プライスアクションは、膨大な数の賢い人たちがそれぞれマーケットで最高の利益を上げるために活動したことによる価格の動きを記した軌跡だということを思い出してほしい。大きいマーケットでこれを操作することは不可能なので、基本的な動きはいつも同じになる。

　ちなみに、トレンドのファイナルフラッグの傾斜からは、新しいトレンドのおおよその傾斜が分かる。もちろん、トレードを仕掛けるためにはほかにもっと重要な要素があるため、この情報はトレーダーにとってさほど役には立たないかもしれないが、面白い観察結果ではある。

　これらの線を右に伸ばして、価格がチャネルラインを突き抜けたときの動きをよく見てほしい。

　トレンドチャネルラインには、通常２通りの描き方がある。ひとつは、トレンドライン（**図2.12**の実線）と平行の線をプライスアクションの反対側に動かす方法で、トレンドラインのもととなった２本の足のスイングポイントに接するところに置く（破線）。このスイング

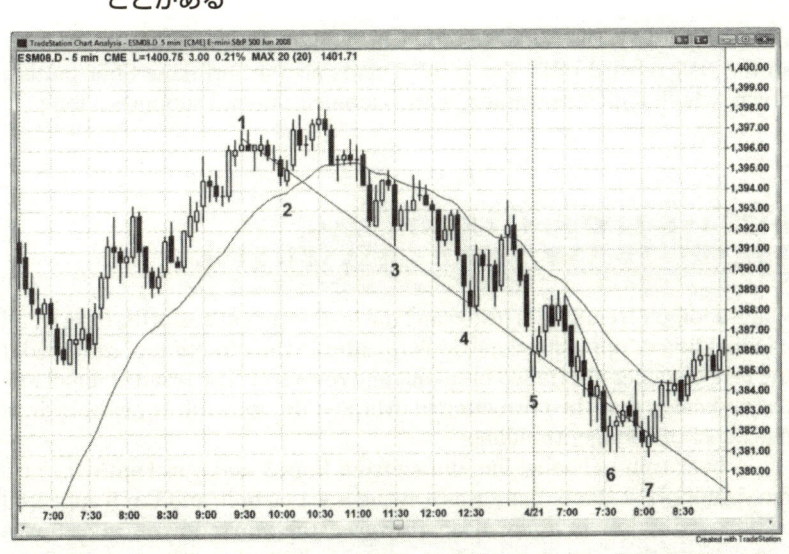

図2.13 ファイナルフラッグの傾斜は新しいトレンドの傾斜を左右することがある

ポイントは、2本の線の間にすべての足が収まるような点を選ぶようにする。もうひとつは、トレンドラインと関係なくスイングポイントを通る線（点線）を描く方法である。最適化した線でもよいが、これらはあまりトレードの役には立たない。

図2.13では、上昇トレンドのファイナルフラッグの傾斜が次の下降トレンドの方向を示している。足1と足2の間に描かれた線形回帰のトレンドラインは、翌日まで続いた下落のおおまかな弱気のトレンドチャネルラインになっている。これが足7での買いに貢献した可能性もあるが、足7は単純にトレンドラインのブレイクだったことと、寄り付きの安値を下抜いて反転する2回目の試しだったことに基づいた買いだった。もし直近のプライスアクションがトレードを正当化できるならば、それに基づいて注文を出すほうが30本以上も前の足に頼るよりもはるかに良いことが多い。

図2.14には、足2～3のトレンドラインを、足1を基点に平行に

図2.14　トレンドチャネルラインの変形

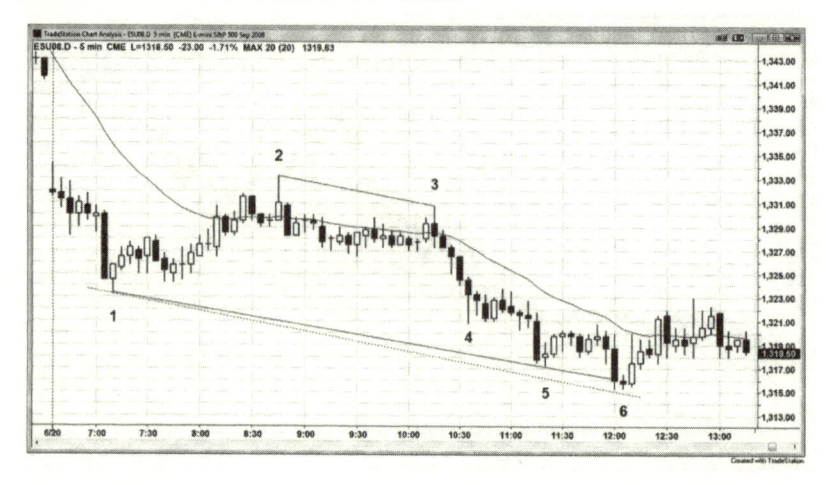

描いた線がある。このトレンドチャネルライン（点線）を足5は突き抜けていない。また、この線が固定された足1はトレンドラインのもとになった足2と足3の間にはない。しかし、トレーダーは常にあらゆる可能性を考慮しておかなければならない。もし突き抜けたり反転したりする動きがあれば、足5の安値から始まるツーレッグアップの可能性も高まる。

　足1と足5を使った簡単なトレンドチャネルラインを足6が突き抜けたが、足1と足5はかなり離れているうえに足5と足6は近いことから、この線がカウンタートレンド方向のトレードのもとになる理想的な線とは言い難い。トレンドラインを使ったトレードは3回目のレッグで試されたときが最もうまくいくが、足5と足6は実質的に同じレッグのなかにある（足4、足5、足6のスリープッシュダウン）。ただ、それでも足6は小さくてリスク・リワード・レシオが良いため、このトレードは仕掛ける価値がある。これは下げのシュリンキングステアパターンでもあり、下げのモメンタムが衰えて買い方が優位になりつつあることを示している。

図2.15　トレンドラインやトレンドチャネルラインを描くときは前のトレンドを含めてすべてのスイングポイントを考慮する

デュエリングライン──トレンドラインとトレンドチャネルラインの交差

　長いトレンドラインが試され、そこに反対に傾斜した短期のトレンドチャネルラインがあるときは、そこを試せば（ブレイクアウトのダマシと反転）、トレンド方向の仕掛けを考えてほしい。反対方向のトレンドチャネルラインの試しは調整の終わりを示しており、そこで長いトレンドラインを試せば完璧なトレンド方向の仕掛けポイントになる。

　図2.15の足3～5に描いた下降トレンドチャネルラインは、足6の支持線になっている。足3は上昇トレンドのなかのスイングの安値だったが、足5は新しい下降トレンドのスイングの安値のように見える。しかし、足6までの下げは単純に上昇トレンドのなかの大きなツーレッグの調整だった。足6はデュエリングライン（上昇トレンドラインと反対に傾斜した下降トレンドチャネルラインが交差している）になっており、交差したところで上げに転じているが、このようなこ

図2.16　デュエリングライン

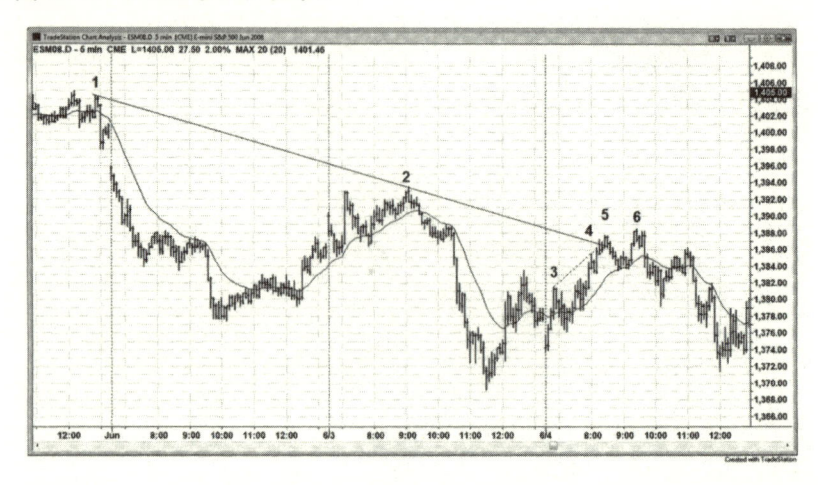

とはよくある。足6までの下げは急だったため、2回目の仕掛けとなった足7の安値の切り上げまで待って、その高値の1ティック上に置いた仕掛けの逆指値で買うのがよいだろう。

　下降トレンドチャネルラインは、足4の高値のあとの2本のスイングの高値を結んだトレンドラインを足5で固定して描くこともできる。ここで大事なのは、全体の形を見てからプライスアクションをうまくとらえるトレンドチャネルラインを選ぶことにある。そして、その線を突き抜けたあとのマーケットの反応をよく見てほしい。

　図2.16の足4は下降トレンドラインを試してから小さい上昇トレンドチャネルライン（足3～4）をオーバーシュートしたため、デュエリングラインパターンで空売りのスキャルピングができる。また、足6はわずかに高値を切り上げて2回目の仕掛けチャンスになった。

第3章 トレンド
Trends

　トレンドの存在に気づくことがなぜ重要なのだろうか。なぜなら、ほとんどのトレードはトレンドの方向に仕掛けるべきだからだ。トレンド方向にチャンスがあれば、それらはすべて仕掛けるべきで、カウンタートレンド方向にはあまり仕掛けるべきではない。トレンドは、それに早く気づくことができるほど利益を上げるチャンスが広がる。カウンタートレンド方向のセットアップばかり探していると、利益が大きなトレンド方向のトレードを見逃すことになる。マーケットは常に行きすぎているように見えるし、行きすぎた下降トレンドの安値付近で売ったり、行きすぎた上昇トレンドの高値で買ったりしても、うまくいくようには思えないため、トレンド方向に仕掛けるのは勇気がいる。しかし、それだからこそ仕掛けるべきなのである。マーケットはカウンタートレンド派を誘い込み、もし彼らが損切りしたところで仕掛ければ、たとえ行きすぎに見えても彼らがあなたの望む方向にマーケットを動かしてくれる。この第3章では、毎日探すべきトレンドパターンをたくさん紹介していく。もし寄り付きから1～2時間でこのどれかのパターンができつつあることに気づくことができれば、トレンド方向の高勝率トレードをいくつも仕掛けることができる。トレーダーは1日中何回もその日の動きがこの第3章後半で紹介するトレンドのどれかと似ているかどうかを判断しなければならない。そして、

もし似ていれば、無理をしてまでもトレンド方向にトレードを仕掛けてほしい。

　トレンドとは、上昇トレンドでは価格がおおむね上がっており、下降トレンドでは価格がおおむね下がっている状態を言う。これは、短ければ１本の足（トレンド足は短い時間枠のトレンドを表している）のときもあれば、目の前の画面で表示できる期間よりも長い場合もある。トレンドはおおよそ４種類――トレンド、スイング、プルバック（押し・戻り）、レッグ――に分けることができるが、複数のタイプにまたがるものもある。このなかで、トレンド以外の３つは別の時間枠では別のタイプにもなり得るため、違いはあくまで指針でしかない。例えば、60分足チャートで見た上昇トレンドでのプルバック（押し）は、１分足チャートでは強い下降トレンドになっているかもしれない。また、あるトレンドは10のスイングから成っていて、各スイングには１～４つのプルバックがあり、各プルバックには１～４のレッグがあるかもしれない。さまざまな大きさのスイングはひとつのレッグにまとめられることもあるなど、タイプの違いはさほど重要ではないが、それぞれの名称の意味には若干の違いが込められている。

　ディスプレイ上で価格が左上か左下から始まって対角線上の角で終わり、間に大きな変動がなければトレンドがあることは簡単に分かる。例えば、もし左端の足が画面の左下近くにあり、右端の足が右上近くにあって、ディスプレイ中央に大きな上下スイングがなければ、これは上昇トレンドである。１枚のチャートに示されるトレンドはせいぜい１～２本しかない。

　もしチャート上に３本以上のトレンドがあれば、上下両方向の動きがさまざまなトレードチャンスを生み出すため、ほかの３つに分類したほうがよい。スイングとレッグは小さいトレンドで、どんな画面でも少なくとも２つはある。スイングという言葉は、もしディスプレイ全体が横ばいだとしても２つ以上の小さいトレンドがあるときに使わ

れる。

　レッグはトレンドのなかにある小さいトレンドで、プルバック（トレンドに反する値動き）や、トレンドや横ばいのなかのスイング、トレンドのなかの２つのプルバックの間にあるトレンド方向の動きなどがある。

　プルバックは、トレンドやスイングやレッグのなかの一時的なカウンタートレンド方向の動きである。例えば、強気のプルバックとは上昇するトレンドやスイングやレッグのなかの横ばいか下方の動きで、そのあとに少なくとも前の高値を試す。１本または複数の連続した足が一時的な停止やモメンタムの喪失を表していれば、もし価格が実際に後退していなくてもプルバックと言える。このなかには１本のはらみ足も含まれるが、もちろんこれは前の足の安値を下回ったり高値を上回ったりしない。１本の足のプルバックは、ポーズの足とかプルバックの足と呼ばれる。これらの足は、短い時間枠では一連の小さいスイングを形成している。しかし、それを確認するためには１分足チャートや100ティックかそれ以下のティックチャートが必要かもしれない。ただ、実際にそれを確認するのはトレーダーにとって時間の無駄だが、知っておけばトレードを仕掛ける根拠を理解するという意味では役に立つ。

　どのようなトレンドにも反対方向の小さいトレンドがいくつかあり、なかには１～２本の足しかないものもあるが、どれもダマシになる可能性が高いため、大きいトレンドの方向に仕掛けるためのセットアップになる。上昇トレンドでは、スイングが上方に向かうため、プルバックは前のプルバックよりも上にできて高値を更新する（高値や安値やスイングが、トレンドを形成している）。強いモメンタムがある動きは、プルバックのあとに少なくとも極値を試すことが多い（強い動きは少なくとも２本のレッグができることが多いが、２本目は十分伸びずに反転することもある）。

すべてのトレンドは、どれほど小さくてもまずは前のトレンドラインかトレーディングレンジをブレイクしてから一連のスイングがトレンドを形成していく（上昇トレンドならば高値と安値が切り上がっていく）。そのどちらかが欠けていれば、トレンドとは言わない。そして、まだ新しいトレンドが確立していない時点で今のトレンドラインをブレイクしたあとの最初のプルバック（押し・戻り）で仕掛けることができれば、リスク・リワード・レシオは最大になる。トレンド日になりそうなときは強さのサインに注目し、それが強まっていくならばトレンドが継続する確率は高い。

　トレンドはトレンドラインをブレイクするまで続き、そのあとまだしばらく続く。マーケットがトレンドラインをブレイクするだけの十分な強さを見せるまでは、カウンタートレンド方向のトレードをすべきではない。しかし、もしそうなっても、マーケットが最初にトレンドの極値を試すまではまだカウンタートレンド方向のトレードは仕掛けない。むしろ、トレンドラインをブレイクしたあとでも前の極値の試しがあるはずなので、トレンド方向のトレードを探してほしい。ときにはトレンドラインのブレイクが強くてトレンドの極値を試さないときもあるが、これはあくまで例外であって法則ではない。

　もしあなたがたくさんのトレンドチャネルラインを描いたり1分足チャートを気にしたりしているのならば、反転を探そうとするあまりトレンド方向の良いトレードをたくさん見逃している可能性が高い。しかし、それは現実から目をそむけることで、それによって資金を失うことになる。また、強い上昇トレンドでトレンドチャネルラインをオーバーシュート（価格が重要な価格を超えること）したあとの反転は小さくて、ダマシになることが多い。うまくいくはずのトレードを仕掛けたのになぜ失敗に終わるのか不思議に思うことはないだろうか。カウンタートレンド方向のトレードは5分足チャートでトレンドラインがブレイクされるまで待たなければならない。むしろ、すべての小

さいトレンドチャネルラインのオーバーシュートはトレンド方向のセットアップだと考え、含み損を抱えた人たちが損切りに達するのを待って仕掛けてほしい。そうすれば、幸せな気分でゆったりとトレードして利益も上がるだけでなく、マーケットの調整もなく、はるかに行きすぎているように見えてもうまくいくので、楽しく感じるだろう。

　もしあなたが長いこと大きな反転を待っているのならば、それは目の前のトレンドに無関心だということでもある。トレンドラインに近づきもしないほど強いトレンドなのに、行きすぎだから極値近くでトレンド方向に仕掛けるのはリスクが高いと感じるならば、その時点で最も信頼できるトレードを見逃している。たった1本の小さいはらみ足を含めて、すべての小さいプルバックはトレンド方向に仕掛ける素晴らしいチャンスなのである。

　下降トレンドになって日足チャートが大きく下げると、みんな損失が気になり、もうこれ以上の資金は失いたくないと考え始める。すると、彼らはファンダメンタルズに関係なく売る。それに、2008年の下降トレンドではさらなる問題があった。退職を目前にしたベビーブーム世代の潤沢だと思っていた退職後の蓄えの価値がまたたくまに40％も目減りしたのである。どうすればよいのだろうか。彼らは残った価値を確保するために、少し戻すたびに売っていった。そして、マーケットから引き揚げられた資金が再びマーケットに投資されて価格を引き上げることは二度となかった。彼らは前のスイングの高値の少し下で手仕舞って、せっかく損失の一部を取り戻すことができたのだからもう二度と買うまいと心に誓い、神に感謝して資金を持ち去ったのだ。このような行動が一連の高値と安値の切り下げにつながり、最後のベア派が売り終わるまで続いた。そして、売り方がいなくなると、マーケットは上昇に転じて前のスイングの高値を超えた。

　ファンダメンタルズに関係なく株が売られると、その日は大幅な下降トレンドになり、ファンダメンタルズに見合う下げをはるかに超え

る。そのうえ、ファンドが払い戻し要求に応じて売らざるを得なくなるために、最後の30分で大幅に急落する。しかし、みんなが底を付けたと確信すると買いパニックが起こり、今度は危険なほど急騰する。トレンドは明らかに下げていたため、空売りしていた多くの人たちが積極的に買い戻しを始めると日足チャートには大陽線ができるが、それでもまだ下降トレンドにはかわらない。結局、下降トレンドのなかで値幅の大きな日が続くことになる。大きい値幅は素晴らしいデイトレードのチャンスをもたらすが、損切りの逆指値を遠くに離して置くことになるのでポジションサイズを小さくする必要があるかもしれない。日足チャートを使っている人たちが落とし穴（空売りの買い戻しによる急騰）にはまるたびに、彼らは理由よりも感情に基づいて安値で売ったり高値で買ったりしてしまう。しかし、優れたプライスアクショントレーダーは、標準的なプライスアクションセットアップを見るだけで利益を上げることができる。

　感情に基づいたトレードは、洗練されていない投資家に限ったことではない。2008年秋、ほとんどのヘッジファンドの運用成績が下がり、マーケットも下げ続けていたなかで、彼らの洗練された顧客が次々と資金を引き揚げていった。ヘッジファンドは解約および潜在的な解約に対応するために、資産を次々と手仕舞いせざるを得なかった。これによってマーケットはファンダメンタルズに関係なくさらに下げ、洗練されていない投資家の場合と同じように、保有するポジションの価値がゼロになるまで下げ続けた。また、多くのヘッジファンドマネジャーにとって収入の大部分が成功報酬だったこともあのときの下げは無関係ではない。例えば、ファンドの四半期決算で高値を更新すれば、彼らは前の高値を上回った部分の利益の20％を受け取るということになっている。しかし、もしファンドがその年に30％下げれば、再び成功報酬を得られる水準まで回復するためには50％の利益を上げなければならない。そうなると、数年間ただ働きをするよりもファンドを解

散して新しいファンドを立ち上げるほうを選ぶマネジャーがいても不思議ではない。そこで、ファンドを解散するために資産を清算するのだが、このときは成績など関係ないため、どれほど安くても彼らは売る。これによって、株の本質的な価値に関係なく売りがさらに増える。しかし、もともとが10億ドルのファンドだとして、新しく始めるファンドがその規模になるまでには何年かかかるため、新たな買いがすぐにマーケットを押し上げるということにはならない。

ボラティリティが極端に高くなると、みんながちゃぶつきに反応するのをあきらめてどのような価格でも売らないと決めるため、下降トレンドは終わりに近づく。売り方がいなくなってマーケットがファンダメンタルズと比べて行きすぎになっていれば、あとは大きく上げるしかない。しかし、下降トレンドで大型株がどれほど下げるのだろうか。実は選りすぐりの優良株でさえ、想像をはるかに超えて下げることがある。シスコ（CSCO）は2000年のITバブルの崩壊後に3年間で90％下落し、アップル（AAPL）は1991年から6年間で85％下落した。ゼネラル・モーターズ（GM）も2001年以降8年間で95％の価値を失った。つまり、フィボナッチリトレースメントの38％や50％や62％に達したからという理由だけで買ってはならないのである。下降トレンドラインのブレイクを含むプライスアクションのセットアップが整うのを待って仕掛けてほしい。

ちなみに、2008年の暴落の原因は何だったのだろうか。住宅バブルがはじけたのはその2年以上前だし、信用危機は1年以上続いていた。実は、マーケットの暴落が始まったのはバラク・オバマの大統領就任が世界中に知れ渡ったときだった。企業に対する規制強化で人件費の増大と収益低下が懸念されたのだ。世界は予想される新たな現実に適応しようとしてパニックを起こし、資本主義が少し後退したアメリカにおける株の新しい適正価格を探りながら下落した。しかし、これはおそらくは過剰反応で、オバマ氏もみんなが恐れるほど経済に悪影響

を及ぼすとは限らない。むしろ素晴らしい影響を与えることさえあるかもしれないが、その時点では知る由もなかった。マーケットはテクニカル的には行きすぎており、新大統領の手腕を見極める間の数カ月間は横ばいで推移するだろう。しかし、下落があまりにも激しかったため、以前の高値を超えるのにはおそらく何年もかかるだろうし、数年間低迷し続けるかもしれない。ただ、可能性として最も高いのは、最もよくある状態であるトレーディングレンジで、激しい動きのあとならばなおさらだ。

ツーレッグ

　トレンドラインがブレイクされると、新しいレッグができる。もしトレンドがあれば、どれほど小さくてもそれをブレイクするプルバックによってトレンドはレッグになり、プルバックが別のレッグになる。新しいトレンドができるか、どちらかの側が降伏すれば、たいていは少なくともツーレッグの動きになる。これは、トレンドのプルバックやブレイクアウト、重要な反転、もしくは十分な数のトレーダーが長期的なトレンドが展開するかどうかを試す２回目の試しに至る強さがあると考えたときに起こる。ブル派もベア派もモメンタムが十分強くて、どちらかの方向に向かうと確信するためにはその前に試しが必要だと考えている。しかし、もし２回目の試しが失敗すれば反転パターンが形成され、マーケットは反対に向かうことが多い。
　複雑なツーレッグの動きは数時間に及ぶこともあり、それは長い時間枠のチャートならばよりはっきりと分かる。しかし、自分のトレードチャートから注意をそらすと、５分足チャートで重要なトレードを逃す可能性は高まる。１日に１回あるかもしれないシグナルをつかむために長い時間枠のチャートをチェックすることが経済的に見合うとは言い難い。

図3.1 レッグの例

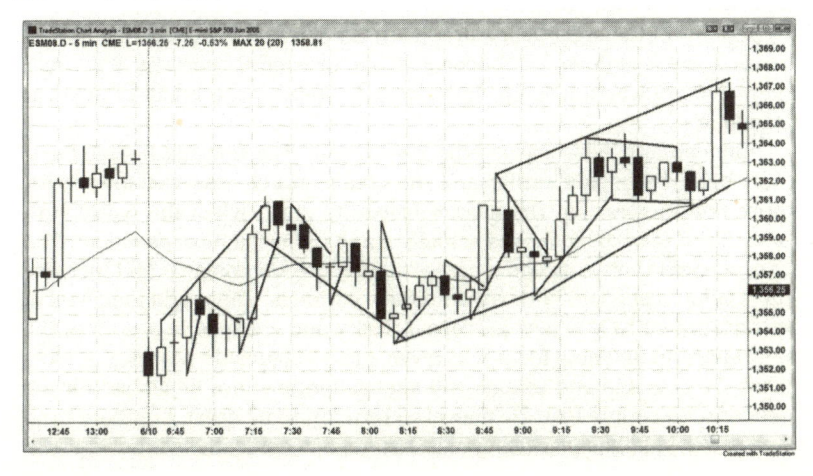

図3.1のトレンドラインのブレイクとプルバックはすべてレッグであり、大きいレッグは小さいレッグでできている。レッグという言葉はおおまかで、単純に動きの方向が変わったことを意味しているが、どの言葉を使うかはそのときどきで判断してほしい。

強さを示すサイン

強いトレンドにはさまざまな特徴がある。最も明らかなのはディスプレイ上で、価格がチャートの左上か左下の隅から反対側の隅までまっすぐに進み、間には小さいプルバックしかない場合である。しかし、トレンドの早い段階では、動きに力があってそれが持続することを示すサインがある。このようなサインが多いほど、トレンド方向の仕掛けに集中しなければならない。カウンタートレンド方向のセットアップは、カウンタートレンド派が損切りせざるを得なくなるところで、素晴らしいトレンド方向のトレードを仕掛けるためだけに探してほしい。

多くのトレンド日には、最高の反転足や最大のトレンド足がカウンタートレンド方向にできてトレーダーを間違った方向に追い詰めるという面白い現象が見られる。また、素晴らしいトレンド方向のシグナル足がないときは、トレーダーが仕掛けを疑ってマーケットを追いかけることになり、結局仕掛けが遅れてしまう。

　最後に、マーケットが強いトレンドにあるときは、セットアップがなくても仕掛けることはできる。１日中いつでも成り行きで仕掛け、比較的近くに損切りの逆指値を置けばよい。セットアップの唯一の目的は、リスクを最小限に抑えるためなのである。

　強いトレンドによくある特徴の一部を挙げておく。

●大きいギャップを空けての寄り付き。
●スイングの高値と安値がトレンドになっている。
●クライマックスがなく、長大線も多くない（大きいトレンド足さえあまりない）。最大のトレンド足がカウンタートレンド方向ということもよくあり、それにだまされるとカウンタートレンド方向のトレードを探したりトレンド方向のトレードを逃したりすることになる（カウンタートレンド方向のセットアップのほとんどが、トレンド方向のセットアップよりも良さそうに見える）。
●トレンドチャネルラインを大きくオーバーシュートしないし、小さいブレイクは横ばいの調整にしかならない。
●ウエッジの失敗。
●2HM。
●カウンタートレンド方向のトレードがうまくいくことがないか、あっても少ない。
●プルバックが小さい（もしＥミニの平均レンジが12ポイントならば、プルバックは３～４ポイント以下になることが多い）。いつまで待ってもトレンド方向に良いプルバックができないが、マーケットは

ゆっくりとトレンドを継続している。
- トレンドラインがブレイクされたあとは横ばいの調整になる。
- トレンド方向の高値2、安値2、M2B、M2Sの仕掛けが繰り返しできる。
- 終値が連続してEMA（指数移動平均線）の反対側にあることはない。
- ヒゲがない足やどちらか一方に短いヒゲのある足が見られる。

　トレンドが進行しているときは、プルバックがないままたくさんの足ができ、その足は適度な長さでヒゲが短い。トレンドが継続する間スキャルピングを続け、ポジションの一部はスイングしたいとき、3分足チャートを見ることもできる。こちらのほうが、仕掛けにつながるポーズの足が多いからだ（カウンタートレンド方向のはらみ足と1本のプルバック）。1分足チャートにもトレンド方向の仕掛けはあるが、カウンタートレンド方向のセットアップもあって、トレンド方向にのみ仕掛けたいときは混乱するかもしれない。トレンドが進行中は、このこととチャートを素早く読み取らなければならないことがストレスとなり、効率的にトレードする妨げになるかもしれない。トレンド方向のチャンスはすべて仕掛けたいため、トレンドが進行中は3分足と5分足チャートのみでトレードしてほしい。
　図3.2のＥミニの5分足チャートは、11ポイントという大きなギャップで寄り付き、最初の足は陽線だった。大きなギャップのあとすぐに反転しない日は、強いトレンドが始まり、終値が高値近くになる場合が多い（下降トレンドならば安値）。また、マーケットは2時間以上EMAを試さなかった（2HMパターン）ことも、強さのサインになっている。このとき、感情的な行動（長大線、クライマックス、大きなスイングなど）がほとんどないことに注目してほしい。短い足がたくさんある静かなマーケットで、足の多くが同時線になっているときは、最大級のトレンドにつながることが多い。

図3.2 上昇トレンドの強さを示すサイン

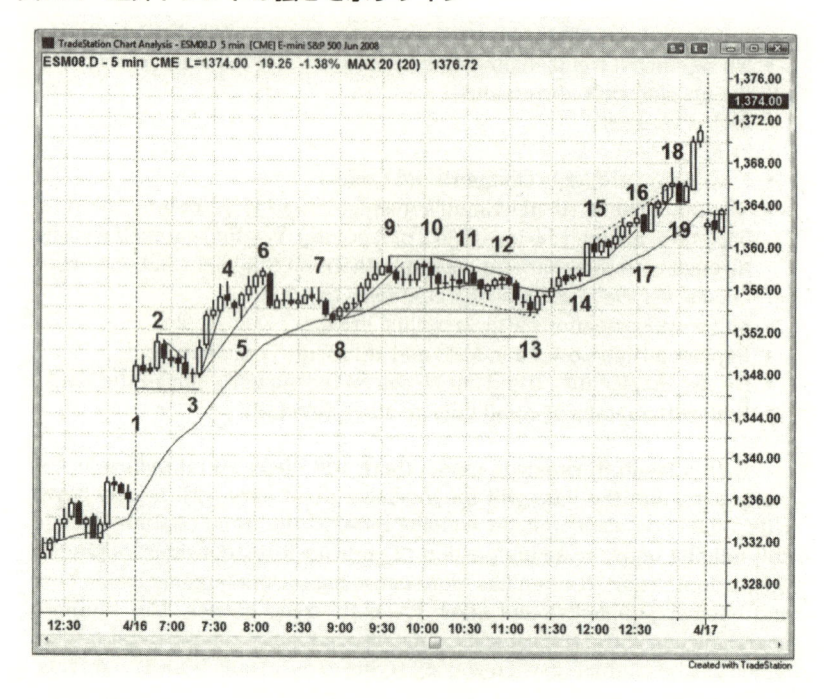

　このような日は、大量に買いたい機関投資家が価格を下げようとするが、それができないと彼らは価格が上がっていくなかで１日中顧客の依頼に応じて買い続ける。彼らは、トレンドが進展すればこの先も価格が上昇するなかで買っていかなければならないことが分かっていても、クライマックスでのスパイクのあと反転して平均の仕掛け値よりも下がるようなことを避けるためには、一気に買い注文を出さずに１日かけて買っていくしかない。たとえ買値が上昇していても、さらに上げる可能性が高いことが彼らには分かっているため、１日中価格を管理しながら注文を処理できていることで満足している。それに、このように強いトレンド日は、そのあと１日から数日程度上げ続けることが多い。

　マーケットは小さなツーレッグで足３まで下げた。最初のレッグは

陰線と2本の同時線、2本目のレッグは上ヒゲが長い陰線（ヒゲは最初のレッグを終わらせたプルバック）と同時線で構成されている。これはツーレッグの変形で、短い時間枠のチャートならばはっきりと2本のレッグが見える高値2（変形）のセットアップになっている。ここは足3の1ティック上で買ってほしい。この足はギャップを試して、ダブルボトムブルフラッグ（竿は寄り付きのギャップ）も形成している。この日はトレンド日になる可能性があり、それが多くのトレーダーが考える以上に長く続くこともあり得るため、小口トレーダーはポジションの一部または全部をこの流れに乗せてスイングしてほしい。

　足5は強い動き（4本の陽線）のあとにできた高値1のブレイクアウトプルバックで、高値1は強い下降トレンドでは常に良い買いポイントになる。足4の安値1はトレンドラインを下抜いたが、新高値からの反転はスキャルピングですら空売りはできない。このように強く上昇したあとに賢いトレーダーが狙うのは買いのみで、2回目の仕掛けチャンスでないかぎり空売りは考えない。

　足6は安値2で、これは2回目の空売りの仕掛けになる。しかし、目の前の強い上昇トレンドを考えると、空売りするとしてもスキャルピングしかできないだろう。その場合も、まずは強い下げがメジャーなトレンドライン（例えば20本以上の足の）をブレイクした場合のみ仕掛ける。そして、もし空売りしてもすぐに利食って、あとはスイングトレードの買いのセットアップを探す。強いトレンドでのトレンド方向の仕掛けは、ポジションのほとんどをスイングトレードにすべきで、スキャルピングで利食うのはほんの少しでよい。もしトレンド方向の仕掛けを見逃したときでも、次はカウンタートレンドのスキャルピングを探すのではなく、トレンド方向の仕掛けのみを探してほしい。そして、トレンド日のトレンド方向のトレードは最も安定的な利益を上げるもとになるため、すべてのセットアップで仕掛ける努力をしてほしい。

足6は大陰線になったため、ツーレッグダウンの可能性がある。足7は2本目のレッグダウンを狙った安値2の空売りの仕掛け足で、6本の足の狭いトレーディングレンジのあとは、どちらの方向のブレイクアウトもあまり進むことなくダマシになる可能性が高い。

　足8はツーレッグのプルバックであるだけでなく、強い上昇トレンドで最初にEMAに達したため、素晴らしい買いポイントになった。マーケットが2時間以上EMAから離れていれば、非常に強いトレンドだと言うことができる。

　足9はスイングの新高値で反転したが、過去7本の足のなかに陰線がないため、2回目のチャンスができないかぎり空売りはしない。

　足10は2回目の仕掛けポイントだが、上昇トレンドのなかの狭いトレーディングレンジで空売りするならば最高でもスキャルピングで、できれば見送るほうがよい。ちなみに、包み足は頼りにならないが、2回目というのは何でも頼りになるため、スキャルピングならば空売りしてもよい。そのあと、EMA上に3本の同時線ができた。そうなると、トレンド足がブレイクアウトしても、ダマシになる可能性が高い。空売りのリスクは4ティック程度だろう。陽線11のブレイクアウトは予想どおりダマシになったため、次の足で4ティックを利食う。

　足13はブレイクアウトを試し、足8からの強い上昇のもととなったシグナル足の高値の1ティック下を試した。足9から足13までの下げは非常に弱く、横ばいのようにも見える。マーケットが苦しみながらも前のブレイクアウトを試そうとしたことは、ベア派がまだ確信を持っていなかったことを意味している。足13もEMAのすぐ下で高値4のセットアップになっており、これはこの日最初のEMAギャップ足（高値がEMAの下にある足）になった。それによって、足9が高値を切り上げたあとに安値を切り上げて（足8よりも高い）トレンドを形成する一連の上昇スイングの一部となっている。足13は本質的には足8と合わせてダブルボトムブルフラッグになっている。

足14は高値2のブレイクアウトだった。

足15は最初のレッグダウンの陰線で、そのあとに陽線、2本目の陰線と続き、2本の「ダウン」レッグを完成させている（実際には小さい横ばいのツーレッグの調整またはフラッグだった）。高値2のブレイクアウトプルバックは、強力な仕掛けになる。

また、足16はウエッジトップの失敗（足1本だけ下抜いた）で、足17の上のダマシが買いのセットアップになった。

足18は上昇トレンドチャネルラインを上抜き、安値2の空売りシグナルになった。しかし、賢いベア派はまず強い下降レッグがトレンドラインをブレイクしないかぎり空売りはしない。むしろすべての空売りセットアップは買いのセットアップとみなす。彼らは、気弱になった空売り派が買い戻さざるを得なくなるところ（例えば足17と足19の1ティック上）に買い注文を出すのである。

足19は、1本の足でトレンドラインをブレイクしてからダマシになったため、買いのセットアップになった。

しかし、トレンド日には素晴らしい反転に見える足やトレンド足の多くがカウンタートレンド方向だという変わった特徴があり、それがトレーダーを間違った方向のトレードに誘い込む（例えば図3.3の足1～8）。この日は大きい下降トレンドなのに下げに転じる素晴らしいシグナル足が1本もなかったことに注目してほしい。移動平均線を見ると、足8からの上昇の高値であるギャップ足まで2本連続で終値が移動平均線の上にある足がない。これが下降トレンドであり、すべての買いチャンスは空売りのセットアップとして見てほしい。あとは買い方が損切りの逆指値を置いているところを狙って空売り注文を出し、彼らが損切りしてマーケットを下げてくれるのに任せておけばよい。

図3.3　トレンド日には一見良さそうに見えて利益の上がらないカウンタートレンド方向のセットアップがたくさんある

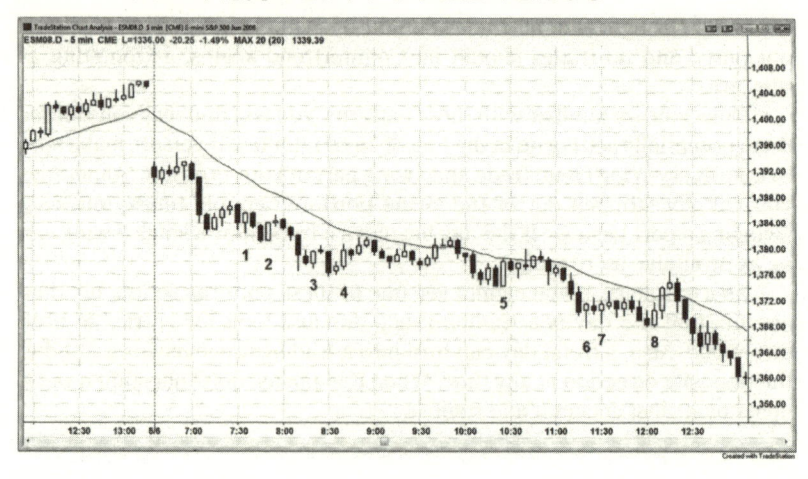

よくあるトレンドのパターン

　次からの項では、よくあるトレンド日のタイプをいくつか紹介していく。どのパターンも大事なのはプライスアクションを読み取ることなので、名称にさしたる意味はない。しかし、名称はよくあるパターンを分類する役に立ち、それによって重要なプライスアクションの概念を学んだり予測したりしやすくなる。すべてのトレンドパターンに名称を付ける唯一の理由は、それが繰り返し現れるからで、あるパターンが展開しているのに気づくことができればトレンド方向のトレードのみに集中し、自信を持ってポジションの大きい部分をスイングできるようになる。セットアップはトレーディングレンジ日にできるものと同じでも、トレンド方向のチャンスはできるだけ仕掛けてほしい。たとえそのセットアップがあまり信頼できないと感じたとしてもである。一方、カウンタートレンド方向のトレードはトレンドラインがブレイクされて良い反転足があり、トレンド方向のシグナルをすべて仕掛けられる状態のときのみ仕掛けてよい。もしそのためにトレンド方

向の仕掛けを見逃してしまうようならば、カウンタートレンド方向のトレードはやめてトレンド方向のセットアップだけに集中してほしい。そして、カウンタートレンド方向のトレードは、すべてスキャルピングにする。また、トレンド日のカウンタートレンド方向のトレードは、1日に2～3件程度に抑えるべきで、もしそれ以上仕掛けているのであれば間違った方向に時間をかけすぎて素晴らしいトレンド方向のスイングを見逃している可能性が高い。トレンドが強ければ強いほど、トレンド方向にスイングしなければならない。カウンタートレンド方向でスキャルピングをしている場合ではないのだ。強いトレンドがあるときは、すべてのトレードをトレンド方向にスイングすべきで（スキャルピングではなく）、良さそうに見えてもカウンタートレンド方向のスキャルピングはしなくてよい。

　これらのパターンを覚えておけば、最初の30～60分でトレンドが形成されつつあるのに気づくことができるかもしれない。そしてもしそれができれば、すべてのトレンド方向のチャンスでスイングトレードを仕掛け、ポジションの一部を保有し続けてほしい。ときには損切りに達してしまうこともあるかもしれないが、それでもできるだけスイングトレードを続けてほしい。もしその日がトレンド日になれば、1回のスイングトレードでスキャルピング10回分の利益を上げることも可能だからだ。

　もちろんこれらのパターンが設定されなければ、その日はトレーディングレンジ日だと推測できるため、仕掛けは両方向で探してほしい。ただ、トレンド日がトレーディングレンジ日に変わったり、反対方向に変わったりすることはいつでもあり得る。そうなったときは、疑ったり動揺したりせずにそれを受け入れ、その状況に合わせたトレードをすればよい。

寄り付きからのトレンド

これは最強のトレンドパターンになることが多い。マーケットは寄り付きから1本目の足か2本目の足で極値を取ってから1日中トレンドが続き、終値かその近くが反対側の極値になる。トレーダーは、毎日最初の2～3本の足ができたところで寄り付きからのトレンドが形成されつつある可能性を考慮して、スイングトレードの仕掛けを探さなければならない。特に大きなギャップを空けて寄り付いたときは気をつけてほしい。ほとんどのケースでは、トントンの損切りに達してしまうが、そうならずに思いがけない大きな利益をもたらすこともあるため、気をつけておく価値はある。

トレンド日でも最初の30分くらいは狭いトレーディングレンジができてからそれをブレイクすることもあるが、それでも寄り付きはその日の極値にかなり近い水準にある場合が多い（上昇トレンドならば安値、下降トレンドならば高値）。このような日は寄り付きでのギャップが大きくなることが多く、そのあとはどちらかの方向に進んでいく。言い換えれば、大きなギャップダウンで寄り付いても上昇トレンドになることもあれば、下降トレンドになることもある。

このタイプのトレンドは非常に強力で、翌日の最初の1～2時間にフォロースルーがあることが多いため、寄り付き後のプルバックでトレンド方向の仕掛けを探してほしい。このプルバックは、大きい時間枠のツーレッグの調整であることが多く、15分足ではEMAまでのプルバックだったりする。ただ、多くのトレーダーがトレード中は1枚のチャートのみを使うほうが簡単だと考えている。

トレンドが強くて安心して仕掛けられるプルバックができないときは、1分足チャートでリスクの小さい仕掛けを探したくなる。しかし、もしそれが簡単にできるのならば、みんながそれをするだろう。1分足チャートの問題は、仕掛けても損切りに何回も達して時間とともに

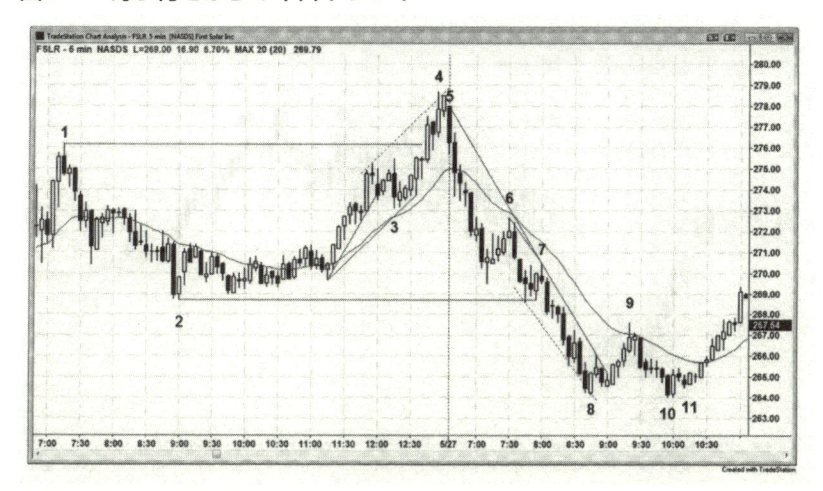

図3.4 寄り付きからの下降トレンド

小さな損失が積み重なっていくことにある。トレンド方向に仕掛けても、急に伸びたヒゲがすぐ損切りに達してしまうのだ。利益を上げたければ、5分足チャートに専念して、どんなに小さいチャンスでもすべて仕掛けてほしい。そうすれば、とてもうまくいくとは思えなかったトレード（1分足チャートはちゃぶついていたのに、5分足の下降トレンドの安値で売ったり上昇トレンドの高値で買ったりすること）が、1日が終わってみれば実際にうまくいっていたことに驚くだろう。

図3.4は、前日の終値がその前の高値よりも大きく上回っていた。最初のアップレッグはクライマックスで、ヒゲのないたくさんの陽線がほとんど重ならずに続いている。しかし、足3までの調整がトレンドラインをブレイクしたため、次のアップレッグのあとで反転する可能性が高くなった。また、足4が上昇トレンドチャネルラインを上抜いたあとにははらみ足ができた（シグナル足かもしれないが、空売りの最高のシグナル足はたいてい陰線になっている）。

　足5はこの日の1本目の足で、寄り付きで高値を付けた。多くのトレーダーははらみ足の下で素早く売ることができないが、小さいポジ

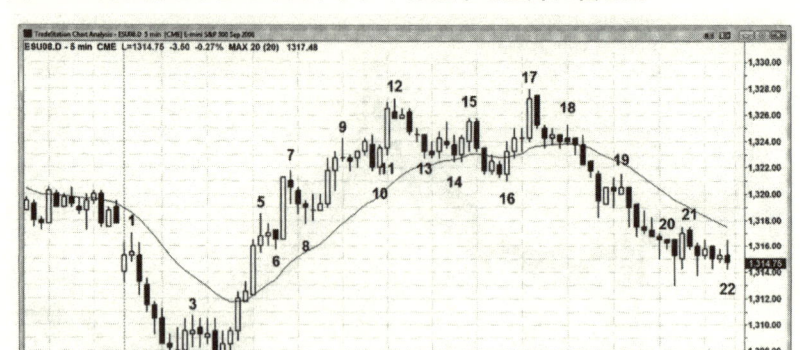

図3.5　寄り付きからの下降トレンドは途中で上昇に転じた

ションをこの足の終値で売ることはできると思う。もし最初の仕掛けを逃したら、1分足チャートで小さいプルバック（たくさんある）を探して5分足のセットアップで空売りすることもできる。その日最初の足からトレンドが始まったときは、大きく下げた安値近くで売るのは怖いことだが、最初のプルバックで売れば高勝率トレードが期待できる。

　足6の安値1と足7の安値2のブレイクアウトプルバック（前日の安値を下抜いたあと）で空売りを仕掛けていれば、マーケットはそのあとさらに約5ドル下げて素晴らしいトレードになった。

　足8は下降トレンドチャネルライン（足6と足7を結ぶトレンドラインと平行の線）を2回目に下抜いてから上げに転じた足で、ツーレッグアップが期待できる。結局、ここは足9でM2Sの空売りポイントになった。

　この日は結局、弱気のスパイク・アンド・チャネルになったが、終値は安値近くにはならなかった。

　図3.5は、寄り付きから2本目の足が前日の安値（表示していない）

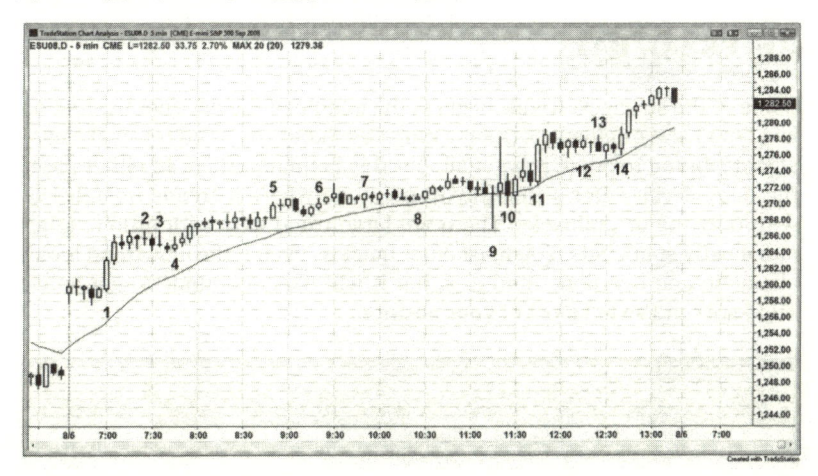

図3.6　強いトレンドで仕掛けるのは難しい

とのギャップを埋めてから下降トレンドが始まった。しかし、足３まで上げたあと安値を切り上げた足４が下降トレンドラインをブレイクすると上昇が始まった。ちなみに、足２もトレンドチャネルライン（表示していない）をオーバーシュートしてから反転した。

　最高のトレンドに見えるマーケットでトレードするのが難しいのはなぜだろうか。それはトレンド方向の仕掛けがどれも強力には見えないため、たくさんの小さいプルバックがトレーダーをだまして手仕舞わせてしまうからだ。**図3.6**のプルバックのなかで２ポイントの損切りに達したものはない。ちなみに、強いトレンドがあるときは、１日のレンジが15ポイント以上でないかぎり、２ポイントの損切りが最適とされている。短い足がこれほど並んでいると、プライスアクションの損切りでは頻繁に達してしまうため、２ポイントの損切りを使うのが最も理にかなっている。トレンドが強いときには、できるかぎり買いトレードが続けられるようにしなければならない。

　この日は寄り付きで大きなギャップを空け、上昇トレンド日か下降トレンド日になる可能性が高まった。最初の数本の足で大きな売りが

147

見られないことから、寄り付きから上昇トレンドになる可能性を考えて買いを模索しなければならない。

　足3では高値2と安値2がダマシになったが、バーブワイヤーでは仕掛けを厳選して、一方の側が追い詰められるか、高値か安値の近くに短い足ができるのを待たなければならない。この日は寄り付きからの上昇トレンドになる可能性がある以上、今のところは買いのみを探してほしい。

　足4は、強気のバーブワイヤーパターンの安値にできた短い足で、高値3ではあっても買いのチャンスになっている。また、これは足2の高値から見れば高値2でもある。ちなみに、強いトレンドがあるときは高値4ができるまで待ってはならない。

　足1、足5、足8、足11、足14はすべて高値2の買いポイントになっている。

　足6は、ウエッジの空売りポイントがダマシになって、買いポイントになった。ベア派は落とし穴にはまったのである。

　足9では、FOMC（連邦公開市場委員会）の発表があった。マーケットはEMAのブレイクアウトで足2と足3の高値を試し、そのとき買ったポジションの損切り価格を正確に試した。その日の早い時間に足2と足3を上抜いたときと同様に、この価格で積極的な買い方が現れた。

　そして足10で異変が起こった。これは過去5時間で終値がEMAを下回った最初の足でダマシになる可能性が高いため、買いのセットアップにつながる。

　足3と足13はダマシの高値2の買いポイント（バーブワイヤー）だが、トレンドが強いときは2ポイントの損切りに頼るか普通に損切りするかしなければならない。しかし、もし損切りすれば次のセットアップで再び買うことになる（足4と足14）。

　足14はブル派による大きな落とし穴で、ここから大引けに向けた上

昇が始まった。このときは最初に買いシグナルが出たあとはらみ足を下回ったため（このチャートでは分からないが、足14のなかで価格は前のはらみ足を上抜いてから下抜き、そのあと再び上抜いた）、2ポイントの損切りではなくプライスアクションの損切りを置いていたトレーダーがみんな損切りに遭ってから価格は再び上げに転じた。包み足でみんながトレンドから押し出されると、そのあとはマーケットを追いかけざるを得なくなるため、トレンド方向の強いレッグができることが多い。

反転日

　最強のトレンドは、日中から始まることもある（寄り付き後や引け前の1時間以内ではない時間）。始まりはトレーディングレンジのブレイクやトレンドの反転で、そこから何らかのニュースをきっかけに始まることが多いが、理由は重要ではない。いずれのケースも、トレンドが一気に進んで小さなプルバックしかできないことがある。このときの足は実体が大きくてヒゲは短いトレンド足で、あまり重なっていない。新しいトレンドがクライマックスを迎え、すでに行きすぎているように見えても（そうかもしれないが、それがさらに続く可能性が高い）、急いで仕掛けてポジションの多くをスイングしなければならない。

　上昇トレンドが進行しているときは、3分足チャートのほうが買いのチャンスは多い。カウンタートレンドの短いはらみ足である**図3.7**の足1と足2は5分足チャートでは明確なシグナル足には見えないが、それでも利益率の高い高値1の買いのチャンスになっていた。ちなみに、足3の買いはどちらのチャートでもよく分かる。

図3.7　3分足チャートを使ってさらなるトレンド方向の仕掛けを探すこともできる

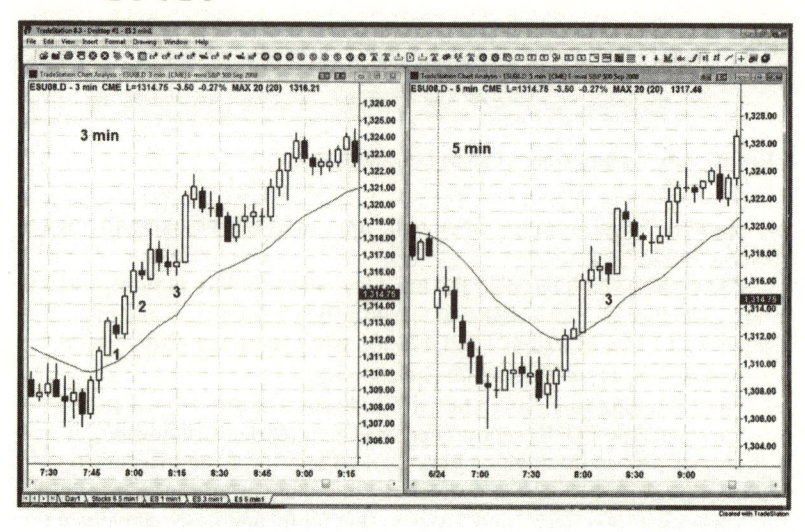

トレンドの再開日

　トレンドの再開日には寄り付きからのトレンドが2〜3時間程度横ばいになり、そのあとブレイクして現在のトレンドが再開する。日中の横ばいは、緩いカウンタートレンド方向のスイングが3本あり、3本目は2本目を超えられなくてヘッド・アンド・ショルダーズ・フラッグを形成することもある（ヘッド・アンド・ショルダーズの反転パターンの多くは失敗に終わって継続パターンになる）。このパターンはツープッシュではなくスリープッシュになることも多いため、このカウンタートレンド方向の動きが新しいトレンドだと誤解したトレーダーを落とし穴に突き落とす。しかし、それにはだまされずに、朝のトレンドと同じ方向に仕掛けるための良いセットアップがあれば、いつでも仕掛けられるようにしておいてほしい。このような日の難しいところは、日中の横ばいをチャンスと見るべきなのにそこであきらめ

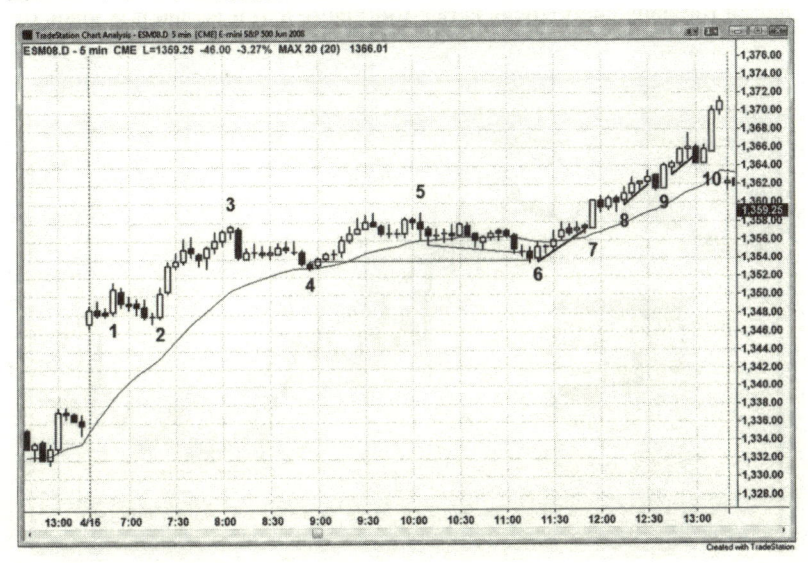

図3.8　トレンドの再開日にだまされてはならない

てしまうトレーダーが多いことだ。とにかく仕掛ける準備を整えておいてほしい。

　図3.8は、大きなギャップを空けて寄り付いたあと、安値を試してから足３まで大きく上昇した。しかし、そこから３時間以上狭いレンジが続き、多くのトレーダーはこれ以上良いトレードはないと思った。しかし、下降トレンドチャネルラインを突き抜けてシグナル足４の高値の１ティック下まで下げると、今度は足６で上げに転じた。ちなみに、このシグナル足はこの日最初のEMAギャップ足だった。

　この日の買いポイントはほかにもいくつかあった。足７は高値２で、上昇ミクロトレンドラインを１ティックだけブレイクしてから上昇に転じた。また、足８は高値２の変形（陰線・陽線・陰線）になった。そして、足９と足10はミクロトレンドラインのダマシのブレイクになった。

図3.9　トレンディング・トレーディングレンジ

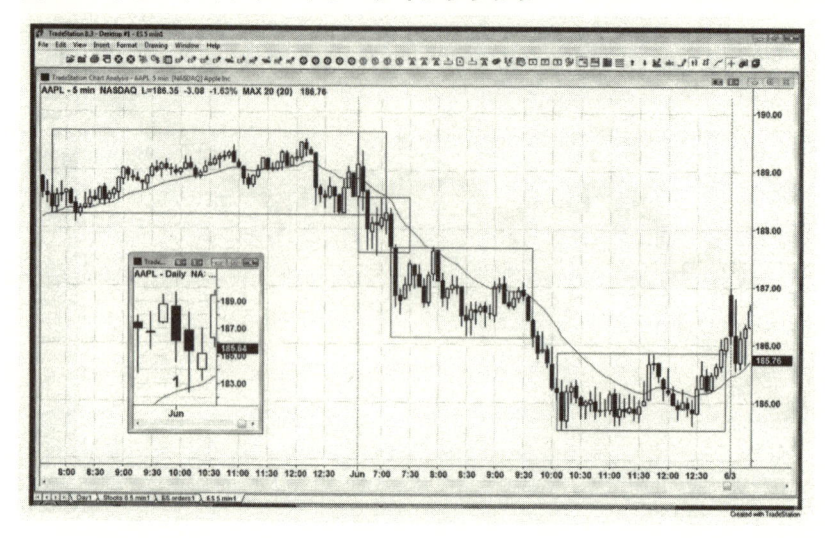

トレンディング・トレーディングレンジ日

　通常、トレンド日にはトレンド方向のトレードのみを行っていくが、トレーディングレンジで構成されているトレンディング・トレーディングレンジ日にはそれぞれのレンジで普通のトレーディングレンジと同じようにトレードするため、レンジの極値でどちらの方向でも躊躇せずに逆張りしてほしい。

　トレンド日には２つ以上の連続するトレーディングレンジが短いブレイクアウトで区切られているタイプがあり、なかには一目でトレーディングレンジとは分からないものもある。しかし、日足チャートで見ればあきらかにトレンド日になっており、その日の高値か安値近くで寄り付いて反対側の端の近くで引けている。レンジはブレイクされると別のレンジができることがあり、１日で３つも４つもできることもある。そして、もしマーケットが前のレンジまでプルバックしても、すぐにそのレンジの反対側までリトレースすることが多い。そのため、

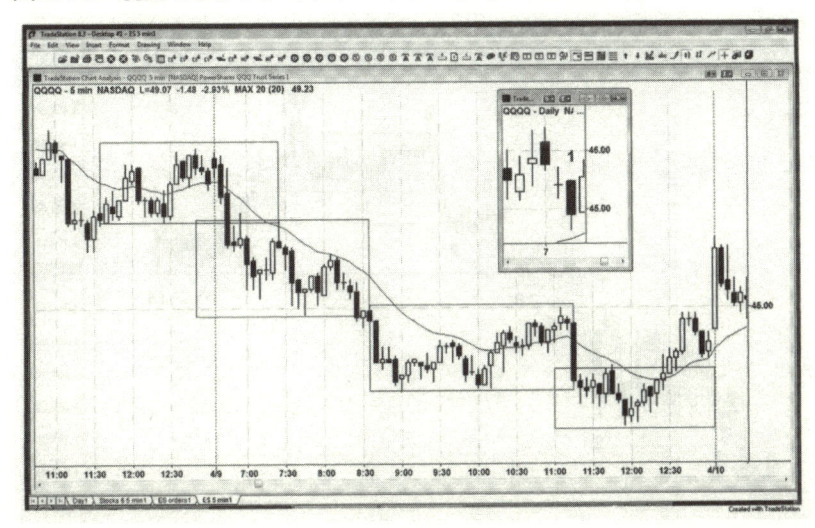

図3.10　弱気のトレンディング・トレーディングレンジ日

マーケットはブレイクアウトのあと収束し、レンジの高値と安値を試してある時点でどちらかの方向にブレイクするまで両方向のトレードができる。このように1日中、両方向のトレードができるため、このような日は最後の1～2時間に反転して1つ以上のトレーディングレンジを突き抜けることがよくある。そして、もしマーケットが反転して前のレンジの水準に達すれば、前のレンジにあるカウンタートレンドのシグナル足を試す可能性が高い。例えば、もし下降トレンドが反転すれば、前の強気のシグナル足がダマシになったところを試そうとするかもしれない。

　図3.9の6月2日はトレンド日には見えないかもしれないが、サムネイルの日足チャート（足1）を見ればこの日はトレンド日であり、一連の狭いトレーディングレンジがトレンドを形成している。このような日は最後の2～3時間で反転したり、少なくとも最後のトレーディングレンジをリトレースしたりすることがよくある。

　図3.10もトレンディング・トレーディングレンジ日で、最初のト

図3.11　強気のトレンディング・トレーディングレンジ日だが、引け近くで再び下げる

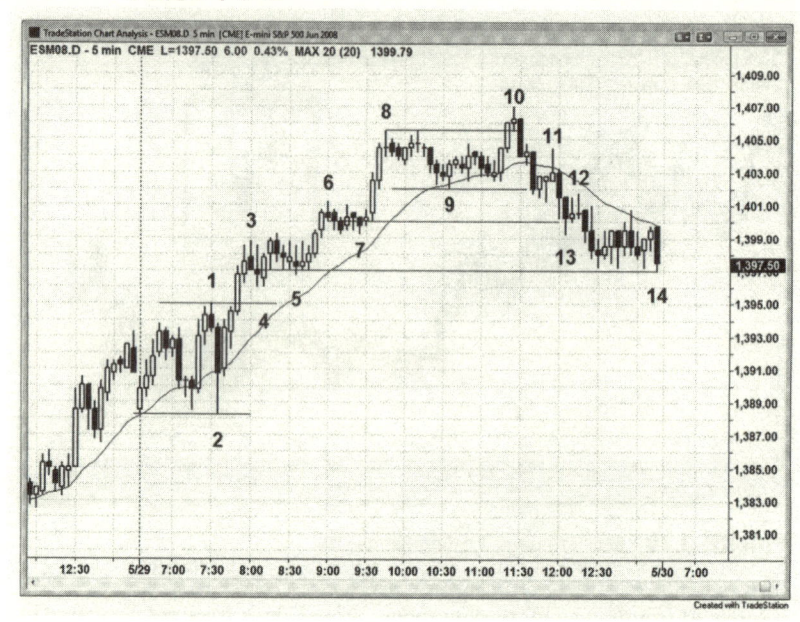

レーディングレンジは前日から始まっていた。サムネイルの日足チャートを見ると（足1）、この日が下降トレンド日だったことが分かる。

　図3.11の最初の1時間は7ポイントのレンジに収まっているが、その後のレンジは平均約20ポイントだった。つまり、マーケットがブレイクアウトしてそのまま進むかもしれないことはみんな分かっていた。最初のレンジがブレイクアウトされると、マーケットは足4～6でさらに高いレンジを形成した。そして、次のブレイクで足8～9に3つ目のレンジができた。しかし、その次のブレイクは足10でダマシになり、3つ目のレンジの安値を突き抜けてリトレースし、結局2つ目のレンジの安値まで下げた。

　「レンジ」という言葉には、マーケットがどこかの時点でレンジの安値を試すが、それでも上昇トレンドを続けていくかもしれないという意味がある。マーケットが強い動きをリトレースするときは、必ず

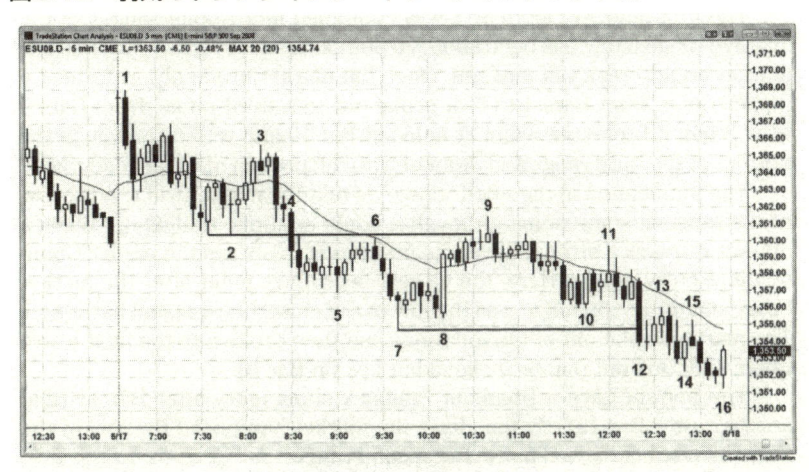

図3.12 弱気のトレンディング・トレーディングレンジ日

以前のカウンタートレンド方向の仕掛けポイントが最初の目標値になる。ここでは、レンジの高値をブレイクしたあと最も近い空売りの仕掛けポイントがシグナル足6の安値だった。マーケットは一番上のレンジを下抜いて次に安いレンジに達し、空売りのシグナル足13の安値を下抜いた。

マーケットは、足11のあとと足12のあとにブレイクアウトプルバックの空売りの仕掛けのチャンスをもたらした。そして、引けまでに2つ目のレンジにあるこの日最も安い空売りのシグナル足3の安値を試した。

図3.12は、この日の高値で寄り付いて安値で引けたため、寄り付きからの下降トレンドということもできるが、そのつもりでトレードするには最初の2時間では横ばいの時間が長すぎる。通常、寄り付きからのトレンド日のトレンドにはトレード可能なカウンタートレンド方向のスイングはない。一方、トレンディング・トレーディングレンジ日にはそれがあるが、弱くて予想もしにくい。この日は、最初のトレーディングレンジを足4が下抜いてさらに安いレンジに入り、トレ

ンディング・トレーディングレンジ日になった。

足9が前のレンジを試したあと、足11も上昇を試したが、失敗に終わった。

足12は2つ目のレンジを下抜いて3つ目に達したが、引けまでにこのレンジの高値である足13の高値を試すことはできなかった。

ちなみに、足15はダマシの高値2（足7を下抜いて反転する2回目の試しの失敗）で、これは非常に高勝率の空売りセットアップでもある。マーケットはこの日の新安値で2回反転しようとしたが、2回目は足15の買いポイントのあとで失敗と判明した。

狭いチャネルと強気と弱気のスパイク・アンド・チャネル

トレンドは、基本的に狭いチャネル（トレンドラインとそれに平行のトレンドチャネルラインが近い位置にあるチャネル）のなかで推移することもある。そのなかにはプルバックの足があることも多く、トレンドラインがブレイクされる前に仕掛けたカウンタートレンド派を落とし穴に落とす。彼らは、このトレンドに強いトレンド足がほとんどなく、足は重なり合っていてヒゲも長く、プルバックの足も多いことを見て弱いトレンドだと判断したのである。確かにこれらはみんな弱さのサインだが、例外がひとつある。トレンドラインがブレイクされることなく、ゆっくりだが長い間一方向に動いているのである。つまり、足は弱く見えても、これは非常に強力なトレンドなのである。前のトレンドの最後にできたクライマックスのスパイク（突出高・突出安）のあとに始まったトレンドには、新しいトレンドの方向に小さいスパイクができることがよくあり、スパイク・アンド・チャネル・トレンドになる。ときにはスパイクが小さくて、5分足チャートでは確認できず、前のトレンドのクライマックスのすぐあとにトレンドチ

ャネルが展開していることもある。トレンドの最初にはっきりとしたスパイクがあってもなくても、このようなトレンドは簡単に仕掛けられるプルバックがほとんどなく、トレンド自体も弱く見えるため、最初に仕掛けておかないとあとでは難しい。残念ながら、この種のトレンドは通常、かなり進展してからしか確認するのが難しいため、早めに仕掛けるのは難しい。2～3時間経過しなければパターンが確認できなくても心配しなくてよい。気がついた時点で仕掛けられるところがあればトレンド方向に仕掛け、あとは読みが難しい日もあるということを受け入れればよいのだ。しばらくすれば簡単なパターンもできるため、自信のないトレードを無理に仕掛けないでチャンスを待ってほしい。

　なかには、早い時間に強いモメンタムの動き（スパイク）があり、そのあとは緩やかなチャネルが続く日もある。そして、チャネルの始まりは1～2日のうちに試されることが多く、それがトレーディングレンジかどちらかの方向のトレンドにつながる。大事なことは、チャネルはトレンド方向にしかトレードできないということに気づくことである。チャネルが狭ければプルバックは大きくならないため、カウンタートレンド方向に大きな利益を上げることはできないからだ。カウンタートレンド方向の仕掛けを探すのはチャネルをブレイクしたあとで、そうなればカウンタートレンド方向の動きがチャネルの始まりを試すほど大きい動きになる可能性が高い。また、パターンを見つけてもカウンタートレンド方向の高値2や安値2の仕掛けはしない。このとき、前のトレンドラインは必然的にブレイクされていないため、チャネルの狭さはカウンタートレンド方向のトレードを負けに導く。ただ、カウンタートレンド方向のダマシは、素晴らしいトレンド方向のセットアップを意味している。

　図3.13で、強い上昇のあとメジャーな上昇トレンドラインが足2でブレイクされると、マーケットはスリープッシュで上昇トレンドの

図3.13　狭いトレンドチャネル

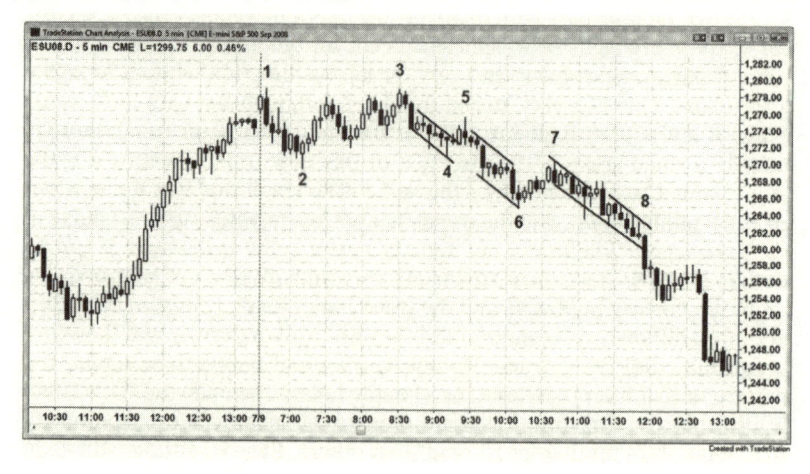

極値を試し、足3でダブルトップが完成した。長引くプルバック（少なくとも1時間）から最低2本のレッグが始まって下降トレンドに転じる可能性があり、実際にそうなった。プライスアクショントレーダーは、下降トレンドラインがブレイクされて明確な買いのセットアップ（例えば、強力な強気の反転足）ができるまでは、空売りしか考えないでほしい。

　足3からの下降トレンドにはいくつかの狭いトレンドチャネルがあり、どこも空売りするのが心理的に難しい。一方、ブル派はクライマックスの天井がないこの動きを上昇トレンドのプルバックだと思って観察している。しかし、忍耐が切れてくると下降トレンドラインをブレイクしていないし、強気の反転足もできていないのにあらゆる時間枠のフィボナッチプルバックやオシレーターの売られ過ぎの水準、ダイバージェンス、EMAプルバックなどを理由に買い始める。一方、プライスアクショントレーダーは、上昇トレンドのプルバックによる良いセットアップがないことをマーケットが反転して下降トレンドに入ったサインだと考えて、安値1と安値2のすべてのセットアップで

図3.14　弱気のスパイク・アンド・チャネル日

空売りする。

　そして、足8でついにブル派が降参すると、マーケットは崩壊して弱気のトレンドチャネルラインを下抜いた。

　図3.14の3月28日は弱気のスパイク・アンド・チャネル日で、上方にスパイクしてから反転して足3で下方にスパイクしたあとダブルボトムブルフラッグを形成しようとした。そこから、狭いチャネルで引けまで下げ続け、その間EMA近くには良い空売りポイントが数回あった。マーケットは翌日チャネルを上抜いた。ただ、チャネルの始まりは試されることが多いため、反転したあとも空売りのみというわけにはいかない。マーケットが足4のチャネルの高値に向かうときは良い仕掛けポイントができるはずで、実際にその翌日のギャップで寄り付いた足7がそうだった。

　図3.15のIBMにはいくつかのスパイク・アンド・チャネル日があるが、チャネルの始まりは1～2日のうちに試されることが多いため、翌日はカウンタートレンド方向のセットアップにも気をつけておいてほしい。実際、チャネルの始まりはどれも試されており（足2、足5、

図3.15　いくつかのスパイク・アンド・チャネル日

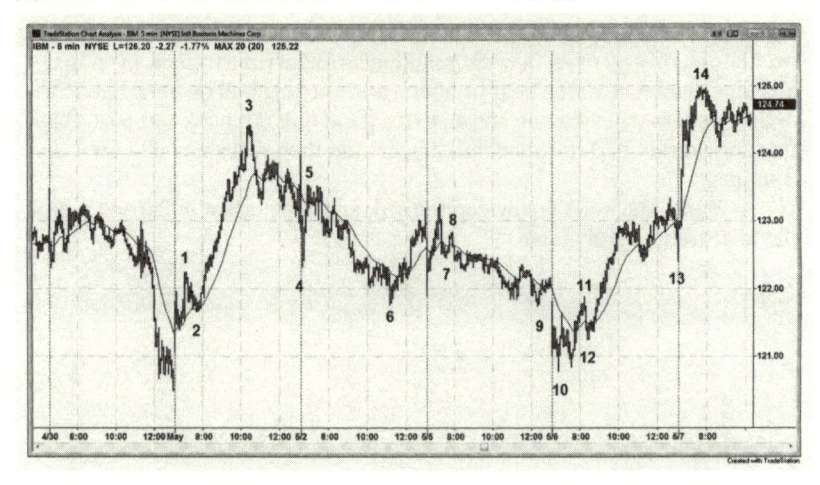

足8)、例外は最後の足12だけだった。足13は足12を試すための下落を始めたが、すぐに失敗して大きく上昇に転じた。

　スパイクはときにはギャップのこともあり、その場合はギャップ・スパイク・アンド・チャネル日を形成する。**図3.16**では、チャネルの始まりである足2は翌日に試された（足4）。足1と足2から始まったブルフラッグは、失敗したファイナルフラッグのようにチャネルのブレイクアウトにつながったが、ブレイクアウトするまでに長くかかった。ときには、失敗が重要なトレンドの反転につながることもある。

ステア（階段）——幅広いチャネルトレンド

　3つ以上のスイングがトレンドを形成し、緩やかな傾斜のトレーディングレンジかチャネルとよく似た形になっているときはブル派もベア派も活発にトレードしているが、一方が多少圧力をかけている。このときは両方向のトレードが行われているため、どちらの方向にも仕掛けることができる。ただ、ブレイクアウト後の値動きがだんだん小

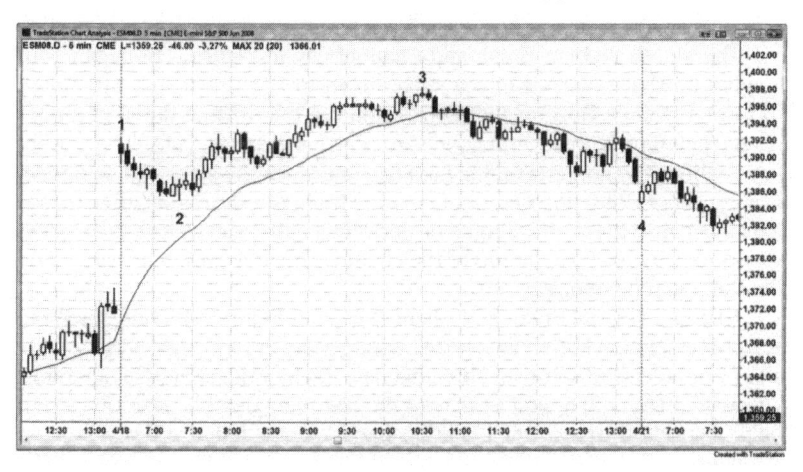

図3.16　ギャップ・スパイク・アンド・チャネル日

さくなっているときは、モメンタムが衰えていくことを示すシュリンキングステアパターンになっている。これはツーレッグの反転でトレンドラインのブレイクにつながることが多い。スリープッシュの反転の多くは、ダマシから反転に至るステアやシュリンキングステアになっている（それ以外は、チャネルではなくウエッジの形になることが多い）。

　あるいは、ステアの1段が突然加速してトレンド方向にトレンドチャネルをブレイクすることもある。もしそれが反転すると、このオーバーシュートと反転は、少なくともツーレッグの動きにつながる可能性が高い。しかし、そうならなければブレイクアウトは少なくともあと2～3つのレッグ分続くか、少なくともメジャードムーブでチャネルとほぼ同じ高さになるまで続く。

　図3.17の足7は3回目の下落で、シュリンキングステアになっている（足5から足7までの下げ幅が足3から足5までの下げ幅よりも小さい）。チャネルラインはあくまであとから描いた目安であり、マーケットがチャネルを形成しながら下降トレンドになっていることを

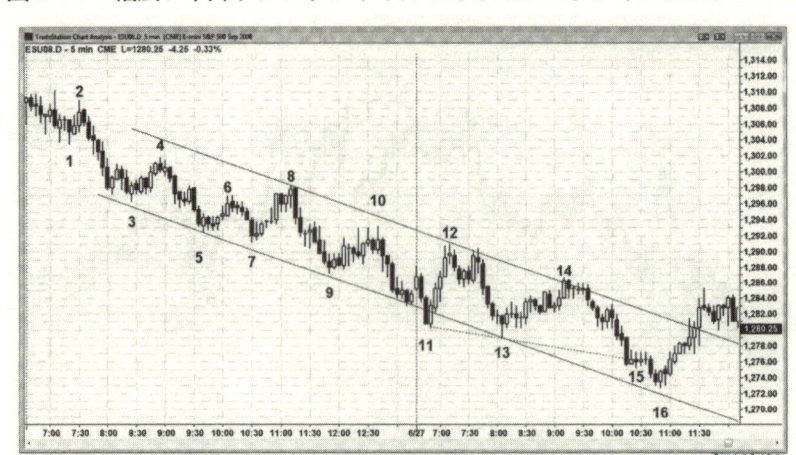

図3.17　幅広い下降トレンドチャネルのなかのシュリンキングステア

表しているにすぎない。ここでは明らかに両方向のトレードが行われており、適当なセットアップができたときに安値で買われ、高値で売られている。

　図3.18のユーロ/ドルのFXチャートでは、足7までに高値と安値が3回切り上がってチャネルを形成し、ステアタイプの上昇トレンドになった。

　足8はチャネルを上抜いた陽線で、そのあとに陰線の反転足ができたが、この空売りは執行されなかった。今回のブレイクアウトはほぼメジャードムーブになるまで、つまり下の実線からチャネルまでと等距離の上の実線までは続くはずで（アンドリュース・ピッチフォークを使った推測）、実際にそうなった。

　図3.19は上昇トレンドのステアパターンで、おおまかなチャネルのなかで高値と安値が3回以上切り上がっている。足4、足6、足8はシュリンキングステアを形成しており、モメンタムが衰えつつあり、反転の兆しがあることを表している。

　足9がトレンドラインをブレイクすると、高値を切り下げたブレイ

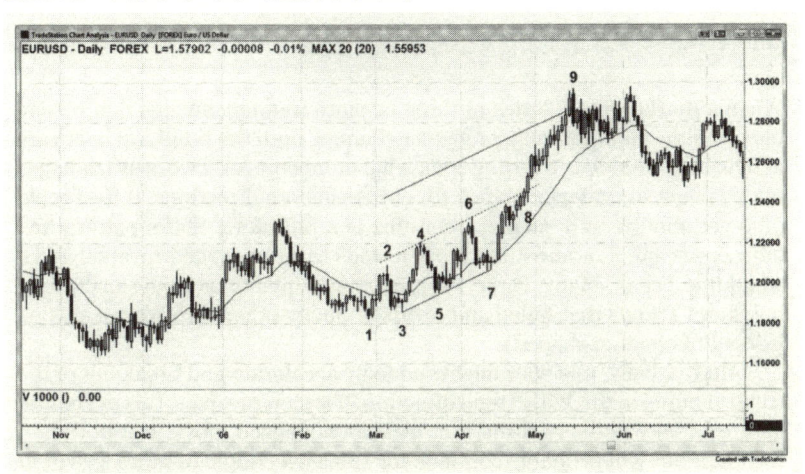

図3.18 ステアタイプの上昇トレンド

クアウトプルバックで足10に至り、ステアの下降トレンドができた。足10はおおまかなダブルトップベアフラッグで、足9までの下げが最初のプルバックになっている。

　足11は、下降チャネルを下方にオーバーシュートしたあと、小さいツーレッグで上昇に転じた。

図3.19 上昇トレンドのステア日にできたシュリンキングステア

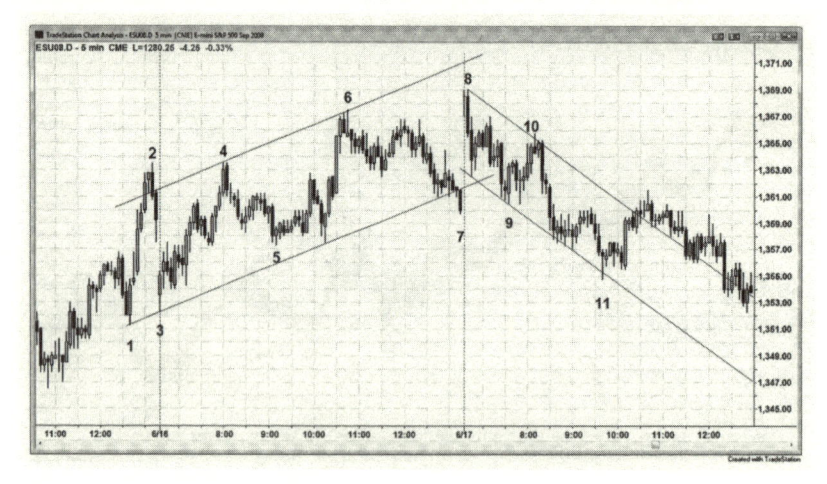

第4章　プルバック
Pullbacks

　厳密に言えば、プルバック（押し・戻り）とはトレンドと逆方向に動いて前の足の極値を超えた足のことを言う。上昇トレンドならば、プルバックは前の足の安値を少なくとも1ティック下抜く足になる。しかし、もう少し緩やかな定義——トレンドのモメンタムが中断すること、はらみ足や反対方向のトレンド足、逆方向までいかない横ばいなども含む——のほうが役に立つ。

　プルバックはもともとのトレンドに比べれば小さくてもそれ自体がトレンドになっており、普通のトレンドと同じように少なくとも2本のレッグがある。これらのレッグは短い時間枠のチャートでしか見えない場合もあれば、非常に大きくて、さらにそのなかにツーレッグで構成される小さなレッグがいくつも含まれている場合もある。2本目のレッグは反転を狙う2回目の試しで、この2回目が失敗すればマーケットはその逆に向かう、つまりトレンドが継続する可能性が高いということを思い出してほしい。

　2本のレッグがある動きは、それがトレンド方向であっても（トレンドの最後の足がツーレッグになっているときがある、上昇トレンドでの高値の切り上げや下降トレンドの安値の切り下げ）、すべてプルバックと同様にトレードすべきである。2本の明確なスイングは通常はABC調整と呼ばれており、AとCのレッグはカウンタートレンド

方向のスイング、Bはその間の小さいレッグになっている。例えば、スイングが高値を付けてから下降トレンドラインを下抜けるまで下落したあとにツーレッグの上昇で高値を更新すれば、普通は新高値がベア派を抑えたと解釈して再び下げに転じるポイントを探すことになるのだが、その代わりに新しい下降トレンドのプルバックが下降トレンドラインをブレイクしたと考えることもできる。

　それでは、ツーレッグとはどのようなものなのだろうか。足の終値をつないだ折れ線チャートを描くと、ツーレッグの動きがはっきりと見えることが多い。バーチャートやローソク足チャートならば、最も分かりやすいのは最初にカウンタートレンドの動きがあり、小さいトレンド方向の動き、そして２つ目のカウンタートレンドの動きがあるところだろう（教科書どおりのABCプルバック）。

　しかし、ツーレッグは短い時間枠のチャートでなければはっきりと見えないため、推測しなければならない場合もよくある。トレードをするときには、１日中複数のチャートをチェックするよりも１枚に集中するほうが簡単なので、たとえ推測でも目の前のチャートでツーレッグを見つけることができるようになれば有利になる。

　上昇トレンドでは、陽線が並んでいるなかに陰線があれば、たとえその足の安値が前の足の安値よりも高くても、プルバックの最初の足と見ることができる。もし短い時間枠のチャートを調べれば、カウンタートレンド方向のレッグが見つかるだろう。そして、次の足の終値がトレンド方向でも高値が上昇スイングの最後の足の高値よりも安ければ、これが２本目のレッグになる。もしそのあと陰線か安値が前の足の安値を下抜く足があれば、それが２回目のレッグダウンになる。

　ただ、推測しなければならない対象が増えると、そのパターンを見る人やそれを確信する人の数が減り、パターンの信頼性は下がる。そうなると、そこに投入される資金も減るし、早めに手仕舞う人も増えることになる。

プルバックで仕掛けるのは難しい。それはプルバックの前にトレンドの最後のクライマックスに見える動きがあると、トレンドが反転したかトレーディングレンジに入ったと考える人が多いからだ。しかし、強いトレンドにはダマシの反転を1日中繰り返すという特徴がある。この反転の落とし穴はトレンド派を追い出し、カウンタートレンド派を誘い込む。そして、両方向のトレーダーを落とし穴に落とし、多くのトレーダーがトレンドを追いかけることになれば、トレンド方向の素晴らしいセットアップになる。例えば、上昇トレンドでは、追い詰められたベア派は必死で逃げ出そうとし、今が天井だと思ったブル派は上昇するマーケットを追いかけることになる。EMA近くの高値2で買った人たちは、あなたの目標値までの動きに燃料を注いでくれるだろう。

このとき、ひとつ明らかなことがある。もし今プルバックしているトレンドが、例えばトレンドチャネルラインのオーバーシュート（価格が重要な価格を超えること）と反転やそれ以外の重要なトレンド反転パターンなどでクライマックスを迎えて反転すればトレンドは変わるため、もうこれまでのトレンドのプルバックで仕掛けるべきではない。トレンドは終わったか、そうでなくても1時間程度、あるいは取引終了まで復活しないかもしれない。そこで、強い上昇のあとにウエッジの高値か上昇トレンドラインをブレイクしたあと高値を切り上げたときは、プルバックの買いではなく空売りを探してほしい。

最初のプルバックからの流れ──足、マイナーなトレンドライン、EMA、EMAギャップ、メジャーなトレンドライン

トレンドのなかのプルバックには浅いものや深いものなどさまざまなタイプがあり、規模によって分類したり、ランク付けしたりできる。

どのプルバックでも、最初にできたものをそのタイプの最初のプルバックと呼ぶ。そして、そのあとにできるプルバックはまた別のタイプの最初のプルバックになり、そのあとはトレンドの極値が試されることが多い。これは強いトレンドが少なくともツーレッグで構成されているからである（試しは２回目のレッグ）。そのため、それぞれのタイプの「最初の」カウンタートレンド方向の動きのあとには同じトレンドの別のレッグが続く可能性が高い。

　最初のプルバックの多くは小さくて、現在のトレンドの最初のレッグの一部であることが多い。しかし、カウンタートレンド派のポジションが大きくなるとプルバックも大きくなる傾向があり、そうなるとトレンド派の利食いも加速する。そして、ある時点でカウンタートレンド派がトレンド派を圧倒し、トレンドが反転する。

　強いトレンドでの最初のマイナープルバックは、１本か２本の足のプルバックで（典型的なのは高値１か安値１の仕掛けで、ミクロトレンドラインの仕掛けでもあることが多い）、このあとはほぼ必ず新しい極値を付ける。次のプルバックは足３～５本の長さで、マイナーなトレンドラインをブレイクしてから新しい極値を付ける可能性が高い。これは高値２か安値２のセットアップになることが多いが、強いトレンドの場合は別の高値１か安値１になることもある。もし高値１か安値１の仕掛けが１～２回あってから高値２か安値２の仕掛けになり、再び高値１か安値１が付きそうならば待ったほうがよいだろう。勝ちトレードが続いたときに、大きいプルバックがないのに新たな強さがあるときは落とし穴のセットアップ（失敗したファイナルフラッグなど）かもしれないと疑ってほしい。どうせあぶく銭だからと無敵の気分で怖いもの知らずの行動をとるよりも、落とし穴かもしれないセットアップは逃すほうがよい。このようなトレードをしていると、資金があぶくと消えてしまう可能性が高い。

　トレンドが強いときはEMA（指数移動平均線）から２時間以上離

れていることもあり得るが、一度EMAに達すれば新しいトレンド方向のセットアップから新しい極値につながるか、少なくとも前の極値を試す可能性が高い。そしてどこかの時点でプルバックができ、それはEMAを超えるだけでなく、EMAギャップ足（安値がEMAの上にある足）のあと極値を試してそれを更新する可能性が高い。いずれカウンタートレンド派がメジャーなトレンドライン（EMAギャップ足のプルバックになる場合も多い）をブレイクしたあと極値を試すだろう。この試しはアンダーシュート（下降トレンドならば安値の切り上げ、上昇トレンドならば高値の切り下げ）になるかオーバーシュート（下降トレンドならば安値の切り下げ、上昇トレンドならば高値の切り上げ）になるかは分からないが、そのあとは反転するか最低でもツーレッグのカウンタートレンド方向の動きがある。反転の前のプルバックは、何らかのタイプ（足、マイナーなトレンドライン、EMA、EMAギャップ、メジャーなトレンドライン）の最初のプルバックなので、メジャーなトレンドラインをブレイクするまではどれもトレンド方向の仕掛けポイントになる。ちなみに、最初のプルバックは、どのタイプでもそのあとに少なくとも極値を試し、たいていはそれを更新することが多い。

　５分足チャートでトレードしているときに、それよりも大きい時間枠にも注意を払う価値はないが、５分足チャートの比較的大きいプルバックは大きい時間枠（15分足、30分足、60分足、ときには日足、週足、月足）の重要なポイント（EMA、ブレイクアウトポイント、トレンドラインなど）で終わっている可能性がある。また、最初のプルバックが15分足のEMAに達すると、そのあとトレンドの極値を試す傾向があり、30分足や60分足のEMAに達すれば、もう一度極値を試すかもしれない。ただ、大きい時間枠の重要ポイントはさほど頻繁には起こらないため、それを待つことに時間を浪費しているとたくさんの５分足のシグナルを見落とすことになりかねない。

強いトレンドでいくつものトレードが利益を出したあとに何本も横ばいの足ができたときは、実質的なトレーディングレンジでダマシのファイナルフラッグになる可能性があるため、この先の仕掛けには注意する必要がある。上昇トレンドではレンジの安値近くのセットアップならば買ってもよいが、レンジの高値のブレイクはベア派が新高値での空売りを狙い、ブル派はそろそろ利食おうと思っている可能性があるため、買いには気をつけてほしい。

　同じことは、下落が続いたあとのベアフラッグにも言える。横ばいでは買い方も売り方も活発なので、フラッグの安値をブレイクしたところで空売りすればベアトラップ（ファイナルフラッグの失敗）になるかもしれない。しかし、フラッグの高値近くにできた空売りのセットアップならばリスクは小さいため、トレードする価値はある。

　トレンドには必ずプルバックがあり、トレンドが進むとともにプルバックも大きくなっていく傾向がある。しかし、反転しないかぎりプルバックのあとは少なくとも前の極値（下降トレンドならばその時点のその日の安値）を試し、それがたいていは新しい極値になる。

　図4.1の足3は前日の高値の上で反転して下げに転じた下降トレンドの最初のプルバックで、2本の足のプルバックは空売りポイントになった。そして、これは前日のスイングの安値を下抜いたあとのブレイクアウトプルバックでもあった。

　足4はほんの1ティック程度だがトレンドラインとEMAを最初にブレイクし、この安値2のあと安値が更新された。

　足5はEMAへの2回目の試しで、今回はほんのわずかだがEMAの上に2本の足の終値がある。このプルバックのあとに安値が更新された。

　足8はメジャーなトレンドラインをブレイクして最初のEMAギャップ足（安値がEMAの上にある足）を形成した。通常、最初のギャップ足のあとは安値を試すが、そこに2回目の仕掛けポイントができ

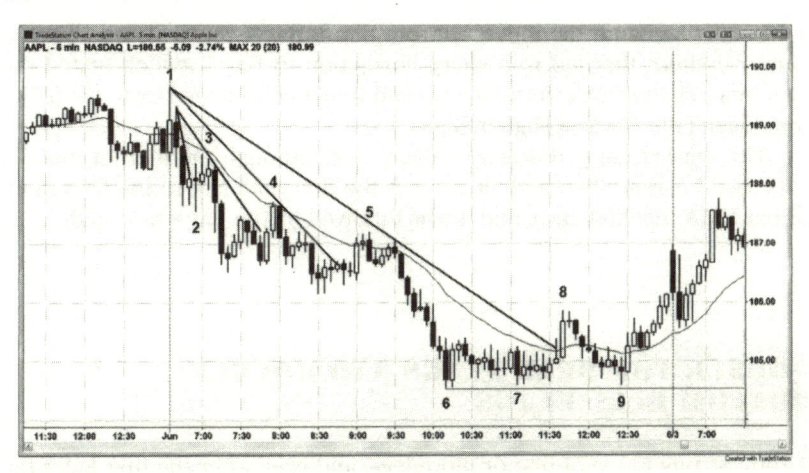

図4.1　プルバックはだんだん大きくなる傾向がある

る場合もある。メジャーなトレンドラインのブレイクは、新しいトレンドの最初のレッグかもしれないが、少なくともツーレッグのカウンタートレンド方向の動き（ここでは下降トレンドのなかのレッグアップ）が始まる前に安値への試しがあり、それはオーバーシュートのときもあればアンダーシュート（重要な価格に近づくが達しないこと）のときもある。

マーケットは足7と足9でダブルボトムブルフラッグを形成した。足9は足7を1ティック下抜いて損切りに達したが、安値を更新することはできなかった。ブル派が買いトレードを防衛するために押し目で積極的に買っていたからだ（買い集め）。2本目の上昇レッグは、翌日に完成した。

図4.2の底は足1だが、最初の強い急騰は足3から始まった。足3からの上げは20EMAに達するいくつかのプルバックをへて、新高値を付けた。足4はトレンドチャネルラインをオーバーシュートすると、鋭い調整で15分足の20EMA（点線）を試したあとトレンドの高値も試し、足6で高値を切り上げた。

図4.2 EMAプルバックはどんな時間枠でもトレンドの極値を試すことが多い

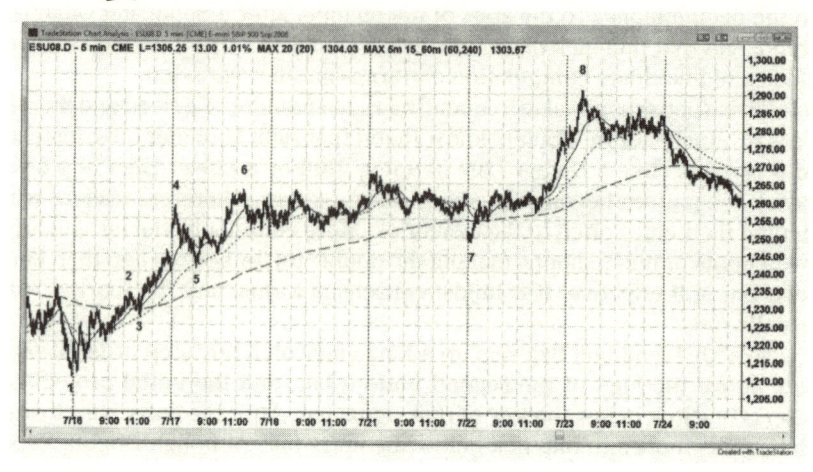

マーケットはギャップで足7まで下げて最初は下降気味に見えていたが、実はこれが60分足の20EMA（破線）への最初のプルバックで、そのあとに足8が高値を更新した。

ダブルトップベアフラッグとダブルボトムブルフラッグ

1本以上のレッグが強い動きを見せれば、たとえそれが最初のレッグのあとでもそのレッグに強さがあれば、マーケットはトレンドを再開する前に足何本分か横ばいになる。横ばいは大きなスイングを含めて何時間も続くことがあり、始まりと終わりにスパイクができると2つの極値は非常に近くなることが多い（2つ目のスパイクが1つ目を若干オーバーシュートするかアンダーシュートする）。最初のスパイクはマグネット効果でマーケットを引きつけながら、最初のスパイクの先に置いた損切りの逆指値まで行く力があるかどうかを見ている。もしその力があれば、これはトレンド方向の素晴らしいセットアップ

になる。上昇トレンドでは、2つのプルバックがダブルトップブルフラッグを形成する。例えば、ダブルボトムブルフラッグの最初のボトムには買い方がいる。そして、次にその価格帯まで下げても買い方が再び売り方を圧倒するため、マーケットは下げが2回ダマシになり、次は上げる可能性が高くなる。もちろん下降トレンドならば、ダブルトップベアフラッグで同じことが起こる。これらのパターンはスパイク・アンド・チャネルトレンドのあとにチャネルの始まりを試す深いプルバックとよく似ており、このプルバックはダブルトップベアフラッグやダブルボトムブルフラッグになることが多い。ちなみに、ヘッド・アンド・ショルダーズの継続パターンもこの変形と言える。

　これらのパターンは、反転パターンであるヘッド・アンド・ショルダーズの右のショルダーになっていることも多い。トレーダーは、もし右のショルダーがダマシになれば反転せずに（新しい上昇トレンドの安値の切り上げか新しい下降トレンドの高値の切り下げのように）継続パターンになることを知っている。そのため、彼らは自分の仕掛けを最後まで死守しようとする。ちなみに、試しが若干オーバーシュートしたり、アンダーシュートしたりして完璧なダブルトップやダブルボトムにはならないこともよくあるが、効果は変わらない。そして、そのときはマーケットの見方が一致して一気に進むことが多い。

　トレンド方向のブルフラッグは買いのセットアップで、仕掛けの逆指値は2回目の底にある足の1ティック上に置き、最初の損切りの逆指値はシグナル足の安値の1ティック下に置く。そして、仕掛け足が終値を付けたら、損切りを仕掛け足の1ティック下に動かす。ダブルトップやダブルボトムはよく知られた反転パターンだが、これらのフラッグはトレンド方向のセットアップになる。これはプルバックが最後に反転するためだが、単純にトレンド方向のパターンと覚えておけばよい。

　図4.3の足2でダブルトップベアフラッグは失敗に終わり、買いポ

図4.3 ダブルトップベアフラッグとダブルボトムブルフラッグ

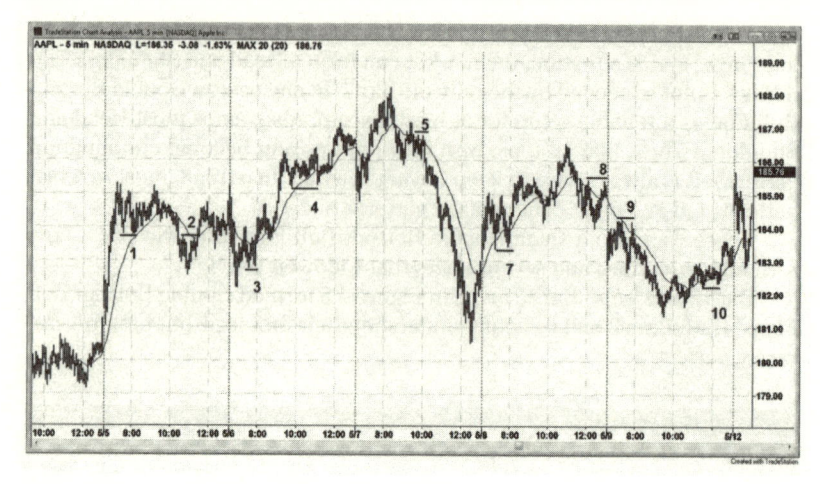

イントになった（そして小さい逆ヘッド・アンド・ショルダーズになった）。

　図4.4のゴールドマン・サックス（GS）の5分足チャートでは、足5と足7の間で高値を切り上げているにもかかわらずダブルボトムブルフラッグを形成していた。足5は上昇トレンドで最後に安値を切り上げ、足7は下降トレンドかトレーディングレンジの最初のスイングの安値になっている。このようなときには、もし足7からの上昇が足6を超えなければ、ヘッド・アンド・ショルダーズが形成されるかもしれない。いずれにしても、ダブルボトムブルフラッグは少なくともスキャルピングには信頼できるセットアップである。また、ほとんどのヘッド・アンド・ショルダーズはほかの天井と同様に失敗に終わって継続パターンに変わるため、上昇トレンドでは買い続けるのが賢明だ。トレンドがあるときは、ほとんどの反転パターンは失敗に終わり、ほとんどの継続パターンはうまくいく。

　また、足3の安値のあとにはそこから3本目の足と7本目の足で形成する小さいダブルボトムブルフラッグができた。

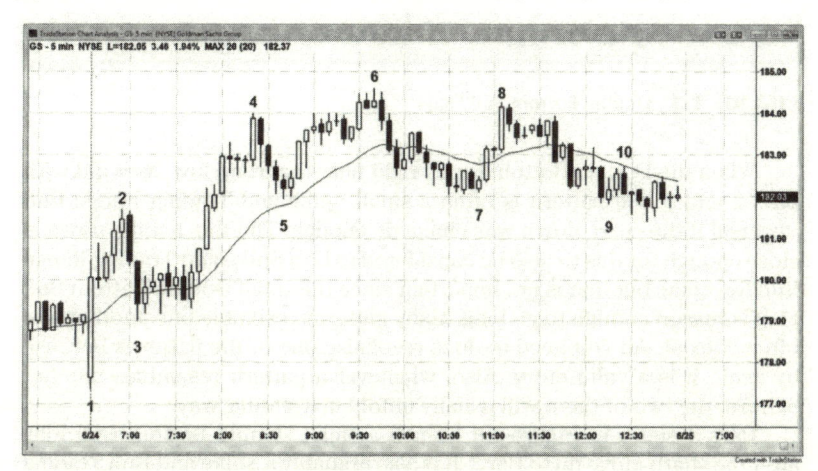

図4.4 ダブルトップベアフラッグとダブルボトムブルフラッグ

図4.5の足2と足3と、足5と足6は、ダブルボトムブルフラッグを形成している。足3も足6も1本目のレッグを若干アンダーシュートしたが、むしろ完璧なパターンになるほうが珍しい。

足2と足3のようにダブルボトムがトレンドの安値のすぐ近くにできたときに、もし下方のスパイクが十分クライマックスを示していれば、小さいスパイク・アンド・トレーディングレンジで上昇トレンドに転じることが多い。足1の下方のスパイクはスパイク・アンド・トレーディングレンジで上昇に転じる形にもよく似ているが、実はこれはあまり重要ではない。小さいダブルボトムブルフラッグだけでも十分買う理由になるからだ。パターンのなかには似ているものが多くあり、1つの動きのなかに複数のパターンが入っていることもよくある。しかし、単独でも仕掛けとして有効なパターンならば何かしらひとつ見つかればよい。また、あるパターンがほかのパターンに似ているときは、どちらも似たような展開になることが多い。

図4.6の足3と足4は、足2までの鋭い上げのあとで小さいダブルボトムブルフラッグを形成している。これは強気のスパイク・アンド・

図4.5　ダブルボトムブルフラッグ

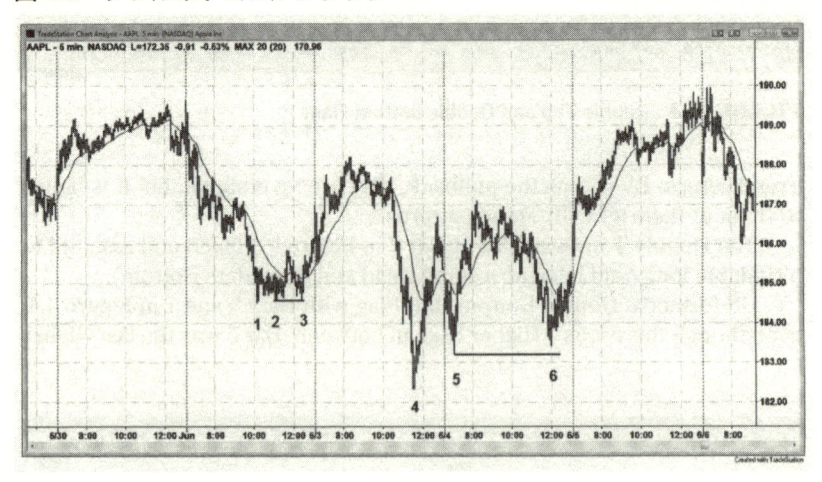

トレーディングレンジの買いのセットアップと見ることもできるが、足1の安値よりも少し高すぎるため、マーケットはすでに新しい上昇トレンドだと認識している可能性が高く、この時点で上昇に転じたことが分かってもあまりメリットはない。みんなが、マーケットがすでに反転して少なくとも2本の上昇レッグができると思っているからだ。

また、足6まで下落すると、足2の高値がヘッド・アンド・ショルダーズ・ベアフラッグの左のショルダーになる可能性がある。もし足8が足6の安値を試したあとに足7まで上昇すれば、ヘッド・アンド・ショルダーズが失敗した場合の典型的な動きとしてマーケットは少なくとも足5の高値を試す可能性が高い。

もし足8が足6よりも上でスイングの安値を付ければ、ダブルボトムプルバックで買いのセットアップになる。しかし、もし足8が足3と足4と足6の安値を下回るまで下げれば、ヘッド・アンド・ショルダーズベアフラッグになり、最初の目標値はもちろんマグネット効果を持つ足1のクライマックスの安値になる。このとき、足6の下でブレイクしたら空売りすることもできるが、ブレイクアウトプルバック

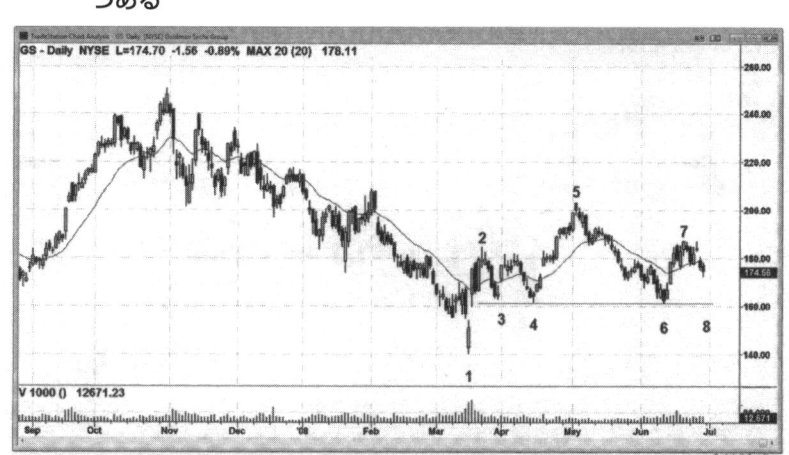

図4.6 ゴールドマン・サックスの日足チャートはヘッド・アンド・ショルダーズ・ベアフラッグか、ダブルボトムプルバックを形成しつつある

で仕掛けたほうがリスクは少ない。ちなみに、このプルバックは実際のブレイクアウトの前後どちらにもなり得る。もしブレイク間際でプルバックになれば、実際にブレイクしたのと同じような動きになる可能性が高い。たいていは、似ていればそれで十分だ。マーケットは2007年11月以来の下降トレンドにあり、これほど長引いた動きのあとは2回目の下降レッグがあるはずなので、下方にブレイクして足1の安値を下抜く可能性が高い。もし足2～7のトレーディングレンジがメジャードムーブの中間ならば底は100ドル近辺で、高値から約60％下落すると予測することができる。ただしこれは予想ではなく、このパターンがもたらすと考えられる学術的な見解でしかない。

　図4.7の足4は足3の前の足と合わせてダブルボトムブルフラッグを形成しかけ、足5と足6もそうなりかけた。2回目の底は最初の底を1ティック程度下抜くことが多く、それが足5のように逃げ出そうとするブル派と仕掛けようとするベア派を落とし穴に陥れる。

　しかし、マーケットはこの安値を1ティック下回ることができなかったため、ブル派が主導権を取り始めたという見方が広がった。足6

図4.7　マーケットは足2の安値のあとで弱気のスパイク・アンド・トレーディングレンジの反転が失敗に終わった

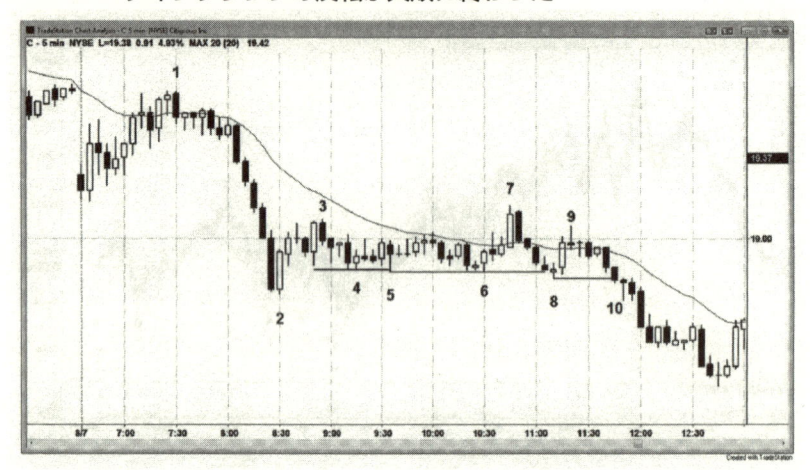

は足4の安値のブレイクがダマシになった足5を正確に試し、それが足7のレンジの高値のブレイクにつながった。

　足8でマーケットが足6の安値を下抜くと、さいは投げられた。足6の安値のブレイクがダマシになったあとに足7の高値のブレイクがダマシになり、それを足8が再び安値をブレイクして確認したことで賢いベア派は喜んだ。彼らはダマシのダマシのブレイクとなった足7の次の陰線のはらみ足の下で空売りすると、足8のあとに小さく上昇したときにトントンでいったんは手仕舞ったが、そのあと高値を切り下げた足9で2回目の空売りを仕掛け、今度は下落の波に乗っていった。

　ダマシのダブルボトムブルフラッグは、足5のように底に小さいブレイクが1つはあってもよいが、この安値を維持できなければブル派は買うのをやめ、ベア派が積極的に売り始めることになる。

EMAプルバックとギャップEMAプルバック

ギャップは一般的な用語で、単純にチャート上の2点の間に空間があることを意味している。例えば、もし今日の始値が昨日の終値よりも高ければ、ギャップがある。そして、もしその始値が昨日の高値よりも高ければ、日足チャートにもギャップができる。この言葉を幅広い意味で使えば、トレードのチャンスはさらに増える。例えば、もしある足の高値がEMAよりも下にあれば、その足とEMAの間にはギャップがある。そして、これが上昇トレンドか横ばいのときならば、マーケットはその足の上からEMAまでのギャップを埋めようとする。ときには、前の足の高値よりも上に足ができるが、足1～2本の間に下げてプルバックが続く。もしそのあと再び前の足の高値よりも上に行けば、これはEMAギャップ足2、つまり上昇トレンドでEMAギャップを埋めようとする2回目の試しになり、トレード可能な買いのセットアップになる可能性が高い。同様に、EMAの上のギャップも下降トレンドや横ばいでは埋まる傾向がある。

図4.8の足2は横ばいのなかでEMAの下のギャップを埋めようとする2回目の試しである。このときは下げのモメンタムが強かったため、そもそも横ばいではないと見ることもできるが、前日の終値がそれよりも高かったため、EMAは水平に近かった。

足3と足8も2回目の試し（最初の試しは1本の陽線のみの場合もある）、つまりEMAギャップ足2の仕掛けになっている。

足6と足9は、EMAギャップ足2の空売りポイントになっている。下げようとする2回の試しのあとでマーケットが足9を上抜いたため、そのあとは上昇トレンドになった（足9は2回目の試しであるEMAギャップ足2）。

図4.8 ギャップEMAのプルバック

2HM――2時間以上EMAから離れていれば、EMAと最初のEMAギャップ足で逆張りする

　もしマーケットが2時間以上EMAに達することなく一方の側にあれば、トレンドが強いということだが、これは行きすぎのサインになっている場合もあり、そのときは反転が近い。2時間以上離れた状態のあとで最初にEMAに達したときはトレンドの極値を試す可能性が高いため、高勝率のスキャルピングポイントになるが、EMAを大きく下回ることもあるためプライスアクションをよく見て仕掛けてほしい。2時間という時間に特別な意味があるわけではない。トレンドが強いときに役に立つ指針として覚えておけばよい。ちなみに、トレンドは極めて強いのに30分ごとにEMAに接することもあれば、EMAか

ら4時間も離れていたのに突如として反対方向のトレンドに変わることもある。また、この2時間は寄り付きに限らず、1日のなかのどこででも起こり得る。

もし2HMに気づいたときは、EMAに達したら必ず逆張りのチャンスを探してほしい。ただし、EMAのセットアップができるまで待ち、必ず逆指値を置いて仕掛けてほしい。EMAの試しが1回以上あれば、EMAを突き抜けてEMAギャップ足ができる可能性が高い。最初のギャップ足で逆張りのチャンスを探してほしいし（上昇トレンドならば高値がEMAを下回った最初の足の高値の1ティック上で買う）、2回目ならばなおさらだ。ここではトレンド方向に仕掛けているため、ポジションの一部をスイングしてほしい。マーケットは想像以上に遠くまで進むかもしれないからだ。EMAの試しは、特に株のトレードでは信頼性があり、1日中素晴らしい仕掛けのチャンスを提供してくれる。

EMAの試しは毎回、前の試しよりも深く突き刺さる傾向があり、ある時点でメジャーなトレンドラインをブレイクする可能性が高い。そうなれば、調整は最低でもツーレッグになると思われる。例えば、下降トレンドならばトレンドラインをブレイクしたあとのプルバックは安値が切り上がって最初のレッグを上抜くことが多い。

図4.9では、9時10分に足3の安値からの上昇でこの日初めてEMAを試した（足2はEMAに1ティック届かなかったが、安値2の空売りには十分な試しだった）。極値を試したときは、必ずトレンド方向のトレードを探してほしい。足4はEMAギャップ足で、ｉｉブレイクアウトのダマシだった。ここで空売りしたスキャルパーは利益を上げたが、安値は更新されなかった。

小さい陽線が並んだ足4までの上げはマイナーなトレンドライン（足2から足3の下げ）をブレイクしたものの、メジャーなトレンドライン（足1から足2）はほんの少しブレイクしただけで反転してし

図4.9　2HMの例1

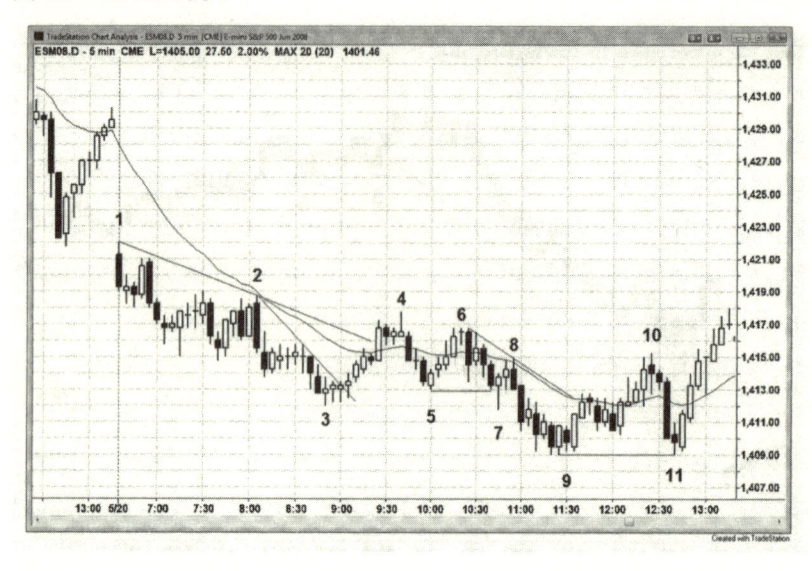

まったため、足4まで陽線が並んでいてもカウンタートレンド方向のモメンタムはさほどではなかった。足5は安値を切り上げてトレンドラインがブレイクされたあとに新しい上昇トレンドを形成しようとしたがダマシになった。そして、足7が足5を下抜くと一部のブル派は損切りしたが、ある程度の買い方もいたため足7は反転足になった。足7の上の高値2（このツーレッグの大きいプルバックの上げかもしれない動きのなかで、高値1は足5の上にある）の買いは足8のブレイクアウトプルバックで失敗になり、マーケットは下落して安値を更新した。足7の安値の下に置いた損切りの逆指値を超えて陰線が形成されると、2回目のチャンスで買った人たちは損切りを強いられた。

　この日の前半は全体的にベア派が強かったが、ブル派も何回か下降トレンドラインをブレイクしていた。そして、損切りの逆指値を超えて足11までの下落でダブルボトムとファイナルフラッグの失敗で反転すると、マーケットを上げることに成功した。この日は基本的に下降

図4.10　2HMの例2

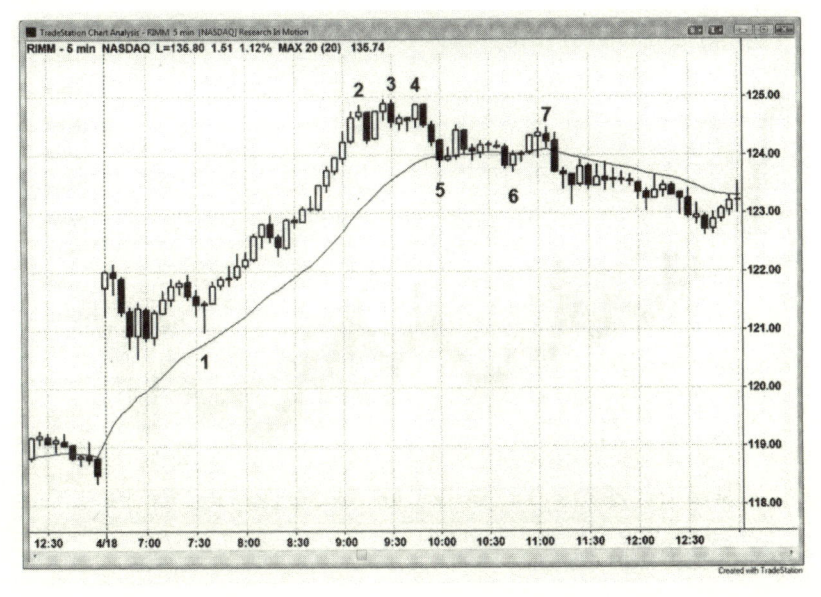

トレンディング・トレーディングレンジ日で、このような日は引けまでにそれまでのトレーディングレンジを上抜くことが多い。トレーディングレンジ日には両方向のトレードが行われているため、それまでの極値で取引が終了する可能性は低いからである。

図4.10のリサーチ・イン・モーション（RIMM）は、寄り付きから3時間半が経過してから3本の陰線で急落した足5でEMAに初めて接した。しかし、足1～2は20本近い陽線で上昇しているのにプルバックの足が1本しかないのは珍しいことで、珍しいことは持続しないため、ある種のクライマックスになった。これは放物線状に上昇しており、足2でトレンドチャネルラインのブレイクがダマシになった（線は示していないが、これにはいくつかの描き方がある）。クライマックスの動きのあとにプルバックが長く続いているため（少なくとも1時間程度）セットアップが強力でないかぎり、EMAプルバック

でトレンド方向に仕掛けるべきではない。また、足5～7の狭いトレーディングレンジはどちらの方向にも仕掛けるべきではないし、もしかしたら下降トレンドのプルバックの中間辺りなのかもしれない。このようなケースは、クライマックスのあとに2本のレッグの調整が期待されるときにはよくある。もしくは、足4の高値は典型的なスパイク・アンド・チャネルの反転ほどクライマックスではないが、足5まで下げたあとに（スパイク・アンド・チャネルの高値の反転）、下降チャネルが始まるのかもしれない。1本以上の強いトレンド足が狭いトレーディングレンジをブレイクするのを待ってから、ブレイクアウトのダマシかブレイクアウトプルバックで仕掛けてほしい。ただ、クライマックスで狭いトレーディングレンジが形成されるケースはリスク・リワード・レシオが悪いため、できればほかの銘柄をトレードしたほうがよいだろう。

トレンド日の11時30分に損切りに達するプルバックという落とし穴

　強いトレンド日に強いカウンタートレンド方向にパニック的な動きがあるとみんなが怖がってポジションを手仕舞ってしまうということはどこの時間帯でも起こり得るが、午前11時～11時30分前後に起こることが非常に多い。そして、みんなが強いカウンタートレンドの動きにだまされたことをはっきりと自覚するころには、トレンドはすでに前の極値に向かって突き進んでいる。そのため、落とし穴にはまって手仕舞ってしまった欲深いトレーダーたちは、価格を追いかけてトレンドをさらに進めることになる。このような動きはなぜ起こるのだろうか。終値までトレンドが続くと考えている機関投資家にとって、スパイクは有利な価格で増し玉するというメリットがある。もし機関投資家のトレーダーが引けまでに増し玉したいのであれば、できるだけ

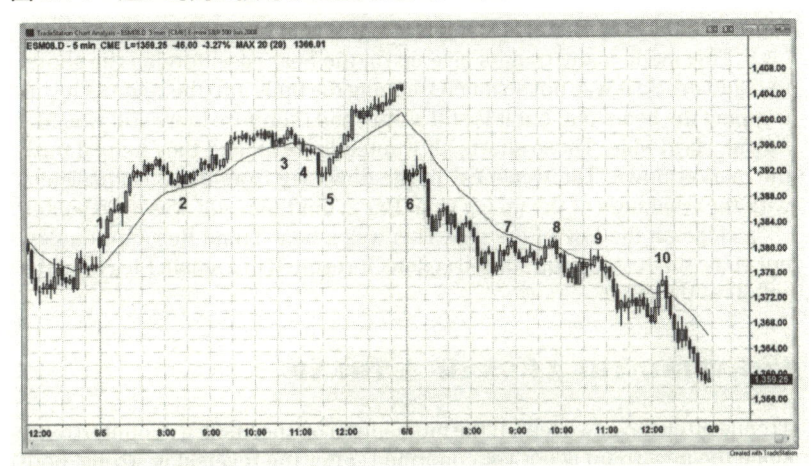

図4.11　遅い時間に損切りを超えたプルバック

有利な価格で仕掛けたいと思っている。彼らは、噂が価格を動かし損切りを誘発することを知っているため、何らかの方法でこのような噂に加担したいと思っている。ただ、噂やニュースの内容も、どこかの機関投資家が儲けるためにそれを広めたのかどうかもどうでもよいことだ。大事なことは、損切りに達することでその機関投資家に便乗して、トレンドの反転の失敗で利益を上げるチャンスが訪れることなのである。

図4.11はどちらも2HMの日で、どちらも遅い時間に損切りを超えた。足５は11時25分に損切りを超えたあとで仕掛けた足で、ギャップ足２の買いポイントになった。大きい実体と足の安値近くで引けているというこの陰線の強さに注目してほしい。これを見て、自信がないトレーダーはマーケットが下降トレンドに転じたと思った。しかし、賢いトレーダーはこれを素晴らしい買いのチャンスと考え、それは正しかった。

　足10は12時15分に損切りを超えた空売りポイントで、EMAギャップの仕掛けになった。

どちらの日も、EMAを2回以上試したあとで、予想どおりEMAギャップからの逆張りが始まった。2回以上EMAまで引き返させたことで自信を深めたカウンタートレンド派が次は大きく賭けてEMAをはるかに超えるブレイクとなった。ちなみに、このようなブレイクは最初はダマシになることが多く、トレンドの継続に合わせてトレンド方向に仕掛ける素晴らしいチャンスになる。

　寄り付きからの下降トレンドのあとにEMAを上抜けることができなければみんなは11時30分の落とし穴を期待するのだが、図4.12では時間ぴったりにそれが起こった。足3は下降トレンドの最初のEMAギャップ足でもあった。落とし穴はたいてい強いカウンタートレンド方向のレッグで、これに期待した買い方が積極的に買うとすぐに下落に転じて手仕舞いを強いられる。ただ、この日の足2からの上げが大きい同時線で構成されていてバーブワイヤーのように見えるのは、どちら側のトレーダーも神経質になっていることを示している。しかし、確信がないのならばなぜ落とし穴にはまってしまったのだろうか。実は、足3の前の足がダブルトップベアフラッグを形成しようとしたのを足3が足1の高値を上抜いて台無しにした。これによって多くのトレーダーが空売りポジションをあきらめて手仕舞った。つまり、このケースはブル派を誘い込んだりベア派を追い出したりする落とし穴ではないが、実際には落とし穴と同じように空売り側の燃料になった。先の売り方はみんなもう一度仕掛けたいと思っていたため、それがマーケットをさらに下げることになった。足3からの下降レッグの弱さは足2からの上昇レッグの弱さと合致しているが、そのあとは予想どおりこの日の安値で引けた。ただ、この日は下降トレンドの再開日でも再開した時間が遅かったため、寄り付きからの下落と比べて小さいレッグしかできなかった。

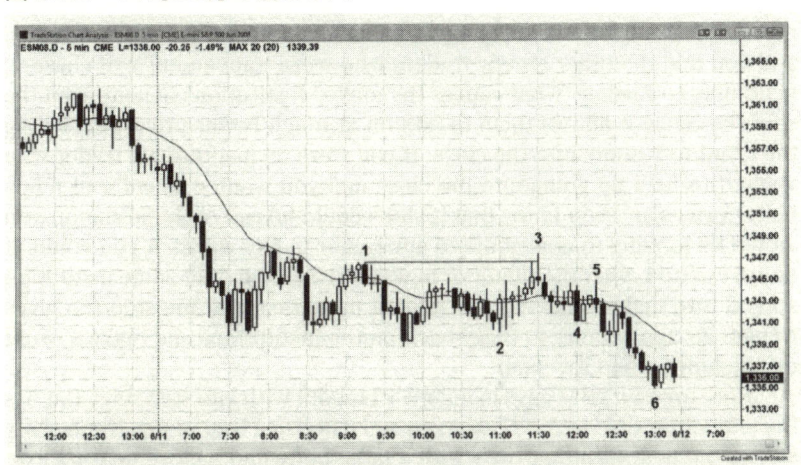

図4.12　11時30分の落とし穴

トレンドのレッグを数える

　トレンドにはたいてい２本のレッグがある。もし反転したあとの最初のレッグ（新しいトレンドが確定していないからカウンタートレンド方向）のモメンタムが強ければ、ブル派もベア派もそれが新しいトレンドを構成するたくさんのレッグの最初の１本なのかどうかと考える。そして、ブル派もベア派も前のトレンドの極値の試しが失敗に終わることを期待し、前のトレンド方向のトレードがあれば急いで手仕舞う。例えば、もし長引く下降トレンドのあとに強い上げがEMAを超え、下降トレンドで最後に高値を切り上げた価格を上回れば、この上昇のなかにはたくさんの陽線があるため、ブル派もベア派も下降トレンドの安値よりも上にある安値を試すことを期待するだろう。この最初の上昇レッグのモメンタムが衰えると、ベア派が主導権を維持する場合に備えてブル派はポジションの一部またはすべてを利食い、ベア派は空売りする。ベア派は自分たちのトレンドが終わったのかどうかが分からないまま、新しい空売りポジションを仕掛ける。しかし、

図4.13 動きはツーレッグで起こることが多い

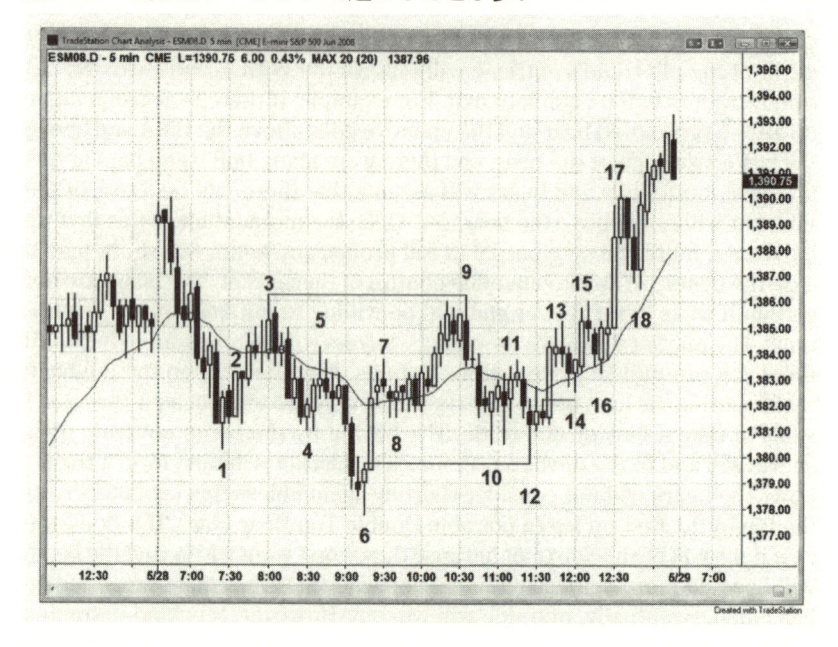

買い方はもう少し強気のプライスアクションが出てこないと買う気にならないため、マーケットは下がっていく。安値を試したプルバックでブル派が戻ってくると仕掛けたばかりのベア派は損失を避けるために急いで手仕舞う。そして、彼らの買い戻しによってさらに上方への圧力がかかり、マーケットは安値を切り上げる。ベア派は、このレッグが最初の上昇レッグの高値近くで失速しないかぎり（そうなればダブルトップベアフラッグになるかもしれない）、空売りしようとは思わない。しかし、そうなれば新たなブル派は損失を避けて急いで手仕舞い、ベア派はこの２番目の上昇レッグがダマシになったことを察して積極的に動き出す。そして、いずれ勝負がつく。このようなトレードはあらゆるマーケットで１日中行われており、たくさんのツーレッグが形成されていく。

　図4.13の寄り付きから足６までの下げには２本のレッグがあり、

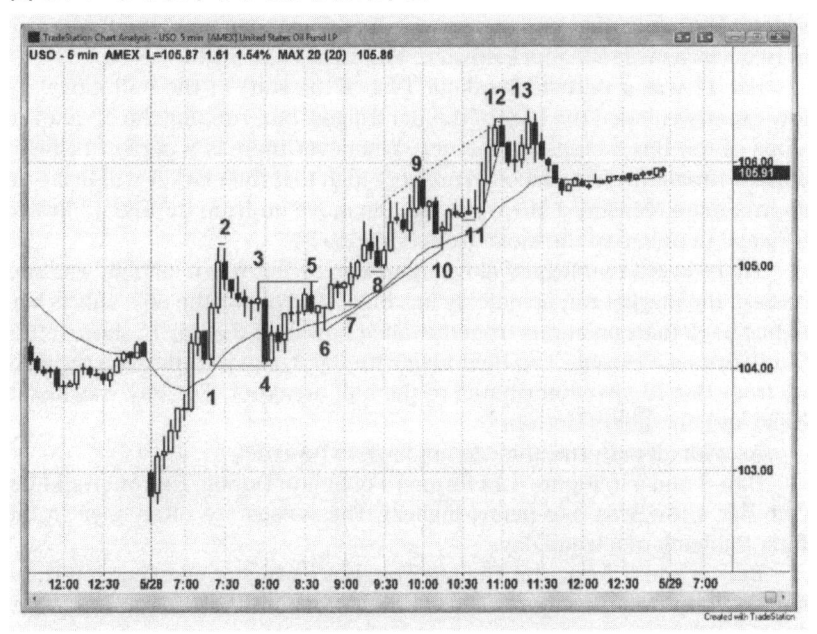

図4.14　ダブルトップとダブルボトム

　２本目のレッグはさらに２本の小さいレッグに分かれている。また、足９までの上げや足12までの下げもツーレッグになっている。

　足12は上昇の始まりの完璧なブレイクアウトの試しになっている。この足の安値は、シグナル足６の高値とぴったりと一致しており、足６での買いトレードがトントンになる価格を１ティック超えた。完璧かそれに近いブレイクアウトの試しがあるときは、メジャードムーブに近い動きになる可能性が非常に高い（足12の安値からの上げ幅が足６～９と同じくらいの値幅になることが期待できる）。

　足15までの動きもツーレッグになったが、その高値を超えると安値２のダマシで仕掛けたばかりの空売りを買い戻す動きが広がってすぐに大陽線ができた。足９は足３と合わせてダブルトップベアフラッグを形成したが、足16からの上げでそれが失敗に終わったこともブル派のブレイクアウトの一因になった。この日は、逆ヘッド・アンド・シ

ョルダーズの日でもあった。

　ちなみに、どのパターンも完璧でなくてもよい。

　図4.14の足1と足4は、よくあるダブルボトムブルフラッグを形成した（足4の安値のほうが1セント高かった）。このようなフラッグは、トレンド日の最初のプルバックでよく見られる。

　足3と足5はダブルトップを形成したが、3本先の足で高値が上抜かれて失敗に終わった。足7はブレイクアウトプルバックで、そこから大きく上げた。

　このチャートには、2～3本の足で形成するダブルボトムやダブルトップがいくつかある（足2、足7、足8、足11）。

　足12と足13は実質的なダブルトップを形成しているが、名称はどうでもよい。大事なことは、ここで空売りすることである。足11からの小さい上昇トレンドラインがブレイクされたあとは、足13がわずかに高値を切り上げている。また、これは足9の高値を通るトレンドチャネルライン（足6と足10の間の上昇トレンドラインと平行になっている）をオーバーシュートして、足12が下げに転じたあと2回目の仕掛けチャンスだった。

　ちなみに、この日は強気のスパイク・アンド・チャネル日で寄り付きからの上昇トレンド日でもある。

　図4.15のアップル（AAPL）の5分足チャートは、足が行儀よく並んでいる。マーケットは足2でよくあるダブルトップベアフラッグを形成し（足1の高値よりも1セント安い）、トレーディングレンジの高さの約2倍も下げて目標値を大きく超えた。足2は、下降トレンドのなかでEMAまでのツーレッグの動きの高値でもあり弱気のM2S（EMA上の安値2、移動平均線での空売りの2回目の仕掛け）を形成している。株式チャートのトレンドの多くはEMAが重要な意味を持ち、これが1日中トレンド方向にリスクを抑えて仕掛けるチャンスを提供してくれる。足2のあとの4本の足は、ダブルトッププルバッ

図4.15　ダブルトップベアフラッグ

クで空売りのチャンスになっている。

高値1、2、3、4と安値1、2、3、4

　現在の足の高値が前の足の高値を少なくとも1ティック超えると、上昇トレンドやトレーディングレンジのなかのプルバックが終わったことを示す信頼できるサインになる。そして、このことはこの回数を数えるという役に立つ概念につながる。上昇トレンドやトレーディングレンジのなかの横ばいや下方の動きでは、最初に高値が前の足の高値を上回った足を高値1と呼び、これが横ばいや下方の動きの最初のレッグを終わらせる。ちなみに、このレッグは大きいプルバックのなかの小さなレッグかもしれない。もしこのとき上昇スイングが始まらずに横ばいが継続するか下げに転じれば、次に高値が前の足の高値を

上回った足を高値2と呼び、これが2本目のレッグの終わりになる。高値1と高値2の間には、トレンド派がまだ活発に動いていることを示すために最低でも小さいトレンドラインのブレイクがなければならない。それがなければ、高値1と高値2はどちらも最初の下降レッグの一部である可能性が高いため、買うのはまだ早い。強い上昇スイングでは、高値2の仕掛けポイントが高値1の仕掛けポイントよりも高くなることがあり、強い下降スイングでは安値2の仕掛けポイントが安値1の仕掛けポイントよりも安くなることもある。プルバックのなかには、そのあと高値3や高値4を付けるものもある。しかし、もし高値4を過ぎればそれは上方の動きのなかのプルバックではなくて下降スイングだと考えたほうがよい。ただ、トレードを仕掛けるのはさらなるプライスアクションが展開するのを待ってからにしてほしい。

　下降トレンドや横ばいが調整で横ばいになるか上昇したときは、安値が前の足の安値を下回る最初の足が安値1になり、これが調整の最初のレッグを終わらせる。ちなみに、これは短ければ足1本のこともある。そして、そのあとに同様の足ができれば、それらは安値2、安値3、安値4になる。もし安値4が失敗に終われば（安値4の高値を超える足ができる）、今回のプライスアクションはベア派が主導権を失ってマーケットは両方向、つまりブル派とベア派が交互に主導権を握るか、ブル派が主導権を握ったことになる。いずれにしても、ベア派が上昇トレンドラインを強いモメンタムでブレイクすれば、ベア派が主導権を回復したことを示すことができる。

　このようにプルバックを数えていくと、マーケットが反転しないで調整を続けていくケースが多くあり、そうであれば見通しを変えなければならない。もし自分が強力な新高値とそれまでの高値を上回る安値2（空売りのセットアップ）しかないトレーディングレンジにあると思ったのに下げないで上昇を続けていれば、高値1や高値2での仕掛けを探したほうがよいのかもしれない。このようなときは、買いの

みを狙ってよいほどの強さがブル派にある可能性が高い。そして、安値１や安値２での空売りは、ベア派が下落につながる十分な強さを見せるまで延期してほしい（例えば、トレンドラインがブレイクされたあとでスイングの高値への試しが失敗に終わるまで）。

ちなみに、横ばいの場合は10本程度の足のなかに強気の高値１や高値２と弱気の安値１、安値２がすべてあるというケースも珍しくない。マーケットが横ばいにあるということは、ブル派もベア派も短い時間しかプライスアクションを支配できていないということで、どちらも主導権を奪おうと活発に動くため、強気のパターンや弱気のパターンが形成される。

この数え方には変形もあるが、どれもツーレッグの調整を見つけることを目指している。例えば、強い上昇トレンドでは高値１しかないツーレッグのプルバックもあるが、機能的にはツーレッグと変わらない。もしこのとき１〜２本の陰線があれば、次の足がその陰線の高値を超えなくても、最初の下降レッグになり得る。さらに、もし次の足が陽線でもその高値がトレンドの高値よりも低くて、次の足かその次くらいの足が陰線ならば最初の下降レッグの終わりになる。そして、次の足が安値を下抜けば、次の２〜３本の足のなかに前の足の高値を超えてレッグダウンを終わらせる足を探してほしい。足はどれもシグナル足になり得るつもりで観察し、買いの逆指値を高値の１ティック上に置く。そして、注文が執行されれば、高値２の変形ができる。この仕掛け足は厳密に言えば高値１だが、トレードするときは高値２として扱ってほしい。プルバックの最初の陰線のあとには陽線が続く。短い時間枠では、これはほとんどが小さい下降レッグのあとに上昇レッグが続いて高値を切り下げてから、最後にもう一度高値２が２回目のレッグを終わらせたところまで押し下げる。

また、高値４と安値４の失敗にもいろいろある。もし高値４か安値４のシグナル足が特に小さければ（同時線ならばなおさら）、仕掛け

足がすぐに反転して包み足になり、仕掛けたばかりのトレードの損切りの逆指値を超えてしまうことがある。シグナル足が小さいときは、ちゃぶつきを避けるために損切りの逆指値をシグナル足から2ティック以上離して置くほうがよいことがある（3ティック程度でよいが、Eミニの場合は仕掛けから8ティック以上離れないようにする）。そして、わずか1ティック程度とはいえ失敗になったことには違いないが、それでも有効なパターンとして扱ってほしい。トレードはすべて主観的であり、トレーダーは完璧を求めるのではなく、常に完璧に近い形を探してほしい。完璧な形になることなどほとんどないからだ。最後に、5分足チャートの複雑な調整は、長い時間枠のチャートでは単純に高値1、高値2、安値1、安値2の調整になっていることがよくある。ただ、5分足チャートでもトレードチャンスは明らかなので、長い時間枠のチャートを見る必要はない。それをすれば、まれにあるシグナルを探す間にたくさんの5分足のシグナルを見逃すというリスクをとることになる。

　高値1と安値1の仕掛けは、トレンドが最も強い部分にしかできないミクロトレンドラインのブレイクがダマシになったときが最も信頼できる。上昇トレンドの高値1や下降トレンドの安値1のプルバックを生み出す1～2本の足のダマシのブレイクは、トレンド方向の高勝率スキャルピングポイントになる。それ以外でこの仕掛けをすべきときは、EMAを大きく超える強い動きがあったあとで高値1のプルバック（上昇トレンド）か安値1のプルバック（下降トレンド）がEMAに達したときで、このときはミクロトレンドラインがなくてもよい。

　トレンドは、高値と安値もトレンドを形成している。上昇トレンドでは、ほとんどの安値が前の安値よりも上にあり（安値の切り上がり）、高値も高くなっていく（高値の切り上がり）。そして下降トレンドでは、高値も安値も切り下がっていく。通常、高値の切り上がりと安値の切

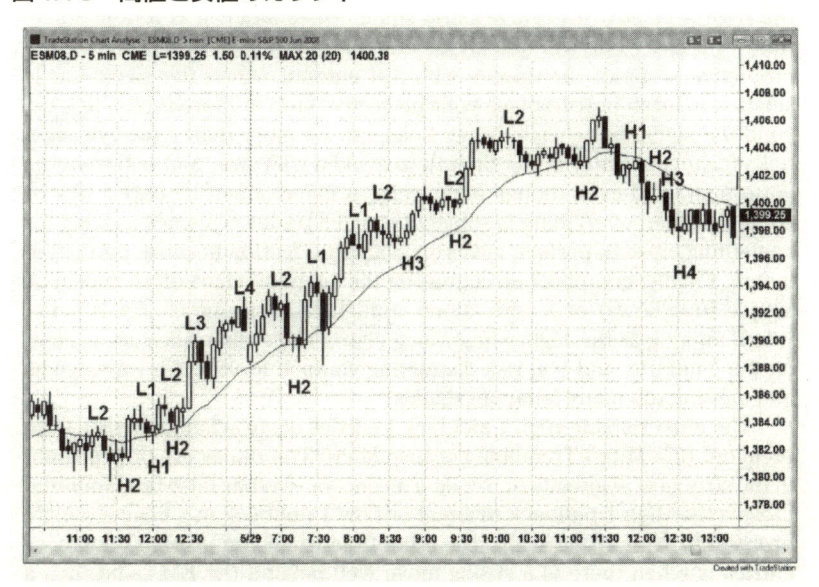

図4.16　高値と安値のカウント

り上がりという言葉は上昇トレンドが確立したように見えるか、確立しつつあるときに使われ、安値の切り下がりや高値の切り下がりは下降トレンドが実質的に始まったときに使われる。これらの言葉は、それまでに少なくともマイナーなトレンドラインがブレイクされたため、上昇トレンド（プルバック）か下降トレンド（カウンタートレンド方向だが反転かもしれない）で安値が切り上がったときに買うか、上昇トレンドか下降トレンドの高値が切り下がったときに売ることを考えているときに用いる。ただ、カウンタートレンド方向にトレードするときは、強い反転がないかぎりポジションのすべてかほとんどをスキャルピングしてほしい。

　図4.16では、上昇トレンドのなかの下降レッグと横ばいレッグに高値1（H1）ができている。H1は高値が前の足の高値を上回った最初の足である。もしそのあとに高値が前の足のそれよりも低い足があれば、その次に高値が切り上がった足は高値2になる。同様に、3回

図4.17　さまざまなカウントの仕方

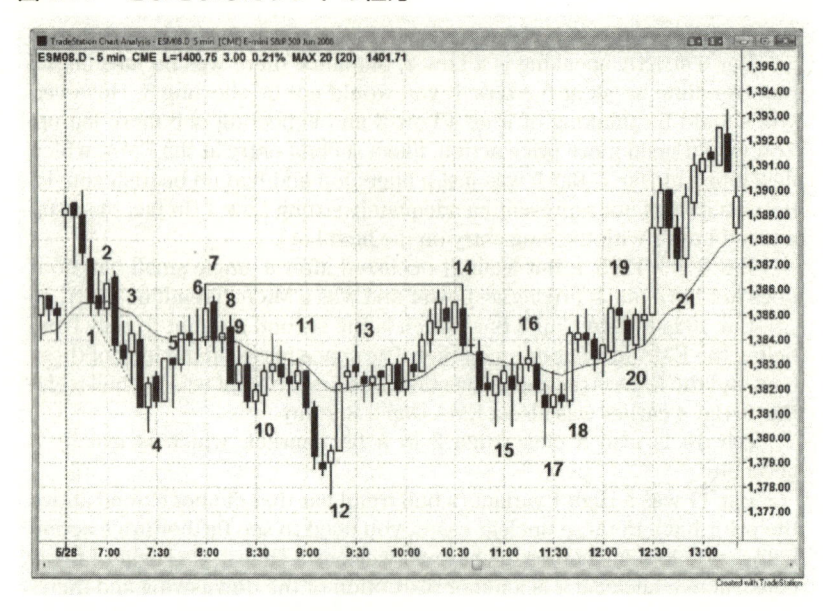

目、4回目がそれぞれ高値3と高値4になる。ただ、高値4を過ぎるとプルバックが行きすぎて反対方向のトレンドを考えたほうがよくなるため、信頼できるトレードにはつながらない。

　同様に、安値1（L1）は下げているときか横ばいのときにでき、安値2、3、4も高値2、3、4と同様に数える。**図4.16**にはたくさんの印がついているが、マーケットが明らかに上昇トレンドにあるときは安値1や安値2のセットアップで空売りを狙うべきではない。

　高値2と安値2が同じ横ばいのなかにできることもある。ほかにもさまざまな形があるが、その多くは基本の定義を満たしている（**図4.16**参照）。

　図4.17は足を数えるのが難しい日の一例で（ただしトレードするのは簡単）、プルバックのレッグを数えることの繊細さをよく表している。最初の足が急で足2までの調整は足2～3本しかなく、そのあとまた足2～3本で高値2（足3）が形成されれば、メジャーなトレ

ンドラインがブレイクされることはないため、高値2で買うべきではない。足1と2によるミクロトレンドラインの空売りのセットアップは、強い下落のモメンタムを示している。

　ここでは2回の上昇の試しがあったが、1回目は弱すぎた。買いのセットアップの前には必ず強さを確認したい。逆にそうならなければ、マーケットはまだ最初の下降レッグにあると考えたほうがよい。もし足3の次の足が足3の高値を上抜けばまだ買いを考えるが、その場合も最初の下降レッグのあとの上げ（高値1）に強さが見られるほうが望ましい。

　マーケットは、トレンドチャネルラインを突き抜けてから上げに転じて高値3を付けることがある。これはウエッジの反転（3本のレッグとトレンドチャネルラインのダマシのブレイク）になる。ここでは足4がそれに当たる。足2も足3も前の足を上回っていないが、実質的に小さい下降レッグを終わらせていることに注目してほしい。5分足チャートのこのような陽線は、1分足チャートではほぼ間違いなく小さい調整の上げになっている。

　足4は、ベアウエッジを終わらせて次の足で高値3の買いのセットアップになった。ところが、買いの仕掛け足が陰線になってしまった。もちろんこれはあまりうれしいことではないが、それでも仕掛け足の下に置いた損切りの逆指値には至らなかった。

　高値や安値は、その前に長くて強いトレンドラインがブレイクされていればより重要になる。もし前の足（例えば足2）がメジャーなトレンドラインをブレイクしていなければ、次のレッグの反転（足3）はあまり信用できないため、さらなるプライスアクションを待ったほうがよい（例えば足4のウエッジの底）。

　足5は安値1とも安値2とも見ることができるが、それが明確でなければ空売りするにしてもトレンドラインのブレイクで状況が明らかになるまで待つ必要があるため、名称は気にしなくてよい。また、ウ

エッジの底を付けたあとも、2本の上昇レッグができてからしか売りは考えないでほしい（足7の安値4は、2本の上昇レッグと同じとみなしてよい）。そして足5を上抜いたら、ダマシの安値2のあとはさらに2本の上昇レッグができることが多い。

　足6は厳密に言えば安値2だが、安値1でメジャーなトレンドラインがブレイクされていなかったため、空売りはしない。むしろここでは安値3と考えてもう1本上昇レッグを期待するほうがよい。このようなときは、例えば足7のEMA上の2回目の仕掛けなど、さらなるプライスアクションが必要となる。足5は大きい同時線で弱気かどうか分からないため、強力な安値1として適当かどうかも分からない（実際、これによってダマシの安値2となり、次の足が買いポイントになった）。

　足8は高値1だが、ここでも1本の小さい足のあとにできたため、予測としては弱いがミクロトレンドラインの空売りポイントではあった。

　足10はEMAのギャップ足2で、これはマーケットが横ばいか上げているときにEMAの下から上昇しようとする2回目の試しだった。この2本の足の高値とEMAの間の空間が問題のギャップになる。最初の試しは陽線9だった。ちなみに、それより前の足4もEMAギャップ足2の買いポイントだった。

　足10も横ばいのなかの明らかな高値2で、これは良い買いポイントになる場合が多い。

　足11は高値1の変形だった（前の足を上抜かない陽線）。このように明確ではないケースで問題の足が高値1として機能するかどうかは、さらなるプライスアクションを見なければ分からない。今回の安値の切り上がりは下降スイングを大きく邪魔するものではないため、上方には最低限の強さしかないことを示した。しかし、足10までの下降レッグは重要な下降トレンドライン（足7～10）を上抜いていないため、

モメンタムは大きかった。このあと2回目の下降レッグと安値の切り下げか、少なくとも足10の安値の試しがあると考えてよいだろう。

　足12は静かな日にできた強気の反転足で、この日の安値を更新したことで少なくともスキャルピングならば高勝率トレードチャンスになった。この時点ではトレード可能な上げの前にこれ以上の下げは期待できないため、足11を高値1とする。しかし、なぜそれが大事なのだろうか。そうすれば足12が高値2で2回目の仕掛けになるため、より利益率が高い買いにつながる可能性が高いからだ。もし通常の高値1か高値1の変形（ここでは陽線11）がなければ足12の買いポイントはあまり明確ではないため、ポジションのほとんどもしくは全部をスキャルピングしたあとはさらなるプライスアクションを待つことになるだろう。しかし、これまでのシナリオから考えれば足12のあとに少なくともツーレッグアップが期待できるため、ポジションの半分程度はスイングしたい。ちなみに、足12は大きいツーレッグ（最初のレッグは足10まで）のプルバックのなかのメジャードムーブ（完全ではないが）の最後であると同時に、この日の高値から始まって最初のレッグが足4で終わるさらに大きいメジャードムーブの最後でもある。そして足12は、下降トレンドチャネル（ここには表示していないが、足7の高値から足10の次の足の高値を結んだ線を平行に足10の安値まで動かした線）をオーバーシュートしてから反転した。

　足14は安値2で、2本目の上昇レッグの最後にある。これはダブルトップベアフラッグでもある。この日は寄り付きから強く下げたあと、調整的な上昇は足7の前の足で終わった。足14がそれを試そうとしたが、この日の高値を超えようとする2回目の試しは失敗に終わってダブルトップができた。トレンドがない日にダブルトップベアフラッグができたあとは、2本の下降レッグが期待できる。最初のレッグは足15の高値1で終わり、そのあとに2本の小さな上昇レッグができて足16の強気のM2Sで終わった。この辺りはバーブワイヤーになってい

るが、トレーディングレンジの高値にある小さい足は良い空売りポイントになっている。

　2本目のレッグは足17の高値2で終わったが、足17はその前の足とともに陰線で、その前には足15までの1本目の強力な下降レッグがあった。ただ、それでもこれは有効な買いポイントだが、足18で高値2の2回目の仕掛けポイントにつながった長いヒゲには不確かさがある。この2回目の仕掛けは、最初の仕掛けに不安を感じて2回目のセットアップを待つことにした人が十分たくさんいたためにできた。ここは実体だけを見れば、ｉｉの変形にもなっている。

　足19の安値2は強い上方のモメンタムのあとにできたが、それでも有効な空売りポイントになっている。しかし、これは足20で5ティックのダマシになった。足19から下げたあと足20が前の足の高値を超えたものの5ティックしか上がらなかったため、空売りを仕掛けていた多くの人たちはスキャルピングの目標値目前で行き詰まったのだ。

　足20は安値2の失敗で、これが空売りしていたたくさんの人たちを追い詰めたことと、上昇モメンタムが強いことで素晴らしい買いポイントになった。このようなときは、2本の上昇レッグができて安値4で終わることが多い。そのため、足21の高値1の買いは素晴らしいトレードになった。このときは、モメンタムが強いことと2本目の上昇レッグができることをみんなが知っていた。もちろん、この下降レッグが2本目の下降レッグに発展して安値が足21の安値を下回ることもないとは言えないが（高値2の買いのセットアップになる）、その可能性は低い。それには上げの力が強すぎるからだ。

　もしレッグが少なくとも足数本分あって明確なトレンドラインをブレイクすれば、高値や安値のカウントはもっと信頼できる仕掛けポイントになる。例えば、下降しているなかの安値4は、上昇している狭いトレーディングレンジのなかにできれば、明確なトレンドラインをブレイクしないため良い空売りポイントにはならない。

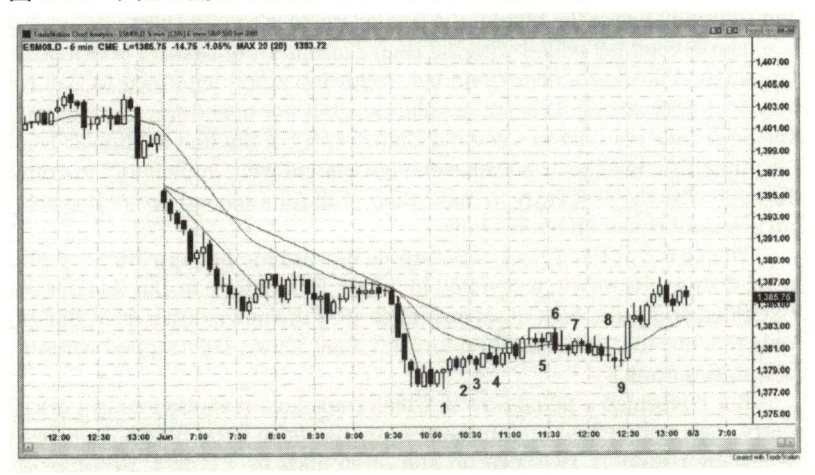

図4.18 大きな動きのあとにはツーレッグの調整が続くことが多い

図4.18のEミニの5分足チャートにある2本の強い下降レッグは、足1をブレイクして1ティックのダマシになった。そのあとマーケットは横ばいに流れて狭いチャネルで上昇したあと、この日の寄り付きからのトレンドラインをブレイクした。2本の下降レッグとトレンドラインのブレイクのあとは、2本の上昇レッグができる可能性が高い。

足5はEMA上の安値4の空売りポイントだが、マーケットはほとんどが横ばいで小さい同時線もたくさんあるため、強力な空売りにはならないし、おそらく安値が切り上がるため、空売りしても利益を上げる余地はあまりないと思われる。しかし、もしみんながシグナル足の上に損切りの逆指値を置けば、スキャルピングはうまくいくかもしれない。安値を切り上げたあとは2本目の上昇レッグになる可能性が高いため、買う理由を探すことになるだろう。

マーケットは足6から狭い下降チャネルに入っているが、EMAを試して下抜いたあとに高値4の買いポイントができた（高値1、2、3は足6、7、8）。そのあとは、引けまで上昇して2本目の上昇レッグを形成した。

狭いトレーディングレンジにあるときのトレードはあまり勧められない。プルバック足は頻繁にあるし重なり合った足も多すぎるからだ。このパターンには巨大な磁石のような働きがあり、ダマシのブレイクがあるまでは（足9が下方のダマシのブレイクを設定した）、マーケットはどちらの方向にも大きく動くことができない。

トレンドラインがブレイクされると、みんなが安値の切り上がりや高値の切り下がりでトレンドが反転するかもしれないことに気づくため、2本目のレッグができる可能性が高い。通常は、2回目の試しが失敗に終わるまでトレンド方向の仕掛けは避けたほうがよい。例えば、下降トレンドラインを大きくブレイクしたときは、安値の切り上げが失敗するまでは空売りのセットアップを探すよりも安値を切り上げたところで買うことに集中したほうがよい。しかし、前の安値がかなり離れていれば、最初に強く上げたところで空売りすることもできる。特に、この上げが下降するEMAの上の最初のギャップ足で終わっていればそのほうがよい。

高値2や安値2ができて1本以上の足がEMAに達し、特にそれが強いトレンドであれば、これをM2B（移動平均線上の2回目の買いのセットアップか仕掛け）、またはM2S（移動平均線上の2回目の売りのセットアップか仕掛け）と呼ぶ。これはほかの高値2や安値2のセットアップよりもはるかに信頼できるため、区別する価値はある（トレンドがあるときにEMAに達するツーレッグのプルバックは素晴らしいセットアップになる）。

図4.19の足5、足6、足8はM2Sの仕掛けポイントになっている。ちなみに、足3も安値2ではあるがどの足もEMAには達していない。そして、足2と足4はM2Bセットアップになっている。

陰線8のM2Sは、そのあとすぐに陽線9の高値2が付いた（ただしEMAを大きく下回っているため、この陽線は良いM2Bとは言えない）。

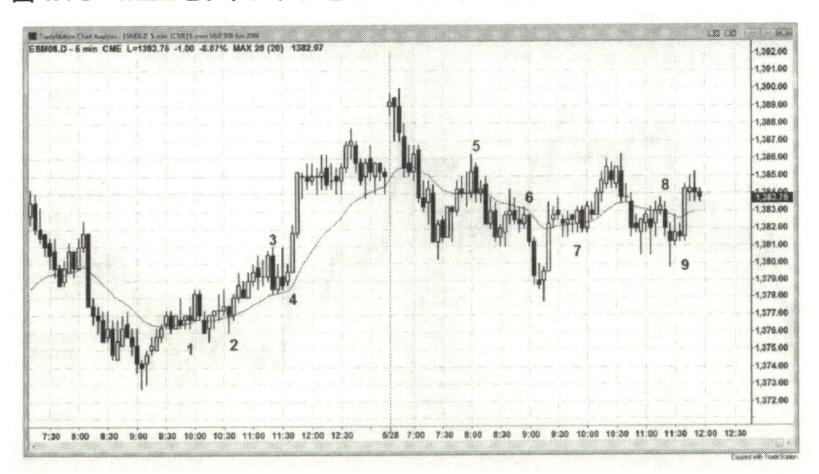

図4.19　M2BセットアップとM2Sセットアップ

　高値2と安値2はよくある反転セットアップだが、その前の高値1や安値1がトレンドラインをブレイクしないかぎりトレードしてはならない。このブレイクは、カウンタートレンド方向の動きや横ばいから起こることもあり、そのときのレッグの足の数が多かったりモメンタムが強かったりするほどカウンタートレンド派の力も強いため、高値2や安値2でのカウンタートレンド方向のトレードの利益も大きくなる可能性が高い。

　図4.20の左側はEミニ、右側はSDS（スパイダースのインバースETF［上場投信］でEミニの比較対象になるがレバレッジは2倍）の5分足チャートになっている。Eミニチャートでは、足1が上昇トレンドラインをブレイクしてから足3が高値を切り上げてトレンドの高値を試し、そのあと足5で高値2を付けた。これはトレンドの反転かもしれない。下方のモメンタムは強くて、足4の高値1は弱かった。この足は足3の高値から始まった強気のミクロトレンドラインを上抜いてからすぐに下げに転じてブル派の弱さを表している。こちらのほうがはるかにすぐれた安値1の空売りポイントと言ってよいだろ

203

図4.20 インバースチャートは状況を明確にしてくれることが多い

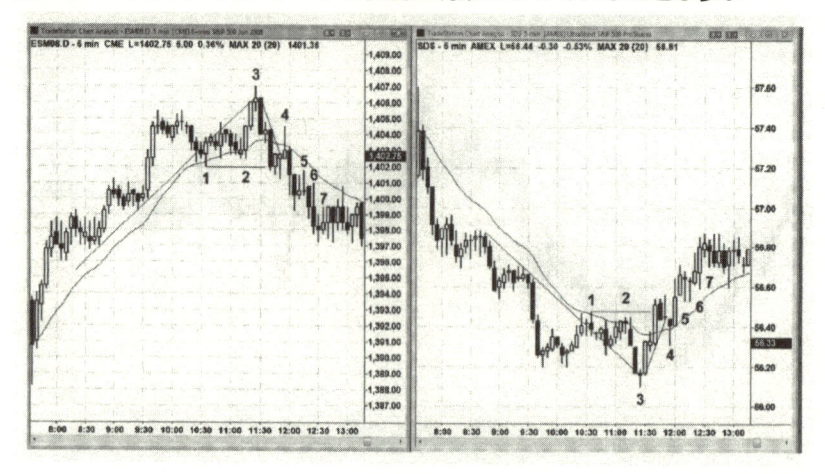

う。ここでは、例えば大陽線の反転足がシグナル足になるなど、よほどの強さが見えなければ足5の高値2で買うのは賢明ではない。また、このシグナル足は大きすぎて弱含んだマーケットでも高値で買わざるを得ないうえ、同時線でその前の2本の陰線の範囲にほぼ収まっている。3本以上の足がかなり重なっていてそのなかの1本以上が同時線のバーブワイヤーになっているときは、仕掛ける前にさらなるプライスアクションを待ったほうがよい。このようなときはブル派もベア派も拮抗していて、ブレイクしたとしてもダマシになる可能性が高いうえ（例えば足5の高値2の買いシグナル）、高値よりも上のブレイクで買うべきではもちろんない。それが陰線であればなおさらで、トレーディングレンジの多くがトレンド方向だということと前のレッグが下げていることを考えればますそう言える。

シグナルが十分強いかどうかと迷ったときは、チャートを別の視点——例えば、バーチャートかインバースチャートを見る——で考えてみるとよい。ただ、通常はさらに調べる必要があると感じれば、そのことだけでも強くてはっきりしたシグナルではないということなので、

トレードすべきではない。

　もしＥミニチャートの高値２で買いたいと思っても、右側のSDSチャートを見ると上昇モメンタムが非常に強いため、足５の安値２に売り方はいない。この２枚のチャートは実質的に逆になっているため、SDSチャートで買いたくなければ、Ｅミニチャートで売るべきではない。

　Ｅミニの足７は高値４で、これはたいていは信頼できる買いシグナルになる。しかし、高値１、２、３にブル派の強さがないため、仕掛けるわけにはいかない。高値や安値を数えるだけでは十分ではないのだ。少なくともマイナーなトレンドラインをブレイクするという形で事前の強さがある程度示されていなければ、仕掛けることはできないのである。

　足１～２の辺りは少し前に強い上昇トレンドがあり、安値２の空売りは上昇トレンドラインがブレイクされるまでは含み損を抱えていた。ただ、このときはマーケットが急落していたわけではなく、足10本程度の横ばいだったが、ベア派はブル派をしばらく足止めするだけの強さがあることを示していた。ここで自信を持って空売りを仕掛けるためには、足３が失敗したファイナルフラッグをブレイクアウトしてこの日の高値を付けることが必要だった。

　通常、安値２の失敗は安値４の空売りにつながることが多い。**図4.21**の足２は安値２の失敗なので、あと２本の上昇レッグが期待できる。安値４は下落を止め、次の安値４はこの日の安値までの下落を止めた。ちなみに、足Ａの高値１が前のレッグの安値４の前にあることは気にしなくてよい。

　足１はミクロトレンドラインの空売りポイントで、スキャルピングならばできる。この足は、次の足で反転してブレイクアウトプルバックの買いポイントになった（ミクロトレンドラインを上抜くことはなかったが、足２～３本後にはこれらの足は下降トレンドラインを上抜

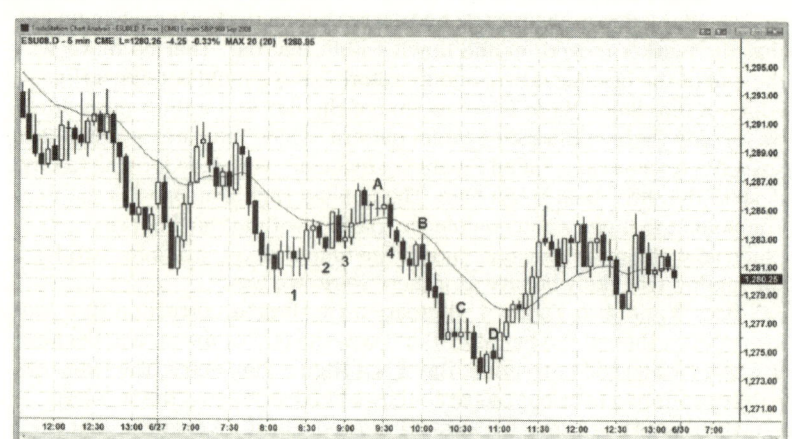

図4.21　調整では2本ではなく4本のレッグができることもある

くプルバックになった)。

高値2と安値2のセットアップの変形

　高値2と安値2のセットアップは、その目的が分かればその概念を理解することができる。これは、マーケットは何でも2回試す傾向があることに基づいており、調整の場合はトレンドの反転を2回試すことがよくある。そして、2回失敗に終わったあとはその反対（トレンドの継続）になる可能性が高い。上昇トレンドのプルバックの高値2で買うときは、あまり考える余地がないうえ簡単に仕掛けられる。難しいのは、調整で2回試したのに明確な高値2や安値2が形成されないときだ。そのため、変形パターンも見ておく必要がある。完璧な高値2や安値2ができなくても、ツーレッグのプルバックで利益を上げることはできるのである。

　明らかなツーレッグの動きには2本の明確なスイングがあり、その間にはマイナーなトレンドラインをブレイクする反対方向のスイング

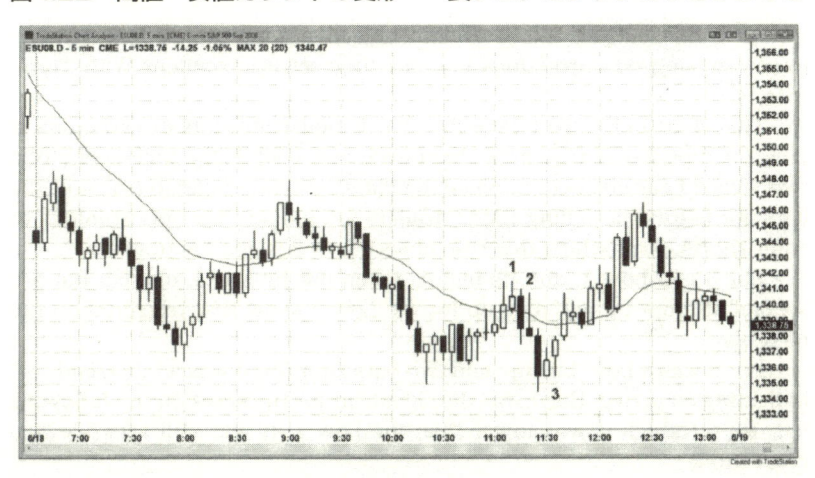

図4.22　高値・安値カウントの変形——長いヒゲはレッグのひとつになる

がある。プルバックはたいてい高値2のプルバック（上昇トレンド）か安値2（下降トレンド）を形成している（ABC調整）。ただ、これほどはっきりとした形ではない変形パターンも、同じくらい信頼できるため、それらも見つけられるようにしておくことが大事になる。調整からツーレッグが推測できるときは、パターンがあると考えてよいだろう。しかし、理想的な形から遠ければ、理想的な展開になる可能性も低くなる。そして不確かなときは躊躇する人が多くなるため、ダマシになる可能性が高くなる。

　図4.22の同時線2には長い上ヒゲがあり、この足の期間内にマーケットが上下したことを示している。この上げは最初の下降レッグを終わらせたため、足3は高値2の効果があり、実際にそうなった。この日の新安値を付けたことと、この日3回目の下げでしかもベア派の力が衰えつつあることを示すシュリンキングステアパターンになっていることから（ファイナルフラッグの失敗による反転でもある）、3本の陰線が並んでいてもここでは買いポイントを探すことにする。足3の実質的な高値2は、さらなるプライスアクション（例えば2回目

図4.23　高値・安値カウントの変形——横ばいの調整

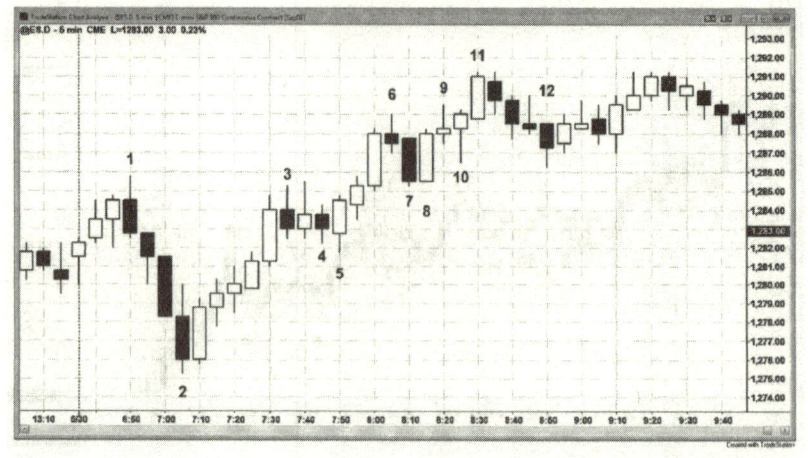

の仕掛けを待つなど）がなくても自信を持って仕掛けるための最後の要素となった。ツーレッグがイメージできる場面では、実際にツーレッグがあるような動きになることが多い。

　図4.23の足3と足4は上昇スイングのツーレッグの調整になっているが、足3の次の足がその上昇レッグを終わらせた。この調整はツーレッグだったため、足4は高値2の買いの仕掛けポイントになった。横ばいに2本の陰線があってその間に陽線があれば、ツーレッグになる。

　足8はこの日の安値からの2本の上昇レッグを終わらせようとした弱気の反転足のあとにあるため、高値1の買いポイントになる。ここには足6の安値2で空売りした人たちが追い詰められている。

　足10は、この日の高値から下げようとする2回の試し（足7と足10）のあとにできた高値2の買いポイントになった（高値1は足8）。2回の下げの試しはツーレッグの調整と同じことなので、高値2の買いのセットアップになる。これを高値1と見ることもできるが、前の6本の足のほとんどが横ばいになっているため、ここはひとつのパタ

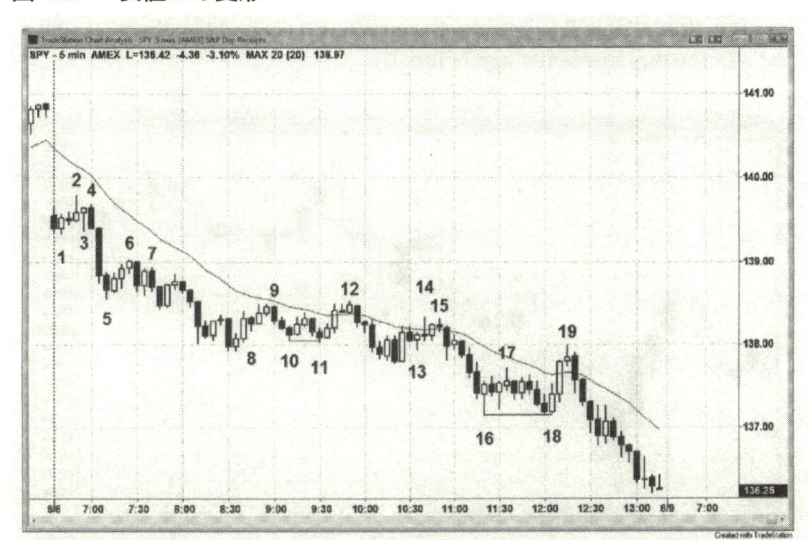

図4.24　安値２の変形

ーンで足７が最初の下降レッグだと考えるほうが理にかなっている。

足12は２回目の下降レッグなので高値２の買いポイントになる（最初のレッグはそのすぐ前の同時線のはらみ足）。

このような分析はどれも厳密なものではないが、大事なのはその目的だ。ツーレッグの調整を探すのは、それが素晴らしいトレンド方向の仕掛けにつながるからなのである。

図4.24のスパイダース（SPY）のチャートには、安値２のセットアップのさまざまな変形ができているが、ひとつずつ見ていくとどれもツーレッグの下げの調整を理論的に終わらせている。このチャートは明らかに下落しているため（ほとんどの足が下降するEMAの下にある）、空売りチャンスを狙うならば安値２に似ているところはどこでも仕掛けてよい。

足３は安値１で、その高値を上抜いた足４は２回目の上げを試して安値２の空売りセットアップになった。この仕掛けは次の足で執行された。

足6は安値1のセットアップで、2本先の陽線は上昇レッグを表している。足7は安値1よりも安いが、次の足で空売りするためのシグナル足になっている。そして、ここでもツーレッグの調整になっている。

　足8は上げ調整のなかにできた小さな陰線のはらみ足で、これ自体が小さな調整になっており、最初の上昇レッグを終わらせている。足9はその前にも陽線（ここでは2本）があるため、これは2回目の下げの試しで、EMA近くにある実質的な安値2の空売りポイントになっている。

　足11は足10よりも下にあるため、足12までの上昇の始まりになっている。しかし、なぜ足12の次の足が安値2なのだろうか。このチャートでは分からないが、陽線の包み足12の安値は始まってすぐに前の足を下回っていて、それは1分足チャート（ここには示していない）を見れば確認できる。これによって、足12は安値1になった。包み足は前の足を両方向にブレイクしたことは分かってもどちらが先にブレイクされたかは分からないが、実体の方向は信頼できるヒントになることが多い（実体は終値に向けた方向を表すため、例えば陽線ならばたいていは上方のブレイクのほうがあとだったことを表している）。足12の次の足は足12を下抜いたため、足11からの上昇レッグのなかで前の足の安値を下抜いた2回目の足となり、EMA上の安値2の空売りポイント（M2S）となった。

　足13は明らかな安値1だ。2本目の上昇レッグができれば（足14は高値を切り上げているため、小さいが明らかに2本目のレッグになっている）、どんな足でも安値が前の足を下抜くと安値2の空売りポイントになる。足15はツーレッグアップの高値よりも下にある小さいスイングの高値だが、安値2の空売りのシグナル足になる（最低でもツーレッグダウンが予想されるなかで高値を切り下げた）。

　足17は、バーブワイヤーでもその高値近くにできた小さな足なので、安値2のセットアップになる。

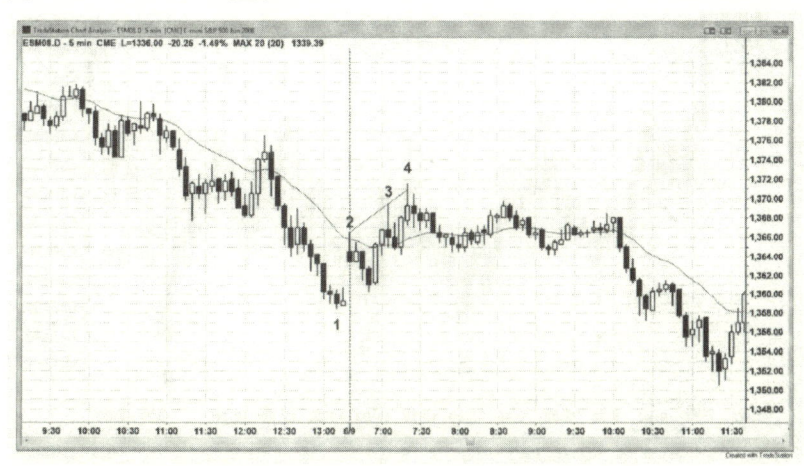

図4.25 ウエッジは通常はスリープッシュだが、ツーレッグのときもある

足18は、バーブワイヤーをブレイクした陰線で高値2でもある。

バーブワイヤーは連続したダマシになることが多いため、足19は良い空売りポイントになる（下降トレンドの最初のEMAギャップ足で、足16の安値からの2本目の上昇レッグ）。

ツーレッグのプルバックはスリーレッグになることもあり、例えばウエッジプルバックの多くがそうなっている。**図4.25**の足2までの鋭い上げを最初のレッグとして見てほしい（上昇幅の大部分はギャップ）。この急騰のあとはツーレッグの動きになることが多い。足3と足4までの2本のレッグは、2本目の上昇レッグの一部になっている。

スリープッシュのプルバック

スリープッシュパターンや完璧なウエッジは、トレンドを終わらせることができるだけでなく、プルバックも終わらせることができる。強いトレンドがあるときは日中に2～3時間続くスリースイングのプルバックができることがよくあり、その間は大きいモメンタムがない。

図4.26 スリープッシュの高値

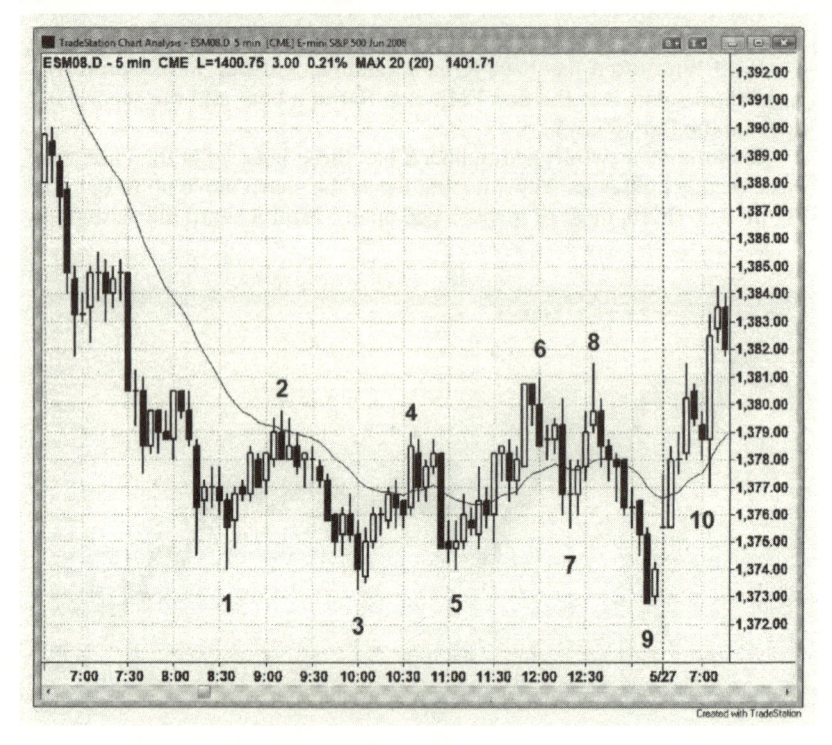

しかし、ほとんどのプルバックは2本のレッグしかなくて3本目は新しいトレンドになることが多いため、この3本目がカウンタートレンド派を落とし穴に落とす。

強いトレンドのあとには、モメンタムが弱い3つのスイングのプルバックがよくある。**図4.26**の足4と足6と足8は、足3の新安値のあとにできた3つのプルバックの終わりで、それぞれが上昇スイング（安値と高値が切り上がっている）を形成している。ここでは上方に大きなモメンタムがないため、高値を更新するたびに空売りできる。

また、ここには拡大トライアングル（足1、足2、足3、足8、足9）もできている。足9の次のはらみ足で終わる買いのセットアップは、このトライアングルの底で終わっている。しかし、翌日はギャッ

図4.27 3つのプッシュ

プアップで寄り付き、シグナル足を上抜いたため(通常は、仕掛け足がシグナル足の高値よりも下で始まって買いの逆指値まで進んだときに仕掛ける)、翌日の足10のブレイクアウトプルバックまで仕掛けることはできなかった。

図4.27はQQQQの5分足チャートで、3日間かけて下降トレンドからスリープッシュで上昇し、そのあと下降トレンドの安値を試した。このプルバックは上方のモメンタムがあったにもかかわらず、その前の下降トレンドと比較すると小さいため、安値が試されることはほとんど間違いない。安値の試しがあったのは、3日目の寄り付きだった。

図4.28のアップルの大きいギャップは、実質的には急な上昇レッグ(上方スパイク)と同じと言える。このギャップのあとに3つのプルバックがあり、その3回目のスイングは失敗に終わった(前の安値を下回ることができなかった)。このパターンはトレンドの途中にできることが多いため、トレーダーはメジャードムーブの上昇を予測しながら、足3で仕掛けた買いポジションの一部または全部をスイングしてほしい。これはトレンド再開日の一種で、最初の上昇レッグはギ

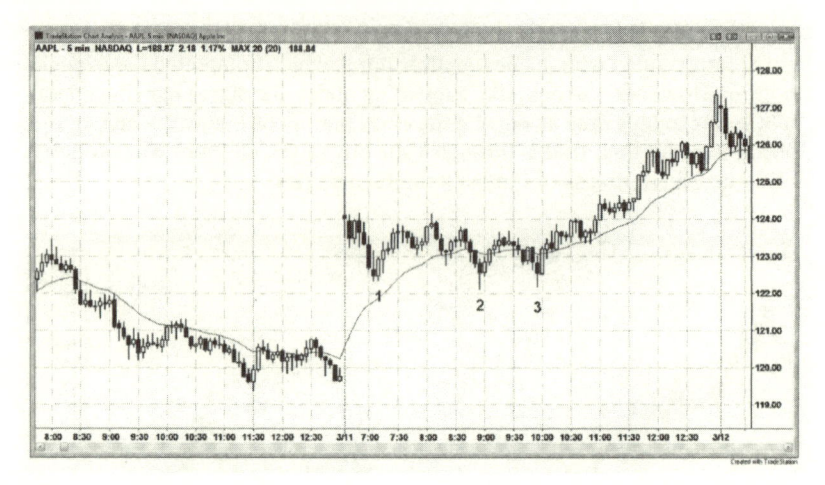

図4.28　3つのプッシュの3番目は失敗に終わった

ャップを空けての寄り付きだった。ちなみに、3回目のプッシュの失敗は、ヘッド・アンド・ショルダーズ・ブルフラッグとして見ることもできる。

　図4.29のリーマン・ブラザーズ（LEH）は、足1で大きく反転した。足8はウエッジプルバック（足4、足6、足7、足8）の最後で、小さいスリープッシュのパターン（足6、足7、足8）になっていた。また、これは足2と合わせてダブルトップベアフラッグを形成していると考えることもできる（足8は24セント高いが、日足チャートで見れば十分近い）。

　大きく下落したあとに大きく上昇して一部をリトレースするのは、基本的に同時線のような動きと言える。同時線はトレーディングレンジだということを思い出せば、一連の安値と高値が切り上がらないかぎり、足2までの上げは下降トレンドのなかのトレーディングレンジの始まり、つまりベアフラッグだと思っておいたほうがよい。つまり、下方にブレイクする可能性のほうが高いということで、足8のあとで実際にそうなった。

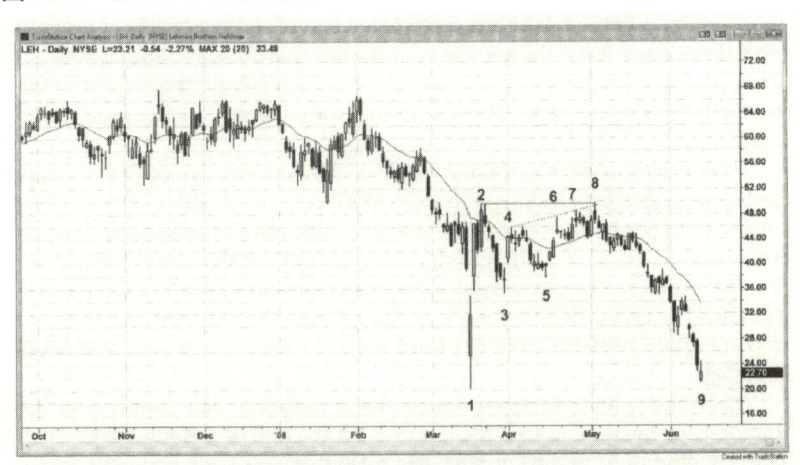

図4.29 ウエッジプルバック

足1への試しは失敗したものの、それから2〜3カ月でリーマンは破綻した。

図4.30には足6までのツーレッグの調整があり、最初のレッグは足5までだった。足5はウエッジだが実質的には2本のレッグでできていて、その2本目がさらに2本の小さいレッグ（足4と5）に分かれているというよくあるタイプだった。足6はダマシのダマシのウエッジのセットアップ（足5のダマシのあとでウエッジが下落してから反転して足5を上抜いたが、そのブレイクもダマシになった）で、これは素晴らしいセットアップになる。

足7からは、2回目のスリーレッグの上げ調整になっている。これをトライアングルと見てもツーレッグと見てもかまわないが、ここは足7〜8と足9〜11から成っていて、後者は小さい2本のレッグに分かれている。スリーレッグの調整はトレンドのなかでよく形成され、実際には2本のレッグで2番目のレッグがさらにツーレッグに分かれていることもある。これくらい難しくなってきたときはあまり気にせずに、トレンド自体とマーケットがEMAを大きく超えることはない

図4.30　スリープッシュのウエッジだが実際にはツーレッグだった

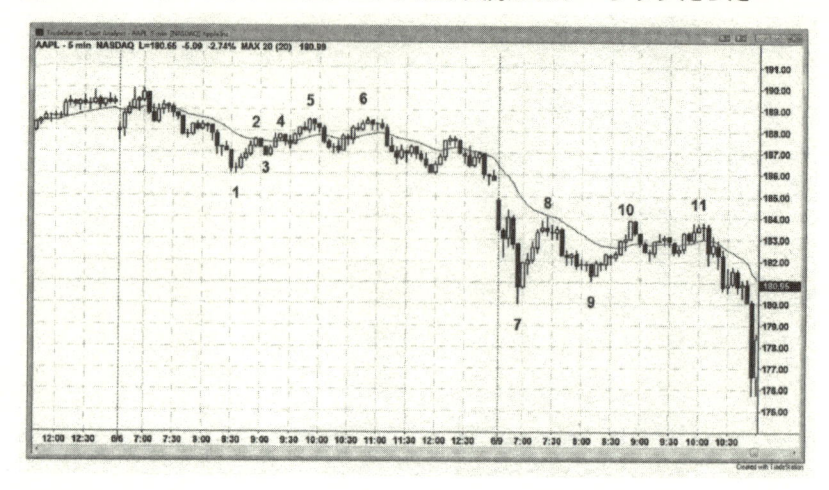

ということだけに集中しておけばよい。レッグを数えるのに忙しくて注文を出せないようならば、それを心配するよりも空売りの仕掛けを探してほしい。

第5章 トレーディングレンジ
Trading Ranges

　もしディスプレイ上のチャートがすべて上昇スイングと下降スイングで構成されていれば、ブル派とベア派のどちらも優位に立っておらず、交互に主導権を握っていることになる。スイングはそれぞれが小さいトレンドで、もちろんトレードは可能だし、短い時間枠ならばなおさらだ。

　横ばいのプライスアクションが足5～20本程度続いているときは、ブル派とベア派の力が非常に拮抗しているため、特に注意しておく必要がある。このようなときにブレイクアウトでトレードすると、少し上げればベア派が積極的に売り、新しいブル派は急いで退散するため、高くつくことになりかねない。そしてこのような動きは上ヒゲとして表れる。同様に、急落すればすぐに反転して下ヒゲになる。しかし、このようなマーケットでも利益を上げる方法はある。

　通常、すべてのトレーディングレンジは継続パターンで、それまでのトレンドの方向にブレイクして進んでいく可能性が高い。また、トレーディングレンジからのブレイクはEMA（指数移動平均線）と反対の方向にブレイクする傾向がある。もしEMAよりも下にトレーディングレンジが形成されていれば下方にブレイクし、上に形成されていれば上方にブレイクすることが多いのだ。このことは、レンジがEMAにとても近いときに特に言える。逆に、もしEMAから遠く離れ

ていれば、EMAを試そうとしているのかもしれない。もし上昇スイングがトレーディングレンジで止まれば、いずれ上方にブレイクする可能性が高い。しかし、最終的なブレイクの前に高値と安値へのブレイクアウトのダマシが数回あるかもしれないし、またカウンタートレンド方向にブレイクすることもあるかもしれない。また、トレーディングレンジが長引けば、反転パターン（下降するトレーディングレンジならば買い集め、上昇するトレーディングレンジならば売り抜け）になる可能性も高まる。この不確かさのなかでは、リスクに注意してセットアップを探す必要がある。ただ、5分足チャートではトレーディングレンジが何時間も続いて、たくさんの大きくて読み取りにくいスイングがある場合でも、15分足や60分足チャートならば小さくて明確で読み取りやすいトレーディングレンジかもしれない。このようなときは、長い時間枠のチャートも役に立つ。

狭いトレーディングレンジ

　狭いトレーディングレンジはよくあるパターンで、さまざまな名称で呼ばれているが、その内容を適切に言い表しているものはない。これは2本以上の足で構成する横ばいで、足の多くが大きく重なり合っている。ブル派とベア派は拮抗しており、みんながブレイクアウトとそのあとのマーケットの反応を待っている。プルバックの反転がそのまま継続して反対方向に進むのか、それとも単なる試しで結局は継続するのかを見極めようとしているのだ。

　狭いトレーディングレンジは若干上か下に傾斜していても状況は同じなので、同じように扱えばよい。ブル派とベア派がほぼ拮抗しているため、ブレイクアウトのダマシとブレイクアウトプルバックを待つのである。通常、これは継続パターンで、図5.1の足1までの小さいパターンはその一例だ。

第5章　トレーディングレンジ

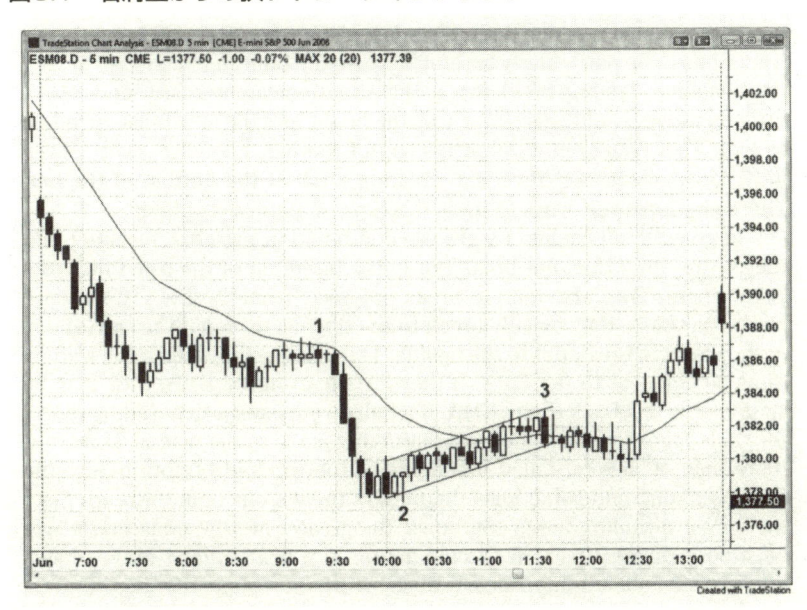

図5.1　右肩上がりの狭いトレーディングレンジ

　足2からのトレーディングレンジは急落した2本のレッグのあとにできているため、長引いたあとに2本の上昇レッグが予想できた（足3までが最初のレッグになった）。このようなパターンはトレードするのが難しいうえ、ブレイクアウトのダマシも多い。そうなったときはトレードをしないか、最少限に抑え、いずれ必ず表れる明快なサインを待つほうがよい。

　狭いトレーディングレンジは通常は継続パターンだが、クライマックス（トレンドチャネルをオーバーシュート［価格が重要な価格を超えること］してから反転する形が多い）のあとは、それが小さくてもどちらかの方向にブレイクすることがある。これは、クライマックスが反対方向へのモメンタムを生み出すからだが、その反対方向のモメンタムが継続してブレイクアウトにつながるのか、それとも前のトレンドのモメンタムが継続するのかは分からない。

　水平のフラッグとバーブワイヤーは狭いトレーディングレンジの小

219

型版と言えるが、ほとんどの狭いトレーディングレンジと同様にそれまでのトレンドの方向にブレイクすることが多い。このパターンは、ときには20本以上のヒゲの短い足が並ぶこともあり、そのあとのセットアップは予想ができない。トレードにおいて勘でトレードするのは賢明ではないため、プライスアクショントレーダーは必ずブレイクを待ってから判断を下してほしい。ほとんどのケースでは、ブレイクアウトから足1～2本でダマシになるため、ブレイクアウトよりもダマシに基づいたトレードのほうが利益率が高くなる可能性が高い。そして、そのほとんどがダマシのダマシになってブレイクアウトプルバックになる。プルバックの次の足がプルバック足の極端な足を超えたら、仕掛けの逆指値注文でブレイクアウトの方向に仕掛ければよい。例えば、強気のブレイクアウトならばプルバック足の1ティック上に買いの逆指値注文を置いて仕掛ければよい。しかし、もしプルバック足かその2～3本あとの足が狭いトレーディングレンジの反対側まで下落したときは、レンジの安値の1ティック下に空売りの逆指値注文を置いて仕掛ければよい。

　ただ、ブレイクアウトのあとの動きは強くならないことが多いため、マーケットは引けまでトレンドがほぼない状態が続く。つまり、これはさほど儲からないパターンということになる。ちなみに、このパターンは株についてはある程度信頼でき、頻繁に起こるうえに長いトレンドにつながることもあるため、理解しておく価値はある。また、このなかに別のタイプのセットアップができることもあり（小さいトレンドラインのブレイク、高値2や安値2など）これらはたいていトレード可能で、狭いトレーディングレンジのブレイクアウトよりも利益率が高くなる可能性も高い。仕掛けるのはセットアップの足が小さくてレンジの高値か安値付近にある場合のみで、必ず逆張りでなければならない（例えば、トレーディングレンジの高値近くの小さい足の安値の下で売る）。実際、こちらに集中するほうがブレイクを待つより

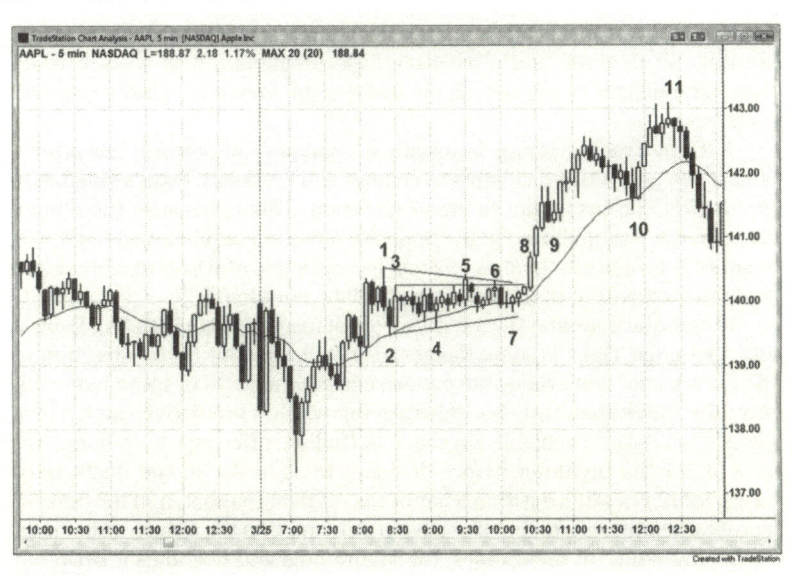

図5.2 狭いトレーディングレンジ

もうまくいく場合が多い。

　図5.2は、足4の時点で明らかに狭いトレーディングレンジが始まっている。足5も足6も高値をブレイクアウトしたがダマシになり、狭いトレーディングレンジはトライアングル（通常はトレンド方向のパターン）に変化していった。直前のトレンドがこの日の安値から上昇していたため、上方にブレイクする可能性が高い。特に、すべての足がEMAの上にある場合はそうなることが多い。また、2回のブレイクアウトのダマシのあとは、3回目のブレイクアウトが成功する可能性が高い。足7は足5の高値からの高値2のプルバックで、ここにはある程度のモメンタムがあった。積極的なトレーダーならば高値2で買ったかもしれない。次の理論的な買いポイントは最初にブレイクアウトのダマシとなった足5の高値の上をブレイクアウトしたところである。あるいは、この日の高値の1～2セント上で買ってもよい。もちろん最も高勝率の仕掛けは足9の最初のプルバック（押し）で、

図5.3 安値を切り上げたトレーディングレンジ

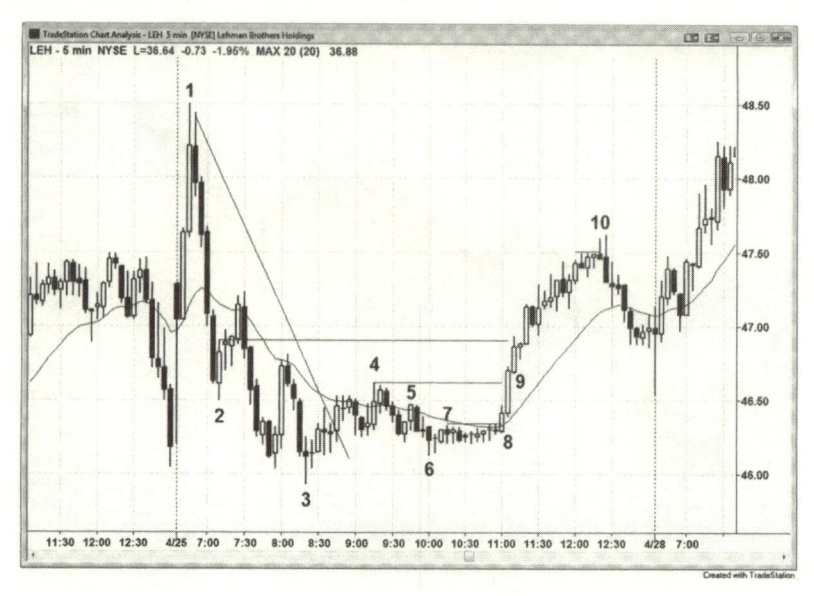

陰線の安値を1ティックだけ下抜いたあと反転したため、空売りしていた人たちを追い詰めた。もうひとつの高勝率の買いは足10のM2Bだった。どちらの高勝率トレードも利益はさほど大きくないが、勝率は高かった。

　図5.3はリーマン・ブラザーズの5分足チャートで、足6から狭いトレーディングレンジを形成している。これは、新しいトレンドで安値を切り上げたツーレッグのプルバックの一部とみなすこともできる。下降トレンドラインはブレイクされ、マーケットは長い間（約足30本）停滞した。それまでのどのスイングでも（例えば足7、足5、足4）、高値をブレイクしたところに逆指値を置いて仕掛けることができる。

　足3はこの日3回目のプッシュダウンで前日の安値を試し、そこから上昇に転じた。このようなときは上昇につながることが多い。横ばいが下降トレンドラインをはるかに超えたことは、ベア派がブル派と拮抗するところまで譲歩したということを示している。

足6は、トレンドラインをブレイクしたあと安値を切り上げた。ここは、少なくとも下降レッグのなかの最初の強気のシグナル足である足2の高値までは上昇する可能性が高い。ブレイクのあとの最初のプルバックは、短い陽線のはらみ足9だった。この高値の1ティック上で買えば、高勝率の買いトレードになる。

足10は小さいフラッグからのブレイクアウトのダマシで、このフラッグも3本の足の狭いトレーディングレンジになっており、足1からの下げ幅の約65％をリトレースしたところにある。65％が重要なのは足1の高値からの下落の多くを回復したということを意味しているからで、もしさらに上げれば上昇トレンドの新たな段階に入っていく可能性が高い。ちなみに、フィボナッチ派のトレーダーならば足10までの上げは61.8％プルバックと十分近いと言うだろうが、どのプルバックもフィボナッチリトレースメントのどれかに「十分近い」ため、たいていはあまり意味がない。

図5.4の足3は少なくとも同時線1本を含む3本の足からなる横ばいなので、バーブワイヤーになっていた。つまり、トレンド足のブレイクアウトのダマシや、高値や安値付近にある小さい足での逆張りのみを探してほしい。陰線6はブレイクアウトのあとにｉｉセットアップがあり、それが買いのスキャルピングにつながった。

足7は陽線のブレイクアウトがダマシになったあとに、最初の下方のブレイクアウトがダマシになった。ダマシのダマシは2回目の仕掛けなので特に信頼できる。足7のあとの空売りポイントは、小さいが良い反転パターンである拡大トライアングル（足5と同じだが、これは狭すぎてさしたる動きは期待できなかった）になっている。

バーブワイヤー

この項は本書のなかでも最も重要な情報が書いてあるため、注意深

図5.4 狭いトレーディングレンジの一種であるバーブワイヤー

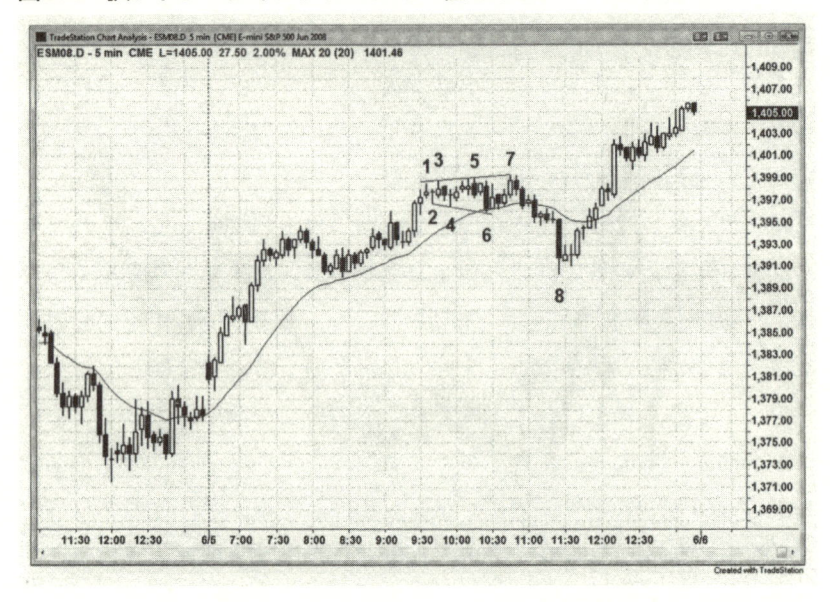

く読んでほしい。そうすれば、トレードにおける損失の最大の原因のひとつを避ける助けになるだろう。この重要なパターンは日中にその日のレンジの半ばにできることが多く、そのほとんどがEMAの近くにある。それが狭いトレーディングレンジの一種である「バーブワイヤー」で、3本以上の足で構成され、その大部分が重なっていて少なくとも1本は実体が小さい足（同時線）が含まれている。怪我をしたくなければ、バーブワイヤーには触わらないほうがよい。小さい実体は、マーケットがその足の始値からいったんは離れたが、その足が終わるまでに反対側のトレーダーがそれを元の場所まで引き返させたことを示している。また、横ばいで前の足と大きく重なるということは、どちらの側もその足を支配していないということを意味している。すべてのトレーディングレンジに言えることだが、バーブワイヤーもトレンド方向にブレイクアウトする可能性が高い（レンジの前のトレンドと同じ方向にブレイクアウトする）が、鋭いちゃぶつきとブレイク

アウトトレードで繰り返し損失をもたらすことでも知られている。このパターンでトレードするときは、トレンド足がこれをブレイクアウトするまで待つのがよい。トレンド足は安心できる最初のサインだが、どちらの側も活発でダマシになる可能性が高いことから逆張りの準備もしておいてほしい。例えば、もし陽線が２～３ティック以上上抜いたときは、その陽線が終わったらすぐにその安値の１ティック下に空売りの逆指値を置いてほしい。この空売り注文は執行されてもダマシになるかもしれないため、執行されたあとで仕掛け足が終わったらその足の高値の１ティック上に買いの逆指値注文を置いてほしい。これは、ブレイクアウトプルバックの仕掛けになる。２回目の仕掛けが執行されないことはあまりない。そして、マーケットにトレンド足が増えてきたら、ベア派かブル派のどちらかが近いうちに主導権を握るだろう。

　バーブワイヤーの高値や安値の近くの小さい足が仕掛け足になれば、そこで逆張りすることもできる。例えば、高値近くに小さい足があれば、その足の安値の１ティック下に空売りの逆指値注文を置いてスキャルピングできる。さらには、３分足の小さい足を探して逆張りすることもできる。ちなみに、３分足と５分足のほうが勝率が高いため、１分足チャートで逆張りすべき場面はほぼないと言ってよいだろう。

　もし確信が持てないときは待つことが最善策だが、仕掛けのタイミングを逃した気分のときにはそれが難しい。しかし、賢いトレーダーはみんなそうしている。勝率が低いセットアップでトレードする意味はないからだ。EMAの近くにトレーディングレンジが形成されつつあって、ほとんどの足がEMAの下にあればけっして買ってはならないし、ほとんどの足がEMAの上にあればけっして売ってはならないというルールは覚えておくとよいだろう。この１つのルールだけでも、長年の間には相当額の損失を防いでくれるはずだ。このときできるのはEMAの方向の何らかのM2（もしEMAよりも下ならばM2Sは良い

図5.5 バーブワイヤー——足３本以上の横ばいでそのなかの１本以上が同時線になっている

トレードになるし、EMAよりも上ならばM2Bの買いを考えてほしい）で、ここからのブレイクアウトはかなり進むかもしれない。

　図5.5の足１は長大な包み足で、そのあとには同時線のはらみ足がある。３本の足の横ばいでそのなかの１本以上が同時線ならばどちらも主導権を握っていないため、最高のトレードをしたければトレンド足が明らかにブレイクアウトして一方が主導権を握ったことを確認してから逆張りしてほしい。このパターンでできるトレンド足の多くはダマシになって反対方向のセットアップになる（ただし、なかにはダマシにならないで強いトレンドにつながるブレイクもある）。この仕掛けは執行されないで２回目のトレードのシグナルになることもよくあるが、２回目の仕掛けが執行されないことはあまりない。

　足２は陽線だが、ブレイクアウトはしなかった（信頼できるブレイ

クアウトはトレーディングレンジを3ティック以上超えなければならないが、ここでは包み足1を1ティック超えただけだった)。また、この足は長大すぎて横ばいの下半分で空売りすることになってしまうため、逆張りは勧められない。

　大陰線3は、前の包み足を2ティック下抜いた。マーケットが上方のブレイクアウトを試して失敗すると今度は下抜こうとしていると考えた多くのトレーダーが空売りするため、足2で仕掛けてまだ残っている買いトレードは損切りにさせられる（ただ、現実的に考えればどれほどの初心者でもここで買っているとは思えないため、実際に追い詰められた人はあまりいないと思われる）。しかし、ルールは最初の明らかなブレイクアウトで逆張りすることで、足2はブレイクアウトではなかった。足3も明らかな下方のブレイクアウトではないが、足2で買った人たちを出し抜いたつもりで空売りに転じた人たちがいると考えておかなければならない。足4で買ってもよいが、どのようなときでも状況がはっきりしていなければ2回目のチャンスを待つほうがよい。足5は2回目の仕掛けのうえに上昇トレンドのEMAよりも上にある高値2なので、良い買いチャンスになった。

　この新しい買いは足2での買いと同じなのだろうか。それはまったく違う。足2の買いはマーケットを上げることができない弱い手で、下げることができない足3の空売りも同様だ。一方、足5の買いは機関投資家が自信を持って買うところで、それはそのあとの大陽線が証明している。足2や足3で仕掛けた人たちの一部も買ってはいるが、これは間違いなく機関投資家の動きであり、プライスアクションの説明として最も理にかなっている。

　バーブワイヤーは、日中のレンジのなかでほぼ必ずと言ってよいほど20EMAのすぐ横にできるため、ブレイクアウトのダマシで仕掛けるのがよい。**図5.6**では、高値2で高値を上抜いたあとすぐに反転すると安値をブレイクアウトしてダマシの高値2になったため、前の足

図5.6 バーブワイヤーではEMAを超えるカウンタートレンド方向のブレイクアウトがダマシになったあとにEMAの方向に仕掛けるのが最も良い

の安値の１ティック下で空売りすればよい。今回のパターンはEMAの下にあるため、最高の仕掛けはEMAの下の何らかの空売りで、それはたいていM2Sであり、できれば高値２の買いのセットアップが失敗に終わったあとがよい。ただ、上方のブレイクアウトがダマシになれば、売りの可能性も考えておかなければならない。上方にブレイクアウトするのは大陽線ができて最初の１～２分なので、ブル派の強さを見た多くのトレーダーは買いしか考えないということを覚えておいてほしい。彼らはそれにだまされて空売りトレードを手仕舞わざるを得なくなる。トレーダーは常に考えていなければならない。マーケットが動き始めたときはなおさらだ。どこで仕掛けるかはもちろんだが、最初の動きがダマシになってすぐに反対方向に向かった場合についても常に考えておかなければならない。そうしなければ素晴らしい

トレードを逃すだけでなく、落とし穴にはまることにもなりかねない。

バーブワイヤーは、ブレイクアウトしたあとにその日の高値や安値にできることもある。これらはたいていはトレンド方向のセットアップなので、上昇トレンドならば高値2、下降トレンドならば安値2、ブレイクアウトのダマシ、ダマシのダマシであるブレイクアウトプルバック、そのなかの強力なセットアップなどにトレンド方向のチャンスを注意深く探してほしい。もし2回目の仕掛けが執行されなければ、もっと明らかな状況になるまで待ってから仕掛けるほうがよい。

バーブワイヤーでトレードするときは、原則としてブレイクアウトで仕掛けてはならない。探すのは常に逆張りで、比較的小さい足がトレーディングレンジの高値か安値の近くにあればチャンスと言える。売るときはレンジの高値付近の小さい足の安値の1ティック下で、特にブレイクアウトが1〜2ティックしかなければさらによい。そして、買うときはレンジの安値付近の小さい足の1ティック上で、このときも小さいブレイクアウトが望ましい。仕掛けは、もし前の足がレンジの高値付近にあれば、その足の高値の1ティック上で売りの指値注文を出しておいて下方のブレイクアウトで買いを探すこともできる。機関投資家はこのようなことを常に行っており、だからこそほとんどのブレイクアウトがダマシになる。ただ、それでも逆指値を置いて仕掛ければマーケットのモメンタムの助けを借りることができる。多くのトレーダーにとってモメンタムに逆らってトレードするのは、たとえそれが理にかなっていても違和感があり、ストレスを感じる。無理に仕掛けて不安を感じるくらいならば、いくつかのシグナルを見送るほうがよい。あなたと同じ考えのトレーダーもたくさんいるのだから、待つほうが理にかなっている。

ブレイクアウトのあとにその日の極値で形成されるバーブワイヤーや長引く狭いトレーディングレンジは、継続パターンになることが多い。ブレイクアウトのダマシのあとにできることが多いトレンド方向

図5.7 上昇トレンドのバーブワイヤー――高値２の買いを探す

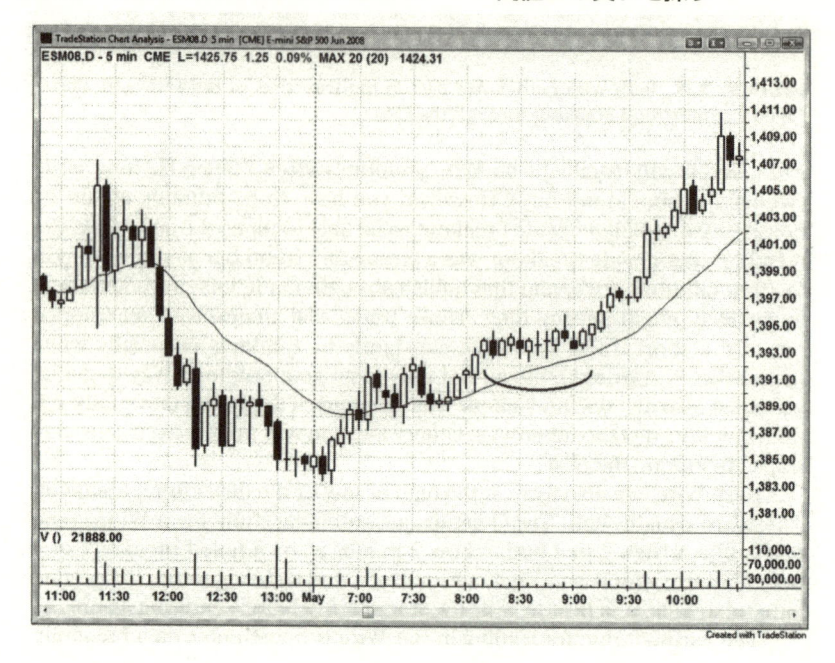

の仕掛けを探してほしい。**図5.7**では、短い陰線の反転足がトレーディングレンジの高値をブレイクしようとしてダマシになったが、ダマシになったのは実際には仕掛けた次の足だった。ダマシのダマシで仕掛けたトレンド方向のトレードは完璧な仕掛けと言える。最初のブレイクアウトがダマシになったように見えても、これは実質的にブレイクアウトの再開（ブレイクアウトプルバック）と言ってよいだろう。

　図5.8の２つのバーブワイヤーは、強い下降トレンドのなかでそれぞれの安値２が良い仕掛けチャンスになっている。２つ目のほうは十分な長さがあり、通常は足５～10本で実体もヒゲも長い足で構成されるバーブワイヤーよりも狭いトレーディングレンジに近いかもしれない。また、パターンの高値にある足２はEMAにも近く、短い陰線の反転足というリスク（足の高さに２ティック足す、１ティックは仕掛

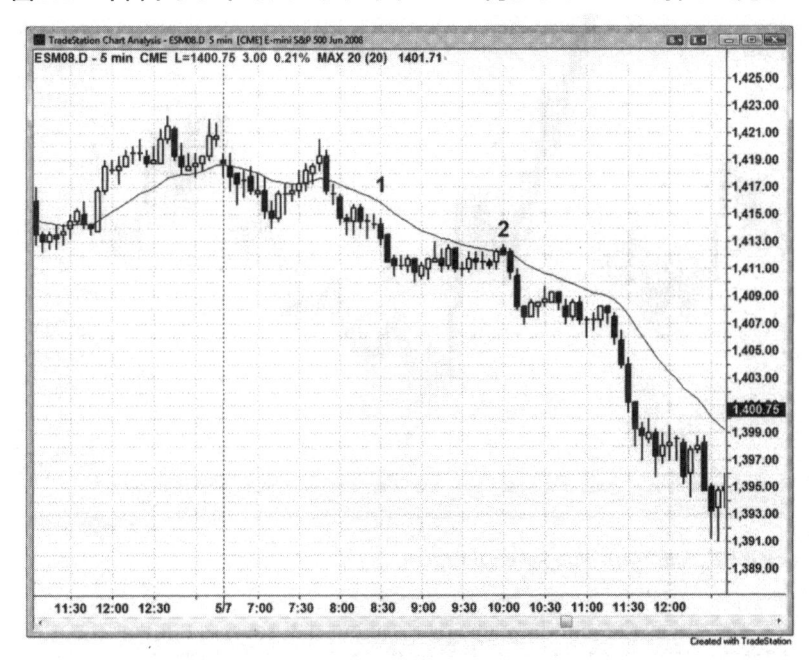

図5.8　下降トレンドのバーブワイヤー──何らかのM2Sを探して売る

けの逆指値でもう1ティックは手仕舞いの逆指値）が小さい素晴らしいセットアップになった。この日は明らかにトレンド日（少なくともトレンディング・トレーディングレンジだが、プルバックが少ないことに下落の強さが表れている）なので、空売りトレードの一部はスイングしてほしい。

　図5.9のバーブワイヤーはこの日の新安値をブレイクしたあとに形成されたが、これは2回目の下降レッグであり、ツーレッグは反転につながることが多い。また、ここでは前日の安値も下抜いたため、上げに転じる可能性がさらに高まった。

　足2はEMA近くの安値2（足1の安値は3本前の足の安値よりも上ではないが、安値1は足1）で下げに転じてから上方にブレイクアウトした最後の足だった。ブレイクアウトのダマシは足3でダマシに

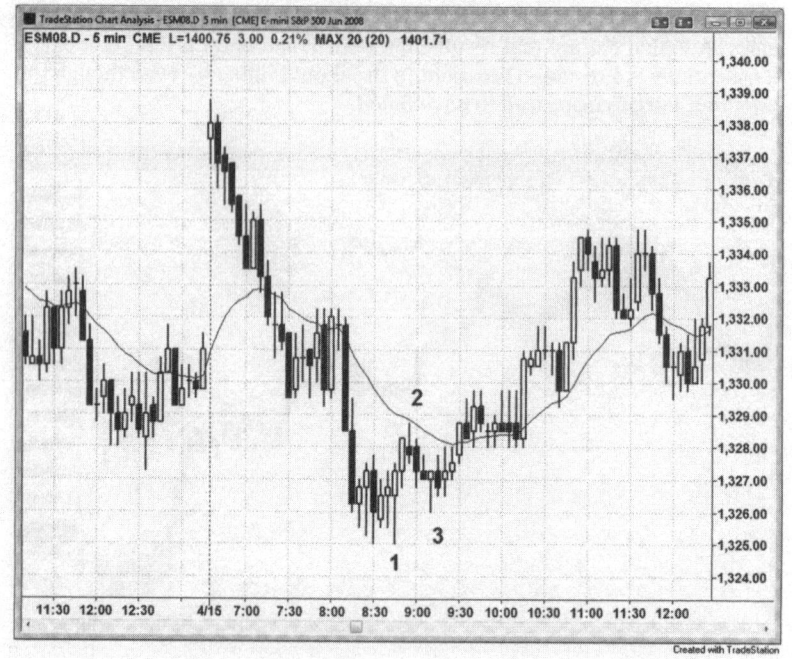

図5.9 バーブワイヤーの反転パターン

なったため、上方へのブレイクアウトのダマシは反転ではなく、ブレイクアウトプルバックになった。

足3は、ダブルボトムプルバックの買いのセットアップでもある(ダブルボトムのあとに安値を切り上げる深いプルバックになった)。

１日の真ん中にできたレンジの真ん中

１日の取引時間を３つに分けたときに真ん中に当たる８時30分～10時30分ごろという時間帯は、はっきりとしたトレンドがない日（つまりほとんどの日）にはトレードするのが難しい。もしこの時間帯の価格が１日のレンジの真ん中辺りにあってそこにバーブワイヤーができれば、そこには重要な意味があるため、慎重にトレードしてほしい。

図5.10　真ん中は難しい――１日の真ん中の２時間に１日のレンジの真ん中で仕掛けるトレードには要注意

ほとんどのトレードはバーブワイヤータイプの仕掛けに絞られる。このような状況では完璧ではない仕掛けは見送り、その日の高値か安値を試すのを待つほうがよい。特に経験の浅いトレーダーは、１日の真ん中の時間帯にその日のレンジの真ん中でトレードするのはやめておいたほうがよい。ここで切り替えることが、勝敗を分けるかもしれない。

　Ｅミニで、１日の取引時間の真ん中辺りに極めて素晴らしく見えるセットアップができるときがあり、それに１ティックのスリッページがかかるとする。もしマーケットがすぐに目標値に届かなければ、落とし穴にはまった可能性が高い。ほとんどの場合は、トントンのところに逆指値を置いて手仕舞えるようにしておいたほうがよい。信じられないほど良いセットアップだと感じるときは、みんなも仕掛けようとしているため、結局は直感が正しかったということが多い（つまり信じるべきではなかった）。

　もしはっきりとしたトレンド日でなければ、真ん中の３分の１の時間帯の、真ん中の３分の１のレンジ（その日のレンジ）でのトレードには気をつけてほしい。**図5.10**にはたくさんの重なり合った足や短

い同時線や少しだけブレイクアウトしてダマシになったり、プライスアクションの読み方が難しい。経験を積めばこのような状況でもうまくトレードできるが、ほとんどのトレーダーは最初の2～3時間に得た利益をマーケットに返すことになるだろう。トレードの目的は利益を上げることであり、ときにはトレードを仕掛けるよりも強力なセットアップを待つほうがトレード資金にとっては良い行動だということもある。図5.10では、横ばいは比較的遅い11時45分まで続いた。ただ、時間はあくまで目安でしかない。最も重要なのはプライスアクションであり、トレーディングレンジ日の最善策はその日の高値か安値から逆張りすることだが、それには忍耐が必要だ。

大きい上げと大きい下げ

　マーケットが大きく上げたあとに大きく下げてほぼすべてをリトレースすればトレーディングレンジを形成しつつある可能性が高いが、もしかしたら新しいトレンドの始まりかもしれない。ここでは、2回目の動きに反転パターンがあるかどうかがカギとなる。もしあれば、少なくとも反転したところでスキャルピングができる。もしなければ、2本目のレッグもトレンドを継続するため、最初のレッグの高さの2倍先辺りを最初の目標値とすることができる。

　図5.11はイーライリリー（LLY）の日足チャートで、足2までの急騰（ファイナルフラッグの失敗、2本のレッグでこの日の高値を付けた）のあと急落した。しかし、ここにはっきりとした買いのパターンはなく、その代わりにEMAの下の足4で安値2のブレイクアウトプルバックの空売りポイントができた。

　足6と足7は、短い下降ミクロトレンドラインをブレイクしたあとにできた空売りのシグナル足になった（足6はEMAギャップ足）。

　弱気のスパイク・アンド・チャネルの足8の安値は完璧なメジャー

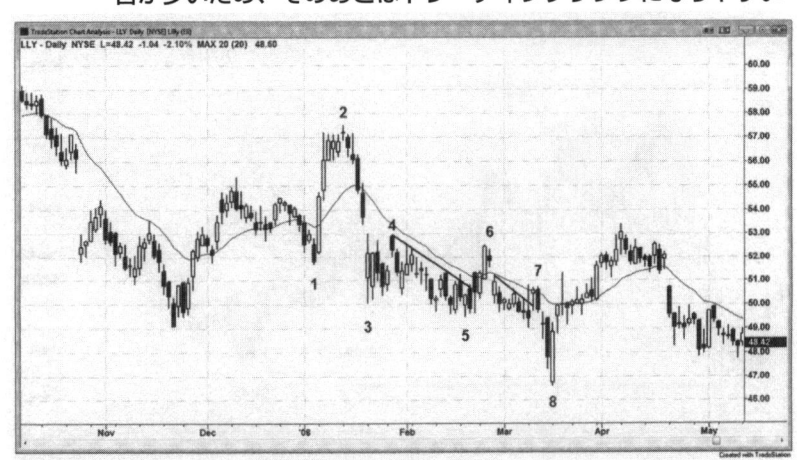

図5.11 大きな上げと大きな下げは決断できない状況を意味している場合が多いため、そのあとはトレーディングレンジになりやすい

ドムーブではないが、そのあとに下降チャネルの始まりの足4を試している。

図5.12はバイロファーマ(VPHM)の日足チャートで、足1が安値を付けてから強くブレイクアウトした。これはおそらくニュースに反応したのだと思われる。上昇のある時点でモメンタムトレーダーがマーケットを支配し、価格はファンダメンタルズで妥当な水準をはるかに上回った。しかし、そのあとはスリープッシュ（ウエッジの変形）で足9まで急落し、それが足13までの上昇につながって実質的に大きいトレーディングレンジになった。

足10は、ブレイクアウトプルバックで、安値が切り上がって2回目の買いのチャンスになった。

足4がトレンドラインをブレイクしたあと上昇したところでたくさんのモメンタムトレーダーが買いポジションを手仕舞ったあとも、ブル派は足5までマーケットを上昇させて高値を更新した。しかし、ここで積極的な売り方が現れてメジャーな上昇トレンドラインをブレイクして足6の安値まで押し下げると、大きく反転して高値を切り下げ

図5.12　大きな上げと大きな下げのあとのトレーディングレンジ

た足7がトレンドの高値である足5を試した。足5から下げたあと足7までの上昇はスリープッシュになった。しかし、この時点でモメンタムプレーヤーの関心はすでにほかの銘柄に移っていた。

　マーケットは、バリュートレーダーがファンダメンタルズと比較して割安だと感じる足9まで下げ続けた。ちなみに、足9はスリープッシュダウンの買いポイントにもなった。ここは何らかのフィボナッチリトレースメントの水準に近いかもしれないが、それは関係ない。また、これを深いプルバックと見ることもできるが、足1からの上げが帳消しになるほどではない。ブル派にはまだ十分株価を上昇させる力が残っているし、バリュートレーダーが参入してくればなおさらだ。彼らは株価がファンダメンタルズに対して割安だと思っているため、下げ続けている間は彼らも買い続ける（ただし下落しすぎないところまで）。

　ちなみに、足11のスパイクは足13までのトレンドチャネルラインを形成し、足13がそれをオーバーシュートして下げに転じた。強気のスパイク・アンド・チャネルは、どれほど強力に見えてもそのあとにチ

ャネルの始まり（この場合は足12の安値）を試すことが多い。

トレンドの反転を設定するトレーディングレンジ

　トレンディング・トレーディングレンジ日には、取引終了前１～２時間に少なくともその日最後のトレーディングレンジが反転することがよくあり、１日中続いたレンジが反転することもまれにある。

　長い足で構成される狭いトレーディングレンジは、ときには下降トレンド日の安値、特にクライマックスな安値につながることがあり、このときのレンジの足には長いヒゲの足か大きい反転足が含まれていることが多い。このような反転は天井ではあまりないが、それは天井が底ほどクライマックスにならないからかもしれない（もしそうならば、トレード判断に使えないため意味がない）。このようなトレーディングレンジは、ダブルボトムプルバックやダブルトップベアフラッグなど、ほかのシグナルになっていることも多い。

　図5.13のように長いヒゲを付けた大陰線が並ぶ急落のあとの横ばいは、反転につながることが多い。ちなみに、このケースはダブルボトムプルバックの底になっている。

　図5.14のＥミニの５分足チャートでは11時15分にFOMC（連邦公開市場委員会）の発表があり、大陽線の包み足１を形成したが、その高値が上抜かれることはなかった。発表による変動があっても、プライスアクションは頼りになる。感情に流されないで理にかなった仕掛けを探してほしい。

　通常、反対方向の２本のレンジ足が連続するか、１本以上の大きい同時線がその日の極値を付けたときは、反転した方向の仕掛けを探したほうがよいことが多い。長大線は両方向のトレードが行われていることを示しており、そのようなときはその日の高値で買ったり安値で売ったりするのは賢明ではないからだ。

図5.13 トレーディングレンジはトレンドの反転につながることがある
　　　　　——ダブルボトムプルバックの底

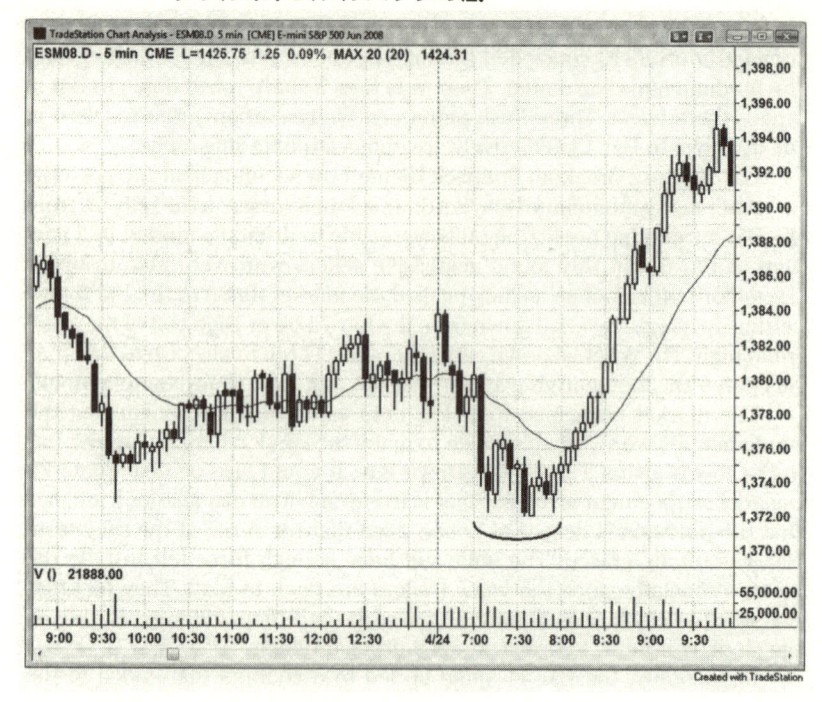

　足2は強気のM2B（EMA上の高値2）だが、足が長いためトレーディングレンジの高値で買いを仕掛けてもリスクが大きい。それよりも、短い足か落とし穴ができるのを待つほうが賢い。足3は高値2の失敗で、この日の高値で落とし穴にはまったブル派が優れた空売りポイントを作ってくれた。また、この日の高値近くには安値2もあり、ここでも空売りのチャンスがある。そのうえこれは大陰線のあとのダブルトップベアフラッグで、スパイク・アンド・トレーディングレンジの高値でもあった。

　足6は安値1の空売りポイントだった。この安値には良い反転足がなくてブル派が主導権を握ることができなかったため、ここはトレンド方向（空売り）の仕掛け足を探してほしい。足5のあとのはらみ足

図5.14 トレーディングレンジはトレンドの反転につながることがある──M2Bの失敗

は、買いのセットアップにしては大きすぎた。大陰線の包み足4のあとに2本の下降レッグができると考えればなおさらだ。その代わりに、逆張りするには長い足のあとにできる小さい足を探してほしい。ここにはトレーディングレンジが形成されつつあるように見えるため、売るならば高値近く、買うならば安値近くにすべきだからだ。

　足6で空売りのスキャルピングをしたあとは、高値2の買いのセットアップができた。しかし、ここの足は大きすぎるうえに重なり合っていて（つまりトレーディングレンジ）、トレードに向かないうえ、パターンの高値や安値の短い足で逆張りして落とし穴にかかった人たちを利用するほうがはるかによい。足8にだまされて買ってしまったブル派は、足9の間に足8の1ティック下で損切りすることになる。

賢いトレーダーならば、落とし穴を待って安値2がレンジの高値にある短い足8を下抜いたところで空売りを仕掛ける。ここでブル派が落とし穴にかかっていたのはボーナスのようなものだ。

　足10もブル派の落とし穴で、洗練されていないブル派が大きい同時線に誘われて高値で買ってしまった。ここでも、賢いベア派は空売りするために小さいセットアップの足を探す。ブル派は売らざるを得ないのに買い方が残っていないため、ここで空売りすればすぐにスキャルピングの利益目標に達するからだ。トレーディングレンジでは、反転パターンができても反転するトレンドがないためみんな落とし穴になる。

　このトレーディングレンジはファイナルフラッグの失敗になり、翌日の寄り付きで上昇に転じて3本目の足で高値2の仕掛けポイントになった。この足は、ベアフラッグかつこの日の安値で反転した。

第6章 ブレイクアウト
Breakouts

　ブレイクアウトとは、単純に前の重要なポイント（トレンドライン、前の高値や安値、前の足の高値や安値など）を超える動きを意味する。トレーダーにとってブレイクアウトは強さを示すもので、そのなかには新しいトレンドも含まれる。例えば、もし強気のブレイクアウトの足が大きく上げて終わり、次の数本の足も同様になって高値と安値が切り上がっていれば（プルバックした足はない）、マーケットは反転してブレイクアウトの始まりを下回る前に今よりも高い水準を付ける可能性が高い。

　ブレイクアウトの対象は、トレンドラインやトレーディングレンジ、その日や前日の高値や安値など何でもよい。何をブレイクアウトしたとしても、トレードの仕方は変わらないからだ。もしダマシになったら逆張りすればよいし（ほとんどのブレイクアウトはそうなる）、ダマシのダマシ、つまりブレイクアウトプルバックになればブレイクアウトの方向に再度仕掛ければよい。ブレイクアウトで仕掛けるケースは非常にまれで、ほとんどのケースはダマシかブレイクアウトプルバックを待つほうがよい。ほとんどの日は逆張り候補としてスイングの新高値や新安値を探す。しかし、強いトレンドがある日のブレイクアウトは出来高が非常に多く、プルバックは1分足チャートでさえあまりない。このようなときは、明らかにトレンド派が主導権を握ってい

る。トレンドがそれほど強いときは、プライスアクショントレーダーはブレイクアウトしたときではなく、その前後の高値か安値の1か2のプルバックでトレンド方向に仕掛けるとよい。トレードのリスクを最小限に抑えるためである。しかし、強いトレンドが進行していることに気づいたときは、どのような理由でもトレンド方向にトレードするのが正しい。強いトレンドでは、すべてのティックがトレンド方向の仕掛けポイントになるため、自分に適したスイングトレードのサイズと損切りでいつでも仕掛けてよい。

強いトレンドでのブレイクアウトによる仕掛け

　トレンドが強いときは、前の極値を超えるすべてのブレイクアウトはトレンド方向の仕掛けポイントになる。このことは、ブレイクアウトした足が大きくて強力で、出来高も多く、そのあと足2～3本にフォロースルーがあることにも表れている。つまり、スマートマネーが参入したことは間違いない。しかし、ブレイクアウトで仕掛けるのが最善策ということはまれで、プライスアクショントレーダーはほぼ必ず早めの仕掛けポイント（例えば上昇トレンドの高値1や2）を見つけている。トレンドが強いときは、適切な損切りの逆指値さえ置いておけばいつ仕掛けても利益を上げることができるということをぜひ知っておいてほしい。
　もしブレイクアウト後に最も早い仕掛けを逃してプルバックを待っているときは、成り行きで仕掛けるか1分足チャートのプルバックで仕掛けてもよい。少なくとも2本の強力なトレンド足（ヒゲが短く、ある程度の広さがあるレンジ）か3～4本の中くらいのトレンド足を待ってから1分足か3分足のプルバックで通常サイズの半分のサイズかスイングトレードのサイズで仕掛けるのである。このときブレイクアウトのプルバックの試しを考慮して、損切りの逆指値は最初のチャ

第6章　ブレイクアウト

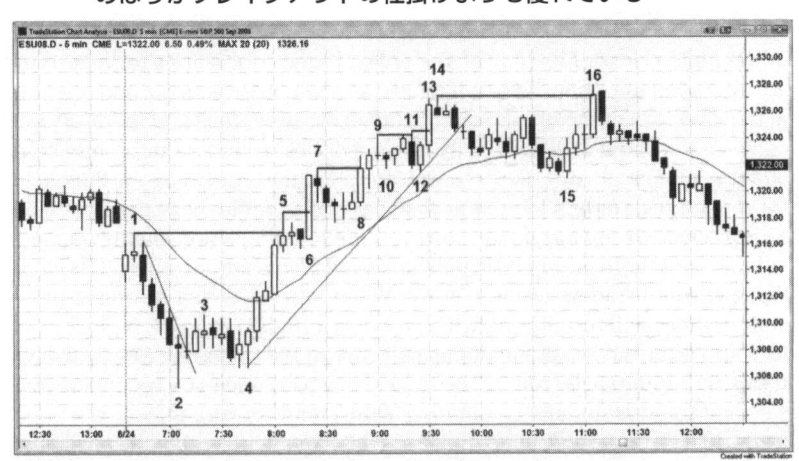

図6.1　ブレイクアウト——プルバックでのプライスアクションの仕掛けのほうがブレイクアウトの仕掛けよりも優れている

ンスで仕掛けていた場合にそれがスイングトレードになった時点で置いているはずのところに置いてほしい。そして半分をスキャルピングしたあとは、損切りをトントンになるところに移動させる。あとは、強いトレンドが続いているかぎり、増し玉したり、プルバックで再度仕掛けたりしていけばよい。

　図6.1では、安値を切り上げた足4からの連続した数本の陽線がこの日の高値だった足1の高値を超えて強力な上昇トレンド（トレンドラインをブレイクしたあとの安値の切り上がり）を形成した。これほどのモメンタムがあれば、トレンドの始まりである足4を下抜く下げが始まる前に足5は超えるということでみんなの見解は一致している。ブレイクアウトトレーダーは前のスイングの高値を付ける（足5、足6、足8、足11、足13、足16）たびに、その上で買っていく。そしてプライスアクショントレーダーはそれより早いブレイクアウトプルバック（ブルフラッグ）ごとに買っていく。例えば、足6の高値1、足8の高値2、足10の反転の失敗、足12の高値2でトレンドラインのブレイク（表示していない）、足15の高値2がEMA（指数移動平均線）

243

を試したところ（足14からの２本のはっきりした大きいレッグから見て高値２）などである。ブレイクアウトトレーダーはプライスアクショントレーダーが買いポジションを利食うところで買いを仕掛ける。通常、多くの賢いトレーダーが売っているところで買うのは賢明ではない。しかし、マーケットに勢いがあればどこで買ってもよく、高値の上で買っても利益を上げることができる。ただ、リスク・リワード・レシオはブレイクアウトで買うよりもプルバックで買うほうがはるかに良くなる。

　ブレイクアウトでやみくもに買うのはバカげている。スマートマネーならば、３回目のプッシュでトレンドチャネルラインに近い足13のブレイクアウトでは買わない。また、トレンドラインをブレイクしたあとに高値を切り上げて前の高値（足14）を試した足16のブレイクアウトでも買わない（トレンドが反転するリスクが高すぎる）。ブレイクアウトでは、ダマシのときには逆張り、プルバックのあとならばブレイクの方向に仕掛けるほうがはるかによい。

　図6.2は前日が最強のトレンドパターンのひとつである寄り付きからの上昇トレンドだったため（表示していない）、プルバック（押し）のあとに寄り付きの高値を試してから上げて引ける可能性が高い。トレーダーはみんな前日の強いトレンドから続くフォロースルーを期待して買いのセットアップを探している。足２は少し安値を切り上げたEMAギャップ足が２回目の買いポイントになった。シグナル足は陰線だが、少なくとも仕掛け足は陽線になっている。もしそこで買えなければ、ブレイクアウトに注意して次の仕掛けを探してもよい。

　トレンドラインをブレイクした２本の大陽線はどちらも大きく上げて引けており、ヒゲは短い。もし足３で買っていれば、この時点ではポジションの一部をスイングトレードしているはずなので、それと同じサイズのポジションを成り行きで仕掛け、同じ位置に損切りの逆指値を置けばよい。また、この時点での損切りはトレンドラインの近く

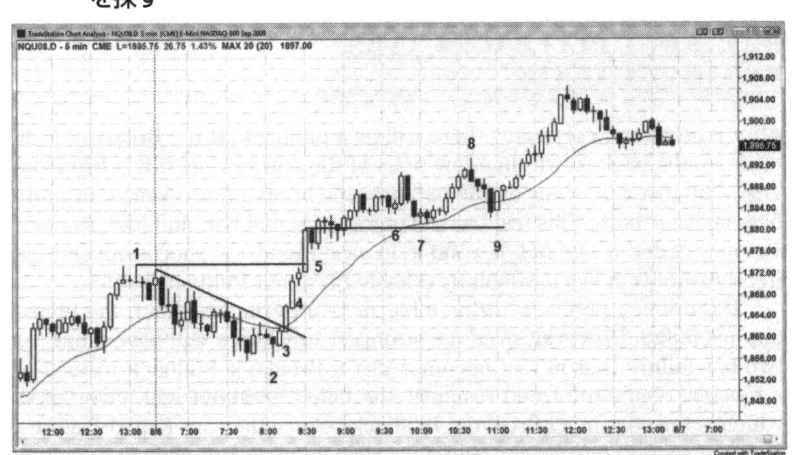

図6.2 ブレイクアウトを予想してその前にプライスアクションの仕掛けを探す

になっているはずで、もしかしたらブレイクした足の下かもしれない。

足4は前日の高値のすぐ下にあるポーズの足で、その1ティック上も良い買いポイントになる。ポーズの足は反転のセットアップになる可能性があるため、その上で買えば前に空売りしたベア派が買い戻し、すでに利食ったブル派が再度買うところで買うことができる。

この時点では強いトレンドが確立しているため、プルバックがあれば買ってほしい。

足8は、強力な陰線の反転足で拡大トライアングルの高値でもあることからカウンタートレンド方向の唯一妥当なスキャルピングポイントになっている（トレンドラインのブレイク後に高値更新したブレイクアウトがダマシになった）が、トレンドはまだ上昇している。ちなみに、終値がEMAを下回った足はまだなく、マーケットは2時間以上EMAよりも上にある。

足9はEMAよりも下に終値がある最初のあとのはらみ足なので、この高値の試しが最低限の目標値になる。

ブレイクアウトプルバックとブレイクアウトの試し

　ブレイクアウトのあとは、いずれプルバックがある。もしブレイクアウトプルバックによって価格が仕掛け値から２〜３ティック辺りまで逆行してきたとき、それをブレイクアウトの試しと呼ぶ。この試しはブレイクアウトの次の足のこともあれば、20本以上先のこともある。試しの足はシグナル足になる場合もあるため、試しがそのままダマシになってしまわずに、そのまま進んだ場合に備えて１ティック先で仕掛けの注文を出せるようにしておいてほしい。これは、特に信頼できるブレイクアウトプルバックのセットアップと言える。

　ブレイクアウト足から１〜２本のうちにプルバックになれば、ブレイクアウトはダマシに終わる。しかし、最強のブレイクアウトでも足１〜２本でダマシになってから反転しないで単なるブレイクアウトプルバックになることはある。トレンドが再開したら、ブレイクアウトのダマシはダマシになってブレイクアウトプルバックになる。こうなればダマシのダマシなので２回目の仕掛け、つまり有利なトレードになる可能性が非常に高い。ちなみに、ブレイクアウトプルバックはカップ・アンド・ハンドルとも呼ばれている。

　ブレイクアウトプルバックは、実際にブレイクアウトしなくてもよい。もしマーケットがブレイクアウトに非常に近づいても極値を超えないで足１〜４本程度でプルバックすれば、ブレイクアウトプルバックとまったく同じ効果をもたらす可能性が高いため、ブレイクアウトしたのと同じようにトレードしてよい。教科書のパターンに似ていれば、同じような動きが期待できるということを覚えておいてほしい。

　もし強い動きかその日のそれ以前にあったトレンドの最初のレッグがあれば、そのあとのトレンド方向のブレイクアウトはダマシにならないか、なってもさらにダマシになってブレイクアウトプルバックになる可能性が高い。しかし、ほとんどトレンドがなくて足１〜２本の

ブレイクアウトが両方向にあるような日は、ダマシになって反転する可能性が高くなる。

　最初の動きが一段落すると、多くのトレーダーは部分的に利食い、残りのポジションにはトントンの損切りを置く。ただ、トントンの損切りは必ずしも仕掛けと一致していなくてもよい。銘柄によっては、10～30セントかそれ以上リスクをとって損失が出ても基本的にはトントンと考えてよいこともある。例えば、1株750ドルのグーグル（GOOG）のポジションを半分利食って残りも損失にはしたくない場合、もしこの銘柄が過去に何回かトントンの損切りを10～20セント超えても30セントには達していなければ、トントンではなく30セント先に損切りを置くという選択肢もある。

　2008年ごろのアップル（AAPL）やリサーチ・イン・モーション（RIMM）はトントンの損切りを意識した動きになることが多く、ブレイクアウトプルバックの多くが仕掛けの5セント手前を試すなどといったことが多かった。一方、ゴールドマン・サックス（GS）はプルバックが終わる前に損切りに達することが多かったため、ポジションを保有し続けたいトレーダーは多少のリスクをとらざるを得なかった。もちろん、そうはせずにトントンで手仕舞って試した足の1ティック先で再度仕掛けることもできるが、それでは最初の仕掛けよりも60セントくらい不利になってしまう。もし有利なプライスアクションが続いているのならば、手仕舞って60セント不利になるよりも10セント程度のリスクをとってブレイクアウトの試しの間も保有し続けるほうが理にかなっている。

　図6.3の足1はブレイクアウトがダマシになる可能性があるが、このブレイクアウトは非常に強力で、これを構成する3本の陰線がそれまでのレンジの値幅をほとんどカバーしていた。マーケットはEMAまでプルバックしてM2Sの空売りポイントになった。2本目の陰線は、反転してプルバックの2本目のレッグからEMAまでの下げ（陽

図6.3 ブレイクアウトプルバック

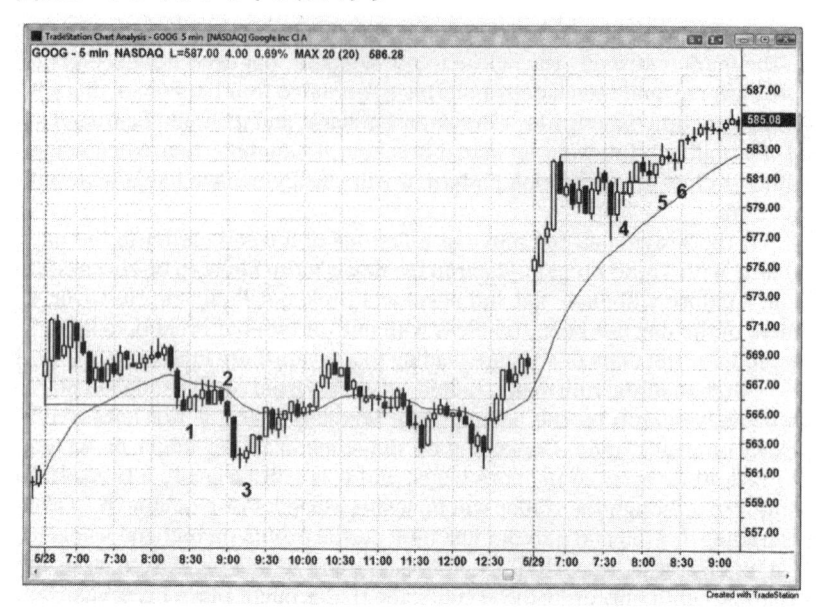

線・陰線・陽線でツーレッグアップになっている）の最初の足となった。

足3もこの日の安値でブレイクアウトがダマシになる可能性がある。これは寄り付きの安値を下抜いたあとで上昇しようとする2回目の試しで、2回目の勝率はずっと高くなる。また、ここには小さい反転足がある。これは同時線で陽線ではないが、上ヒゲよりも下ヒゲのほうが長いことである程度の買いとベア派が少し衰えつつあることを表している。また、足1～2は足が重なり合った横ばいに近いため、ダマシのファイナルフラッグになりつつあるのかもしれない。仕掛け足は同時線のはらみ足に近い陽線だったため、ｉｉパターンと似ており、上げて終わった2番目の足は強さを表している。

足5はマイナースイングの高値を上抜いて、この日の高値に迫る小さい上げのあとのプルバックである。マーケットがブレイクアウト間近でプルバックすれば、実際にブレイクしたのと同じような動きになるため、これもブレイクアウトプルバックの一種と言える。足5のブ

図6.4 ブレイクアウトへの試し（ブレイクアウトプルバックのなかでも特に信頼できるタイプ）

レイクアウトプルバックは、シグナル足4の高値のわずか2セント下までしか下げていないが、株価が580ドル近辺ならばほぼ完璧なブレイクアウトの試しなので、信頼できる買いのセットアップとなった。そして、実際にブレイクアウトしてこの日の高値を更新すると、足6のブレイクアウトプルバックでは前の足の高値の1セント上で買いを仕掛けることができる。

　多くの株は期待どおりにブレイクアウトを正確に試し、図6.4のリーマン・ブラザーズ（LEH）などは、1日に4回もそうなった。多くのトレーダーがブレイクアウトするとシグナル足の1ティック先で仕掛けるため、このように正確にプルバックするとトントンの損切りを1ティック超えてしまう。しかし、試した足の1ティック先で再度

図6.5 ブレイクアウトへの試しがオーバーシュートするときもある

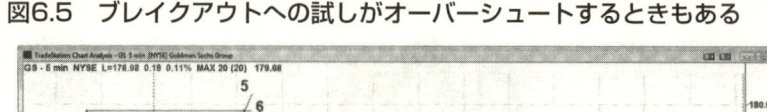

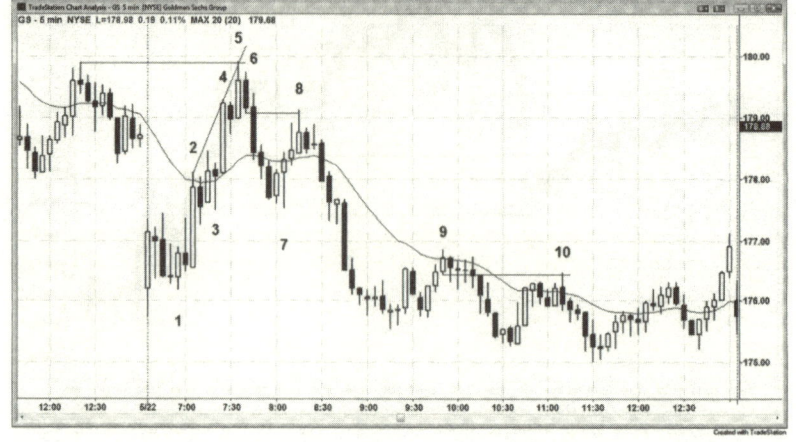

仕掛けるのは良いトレードになることが多い（例えば、足2の安値の1セント下での空売り）。

　ちなみに、2008年のゴールドマン・サックス（GS）はトントンの損切りに達してしまうことが多いことで知られていた。

　図6.5の足8は、シグナル足6の安値を6セント上抜いた。

　足10は、シグナル足9の安値を2セント上抜き、トントンの損切りを3セント超えた。

　足5の高値は前日の最後の1時間のスイングの高値を2セント超えてから下げに転じた。この足は、足2～4に描いたトレンドチャネルラインをオーバーシュート（価格が重要な価格を超えること）してからトレンドラインをブレイクして足7まで下げたあとは高値を切り下げた足8が上昇トレンドの極値（足5）を試すと下降スイングに入った。

　図6.6のグーグル（GOOG）は、一連のブレイクアウトプルバックを形成した。寄り付きからの急騰は前日のスイングの高値（足1）をも上抜き、足5のプルバックはEMAにもブレイクアウトポイントにも届かなかった。モメンタムが強いときには、高値1の買いは良いト

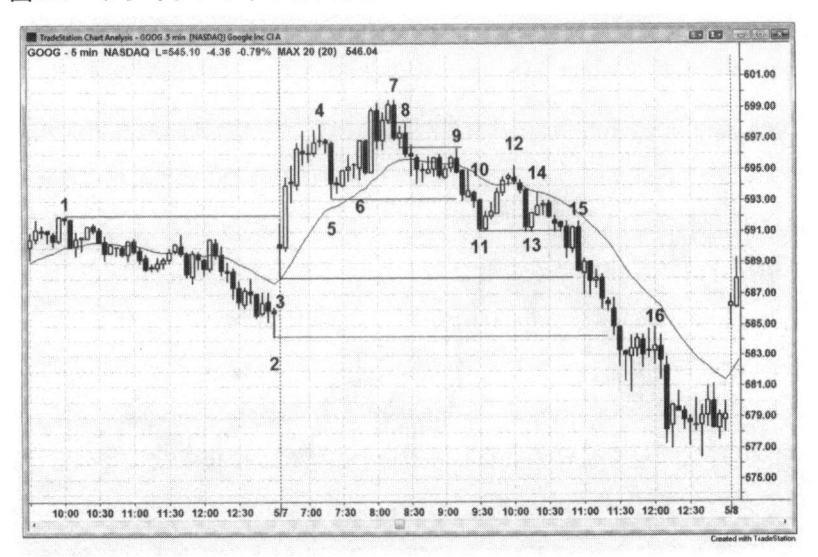

図6.6　ブレイクアウトプルバック

レードになる。シグナル足は短い同時線のはらみ足で、これは大陰線のあとに売り方が力を失ったことを示している。ベア派のフォロースルーがなかったからだ。足6は高値2（3本前の足の高値1よりも高いがかまわない）で2回目の買いのチャンスができた。

　足8はブレイクアウトの試しだが、シグナル足の安値の2セント手前で止まってしまった。

　足9もブレイクアウトの試しだが、足8で空売りするためのシグナル足の安値に4セント届かなかった。ただし、これらは単なる観察結果であって足8や足9で必ずしもブレイクアウトプルバックの空売りを仕掛ける必要はない。

　足9のM2S（EMA上の安値2）は1本の足の下落だったが、そのあとにはらみ足のシグナル足が続いたため、足10もブレイクアウトプルバックの空売りポイントになった。

　足11は、足5のプルバックを下抜いて足12でEMA上のブレイクア

ウトプルバックの空売りポイントになった。このプルバックも足7～9（表示していない）のトレンドラインのブレイクアウトはダマシになった。

　足13は、足11を5セントだけ下抜いたが、すぐに足14の安値1でブレイクアウトプルバックの空売りポイントになった。足14は陽線だったため、注意深いトレーダーならば2回目の仕掛けを待つ。足14のあとの同時線でも仕掛けることはできるが、そのあとの包み足は安値2なので、そちらで仕掛けるほうがさらに良い。しかし、なぜこれが安値2なのだろうか。それはその前に2本の小さい上昇レッグがあるからだ。足14が最初の上昇レッグで、その2本あとにある包み足（短い同時線の上）が2回目の上昇レッグかつ安値2の空売りポイントになっている。

　足15も、足11と足13を下抜いたあとのプルバックで包み足の空売りポイントになった。ここは、ブレイクアウトがダマシになって上げに転じると思って陽線の上で買った人たちが追い詰められているため、特に良い空売りポイントと言える。ただ、足14から4本の陰線が続いたため、賢いトレーダーならば2回目の仕掛けポイントを待って買おうとするだろう。

　足16は、前日の終値でスイングの安値でもある足2を下抜いたあと、バーブワイヤーの安値2のプルバックになった。

　ここまで紹介したトレードの多くは小さいスキャルピング用で、ほとんどのトレーダーには関心がないかもしれない。しかし、大事なのはよくある動きを学ぶことであり、そのうえで大きい転換点で仕掛けることに集中してほしい（足4、足7、足9、足12など）。

第7章 マグネット効果
Magnets

　この第7章はトレードと直接関係はないが、プライスアクションの傾向を説明する一環として執筆している。ちなみに、この傾向はトレードの根拠として使えるほど信頼できるものではない。もし利益を上げる方法のみを知りたければ、本章にはあまり時間をかけずに「第15章　最高のトレード」に集中してほしい。

　マーケットには、それ以降の価格を引きつける磁石のような効果（マグネット効果）を持つ価格がある。このマグネット効果が分かれば、吸引力があるトレンド方向にトレードし、磁石が試されて明確なトレンドラインのブレイクのあとで極値が試されないかぎりカウンタートレンド方向にはトレードしないようにすることができる。マーケットは通常、マグネット効果を持つ価格をオーバーシュート（価格が重要な価格を超えること）してから反転するが、それを試したあとにトレンドが継続したり、トレーディングレンジを形成したり、反転したりすることもあるため、次のトレードを仕掛ける前にさらなるプライスアクションを待つ必要がある。

最初のプルバックに基づいたメジャードムーブ（AB＝CD）

マーケットが急激に動いてからプルバックしたときは、そのあとに2本目のレッグができ、その大きさは最初のレッグとほぼ同じ大きさになることが多い。これはABC調整とか、AB＝CDなどと呼ばれることもある（ABC調整のABCはそれぞれAB＝CDのBCDに相当する。詳細は後述する）。ただ、フィボナッチ指数やメジャードムーブやそれ以外のマグネット効果などはさほど重要ではないため、それに基づいて指値で逆張りなどすべきではない。これはあくまでトレンド方向にトレードするための目安で、そこに近づいたらカウンタートレンド方向のセットアップも考慮し始めるという程度のことでしかない。

メジャードムーブはそのもととなる明確なプルバックの仕掛けだけでなく、もっとあいまいな状況でも有効に使える。強いトレンドがあるときに比較的強いプルバックがあってトレーディングレンジが形成され始めれば、プルバックの2本目のレッグの目標値をレンジの中間から予想できるからだ。トレーディングレンジが展開するのに合わせてその中間点を見極めておけば、2本目のレッグが完成したときにプルバックの中間点がその近くになっていることが多いはずだ。これは、トレンドが継続するのに合わせて仕掛けるためのセットアップを待つ目安になる。

図7.1のエクソンモービル（XOM）は、足Aから足Bへと強く急激に動いた。足Cで安値を切り上げたあとのトレードは、2本目のレッグに乗るための買いのみを考えてほしい。足Dは目標値（点線の高値）には若干届かなかった。しかし、目標値付近まで行けばカウンタートレンド方向のトレードも考慮してよい。ABCで言えば、足BがポイントA、足CがポイントB、足DがポイントCとなる。

足Eが安値を切り上げたあとに上昇して足Dを上抜いたら、ADを

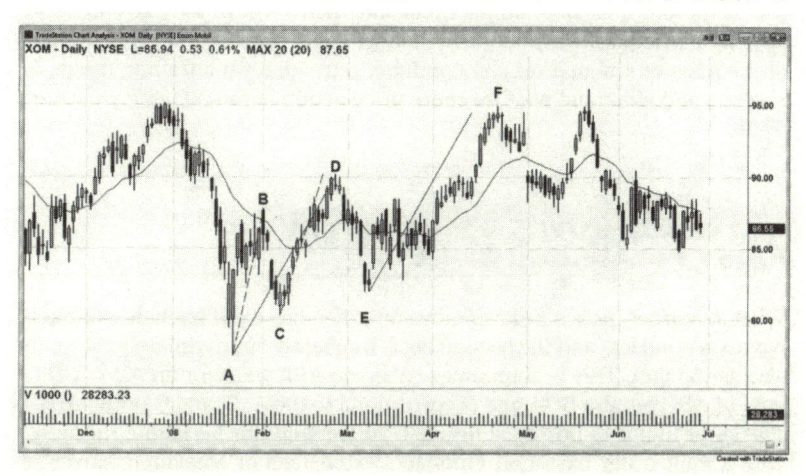

図7.1 メジャードムーブの近くに達するまではトレンド方向に仕掛ける

最初のレッグ（そのなかにABとCDという2本のレッグがある）とみなし、メジャードムーブ（AD＝EF、目標値は実線の高値）の上昇が終わるまでは買いトレードを保有すればよい。

　フィボナッチ系のトレーダーは、ほかの割合（62％、150％、162％など）も有効な反転ポイントとして注目しているが、これらは複雑でおおまかすぎる。それならば、トレンド方向に加えて適当なところでカウンタートレンド方向のセットアップも探していけばよい。

　図7.2のリサーチ・イン・モーション（RIMM）は、寄り付き直後に反落したあと前日の安値よりも下でトレンドチャネルラインをオーバーシュートしてから反転し、足2まで急騰したあとプルバックした。こうなると2本目のレッグアップの可能性が高いが、それがどこで終わるのか知りたければ、線Bが現在進行中のレンジの中間になるように調整を続け、ブレイクアウトしたらメジャードムーブを使って線Bと並行で線Aからの幅と同じになる線Cを描いてみるとよい。ただし、これは観察上よくある傾向というだけで、トレードのルールではない。線Cは単純に2回目のレッグができた場合の目安であり、メジャード

255

図7.2 トレーディングレンジの中間から予測したメジャードムーブ

ムーブ近辺に達するまでは多少買いトレードを優先するといった程度のことでしかない。ただ、２回目の上昇レッグの可能性はすでに分かっているうえ、ほとんどの足も陽線であることから、このような見方はすでにできているとも考えられる。

　足３までのプルバックは非常に深かったため、トレーディングレンジになる可能性が高かった。マーケットが足６の上でトライアングルをブレイクするまでは、通常のトレーディングレンジと同じように両方向にトレードすればよい。

狭い領域とフラッグに基づいたブレイクアウトのメジャードムーブ

　細かいことだが、マーケットの正しい側でトレードする助けになる面白い所見を紹介しよう。ただ、トレード中にこれについて１秒以上考えてしまうようならば、良いセットアップを見落とす可能性が高くなる。この項もあくまでプライスアクションのよくある現象について

述べているだけで、トレードの根拠となるものではないからである。

　ブレイクアウトは、狭い領域（強いモメンタムによってマーケットが素早く動いたため足がほとんどか、まったく重ならずにブレイクアウトをはるかに超えていく状態）か、広い領域（狭いトレーディングレンジ）を形成することが多い。そして、どちらの領域もその中間点が全体の動きの中間点にもなることがよくある。広い領域はトレーディングレンジで、みんなが合意した価格の範囲であり、その中間点はブル派もベア派も妥当だと考える価格ということになる。一方、狭い領域でもブル派とベア派の意見は一致している。ここはブル派もベア派もトレードすべきではないと考えている範囲で、中間点はその中心ということになる。どちらの中間点も単純に言えばブル派とベア派が合意するところであり、それらを含むレッグの中間点の目安になる。つまり、それが形成されればトレンド方向のトレードの全部か、もしくは一部をスイングすることができる。そして目標値が近づいたときに良いセットアップがあれば、カウンタートレンド方向の仕掛けも考慮してほしい。多くのトレーダーは前のトレーディングレンジの高さを目安にしているが、それでもかまわない。どのような方法でも、目安でしかないからだ（ただし、フィボナッチ派やエリオット波動派は例外で、彼らはどれほど反例があってもマーケットは常に完璧に近いパターンを形成すると思い込んでいる）。大事なことは、通常はトレンド方向のみでトレードし、メジャードムーブの範囲に入ったらカウンタートレンド方向の仕掛けも探し始めるということである。ただ、最高のカウンタートレンド方向のトレードは常にトレンドラインがブレイクされたあとにある。

　もしメジャードムーブのあとでマーケットの動きが止まったら、2本の強いトレンドレッグを5分足のトレンドの終わりではなく、長い時間枠で見た調整の終わりかもしれないと考えてカウンタートレンド方向の仕掛けの一部をスイングすることもできる。ひとつの動きが2

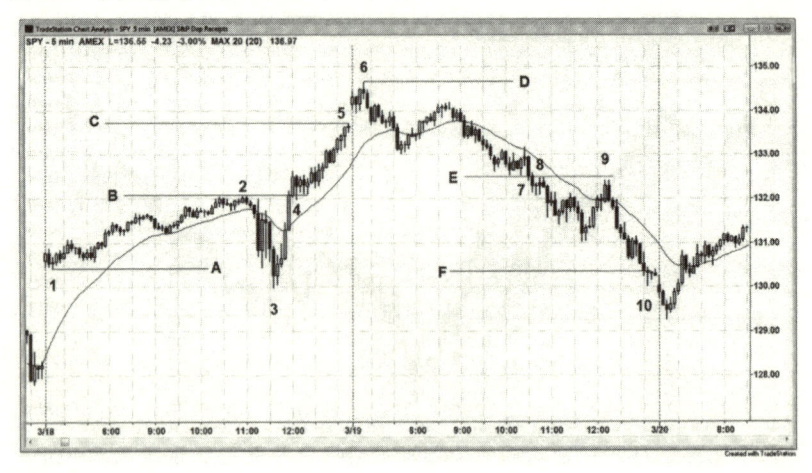

図7.3　狭い領域からのメジャードムーブ

本のレッグによって完成するのはよくあることで、そのあとには最低でも２本の小さいレッグによるある程度のカウンタートレンド方向の動きが続くことが多いし、ときにはそのまま新しい反対方向のトレンドが始まることもある。そして、カウンタートレンド方向の動きはメジャードムーブの中間にあるトレーディングレンジを試すことが多い。

　予測はぴったりと当たるときもあるが、ほとんどの場合はオーバーシュートかアンダーシュート（重要な価格に近づくが達しないこと）のどちらかになる。この方法は、あくまでマーケットの正しい側でトレードを続けるための目安でしかない。

　図7.3の２日間にはそれぞれ狭い領域のメジャードムーブが形成されている。狭い領域とは、基本的に足が重なり合っていないところでブレイクアウトが起こっていることを意味している。

　１日目は、午前11時15分のFOMC（連邦公開市場委員会）の発表を受けて足３から急騰し、この日の高値である足２を上抜いた。足４のフラッグがツーレッグの横ばいからのブレイクアウトを試したが、このフラッグから高値２の買いポイントができた時点で、足２の高値

と足4の安値の間には狭い領域ができていた。ちなみに、足4のトレーディングレンジは短期の広い領域で、これもメジャードムーブに使える。足1の安値か足3を使ってメジャードムーブを予測するとよい。マーケットは、線A（足1）から線Bをへて目標値の線Cにこの日の最後の足で達し、翌日の寄り付きではそれを突き抜けて、新しい目標値である足3と線Bから概算した線Dに達した。また、足3は足1よりも下にあるが、足3が下落してレッグの安値である足1をオーバーシュートしただけだと考えれば、あくまで足1をメジャードムーブの底とみなすことができる。

　2日目は、足7の下と足8の上に狭い領域ができ、目標値の線Fを大引け直前に超えた。

　ちなみに、ここにはダブルトップベアフラッグ（足8と足9）もあった。

　図7.4の足3近くのブレイクアウトプルバックフラッグまでの下げは非常に急で、レッグの高値である足2から下げたメジャードムーブの妥当な目標値はフラッグの中間辺りになる（線C）。ここから概算した線Dはオーバーシュートしてから EMA を試した。メジャードムーブの予測には足1の高値を使うこともできたが、通常は現在のレッグの始まりから最初の目標値を概算する。価格は線Dの目標値に達したあと、すぐに足1に基づいて概算した線Eにも達した。足2から足4までの下げには強さがあり、トレンドラインを大きくブレイクすることもなかったため、ここはトレンド方向のトレードに徹したほうがよい。

　足4からの3本の足の上昇はマイナーなトレンドラインをブレイクし、マイナーな最後のフラッグの失敗の形になったが、まだ急な上昇がありそうなので（例えば EMA の上のギャップ足）、カウンタートレンド方向のトレードをするとしてもスキャルピングにしておいたほうがよい。ただし、トレンド方向のトレードができるようになったらす

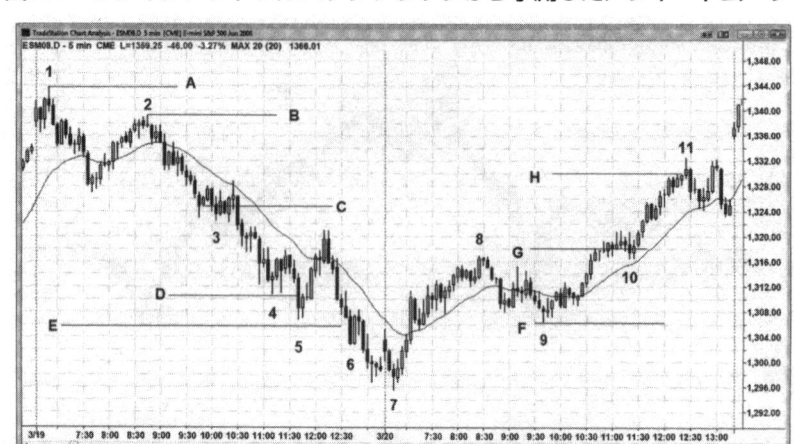

図7.4　ブレイクアウトプルバックフラッグから予測したメジャードムーブ

ぐにそちらに切り替えられる自信がなければ、カウンタートレンド方向のトレードは仕掛けないほうがよい。それよりもトレンド方向のトレードを探すほうに注力してほしい。メジャードムーブの範囲に入っているというだけではカウンタートレンド方向に仕掛ける十分な理由にはならない。カウンタートレンド方向にトレードするためには、何らかの初期の強さを確認する必要がある。

　２日目はブレイクアウトのあとの足10の近くにフラッグができたため、そこから線Hを予測した（始点は足９）。もしその代わりにこの日の安値である足７を使ったとしても、翌日の寄り付きのギャップアップのすぐあとに目標値に達していた。

　ブレイクアウトフラッグができれば、トレンド方向の一部をメジャードムーブの目標値に達するまで保有しておくべきだろう。そして、もし目標値近くに良いセットアップができれば、カウンタートレンド方向のトレードを考えればよい。

　図7.5の線Bは、ブレイクアウト（足２の高値）と最初のプルバックの安値（足５の安値）の間にできた狭い領域で、そのあと足８がメ

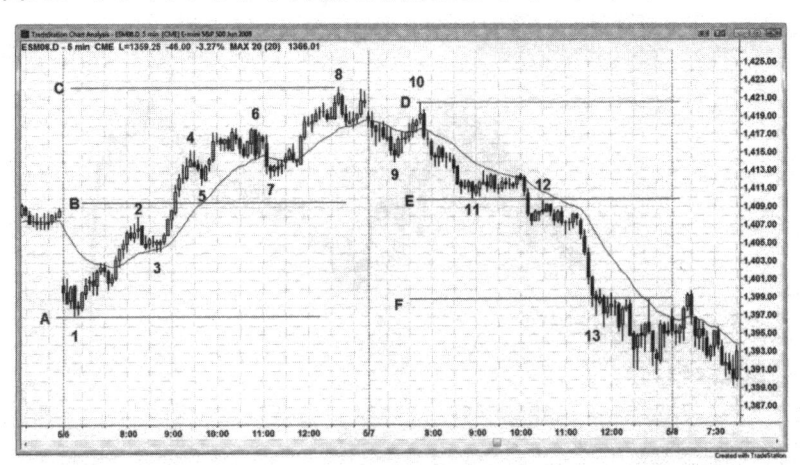

図7.5 ブレイクアウトの中間から予測したメジャードムーブ

ジャードムーブの目標値に正確に達した。

線Eは狭い領域の中間点で、そこから概算した線Fをマーケットは大きくオーバーシュートした。足12のベアフラッグからのブレイクアウトは足13まで値幅のある狭い領域を作ったが、この日の遅い時間帯だったため、中間点からメジャードムーブに達する可能性は低い。それでも、この日はこの時点まで明らかに下降トレンド日なので基本的には空売りのみを考えるべきで、明確かつ強力な買いのチャンスがあったとしても（最後の1時間にはいくつかあった）スキャルピングにしておくべきだろう。

足7までの下げによるトレンドラインのブレイクはベア派の力が強まっていることを示している。そして、足9までの下げがメジャーなトレンドラインをブレイクすると、足10がトレンドの極値（足8）を試して高値を切り下げ、ほかのベア派もそれに続いた。

反転は前の失敗した反転のシグナル足で終わることが多い

　前に反転の失敗があったところは、本当に反転したときにその目標値になってくれることがよくある。例えば、下降トレンドでいくつかの買いポイントがさらなる下げでダマシになったときは、最終的に反転したときに、下げていたときの仕掛け価格（それぞれのシグナル足の高値）が目標値になってくれる。そして、大きくプルバックする前に最も高いシグナル足の高値まで上昇する可能性が高いのである。

　ただ、この理由を理解する必要はない。大事なのは、マーケットが以前のシグナル足を試したあとにプルバックする傾向があるということを知っておくことなのである。おそらく、これらのシグナル足で仕掛けたトレーダーが逆行に遭って逃げ出すときに仕掛けポイントを最後の利益目標にして、最悪の仕掛けをトントンで手仕舞い、それ以外のトレードを利食うからだろう。

　この価格は、多くのトレーダーにとって「神様ありがとうございます、もう二度としません」というところなのかもしれない。彼らは、損切りをしなかったために含み損が増えていくなかで、トントンまで戻してくれることを祈り、ついにそれがかなうとこのような間違いは二度と犯さないと誓うのである。あるいは、このように考えた賢いトレーダーがここを買いトレードの目標値にしていただけかもしれないし、偉大なトレーダーの間では当たり前のことで、プルバックが以前の仕掛けポイントで終わることは繰り返し起こるパターンなのだから単純にそこで手仕舞っただけなのかもしれない。また、マーケットが以前そこでダマシになったことから、またダマシになると信じこんだ人たちが調整をここで終わらせてしまうのかもしれない。

　図7.6のスパイダース（SPY）の月足チャートは2000年まで強い上昇トレンドにあったが、途中で何回か反転を試した。そのときのシグ

第7章 マグネット効果

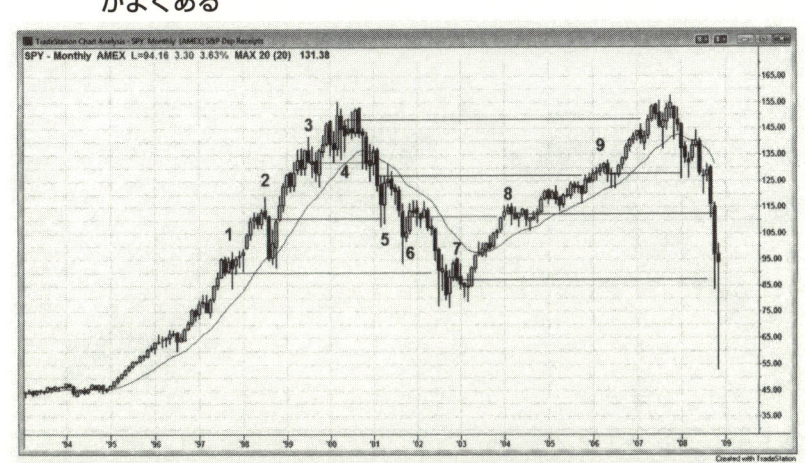

図7.6 反転が失敗したところで反転してしまうと次の目標値になることがよくある

ナル足の安値が、どれも下降に転じたあとの目標値になっている。

同様に、2003年に終わった下降トレンドも何回か反転を試し、そのときのシグナル足の高値がそのあとの上昇の目標値になった。

最後に、2003年からの上昇も何回か下落しそうになり、それが現在の下降スイングの目標値になっている。

これらの目標値は必ず届くというものではないが、それぞれが強い磁石のように価格を引き寄せることが多い。

そのほかのマグネット効果

マーケットをある価格に引き寄せて試させるマグネット効果があるものはほかにもある。そのいくつかを次に挙げておくが、その多くは本書でもすでに取り上げている。マーケットが磁石に向かってトレンドしているときは、磁石への試しが終わり、できればオーバーシュートするまではトレンド方向にトレードするのが賢明だろう。トレンドラインのブレイクなどでカウンタートレンド方向の強さが示されない

かぎり、カウンタートレンド方向にトレードすべきではない。

- ●トレンドライン
- ●トレンドチャネルライン
- ●フィボナッチリトレースメントとフィボナッチエクステンション
- ●AB＝CD
- ●スパイク・アンド・チャネル（チャネルの始まりは2～3日のうちに試されることが多い。そして、そのあとにチャネルのなかの揉み合いになることが多い［トレーディングチャネルが展開すると、その高値と安値がチャネルの高値と安値とほぼ同じになる］）
- ●ファイナルフラッグの失敗（フラッグからブレイクしたあと、マーケットはフラッグまで引き返して反対側にブレイクすることが多い）
- ●前日の高値と安値
- ●過去2～3日のスイングの高値と安値
- ●ブレイクアウトポイント
- ●あらゆるタイプのプルバックのあとのトレンドの極値（「第4章 最初のプルバックからの流れ」の項参照）
- ●狭いトレーディングレンジやバーブワイヤーなどのトレーディングレンジ（極値と中間点が試されることが多い）
- ●仕掛け足とシグナル足の損切りの逆指値
- ●仕掛け価格（ブレイクアウトへの試し）
- ●大きいトレンド足の反対側の極値（大陽線の安値と大陰線の高値）
- ●スキャルピングやスイングトレードの一般的な目標値（アップルならば50セントか1ドル、Eミニならば5～6ティック［4ティックのスキャルピングを狙うときの目標値］、カウンタートレンド方向のツーレッグを狙うならば3～4ポイント）
- ●必要な損切り幅の2倍のところ（もしEミニですぐに損切りに達す

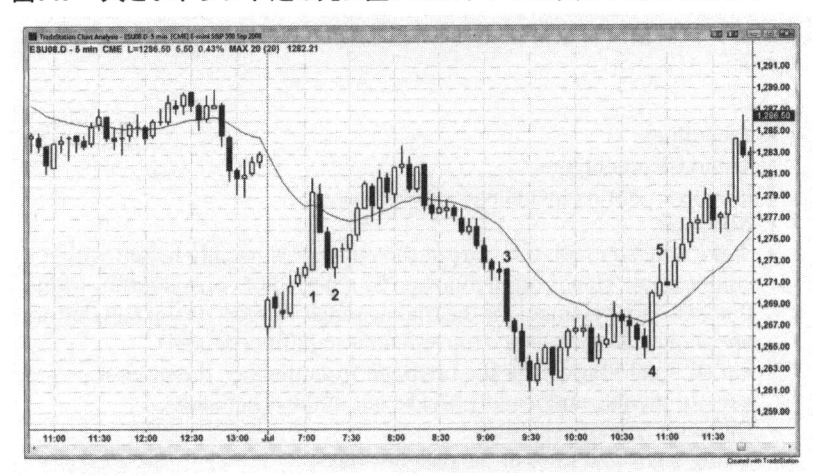

図7.7 大きいトレンド足の先に置いたストップは試されることが多い

るのを避けるために12ティック離すならば、仕掛けから12ティックは進むことが期待できる)
- 日足、週足、月足のスイングの高値と安値、足の高値と安値、移動平均線、ギャップ、フィボナッチリトレースメントとフィボナッチエクステンション、トレンドライン
- 感情を刺激する数字(例えば、株価の100ドル単位 [アップルの100ドルなど]、ダウ平均の1000ドル単位 [12000ドルなど]。もし株価が50ドルから88ドルに急激に上げれば、100ドルを試そうとする可能性が高い)

もし短いヒゲの大きいトレンド足があれば、その足かそのすぐあとで仕掛けたトレーダーはその足のすぐ先に損切りの逆指値を置くことが多い。しかし、マーケットはその損切りを試してから再びトレンド足の方向に進んでいくことがよくある。

　図7.7の足1は、大陽線で下ヒゲはない。マーケットはその次の陰線のはらみ足で下げに転じたあと安値を切り上げたが、その前に大陽

線の下に置いた損切りの逆指値に達していた。賢いトレーダーならばはらみ足で空売りしても、損切りに達して上昇に転じれば、反転足2の上で買いを仕掛ける準備もしている。

　足3と足4も大きいトレンド足でヒゲは短いが、どちらもすぐあとのプルバックで試されることはなかった。

　ちなみに、足2は小さいスパイク・アンド・チャネルの上昇のなかのチャネルの始まりで、プルバックがあればマグネット効果がある可能性が高い。急騰したあとの最初のプルバックが揉み合いからトレーディングレンジに向かうなかで試されることはよくある。ただ、ここでは足3が足2の安値付近でトレーディングレンジを形成しようとしたが失敗したため、結果的にメジャードムーブの下げに似た形になった。

第8章 トレンドの反転
Trend Reversal

　本書で最も大事なルールは、トレンドラインの重要なブレイクアウトがあるまではトレンドに逆らってトレードすることを考えてはならないということである。そして、ブレイクしてからも最初のカウンタートレンド方向の動きのあとは必ずと言ってよいほどトレンドの方向に順行して前のトレンドの極値を試すため、トレンド方向のトレードを探し続けなければならない。強いモメンタムでトレンドラインをブレイクしたあとの試しでスキャルピングすらできないということはめったにない。もしマーケットが以前の極値で再びダマシになれば、その水準でのブレイクアウトが2回続けてダマシになったことになる。マーケットは2回続けてダマシになれば、次は反対に向かおうとする。前の極値を試したあとは、反転して良いセットアップができた場合のみカウンタートレンド方向のトレードを考えてもよい。

　トレンドの反転（あるいは単純に反転）は、実際に反転していなくてもよい。例えば、上昇トレンドから下降トレンドに変わったり、その反対でもよいし、上昇トレンドや下降トレンドからトレーディングレンジに変わったり、トレーディングレンジから上昇トレンドや下降トレンドに変わるのでもよい。さらに言えば、単純にトレンドラインをブレイクしただけでもよい。新しいトレンドは長引くこともあれば、1本の足だけのときもある。また、マーケットは足1～2本あとから

横ばいに入り、そのあとまたトレンドになることもある。テクニカルアナリストの多くは、一連の高値や安値がトレンドを形成したあとでしか「反転」という言葉を使わない。しかし、それを待っていればリスク・リワード・レシオが悪くなってしまうため、実際のトレードには使えない。大きいプルバックならばトレンドが始まってから時間がたってしまっている可能性が高いからだ。もしトレンドと反対方向にトレードを仕掛ければ、細かい条件を満たしていなくてもそのトレーダーはトレンドが反転したと考えていることになる。例えば、下降トレンドで買った人は、マーケットがこれ以上1ティックも下げない可能性が高いと考えているということで、そうでなければ買うのを待つはずだ。買ったということは、マーケットが上がると信じているということで、それはすでに反転して上昇トレンドにあるということになる。

テクニカルアナリストの多くは、この定義を認めない。トレンドが存在するための基本的な条件のいくつかが欠けているからだ。ちなみに、トレンドの反転の条件としてほとんどの人が認める条件が2つある。1つ目は絶対的な条件で、前のトレンドのトレンドラインをブレイクするということ。2つ目は絶対的な条件ではないがたいていはあることで、トレンドラインがブレイクされたあとに以前のトレンドの極値を試すということだ。ただ、クライマックスの反転が長引いて、前のトレンドの極値に近づきもしないままトレンドが始まるケースもまれにある。

上昇トレンドならば一連の高値と安値が切り上がり、下降トレンドならば安値と高値が切り下がっていれば、新しいトレンドが形成されたということはだれもが認める。典型的なトレンドは、最初の動きがトレンドラインをブレイクしてからプルバックが起こり、それが前のトレンドの最後を試すと、みんながカウンタートレンド方向（新しいトレンドという意味ではトレンド方向）のトレードを探し始める。試

しは前の極値に届かないこともあれば、それを超えることもあるが、大きく外れることはない。例えば、下降トレンドで急騰して下降トレンドラインを大きく超えた場合、トレーダーは最初のプルバックでこれが今後たくさん安値が切り上がるなかの１回目だと期待して買いポイントを探す。しかし、プルバックが下降トレンドの安値を超えて下げて、新しい買いトレードの損切りの逆指値を超えることもある。もしこの切り下げた安値が足２～３本のうちに反転すれば、強力な上昇スイングになるかもしれない。しかし、もし切り下げた安値が以前の安値をはるかに下回れば、次に買いを仕掛ける前にトレンドラインをブレイクして強いモメンタムで急騰し、そのあとで安値を切り上げるか切り下げるプルバックを待ってほしい。

トレーダーは新しい上昇トレンドでは最初に安値を切り上げたところで買い、新しい下降トレンドでは最初に高値を切り下げたところで売りたいと思っている（メジャーなトレンドラインを最初にブレイクしたところ）。そして、もし良いトレンドならばそのあとも一連のプルバックがあり、スイングもトレンドを形成し（上昇トレンドならば高値と安値が切り上がり、下降トレンドならば高値と安値が切り下がる）、プルバックはどれも優れた仕掛けポイントになる。例えば、最初のプルバックは新しい上昇トレンドならば最初に安値を切り上げたところが下降トレンドの安値を試すかもしれないし、ブレイクアウト（トレンドラインや以前のスイングポイント、トレーディングレンジ、移動平均線などカギとなるポイント）を試すだけで下降トレンドの安値にはあまり近づかないかもしれない。

ほとんどのトレンドは、トレンドチャネルをブレイクアウトして終わる。例えば、典型的な上昇トレンドには２つの終わり方がある。上昇トレンドチャネルラインのオーバーシュート（価格が重要な価格を超えること）がダマシになって下げに転じてから上昇トレンドラインを下抜くこともあれば、最初にトレンドチャネルラインをオーバーシ

ュートすることなくそのまま上昇トレンドラインを下抜くこともあるのだ。もし上昇トレンドがトレンドチャネルラインのダマシのブレイクアウトで終われば、通常はツーレッグダウンのあと上昇トレンドの高値を試すときに最初のプルバックはほぼ必ず高値を切り下げる（まれに高値を切り上げる）。反対に、もしトレンドラインのブレイクで終わったときは、上昇トレンドの高値の試しは高値を切り上げることも高値を切り下げることも同じくらいの頻度で起こる。そして、そのあとに少なくとも2本レッグダウンが期待できる。高値を切り下げる前に最初のレッグができ、そのあとにもう1本レッグが期待できるのだ。もしマーケットが前の極値を試すときに高値を切り上げたときは、最初に高値を切り下げたところ（切り上がった高値の試し）でトレードすれば最高のトレードになる。また、安値を切り下げて下降トレンドに反転したときは（もちろんその前に急騰してメジャーなトレンドラインをブレイクしている）、重要な底を付けた可能性が高いため、最初に安値を切り上げたところで買わなければならない。

　ここで重要なことは、ほとんどのトレーダーが想像するよりもトレンドは長く続くということである。そのため、ほとんどの反転パターンはダマシになり（そのなかの一部は継続パターンに変わる）、ほとんどの継続パターンはうまくいく。反転パターンに基づいてカウンタートレンド方向に仕掛けるときは注意が必要で、そのためには有利なトレードになる可能性を大いに高めるプライスアクションセットアップを使ってほしい。

　たくさんのトレンドチャネルラインを描いている人は、反転を探すことに固執するあまり素晴らしいトレンド方向のトレードを見落としている可能性が高い。また、強いトレンドがあるときは、トレンドチャネルラインのほとんどのオーバーシュートや反転は小さくてダマシになるため、負けトレードが続くなかでうまくいくはずのパターンがなぜ失敗に終わるのかと疑問に思うかもしれない。しかし、カウンタ

ートレンド方向のトレードを探すならばその前にトレンドラインがブレイクされるのを待ち、トレンドチャネルラインの小さいオーバーシュートはトレンド方向のセットアップとみなし、損切りに達して逃げ出す人がいるところで仕掛けてほしい。そうすれば、それまでよりも楽しく、リラックスして儲けることができ、直観的にはうまくいかないように見えるトレードが実際にはうまくいくことを楽しむことができるようになるだろう。

　上昇トレンドでは買い方はリスク・リワード・レシオが許容範囲の間は買い続け、その範囲を超えたら部分的に利食い始める。マーケットが上げ続ければ彼らはさらに利食うが、プルバックがなければそれ以上買おうとはしない。また、空売りしている人たちはマーケットが上げればスクイーズに遭って買い戻しを強いられる。しかし、ある時点で空売りポジションの買い戻しがすべて終わると、彼らの買いは終わる。一方、モメンタムトレーダーはモメンタムが強い間は買い続けるが、モメンタムの勢いに陰りが見えれば即座に利食う。

　それでは、上昇トレンドの最後の1ティックで買ったり下降トレンドの安値で売ったりしているのはだれなのだろうか。たくさんの小口トレーダーがマーケットが急騰してパニックを起こし、スクイーズに遭ったり衝動買いをしたりしているのだろうか。残念ながら彼らにそれほどの影響力はない。かつてはそうだったのかもしれないが、今日のマーケットは違う。もし高値や安値でこれほどの出来高があって、そのほとんどが機関投資家によるものだとすれば、賢い彼らがなぜその日の高値で買っているのだろうか。実は、1日の出来高のほとんどは機械的なモデルによって生み出されたもので、その一部はトレンドが明らかに変わるまで買い続け、そのあとやっと空売りを始める。彼らが上昇トレンドの最後のティックまで買い続け、下降トレンドの底まで売り続けるのは、彼らのシステムデザイナーがそれが利益を最大にする方法だと判断したからだ。彼らは莫大な量のトレードを行って

いるため、高値で受ける空売りの大量注文に見合うだけの十分な買い注文を持っている（底の場合はその反対）。ただ、彼らが非常に賢くて大量のトレードを行っていても、毎日５％の利益を上げているわけではない。実際、最高でも純利益は１％にも満たない。なかには利益を最大にするために買い続けるしかないと考え、たとえ１日の最高値でも買っていく人たちもいる。また、彼らの多くはオプションをはじめとするさまざまな金融商品を組み合わせた複雑な戦略を使っており、極値を付けたときにどれが作用しているのかを知るのは不可能に近い。例えば、彼らは下げに転じることを期待してデルタニュートラルのスプレッド戦略でＥミニを１枚とアット・ザ・マネーのプットを２枚買ったりする。そうすれば、数日間狭いレンジの横ばいが続かないかぎり損をすることはないからだ。もしマーケットが上げればプットのほうで損が出るが、Ｅミニの値上がりのほうが速い。もしマーケットが下落すればＥミニの値下がりよりもプットの価値のほうが速く上がるため、マーケットが下げるほどニュートラルスプレッドが拡大する。こうすることで、彼らはＥミニをその日の最高値で買ったとしても利益を上げることができるのである。ここで私たちが知っておくべきことは、極値でも大量の売買が行われていることと、それが機関投資家によるもので、このなかには高値で買う人もいれば売る人もいるということなのである。

　ちなみに、機械的システムトレードが積極的に行われていることを示すサインはほかにもある。Ｅミニとその関連ＥＴＦ（スパイダースなど）のように相関性が高いマーケットを見ると、基本的に同じ動きをしているということだ。これはほかの相関性の高いマーケットにも言える。もし手動でトレードしていれば、１日中完璧に足並みをそろえて動くことなどあり得ない。また、ティックチャートまで含めてすべての時間枠のパターンも完璧に一致するのは、コンピューターで大量発注しないかぎりあり得ない。単純に人の力では同時にさまざまな

マーケットを分析して発注することなどできないからだ。つまり、この完璧さがシステムトレードの結果であり、出来高の大部分を占めている理由なのである。

　強いトレンドで大きなプルバックがなくても常識で考えればいずれは部分的な利食いが増え、カウンタートレンド派が新しいポジションを建て始めればいずれプルバックが起こるため、みんなが小さい反転を探し始める。このとき、トレーダーはカウンタートレンド方向にスキャルピングをするのと、プルバックの終わりを待ってトレンド方向に仕掛けるのとどちらが有利かを判断しなければならない。もしトレンドが強くて、前のトレンドをブレイクアウトしてから強力な反転足が前のトレンドの極値を試すなどトレンド反転を示唆する明快なサインがあれば、カウンタートレンド方向のトレードのみを考えてほしい。しかし、多くのトレーダーは何かしたいという衝動に負けて短い時間枠のチャート（１分足、３分足、100ティック足など）でトレードを探し始める。短い時間枠のチャートでは、トレンドが進展するとともに反転を繰り返し、そのほとんどはダマシに終わる。しかし彼らは、１分足チャートならばカウンタートレンド方向のトレードをしても足が小さいからリスクは４ティック程度しかないが、もしそれが天井になったら大きな利益が見込めるなどと考える。つまり、小さい負けが続いても価値があるというのだ。ただ、このいくつかの小さい損失が６～７回にもなれば、それをその日のうちに回復するのは難しくなる。そのうえ、もし彼らが幸運にもトレンドの最後に当たっても、彼らは新しいトレードを保有し続けないで、計画どおりスキャルピングで何ティックかの利益を上げて手仕舞ってしまう。つまり、数学的に無理があるのである。

　トレンドが進んでいるのに自分がポジションを持っていないことに動揺したトレーダーがあせって１分足チャートを開くと、そこには反転して有利な仕掛けがあるかもしれない。しかし、ここで仕掛けるの

は大間違いだ。それよりも、1分足の反転がカウンタートレンド方向の仕掛けの逆指値に達するのを待ってそこでは仕掛けないが、もし仕掛けたとすればどこに損切りの逆指値を置くかを決めてほしい。そして、そこにトレンド方向の仕掛けの逆指値を置くのである。そうすれば、カウンタートレンド派が損切りに達したところでトレンド方向のポジションを仕掛けることができる。さらにトレンドが進んで別のカウンタートレンドセットアップが形成し始めないかぎり、この時点でカウンタートレンド方向のトレードを仕掛けようとする人はいない。つまり、これは非常に高勝率のトレンド方向のスキャルピングなのである。

カウンタートレンド方向のトレードで最も信頼できるのは、メジャーなトレンドとは反対方向の小さなトレンドであるプルバックの方向に仕掛けるトレードである。しかし、プルバックトレーダーの力が衰えてトレンド派がプルバックのトレンドラインをブレイクして決意を示すと、このブレイクアウトを試す小さいプルバックはどれも優れたブレイクアウトプルバックの仕掛けポイントになる。この仕掛けは、プルバックという小さなトレンドとは反対方向、つまりメジャーなトレンドの方向になっており、少なくともメジャーなトレンドの極値を試すことが多い。そして、ブレイクのモメンタムが強いほど、このトレードが有利になる可能性も高くなる。

反転のモメンタムは2～3本の大きなトレンド足に表れることもあれば、トレンドを形成する一連の平均的な足に表れることもある。いずれにしても、強さを示すサインが多いほど反転は信用できる。できれば反転の最初のレッグにたくさんの足があり、EMA（指数移動平均線）を大きく超えてブレイクアウトし、ほとんどの足が新しいトレンド方向のトレンド足で、前のトレンドのスイングポイントを超えるのが望ましい（もし前が上昇トレンドならば、下降トレンドの最初のレッグが前の上昇トレンドで切り上げた安値を1つ以上下抜くとよ

い)。

　最高の反転はモメンタムが強く長い間続くが、急な動きが始まる前に小さい足が数本続いてからようやく始まることも多い。マーケットはトレーダーをいったん追い出して価格を追いかけさせることで動きの燃料にしようとしているからだ。トレンドが始まったばかりで１分足や３分足チャートにプルバックができることはよくあるが、これがトレーダーを追い出すための落とし穴なのである。ときにはこれが５分足チャートにできることもあり、たいていは包み足になっている。これにだまされて追い出されたトレーダーは新しいトレンドで前よりも不利な価格でもう一度仕掛けなければならない。最強のトレンドのなかにこれらの落とし穴から始まるものがあるのは、前のトレンドはみんなが追い出されてだれも残っていないように見えたり、追い出された初心者が新しいトレンドを追いかけるから新しい方向に注文が増えるように見えたりするからで、そうなればみんな自信を持って仕掛けることになる。このように扇動された反転は、トレンドラインがブレイクされてトレンドの極値が試されたあとに起こり、新しいトレンドは１～２時間続いて大きく動くことが多い。

　もし早めに仕掛けたあとで２～３本の足が止まってしまっても（足が重なっている）心配はいらないし、これらが正しい方向のトレンド足ならばなおさらだ。これは強さのサインで、みんな仕掛ける前にモメンタムが始まるのを待っているのである。優れたプライスアクショントレーダーはその前に仕掛けることができるため、モメンタムが始まるとすぐに損切りをトントンのところに動かして最小限のリスクで利益を上げることができる。もし自分の読みに自信があるならば、ほかの人があとに続かないことを心配せずに仕掛ければよい。いずれみんなついてくる。トレンドが走り始めるまでに１～２回損切りに達してしまうことがあるかもしれないが、それでもポジションの一部または全部をトレンドに乗せてほしい。

緩やかな反転は、伝統的には上昇トレンドでの最後の売り抜け（ディストリビューション）か、下降トレンドでの最後の買い集め（アキュミュレーション）と呼ばれている。しかし、プライスアクション分析では、売り抜けの天井はダブルトップベアフラッグか、スパイク・アンド・トレーディングレンジか、スパイク・アンド・チャネルでチャネルの形成に時間がかかっているとみなす。同様に、買い集めの底もそれに相当するプライスアクションパターンを意味している。

　通常、不利に見えるトレンドのプルバックでの仕掛けは有利で、反転してからの仕掛けは良さそうに見えるが、負けになることが多い。もし下降トレンドの反転で買ったり上昇トレンドの天井で売ったりしているのならば、完璧な条件が整っていることを確認してからにしてほしい。トレンドのなかではどこかに不備がある反転が常に起こっている。もしかしたら、前の足と重なりすぎている、同時線が多すぎる、反転足が小さすぎる、足が終わる直前に数ティックのプルバックがある、メジャーなトレンドラインをまだブレイクしていない、トレンドチャネルラインのブレイクがダマシになっているなど、といったことがあり得るのだ。この完璧に近い反転はあなたをだましたり、落とし穴にはめたりするかもしれないため、状況が明確かつ強力でないかぎり反転トレードを仕掛けてはならない。

　マーケットにはそれぞれトレンドを形成するときのリズムがある。あるトレンドはトレンドチャネルラインのオーバーシュートで終わってから反転してツーレッグの動きがトレンドラインをブレイクする。このツーレッグが新しいトレンドのチャネルを描くもとになる。また、別のトレンドはトレンドラインのブレイクで終わり、それを試したあと2本目のレッグができる。ここでも2本のレッグは新しいトレンドのチャネルを形成するが、これが新しいトレンドの始まりになるときもあればならないときもある。もし新しいトレンドに力がなければ、結局はプルバックになって前のトレンドが再開する。トレーダーはト

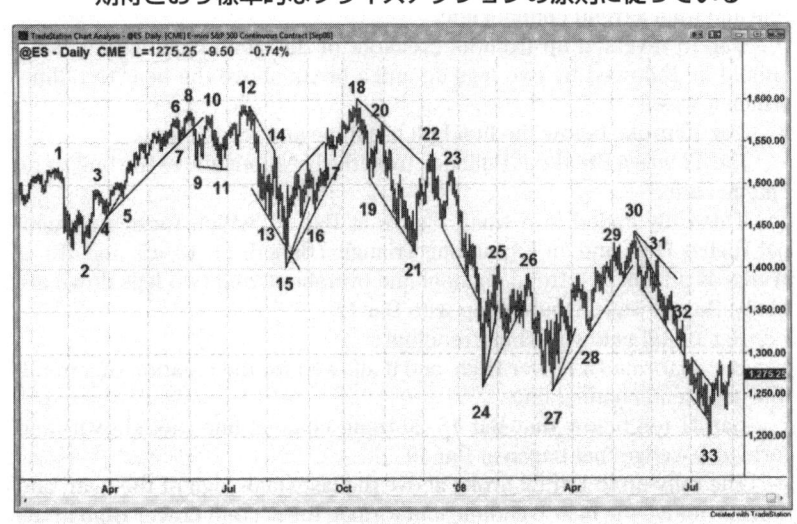

図8.1 Eミニの日足チャートは何回もトレンドが転換しており、どれも期待どおり標準的なプライスアクションの原則に従っている

レンドラインやトレンドチャネルラインを描くか少なくとも思い浮かべてこれらの線が試されたときのマーケットの反応を注視しておかなければならない。

　下降トレンドからの重要な反転は、長い足と数本のプッシュアップやプッシュダウンがあるなど激しい動きになることが多い。これを見てみんなは最悪の状態は過ぎたと思うが、そのあとで「しまった、早すぎた」と気づいて売ってしまう。最終的な底を付けるまでにこのようなことが数回あるため、重要な反転の終わりには大きいレンジやダマシのフラッグかスリープッシュパターンができることになる。

　図8.1の足2はファイナルフラッグの失敗で、反転してから足3まで強く上昇し、下降トレンドが最後に切り下げた高値を超えた。

　そのあと足4が安値を切り上げたため、トレンドラインを描くことができた。

　足5はプルバックしてトレンドラインを下抜いてからすぐに上げに転じた。しかし、それによってトレンドラインの傾斜は緩くなった。

277

足6は小さいウエッジで、足7までのプルバックから新しいトレンドラインができた。

足8はウエッジの高値のあとの反転で、このあとはツーレッグダウンになることが多い。これは3回目のプッシュアップでもあった。

足9のレッグは、上昇トレンドで最後に安値を切り上げた足7を下抜いてベア派の強さを示した。足9は上昇トレンドラインをブレイクしたため、ツーレッグダウンが予想できた。足9が最初のレッグを終わらせたあとは、高値を切り上げるか切り下げると思われる。ここでは高値を切り下げ、2本目のレッグダウンは足11で終わった。

足10は力強い上げで、この強さを無効にするためには足9までの最初のレッグダウンを下抜かなければならない。

足11は、足9を少し下抜いてから再び上げに転じたため、ここが前の上昇トレンドのツーレッグの調整の終わりだと考えられる。しかし、この調整は足2の安値から始まったメジャーなトレンドラインをブレイクしたため、足8の高値を試したらマーケットは下落に転じる可能性がある。

足12はツーレッグで高値を切り上げたため、新しい下降トレンドは少なくともツーレッグダウンが期待できる。ここは小さい拡大トライアングルにもなっている（足6、足7、足8、足11、足12）。

足13までのレッグダウンは非常に強力で、足8〜11のブルフラッグを大きく下抜いた。

足14で高値が切り下がると最初のトレンドラインを描くことができ、その次にトレンドチャネルラインも描ける。

足15がトレンドチャネルラインをブレイクして上昇に転じたため、そのあとには2本のレッグアップが下降トレンドラインを上抜くことが予想され、実際にそうなった。

足16は最初の上昇トレンドラインを下抜いてから上昇に転じた。

足17は、上昇トレンドチャネルラインを上抜いたあとのブレイクア

ウトプルバックだった。

　この上昇は足18の小さいウエッジで終わった。この足は一応高値を切り上げ、拡大トライアングルを形成していた（足8、足11、足12、足15、足18）。ウエッジはトレンドチャネルラインのオーバーシュートの一種で、そのあとは2本のレッグダウンになる可能性が高い。また、足18は足12とダブルトップを形成した。

　足19は下落して下降トレンドラインを下抜いた。

　足20は高値を切り下げたことで、トレンドラインとトレンドチャネルラインが描かれた。

　足21は、足18～20のトレンドチャネルライン（示していない）を下抜いて足19から始まるウエッジを形成した。

　足22までの上昇は下降トレンドの最後の小さい高値を上抜いたあと下降トレンドラインを上抜いたが、足18の高値からのレッグダウンで2回目の高値の切り下げとなった。足22の高値の試しは足23でダマシになり（足22を上抜かなかった）、もう1本ダウンレッグが形成された。

　足24は、トレンドチャネルラインを下抜いてから上昇に転じた。

　足25までの上昇は下降トレンドラインをブレイクした。

　足26は最初のレッグアップの足25を上抜くことができなかったため失敗に終わり、この高値の切り下げはレッグダウンにつながり新安値（実際そうなった）かツーレッグのプルバックブルフラッグのどちらかを形成すると考えられる。ここはダブルトップベアフラッグになっていた。

　足27は、足25が下降トレンドラインをブレイクしたあとツーレッグで安値を切り下げた。このあとは少なくともツーレッグアップが期待できる。

　足28はツーレッグアップからのプルバックだが、2回目に安値を切り上げたところにできたため、少なくともあとツーレッグアップは期待できる。

足30は、足29の小さいウエッジのあとにできた新高値なので、少なくとも2本のレッグダウンが続くだろう。

　下降トレンドラインがブレイクされたあとに、足31がダブルトップベアフラッグ（高値の切り下げ）を形成した。これは最初のレッグダウンからのプルバックの最後で、そのあとには少なくともあと1本はレッグダウンがあると思われる。

　足32はウエッジの下降トレンドチャネルラインを試した。マーケットは上昇に転じるか崩壊するだろう。ここは、ウエッジの安値の1ティック下に置いた仕掛けの逆指値で売ることができる。

　足33は下降トレンドチャネルラインをオーバーシュートしてから上昇に転じ、そこからトレンドラインを超えて小さく上昇した。

　図8.2のゴールドマン・サックス（GS）の5分足チャートでは、足1が前日の安値よりも約10％上で2日間にわたる上昇を締めくくった。

　足3はプルバックで下降トレンドラインをブレイクしてからツーレッグで安値を切り下げて損切りの逆指値を超えると、反転足4まで下げた。これは優れた買いのセットアップだった。確認する必要はないが、強いトレンドの最初の大きなプルバックは15分足のEMAを試すことが多い（今回はほぼぴったりの試しだったが、これはトレードを仕掛けるときに必要な情報というわけではない）。このように素晴らしいプライスアクションの買いセットアップでは、仕掛け足が小さい陽線であることに注目してほしい。マーケットはこの素晴らしさにまだ気がついていない。大型株で素晴らしいトレードだと思ったのにだれも気づいていなければ緊張するのは当然だ。しかし、ときにはこのようなことがあり、短い足（たいていはトレンド方向）が数本続いたあとで上昇トレンドに入ったことが認識できる。こうなるのは、大陽線6が形成されているときだ。この足はモメンタムが強くて上ヒゲも下ヒゲもなく、ブル派が極めて積極的なことから価格が上昇することを示している。足6が終わるころには、損切りをトントンに動かして

図8.2　強いトレンドがあるときはプルバックでトレンド方向のプライスアクションの仕掛けポイントを探す

目標値を足1の高値の試しとする。ただ、1ドル上げたところで、ポジションの一部を利食うのが賢いだろう。

　もし強いカウンタートレンド方向の動きがあれば、ブル派にとってもベア派にとっても試しとなるプルバックができる。例えば、上昇トレンドで強い下方の動きがあり、それが足20～40本続いてきたトレンドラインをブレイクしてさらに足20本ほど下げ続けて20EMAを大きく下回り、上昇トレンドの最後に安値を切り上げた足の安値も下抜けば、ベア派がかなりの強さを見せたことになる。しかし、この最初のレッグダウンの勢いが衰えたら、ベア派は部分的に利食い始め、ブル派は買い始める。これはどちらもマーケットを上昇させ、ブル派もベア派もその動きを注視する。ただ、下降レッグが非常に強力だったため、ブル派もベア派もマーケットが高値を更新する前に下降レッグの安値を試すと考えている。そのため、マーケットが上昇してもあまりモメンタムがなければ新しいブル派は利食い始め、ベア派は積極的に空売りポジションを積み増していく。この上昇にはおそらくたくさんの陰線とヒゲがあり、どちらもブル派の力が弱いことを示している。

上昇のあとの下落は新しい下降トレンドかもしれない動きの最初の高値の切り下げになる。いずれにしても、2本目のレッグダウンができる可能性は高い。ブル派もベア派もそれを期待して、それに合わせてトレードしていくつもりだからだ。

トレンドラインのブレイク

　本書で最も重要な概念は、トレンドラインの方向にのみトレードすべきだということで、カウンタートレンド方向のポジションを建てるためにはメジャーなトレンドラインのブレイクを待たなければならない。
　実質的にすべての反転はトレンドラインのブレイクかトレンドチャネルラインのオーバーシュートと反転から始まり、どちらも反転するときはいずれ必ずトレンドラインをブレイクする。カウンタートレンド方向のポジションを自信を持って仕掛けるためには、トレンドラインのブレイクを確認しなければならない。つまり、そうなる前にカウンタートレンド方向に仕掛けたトレードはほとんどがスキャルピングになる。トレンドラインがブレイクされていなければ、まだトレンドには強さが残っているため、トレンド方向のトレードはすべて仕掛けるべきで、ときどきあるカウンタートレンド方向のスキャルピングを逃しても気にすることはない。最高の勝率とほとんどの利益はトレンド方向のトレードにある。トレンドチャネルラインのオーバーシュートと反転がない本物のV字底やV字天井になることは非常にまれなので、考慮する必要はない。トレーダーは普通のパターンに集中し、まれな出来事を見逃してもそのあと必ずプルバックで新しいトレンドの方向に仕掛けるチャンスはある。
　強いトレンドチャネルラインの反転は相当に行きすぎたトレンドで起こり、トレンドラインがブレイクされたあともかなり進むことが多

い。反転したあとの最初のプルバックが浅くなるのは、マーケットが感情的でみんながトレンドが反転したと思っているからだ。トレーダーは自信があれば積極的になり、小さいポーズでも増し玉するが利食わないため、プルバックは小さくなる。

　トレンドラインが強くブレイクされると、プルバックのあとに2回目のレッグができることが多い。プルバックはリトレースして前のトレンドラインを試すことが多いが、プルバック（または新しいトレンド）の2回目のレッグをとらえるためにここで仕掛けるのには、ほとんどの場合さらに信頼できるプライスアクションに基づいた理由がある。トレンドラインを超える勢いが強いほど、プルバックのあとに2本目のレッグができる可能性は高くなる。トレンドの極値を試すプルバックがオーバーシュート（上昇トレンドならば高値の切り上げ、下降トレンドならば安値の切り下げ）になったりアンダーシュート（新しい下降トレンドならば安値の切り上げ、新しい上昇トレンドならば高値の切り下げ）になったりするからだ。もしオーバーシュートになっても前の極値を大きく超えれば反転は無効になり、前のトレンドが再開する。そのときはカウンタートレンド方向のトレードを仕掛ける前に、別のトレンドラインのブレイクかトレンドチャネルラインのオーバーシュートを探さなければならない。

　トレンドラインのブレイク（反転かもしれない最初のレッグ）の強さを示すサインの一部を挙げておく。

- その動きが多くのポイントを含んでいる。
- EMAを大きく超えている。
- 下降トレンドに転じるときに上昇トレンドで最後に切り上げた安値を下抜くか、上昇トレンドに転じるときに下降トレンドで最後に切り下げた高値を上抜く。
- 長く続く（足10～20本程度）。

- ほかにも前のトレンドラインを強くブレイクしたことがあった（カウンタートレンド派の強さを示す最初のサインではない）。
- 再び反転して前のトレンドの極値を試すときにモメンタムがないことが、重なった足や新しいトレンド方向のトレンド足が多いことに表れている。
- 再び反転して前のトレンドの極値を試そうとしたがEMAか前のトレンドラインでダマシになり、極値の近くまで行かない。

　図8.3の力のない陰線4はトレンドラインをかろうじてブレイクしたが、上昇トレンドで最後に切り上げた安値（足2）を下抜くにはほど遠く、EMAを超えることもできなかった。それでも足6は上昇トレンドの極値である足3を試して一応高値を切り上げており、特に前日の高値のブレイクアウトから寄り付きで反転しているのが良い。

　足9までの下降レッグは長いトレンドラインとEMAと最後に上昇トレンドで安値を切り上げた足5を下抜き、トレンドの反転を試す足4までの急落に続く2回目の下げとなった。また、そのあとの小さい上げはトレンドラインや最初のレッグダウンの最初のプルバックである足8を試すほど近づくことはできなかった。これらはみんなトレンドラインのブレイクの強さを示すサインで、少なくとも2回目のレッグダウンか実際のトレンドの反転の可能性を高めている。ちなみに、このパターンはヘッド・アンド・ショルダーズになっているが、プライスアクションの観察においてそのことを考慮する必要はない。それよりも、仕掛け足になりそうな足を注視してほしい。それに多くのヘッド・アンド・ショルダーズのパターンは失敗に終わることになるため、その信頼性は足ごとのプライスアクション分析とは比べものにならない。

　足10は弱いモメンタムで高値を切り下げてトレンドの極値（足6）を試し、安値4の空売りポイントになった。

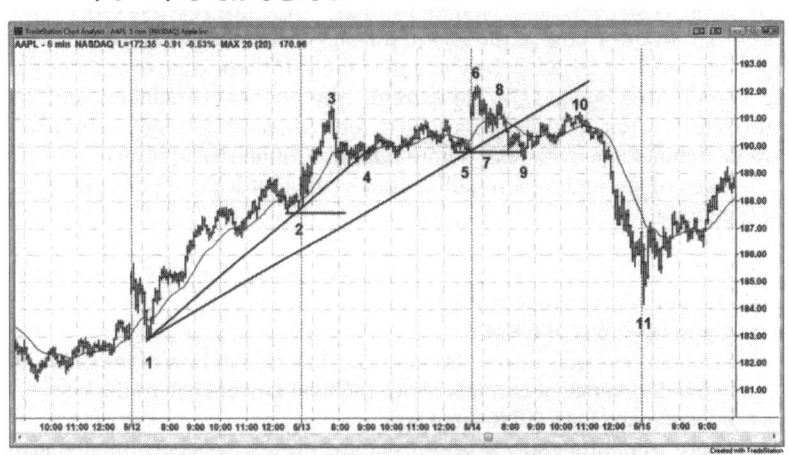

図8.3 トレンドラインがブレイクされるまでカウンタートレンド方向にトレードしてはならない

上昇トレンドラインがブレイクされたあとは、下降トレンドラインを描いてほしい（表示していない）。これは高値と安値が切り下がって下降トレンドに変わるときにとても重要になる。

トレンドチャネルラインのブレイクアウトのダマシ——クライマックス、放物線、Ｖ字天井とＶ字底

　これらの動きには、傾きが変化するという共通点がある。直線的ではなく、曲線を描きながら強まっていくのである。マーケットが素早く方向転換したあとは、少なくとも長めの横ばいがあり、もしかしたらトレンドが反転するかもしれない。実は、これらのパターンは単純にトレンドチャネルラインのオーバーシュートと反転であり、そのようにトレードすればよい。特別な名称を付けても何のメリットもない。反転した時点ではトレンドチャネルラインは明らかではないかもしれないが、放物線的な動きが始まれば、プライスアクショントレーダーはトレンドチャネルラインを何回も描き直しながらオーバーシュート

と反転を探していく。最高の反転は大きい反転足によるもので、2回目の仕掛けポイントならばさらによい。反転後の最初のレッグはほぼ必ずトレンドラインをブレイクするため、もししなければその反転は疑ったほうがよい。そのときはトレーディングレンジか継続パターンになる可能性のほうが高くなる。もし2回目の反転で仕掛けられなければ、トレンドが再開して少なくともあとツーレッグは進む可能性が高い。

カウンタートレンド派は常にトレンドチャネルラインを描きながら、オーバーシュートや反転で少なくともスキャルピング、できればカウンタートレンド方向にツーレッグができることを期待している。

図8.4の足2は小さいトレンドチャネルラインをブレイクしたが、それ以前にカウンタートレンド派の強さはなかったし、セットアップの足は小さな陽線にしかならなかった。賢いトレーダーは2回目の仕掛けを待ち、もしそれができなければこれはトレンド方向のセットアップだと判断する。そして、実際にそうなった（下降トレンドのなかのスパイク・アンド・チャネルのチャネル）。足2を下抜いたブレイクアウトが力強い陰線になっていることに注目してほしい。これは、たくさんの人がこのウエッジの早い時点で仕掛けてしまうが、その多くがウエッジの安値である足2を下抜くまで反転が失敗になったことを認めようとしないからだ。ここに彼らの損切りの逆指値がある。また、ウエッジは失敗しても最低でもウエッジの高さまでは進むことが多いことから、ここに仕掛けの逆指値を置いているベア派もたくさんいて、素晴らしい空売りポイントになっている。

足3も別のトレンドチャネルラインをオーバーシュートしたが、仕掛けのシグナルがなかったため、落とし穴にはまったブル派はあまりいなかった。また、それまでに下降トレンドラインをブレイクする形でブル派が強さを示したことはなかったため、賢いトレーダーは空売りしか考えない。

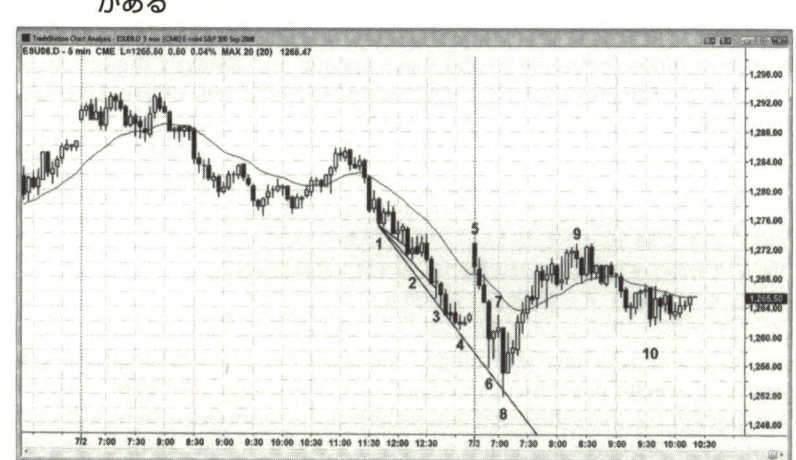

図8.4 トレンドチャネルラインのブレイクアウトがダマシになったときは信頼できるカウンタートレンド方向のセットアップになることがある

　足5は下降トレンドラインのはるか上で寄り付いたが、実質的な最初のギャップ足なので（安値はEMAの下にあるが、実体が大きくて完全にEMAの上にあるため、条件はほぼ満たしている）、寄り付きからの下降トレンドになった。

　足6はトレンドチャネルラインに届かなかったため、前日の安値で反転するのは難しそうだ。ある動きがトレンドチャネルラインなどマグネット効果があるほうに近づいたとき、ほとんどのトレーダーはオーバーシュートを待ち、そうならなくても少なくとも2回目の仕掛けポイントを期待する。また、シグナル足が小さい同時線だったのは、ブル派の力が弱いことを意味している。

　足8は下降トレンドチャネルラインをオーバーシュートし、シグナル足は適度な大きさがある陽線のはらみ足だった。このセットアップは前日の安値で反転しようとする2回目の試しでもあり（足7のフラッグをブレイクアウトしたあとのファイナルフラッグの失敗による買いのセットアップ）、信頼できる寄り付きからの反転セットアップになっている。

反転の最初のレッグに見る強さのサイン

　反転のなかにはトレンドの反転に至るものもあり、それ以外は単純にカウンタートレンド方向の小さなスイングになる。反転の前後にプライスアクションを注意深く分析すれば、ポジションをどの程度スイングし、それがどれくらいの動きになるのかを推測する助けになる。強いトレンドがあるときは、トレンドラインがブレイクされるか少なくともトレンドチャネルラインのオーバーシュートからクライマックスの反転がなければ、カウンタートレンド方向に仕掛けるべきではない。しかし、トレーディングレンジのときは、反転でどちらの方向にも仕掛けることができる。

　強い反転にはさまざまな特徴があり、それが多く見られるほどカウンタートレンド方向のトレードは有利になるため、ポジションをどれくらいスイングトレードするかの判断もより積極的に下すことができる。トレンドの反転で前のトレンドラインのブレイクがより強ければ、その反転が大きく進み、長く続き、2本以上のレッグができる可能性も高まる。最強のトレンドラインのブレイクは、モメンタムが強くて急な動きがEMAを大きく超え、前のトレンドのスイングポイントも超えることが多い。

　強い反転の特徴を次に挙げておく。

- 力強い反転足。
- 2回目の仕掛けシグナル。
- 新しい上昇トレンドで安値を小さく切り上げるか新しい下降トレンドで高値を小さく切り下げてトラップ足（トレーダーを落とし穴にはめて追い出す足）ができる。
- 前のトレンドのトレンドチャネルラインのオーバーシュートから始まって反転する。

- ●重要なスイングの高値か安値で反転する（例えば、以前の強力なスイングの安値を下抜いてから上げに転じる）。
- ●前のトレンドのトレンドラインを大きく超える。
- ●EMAをブレイクして何ティックも進み、そのあと何本もの足が反対側で終値を付ける。
- ●前の下降トレンドの最後に切り下げた高値を上抜いたり、前の上昇トレンドで最後に切り上げた安値を下抜いたりする。
- ●最初のカウンタートレンド方向のレッグのプルバックがM2BかM2Sを形成する。
- ●長く続いたトレンドを反転させたあと、最初のレッグも長く続く。
- ●終値、高値、安値、実体など何でもトレンドになっている。
- ●プルバックが小さい。特に横ばいのときはそうなる。
- ●ヒゲが短いかまったくない。

　もし損切りに達したときは、落とし穴にはまって素晴らしいトレードを手仕舞ってしまった可能性があることを理解し、もう一度素早く仕掛けてほしい。新しいトレンドからトレーダーを追い出すトラップ足の例を次にいくつか挙げておく。

　図8.5の足1は大陰線で、前日の終値までの強い下降トレンドのあとに安値1を付けた。寄り付きは大きく下にギャップを空け、そのあと3本の陽線が続いた。行きすぎた寄り付きでブル派にこれほどの強さがあれば、賢いトレーダーはEMAから離れた安値1で空売りはしない。安値1はダマシで、ブル派を落とし穴にはめて追い出し、ベア派を誘い込んだ結果、どちらもマーケットを追いかけることになるため、素晴らしい買いの仕掛けポイントになる（安値を小さく切り上げた）。

　足3は陰線の包み足だった。ここはマーケットが最後のブルフラッグから反転を試すことで2本のレッグダウンが期待できるところなの

図8.5　落とし穴にはまって新しいトレンドから追い出されないようにしなければならない

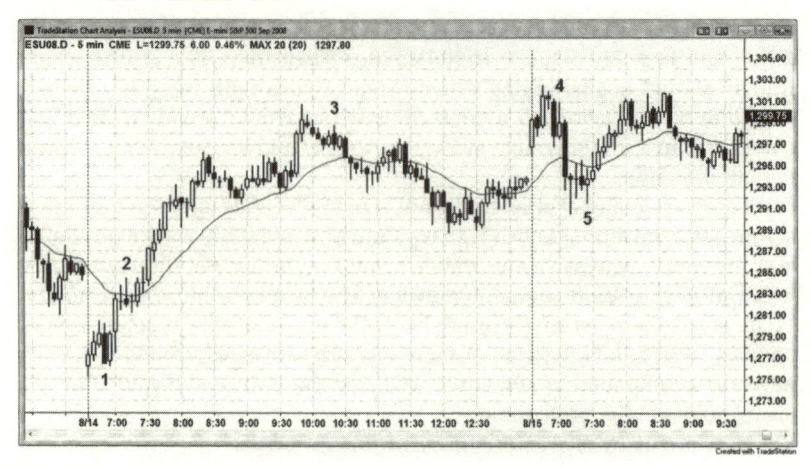

で、賢いトレーダーは買わない。また、クライマックス（フラッグからの大陽線のブレイクアウト）のあとの小さい足は必ずと言ってよいほど長引く動きにつながる。小さい足が示すとおり、マーケットの動きは速くない。

　足4が大陰線のあとで長大な陽線を形成したことで、この日は寄り付きからの上昇トレンド日になるかもしれない。この足の終値は真ん中よりも下にあり、はらみ足になっていた。この足が買っていた人たちを落とし穴にはめ、下降レッグを設定した。

　足5の安値1はダマシで、安値を小さく切り上げるとともに水平のEMAで2回目のEMAギャップ足になった。これは最低でもスキャルピングはできる良い買いのセットアップになる。

トレンドの反転と試し——アンダーシュートかオーバーシュート

　トレンドは反転（トレンドラインをブレイクするカウンタートレン

ド方向の動き）で終わり、トレンドの最後の極値が試される。この試しは前の極値をオーバーシュートするときもあれば（新しい上昇トレンドならば高値の切り上げか新しい下降トレンドならば安値の切り下げ）、アンダーシュートするときもある（新しい上昇トレンドならば高値の切り下げか新しい下降トレンドならば安値の切り上げ）。また、この試しが正確なダブルトップかダブルボトムを形成することもまれにある。オーバーシュートは前のトレンドの一番の極値なので、厳密に言えば前のトレンドの最後のレッグになる。アンダーシュートは新しいトレンドの最初のレッグのプルバックと言える。試し自体はツーレッグで構成されていることが多い。

　例えば、天井でトレンドラインがブレイクされたあとには、ほぼ必ずと言ってよいほど価格を上げようとする２回目の試しがある。もし前と同じ水準で売り方が再び買い方を圧倒すれば、ブル派が価格を上げようとした２回の試しがどちらもダマシになったことになる。そして、マーケットでは２回続けてダマシになれば、次は反対に向かうことが多い。

　トレンドラインがブレイクされたあとのカウンタートレンド方向の動きは最低でもツーレッグになるため、もし上げに転じるときに安値を切り上げて下降トレンドの安値を試せば、それが２本目のレッグの始まりになる。反対に、もし安値を切り下げて試せばその安値が最初のレッグの始まりになり、そのレッグのあとはプルバックと２本目のレッグが続く可能性が高い。これは下げに転じるときも同様で、高値を切り下げれば２本目のレッグの始まりだが、高値を切り上げれば最初のレッグの始まりになる。

　非常によくあるパターンのひとつに、トレンドを反転させるかもしれない強いカウンタートレンド方向のプルバックのない動き（スパイク）があり、結局はトレンドが再開するということがある。もし再開したトレンドに十分な足があってスパイクを十分リトレースすれ

ば、トレーダーはこれが反転のあとのプルバックではなくて反転の失敗なのではないかと思うだろう。しかし、鋭いモメンタムのスパイクの極値に深くて長いリトレースメントがあったとしても、結局は極値を試してそのほとんどが超えていく。例えば、大きい下げのスパイクのあとにゆっくりとした上昇がスパイクのほとんどをリトレースすれば、そのあとには2回目の下落が最初のスパイクの安値を試すことが多い。その時点で、最初のトレンドが継続して（ダブルボトムブルフラッグ）、そのまま下げ続けるかトレーディングレンジに入る。この試しは、スパイクがトレーディングレンジのなかかトレンドの方向（例えば上昇トレンドのなかの上昇スパイク）ならばうまくいく可能性が高いが、強いトレンドのなかの最初のカウンタートレンド方向の動きならばうまくいかない可能性が高い。例えば、強い上昇トレンドのなかの鋭い下降スパイクは、ベア派を落とし穴にはめるだけで試しには至らない場合が多い。

　クライマックスの反転（たいていはオーバーシュートとトレンドチャネルラインの反転か、クライマックスなダマシのファイナルフラッグ）は極値を試すプルバックがなくてもよい。クライマックスは、短い時間枠のほうが頻繁にできる。例えば、1分足チャートならば1日にたいてい数回はあるが、5分足チャートでは1カ月に2〜3回程度しかない。完璧なV字天井やV字底のパターンはまれなので特に意識する必要はなく、ダマシのトレンドチャネルラインのオーバーシュートの一種として考え、そのようにトレードすればよい。

　一連の強いトレンド足（実体が長くヒゲが短く、ほとんど重なっていない）のあとにプルバックがあれば、ほぼ必ずそのトレンドの極値を試す。**図8.6**の足3はスパイクの安値である足1を試して超えたが反転はせず、そのあと足数本の下落が続いてウエッジの底を形成した。

　2日目の寄り付きは、前日の安値と同じ水準のウエッジを試して安値を切り上げた。これは前日の最後のスイングの安値と合わせてダブ

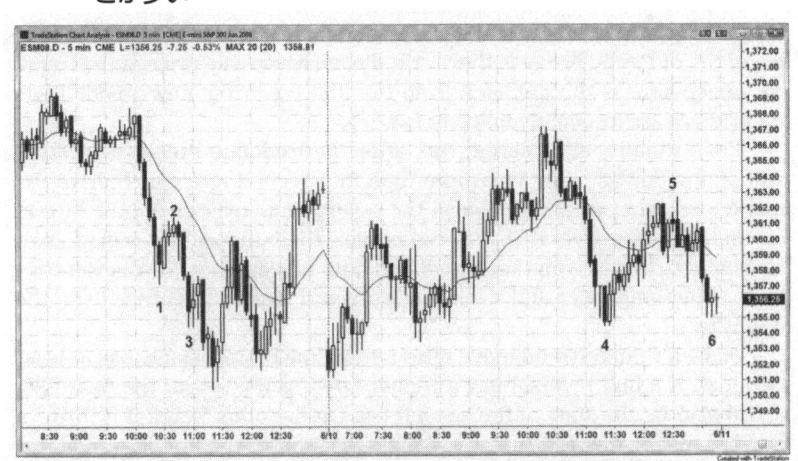

図8.6 強いトレンドのプルバックのあとはそのトレンドの極値を試すことが多い

ルボトムブルフラッグを形成し、前日の最後の２時間にできた大きいツーレッグのベアフラッグのブレイクアウトがダマシにもなっている。

足５は足４までの下降スパイクから始まった長くて大きな上げの高値だが、スパイクの安値の足４はこの日の引けで試された。

図8.7の足１までの下降スパイクは、その日の後半にさらに大きい下降スパイク（足３の安値まで）によって試され、下抜かれた。そして、この２回目の下降スパイクは安値を切り上げることになった足５で試された。

図8.8はアップル（AAPL）の60分足チャートで、足１と足３と足６の下降スパイクと、足４と足８の上昇スパイクはすべて試された。

足４は下降トレンドの上昇スパイクで、これは必ず試されるわけではないが、このときは約10本先の足で試された。

足８はトレーディングレンジのなかの上昇スパイクで、メジャーなトレンドラインをブレイクしたため、試される可能性が高い。

足７は新しいスイングの安値（トレンドラインがブレイクされたあと安値を切り下げたため、下降トレンドの底かもしれない）だが、ス

図8.7 強いモメンタムで反転した極値は試されることが多い

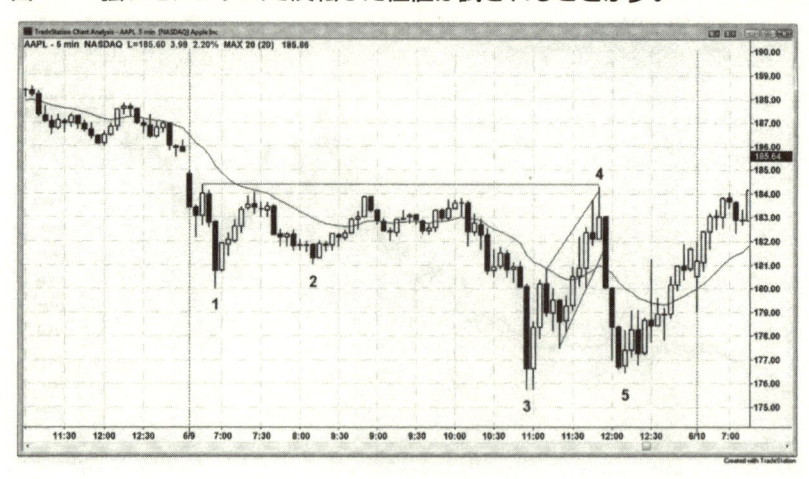

図8.8 強い動きは普通はプルバックのあとに試されることが多い

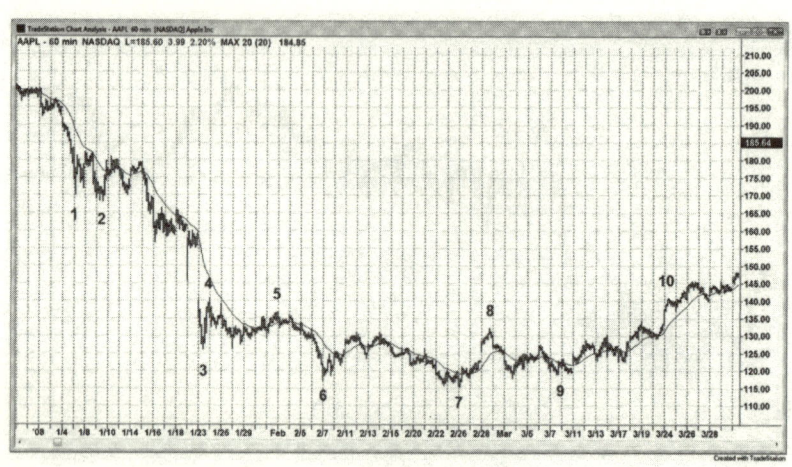

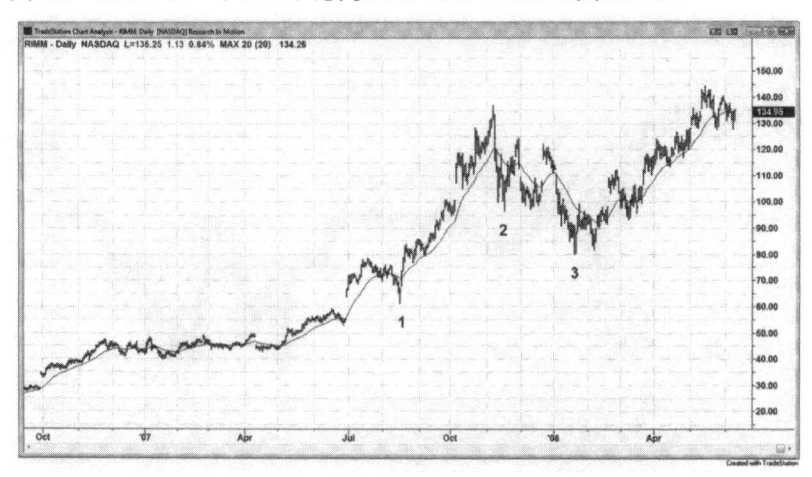

図8.9 カウンタートレンド方向のスパイクはあまり試されない

パイクではないため、必ずしも完全に試されるわけではない。結局、足9は安値を切り上げたが足7を試し、上昇トレンドに転じた。

図8.9の足1は強い上昇トレンドのなかの下降スパイクで、試される可能性は低かった。これは単純に最初のEMAギャップ足がベア派を追い詰めたケースと言える。

足2は下降スパイクのあとにウエッジの高値が続いたことで最低でも2本の下降レッグが期待できるため、試される可能性が高い。

足3は下降トレンドのなかの下降スパイクで、安値を切り上げて試されたことが長い時間枠の上昇トレンドの再開につながった。

図8.10のリサーチ・イン・モーション（RIMM）は前日に強い上昇スパイクで引けたため、今日はそれを超えようとする可能性が高い。この日はきれいな上昇ではなく特別な強さも感じられないが、EMAの下で2回続けて終値を付けた足がないことに注目してほしい。つまり、マーケットは上げているが、その強さは当てにはならない。

図8.11の足1までの上げが下降トレンドラインをブレイクし、下降トレンドの安値を試した足3はツーレッグで安値を切り下げた。安

図8.10　強い上昇スパイクへの試し

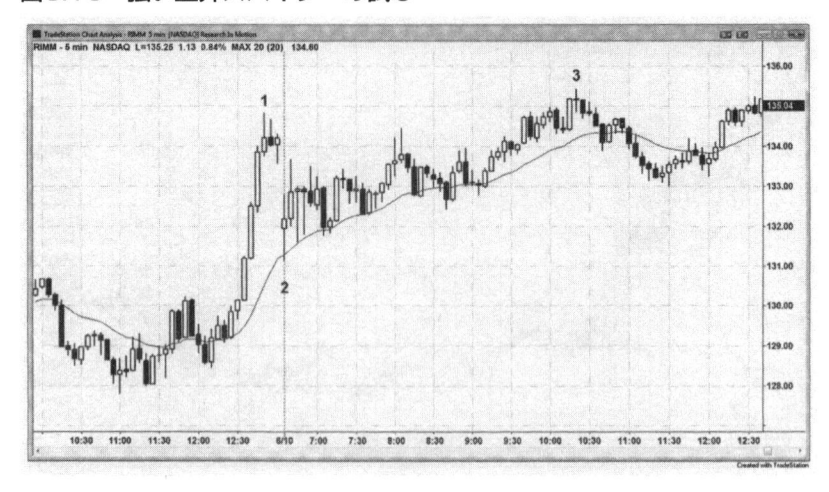

図8.11　試しのあとの反転は少なくとも２本のカウンタートレンドレッグにつながることが多い

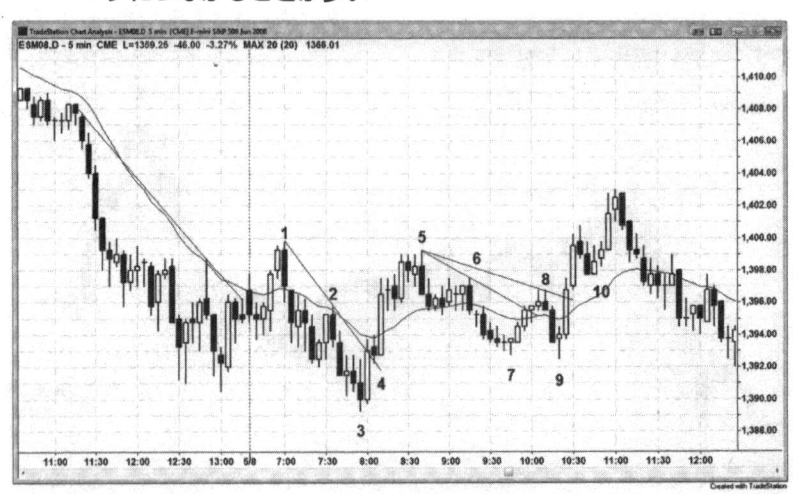

図8.12 前の高値への試しは非常に強いクライマックスの上昇から下げに転じることがある

値が切り下げて試すときは少なくとも2本のカウンタートレンド方向のレッグができることが多く、ここでもそうなった（足3と足9の上昇）。

　足9は前日の重要な下降トレンドラインを足1までの上昇がブレイクしたあと安値を切り上げて2本目のレッグの始まりになり、完成した2本目のレッグはこの上昇を終わらせるかもしれない。そして、足3は下降トレンドラインがブレイクされたあとに安値を切り下げたため、重要なトレンドの反転になるかもしれない。そこで、買いを仕掛けるために最初に安値を切り上げるのを待っていると、足7でそうなった。ただ、トレンドが動き出す前にトントンの損切りに1～2回達することはよくあるため、何回か仕掛けてスイングトレードができるようにしておく必要がある。今回は、足9がその良いチャンスになった。

　図8.12のウルトラショート・ファイナンシャルETF（SKF）の足

2のクライマックスな寄り付き後の反転は（逆V字天井）、前日の下降トレンドチャネルラインの高値をブレイクしたあとのこの日の高値で反転した。これは前日の高値がブレイクされたあとの2回目の仕掛けポイントでもあった。

　ちなみに、これは前日のトレーディングレンジからのメジャードムーブの上げだったが、トレードを検討しているときにそれを考慮する必要はない。強いトレンドがメジャードムーブ周辺に達したら、カウンタートレンド方向のトレードを考えてもよいが、それは良いセットアップができたときだけにしてほしい。メジャードムーブは重要性が低く、あまり信頼できないため、普通は無視してよい。

　図8.13のオメガ・インシュアランス（OIH）の5分足チャートでは、前日（5月12日）の安値よりも下でクライマックスな寄り付き後に反転し、これは3本のトレンドチャネルラインをオーバーシュートしてからの反転でもあった。ここでは少なくとも2本の上昇レッグを期待して大きい反転足1の上で買ったあとに最初にプルバックした高値2の足2で再び買ってほしい。2本のレッグができる可能性が高いときは、それが新しい長期トレンドに進展する可能性もあるため、必ずポジションの一部をスイングしてほしい。

　強いトレンドがあるとき、3分足チャートにはたくさんの反転の試しがあるが、1分足チャートにはそれよりもはるかに多い試しが見られる。もしこれらのチャートを見たとしても、5分足チャートで明らかな反転がないかぎり、これらの試しはトレンド方向のセットアップだと思ったほうがよい。**図8.14**の3分足チャートでは、5回ある反転の試しが毎回熱心なブル派（多少のリスクをとっても底をとらえて大きい利益を上げるほうがよいと思っている人たち）を誘い込んでクライマックスのV字底というまれな形を生み出した。ここは彼らの仲間に加わるよりも、彼らが損切りするところに合わせて売りの仕掛けの逆指値を置くほうがよい。そうすれば、彼らの資金があなたの投資

図8.13　前の安値への試しは強いクライマックスの下落から上昇に転じることがある

口座に順次入ってくるというトレードの最大の目的が果たされる。例えば、陽線の反転足１でブル派が買ったら（その前の急な下落でトレンドラインがブレイクされていないため買いを考えるべきではない場面）、賢いトレーダーはそのシグナル足の１ティック下の彼らが損切りの逆指値を置いたところで空売りの注文を出す。

　ブル派は仕掛け足が終値を付けると損切りの逆指値を近づけるため、足４の空売りポイントは仕掛け足よりも下になる。ここはトレンドのなかなので、ポジションの大きな部分をスイングしてほしい。

　足５はｉｉパターンで、これは反転パターンになることが多いが、その前にトレンドラインがブレイクされている必要がある。また、カウンタートレンド方向の２本のレッグの前の最後のフラッグになることが多い（ここでもそうなった）。これはブル派とベア派が拮抗していることを表しており、ブレイクアウトはそれを破っている。このとき、強い力がマーケットをパターンに再び引き寄せて、そのまま反対側に抜けることがよくある。しかし、ここではまだトレンドラインが

図8.14　5分足チャートでセットアップができていないのに、3分足チャートでカウンタートレンド方向のトレードを仕掛けてはならない

ブレイクされていないため、有効な仕掛けとなるための唯一のブレイクアウトは下方へのブレイクアウトだった。それでも、ｉｉは小さいトレンドラインをブレイクするのに十分な幅があり、そのあと足2～3本の間に上げに転じれば小さいファイナルフラッグの失敗が有効な買いポイントになる。

　図8.15は図8.14の下げの部分の1分足チャートで、足には同じ番号を付けてある。図8.15の足Ｃ、足Ｄ、足Ｅは、2本の下降レッグと小さいトレンドラインがブレイクされたあとにできたカウンタートレンド方向の有効なセットアップで、どちらも買いのスキャルピングに向いている。ただ、どちらもトレードは可能だが、2枚のチャートを読んで素早く注文を出すのは難しいため、5分足チャートのみで

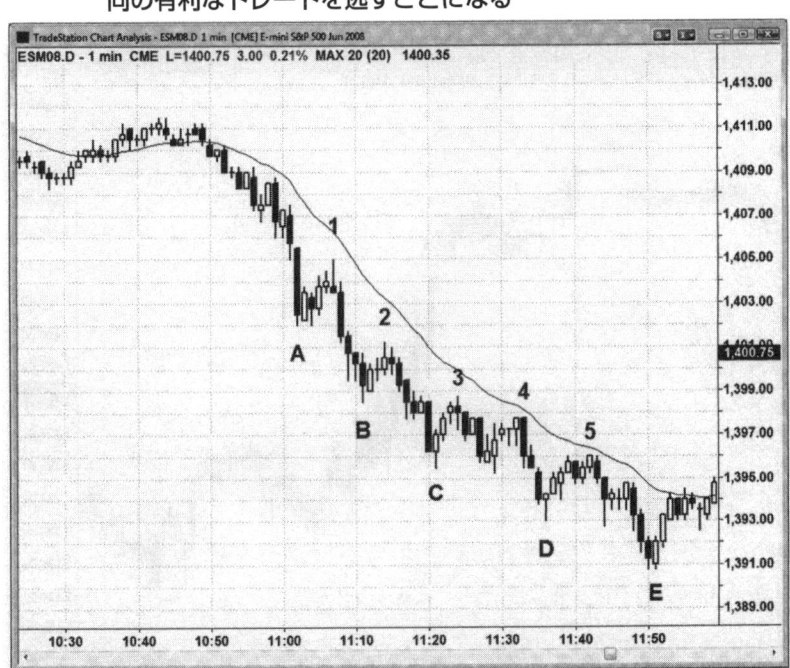

図8.15　1分足チャートや3分足チャートを見るとカウンタートレンド方向にトレードしたくなるが、これは負けの戦略でトレンド方向の有利なトレードを逃すことになる

トレードしたほうが結局は利益が増える可能性が高い。1日が終わってから印刷したチャート見れば簡単に思えるかもしれないが、リアルタイムでは大変難しいからだ。ただ、1分足チャートに基づいて売っていれば、番号を付けた5本の足はすべてトレンド方向（1分足のトレンドでも5分足のトレンドでも）の空売りポイントになっており、ポジションの一部をスイングすることができた。

　図8.16は、5分足チャート（表示していない）で強い上昇トレンドになっている部分の1分足チャートである。ここは空売りで利益を上げるのは難しい（6つの空売りポイントはどれも4ティックの利益しか上がらなかった）。それよりも、5分足チャートでトレンド方向に仕掛けたほうがはるかに利益は大きいしストレスも少ないため、1

図8.16　1分足チャートのカウンタートレンド方向のセットアップはダマシで仕掛けるトレンド方向のセットアップとして見たほうがよい

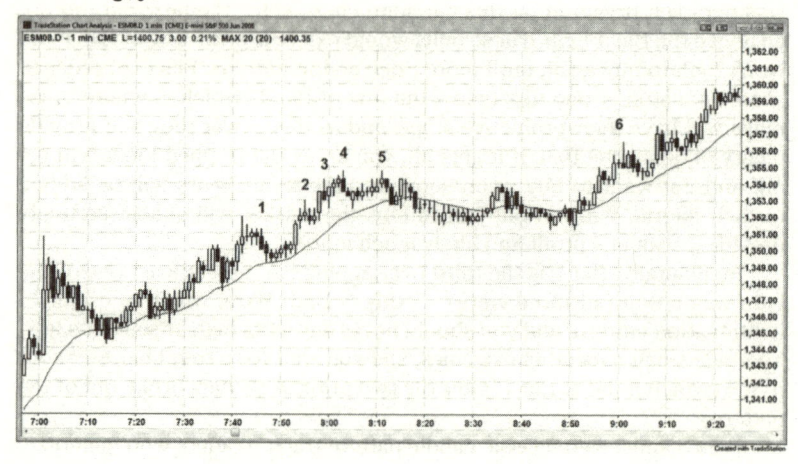

分足は見てはならない。1分足で空売りシグナルを見る唯一の正当な理由は、トレンド方向の買いの仕掛けを探すときだ。空売り派の注文が執行されたら、彼らが損切りの逆指値を置く場所を探してそこで買い注文を出せば、追い詰められたベア派が買い戻すときにマーケットを上げて買いの目標値に近づけてくれる。

　図8.17では10時30分に何らかのニュースが広まったようで急落した。ただ、ニュースに惑わされるとすべきことができなくなるため、ニュースに気をとられてはならない。ニュースについて考えてしまうとそれをチャートで確認したくなるが、それをしても利益を減らすことにしかならない。知るべきことはチャートがすべて教えてくれる。トレーダーに必要な情報は、何かが起こって機関投資家が積極的に売ったということだけなのである。それでは空売りのセットアップを見ていこう。

　足1の強い陽線は、何らかのパターンか短い時間枠の反転であせって買った人たちを落とし穴にはめた。しかしこの買いは、次の足が足1の高値を上抜かなかったため、5分足チャートでは仕掛けの逆指値

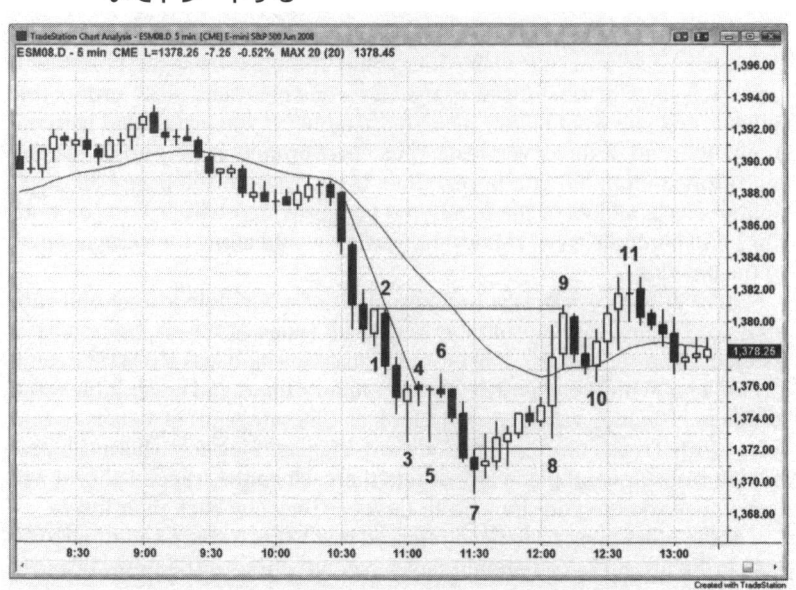

図8.17 ニュースは無視してそのときのプライスアクションだけに基づいてトレードする

に達しなかった。足1の安値の下で損切りした人たちは、さらなるプライスアクションが進展しなければ買おうとは思わない。この足1の安値の1ティック下で空売りの注文を出せば、ブル派が損切りするときに下落の十分な燃料を供給してくれる。つまり、この価格に達して空売りが執行されれば、追い詰められて損切りした買い方はすぐにまた買おうとは思わない。そこで、賢いベア派は空売りポジションを積み増していく。買い方がいなければ、マーケットはほぼ間違いなくスキャルピングとおそらくそれ以上の利益を提供してくれるだろう。

　ちなみに、足5は重なり合った足の3本目で、このなかには1本以上の同時線がある（この場合は3本すべて）。つまりこれは継続パターンになることが多いバーブワイヤーなので、高値で買ったり安値で売ったりしてはならない。ここでは極値の小さい足で逆張りするために、トレンド足のブレイクアウトがダマシになるのを待てばよい（こ

こでは、2本のトレンド足がブレイクしたあとの足7）。

　足3と足5は典型的なローソク足パターンの落とし穴になった。ローソク足の反転パターンを暗記したトレーダーは、長い下ヒゲと高値近くで終値を付けたことがブル派の支配を示す証拠だとしてすぐに買おうとする。しかし、同時線は1本の足で構成するトレーディングレンジであり、下降トレンドのトレーディングレンジの高値では買わないということを思い出してほしい。それに、同時線はトレーディングレンジなのでベアフラッグであって反転パターンではない。下降トレンドに長いヒゲと小さい実体でできた長い足があれば、その足の上で買うには高すぎる。下降トレンドでは安く買いたいが、それは事前にトレンドラインがブレイクされないのに実体が小さい長い足の高値で買うということではない。この2本の足は、完璧なローソク足パターンの落とし穴だった。確かに、足5は新米のローソク足トレーダーが崇拝するトンボになっているため、足3よりも優れていた。また、マーケットがこの足を上抜いたことでブル派の強さを「確認した」うえ、底から上げようとする2回目の試しでもあった（足3と合わせてダブルボトムになる）。それでは何が悪かったのだろうか。強いトレンドがまだブレイクされていないときに実体が小さい大きいローソク足ができるのは大きな落とし穴であり、結局は完璧な空売りのセットアップにつながるのである。つまり、このようなときはそのあとに必ずできる小さい足を待てばよい。上方のフォロースルーがないことは先走ったブル派を怖がらせる。そこで、彼らが損切りの逆指値を置いているところに空売りの仕掛けの逆指値を置けばよい。大きい同時線にはブル派の強さが見えるが、価格はこれらの足の高値の辺りをさまよっていてブル派とベア派は拮抗しているため、これらの足の高値はいずれトレーディングレンジの中間か高値になっても底になることはないだろう。

　足6までのツーレッグの上昇は、トレンドラインをブレイクしたと

ころで熱心なブル派が買おうとしていることが分かっているため、ブレイクアウトして安値を更新するところが完璧な買いのセットアップになる。賢いトレーダーは１～２本の足が足３と足５を下抜くのを待って前の足の１ティック上で買い注文を出す。そして、それが執行されなければ注文を下げていくが、下がりすぎたらトレンドラインが新たにブレイクされるまで買いを待つことにする。この時点で、買い急いだブル派は２～３回の負けトレードに遭っているため、次は確認をしてから仕掛けようと思っている。つまり、彼らはプライスアクショントレーダーが買ったあとで上昇するための燃料を提供してくれるのである。

足７は、陰線でも足の中間よりも上で引けていることで、ブル派に多少の力があることを示している。おそらくブル派は足１と足３と足５でのトレードがうまくいかなかったことで少し慎重になっているのだろう。また、バーブワイヤーのブレイクアウトもダマシになっている。賢いトレーダーならばここでの買いがうまくいく可能性が高いことを見越しているはずなので、これを見逃す手はない。

仕掛け足は小さいが陽線なので期待が持てる。また、一種のはらみ足（実体がシグナル足よりも小さいため、はらみ足よりは少し効力が弱い）でもあるため、ベア派は主導権を握っていない。それに、以前の買いトレードと違って仕掛け足の次の足でも損切りの逆指値に達していないため、ブル派はこのトレードに自信を持ち始めているのではないだろうか。

次の３本の足はすべて陽線で、前の足の終値を超えて終わっているため、終値が上昇トレンドを形成している。最高のスイングのなかには数本の重なった足から始まるものもあるためイライラしたり心配したりするかもしれない。また、２本の上昇レッグが期待できるとしても、２本目の前にほぼ間違いなく損切りの逆指値まで下げると思っておいたほうがよいだろう。実際には、激しく下げた足８はトントンの

損切りポイントには達しなかったが、強気の包み足で2本目の上昇レッグの最初の足になった（安値を切り上げた）。

今回の上げの目標値は、下降トレンドの陽線のシグナル足の高値になる（足3と足5の高値、場合によっては足2の高値）。足9は最終的な目標値を1ティック超えた。モメンタムが非常に強いため、足8の安値は2本目の始まりではなく1本目の上昇レッグの一部の可能性もあり、そのあとにもう少し大きいプルバックと2本目の上昇レッグが期待できる（実際には足11まで進んだ）。

足11は足8の安値からの上昇の安値2で、空売りポイントになっている。

ダブルトッププルバックとダブルボトムプルバック

もし下落のあとにダブルボトムが形成されても、上昇トレンドが始まる前にダブルボトムの底のすぐ上を試すプルバックができれば、これはダブルボトムプルバックの買いのセットアップになる。マーケットは下げを2回試し、どちらも同じくらいの水準で買い方が売り方を圧倒した。ダブルボトムは正確にそろわなくてもよいし、2回目の底が若干安くなることはよくあり、それがヘッド・アンド・ショルダーズに似ているときもある。もし2回目の底が1回目の底に届かなければ、この底は単なるツーレッグの横ばいから上げ調整に入っているだけかもしれない恐れがあるため、買うとしてもスイングではなくスキャルピングにしておいたほうがよい。ダブルボトム（またはダブルトップ）プルバックのパターンは、スリープッシュボトム（またはトリプルボトム）の3回目のプッシュダウンが売り方の強さが足りずに安値を更新できなかったと考えることもできる。また、前の極値（安値2である場合が多い）を超えようとする2回の試しが失敗に終わり、2回続けての失敗は反転につながることが多いと考えてもよいだろう。

テクニカルアナリストのなかには、トリプルボトムやトリプルトップは必ず失敗に終わって継続パターンに変わるという意見もあるが、その場合は3つの底（または天井）が正確に一致していなければならない。しかし、このように厳密に定義するとめったにできないパターンになってしまうため、ここで紹介する意味もない。定義は緩やかにしておいたほうが利益につながる。信頼できるパターンに似た形があれば、信頼できるパターンに似た動きになる可能性が高いのである。

これは反転パターンであり、ダブルボトムブルフラッグのような継続パターンではない。どちらも買いのセットアップだが、一方はトレンドの始まり（反転パターン）で、もう一方はすでに確立したトレンド、少なくとも1本は強いレッグがあるところにできる（継続パターン）。

同様に、上昇トレンドのなかでダブルトップができたあとに高値付近でプルバックがあれば、このダブルトッププルバックは空売りの良いセットアップになる。

図8.18のスパイダース（SPY）の月足チャートには、前の足の高値を1ティック上抜いた包み足5がダブルボトムプルバックの買いのセットアップになっている。足4は足3を若干下抜いたが、これはよくあることで、むしろダブルボトムプルバックの買いパターンとしては望ましい。このパターンはヘッド・アンド・ショルダーズになっていることも多い。

足1と足2はダブルトップベアフラッグ（継続パターン、ちなみにダブルトップは上昇トレンド最後の反転パターン）になっている。

評論家たちはウォーレン・バフェットが値下がりした銘柄を直近の足で買ったのだから底を付けたなどと言うが、プライスアクションに底を示す証拠はないし、バフェットが割安だと思った株価が数カ月後にはさらに安くなっているかもしれない。バフェットが買ったという理由だけで買ってはならない。それよりも、日足チャートで下降トレンドラインがブレイクされてから前に反転した安値を試すのを待って

図8.18　ダブルボトムプルバックの買い

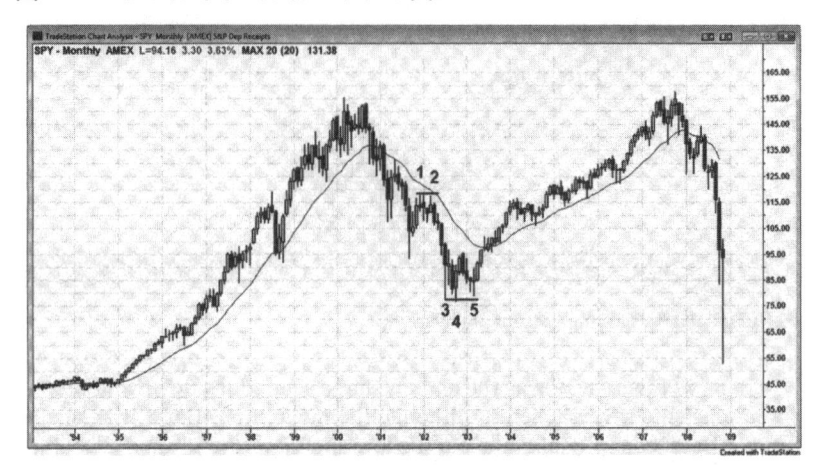

ほしい。この時点では、買いを仕掛けるには下げのモメンタムが強すぎる。それよりも、いずれ来るプライスアクションの底を待ってほしい。長い足は売り方の衰えを示すサインかもしれないが、プライスアクションが底の証拠を示すまで日足チャートでトレードしている賢いトレーダーは売りのみを考える。

　図8.19の足1は大きい2番目の下降レッグなので、反転のセットアップになるかもしれない。しかし、足2までの上げは小さかったのに足3も足4も安値を超えられなかったため、ダブルボトムブルフラッグが形成された。

　足6は足1には届かず足3の安値を正確に試したが、それを下抜くことはできなかったため、足3（または足3と足4）と合わせて幅の広いダブルボトムブルフラッグになった。この形は買い集めとも呼ばれている。機関投資家が損切りの逆指値に達しないように足1の安値を死守していることからは、彼らがマーケットは上がると考えていることが分かる。

　足5はEMAギャップ足で、これはトレンドを反転させるために必

図8.19　ダブルボトムブルフラッグ

要なカウンタートレンド方向のモメンタムを提供してくれることが多い。足5はメジャーなトレンドラインをブレイクし、足6は安値を切り上げてトレンドの極値である足1を試した。

　図8.20の足4は、ダブルボトムプルバックの買いのセットアップに似ていたが、強い下降トレンドのなかで足3は足2の安値よりも5セント高かった。このように安値を若干切り上げたときは、新しいトレンドに続くパターンではなく下降トレンドのなかのツーレッグの上昇の可能性のほうが高くなる。また、強いトレンドのなかの最初のプルバック（足2のあとに続く小さい上昇ならば何でもよい）はほぼ必ずトレンド方向のセットアップになるため、ここで底を探すべきではない。しかし、もし買いを仕掛けていれば、1ドル以上上げていた。実は、足2、足3、足4の長いヒゲとマーケットが寄り付きから90分しか経過しておらず、寄り付きから反転しやすいことを考えれば、これは妥当なトレードではあった。ただ、賢いトレーダーはEMAの試しで空売りする。もしここでスキャルピングの買いをしてしまうと、頭を素早く切り替えて空売りを仕掛けるのは難しいかもしれないから

図8.20 ダブルボトムプルバックは自動的に反転のセットアップにはならず、流れのなかで見なければならない

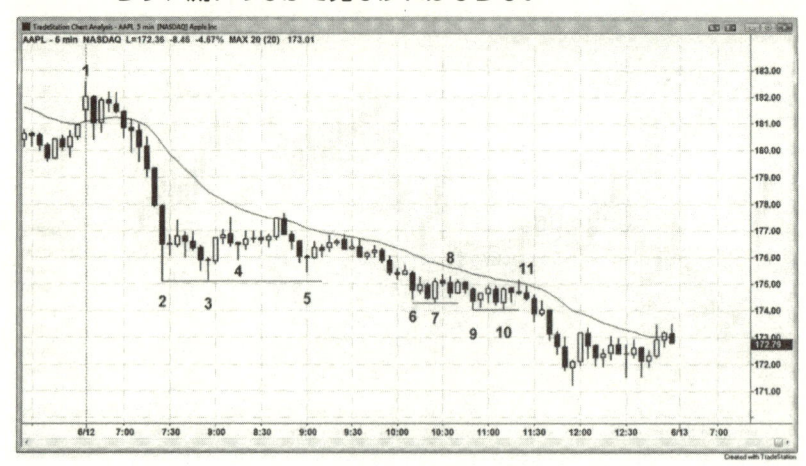

だ。

　足7は足6の安値よりも13セント下にあるが、足8はダブルボトムプルバックのセットアップを形成した。しかし、仕掛けの逆指値注文には達しなかった（足8のあとの足が足8の高値を超えられなかった）。ここでも、前に強いトレンドラインをブレイクするレッグがないのに底を探るのは良い方法ではない。これは寄り付きからの下降トレンドという最強の下降トレンドのひとつなので、空売りしか考えてはならない。反転を考えるのは下降トレンドラインを強くブレイクしてからでよい。

　足11は今回の底を形成する3回目の試しである。しかし、足10は最初の足9の安値よりも2セント上にあるため、このパターンはさほど強力ではない。

　賢明なトレーダーは、下降トレンドで足8のあとのM2Sや足11のM2SなどEMAを使ったトレンド方向の空売りを仕掛ける。

　図8.21の足1と足2はダブルボトムを形成しているが、さっと見ただけでは足1を見落としやすい。仕掛け足の安値はその下に損切り

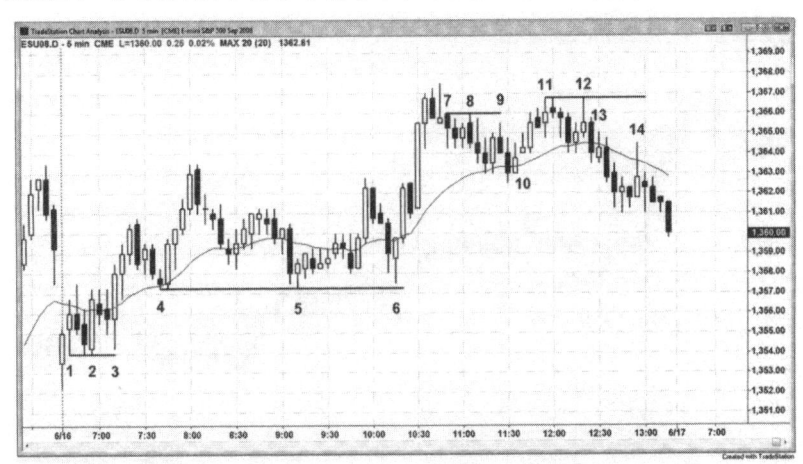

図8.21　ダブルボトムとダブルトップのプルバックの反転

の逆指値があり、これは試されることが多い（例えば足2）。そして、同じ水準に2回下げれば、最初の安値がスイングの安値でなくてもダブルボトムになる。足1に大きな下ヒゲがあるのは、1分足が安値を切り上げたのにほぼ間違いない（実際にそうだった）。足3はダブルボトムを試す深いプルバックで、ベア派が退散してブル派が主導権を握る前に先の損切りの逆指値に向かう2回目の試しだったが、結局は最初の試し（足2の安値）にも届かなかった。

　このトレンディング・トレーディングレンジ日のなかで足4と足5はダブルボトムブルフラッグを形成し、このダブルボトムを足6のプルバックが試したことで大きいダブルボトムプルバックが形成された。これをトリプルボトムと呼ぶこともできるが、トレードするうえで何のメリットもないため、その名前は使わない。

　足7は足1と似ているが、ここでは仕掛け足にもなっている。足7と足8は小さなダブルトップを形成している。足8は空売りの仕掛けである足7の上の損切りの逆指値を目指したが失敗に終わった。足9は2回目の試しだったが足8にも届かず失敗し、ダブルトッププルバ

ックの空売りのセットアップが完成した。仕掛けの逆指値は足9の安値の1ティック下になる。このパターンにはたくさんの同時線があるうえに足も重なり合っているため、仕掛けたとしてもスキャルピングにしておくべきで、実際にもそうなった。ちなみに、パターンをここまで細かく見なければならないときは、もっと明らかで強力なパターンができるまで待ったほうがよい場合が多い。

このときの下落は、このトレンディング・トレーディングレンジ日の真ん中にあるトレーディングレンジの高値を試したが、そこで上げに転じた。

足11と足12はダブルトップを形成し、トレーダーにダブルトッププルバックの空売りのセットアップを探すよう促した。陽線13はダブルトップを試そうとして上昇し、高値2（M2B）を形成しようとしたが失敗に終わった。ただ、トレーディングレンジの安値近くの空売りは強力なセットアップがないかぎりすべきではないし、今回は強力ではなかった。

足14はそれよりも良いプルバックになったが、それでも信頼できる形になるほどダブルトップまで戻ることはなかったし、上昇トレンディング・トレーディングレンジ日のなかのレンジの安値で空売りしたくはない。

クライマックス――スパイク・アンド・トレーディングレンジの反転

クライマックスとは単純に、トレーダーから見て速く行きすぎる動きのあと反転することを指す。クライマックスな反転は、強いモメンタムがある動き（スパイク＝突出高や突出安のこと）と一連の大きいトレンド足で構成され、これらの足はトレンドチャネルラインをオーバーシュートしてから反転することが多い。「スパイク」という言葉

は、一方向に強い動きがあったあと即座に反対方向に強い動きがあるということを意味している。このとき反転の動きのほうが小さくなる。そうでなければスパイク・アンド・トレーディングレンジではなくて、トレーディングレンジから足踏みしないで始まる明らかで力強い反転になる。スパイク・アンド・トレーディングレンジの反転では強いカウンタートレンド方向の動きがEMAを素早く突き抜けるのではなく、足1～2本だけ反転してから横ばいになり、狭いトレーディングレンジからどちらかの方向にブレイクする。これはマーケットが反転を試したがうまくいかなかったように見えるが、長い時間枠で見ると、反転足ではなくて長いヒゲを持った長大線で、その真ん中辺りで引けているのだろう。

　トレーディングレンジのなかには、カウンタートレンド方向のダブルトップフラッグやダブルボトムフラッグが形成されることがあり、トレンドの反転トレードを仕掛けるさらなる理由になる（トレンド方向のダブルトップフラッグかダブルボトムフラッグが形成されれば、トレンド方向のセットアップになる）。トレーディングレンジにつながる反転レッグは、前のトレンドよりも少し小さくなることが多いが、それでもトレンドラインをブレイクして反対のトレンドの最初の足になることもある。ただ、見落としやすいため、どのような形でもクライマックスな動きを探すようにしてほしい。そこから、モメンタムは小さくても前の極値に向かっていく試しが失敗に終わることもあれば（上昇トレンドの天井で高値を切り下げるか底で安値を切り上げる）、新しい極値を更新して反転しないこともある。また、反転したとしても新しい反対方向のトレンドが非常に速くて強力で、スパイク・アンド・チャネルトレンドのパターンを形成することも多い。

　ブレイクアウト足のあとのはらみ足は、小さいスパイク・アンド・トレーディングレンジの反転セットアップと考えることもできる。ブレイクアウトの極値からはらみ足の反対側の極値までがスパイクで、

小さいクライマックスな反転を表しており、はらみ足はトレーディングレンジを表している可能性もある。すべてのスパイク・アンド・トレーディングレンジのパターンに言えることだが、ブレイクアウトはどちらの方向にもあり得るため、大事なのは両方の可能性を考えておくことである。そしてトレンドが始まったら、トレンド方向のセットアップを探してほしい。

ときには印象的なスパイクとプルバックのあとにチャネルが始まることもあるが、そのチャネルは失敗に終わって方向転換する。あとから考えれば、プルバックは反対方向のスパイクで、そのあとチャネルになっていた。いずれにしてもそのことに気づけば、トレンドがあることとトレンド方向のチャンスはすべて仕掛けるということにも気づくことができる。

図8.22はグローベックスのEミニの1分足チャートで、午前5時30分に何かの発表で上方にスパイクしたが、下げて強力な反転足1を形成した。足1は1分足チャートとしては長い3ポイントもあるため、下降スパイクにもなり得る。足3はツーレッグの上昇で、新しい下降トレンドかもしれない下げの安値2になっている。また、足2は実体だけ見ればｉｉの変形とも言える（足2の実体は足1の実体内に収まっており、足1の実体はその前のブレイクアウトした陽線の実体内に収まっており、ｉｉは決定力がない状態を表している）。そして、足3までの上げはｉｉの高値のブレイクアウトのダマシだった。それからマーケットは足10本ほど横ばいになり、これが下降スパイクのあとのトレーディングレンジになった。そして足4が小さいトレンドラインを少しブレイクすると、下降トレンドが再開した。足5は2回目の仕掛けのチャンスになっている（ブレイクアウトプルバック）。

図8.23は、1日の最初の足5が強力に反転して上昇トレンドチャネルラインをオーバーシュートしてから再度反転して元のトレンドチャネルラインまで下げた。マーケットは足5本の横ばいのあと、足7

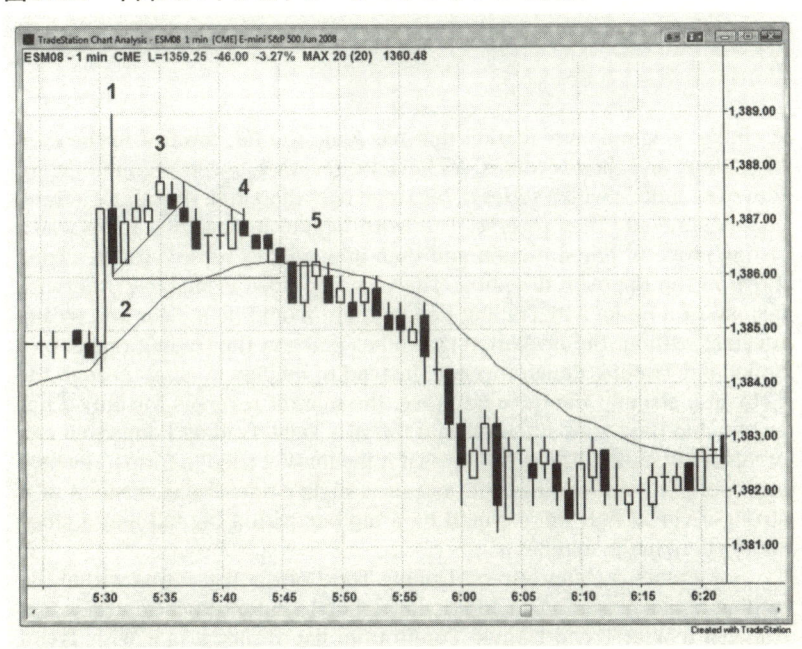

図8.22 下降スパイクとトレーディングレンジの天井

で高値を切り下げ、足5の下降スパイクのあと（上昇してから下げに転じたが、1分足チャートならば下降スパイクになったところ）に狭いトレーディングレンジを形成した。足9はトレーディングレンジの拡大版とも、高値の切り下げ、ダブルトップベアフラッグとも見ることができる（足7とだいたい同じ水準だが、少なくとも足5の高値を目指した2回目の試しではある）。名称はどうでもよいが、これは良い空売りのセットアップになった。そのあとはこの日が引けるまで下降トレンドが続き、下げが加速していった。足10はスパイクで、足11までの下げはチャネルになった。前日の足3もスパイクで、そのあとに足4からのチャネルが続いている。ちなみに、チャネルの始まりは1～2日のうちに試されることが多い（足4の安値は足5から始まったスパイク・アンド・トレーディングレンジの高値と同じ水準からの下げで下抜かれたが、下降チャネルの始まりの足10の高値はそれから

315

図8.23 下降スパイクとトレーディングレンジの天井

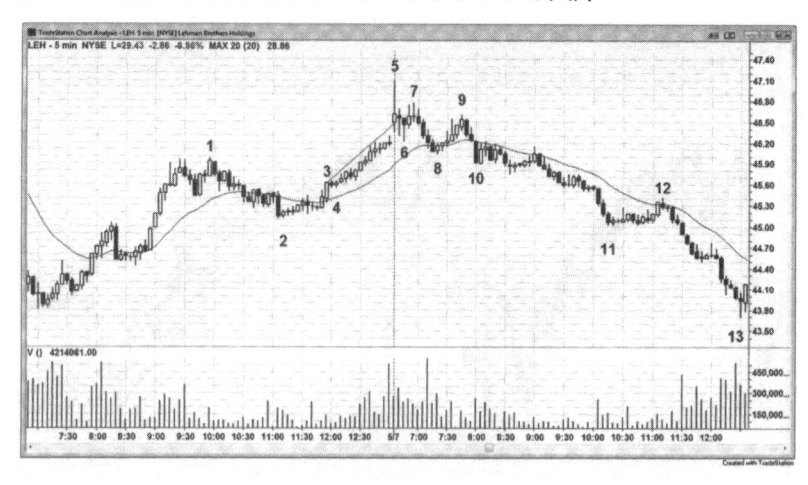

2週間試されることはなかった)。

　図8.24の2つのチャートは、スパイダース（SPY）の5分足チャートの同じ時間帯のものを表している。足2までの上げは強力な上昇スパイクだ。EMAに達する足3までのプルバックがトレンドラインをブレイクしたあと、上昇チャネルが始まった。しかし、これはツーレッグで高値を切り下げた足4で失敗に終わった。この上昇チャネルをブレイクアウトした足5のプルバックは重要な上昇トレンドラインもブレイクしたことで、この日がスパイク・アンド・チャネル日ではなかったことが明らかになり、マーケットはトレーディングレンジを形成し始めた。そしてここがトライアングルの高値になり、それからスパイク・アンド・チャネルで下げていった。EMAギャップ足2の買いポイントが足8で失敗に終わると、ベア派が主導権を握ったことが明らかになり、下降チャネルができはじめ、足5までのプッシュダウンは下降スパイクになった。この時点ではすべての空売りチャンスで仕掛け、買いは下降トレンドチャネルラインをクライマックスにオーバーシュートして反転するまではスキャルピングのみにしておいて

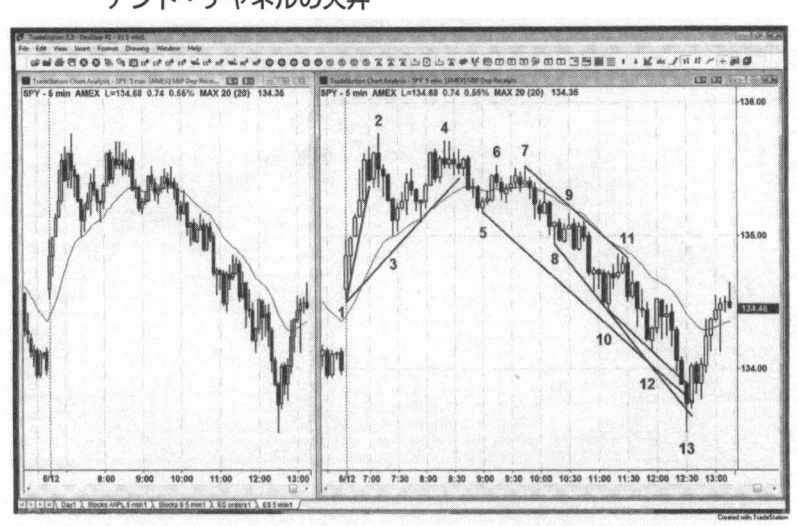

図8.24 上昇スパイク・アンド・チャネルの失敗のあとにできたスパイク・アンド・チャネルの天井

ほしい（通常、このように強いトレンドのときは買いのセットアップは無視してトレンド方向のみトレードするほうがよい）。結局、足13が3本のトレンドチャネルラインをブレイクして上昇に転じた。

クライマックス――スリープッシュとウエッジ（トレンドチャネルラインのオーバーシュートと反転）

トレンドは極値を試して終わることがよくあり、その試しには2本のレッグがあって、それぞれが極値を更新する場合が多い（上昇トレンドならば高値の切り上げ、下降トレンドならば安値の切り下げ）。最初の極値と2本のレッグは合わせてスリープッシュになる。これはよく知られた反転のセットアップで、さまざまな名前で呼ばれている。このパターンはウエッジの形になることが多いが、このときローソク足のヒゲは無視して実体だけで見ることもある。パターンの変形は十分似ていれば同じようにトレードするだけなので、小さな違いを挙げ

てもあまり意味がない。このスリープッシュパターンは、ほとんどがウエッジのようにクライマックスで終わるため、単純にウエッジと考えてもよい。スリープッシュパターンのトレンドラインとトレンドチャネルラインは、ステアパターンのように平行だったり、ウエッジのようにコンバージェンスになったり、拡大トライアングルのようにダイバージェンスになったりすることがある。しかし、どれも結局は似たような動きになるので、同じようにトレードすればよい。

スリープッシュパターンの大部分はトレンドチャネルラインをオーバーシュートしたあと反転することが多いため、もしウエッジの形になっていなくてもそれだけで仕掛ける理由になる。それに、スリープッシュはトレンドチャネルラインのオーバーシュートよりも見つけやすいため、それだけでもほかのトレンドチャネルラインの失敗よりも価値がある。ただ、これらのパターンが完璧な形になることはめったにないため、たいていはトレンドラインやトレンドチャネルラインを操作してパターンを見やすくしなければならない。例えば、ヒゲを無視してローソク足の実体のみに対してトレンドラインとトレンドチャネルラインを描くことでウエッジの形になるということもある。また、ウエッジの最後のポイントがトレンドチャネルラインに達しないこともある。ここは柔軟に考えて、大きい動きの最後にスリープッシュパターンがあれば形は完璧でなくてもウエッジと同じようにトレードすればよい。しかし、もしトレンドチャネルラインをオーバーシュートすれば、カウンタートレンド方向のトレードがうまくいく可能性が高くなる。また、トレンドチャネルラインのオーバーシュートのほとんどはウエッジの形になるが、かなり長く伸びた形になることも多くあり、そのときは無視してよい。ただ、オーバーシュートから反転したときは、それだけで仕掛ける理由になる。

もしウエッジが仕掛けの逆指値注文に達したあとで失敗に終わってウエッジの極値を1ティック以上超えれば、そのままメジャードムー

ブ（ウエッジとほぼ同じ高さ）になることが多い。ときには、失敗のすぐあとに反転してトレンドを反転させる2回目の試しとなり、そうなれば新しいトレンドは長く続くことが多く（少なくとも1時間は続く）、少なくともツーレッグになる。

　ときには、2回目のプッシュのモメンタムが1回目よりも強くなることがあるが、そのときは1回目を無視して2回目が実質的に1回目のプッシュだとみなしてよい。そのあとにできる2回目や3回目のプッシュはトレンドをさらに進めようとする試しだが、どちらも失敗に終わるだろう。しかし、強い動きのあとには、常にツーレッグの動きが期待できる。

　ウエッジが反転の最初のレッグのあとのプルバックとしてできたときは、トレンドの始まりを超えることよりも超えないことのほうが多い。ただ、いずれにしても試しがあることを期待して新しいトレンドになるかもしれない方向の2回目の仕掛けを探してほしい（例えば、新しい上昇トレンドならば安値の切り上がりや安値の切り下がり）。

　日中にカウンタートレンド方向でモメンタムが小さいスリープッシュが2～3時間続くのはよくあることで、引けに向けて勢いを増すと、寄り付きからトレンドが再開する。これをウエッジの一種としてみなすことができるのには次のような理由がある――スリープッシュになっている、トレンドチャネルラインをオーバーシュートすることが多い、ウエッジの形をしていることが多い、ウエッジと同じような動きになる。全体的な動きをおおまかな形としてとらえられるようになれば、さらに良いトレーダーになることができるということを覚えておいてほしい。

　3つ以上のプッシュがあって、それぞれのブレイクアウトが小さいときは、シュリンキングステアになる。例えば、もし上昇トレンドのときにスリープッシュの上げがあり、2回目のプッシュが1回目よりも10ティック上げたのに3回目は2回目よりも7ティックしか上げて

319

いなければシュリンキングステアパターンになっている。これはモメンタムが衰えていくサインで、ツーレッグの反転の可能性が高くなる。強いトレンドでは4段目や5段目ができることもあるが、いずれにしてもモメンタムが衰えているため、カウンタートレンド方向のトレードを仕掛けてよい。しかし、もし3段目が2段目よりはるかに大きくてそのあと反転した場合はトレンドチャネルラインのオーバーシュートと反転の仕掛けポイントである可能性が高い。

ときには、3回目のプッシュが2回目をアンダーシュートして、むしろダブルトップに近い形になることもあるが、意味は同じで反転セットアップであることに変わりはない。ちなみに、3回目のプッシュが2回目を大きくアンダーシュートした場合は、ヘッド・アンド・ショルダーズの反転パターンになる。

ときには、ファイナルフラッグの失敗がウエッジフラッグになり、それが2回目の大きいファイナルフラッグの失敗になることもある。例えば、下降トレンドでのファイナルフラッグの失敗は、ベアフラッグの最高値がウエッジの最初のポイントになり、ブレイクアウトのダマシが2回目のポイントになる。そのあとの2本以上のレッグの上昇がウエッジの続きになり、このウエッジは大きいベアフラッグにもなっている。もしかしたらこのあとファイナルフラッグの失敗から上昇に転じるかもしれないし、さらに大きい下降トレンドの継続パターンになるかもしれないし、横ばいになるかもしれない。

空売り派はレンジの高値付近にあるブレイクアウトのダマシになった足の1ティック下に置いた仕掛けの逆指値で売り、買い方はレンジの安値付近にあるブレイクアウトのダマシになった足の1ティック上に置いた仕掛けの逆指値で買う。どのスイングでも高値か安値にブレイクアウトすれば、たとえそれが前の反対方向のトレンドの一部であっても強さを示すサインとなり、トレードのセットアップになるかもしれない。**図8.25**の足12が前の下降トレンドのスイングの高値を上

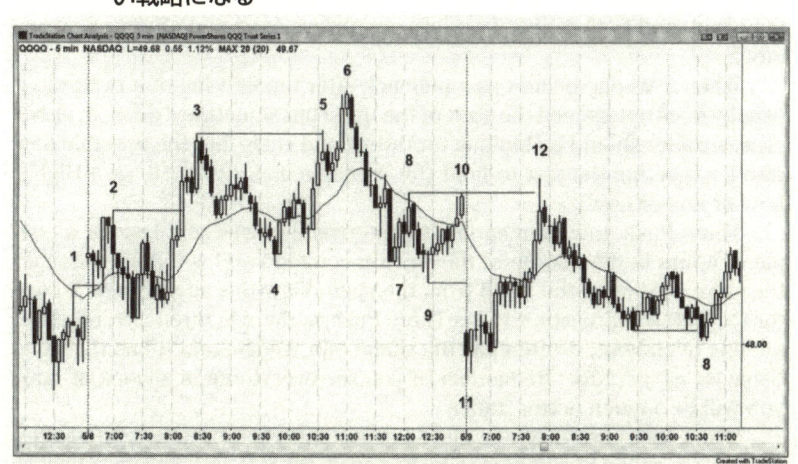

図8.25 トレーディングレンジではブレイクアウトで逆張りするのは良い戦略になる

抜いてからそのあとのポーズの足でダマシになったことに注目してほしい。ちなみに、足12はスリープッシュアップとトレンドチャネルライン（ここには示していないが、この日の初めにできた２本の小さいスイングの高値を結んだ線）のブレイクアウトのダマシでもあった

足２、足３、足６も反転につながることが多いシュリンキングステアパターンになっている。このパターンでは、２回目のブレイクアウトが１回目よりも小さくなってモメンタムが失われたことを示している。ここでは、足３は足２よりも19セント上にあるが、足６と足３の差は12セントしかない。シュリンキングステアが形成されたときは、強いトレンドのなかでツーレッグのプルバックが迫っているシグナルになっている場合が多く、そこで仕掛けたトレードは勝率が高い。

足３はファイナルフラッグの失敗からウエッジのような形に広がった。ウエッジの最初のレッグ（最初のプッシュダウン）となった足３の前の足はファイナルフラッグの安値にもなっている。そして、足３が２本目のレッグになった。足４までの２本のレッグと合わせてスリープッシュダウンになる。この大きいフラッグは、結局上昇スイング

図8.26　シュリンキングステア

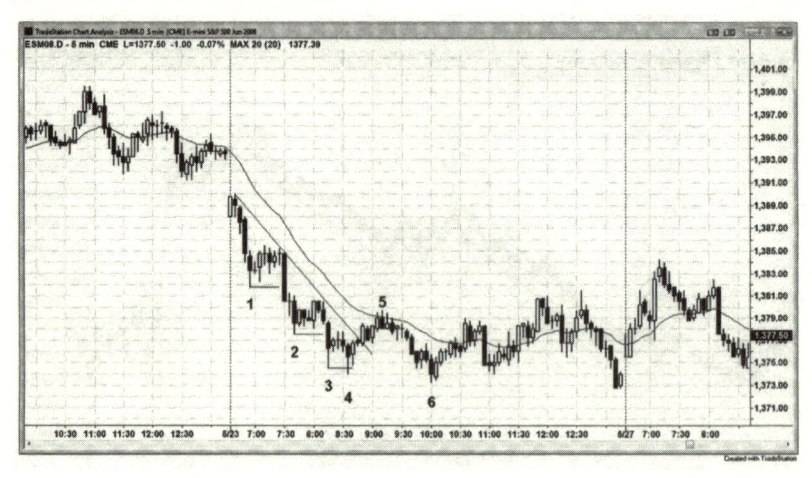

図8.27　ウエッジプルバック

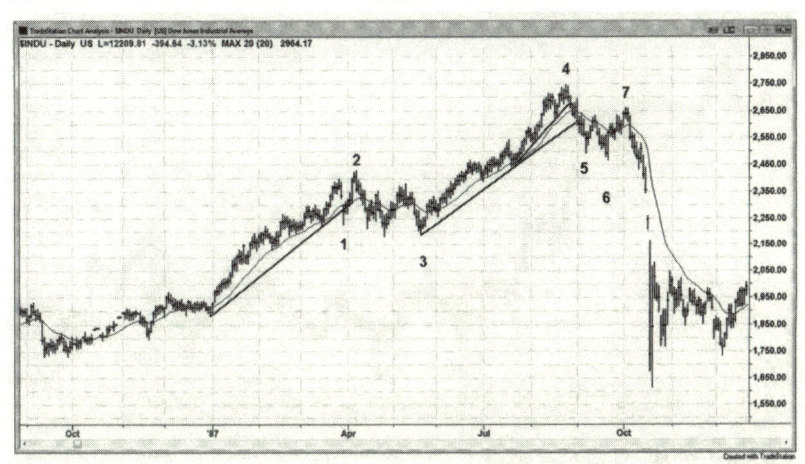

図8.28 スリープッシュアップで高値を切り下げる

の最後のフラッグになった。

　ブレイクアウト後の値動きが毎回前のブレイクアウトよりも小さくなるシュリンキングステアはモメンタムの衰えを示すシグナルで、近いうちに有利なカウンタートレンド方向のトレードができる可能性が高まっていく。**図8.26**では足4までの段のあと、足5への上げがトレンドラインをブレイクして足4の安値を試す舞台を設定したため、ツーレッグの上げが期待できる（足6で安値を切り下げたあとにそうなった）。

　足3～5では、ファイナルフラッグの失敗がウエッジベアフラッグに発展して、大きなファイナルフラッグの失敗になった。

　図8.27はスパイダース（SPY）の日足チャートで、2000年3月に天井を付けてからスリープッシュで足8まで上昇した。足8は、足2と合わせてダブルトップベアフラッグも形成している（足8が若干足2の高値を超えている）。また、足8は上昇トレンドチャネルラインにはわずかに届かなかった。そして、このウエッジの高値の切り下げのあとは大きく下落した。

図8.29　オーバーシュートしなかったウエッジ

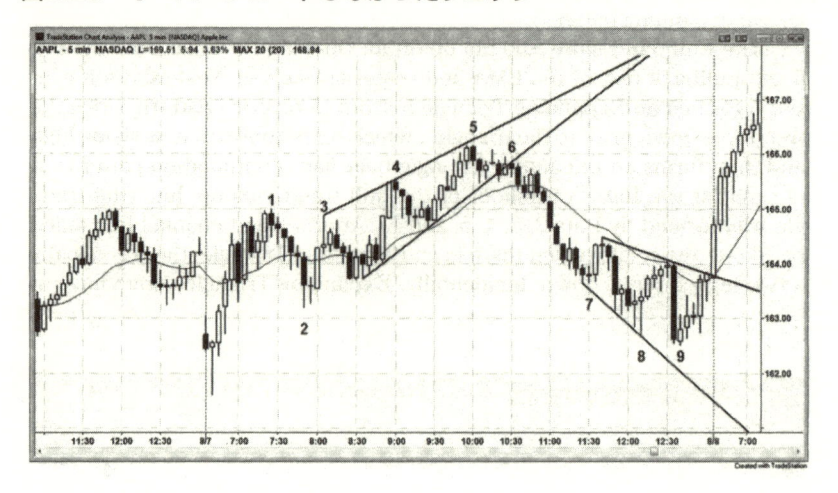

　図8.28はダウ平均の日足チャートで、足6までのツーレッグダウンでメジャーなトレンドラインをブレイクしてEMAも大きく下抜いた。そのあと小さいスリープッシュの上げが足7で高値を切り下げ、1987年の暴落に至った。

　図8.29の足3、足4、足5はウエッジを形成しているが、足5はトレンドチャネルラインをオーバーシュートしなかった。陰線のはらみ足5は、妥当な安値2の空売りセットアップと言える。

　足6は高値2に失敗し、2回目の仕掛けポイントになった。これは小さいスパイク・アンド・トレーディングレンジの高値にもなっていた。

　足7、足8、足9はスリープッシュの買いのセットアップで、陽線の反転足9はレンジの中心で終わっていても、この上が仕掛けポイントになる。この日は明らかにトレンド日ではなかったため、力のない反転足でもかまわないからだ。このパターンはダイバージェンスになっているが、足8のあとの高値が足7のあとの高値よりも下にあったため、拡大トライアングルにはなっていなかった。足9はトレンドチャネルラインをオーバーシュートしなかったが、それでもトレーディ

ングレンジ日の良い買いのセットアップになった。

拡大トライアングル

　拡大トライアングルはスリープッシュパターンの一種で、反転にも継続パターンにもなり、少なくとも5本のスイングで構成されており（7つのときもあるが9つはまれ）、各スイングが前よりも大きくなっている。このパターンの強さのひとつは、トレーダーを落とし穴にはめることにある。上昇に転じるときは、最後に切り下げた高値を超えるだけの強さがないことで買い方を落とし穴にはめてから、下げて安値を更新すると買い方は逃げ出し、ベア派が参入すると上げに転じるため、どちらの側も上昇するマーケットを追いかけることになる。下降に転じるときは、その反対だ。ベア派は安値の切り下げで落とし穴にはまって損切りを迫られ、ブル派は高値の切り上げにだまされてどちらの側も下げに転じたマーケットを追いかけざるを得なくなる。最初の目標はトライアングルの反対側を超えることで、そうなれば反対方向に拡大トライアングルのフラッグ（継続パターン）ができる。「トライアングル」はまったく三角形とは似ても似つかないこともあるため、この名称は誤解を招きやすい。突き出したポイントは少しずつ大きくなる高値の切り上げと安値の切り下げで、それがブレイクアウトトレーダーを毎回落とし穴にはめ、どこかの時点で彼らが降参するとみんなが同じ側になってトレンドができる。ここにはスリープッシュがあり、スリープッシュの反転パターンの一種と見ることもできるが、必ず深いプルバックがある。そして、下降スイングの反転では、どちらのプルバックも高値を切り上げるが、通常のスリープッシュパターン（例えばウエッジ）ならばどちらのプルバックも高値を切り下げる（つまり拡大していかない）。

　図8.30のEミニは、足6がギャップを空けての寄り付きからプル

図8.30　拡大トライアングルの底

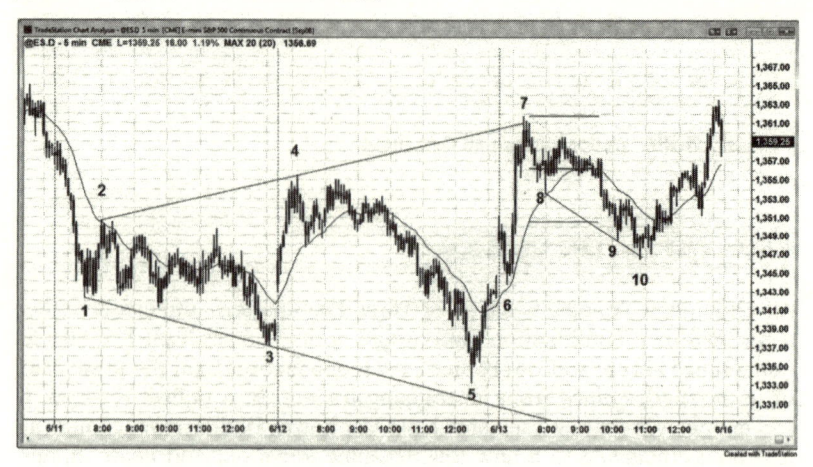

バックしてEMAと前日の終値を試してから反転した。前日の安値を付けた足5は拡大トライアングルの底だったが（反転パターン、この拡大トライアングルの前は下降トレンドだった）、これはスイングして新高値を付けることで拡大トライアングルベアフラッグ（継続パターン）につながることが多い。足7が上昇トレンドチャネルラインをオーバーシュートしたときもそうなった（足2、足3、足4、足5、足7で構成するトライアングル）。トレンドチャネルラインのブレイクアウトがダマシになり、特に拡大トライアングルのときはツーレッグの下げになることが多い。ちなみに、拡大トライアングルは完璧な形でなくてもよいし、トレンドチャネルラインに達しなくてもよい（足5も届いていない）。

　足7までの上昇は非常に強力だが、安値2の空売りは拡大トライアングルと小さいファイナルフラッグの失敗という状況ならば仕掛ける価値がある。足8は連続した同時線の2本目で、同時線はベア派とブル派が拮抗していることを表している。両者が拮抗しているときの平衡点は下げの中間点になることが多く、そのことがどれくらい下げる

かのおおまかな目安となり、それによってマーケットを戻すのに十分な買い方がいる水準を予測することができる。ただ、目標値には足9で達したが、マーケットが上昇を始めたのは足10でトレンドチャネルラインをオーバーシュートして反転してからだった。足10はシグナル足6の上の最初の買いポイントも正確に試した（完璧なブレイクアウトの試し）。

　拡大トライアングルの反転パターンは、安値は下がり、高値は上がっていく。通常、最終的な反転までには5回反転するが、先のスパイダースの5分足チャートのように7回のときもある。たいていのレッグはスキャルピングする妥当な理由があるが（例えば、各レッグが新しい高値や安値を付ける）、5回目のレッグが完成したら大きいトレンドが発達する可能性があるため、ポジションの一部はスイングしてほしい。また、パターンが完成すると、次は拡大トライアングルが反対の方向にできることも多い。もし最初が反転パターンならば、反対方向に次のパターンができたときは継続パターンになり、逆もそうなる。

　図8.31の足5は5本目のレッグで（1本目は足1）、少なくとも2本のレッグアップが期待できる買いのセットアップになった。しかし、足6はブレイクアウトのダマシによる空売りのセットアップで小さいウエッジが拡大トライアングルのベアフラッグを形成した（5本のスイングの1本目が足2）。

　7本目のレッグは、足8で2回目の仕掛けポイントになった（足7は、新安値の最初のセットアップだが、この仕掛けはバーブワイヤーの上なので予想どおりダマシになったため、注文は出さない）。

　足10は足8を試したが、安値は1ティック高かった。しかし、この足は寄り付きで反転したあと前日の安値と高値2とEMAギャップ足2を試した。ちなみに、これは拡大トライアングルの9本目のレッグにも似ており、トレードでは似ているだけで十分なのである。

図8.31 拡大トライアングルの底

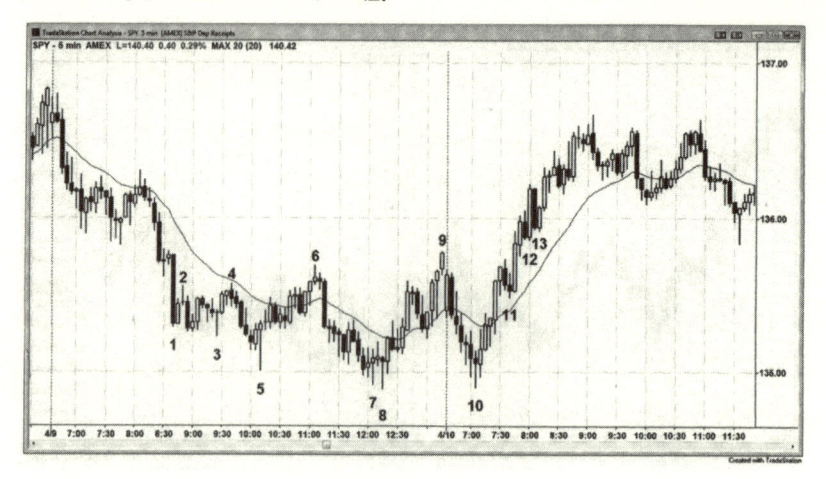

　足11は拡大トライアングルの足9を上抜かなかったが、それでも寄り付きの高値を上抜くブレイクアウトプルバックになった。

　足12はこのスパイダース（SYS）の5分足チャートの安値2で、下に1ティックだけブレイクアウトしたがダマシになった（前の足の1ティック下まで行ったが、そのあと高値を更新した）。このEミニのチャートは、反転足の安値よりも上にあり、空売りトレードの逆指値に達しなかった。Eミニは1ティックが25セントで、ダマシになるためには25セント動かなければならないが、これはスパイダースの2.5セントに相当するため、ダマシのシグナルが少ない。ここには上昇トレンドラインの重要なブレイクがないため（上昇モメンタムが強い）、空売りのセットアップはできない。

　足13は足9の上にあるブレイクアウトのダマシの空売りポイントだが、ここでも前にトレンドラインがブレイクされていなかった。前の下げに強さがないのに空売りするのは賢明とは言えない。ブレイクアウトのダマシになるかわりに、足12と足13はブレイクアウトプルバックだった。

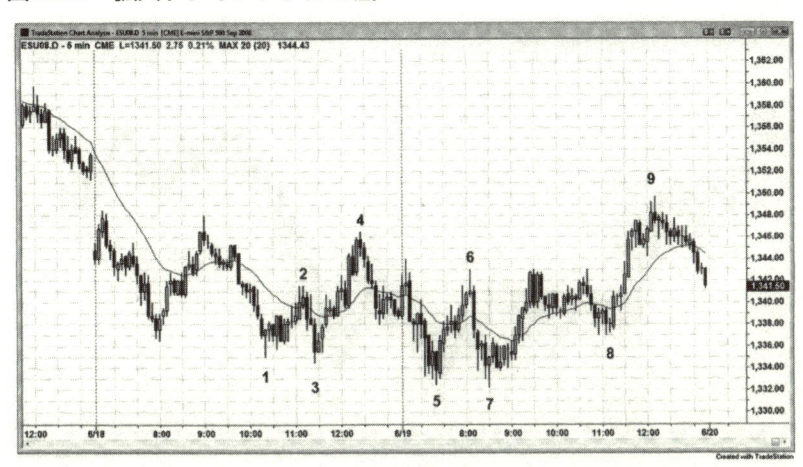

図8.32 拡大トライアングルの底

　図8.32の足1～5は、5本のレッグで形成する拡大トライアングルの底を付けた。安値を切り下げた足5の1ティック上が仕掛けポイントになる。足6は、下げて新安値を付ける前に足4の高値を上抜くことができなかった。足7は拡大トライアングルの底にできた2回目の仕掛けチャンスだが、足5～7にこれほど多くの足があると拡大トライアングルは効力を失うため、ここは単純にこの日の新安値から反転しただけだと考えるべきだろう。

　足8は、安値を切り上げるとともにダブルボトム（足5と足7）プルバックの買いポイントになった。

　新しいスイングの高値に達したあと、足9は拡大トライアングルベアフラッグ（足2、足3、足4、足7、足9）を形成した。この空売りの目標値は足7の安値の下になる。ただ、いずれは拡大トライアングルの拡大が止まり、トレンドが始まる。ちなみに、足7は翌日の寄り付きでのギャップで下抜かれて目標値に達した。

第9章 小さな反転——失敗
Minor Reversals : Failures

　すべてのパターンはある程度失敗するため、トレーダーはそれを普通のこととして受け入れるべきだし、そうすればほかのチャンスが開けることもある。また、失敗が失敗することもあり、そうなれば元の動きが再開する。失敗はゴールに達しないトレードで、これは利益が小さいか、多くは損失が出る。スキャルパーにとっては、スキャルピングの利益がゴールになる。しかし、もしトレーダーがさらに大きい利益を期待していたのにマーケットが期待した動きをしなければ、スキャルピングの利益に達したとしてもそれは失敗になる。失敗すると損切りを強いられたトレーダーはすぐに同じ方向に仕掛けようとはしないため、マーケットは一方向に動き、それが反対側のトレーダーにとっては素晴らしいセットアップになることが多い。損切りはマーケットをさらに反対方向に進めるのである。

　しかし、あるトレードでスキャルピングの目標値に達して、みんながポジションの一部か全部を利食ったあとに、最初に置いた仕掛けの逆指値注文のところまでマーケットが引き返したとしたら、そこでは追い詰められるトレーダーの数は大変少ないため、新しい方向に向かう燃料もあまり残っていない。また、多くのスキャルパーは部分的に利食ったあとは残りのポジションをトントンで手仕舞おうとするため、彼らの損切りの逆指値は仕掛け足かシグナル足の先に置いた最初の逆

指値の位置よりも近くになっている。

　小さな反転はスキャルピングにしか向かない単なるトレーディングレンジの反転かもしれないが、それがときにはトレンドを反転させたり、その一部になったりすることもある。最も信頼できる小さな反転は、強いトレンドのプルバックの最後にできる。特にEMA（指数移動平均線）の近くにできれば、大きいトレンドの方向に仕掛けて少なくともそのトレンドの前の極値を試すことが期待できる。重要な反転パターンを含めて、どのような反転パターンでも失敗してトレンドが再開することはある。

ダマシのシグナルと仕掛け足と1ティックだけブレイクアウトしたダマシ

　トレードを仕掛けると、多くの人は損切りの逆指値をシグナル足の1ティック先に置く。仕掛け足の次の足が現れると、多くの人はその損切りの逆指値を仕掛け足の1ティック先に動かす。なぜそれが分かるのだろうか。チャートを見たからだ。どんなチャートでもよいからシグナル足と仕掛け足になりそうな足を探し、反転した足がそこを超えたときに何が起こるかを見てほしい。その多くが、強力なトレンド足の形で反転し、そのほとんどが少なくともスキャルピングの利益には十分なくらいの大きさになる。これは、新しいポジションが一掃されて損失が出た人は注意深くなり、同じ方向にまた仕掛ける前にさらなるプライスアクションを確認したいと思うからだ。そうなると、マーケットは一方の側の手に落ちるため、スキャルピングに十分な速くて大きい動きになることが多い。

　なぜ、1ティックだけブレイクアウトしたダマシがよくあるのだろうか。それもEミニに特に多いのはなぜだろうか。株の場合、株価や銘柄の特性によって違うが、1〜10セントのダマシになることが多い。

株のトレードには銘柄ごとに特性があり、おそらくそれは銘柄ごとに毎日同じ顔ぶれのトレーダーがそれぞれに見合ったサイズでトレードをしているため、そのマーケットで繰り返されるパターンができているからだと考えられる。もしある銘柄が弱い上昇トレンドのなかで横ばいから下降していれば、多くのトレーダーは、もし現在の足が前の足よりも1ティック上回ったら、みんながそこに置いた逆指値で仕掛けてくると考える。そして、多くの賢いトレーダーはそのことを見越している。しかし、もし十分な資金を持つ人の多くが調整の深さも長さも十分ではないと考えれば（例えば、彼らはむしろツーレッグの動きになると考えている場合）、彼らは前の足の1ティック上で空売りを仕掛けるかもしれない。そして、彼らの出来高が新しい買いポジションを圧倒し、さらなる買い方も参入してこなければ、マーケットは1～2ティック下げることになるだろう。

この時点で、新しい買い方は心配になっている。もし彼らの仕掛けがそれほど素晴らしい価格ならば、なぜさらなる買い方が参入してこないのだろうか。また、1～2ティック安くなっている今、買おうとしているトレーダーにとってはさらに有利なのだから価格はすぐに上がるはずだ。しかし、わずか2～3ティックの下げでも長引けば、新しいブル派は自分が間違っているのではないかと心配になる。そして、売り始めたり、売り注文を追加したり、損切りの逆指値を1～2ティック下に置いたり、1分足や3分足に基づいて損切りの逆指値を直近の足の1ティック下に置いたりする。しかしその価格に達したら、これらの新しい買い方は売り方になって価格をさらに下げる。また、最初に空売りした人たちは、新たな買い方が追い詰められたことに気づいて空売りポジションを積み増す。そして価格が3、4、5ティックと下げていくと、損切りに達した買い方はすぐにまた買うよりもさらなるプライスアクションの進展を待つことにする。そうなると買い方がいなくなり、価格は売り方が満足する買い気配値になるまで下げ続

ける。そしてある時点で、売り方が買い戻して利食い始めると下落のスピードが下がり、買い方が再び買い始める。しばらくすると買い圧力が売り圧力を上回り、価格は再び上がり始める。

　1ティックだけのダマシでは多くの初心者が損失を被る。トレーダーには、自分が良いセットアップだと思うものに目が行く傾向がある。例えば、買いならば、トレーダーは自信を持って前の足の高値の1ティック上に仕掛けの逆指値注文を置く。そして予想どおりマーケットはそこに達して買いトレードが始まる。しかし、そのすぐあとに1ティック下げ、それが2ティック、3ティックとなり、30秒もしないうちに損切りに達して2ポイントを失うことになる。彼は、自分が買ったのと同じところで売る人などいるのかと疑問に思う。素晴らしいセットアップだったのだ。実は、このような人はほぼ間違いなく事前の強さを示すサイン（前に下降トレンドラインを上抜いているなど）を確認しないでカウンタートレンド方向に仕掛けている。あるいは、下降トレンドが行きすぎだとみなして、早めに仕掛けたいという思いが強すぎるあまり反転と読み違えてバーブワイヤーやベアフラッグの高値にある実体が小さく、長い同時線の上で買ってしまうこともある。

　3つ目のよくある状況は、ヒゲがないか、ヒゲが大変短い特大のトレンド足のケースだ。もしこれが陽線ならば、多くのトレーダーが損切りの逆指値をその足の下に置く。しかし、マーケットはここに達してトレーダーが逃げ出したあとに反転してトレンド足の方向に再び向かうということがよくある。

　最後に、ブレイクアウトへの試しは仕掛け価格を正確に試すことがよくあり、パターン信奉者がすぐに手仕舞ってしまうと、彼らはさらに不利な価格で再び仕掛けてマーケットを追いかけざるを得なくなる。

　新人トレーダーは気づいていないが、大口トレーダーの多くはここで買うのがパターン信奉者だけだということを知っている。つまり、彼らが一掃されれば、それがさらにマーケットを下げるため、素晴ら

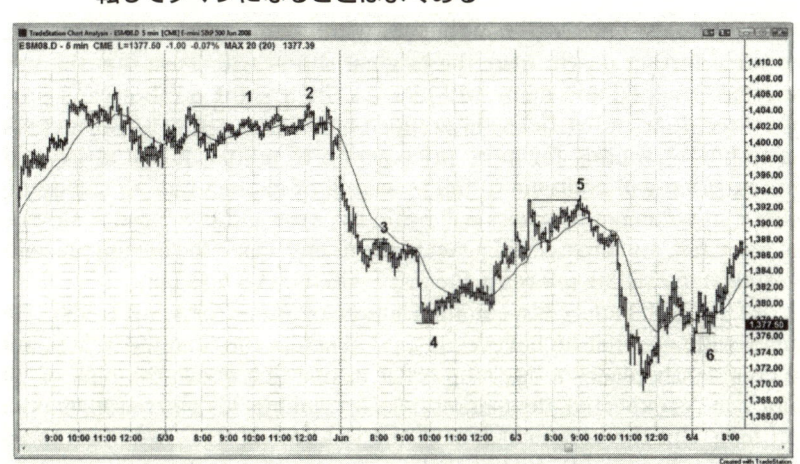

図9.1　Eミニの5分足で1～2ティックだけブレイクアウトしたあと反転してダマシになることはよくある

しい空売りのセットアップとして喜んで仕掛けてくるのである。1ティックだけのダマシはマーケットが反対方向に向かう信頼できるサインなので、仕掛けにつながるセットアップを探してほしい。これらは下落しているときも同じことで、1ティックだけのダマシと同じことは2ティックでもあり得るし、200ドルクラスの銘柄ならば5～10ティックでもあり得る。

図9.1には、1ティックだけブレイクアウトしたダマシの例が6つある。ブレイクアウトトレーダーが仕掛けの逆指値注文に達して仕掛けたあとに、マーケットがまっすぐ進まずに1～2ティック逆行するのを見て損切りの逆指値を置き始めると、カウンタートレンド派は血の匂いを嗅ぎつけて追い詰められたトレーダーが損切りするところに合わせて仕掛けてくる。

図9.2の2日間にも、1ティックの落とし穴の例がたくさんある。

足1はバーブワイヤーのなかの1ティックだけダマシになった安値2になっている。

足2もバーブワイヤーのなかの1ティックだけダマシになった安値

図9.2　1ティックの落とし穴

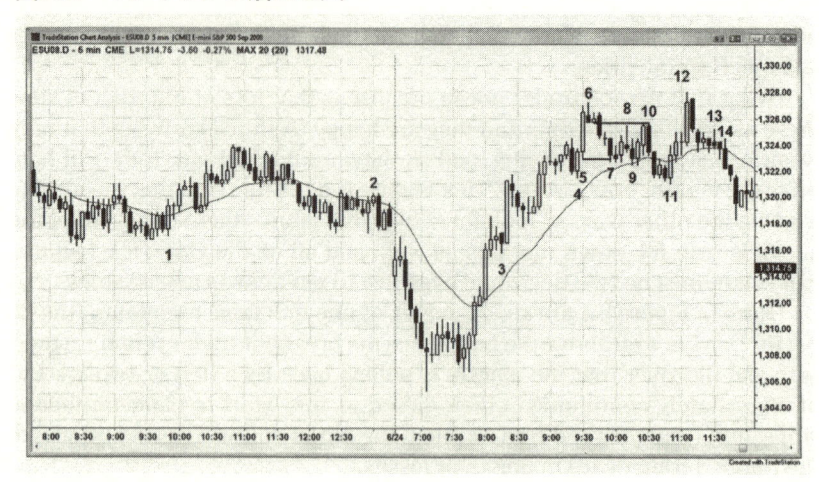

2で、慎重に待って大きな包み足の上で買ったつもりだったのに、結局はトレーディングレンジの高値で買って水平なEMAの下で追い詰められることになった。

　足3は上昇トレンドの途中にある1ティックだけ反転したダマシで、賢いトレーダーはプルバックで買おうと待ち構えている（ここでは高値1）。

　足4は、4本前にある小さいスイングの安値を1ティック下抜いた。

　足5は大陽線なので、安値の1ティック下に損切りの逆指値がある。しかし、足7がこれを1ティック下回ってしまった。

　足9はさらに1ティック下げてここが高値を切り下げた空売りポイントだと思ったトレーダーを落とし穴にはめたが、実際には横ばいのブルフラッグになった。

　足10は、足6で仕掛けた空売りのトントンの損切りの逆指値を2ティック上回った。

　足14は、最も信頼できる1ティックだけダマシになった1つで、初心者が上昇トレンドのプルバック（押し）だと思っているところでダ

マシの高値2になった。これは、完璧な落とし穴で、強い下落（示していない）につながる。初心者は、足11までのプルバックがトレンドラインをブレイクしてから足12が高値を切り上げて高値を試したことに気づいていない。また、高値からの下げに5本のトレンド足と1本の同時線があるが、足13の高値1以降、トレンドラインがブレイクされていない。これでは、強さを示すサインがないため、高値2の良い買いのセットアップとは言えない。高値2だけでは買いのシグナルにはならないことを忘れてはならない。ここで必要なのは反転のサインではなく、強さのサインなのである（トレンドラインのブレイクや高値を切り上げたあとで下げに転じること）。

　水平の線は、みんなが損切りの逆指値を置きそうなシグナル足と仕掛け足の1ティック先に描いてある。

　図9.3では、マーケットがシグナル足や仕掛け足の損切りの逆指値に達したときにどうなったかを見てほしい。ほとんどはトレンド足ができてスキャルピングならば利益が出るくらいは動いている。このチャートのダマシはほとんどが、賢いプライスアクショントレーダーならば仕掛けない弱いセットアップだった。しかし、十分な数のトレーダーが仕掛ければ、彼らが損切りを強いられたときにマーケットは反対方向に動く。例えば、足4の反転で買ったトレーダーは、損切りの逆指値を仕掛け足かシグナル足の下に置いている。しかし、大陰線5が両方の足の安値を下抜いたため、ここに合わせて仕掛けの逆指値を置いていた賢いトレーダーは空売りで少なくともスキャルピングの利益を確保した。

　反対に、もし対象の足の極値が試されても超えなければ、損切りの逆指値は試されるが執行はされないため、そのトレードは利益が出ることが多い。もし買いトレードの損切りの逆指値まであと1ティックまで来て達しなければ、その試しは実質的にダブルボトムブルフラッグを形成するからだ（最初の底がシグナル足か仕掛け足の安値で、次

図9.3　損切りの逆指値に達すると、マーケットはスキャルピングに十分なほど動くことが多い

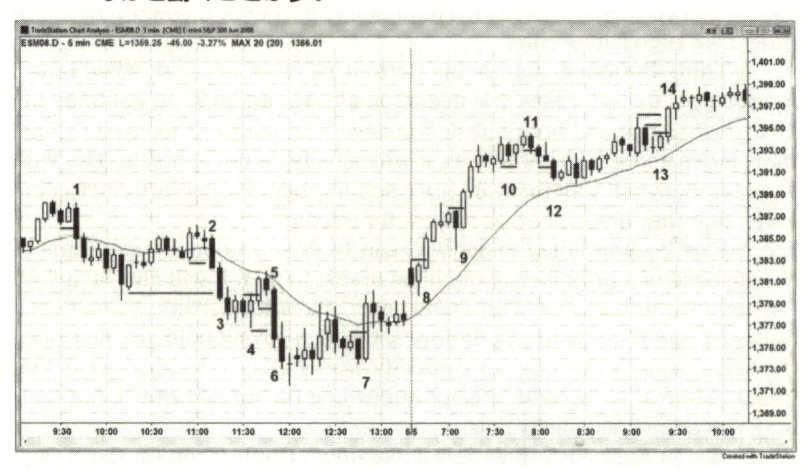

の底が損切りの逆指値まで届かなかった)。

高値2と安値2の失敗

　高値2や安値2は、最も信頼できるトレンド方向のセットアップと言える。もしこのトレードが失敗に終われば、高値4や安値4が再び調整を終わらせようとする前に少なくとも2本の調整のレッグができることが多い。もし高値4や安値4も失敗に終われば、そのプルバックは新しいトレンドになる可能性があるため、トレードを仕掛ける前にさらなるプライスアクションを待たなければならない。
　高値2や安値2が失敗になる最も大きな原因は、大きいトレンドを無視してそのトレンドラインが強くブレイクされていないのにカウンタートレンド方向の仕掛けを探すことにある。これはクライマックスでの反転のあとによくあることで、トレーダーはすでに効力を失った前のトレンド方向のトレードを探し続ける。しかし、ここでできるのは強いトレンド途上での反転パターンではなく、トレンド方向のセッ

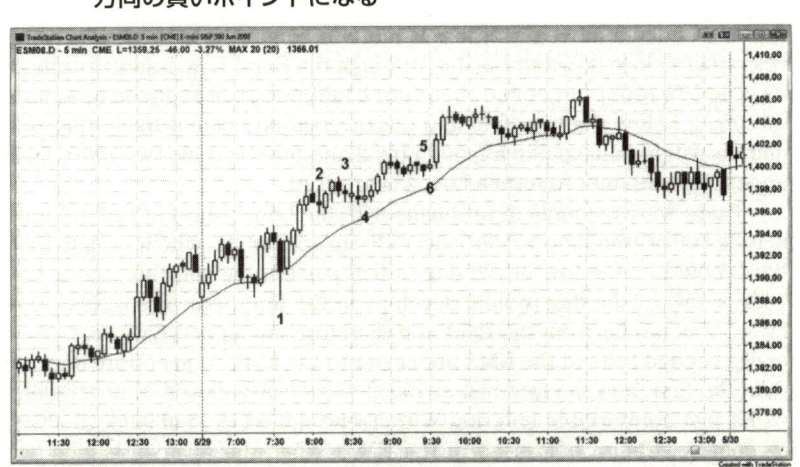

図9.4　上昇トレンドのなかの安値２の失敗の高値は素晴らしいトレンド方向の買いポイントになる

トアップなのである。そして、これが失敗に終わると、ほぼ必ずトレンド方向の仕掛けポイントになる。上昇トレンドでは、安値２の失敗が高値２の買いのポイントになることがよくある。

　トリプルボトムプルバックとダブルボトムプルバックは、どちらも安値２の失敗が買いのセットアップになっている。どちらのケースもマーケットは下降トレンドを継続しようと２回試すが、どちらも失敗に終わる。マーケットが何かを２回試してどちらも失敗になれば、次は反対になることが多い。トレンド派はさらなるプライスアクションを待つが、カウンタートレンド派は自分たちが少なくともスキャルピングができる程度は主導権を握っていることを知っている。

　安値２のセットアップだけで、その前にトレンドラインがうまくブレイクされていなければ、カウンタートレンド方向のトレードを仕掛ける十分な理由にはならない。実際、これはほぼ必ず失敗に終わって素晴らしいトレンド方向の仕掛けポイントになる（例えば高値２の買い）。**図9.4**の足４と足６はその一例だ。ただ、強い上昇トレンドのなかで空売りするときは、その前にベア派がすでに積極的になろうと

339

していることが示されていなければならない。そして、彼らがマーケットを下げようとする２回目の試しを待つ。ちなみに１回目は失敗になることが多いので、そこでは仕掛けない。

図9.5は、下にギャップを空けて寄り付いてダブルトップ（足２）を形成してから安値を更新した。この時点では、足３までの２本のレッグダウンが動きを終えたのか、さらに進むのかは分かっていない（最初のレッグは前日の終値から足１まで）。足４の安値２での空売りはスキャルピングの利益目標に達したためテクニカル的に失敗とは言えないが、トレンドラインを下抜くブレイクと反転によって、マーケットは安値２の失敗に似た動きになる可能性が高く、少なくともあと２本のレッグアップのあと安値４の空売りのセットアップを形成することが予想される。

ただ、足４で安値２の空売りをすることにはいくつか問題がある。まず、その前に足２までの上昇でレンドラインがブレイクされており、これは足３がこの日の安値になり得ることを意味している（つまり空売りには適さない）。１日の高値や安値は最初の１時間程度の間で付ける場合が多いからだ。次に、安値２はEMAから離れすぎているため、良いEMAへの試しとは言えない。通常、２回目のEMAへの試しはもっとEMAに近いか１回目よりも遠くまで突き抜けるが、最初に試した足２のほうが明らかに近い。多くのトレーダーは、プルバック（戻り）がEMAに達するかあと１ティックくらいのところまでいかなければ安心してトレンド方向に仕掛けられない。つまり、そうなる前に反転が始まれば、空売りした人たちが提供するはずだった燃料は期待できないということになる。

足６は安値４のセットアップで、EMAを超える２回目のプッシュアップだった。しかし、この上昇にはたくさんの重なり合う足と数本の同時線があり、これはブル派とベア派がある程度拮抗していて大きく急落する可能性は低いということを示している。つまり、高勝率か

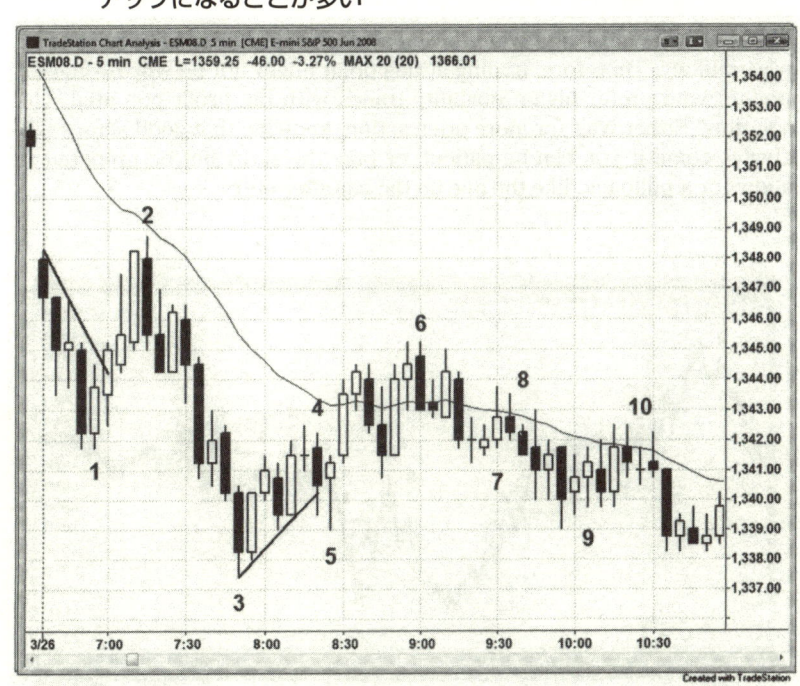

図9.5　下降トレンドのプルバックにおける安値２の失敗は買いのセットアップになることが多い

つ大きな利益が期待できるトレードをしたいならば、この時点で仕掛ける価値はない。それならばどうすればよいのだろうか。それには、焦らなければ良いセットアップは必ずできるということを理解してさらなるプライスアクションを待つか、空売りしつつも仕掛け足のすぐ次の足でプルバックしても大丈夫なように備えておけばよい。

　図9.6の足２は、逆ヘッド・アンド・ショルダーズの安値の右肩を下抜き（安値を切り上げようとして失敗した）、それが下降トレンドを力強く再開させた。

　足３と足４は、ヘッド・アンド・ショルダーズの高値の右肩（高値の切り上げ）を強く上抜いた。

　足１は高値を切り下げた右肩を上抜こうとしたが失敗し、ダブルトップベアフラッグのセットアップになった。

図9.6　ヘッド・アンド・ショルダーズの失敗はトレンド方向のセットアップになることが多い

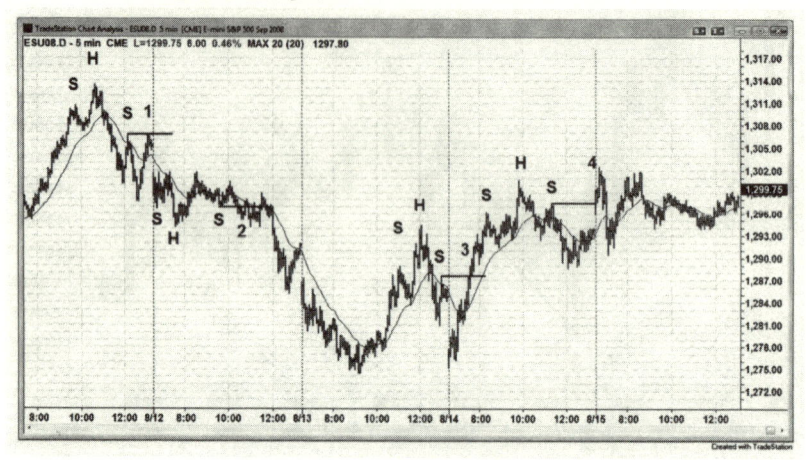

　反転パターンの多くは失敗に終わり、ツーレッグで構成するプルバックの継続パターンになる。ちなみに、**図9.7**のように強いモメンタムの長い足が右肩の水準（線）を下回ったり上回ったりすると、反転を狙ったトレーダーは損切りを強いられ、トレンド方向のトレーダーは安値の切り上げが失敗になったところ（下降レッグ）や、高値の切り下げが失敗になったところ（上昇レッグ）で参入していることが分かる。

高値の切り上げや安値の切り下げのブレイクアウトのダマシ

　マーケットではほとんどの日がトレーディングレンジ日で、スイングの高値や安値のブレイクアウトのダマシにはたくさんの仕掛けポイントがある。また、トレンド日にはスイングの高値や安値がトレンドラインを少しだけブレイクしてから強力な反転足ができると、逆張りのチャンスになる。

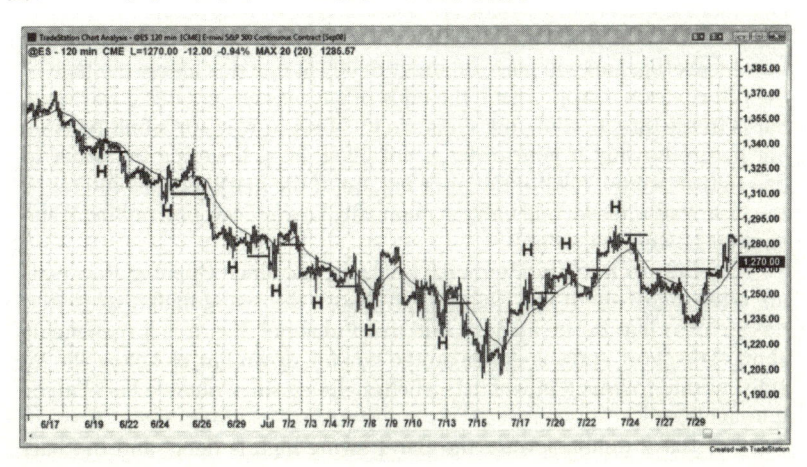

図9.7 ヘッド・アンド・ショルダーズの失敗例

　価格が前のスイングの高値を上抜き、モメンタムがさほど強くなければ、高値を切り上げたときに、前の足の安値の1ティック下に空売りを仕掛ける逆指値注文を置く。もしその足が終わる前に注文が執行されなければ、今終わったばかりの足の安値の1ティック下に仕掛けの逆指値注文を動かす。仕掛けが執行されるまでこれを繰り返していくが、価格がかなり上げてモメンタムも強くなってきたら、空売りする前にさらなるプライスアクションを待ってほしい。例えば、2回目の仕掛けポイント（安値2）や、見かけだけの高値の切り上げ、トレンドラインのブレイクから高値の切り上げにつながるプルバックなどを待つのである。セットアップは大陰線のシグナル足があったほうがはるかに信頼できるため、初心者が逆張りするときはこのような状況に限定して仕掛けるべきだろう。
　同様に、前のスイングの安値を下抜いてダマシになった最初のブレイクアウトは安値を切り下げた買いのセットアップで、前の足の高値の1ティック上に買いを仕掛ける逆指値注文を置く。ここでも、セットアップの足が仕掛けようとしている方向ならば勝率は高くなるため、

図9.8 高値切り上げに失敗したあとの反転は買いシグナルになることが多い

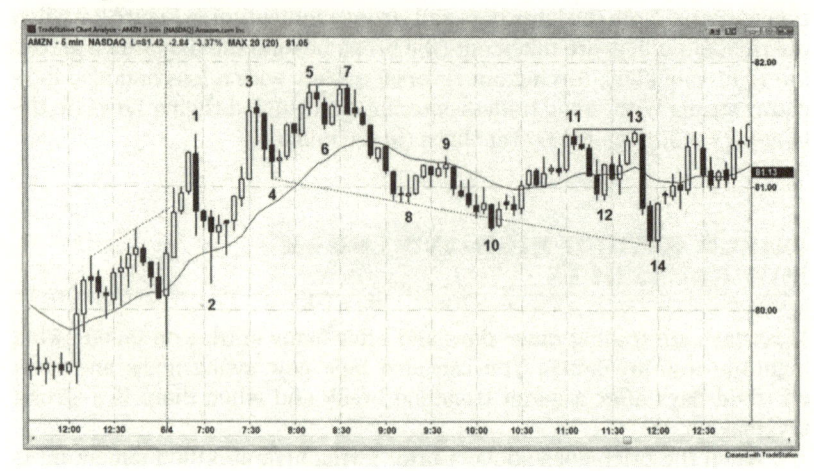

買う前に陽線の反転足を待ったほうがよい。もし注文が執行されなければ、そのたびに前の足の高値の1ティック上に逆指値を動かすが、もし速く大きく下げすぎたときは、形だけでも安値を切り下げた2回目の仕掛けポイントか、プルバックと新たに安値を切り下げたセットアップを待ってほしい。

図9.8の足1までの上昇は力強いが、寄り付きからの反転は急な動きになることが多いことと前日の終値に近いスイングの高値よりも上まで高値を切り上げて上昇トレンドチャネルラインを上抜いているため、ここでの空売りは理にかなっている。空売りを仕掛けるのは陰線の包み足か、そのあとのはらみ足の下だが、包み足は信頼できないこともあるため後者にすべきだろう。

足1のスイングの高値から始まる足2のプルバック（押し）は深いうえ、この日の足はヒゲも長い。つまり、両方向のボラティリティが高いため、ブル派の主導が確定するまではブル派もベア派も活発だと考えておいたほうがよい。この時点で、この日が上昇トレンド日だという確証はないため、トレーディングレンジ日としてトレードすべき

だろう。足3は前のスイングの高値よりも上にあるスイングの高値なので、高値を切り上げている。足3までのモメンタムは、2回目の仕掛けか強い反転足でもないかぎり空売りをするには強すぎるが、もし空売りしていれば26セント下げたため、最低限の利益は確保できたはずだ。

　足5は高値を切り上げた妥当な空売りポイントで、2本の小さいレッグがあるのでなおさらだ（その中間に足4からの最初のレッグの終わりを示す陰線がある）。しかし、実際には18セントしか下げずに上昇に転じた。機敏なトレーダーならば素早く利食えるかもしれないが、普通は4セントで損切りすることになるだろう。

　足7は同じ上昇の一部なので、高値2で2回目の空売りポイントになる。また、足7は足5と1セントの違いでダブルトップになって実質的に不完全なスリープッシュアップパターン（足3、足5、足7）を形成しているため、2本のレッグダウンが期待できる。

　足10は大きな上昇トレンドかもしれないなかで安値を切り下げた2回目のレッグダウンになっている（安値は足2よりも上にあるため、まだ上昇トレンドが横ばいを形成する一連のスイングが続いている可能性はある）。上昇トレンドのなかで2本のレッグダウンになって、特に2本とも水平なEMAを下抜いた場合は、常に良い買いポイントになる。

　足9はその前からの下降レッグの一部ではあるが、足11が足9までのスイングの高値よりも上にあり、高値を切り上げた。前のスイングの高値を上抜くのは強さを示すサインで、トレーディングレンジ日には逆張りできる可能性があるため（そのためにはブレイクアウトがダマシになってフォロースルーがないことを見極める必要がある）、マーケットには、まだここでトレードしようという人たちが残っている（空売りのポジションの損切りの逆指値を置いている人、ブレイクアウトで買うための仕掛けの逆指値を置いている人、新たな空売りをし

図9.9 ブレイクアウトはダマシ

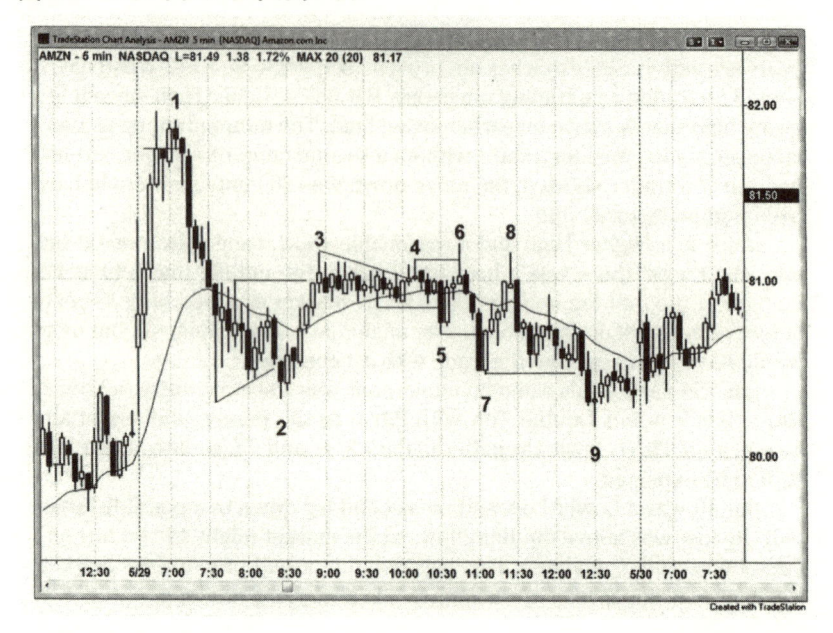

ようとしている人など)。

　足13は足11の1ティック下でダブルトップベアフラッグを形成しているため、空売りのセットアップになっている。これは足10からツーレッグで上昇しており、2本目のレッグは水平なEMAを上抜いている(1本目のレッグは足11まで)。

　足14は、足10までのスイングの安値と足12までのスイングの安値の両方を切り下げている。

　ちなみに、足10と足14からの買いは、どちらも足4～8の下降トレンドチャネルラインのオーバーシュート(価格が重要な価格を超えること)がダマシになったことでうまくいく可能性が高まった。

　図9.9のアマゾン(AMZN)の5分足チャートでは、1本の長大線によってブレイクアウトがダマシになりそうだったが、アマゾンでもこのような日は珍しい。寄り付き後の上昇クライマックスのあとに大きく反転したことはブル派にもベア派にも強さがあることを示してい

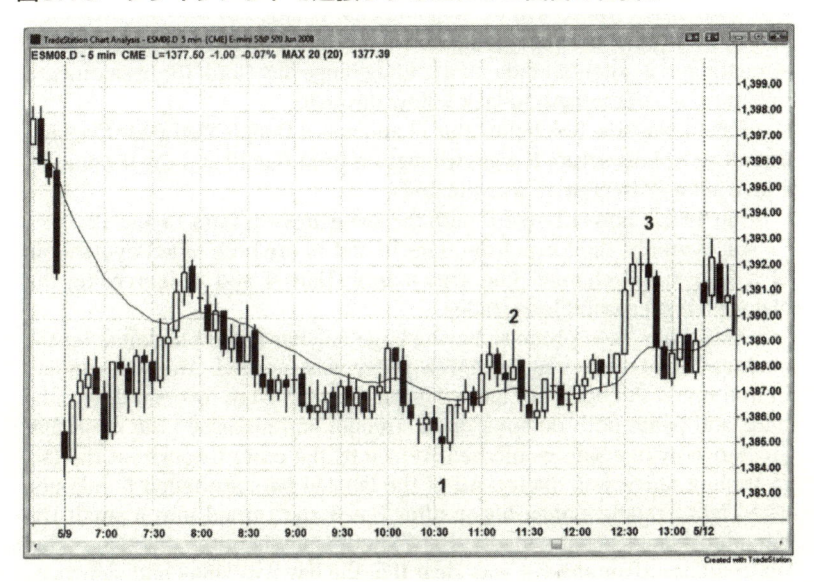

図9.10　ブレイクアウトで逆張りするための２回目の仕掛け

るため、この日は１日中、一方の動きが他方によって押し返されることが続く可能性が高い（つまりトレーディングレンジ日になる可能性が高い）。番号を付けた足はすべてブレイクアウトがダマシになった。足３のあとの狭いトレーディングレンジは足７までの日中の小さい拡大トライアングルを形成したが、トレンドにはなっていなかった。この日のなかごろにはこの日が小さい横ばいの日だということがはっきりしたため、ブレイクアウトのすべてがダマシになる可能性が高まった。

　図9.10の足１、足２、足３はブレイクアウトで逆張りするための２回目の仕掛けになっている。足３の高値までのトレンド足は素早くて出来高も大きく、やっと上昇トレンドが始まったと期待するたくさんのブル派を引きつけた。しかし、動きが少ない日にはこれは低勝率の賭けであり、それよりもブレイクアウトで逆張りするか強力なブレイクアウトプルバックを探すほうがよい。足１の安値のブレイクアウ

図9.11　2回目の仕掛け

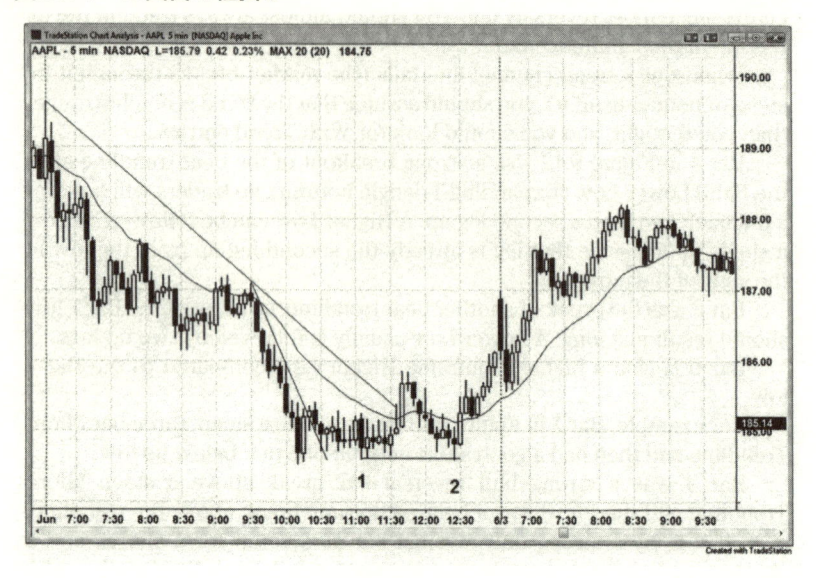

トと足2の高値のブレイクアウトには力がなかったため（ヒゲが長くて重なっている）、どちらもダマシになる可能性が高い。足3までのブレイクアウトは、ブレイクアウトプルバックにはならなかったため、ブル派は低リスクの買いを仕掛けることができず、唯一仕掛けられたのは2回目の空売りだった。

　アップル（AAPL）は、デイトレーダーにとって最も分かりやすい動きをしてくれる銘柄である。しかし、ほかの多くの銘柄と同様に、アップルも時には反転してすぐに損切りの逆指値に達することでトレーダーを落とし穴にはめ、素晴らしいトレードを手仕舞わせることがある。図9.11の足2は足1を1ティック下抜くとトレンドラインをブレイクしてから下降トレンドの安値を試し、次の足で2回目の買いの仕掛けポイントになった。最初の仕掛けは足2の2本前の高値2だったが、その前には5本の陰線があり、再び狭いトレーディングレンジに入っていた。こうなるとさらなるプライスアクションを待つべき

で、狭いレンジを下抜いたブレイクアウトのダマシは完璧だった。特に、ここで追い出された新しい買い方は、すぐに上昇に転じても心理的にすぐには買えないところが良い。しかし、彼らも一足遅れて買ってマーケットを追いかけることになるため、それが上昇スイングの燃料になる。ちなみにここは足1と足2で、ダブルボトムブルフラッグにもなっている。

トレンドラインとトレンドチャネルラインの突き抜け

トレンドラインとトレンドチャネルラインは、しばらく持続したあと価格が反転して、これらの線から離れていくことが望ましい。つまり、そうなればこれらの線はトレンドを適切にカバーしていることになる。逆に言えば、これらの線が価格をきちんととらえていないと、試しがあっても反転しない。ちなみに、トレンドラインのブレイクにはトレンドチャネルラインのブレイクと反対の意味がある。トレンドラインのブレイクは、トレンドが反転しつつあるかもしれないことを意味しているが、トレンドチャネルラインのブレイクは、トレンドが強まって傾斜がきつくなっているということを意味している。

トレンドラインのブレイクはトレンドが反転する最初の段階で、もしブレイクに力があればトレンドの極値を試す可能性は高まる。例えば、下降トレンドラインがブレイクされれば、安値への試しは安値を切り上げたあとか、切り下げたあとに少なくとも2本の上昇レッグが期待できる。

傾斜が急なトレンドラインに1～2本の足でブレイクアウトのダマシがあれば、信頼できるトレンド方向のパターンになるため、多くのトレーダーを引きつける。しかし、信頼できるパターンが失敗になったときは、普通以上に多いトレーダーが落とし穴にはまる。つまり、反対方向にトレードすれば利益が上がるということで、それは急な動

図9.12 ブレイクアウトプルバック

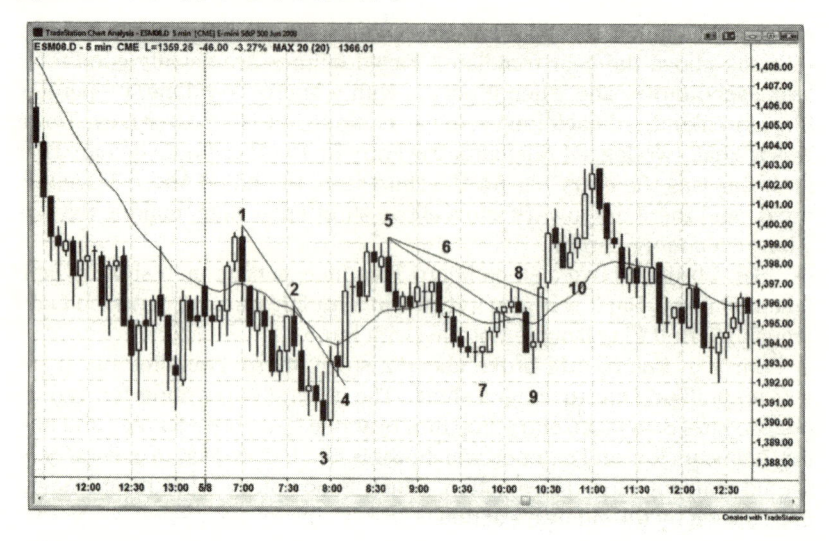

きでトレンドが反転することかもしれない。これは1分足チャートでよくあることだが、ここでの反転はほとんどが失敗になるため、1分足を使ったカウンタートレンド方向のトレードはまったく勧められない。トレードするときは、5分足チャートの方向にしてほしい。

トレンドチャネルラインで反転しないで突き抜けたときは、トレンドが思ったよりも強かったということで、トレンド方向の仕掛けを考えてほしい。

図9.12の足4は足3が安値を切り下げた拡大トライアングルの底のあとに下降トレンドラインを強くブレイクアウトしたため、トレーダーはプルバックとそのあとの2本目のレッグアップを探すことになる。安値を切り上げたあとのレッグは今回の動きではすでに2本目のレッグなので、レッグアップはあと1本ということも十分考えられる。

足8も別のトレンドラインをブレイクしたため、足7の安値を試したところで買いを考える。安値を切り下げると、そのあとに2本のレッグアップが続く場合が多い。

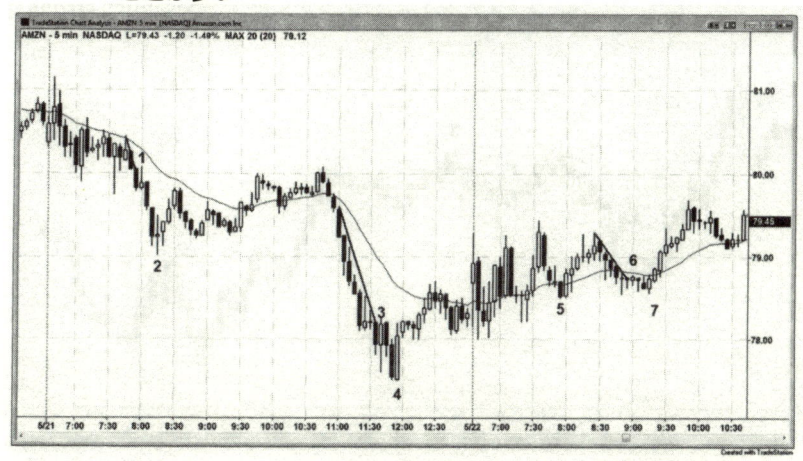

図9.13　1本か2本の足によるトレンドラインへのブレイクアウトがダマシになれば、トレンド方向の素晴らしいセットアップになることが多い

足9は、長い時間枠で見れば、足3の安値を切り上げている。

図9.13では、足1が3本の足による急なミクロトレンドラインを上抜いたため、この足の安値の1ティック下は良い空売りの仕掛けポイントになった。

足3の陽線は強い反転足で、急なミクロトレンドラインを上抜いたため、空売りのセットアップになり（どれほど強力な陽線の反転足でも下降トレンドラインを上抜けば空売りのセットアップになる）、そのあとのはらみ足の安値を下抜いたところで空売りが執行された。足3はｉｉ（ファイナルフラッグの失敗かもしれない）を下抜いた足のあとにあるが、このｉｉはトレンドラインをブレイクしなかったうえにほかにもブル派の強さを示すサインがなかったため、買い方は2回目の仕掛けポイントを待ち、それは足4で訪れた。機敏なスキャルパーならば足4の安値まで29セントもブレイクしたときに多少の利益を上げることができたかもしれないが、これは難しいことなので実質的にはダマシのダマシと言える（下降トレンドラインの上方へのブレイクアウトがダマシになったあとで再びダマシになってスキャルピング

図9.14　トレンドラインへのブレイクアウトのダマシがダマシになる

の空売りのチャンスになった)。ダマシのダマシはツーレッグの動きにつながることが多く、ミクロトレンドラインの場合は安値を切り下げたとしてもブレイクアウトプルバックの買いのセットアップと同じような効果を持つことが多い。足4の包み足で仕掛けたあとに、小さいツーレッグの上昇があった。その前の足は、ミクロトレンドラインのブレイクアウトのダマシによる空売りの仕掛け足で、空売りの仕掛け足の上には必ず損切りの逆指値があるため、足4での買いはさらに信頼できる。

　足6は急なミクロトレンドラインを上抜いて空売りのセットアップになったが、足7はダマシになった。足7はトレーディングレンジのなかの高値2か、強さのない上昇とブルフラッグダブルボトム（足5と合わせて）とも言える。

　図9.14の足1は、急なミクロトレンドラインを上抜いたが、空売りのセットアップになるためのプルバック足がなかった。包み足でトレードするときは高値の1ティック上か安値の1ティック下に仕掛けの逆指値注文を置いて執行されるのを待つ。しかし、普通はもう少し

プライスアクションを観察すべきである。実際には多くの人がまったくの様子見を決め込んだので、マーケットは横ばいになった。

足2はトレンドラインを上抜こうとする2回目の試しなので、妥当な買いの仕掛けポイントになった。ちなみに、このとき足1周辺の狭い横ばいは気にしなくてよい。この仕掛けは、実質的に足1がミクロトレンドラインを上抜いたあとのブレイクアウトプルバックの買いポイントになっている。次の3本の足がプルバックしようとしたものの失敗した（3本とも同じ安値で、どれも前の足の安値を下抜くことができなかった）ことで、ブル派がその存在感を示した。

図9.15の足4は、足2～3のスリープッシュダウンを終わらせてから足1～3の下降トレンドチャネルラインで反転した。しかし、マーケットは上昇しないで横ばいになった。ブル派も力強くはないが、ベア派も強すぎるわけでもなかったようだ。クライマックスなパターンが失敗に終わってカウンタートレンド方向のモメンタムが生まれれば、マーケットを読み違えて間違った方向のトレードを探していたのだと思ったほうがよい。

足8は最初は陽線の反転足だったが、最後の数秒で急落して陰線になった。熱心なブル派は、最初はこれがウエッジの底と2本の下降トレンドチャネルラインで上げに転じる足になると思っていたが、結局2本の下降トレンドチャネルラインが下抜かれると、みんなはさらなる下げを考えるようになった。このことは、ウエッジでの反転が失敗になったあとの一連の陰線で確認できる。上昇していた反転足が崩れて陰線に変わると、下降トレンドチャネルラインで上昇に転じると思って早めに買った人たちが追い詰められる。マーケットの動きを観察していれば、それを見越して空売りすることができる（このようなときは必ず現在の足が終わって次の足で反転を確認するまで待つことが大事で、足が完成する前に先走って仕掛けてはならない）。ただ、そのことを知らなくても下降トレンドチャネルラインをブレイクした足

図9.15　ウエッジの失敗は少なくともメジャードムーブになることが多い

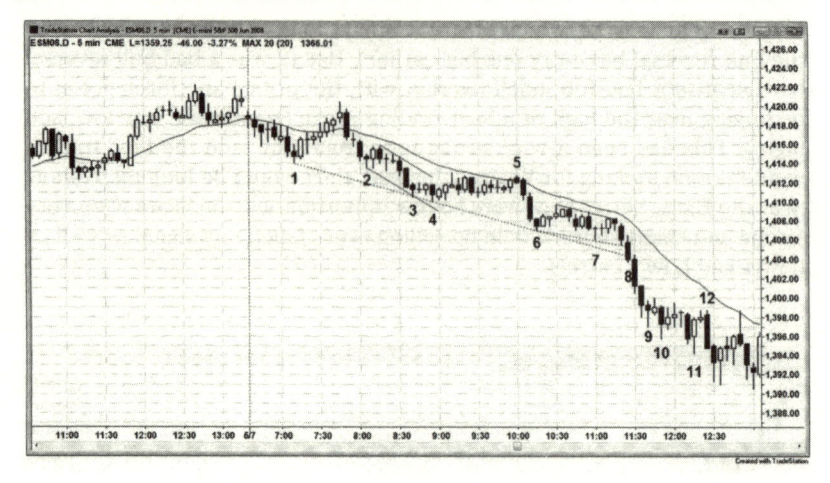

の安値の1ティック下で空売りするのは賢いトレードと言える。

　足11もスリープッシュダウンのパターンだが、いくつもの同時線と重なり合う足があるため、買うには2回目のシグナルが必要だ。空売りにはバーブワイヤーの高値近くの小さい足を探さなければならない。例えば、足12は明らかにその1本前の陽線の反転足で買った人たちを落とし穴に落とした。この足はそれまでの足と重なる部分が多く、下降するトレーディングレンジの高値で買わざるを得なくなるため、上昇への反転足としてはよくない（安く買って高く売る、を忘れてはならない）。この日は非常に強力な下降トレンド日なので、優れたトレーダーはウエッジは探さない。それよりも、彼らはEMA近くで空売りしようとする。この日はチャンスがあまりなかったため、ベア派が強いなかで賢い空売り派は買いシグナルがダマシになったり、安値1と安値2で売っていた。

　図9.16の足3は急なミクロトレンドラインを上抜いて空売りのセットアップになった。しかし、トレンドラインのブレイクアウトのダマシが2本先の足4で再びダマシになり（実際にはスキャルピングの

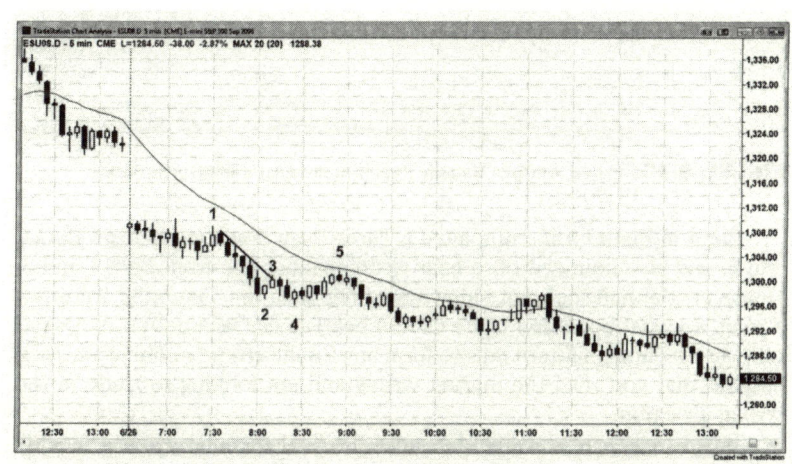

図9.16 トレンドラインへのブレイクアウトのダマシがダマシになった

利益は出ているので厳密に言えばダマシではない)、ダマシのダマシは常に良いセットアップになる（ここではブレイクアウトプルバックの買いのセットアップになった）。

図9.17には強いトレンドがあるが、トレーディングレンジ日に売られすぎていると思いこんでいれば（スパイク・アンド・チャネル・パターンのチャネルは常にそう見える）、トレンドチャネルラインと反転の可能性ばかりに注目してトレンド方向への空売りを見逃すことになる。しかし、線を描くまでもないほど明らかで強い反転があるまでは（例えば前日の安値で反転し、足4、足5、足6でスリープッシュダウンパターンになった足6）、忍耐強くトレンド方向のトレードだけに集中してほしい。自分が起こると信じていることに基づいてトレードしてはならない。たとえ不可能に見えたとしても、あくまで起こったことに基づいてのみトレードしてほしい。

図9.17 複数のトレンドチャネルラインを描いているときは信じられないことが起こっていることへの不安から目の前の出来事が正確に見えなくなっている

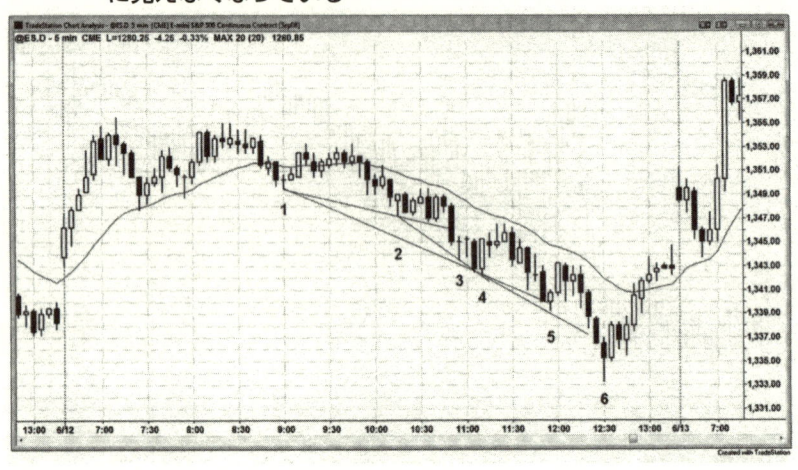

反転の失敗

　すべてのパターンは、どれほど良く見えたとしても失敗に終わることがある。そして、失敗に終わると追い詰められたトレーダーたちが損切りを強いられ、それは仕掛け足かシグナル足の1ティック先であることが多いため、賢いトレーダーにとってはそこが低リスクのスキャルピングのチャンスになる。追い詰められたトレーダーたちが損切りの逆指値を置いているところに合わせて仕掛けの逆指値注文を置けば、彼らが逃げ出すところで仕掛けることができる。そして、彼らはしばらくは同じ方向に仕掛けようとはしないため、マーケットはあなたが仕掛けた方向にだけ動き、少なくともスキャルピングはできるし、うまくいけばツーレッグにもなり得る。

　こうなるとたいていはトレード可能だが、失敗に終わる場合に備えて必ずポジションの一部をスキャルピングで利食い、損切りの逆指値をトントンになるところに動かしてほしい。

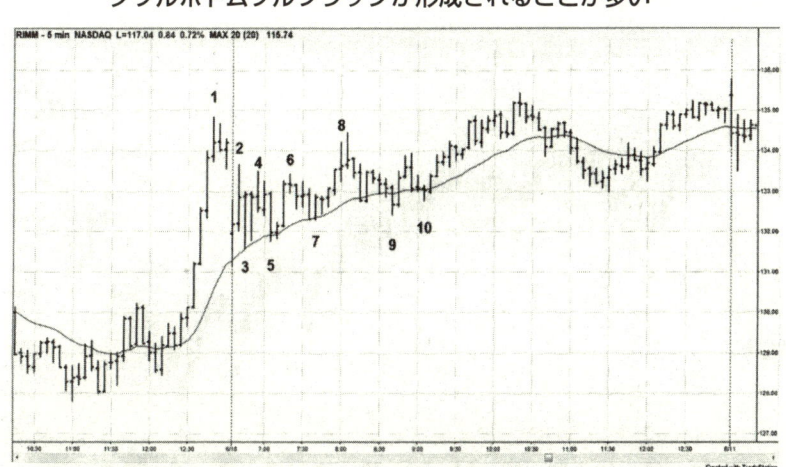

図9.18 株価チャートには最初の1時間にダブルトップベアフラッグやダブルボトムブルフラッグが形成されることが多い

図9.18では、足2と足4がダブルトップベアフラッグを形成したが失敗に終わり、そのあと足3と足5がダブルボトムブルフラッグを形成した。

そのあとマーケットは足4と足6のダブルトップベアフラッグで反転したが、買いトレードで70セントの利益が出たはずだ。この時点で、マーケットがトレーディングレンジを形成していることは分かっており、トライアングルになる可能性が高い。

足7も失敗に終わったが、強い動き(足1までの上昇)のあとのトレーディングレンジは通常継続パターンで、足3、足5、足7はすべてEMAが支持線になっているため、良い買いポイントに見える。価格が上昇するEMAの上で推移しているときに前の足がEMAに達したら、その高値の上で買うことを考えてほしい。終値の方向がトレードしようとしている方向ならばなおさらだ。

足9までの下落は足8から7本も続き、ブル派の強さは見えなかったため、足9が足7の安値を切り上げても、ここは2回目の仕掛けを待つほうがよい。

図9.19 ダブルボトムブルフラッグの失敗

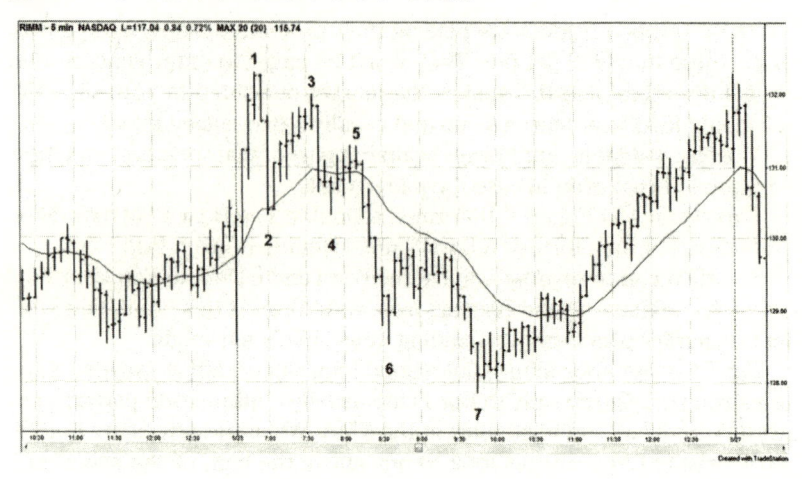

　足10のブレイクアウトプルバックはミクロトレンドラインを上抜いたのでブレイクアウトがダマシになった（ここで空売りしてもスキャルピングしかできなかった）あと、２回目の完璧な買いポイントで、足10はダマシのダマシになった。

　図9.19の足４はダブルボトムブルフラッグのセットアップだが、足５のM2Sブレイクアウトプルバックで失敗に終わってツーレッグダウンにつながった。ここはM2Sで空売りするか、足４の安値の１〜２ティック下に逆指値を置いて売ればよい。マーケットが同じ試しを２回して（足２の安値からの急騰）、それがどちらも失敗に終わったときは、反対方向に向かうことが多い。

　図9.20の足５と足11はどちらも逆ヘッド・アンド・ショルダーズの右肩で、これはたいてい失敗に終わるし、ここでも実際そうなった。この形だけではカウンタートレンド方向のトレードを仕掛ける十分な理由にはならない。反転パターンの前にカウンタートレンド方向の力を示す何らかの動きがなければならないのである。ただ、それがあったとしても、そのトレードが成功するという保証があるわけではない。

第9章 小さな反転──失敗

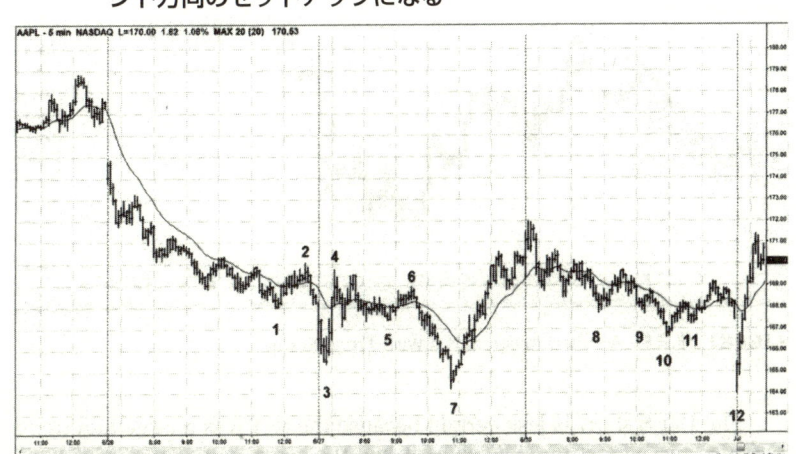

図9.20 ヘッド・アンド・ショルダーズのほとんどは失敗になってトレンド方向のセットアップになる

　足2はトレンドラインをブレイクし、足4までの上昇も力強かったが、足2の高値を超えられなかったことは弱さのサインでもある。賢いトレーダーのほとんどは足5のダブルボトムブルフラッグで買ったあとに足6の失敗を見て空売りに転じることはしないが、損切りの逆指値をトントンになるところに動かす。このトレードは、損切りの逆指値に達したとしても良いトレードで、もし逆指値を超えればブレイクアウトプルバックの買いのセットアップになる。今回は逆指値に達し、マーケットはそのまま下げ続けた。足5を下抜くブレイクアウトのすぐあとにできた1本の足のブレイクアウトプルバックは、素晴らしい空売りポイントになった。

　足11の右肩は買いポイントだったが、ここでもトントンの損切りの逆指値に達した。

　図9.21の足2と足6までの下げはメジャーなトレンドラインをブレイクしたため、前の高値を試すツーレッグの動きは空売りの良いセットアップになるはずだ。足3の安値2での空売りは、足3の下からでも、その2本あとの2回目の仕掛けポイントからでもうまくいった。

図9.21　反転の失敗はトレンド方向のセットアップになる

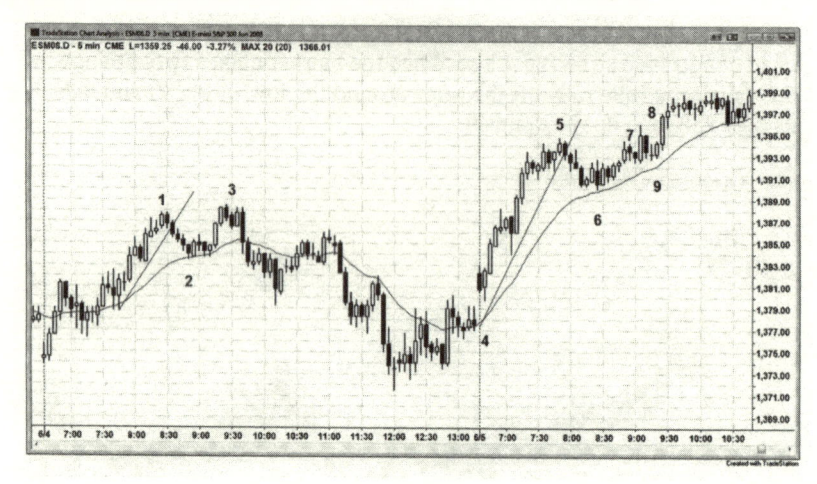

　足8の空売りは、試しが大陽線の包み足（安値が前の足と同じなのでかろうじて包み足になっている）だったため、あまり信頼できない。通常、包み足のあとは足の両端の1ティック先に仕掛けの逆指値注文を置き、ブレイクアウトした方向にトレードする。しかし、包み足は基本的に1本の足のトレーディングレンジで、トレーディングレンジでのブレイクアウトの仕掛けはほとんどがダマシになる。つまり、これは長い足の反対側でリスクが大きすぎるため、包み足をブレイクアウトしたところで仕掛けることはほとんどない。

　もしはらみ足をブレイクアウトした足8で空売りしていれば、この同時線、つまり確信が持てない足が終わった時点で心配になっていただろう。しかし、3本以上の横ばいでそのなかに1本以上の同時線があるバーブワイヤーは不確定要素が多すぎるため、ここで空売りした人はほとんどいない。包み足の前の2本の足は同時線と同じとみなしてよいほど小さいため、ここはさらなるプライスアクションを待ったほうがよい。しかし、足8で空売りしなかったならば、仕掛けた人の多くが仕掛け足が同時線になったことでポジションを心配していると

考えてほしい。つまり、彼らは追い詰められて急いで手仕舞うことになる。彼らが買い戻すのはおそらく仕掛け足8の1ティック上で、そのあとはプライスアクションが改善するまで再び売ろうとは考えない。売り方がいないマーケットで買い戻しが進めば、彼らが逃げ出すところ（空売りの仕掛け足9の1ティック上）で買えば良いスキャルピングになるし、ツーレッグアップになる可能性も高い。ここは足9の間に同時線はらみ足の1ティック上で買うか、足9が陽線になって買いの良いシグナル足になってから足9の上で買えばよい。

ファイナルフラッグの失敗──狭いトレーディングレンジ

　長く続くトレンドには、数本の足が横ばいになる水平のフラッグが形成されることが多く、それがトレンドラインをブレイクしてから新しい極値を付けたすぐあとの足2～3本の間に反転する。このファイナルフラッグの失敗のブレイクアウトはトレンドの最後にできることが多く、そのまま反転につながることもある。そして多くの場合、トレード可能な長いカウンタートレンド方向の動きがあり、少なくとも2本のレッグが期待できる。ここでカギとなるのはフラッグがたいていは水平に近くなることで、ｉｉパターンのような単純な形になることもよくある。

　水平になった部分は両方向のトレードが行われているところで、買い方と売り方が拮抗しているため、小さい上げ下げがあっても価格は磁石のように中心か反対側に引き寄せられる。例えば、しばらく上昇が続いたあと、ブル派が主導権を握ってマーケットを引き上げると彼らは急いで利食い、ベア派は前のトレーディングレンジ（フラッグ）で両側の力が拮抗していたので、そこを試すと確信している。通常、ブル派は少なくともツーレッグの調整がフラッグを大きく下抜くまで

図9.22 ファイナルフラッグの失敗

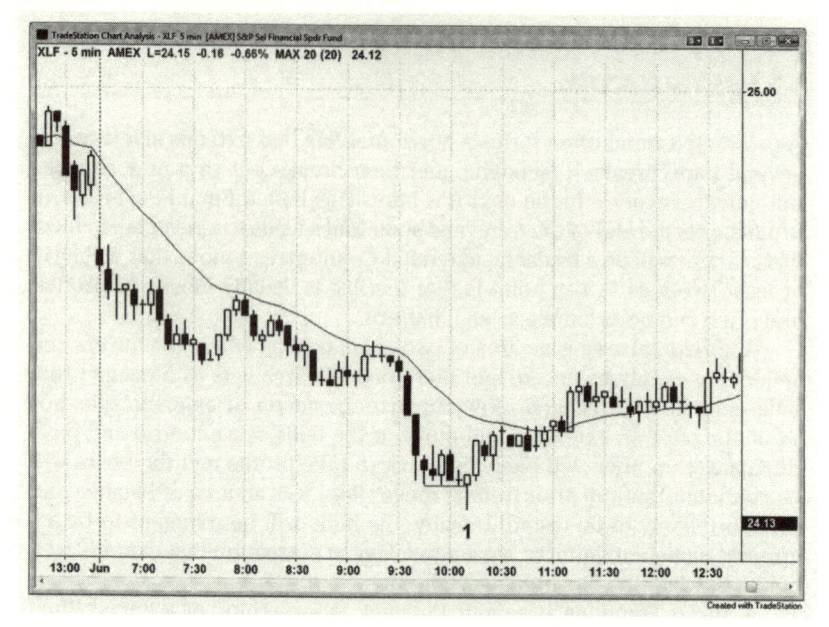

は(フラッグのブレイクアウトがダマシになるまでは)積極的に動こうとはしない。

　ミクロトレンドラインのブレイクアウトプルバックは、ファイナルフラッグの失敗と似ている。例えば、ミクロトレンドラインを上抜いてから下げに転じても下げが足１～２本で終わってしまえば、トレンドラインを上抜いたことは実質的に最後のベアフラッグの失敗と同じになる。

　ファイナルフラッグの失敗による反転は、さらに大きいフラッグに発展してウエッジになることもある。例えば、上昇トレンドでのファイナルフラッグの失敗は、フラッグの最初のレッグがウエッジの最安値の足になる。そして２本目のレッグが反転してフラッグの安値を下抜く。そのあとは２本以上のレッグで下落する。これは前よりも大きいブルフラッグで、上方のブレイクアウトにつながることが多い。このフラッグは大きいファイナルフラッグの失敗に終わる場合もあれば、

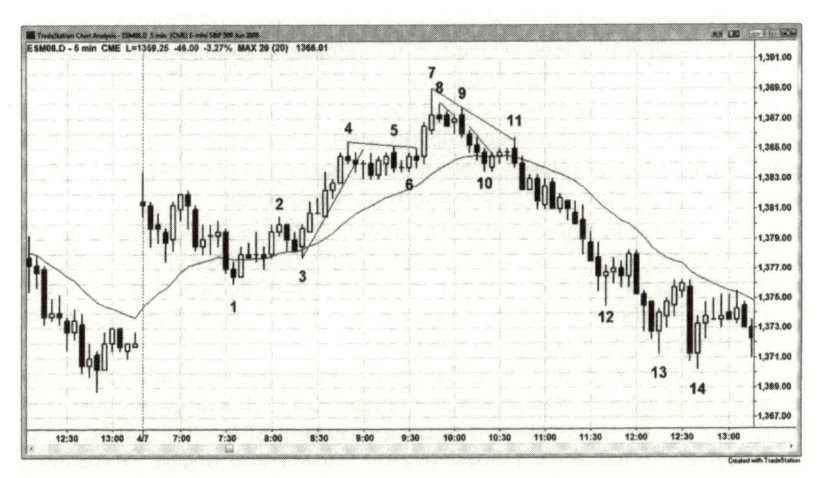

図9.23　ファイナルフラッグの失敗

大きい上昇トレンドの継続パターンになることもある。

　図9.22の足1は寄り付きからの2本のレッグダウンの終わりなので、この日の安値になる可能性がある。これは長引いていた横ばいのベアフラッグをブレイクしたため、ファイナルフラッグの失敗になって上昇に転じる可能性もある。足1は良い反転足で、ファイナルフラッグの失敗による買いのトリガーになっているため、多くのトレーダーが少なくともツーレッグアップを期待している。

　図9.23では寄り付きの足を上抜いた足4に強さがあり、それが狭いトレーディングレンジの形成につながった。このようなところが上昇の中間になることはよくある。ここではフラッグの強いブレイクが2本目にレッグアップした足7まで上昇した（1本目は足5まで）。フラッグからのツーレッグの動きは、やはりツーレッグで構成される重要な反転のセットアップになることが多い。足6はブレイクアウトプルバックの買いと見るのではなく、まだ水平パターンの一部で足5の高値からの最初のレッグダウンの終わりと考えることもできる。足6のあとの陰線は2回目のレッグダウンで、この高値の上での買いは

上昇トレンドのなかの2回の下げの試しが失敗に終わったあとなので理にかなっている。トレードするときは、マーケットで起こっていることを常に考えておかなければならない。

足10までの下げもツーレッグで構成されているが、カウンタートレンド方向の足は足9の1本しかなかったため、これは2本の大きいレッグのなかの1本目である可能性が高い。

この足9の中断は、最初のレッグの終わりにしては十分な強さがなかった。いずれにしても、もし空売りしたのに自信がなければ、損切りの逆指値をトントンに動かせばよい。また、トレンドの初めにある包み足はトレンドの本当の始まりと考えるべきで、そのあとには少なくとも2本のレッグダウンが続くことが多いため、足10のあとの高値2は実際には高値1となる。また、これはミクロトレンドラインの空売りポイントなので、その意味でも安値1と言える。

足11は損切りの逆指値には達せず、EMA上の高値2のM2Bも失敗になって（機能的には高値1なので予想できたこと）、強い下降トレンドにつながった。賢いトレーダーは高値2は実質的な高値1だと見ていたため、これが失敗に終わることは簡単に予想できた。また、トレンドラインがブレイクされたあとに足7が高値を切り上げた時点で、このトレンドは下降すると予想できるはずだ。賢いトレーダーは高値2で買おうとはしないし、包み足のあとや2本の明らかなレッグダウンが予想されるならばなおさらだ。あとから見れば、足4のトレーディングレンジは足1から始まった上昇トレンドでのファイナルフラッグの失敗になったが、賢いトレーダーならばこの可能性を考えて空売りの一部をスイングしていたはずだ。

ファイナルフラッグの失敗──巨大なトレンド足

ファイナルフラッグは、足1～2本で構成されているときもある。

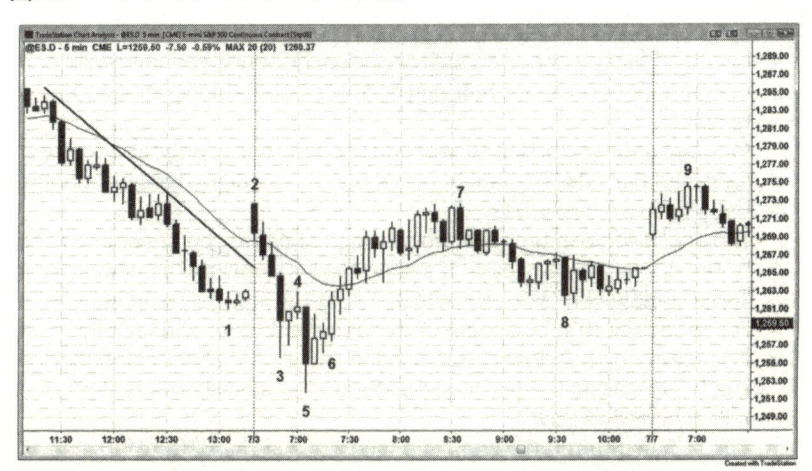

図9.24　ファイナルフラッグの失敗

これはマーケットの動きが速くて異常に大きいトレンド足ができているときによくある。小さいフラッグからのブレイクアウトは足1～2本あとで反転することが多く、これはたいてい1時間以上続くツーレッグのプルバックになることが多い。これはトレード可能なカウンタートレンド方向のセットアップだが、必ずしもトレンドの反転につながるわけではない。大きいトレンド足が示す強いモメンタムのあとには、トレンドの極値が試されることがよくある。

図9.24の足3は、下降トレンドラインを寄り付きで上方にギャップを空けて上抜いたあとの3本の強力な陰線のあとにできた巨大な陰線である。下降トレンドラインのブレイクは、下降トレンドの安値である足1を試す売り方が同じ水準で再びダマシに遭うことを警告している。

足4は小さいベアフラッグからの空売りのセットアップで、ミクロトレンドラインの安値1だった。ここまでの売りのクライマックスと前日のトレンドラインのブレイクを考えれば、これがファイナルフラッグになって下降トレンドの安値である足1を試したあとは上昇に転

図9.25 ファイナルフラッグの失敗

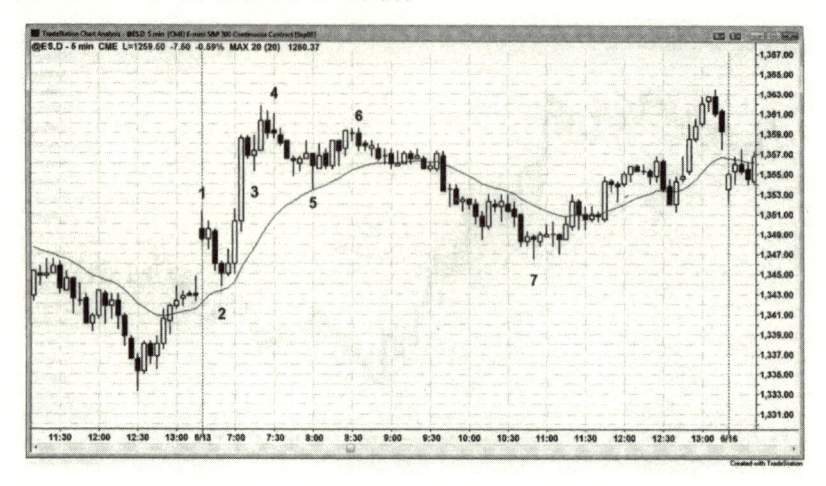

じると期待できる。

　足5も大陰線で、足6はⅱの買いの仕掛けポイントになっており、少なくともツーレッグアップで1時間は続く上昇が期待できる。ⅱの足はどちらも上げて終わっているため、買いトレードの勝率はさらに高くなる。2本目のレッグは翌日の足9までだった。大陰線に下落のモメンタムの強さを見た人たちがマーケットを押し下げるため、たいていは1～2日のうちに安値を試すことになる。ここには示していないが、実際にはこの日の後半に足9の高値から下げて、足5の安値を大きく超えた。

　図9.25の足3は巨大かつクライマックスの買いでの陽線のあとにできた2本足のプルバックなので、ファイナルフラッグになるかもしれない。また、足4は前日の安値から始まった2回目のレッグアップかもしれない（最初のレッグの終わりは足1）。

　足4はファイナルフラッグの失敗でⅱの空売りセットアップになっており、ツーレッグの長めの調整につながることが期待され、実際にもそうなった。足3のブルフラッグはファイナルフラッグになり、

ブレイクアウトのダマシのあとに足4で下げに転じた。ｉｉパターンの2本目の足が陰線になったことは、空売りを狙っているときには望ましい。ちなみに、最初の足も下げて終わってはいるが、2本目の足のほうが直近の動きなのでより重要だ。

足4の高値までの強いモメンタムによって、この日の後半にマーケットは再び上げてトレンドの極値を試した。

足3～5は大きいウエッジ型のブルフラッグに発展した。足3が最初のプッシュダウンで足5が3回目である。ちなみに、足5の3本前の足が2回目だ。そのあと、この小さい下げのなかでマーケットは小さく上方にブレイクしてウエッジ型のブルフラッグを形成したが、足6で高値を切り下げて、失敗に終わった。ウエッジフラッグは長めの上昇につながることもあれば、大きいファイナルフラッグの失敗に終わることもある。

ウエッジの失敗

ウエッジは、トレーダーが熱心にカウンタートレンド方向に仕掛けようとしているときは失敗に終わることが多いため、トレンドラインがはっきりとブレイクされたり、カウンタートレンド方向の強さを確認したりしないでも、最初に小さなスリープッシュパターンができたらすぐに逆張りしてほしい。スリープッシュだけで、特にそれが小さければ、その前にトレンドラインのブレイクや重要なトレンドチャネルラインのオーバーシュートと反転がないかぎり、トレンドが反転することはほとんどない。これらのウエッジはトレンド方向のセットアップとみなすべきで、賢いトレーダーはカウンタートレンド派が損切りするのに合わせてトレンド方向に仕掛ける。

ウエッジが反転したあとでその反転が失敗になることがあり、そうなると、トレンドは再開してブレイクアウトのダマシによって極値を

図9.26 ウエッジの反転の失敗はトレンド方向のセットアップになる

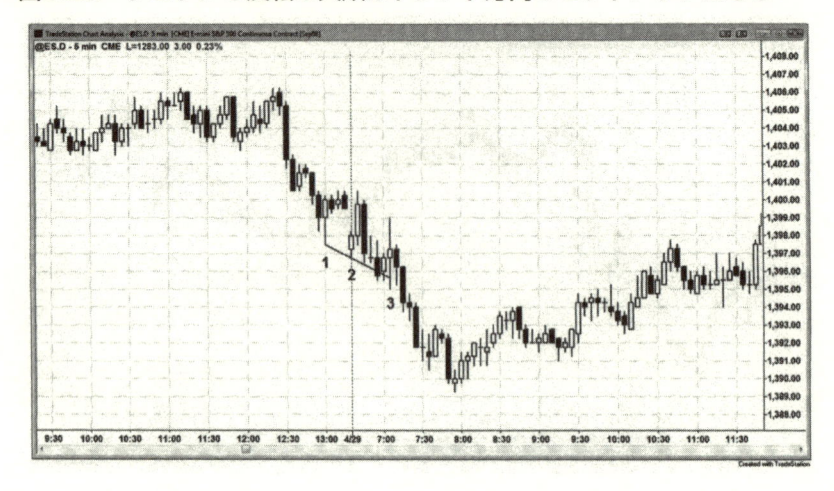

更新する。これはダマシのダマシで2回目のシグナルになるため、少なくともツーレッグの調整が期待できる。例えば、もし上昇トレンドのウエッジの高値のあと少し下げてから鋭く反転して新高値を付けにいくが、それに失敗すると、ブル派がその価格帯を上抜こうとした2回目の失敗なので、次は強く下落する可能性がある。通常、最初のウエッジからの下げはトレンドラインをブレイクし、新高値までの動きは高値を切り上げて上昇トレンドの天井を試すため、空売りのセットアップになる。

　図9.26ではウエッジの反転が形成されかけたが、足3は3本連続で重なり合っているうえに同時線でもある（バーブワイヤー）。これは安値を拒否するのではなく受け入れているということで、上げに転じる可能性は低い。陽線の包み足の仕掛け足3は、スリープッシュだけを見て下降トレンドチャネルラインを大きくオーバーシュートしていないことを見落としたブル派を落とし穴にはめた。ウエッジはクライマックスな反転の一種なので、効果を発揮するためにはクライマックスな動きが必要となる。そのため、ここでは重なり合う足（トレー

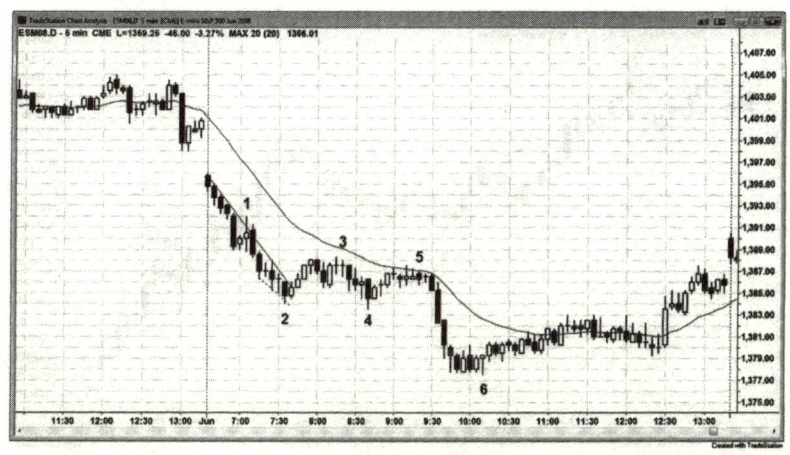

図9.27　前にトレンドラインがブレイクされていなければ、ウエッジの反転は失敗に終わると考えたほうがよいため、逆張りしてはならない

ディングレンジやベアフラッグ）ではなくスパイクダウンしていなければならない。

　ウエッジが失敗に終わったとき、その動きはたいていはウエッジの高さとほぼ同じメジャードムーブになる。ここでは、足3の下の下げ幅が足1のあとのウエッジの高値から安値である足3の安値までと同じくらいになっている。

　図9.27は、下方にギャップを空けての寄り付きから下降トレンドになっている。熱心なブル派は、足2のウエッジの反転がツーレッグダウンの終わりで、足1もトレンドラインをブレイクしたという理由で買うことを正当化している。しかし、足1のトレンドラインへのブレイクはダマシになり、ブル派が主導権を握ったことを示すわけでも強いモメンタムがあることを示すわけでもない。はらみ足の上の足2のウエッジの買いポイントで仕掛ければスキャルピングはできるが、それ以上の利益は難しいだろう。寄り付きから足2までの下降ミクロトレンドラインは、ベア派の強さを示すサインである。足2までの下げの間に意味のあるブレイクや上方のモメンタムはなかったため、こ

図9.28　事前にトレンドラインがブレイクされていないウエッジは反転のセットアップではない

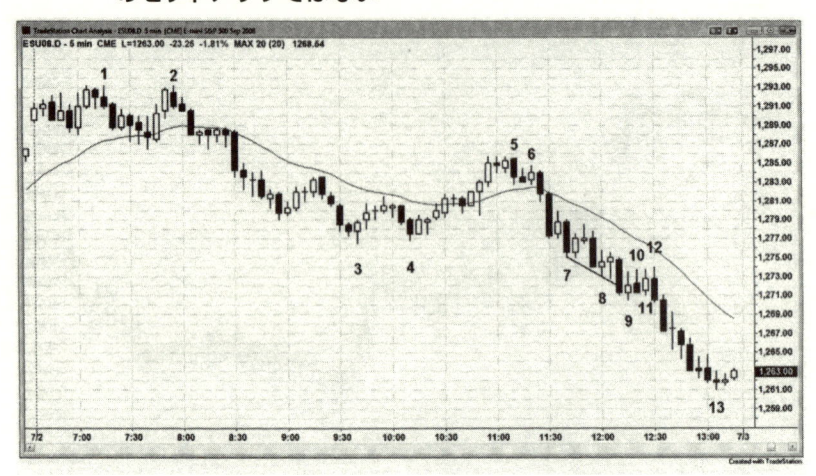

れは2本の小さい足で構成される1本のレッグと見たほうがよい。つまり、大きく上昇する前に、下降トレンドラインがブレイクされて2本目のレッグダウンがある可能性が高い。

　そのあと、足3で安値2の空売りポイントができた。この小さい上昇はトレンドラインをブレイクしたため、買い方が新安値を付けるのを失敗したときにスキャルピングしようと思えば足4でそのチャンスはあった。しかし、上昇への強い反転足がないなかで、この買いは失敗する可能性が高いし、実際に足5はM2Sの空売りポイントになった。そして、そのあとの2本目のレッグダウンは、1ティックだけブレイクしてダマシになった足6のファイナルフラッグの失敗で終わった。

　この日は寄り付きからの下降トレンドという最強の下降トレンドのひとつなので、賢いトレーダーは無理をしてでも空売りを仕掛け、買おうとはしない。

　図9.28の足9は、下降トレンドチャネルラインをオーバーシュートして反転してから3回目のプッシュダウン（ウエッジ）になった。

しかし、この足は前の足と重なりすぎていて終わり方も弱かったため（実体が小さい陽線）、強力なシグナル足ではなかった。つまり、売られ過ぎに対する明確な拒否は見られない。このようなときは、買うとしてもその前に２回目の仕掛けを待つほうがよい。さらに、足5からの下げにブル派の強さは見られなかったため、買いを探すべきではない。

　足10は、ウエッジで買った人にとって１ティックだけブレイクアウトしてダマシになった。これは横ばいの３本目の足で、賢いトレーダーには下降トレンドのなかのトレーディングレンジが見え始めている。ちなみに、これは通常は継続パターンだ。重なっていた足は、マーケットが安い価格を拒否せずに受け入れていることを意味している。下降トレンドで買うときには、これが拒否されるサインを確認してからにしなければならない。マーケットが行きすぎて調整に入っているという考えに基づいてトレードしては負けになる。トレンドは、ほとんどのトレーダーが想像するよりもはるかに長く続くのである。

　ここでは足11の安値１で空売りすることも可能ではあるが、トレーディングレンジということを考えれば賢いトレーダーはブル派に対する強力な落とし穴がないかぎり、安値で空売りはしない。そして、それが２回目の１ティックだけブレイクアウトしたダマシだった。また、ウエッジは２回上昇を試すため（ツーレッグアップ）、ウエッジが失敗に終わったとき（例えば足９の安値を下抜いたとき）や、２回上昇しようとして失敗したとき（足12の安値２の空売りポイント）は空売りしかすべきではない。

　足12は３回連続の１ティックだけブレイクアウトしたダマシになったが、今回はその前にツーレッグアップ（足9と足11）があり、安値２の空売りポイントになった。賢いトレーダーは、ベアフラッグのなかの安値２なのでここで初めて仕掛ける。今回はウエッジで上昇に転じようとする２回の試し（足10と足12）がどちらも失敗に終わったこ

とが特に良い。これはウエッジからのツーレッグアップで、明らかに弱い動きだ。また、3回続けて1ティックだけブレイクアウトしたがダマシになることは非常にまれなため、次はうまくいく可能性が高いし、トレンド日のトレンド方向ならばなおさらだ。

ただ、ウエッジが間違いなく失敗になった足9まで待って、その安値の下で空売りすることもできる。このブレイクアウトでの大商い（1分足チャートで1万4000枚だった）は、多くの賢いトレーダーがこの時点まで待って空売りしたことを示している。

ただ、ダブルトップがブレイクされたあとにはみんなこの日がトレンド型のトレーディングレンジ日だと気づいているはずだ。このような下降トレンド日には両方向にトレードするほうが安全だが、買いはカウンタートレンド方向なので、足3や、足4の2本先の足（2回目の買いポイント）のように強力なセットアップでなければ仕掛けてはならない。

買うときには事前にトレンドラインがブレイクされなければならないし、反転足もあったほうがよい。ここではトレンドチャネルラインがオーバーシュートされて反転したら買おうとしているが、反転足9には強さがないため、2回目の買いポイントまで待ってもよい。そして、その2回目が足12だが、これは4本足のトレーディングレンジの高値で買うことになり、ベアフラッグの高値で買ってはならないというルールに反している。この2回目の仕掛けポイントがダマシになるとベア派が主導権を握ったため、ここでこそトレードしなければならない。買いのセットアップを正当化するために無駄なエネルギーを割いている場合ではないのである。

図9.29の足1、足2、足3は、ウエッジの反転になっている。足4がトレンドラインを上抜いたが、安値を切り下げて足3の安値を試した。ときにはウエッジが失敗になることもあり、その失敗がダマシになれば安値は切り下がる。しかし、その前に足4でトレンドライン

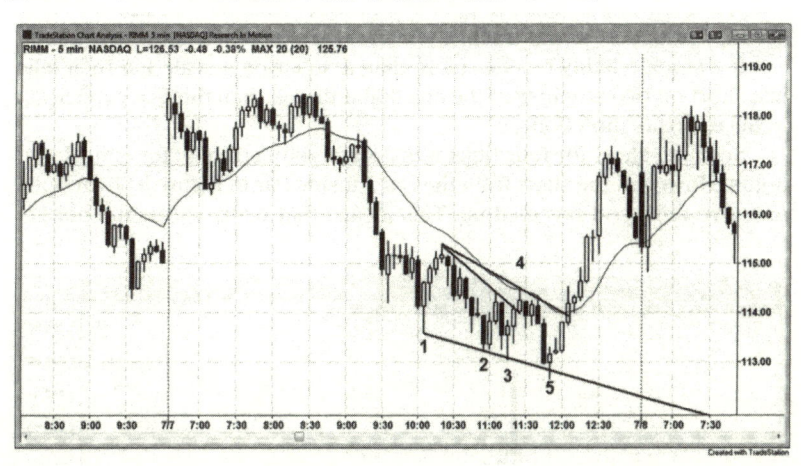

図9.29　ウエッジの失敗の失敗（失敗が失敗になった）

がブレイクされているため、この安値の切り下げは反転している。そして、足5はさらに大きいウエッジの底になってこれを終わらせている。

スキャルピングの失敗──5ティックのブレイクアウトのダマシとスキャルパーの利益目標に届かないケース

　Eミニでは、4ティックのスキャルピングが非常によく行われている。トレンドがあれば、スキャルピングで連続して勝てる場合があるが、指値の決済価格に達したのに執行されなければ、この5ティックのダマシはモメンタムが衰えてきたサインと言える。このようなことは、1分足や3分足チャートでもよく見られる。4ティックのスキャルピングが成功するためには6ティックのブレイクアウトが必要なため（仕掛けの逆指値に1ティック、利益の4ティック、そして利益目標の指値注文が間違いなく執行されるためにあと1ティック）、5テ

図9.30　Eミニの5ティックだけブレイクアウトしたがダマシになる

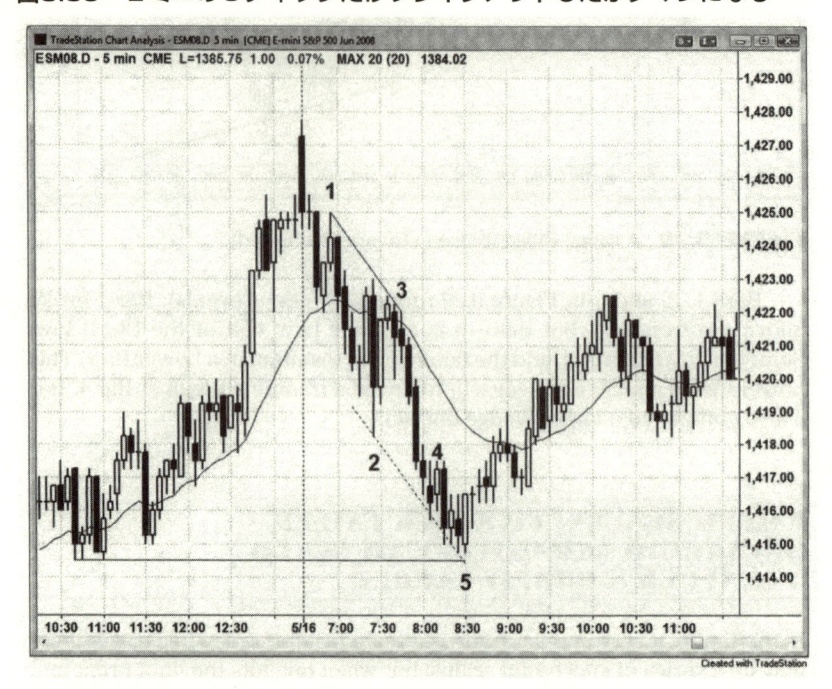

ィックで反転してしまうとトレンドトレーダーが主導権を失ってプルバックや反転が起こりやすい。このようなダマシはスパイダースやQQQQなどスキャルパーが多いほかのマーケットでも見られる。ちなみに、この2つのマーケットでは通常10ティックの目標値を設定する人が多いため、シグナル足を12ティック超える必要がある。もしブレイクアウトのあとに10～11ティック（もしくは8～9ティック）で反転してしまえば、追い詰められたスキャルパーが反転したときのシグナル足か仕掛け足で損切りして燃料になってくれるため、反対方向に少なくともスキャルピングの利益が期待できる。

　もし株価が目標値の1ドルを超えたのにすぐに下げてから2回も1ドルを試そうとしたときは、反対方向の良いチャンスと言える。

　図9.30でスキャルピングの空売りによって4ティックの利益を目

第9章 小さな反転──失敗

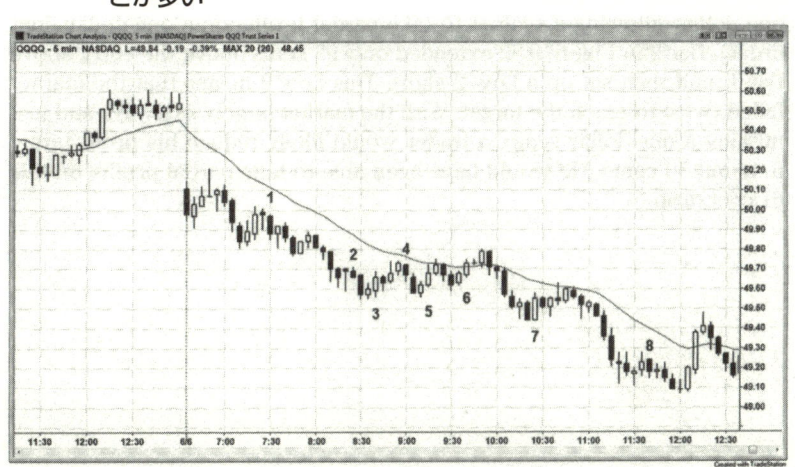

図9.31　スキャルピングが失敗すると反対方向のセットアップになることが多い

指すのは、寄り付きから2時間は良い作戦だった。しかし、はらみ足4からの空売りは5ティック下げてから反転してしまった。つまり、多くの空売りトレードは利食いの逆指値が執行されず、足5よりも上のトントンのところで手仕舞うことになった。マーケットは前日の安値を試し、この間にトレンドチャネルライン（足1～3のトレンドラインを基準としている）を2回下抜いた。買う理由を探していたブル派にとって、空売りのスキャルピングの失敗は最高の出来事だった。

　図9.31のQQQQのトレードは、どれも8～11ティックまで行ってから失敗に終わった。スキャルパーは損切りの逆指値でほぼトントンで手仕舞うことになったため、労力の割に得るものはなかった。この日はほかにも明らかに儲かるスキャルピングのチャンスはあったが、失敗トレードが続くと疲れて集中力を失い、儲かるトレードを見落とすことになる。寄り付きから明らかに下降トレンド日ならば、トレンド方向のトレードのみに集中し、売るのはM2Sのセットアップか単純な安値2くらいにしておいてほしい。そのほうが勝率が高くなり、落ち着いて仕掛けていくことができる。

375

図9.32　目標値に届かなかったスキャルピングは反転のセットアップになることが多い

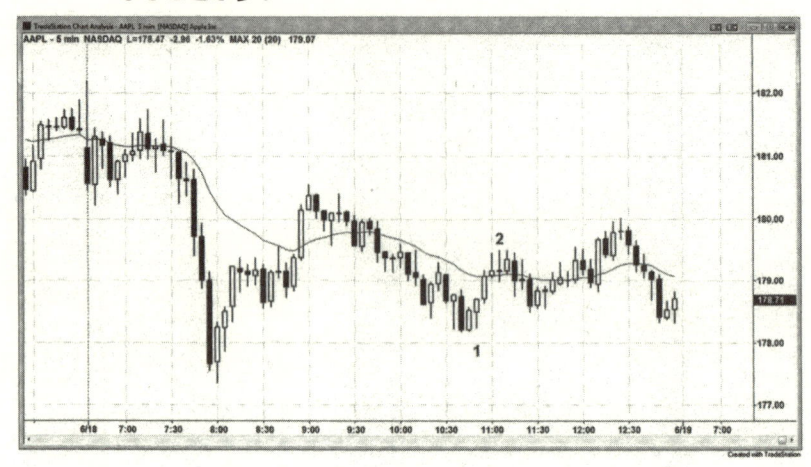

　図9.32のアップル（AAPL）は、通常は１ドルのスキャルピングができる銘柄だ（たいていは１ドル以上動くため、スキャルパーは指値で一部を利食うことができる）。しかし、今回は足１の上で仕掛けたあと足２で93セントしか上がらないまま、安値２の空売りのセットアップになった。この安値２は、マーケットが２回、目標値に達しなかったということを意味している。しばらく横ばいが続いて１ドルのスキャルピングに達しなければ、目標値を50セント程度に下げる人が増える可能性が高い。そうすれば、61セントの下落では部分的に利食うことができたはずだ。

第10章 デイトレード
Day Trading

　デイトレードでは、どの銘柄のどんなチャートを使うかをまず考えなければならない。マーケットは、多くの機関投資家がトレードしている銘柄を選べば、スペシャリストやマーケットメーカーに操作されるリスクを減らすことができるし、スリッページも最小限に抑えることができる。そして、厳選した5～10銘柄のなかでトレードしていれば、毎日素晴らしいトレードがたくさん見つかるため、リスクが高い小型株に頼る必要もなくなる。

　1日の足の数が多ければ、より多くのトレードができるため、1トレード当たりのリスクは低くなる。しかし、足の数が多すぎるとチャートを素早く読んでセットアップを見つけ、あまり間違えずに注文を出すのは難しいかもしれない。そこで、自分の性格やトレード能力に合わせて、自分にもっとも適した時間枠を探さなければならない。成功しているトレーダーの多くは5分足チャートを使いこなしている。3分足チャートは、読み方も似ているうえにさらに多くのトレードチャンスがあり、損切りの逆指値も近くに置くことができるが、勝率は劣っていることが多い。もしトレードの見落としが多くて、特に1日で最大のトレードを見落とすことがあるならば、少し長い時間枠、例えば15分足に変えてみることを考えてほしい。

　また、出来高チャート（例えば足1本が1000枚を表すチャート）や

ティックチャート（例えば足1本が500ティック、つまり500回の価格変化を表すチャート）やバーチャートなどを使うこともできる。折れ線チャートでトレードすることもできるが、プライスアクショントレーダーにとってはバーやローソク足と比べて情報が少なすぎる。

通常、デイトレードは1トレード当たりのリスクが最も小さくなるため、安定して利益を出せるようになったら可能なかぎり、最大の枚数でトレードすべきである（それまでの間はEミニならば1枚、スパイダースならば100株などといった単位でトレードする）。ウォーレン・バフェットはかつて「それで1セント稼げるのなら、10セント稼ぐこともできるだろう」と言っている。もし有効な仕掛けだと思ったのならば、適切なサイズでトレードできるようにしておかなければならない。

トレーダーは常に利益率を最大にすることについて考えているが、なかでも最も重要なのがトレードの選び方とポジションサイズである。最初は1日に2～5回の最高のトレードのみを仕掛けることに集中すべきで、それはトレンドがない日（または1日の80％くらいはトレンドがない時間帯）の新しいスイングの高値や安値で反転してから2回目の仕掛けポイントか、トレンド日のプルバックになる。そして、安定した利益が上げられるようになったら、次のゴールは勝率の低いところでも仕掛けるのではなく、ポジションサイズを増やすことになる。もしEミニのトレードで1日の純利益がわずか1ポイントでも、25枚トレードすれば、1日で1000ドル以上の利益が上がる。それをもし100枚に増やすことができれば、1年で100万ドルの利益になるのである。また、1日に4ポイントの利益が上がるならば年収は400万ドルになる。Eミニや米国の中長期国債ならばこのサイズで問題なくトレードできる。ちなみに、100ドル以上の流動性が高い株ならば、経験豊富なトレーダーはほぼ毎日50セント～1ドルの利益を上げられるうえ、1000～3000株程度ならばスリッページも最小限に抑えられる。た

だ、QQQQなどのETF（上場投資信託）は1万株の注文も受けてくれるが、1日の値幅が小さいため良いトレーダーでも1日の利益はせいぜい10～20セントにしかならない。ただ、それでも年間の利益は20万～30万ドル程度にはなる。

もし5000万ドルを運用しているファンドマネジャーがEミニを1トレード当たり1000枚トレードしたとすれば（ただし注文を出すときは200～400枚程度に分けているかもしれない）、1日の純利益がわずか1ポイントだとしても手数料差し引き前で1000万ドルの利益を顧客に提供できる。最高のトレードに集中して、あとはトレードサイズを増やしていけばよい。

銘柄選択

プライスアクションのテクニックはどんなマーケットでも使えるが、多くのデイトレーダーは5分足チャートで1日に何回も仕掛けポイントがあり、大きいポジションをスリッページなしにトレードできるマーケットを好む。例えば、EミニS&P500先物は個人トレーダーの注文のサイズならば問題なく処理できる。ただ、個人トレーダーのなかには、日中のトレンドが多いことと平均的なスイングに対する証拠金が多少安いことを理由にラッセルを好む人もいる。とはいえ成功している個人トレーダーの多くは、いずれはラッセルでは処理しきれないほどのサイズをスリッページを気にしないでトレードできるようになりたいと思っている。

トレードを始めてすぐの人には、Eミニよりもスパイダースを勧める。もしEミニの価格が1100ドル程度ならば、スパイダースは110ドル程度なので、4ティックのスキャルピングはEミニならば1ポイントだが、スパイダースならば10セントになる（Eミニの1ティックはスパイダースの1ティックの2.5倍）。ちなみに、Eミニ1枚はスパイ

ダース500株と同じなので、スパイダースを300～500株トレードすればリスクを増やしすぎずにポジションを大きくできる。それに、スパイダースは10セントのスキャルピングが非常に小さく感じられ、すぐに達成できてしまうため、初心者に適したスイングトレードの注文のほうが出しやすいというメリットもある。

そして、スパイダースのポジションサイズを1000～1500株まで増やすことができて、さらに増やそうと思っているならば、スリッページをさほど気にせずに大きいサイズでトレードできるＥミニに移行すればよい。トレードを始めたばかりのときは、スパイダース100株でスキャルピングをすれば、Ｅミニで２ポイントの損切りはスパイダースならば20セントなのでリスクは20ドルと手数料のみになる。ただ、手数料が最低額（例えば100株当たり１ドル程度）でなければスパイダースのトレードで利益を上げることはできない。また、素早く注文を出すためにはそのためのシステムも必要になる。それがない場合は、まずはスイングトレードから始め、安定して利益が上がるようになったときにスキャルピングを加えていくとよいだろう。

また、利益が出るようになるまでは、１つの銘柄だけに集中すべきである。１つのボールしか扱えないのにたくさんのボールでジャグリングしようとするのはバカげているし、高くつく。大型株はほとんど荒れることはないしトレード可能なので、どれを選んでもさほどの違いはない。大事なことは、利益が出るようになるまでは１つの銘柄の５分足チャートに絞ってトレードすることなのである。ちなみに、安定的な利益が出るようになってからでも、１つのマーケットでトレードし続けたほうが利益は高くなるだろう。私がＥミニ以外に株のトレードもしているのは、それが面白いことと、トレードの世界の一端にいるという感じを味わいたいからで、これは世捨て人のようにトレードしている私にとって精神的に良いことだと思っている。ただ、Ｅミニのみをトレードしているほうが、おそらく利益は増えるだろう。

通貨先物とFX、米中長期債の先物などは大きなサイズでトレードできるが、ほとんどの日はEミニよりも仕掛けポイントが少ない。米国債の日中のトレンドは長引くことが多く、トレンドが確立されれば仕掛けてから何時間もスイングすることができる。FXマーケットはEミニの日中の取引時間には素晴らしいトレードがあまりないため、わざわざ日中のトレードの邪魔になることをする必要はない。ダイヤモンド（DIA）やダウ先物は出来高が少ないため、スキャルパーにとってはスリッページが問題になるかもしれない。スパイダースがEミニと同じであるように、QQQQはナスダック先物と同じに設定されている。そして、どちらも大きいサイズでトレードできる。QQQQもデイトレーダーに人気があり、大きいサイズの注文を受けてくれる。

　多くの銘柄は日中がトレードしやすいため、１日の平均的な値幅が数ドルで平均的な出来高が500万株以上ある銘柄を選んでトレードすることを勧める。そして、最低限のスリッページで50セント～１ドル程度のスキャルピングをしたあと、スイングした部分は数ドル程度動いてほしい。現在、アップル、リサーチ・イン・モーション、グーグル、アマゾン、ゴールドマン・サックス、オメガ・インシュアランス、プロシェアーズ・ウルトラショート・オイル＆ガス（DUG）、プロシェアーズ・ウルトラ・ファイナンシャルズ（UYG）、サックス（SKS）などはすべてお勧めの銘柄だが、ほかにもたくさんあるため、必要に応じて追加したり減らしたりすればよいだろう。ちなみに、UYGの価格はわずか10ドル程度だが、3000株の注文でも簡単に受けてくれるため、30セントスイングすれば利益は900ドルになる。

　「第12章　デイトレードの詳しい例」では、さまざまなマーケットのチャートを使ってプライスアクショントレードを紹介していく。

時間枠とチャートのタイプ

　スキャルパーにとって、Ｅミニならば５分足のローソク足チャートを使うのが最も簡単だ。しかし、Ｅミニや株を日中にスイングトレードするだけならば、単純なバーチャートでもよい。これは、バーチャートならば**図10.1**のように６つチャートをラップトップの画面や１つの画面しかないパソコンに表示できるからで、６種類の銘柄の１日分の足を一度に表示することができる。しかし、ローソク足だとバーチャートよりも幅があるので、約半日分のプライスアクションしか表示することができない。このことを述べたのは、プライスアクションの手法が単純なバーチャートでも十分機能するということを伝えるためで、特に最高の仕掛けポイントでスイングトレードをするだけならばなおさらそう言える。スキャルパーにとってＥミニでローソク足チャートを使うメリットは足を支配している側が素早く分かることで、特にセットアップの足ではこれが助けになる。また、高値２や安値２のさまざまな変形は、バーチャートでは分かりづらい。

　あなたは３分足や１分足といった短い時間枠でもトレードできるだろうか。もしできると思うならば、スパイダース100株を２～３時間トレードしてみるとよい。そのあとでチャートを見返して、正しくプライスアクションを読み取り、直近の５つのトレードのうち少なくとも４つでは仕掛けや損切りの逆指値や利食いの注文を正しく置くことができたかどうかを正直に答えてほしい。もしそれができたのならば、これらのチャートも使えるのかもしれないし、特に３分足チャートなら大丈夫かもしれないが、私はこれまで１分足チャートでそれができる人に出会ったことはない。特にこれらの時間枠で毎日40～50のトレードをこなし、それを何年も続けるのは難しい。ここは現実的になろう。もしこれが仕事ならば長く続けられなければならないし、なるべくストレスがかからないようにして、うまくできているという満足感

第10章 デイトレード

図10.1 プライスアクションを使ったスイングトレードには単純なバーチャートでも十分対応できる

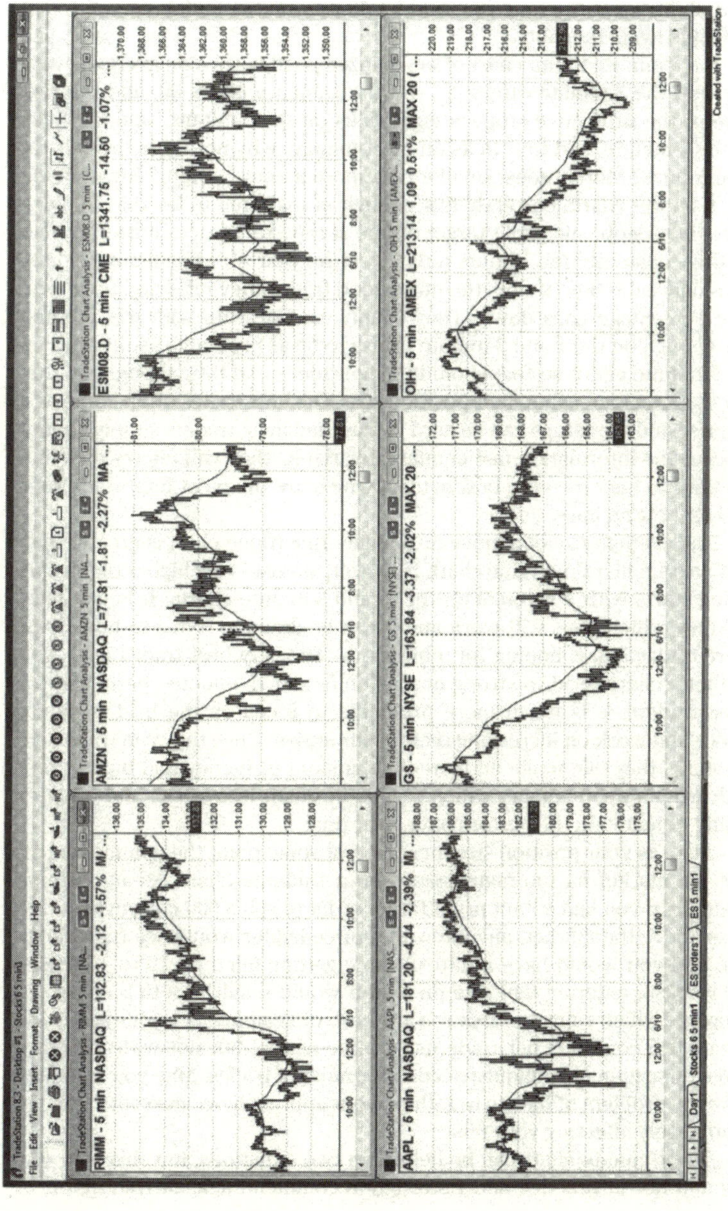

も得なければならない。そう考えると、5分足が最適なのである。これならば1日に最低でも10回はトレードチャンスがあるし、セットアップについて考え、注文を出す時間もある。そして、ほとんどのサイズに対応できる。ちなみに、3分足もうまくいくかもしれないが、結局選り好みすることが多くなり、勝率が下がる可能性がある。

トレンドがあるときは、上昇トレンドならばM2B、下降トレンドならばM2Sなどのようにプルバックでトレンド方向の仕掛けを探してほしい。また、トレンドラインが強くブレイクされて強力な反転足があるときは、新しい上昇トレンドの可能性のなかで安値の切り上げか安値の切り下げなど、トレンドラインを試したときにカウンタートレンド方向の仕掛けを探してほしい。

プライスアクショントレードのテクニックはすべてのマーケットのすべての時間枠で使えるため、まずは基本であるどの銘柄のどんな時間枠を使うかを決めなければならない。そして、ほとんどのトレーダーの目的である長期的な利益率を最大にするためには、自分の性格に合ったトレードの仕方を見つけなければならない。

仮に、Eミニの5分足チャートで毎日10以上の良い仕掛けポイントが見つかり、3分足ならば20、1分足ならば30は見つかるとしよう。リスク（損切りの逆指値の値幅）は5分足ならば8ティック、3分足ならば6ティック、1分足ならば4ティック程度だ。それならばなぜ短い時間枠でトレードしないのだろうか。トレード数は多くてリスクは小さければ利益も増える……のではないだろうか。そのとおりだ。ただし、それはチャートをリアルタイムで素早く読んで仕掛けと損切りと目標値の注文を正確に出し、それを毎日7時間、何年にもわたってできればの話だ。多くのトレーダーは、時間枠が短くなるとたくさんの良いトレードを逃してしまうため勝率が下がる。1分足や3分足チャートでは、単純にスキャルピングで5分足と同じ利益を上げるための処理が間に合わないため、結局は5分足チャートに集中してポジ

ションサイズを上げていくことを選ぶのである。最高のトレードは予期しない形で訪れることが多く、信じられないセットアップができると多くのトレーダーはその情報処理が間に合わない。そのため、トレードを選り好みすることになるのだが、このとき利益にもっとも貢献するであろう最高のセットアップが選ばれないことはよくある。

長い時間枠のチャートの平均的な動きは短い時間枠のそれよりも大きい。しかし、ほとんどの長い時間枠で見たスイングは、１分足や３分足の反転から始まる。ただ、そのなかのどれがうまくいくのかは分からないため、大きな動きを期待して１日に30以上のトレードを仕掛けるのは非常に疲れる。１分足や３分足の最高のトレードは、５分足や15分足の強力な仕掛けにつながるが、ほとんどのトレーダーは５分足の最高のトレードに集中してポジションサイズを増やしていくほうが高い利益を上げることができる。そして、安定して利益が出せるようになれば、驚くほどの金額を稼ぐことができるし勝率も上がるため、結果的にはストレスが減り、長期間パフォーマンスを維持する能力も高まる。

そして、ポジションサイズが大きくなれば、ある時点でそれが１分足チャートを使う人たちに影響を及ぼすことになるかもしれない。極端な例を挙げれば、もし利食いで5000枚を売る注文を今の価格の２ティック上で出していれば、板情報が突出してしまうため、１日に10～15件のトレードが執行されるのは難しくなる。また、これほどのサイズの損切りの逆指値を置くと、１～２ティックのスリッページがかかってスキャルピングのリスク・リワード・レシオが崩れてしまう。もちろん5000枚のトレードにもプライスアクションは使えるが、それはほとんどのトレーダーが必要としているスキャルピングの仕掛けや手仕舞いのテクニックではない。とりあえずは、いつの日かポジションサイズが大きすぎて執行できなくなり、トレード手法を考え直さなければならない日が来ることを祈ろう。

ちなみに、1分足チャートは2つの場面で役に立つが、それは理論上のことで実践的ではないため、やはりこれを使ったトレードには強く反対する。1つ目のケースは、5分足チャートでトレンドが進行中に、ポジションはないがこれから仕掛けようというとき、トレンド方向に仕掛けるために1分足チャートで高値2や安値2のプルバックを探す場合だ。そして2つ目は、5分足チャートでトレンドが進行中の株をスイングトレードするときである。トレンドがあるときはEMA（指数移動平均線）が重要で、トレンド方向のトレードはEMA上の高値1や2、安値1や2のセットアップで仕掛けることができる。このとき、リスクはシグナル足の高さになる。ただ、1分足チャートでEMAに達したあとの最初の反転か5分足チャートのEMAを突き抜けたときに仕掛ければ、リスクを多少減らすことができる。もし1分足チャートに5分足の20EMAを描き込めば、EMAに達したところで素早く仕掛けられる。ちなみに、5分足の20EMAの代わりとして実際に1分足チャートに描き入れるのは90EMAになる。しかし、なぜ100ではなく90なのだろうか。それは1分足のEMAが5分足の平均ではなく1分ごとの終値の平均だからで、直近の足を加重すると100EMAでは少し平坦になりすぎる。それを調整するために90EMAを使うと、5分足の20EMAと非常に近い形になるのである。ただ、実際のトレードでは1分足チャートを見ている暇はほとんどない。もちろん、非常に強いトレンドがあるときは、1分足で素早く仕掛けるケースもないとは言いきれない。しかし、私はやはり1分足チャートを見ることには強く反対するということをもう一度強調しておきたい。1分足の仕掛けポイントは簡単に見つかるため、これを頻繁に使っていると結局はだんだん資金が減っていくことになる。つまり、やってはならないことなのである。

　図10.2のサムネイルはEミニの5分足チャートで、このときは寄り付きからプルバックなしに11.75ポイントも上昇した。もし最初の

図10.2　1分足チャートを使っても5分足でトレンド方向にトレードすることはできる

足で買いを仕掛けなければ、プルバックがないためにスイング全部を逃してしまったかもしれない。しかし、もし1分足チャートを見ていれば、高値1のセットアップが3回あり（足Aと足Bと足C）、仕掛けられたかもしれない。とは言っても、1分足チャートを見て突然反転に気づき、空売りしようなどと思ってはならない。1分足チャートを見る理由はただひとつ、5分足にはプルバックがないので1分足チャートで高値1か2の買いの仕掛けポイントを探すためでしかない。1分足チャートでカウンタートレンド方向にトレードすれば高くつく。実際、この3回の買いのセットアップは、1分足で空売りした人たちが買い戻すところに当たっている。そして、彼らが買い戻すことは買い方が増えることなので、マーケットはさらに上がる。

　図10.3のアップルの1分足チャートは強い下降トレンド日で、90EMA上（5分足の20EMAとほぼ同じ線）に良い空売りのポイントが3回あり、リスクも小さい（足の長さと同じ）。サムネイルは5分足チャートで、強い下降トレンドになっている。

図10.3　１分足チャートでトレードするときは必ず５分足チャートで見たトレンド方向に仕掛ける

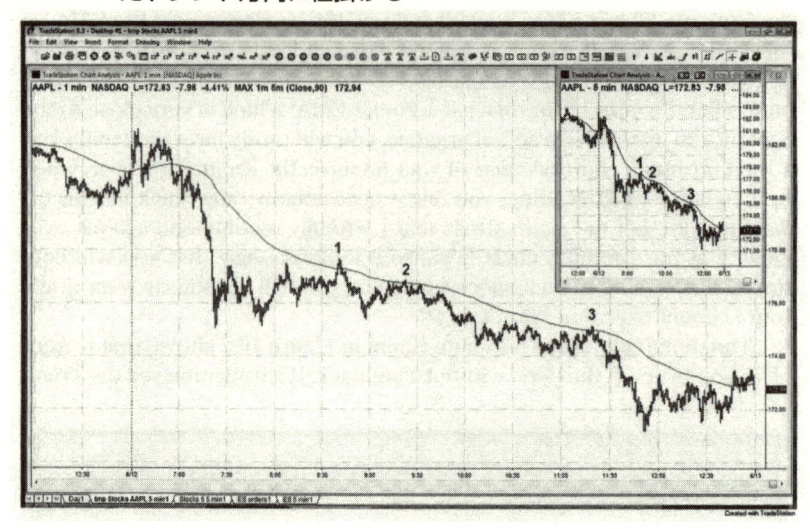

　図10.4の上のチャートは５分足チャートで、真ん中は1500ティックチャート（１本の足が1500のトレードを表している）、下は足１本当たり２万枚の出来高チャート（新しい足の寄り付きから出来高が２万枚を超えるとその足は終値を付ける）になっている。どれも似たようなプライスアクションになっており、どれでもトレード可能だが、出来高が最も多いのは最初の約１時間なので、ティックチャートと出来高チャートはその時間帯と最後の１時間に足が集中して時間軸が歪んでいる。

　マーケットは、何らかの発表があると感情的な動きを示す大きな足や包み足ができて何回も反転する。しかし、速い動きや長い足でトレーダーが感情的になったとしても、プライスアクションセットアップが信頼できることに変わりはない。スイングは、想像をはるかに超えて進むことがあるため、損切りの逆指値をトントンのところに置いてポジションの一部を必ずスイングするようにしてほしい。

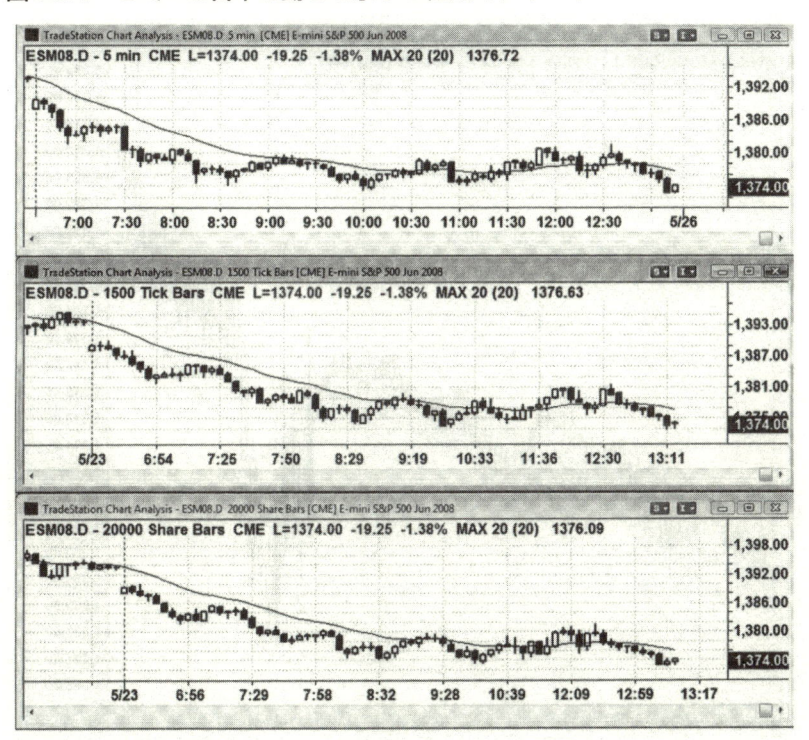

図10.4　Eミニの日中の動きを示す3種類のチャート

　図10.5の日は午前11時15分にFOMC（連邦公開市場委員会）の発表があり、それから30分間は感情的なトレードになって長大線や包み足ができ、数回反転した。しかし、基本ルールに忠実なプライスアクショントレーダーはここでも利益を上げた。足2は大陽線の反転足だが、前の足と重なっている場合はトレーディングレンジが形成されつつあるため、レンジの高値で買ってはならない。その代わりに、追い詰められたトレーダーは小さい足や2回目の仕掛けポイントなどを探すとよい。足3には、大きい反転足を買いのセットアップだと見誤って買い急いだブル派が追い詰められているため、スキャルピングの素晴らしい空売りポイントになった。

図10.5 発表後に長大線が出現してもプライスアクションのルールに従ってトレードしてほしい

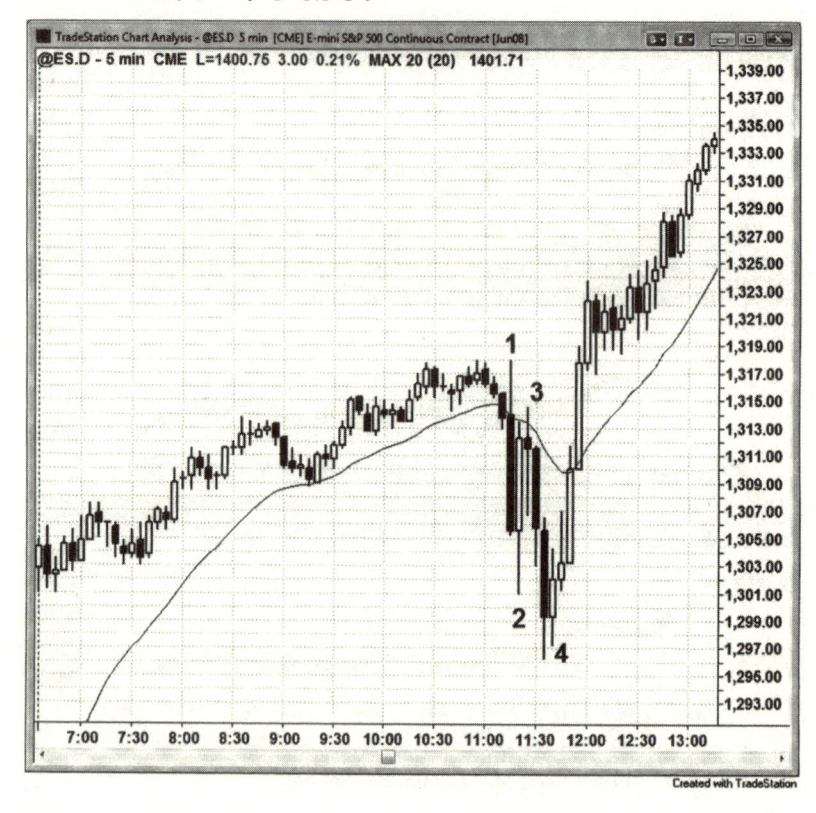

　足4は、寄り付きで付けたこの日の安値の下で反転しようとした2回目の試しである。2回目の仕掛けポイントは常に実行する価値があるうえに、陽線のはらみ足は感情的な日に仕掛けるのに向いている。ここでは少なくとも2本のレッグアップが期待できるため、ポジションの一部はスイングしてほしい。最初の損切りの逆指値はシグナル足の中間辺りに置き、仕掛け足4が終わったらその1ティック下に動かす。そのあとは損切りの逆指値を前の足の安値の下に移動させて、あとはトントンまで引き上げていけばよい。感情的な日は、トレンドが想像を超えて進むことが多いため、これに乗ることができれば何回も

図10.6 Eミニの最初の2〜3時間は1分足チャートで素早くプライスアクションを読んで注文を出せる人にとってはたくさんのスキャルピングのチャンスがあったが、実際にそれをするのは難しい

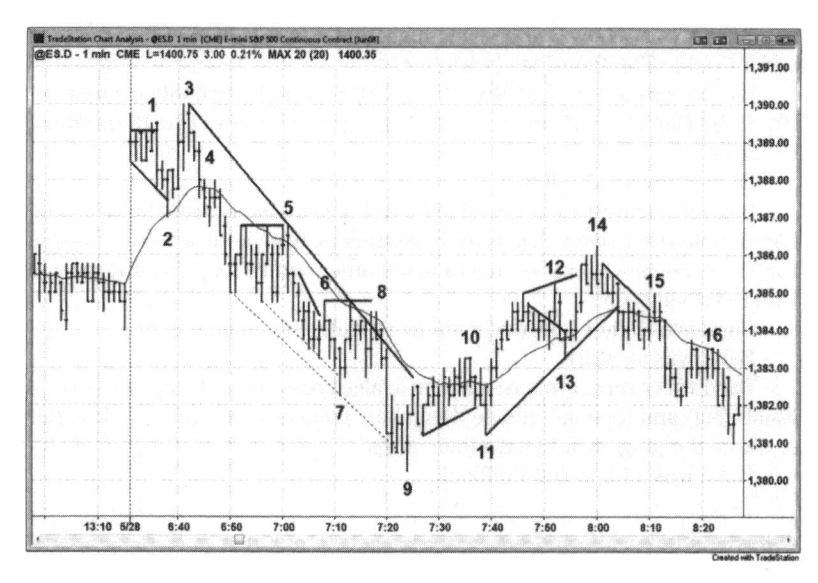

スキャルピングするよりもはるかに大きい利益を上げることができる。ここでは、ブル派が約30ポイント上げたため、1枚当たり約1500ドルの利益になった。

図10.6は上方にギャップを空けて寄り付いたが、上方へのブレイクアウトはダマシになった。

足2はEMA上の高値2のセットアップで、トレンドチャネルラインからの反転になった。

足3は上方にギャップを空けた日の新高値へのブレイクアウトがダマシになった空売りポイントで、そこからはギャップを試す可能性がある。マーケットはたいていギャップを試そうとするため、その方向でトレード機会を探してほしい。

足5はEMA上の安値2になった。

足6はミクロトレンドラインをブレイクしたがダマシになった。

足7は2本の下降トレンドチャネルラインで反転したが、ここで買っても利益は大きくなかったため、ベア派が強いと考えられる。

足8はトレンドラインをブレイクアウトしたがダマシになり、ダブルトッププルバック、下降トレンドのM2S、そして足7での買いは5ティックだけブレイクアウトしてダマシになった。空売りに有利な要素がたくさんあるため、もちろんマーケットは急落した。

足9は下降トレンドチャネルラインをオーバーシュート（価格が重要な価格を超えること）して上昇に転じる2回目の試しだ。少なくとも2本のレッグアップが期待できる。

足10は安値を切り上げて2回目のレッグアップが期待されるところなので、空売りすべきかどうかは分からない。このときは結局、足11が5ティックだけブレイクアウトしてダマシになったが、これは反転パターンでもある。足11はトレンドラインをブレイクアウトしたがダマシになり、安値を切り上げ、その前には下降トレンドラインがブレイクされていた。

足12はブルフラッグをブレイクアウトしてダマシになったが、空売りしても1ティックの損失になった。

足13はダマシのダマシなので、ブレイクアウトの買いポイントになった。これは高値2でもある。

足14はスイングの高値の安値2で、トレンドチャネルラインでの反転で、足5と合わせてダブルトップベアフラッグにもなっている。

足15はEMA上の安値2のM2Sで、足14の高値からのトレンドラインへのブレイクアウトがダマシになり、足11〜13のトレンドラインがブレイクされたあとに高値を切り下げた。

足16はM2Sの空売りポイントだった。

図10.7の足1はウエッジの買いポイントでダブルボトムも形成しているが、ほとんどのトレーダーは1ティックの損失に終わっただろ

図10.7 立会時間前にもトレードすることは可能だが、午前６時30分にNYSEが始まる１～２時間前に仕掛ける人はあまりいない。ただ、午前５時30分には何らかの発表があることがよくあり、それが急なトレンドと反転をもたらす

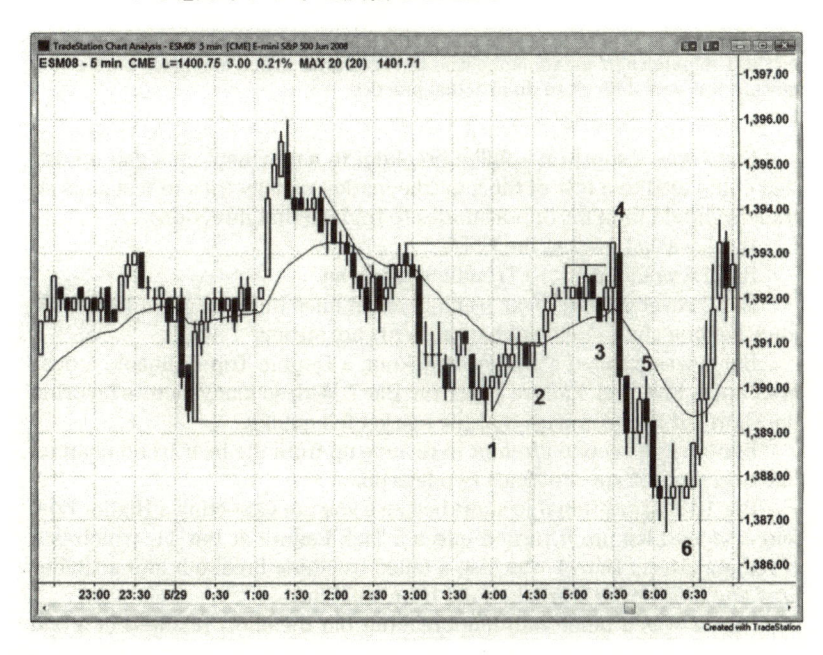

う。通常、ウエッジ（またはスリープッシュダウンなどほかにもさまざまな名前で呼ばれている）の底からは２本のレッグアップにつながることが多い。

足２は安値を切り上げてミクロトレンドラインで反転した。

足３はM2Bだった。

足４は何らかの発表によって上方のブレイクアウトがダマシになったあと（ファイナルフラッグの失敗）、陰線の包み足になった。ここは、買いポジションの損切りの逆指値がある足３の下で空売りすべきだろう。

足５は、ブレイクアウトプルバックだった。

足６は、新しいスイングの安値から上昇に転じようとする２回目の

図10.8　取引終了後のデルの決算報告は取引時間後にトレードチャンス
　　　　をもたらした

試しで（1回目は足5）、2回目の仕掛けポイントになった。

グローベックス、プレマーケット、ポストマーケット、オーバーナイトなどのマーケット

　プライスアクションのテクニックは、オーバーナイトを含めてすべてのマーケットに応用できる。それに、プレマーケットの極値は日中の取引時間の試しの目標値になることがよくある。ただ、そのためにグローベックスの取引を見ても得るものは少ないし、シグナルは日中

第10章 デイトレード

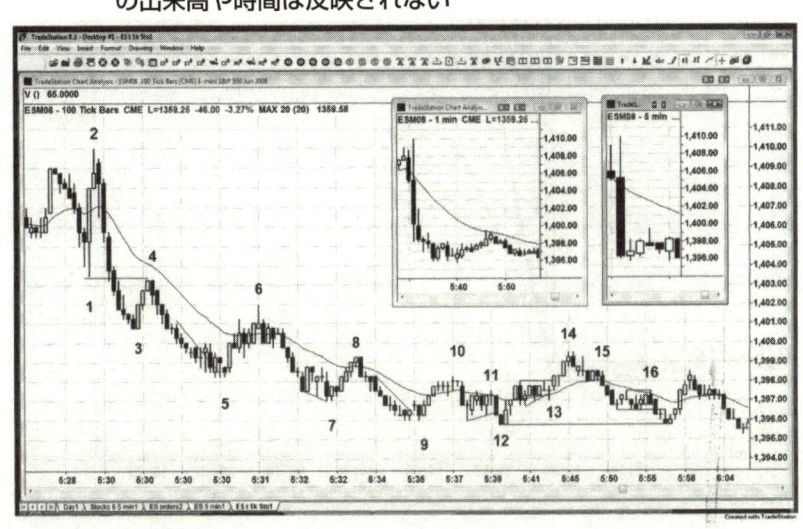

図10.9　1本の足が100売買を表す100ティックチャートで、トレードの出来高や時間は反映されない

のプライスアクションに基づいているため、わざわざ価格を確認する必要はない。

　図10.8の足1は、上方にブレイクアウトしたあとの陽線のはらみ足で、その高値（高値1）の1セント上で買うセットアップになった。

　足2は包み足の高値の1セント上で買う仕掛けポイントで、上昇ミクロトレンドラインを下抜いてから上昇に転じた。

　足3は、メジャーなトレンドラインがブレイクされたあとにできた高値1のブレイクアウトの買いポイントになった。

　足4は空売りポイントだ。これは反転足で、足3のブルフラッグのブレイクアウトはダマシ（ファイナルフラッグの失敗）になった。また、足3のフラッグが強い上昇トレンドラインをブレイクしたことは、ベア派の力が少し強まってきたことを示している。強いトレンドで逆張りするときは、その前に必ずトレンドラインがブレイクされていなければならない。また、強いトレンドがあるときにカウンタートレンド方向に仕掛けるときには、5分足チャート（1分足や3分足ではな

図10.10　グローベックスの24時間の取引

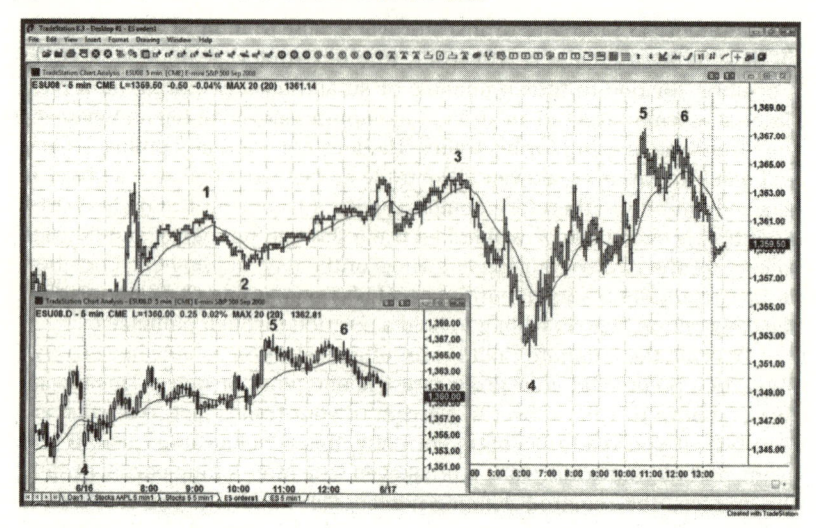

く）で反転足ができていなければならない。このあとは、プレマーケットが終わるまで横ばいで推移した。

　図10.9のＥミニは午前５時30分に発表された雇用統計の発表にはあまり反応しなかった。ただ、足１～５の30本の足がすべて１分間に形成されていることは、発表後の速い動きを表している。これらの足は素早く形成されたため、この間にトレードするならば成り行き注文しかできない。理論的にはこの間にプライスアクションを使っていくつものスキャルピングができたはずだが、現実的にはすべきではない。ただ、このような場合においても標準的なパターンが形成されることだけは覚えておいてほしい。

　図中の２枚のサムネイルは、同じの30分間の１分足と５分足チャートになっている。

　図10.10のグローベックスのバーチャートは足５までの拡大トライアングルを形成しており、サムネイルは日中の取引時間のみのローソク足チャートである（番号はどちらも同じ箇所）。通常の取引時間

にトレードする場合は、グローベックスの拡大トライアングルを見なくても足5で空売りできる。足5は前日の高値を上抜いてから反転してEMAまで下げたあと、反転して安値2で高値を切り下げてから再び上げて足6でダブルトップベアフラッグを形成した（最初のトップは6本前の足）。

スキャルピングとスイングとトレードと投資

　投資家とはファンダメンタルズに基づいて株を買い、6カ月以上、ときには何年にもわたって保有しながら時間をかけてファンダメンタルズが株価に反映されるのを待つ人たちのことを指す。彼らは、株価が下がれば買い得になったと考えて増し玉することも多い。トレーダーは、日足チャートや短期的なファンダメンタルズ的な出来事（決算発表や新製品の発表など）に基づいて素早い動きをとらえようとする人たちで、ポジションは1日から数日くらい保有する。彼らは最初に動きが止まったところで部分的に利食ってから残りのポジションの損切りの逆指値をトントンになるところに動かす。そうすれば利食った部分が損失になることはない。彼らはスキャルパーと呼ばれることもあるが、普通はデイトレーダーと呼ばれている。

　日足や月足といった時間枠を使うトレーダーや投資家にとって、デイトレーダーはみんなスキャルパーに見える。しかし、デイトレーダーに言わせれば、スキャルパーはポジションを1～15分程度しか保有せず、目標値に逆指値を置いて自分が用いている時間枠の小さい1レッグを確保しようとする連中だ。しかし、プルバックを嫌う彼らは目標値に達する前に価格が逆行すればトントンで手仕舞うという意味では、デイトレーダーと似ているのかもしれない。一方、日中のスイングトレーダーは、プルバックがあっても手仕舞わず、1日に2～4本の大きいスイングを取り込むためにポジションを15分から1日程度保

有し続ける。プルバックでも手仕舞わないという意味では、スイングトレーダーの行動は日足チャートを使っている投資家と同じと言ってよいのかもしれない。

　Eミニの5分足チャートで効率的にスキャルピングをするためには、通常リスクを2ポイント、利益目標を1ポイント以上とする。これは、全トレードの67％で勝たなければトントンにならないということを意味している。しかし、チャートを正しく読むことができれば、それは可能だ。また、ポジションの一部を利食ったあとに損切りの逆指値をトントンのところに置いてスイングすれば、もう少し低い勝率でも達成できる。仕掛け足が終値を付けたら損切りの逆指値をシグナル足の極値から仕掛け足の極値に動かし（どちらも実際にはその1ティック下）、さらに5ティック動いたらトントンになるところに動かせば、1日に利益を出すための勝率はさらに下がる。最後に、損切りの逆指値を3～5ポイントと離して置き、逆行したらさらに離す代わりに目標値も先に動かせば、さらに低い勝率でも利益は上げられる。

　スイングトレーダーはスキャルパーと同じセットアップや損切りの逆指値を使っているが、前者は1日に2～3回のトレードに集中して少なくともツーレッグの動きをとらえようとする。彼らはまず3ポイント以上の利益を確保すると一部を利食って残りの損切りの逆指値をトントンのところに動かす。彼らの多くは価格が多少逆行しても手仕舞わず、むしろ良い価格ならば増し玉をする。しかし、彼らは常に頭の中で損切りポイントを決めていて、そこに達したらトレードの有効性はなくなったとして損切りする。もし現在のトレードがまだ有効ならば、常にスキャルパーが損切りの逆指値を置いている場所を探して、そこで増し玉していけばよい。もし反転すると思ったところで買えば、そのあとマーケットが安値を切り下げても2回目の仕掛けをすればよい。例えば、アップルのように信頼できる銘柄ならば、全体的に下降トレンド日ではない日に安値近くだと思って買った場合は、2～3ド

ルのリスクをとるつもりで１～２ドル下げてもさらに増し玉すればよい。ただし、これができるのは経験豊富なトレーダーだけで、自分の読みに自信があり、それが間違っていたときには大きい損失を許容できる場合に限る。マーケットはほとんどの日はすぐに再び狙った方向に向かうため、このような心配をする必要もない。

ほとんどのスイングトレーダーは、トレードが望む方向に進展しなければスキャルピングの利益で利食い、ほとんどのスキャルパーは最高のセットアップで仕掛けたときはポジションの一部をスイングするため、彼らの行動は重なる部分が多い。彼らの基本的な違いは、スキャルパーのほうがはるかに多くのトレードを仕掛けるということで、そのなかの多くはスキャルピングの利益しか上げないが、スイングトレーダーは少なくともツーレッグ以上の動きになりそうなトレードしか仕掛けないという点にある。これはどちらかがより優れているというわけではないため、トレーダーは自分の性格に合った手法を選べばよいし、どちらも最終的には同じくらいの利益になる。

Ｅミニのトレードでは主にスキャルピング、株のトレードでは主にスイングトレードをするというのも妥当な方法である。Ｅミニの場合は、利食いの逆指値を置いて４ティックの利益が出たらポジションの一部または全部を利食うが、それにはたいていシグナル足から６ティック進まなければならない（仕掛けの逆指値に１ティック、利益に４ティック、利食いの注文が執行されるためにさらに１ティックが必要な場合が多い）。Ｅミニの１ポイントは４ティックで、これはスパイダース（上場投信）では10セントに相当する。

しかし、株の利益目標にはさまざまな設定の仕方がある。例えば、500ドルの株で１日の平均レンジが10ドルの銘柄ならば、スキャルピングで10セントの利益を狙うとすると２ドルのリスクをとった場合の勝率は95％を超えなければならなくなり、それはバカげている。しかし、QQQQならば10セントのスキャルピングは試す価値があるし、

1万株以上トレードできるならばなおさらだ。

　株の場合は、出来高が多くて（最低でも1日の出来高が300万株、できれば700万株以上）1日の平均レンジが数ドルの銘柄ならばスイングを探しやすい。スリッページは少ないほうがよく、信頼できるパターンで、少なくとも1トレード当たり1ドルの利益は上げたい。まずはスキャルピングで1ドルを狙い、一部を利食ったあとに損切りの逆指値をトントンになるところに置いてその日の引けか明らかに反対方向のセットアップができるまで保有すればよい。5銘柄くらいならば1日中観察することができ、空き時間にあと5銘柄くらいはチェックできるかもしれないが、後者を実際にトレードすることはほとんどないだろう。

　Eミニのスキャルパーはかなりの注意力が必要とされるため、株のトレードは1日に2～3件程度しかできないと思う。また、画面に6銘柄のチャートを表示するためにはバーチャートしか使えない。そのなかから最も大きいトレンドがある銘柄を一つ選び、EMA近くにプルバックするのを待てばよい。また、もしトレンドラインが強くブレイクされたあとにトレンドチャネルがオーバーシュートされて反転したときは、反対方向に仕掛けてもよい。ちなみに、Eミニが活発に動いているときは、株のほうは動きが少ない15分足を使うという方法もある。ただ、Eミニの良いトレードをたくさん見落としているならば、株のトレードがジャマをしているのかもしれない。Eミニのトレードのみに専念したほうがはるかに良い場合もある。

　すべての株は似たような動きをしているが、それでも銘柄特有の特徴がある。例えば、アップルはブレイクアウトの試しについてはかなり信頼できるし、ゴールドマン・サックスは損切りの逆指値に達することが多いため、損切り注文は離しておかなければならない。

　図10.11のバイドゥ（BIDU）は5月23日の後半に15分足のトレンドラインが上抜かれたため、少なくとも2本のレッグアップが期待で

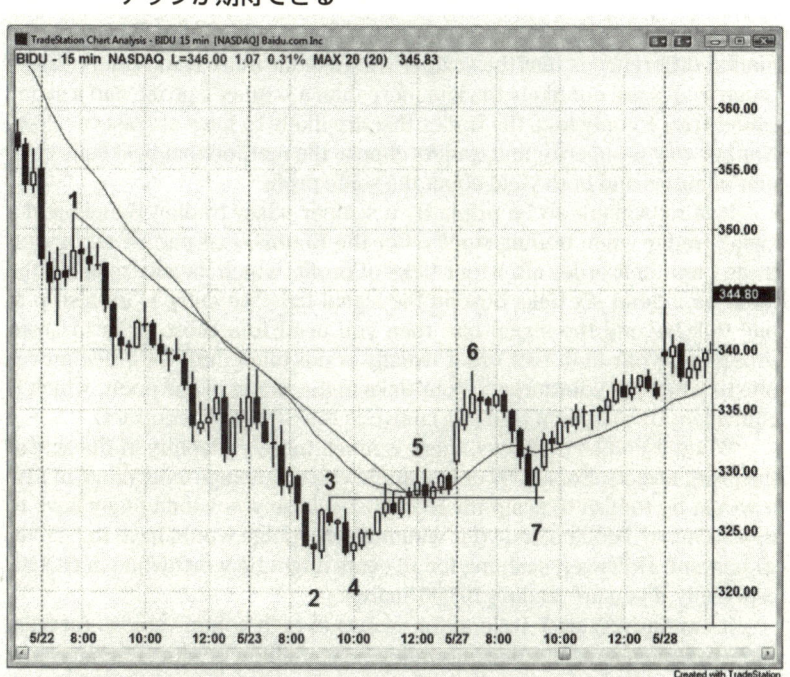

図10.11　下降トレンドラインが強くブレイクされたあとは2本のレッグアップが期待できる

きる。ただ、2本目のレッグは足5までだったかもしれないが、27日の始値も力強く始まったため、プルバックのあとでこれを超えようとする可能性が高い。足7までの下落は急だったが、足3の高値を試したあと、陽線の反転足でEMAギャップから反転し、次の足は上方にギャップを空けて始まった（この高値の下に置いていた損切りの逆指値を巻き込み、反転して急騰した）。もし株価が300ドルの銘柄ならば、損切りの逆指値を離して置かなければならないため、リスクを同じにするためには株数を減らさなければならないが、スキャルピングする分の目標利益も大きくすればよい。最初の目標額としては2ドルが妥当で、損切りの逆指値をトントンのところに動かしたら、あとは取引終了までに手仕舞えばよい。

大きい動きや新しいトレンドを期待しているときや、強いトレンドのプルバックで仕掛けるときは、ポジションの25～75％をスキャルピングで利食い、あとはマーケットの進展に合わせて少しずつ手仕舞っていけばよい。スキャルピングで利食ったあとは、損切りの逆指値をトントンになる辺りに動かす（Eミニならば、非常に良いトレードだと思ったときはいったん手仕舞ってから再度仕掛けると価格が不利になるため、4ティックまでリスクを大きくしてもよい）。良いトレードは、出遅れた人に完璧なタイミングで仕掛けた賢いトレーダーと同じ価格を提供してはくれない。もし素晴らしいトレードならば、最初の仕掛けポイントを逃したトレーダーはみんな仕掛けたいと思っているため、多少不利になっても仕掛けの逆指値を最初の仕掛けポイントから1～2ティックのところに置く。つまり、最初に仕掛けた人たちのトントンの損切りポイントには達しないのである。しかし、ときには最高のトレードがトントンの価格を超えてほかの人たちを追い出したあと、大きくて動きが速いトレンドになることもある。そうなりそうなときは、あと2～3ティックだけリスクを多めにとるとよい。また価格がこれらの損切りの逆指値を超えてすぐに新しいトレンドが再開したら、前の足の1ティック先（新しい上昇トレンドならば前の足の高値の1ティック上）で再度仕掛けるかスイングポジションを積み増せばよい。

　もしマーケットが利食いの目標値に達してもそこを超えなかったのに注文が執行されたら、チャートで見るよりもトレンドの圧力が強いため、そこから足数本で利益目標を超える可能性が高い。マーケットがあなたの買いポジションを利食いの逆指値で買い戻すということは、現在のレッグの最高値にプルバックで次の買いを狙う積極的な買い方がいるということで、さらに上げる可能性が高い。このようなときは、もう一度買うチャンスを探してほしい。

　同様に、もし利益目標に達しても（シグナル足の5ティック先）、

利食いの注文が執行されなければ失敗かもしれない。今の足が終値を付けたら、反対側の端から1ティック先で反対方向の注文を出すことも考えてほしい。例えば、買っているときにシグナル足から5ティック上げたのに利食えなければ、損切りの逆指値をトントンのところに動かすことも考えてほしい。そして、今の足が終わったら、その足の安値の1ティック下で空売りの注文を出しておけば、まだ買いポジションを持っているスキャルパーがそこで損切りしたときに売り圧力が高まる。そのうえ、損切りした人はさらなるプライスアクションが進展するまで買おうとはしないため、マーケットには買い方がいなくなり、スキャルピングの利益が十分出るくらいは下がる可能性が高い。5ティックだけのブレイクアウトのダマシはトレンドが長引いたあとによくあることで、反転の最初のサインでもある。

常にマーケットにいる

　スキャルピングをして、ときにはその一部をスイングする代わりに、1日中マーケットに参加してその日の引けで手仕舞うという方法もある。トレーダーは主要なスイングポイントと反転での仕掛けに集中して、すべてのポジションをスイングするか、少なくとも2枚仕掛けて1枚をスキャルピングしたときにもう1枚の損切りの逆指値をトントンに動かすとよい。Eミニは損切りの逆指値を超えて深いプルバックになることがよくあるため、半分はスキャルピング、残りの半分はスイングトレードにして少なくともスキャルピングの利益に達したトレードからは必ず何らかの利益が得られるようにしておくことが望ましい。

　しかし、株の場合はトントンの損切りに達する可能性がずっと低いため、スイングトレードのほうが向いている。通常は、約1ドル動いたらポジションの3分の1から半分程度を利食って残りをスイングす

図10.12 いつもスイングトレードできる——例1

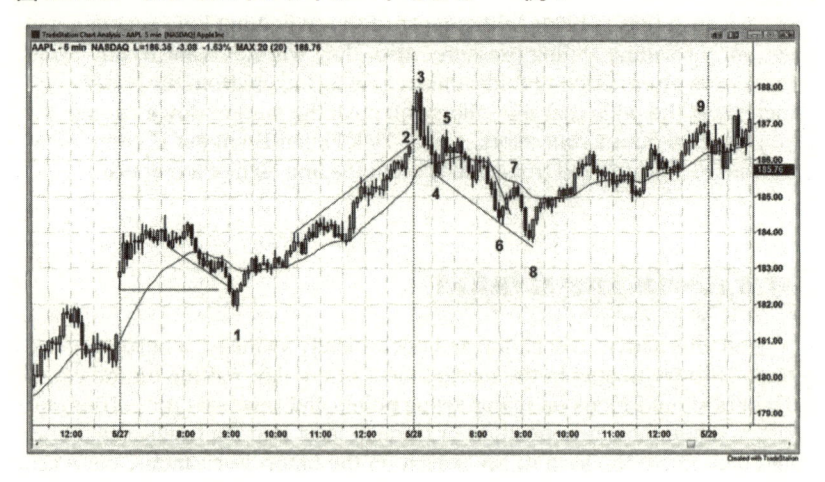

ればよい。もしマーケットが反転しそうでもまだそうなってはいなければ（例えばその日の高値を試した）、さらにポジションの4分の1から3分の1程度を利食えばよい。ただし、少なくとも4分の1はトントンの逆指値に達するか、強くて明らかな反対方向のシグナルがあるか、取引終了まで保有してほしい。トレンドは、想像をはるかに超えて続くことがあるからだ。

　ポジションは、損切りの逆指値に達するまではプルバックが続いても深くても保有し続ける。しかし、損切りに達したら、次にどちらかの方向に明らかかつ強力なセットアップができるまでは参入しない。そして、そのようなセットアップができたときはまた同じ作業を繰り返せばよい。もし2枚買っているときに反転セットアップが執行されるところまで逆行したときは、3枚空売りしてほしい。1枚が残りの買いポジションを相殺し、2枚は反対方向の新しいトレードになる。そして、そのうちの1枚はスキャルピングで利食い、残りの1枚はスイングすればよい。

　この方法は、明らかかつ強力な反転セットアップができたときのみ

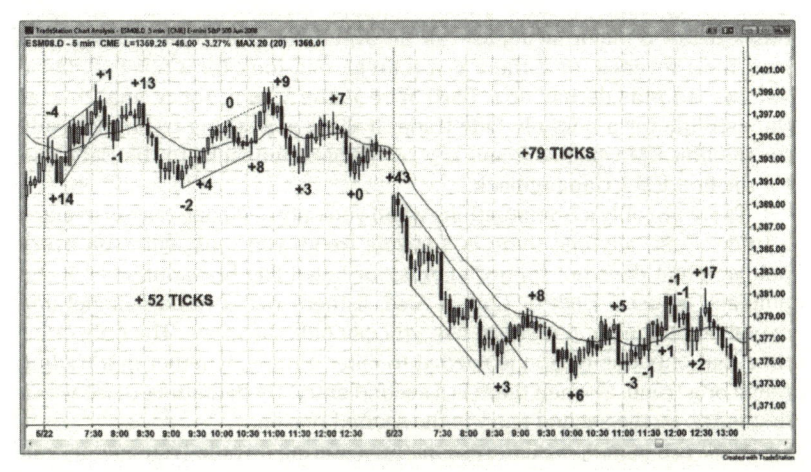

図10.13　いつもスイングトレードできる──例2

反対方向に仕掛けることがカギとなる。そうでなければ、たとえスイングしている部分の含み益をすべて失ったとしてもトントンの損切りの逆指値を尊重しなければならない。少数の銘柄に絞って観察を続けていれば、信頼できるセットアップでスイングトレードできる銘柄が毎日少なくとも1つはあるだろう。

　図10.12のアップルは、ギャップを試した強力な反転足1が下降トレンドチャネルラインを下抜いてこの日の新安値を付けてから反転した。これは買いのスイングトレードの素晴らしい仕掛けポイントで、取引終了までに約4ドルの利益が上がった。

　足3は、前日の高値から上昇トレンドチャネルラインをオーバーシュートしたあと強く下げに転じた。大陰線を含むこのセットアップは、少なくとも2本のレッグダウンが期待できる非常に高勝率のトレードになるだろう。

　足8はトレンドラインをブレイクしたあと安値を切り下げて、足6の安値を試した。この足は、下降トレンドチャネルラインも試して良い反転トレードになった。もし空売りを手仕舞っただけで買いに転じ

なければ、利益は約2.40ドルだった。

　図10.13の１日目はトレーディングレンジ日で、１日中ポジションを保有していれば１枚当たり約52ティック、つまり約600ドルの利益が上げられたはずだ。２日目は寄り付きからのトレンド日で、そのあとトレーディングレンジが始まった。もし１日中ポジションを保有していれば79ティック、約950ドルの利益が上がったはずだ。さらに、もし最初に２倍仕掛けて半分をスキャルピング、残りの半分をスイングしていれば、どちらもスキャルピングがうまくいって利益はさらに１枚当たり450ドル増えていただろう。ただ、これは言うのは簡単だが、実現するのはかなり難しい。

仕掛けるときには少なくとも２つの理由が必要

　トレードは、いくつかの基本ルールが満たされれば躊躇せずに仕掛けられるため、もっと簡単になる。最も重要なルールのひとつが、トレンド方向のトレードやトレーディングレンジのなかのトレードを仕掛けるときには２つの理由が必要で、２つあればそれで十分だ、ということである。２つがそろえば仕掛けの注文を出し、それが執行されれば基本的な利益目標と損切りの逆指値を設定して、あとは取引終了までに利益が出ると信じればよい。ただ、もしトレンドが急ならば、高値２や４か安値２や４を付けたとしても、その前にメジャーなトレンドラインのブレイクかトレンドチャネルラインのオーバーシュートと反転がないかぎり、カウンタートレンド方向に仕掛けてはならないという点に注意してほしい。また、トレンドラインのブレイクはモメンタムが強いほうが、横ばいに近いよりもはるかによい。

　また、トレードを予想できる方法を学べば、注文を出すための準備を整えておくことができる。例えば、下降トレンドラインがブレイクされたあとにツーレッグのブレイクアウトが主要なスイングの安値を

下抜くか、トレンドチャネルラインをオーバーシュートすれば反転を予想できるし、ⅱでブレイクアウトしても反転が予想できる。また、包み足やバーブワイヤーパターンが形成されれば、逆張りするために小さい足を探すことができる。もしトレンドが強いときは、最初のEMAプルバックやEMAに達するツーレッグのプルバックや最初のEMAギャッププルバックを探すとよい。

　仕掛けるための理由が1つでよい場合というのはほんのわずかしかない。まず、強いトレンドがあるときは、前にクライマックスのような値動きやフラッグのブレイクアウトのダマシがないプルバックならば、たとえ単なる高値1や安値2であってもすべてで仕掛けなければならない。また、トレンドチャネルラインがオーバーシュートされて良い反転足ができれば逆張りしてよい。1つの理由で仕掛けられるあとひとつのケースは2回目の仕掛けポイントで、これはトレーディングレンジでもトレンドがあるときでも有効だ。ただ、2回目の仕掛けは当然その前に1回目の仕掛けがあるわけで、それを1番目の理由と考えることもできる。

　トレードを仕掛ける理由をいくつか挙げておこう（このなかの2つ以上が必要になる）。

●反転足
●良いシグナル足パターン
●トレンドがあればEMAプルバック、ツーレッグならば特に良い
●ブレイクアウトプルバック
●ブレイクアウトの試し
●高値2か4、安値2か4（強いトレンドがあるときに逆張りするならば、事前にトレンドラインがブレイクされなければならない）
●何らかの失敗やダマシ——前の高値か安値、フラッグブレイクアウト、トレンドラインかトレンドチャネルラインをオーバーシュート

図10.14 仕掛ける理由は2つあればよい

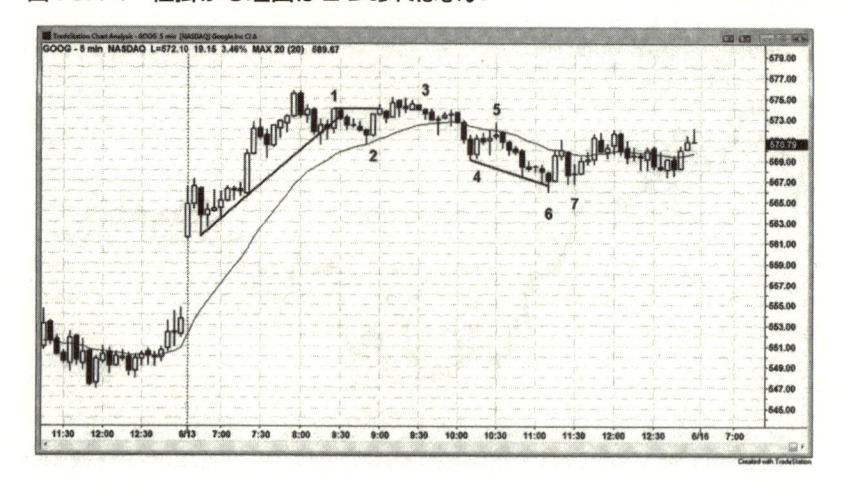

してからの反転、5ティックのブレイクアウトのダマシなど

　図10.14の足2は強い上昇トレンドのなかのM2Bで、これだけで十分買いを仕掛けられる。この足は寄り付きのギャップアップで始まった上昇トレンドで、この2時間半で最初にEMAに達した足だった。また、これは最初の大きなトレンドラインのブレイクなので、高値を試すことが期待できる。
　足3はトレンドラインがブレイクされたあとに高値を切り下げ、そのあと足1を上抜こうとする2回目の試しが失敗に終わった。ここにはｉｉセットアップができており、2本目は陰線になっていた。
　足5は下降スイングのなかのM2Sになった（足3は高値を切り下げ、足4は安値を切り下げている）。
　足6は下降トレンドチャネルラインをオーバーシュートして反転したが、セットアップの足が陰線になったため、仕掛けるにはもう1つ理由が必要になる。それが安値を切り上げた足7で、これは足5からの下降ミクロトレンドライン（表示していない）がブレイクされたあ

図10.15　仕掛ける理由が２つあれば、そのトレードを実行する

とのブレイクアウトプルバックだった。

図10.15は前日が足４までの急騰で引け、拡大トライアングルの４本目のレッグが終わっている。もしそれに気づけば、足３を下でブレイクアウトしたあとに買いポイントを探すことができる。足５が足３を下抜いて安値を付けると拡大トライアングルが完成したため、あとは仕掛けのセットアップを待てばよい。ダウンアップツインの反転を完成した足６は高値２なので、仕掛けの逆指値はその次の足で足６の１ティック上に置く。

仕掛けの逆指値で仕掛ける

プライスアクショントレーダーが仕掛ける理由を探しているときに、セットアップを完成させる足をシグナル足と呼ぶ。そして、実際に仕掛けるときの足は仕掛け足と言う。プライスアクションを用いた最も良いトレードは、逆指値注文で仕掛ける方法で、そうすればマーケットのモメンタムを使って仕掛け、少なくとも小さなトレンド（長さは

最低1ティック）の方向に仕掛けることができる。例えば、下降トレンドで空売りするときは、前の足の安値の1ティック下で空売りの注文を出して執行されると、その足がシグナル足になる。損切りの逆指値は、シグナル足の高値の1ティック上に置くのが妥当だろう。そして、仕掛け足が終われば、損切りの逆指値を仕掛け足の1ティック上に動かせばよい。

Eミニのスキャルピングで4ティックの利益を出すためには、通常シグナル足から6ティックの動きが必要になる。これは、仕掛けの逆指値をシグナル足の1ティック先に置くからで、あとは利益の4ティックと、利食いの指値が執行されるためにたいていはもう1ティック必要になる。注文は、マーケットが動かなくても執行されるときがあるが、そうなるときはマーケットに強さがあり、注文が執行されてから2～3分のうちに目標価格を超えていく可能性が高い。同様に、QQQQで10ティックのスキャルピングをしようとするときは、12ティックの動きが必要になることが多い。

ただ、セットアップができても強さがなければ、そこでは仕掛けないで別のチャンスを待ったほうがよい。強さがないということは失敗に終わる可能性が高いということなので、不要なリスクをとることはできない。そのうえ、弱いセットアップのあとには2回目の仕掛けのチャンスがある場合が多く、それは強力なセットアップになる。

ほとんどのトレードは逆指値注文で仕掛けるべきだが、強いトレンドがあるときは、とりあえずどこででも仕掛けておいたほうがよいし、EMA上に逆指値を置いて仕掛けてもよい。また、株の場合はたいていは予想の範囲内で動く1分足チャートに逆指値を置いて仕掛ければなおよい。こうすれば、基本的に同じ勝率でもリスクを小さくして利益を増やすことができる。

図10.16では仕掛けの逆指値はシグナル足2の高値の1ティック上である線Aに置いてあり、執行された。利食うのはその4ティック

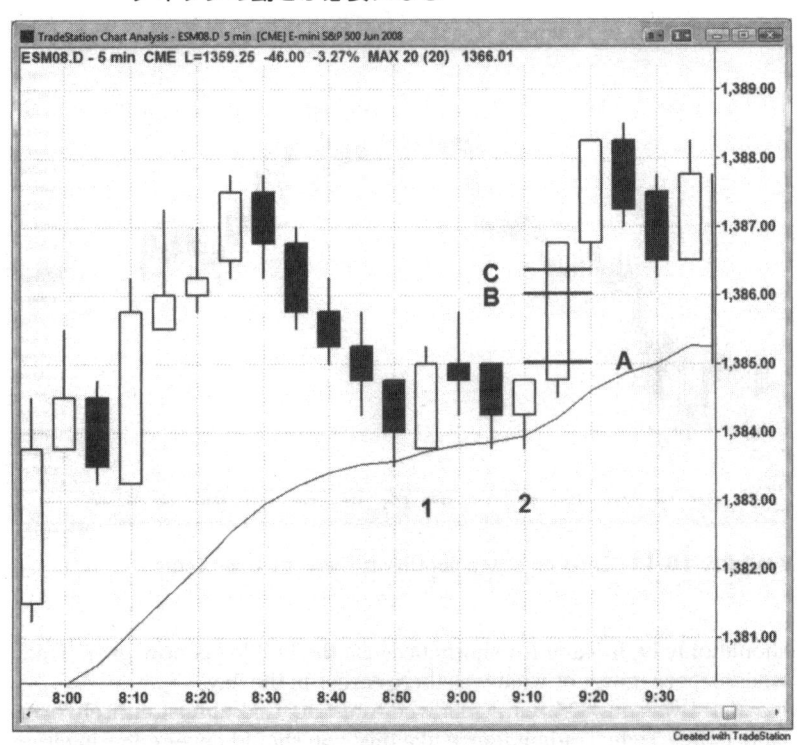

図10.16　Eミニで4ティックの利益を上げるためにはシグナル足から6ティックの動きが必要になる

上の線Bになる。利食いの注文は、マーケットがさらにあと1ティック先の線C、つまりシグナル足の高値の6ティック上まで行かなければ執行されないことが多い。

　図10.17の足1は陰線の包み足の安値2で、前日の高値を試したあとの2回目の空売りポイントになった。ただ、動きが激しいため、ここは次の仕掛けポイントを待ったほうがよい。

　足2は長い同時線のはらみ足のあとにできた高値2だが、下げのモメンタムが強かった。ここはトレンドラインがブレイクされるのを待ってから買うほうがよい。同様に、足3が2回目の買いポイントでも仕掛けない理由は、たとえそのあとに大陰線があったとしても、買う

図10.17 逆指値で仕掛けるのは良いセットアップができているときのみにする

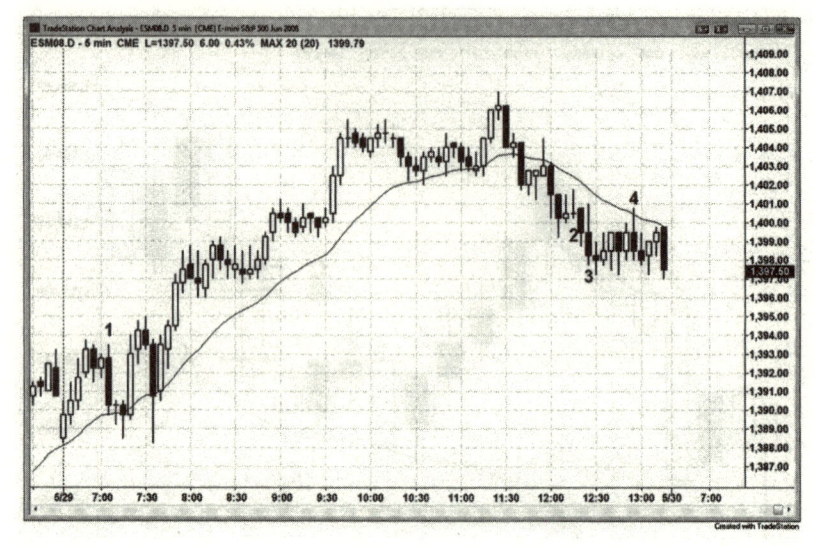

前には下降トレンドラインがブレイクされるのを待つべきだからである。この日の高値はトレンドラインがブレイクされたあと高値を切り上げたところで、そのあとはEMAを下回る足が何本もできていることから上昇レッグはすでに終わっていると考えられる。つまり、空売りしか考えるべきではない。トレードは、早い時間に起こったことではなく、今起こっていることに基づいて行ってほしい。

　足4はM2Sだが、その前の4本の足はほとんど重なり合っている。このような狭いトレーディングレンジでは、パターンを少なくとも3～4ティックぐらいブレイクアウトする大きいトレンド足ができて、それがダマシになるか、トレーディングレンジの高値か安値に逆張りができる小さい足ができるまではどちらの方向にも仕掛けてはならない。

　足2や足3で見られるような1ティックだけブレイクアウトしてダマシになったものの多くは、5分足チャートにカウンタートレンド方向の仕掛け足ができてから、1～2分程度の間に起こる。また、足が

図10.18 トレンドが強いときはEMAのところで指値で仕掛けることもできる(ただし逆指値で注文できるまで待ったほうがさらによい)

終わる前の1分間に起こったブレイクアウトは、足が終わるときもそのモメンタムが続いているため、信頼できる場合が多い。それが次の足まで続く可能性は、ブレイクが4分前に起こってそのあとプルバックした場合よりも高い。

　勝率が低いトレードを実行すると、それまでの利益を打ち消す以上の損失が出るかもしれない。

　図10.18の寄り付きからの下降トレンドのように、株で強いトレンドがあるときは、EMAの最初の2～3回の試しか1分足チャートのEMA上に仕掛けの逆指値を置けばよい。アップル(AAPL)の1分足チャートには5分足のEMAが描き入れてあり、それを使った足1と足2の2回目の仕掛けならばリスクは約25セントになるが、5分足チャート(小画面)のプライスアクションの仕掛けではリスクが約45セントになる。5分足チャートで終値が最初にEMAを上抜いた足で成り行きで空売りを仕掛けて、20セント離して損切りの逆指値を置くこともできる。今回の足1と足2は終値から4セント上げただけで

再び下げに転じた。通常は、1分足の2回目の仕掛けポイントを待つか、いつもの5分足のプライスアクションで仕掛けポイント（仕掛けの逆指値はEMAを試した足の下に置く）を見極めるほうがよい。ほかの手法を使ってもほとんど得るものはないばかりか、考えるべきことが増えて、Eミニのトレードに集中できなくなる恐れがある。

損切りの逆指値と落とし穴

　最初に置く損切りの逆指値は、仕掛け足が終わるまではシグナル足の1ティック先に、次の足ができたら仕掛け足の1～2ティック先に近づける。もしこれらの足が大きすぎる場合は、マネーストップ（Eミニの5分足チャートで8ティック、プルバックの60％など）を使ったほうがよい。例えば、大きいシグナル足で買うときは、シグナル足の安値から仕掛け価格までの値幅の40％上げたところに損切りの逆指値を置くとよい。マネーストップの大きさは、足の大きさに比例する。例えば、2008年10月の下降トレンドでは、1日のレンジが40ポイントを超える日が数日間続いたため、損切りの逆指値を8ポイントにする必要があったが、そのときは利益目標も4ポイントだった。リスクをそれまでと同じにするためには、ポジションサイズをそれまでの75％にしなければならないが、プライスアクションの基本原則を順守すれば、通常どおりかそれ以上の利益を上げることができるだろう。最初の目標値に達したあと、一部を利食ったら、損切りの逆指値をほぼトントンになるところ、つまりシグナル足の端から1ティックの仕掛け価格かその近くに動かす。最高のトレードはトントンの損切りには達しないし、Eミニの5分足で仕掛け価格から5ポイント以上逆行することはほとんどない（例えば、買ったあとにシグナル足の高値から3ティック下げるくらいで上げに転じることが多い）。良いトレードならば、マーケットがわざわざ臆病なトレーダーにさらに良い価格で仕

掛けるチャンスを与えたりはしない。もしそうなったときは、そのトレードがさほど強力ではなかったというサインだと思ったほうがよい。

　もし今日が広いレンジ日かどうか判断がつかないなかで、遠いところに置く損切りの逆指値があるときは、最初の1～2件のトレードを1枚だけ仕掛け、損切りに達しないためには損切りをどの程度にすべきか様子を見ればよい。このとき、シグナル足の先の損切りを順守し、その足が終わったら仕掛け足の先に移した損切りを守ってほしい。そして、仕切りの逆指値が執行されたら、そこに達するためには何ティックの損切り幅が必要だったのかを調べてその日はその値幅を使えばよい。例えば、14ティックならば損切りの逆指値に達しても16ティックならば達しないのならば、その日は16ティック（4ポイント）を使うことにする。あとは、ポジションサイズを50％にして利益目標を2ポイントに上げればよい。ただ、もし1～2時間後に2ポイントの利益が実現していなければ、2ポイントや3ポイントでは大きすぎたと考えるべきだろう。その場合は、損切りと利益目標を近づけて、ポジションを通常のサイズに戻せばよい。

　もしスキャルピングの利益が上がる前に損切りの逆指値に達したときは、落とし穴にはまったということで、損切りしたところで反対方向に仕掛けるのが良い戦略になることもある。これは流れを見て判断してほしい。例えば、下降トレンドのプルバック（戻し）での安値2の空売りの失敗は、たいていは良い買いのトレードになる。しかし、損切りしたところが狭いトレーディングレンジならば反対方向に仕掛けるべきではない。反対方向に仕掛けるときは、落ち着いてチャートの読みが正しいかどうかを確認してほしい。そして、すぐに仕掛ける時間がなければ、おそらく近いうちにできる次のセットアップを待てばよい。

　マーケットについて学べば、適切な損切りの逆指値をどこに置けばよいのかが分かるようになる。Eミニの5分足チャートならば、ほと

んどの日は8ティックでうまくいく。ただ、取引開始から最初の1時間に必要な最大の損切り幅には注目してほしい。それがその日の最適な損切り幅になることが多いからだ。もし損切り幅が8ティックを超えていれば、目標利益も大きくしてよい。ただ、足の大きさが特別大きいとき以外は、これをしても平均程度の利益しか上がらないだろう。

　例えば、今の安値を割らない自信があっても、買いトレードには通常よりも大きいマネーストップが必要な場合には、損切りの逆指値を離して待てばよい。もしリスクを増やすのが心配でトレードできないという場合は、ポジションサイズを半分にすればよい。そして、さしたるプルバックもないまま目標値に達したら、利食えばよい。しかし、もし仕掛け後に1ティック程度動いたあとプルバックして損切りに近づいてから再度仕掛け価格を超えれば目標値を大きくしてもよい。通常、価格はトレードを続けるのに必要な損切り幅と同じ程度は動く。例えば、買ったあとで11ティック下げてから上げに転じた場合、損切り幅は12ティックですんだため、価格は仕掛けから12ティックは上げる可能性が高いのである。そこで、その1～2ティック下に仕切りの指値を置き、その価格に近づいたら損切りの逆指値をトントンに動かしてあとは仕切りの注文が執行されるのを待てばよい。

　ただし、逆指値ではなく指値で仕掛けられることが多いケースがひとつだけある。トレンドラインがブレイクされたあとに強力な反転足が形成され、2回目の仕掛けポイントができたときだ。例えば、買った直後の足1～2本のうちに仕掛け足の安値が何回も正確に試されたときは、ポジションを2倍にする注文を仕掛け足の安値の1ティック上に指値で置いて、2ティックだけリスクをとればよい（最初の損切りの逆指値が仕掛け足のすぐ下にある）。指値注文の場合、その価格を超えないと執行されないことが多いため、指値を仕掛け足の安値に置くと執行されない可能性が高くなる。ただ、仕掛け足の安値に損切りの逆指値が置いてあるかもしれないことはみんなが分かっているの

に、なぜスマートマネーはそこを狙い撃ちしないのだろうか。それは、もし損切りがたくさんある場所に達したら、マーケットの性質が変わるからなのである。チャートを見ると分かるとおり、ここは強力な2回目の仕掛けポイントにならずに、失敗になってトレンド方向のセットアップができているため、さらに2本のレッグダウンがある可能性が高い。スマートマネーは底で大量に買ったあとにツーレッグも下落することは望まないため、彼らもあなたと同じことをする。現在の底を死守するために買い続けるのだ。いずれ売り方があきらめて買い戻し始めると、マーケットはスキャルピングの利益以上に上昇する。ただ、このようなトレードは長期間安定した利益が上げられるようになるまで手を出してはならない。それまでは、複雑な読みはせずに単純なトレードスタイルに徹してほしい。

　仕掛け足が終わったら、損切りの逆指値を仕掛け足の1ティック先に動かす。もしリスクが大きすぎる場合は、マネーストップかシグナル足の高さの60％程度で損切り幅を決めてもよい。

　図10.19では足1の前の2本の足の安値が同じでダブルボトムツインになっており、その下の足1で空売りすれば、最初の損切りの逆指値はシグナル足の上に置くことになる。ちなみに、このケースは寄り付きからのプルバックがEMAに達しており、上昇に転じる可能性が高いため、良い空売りとは言えない。実際、足1で仕掛けたあとすぐに上昇に転じたが、シグナル足の高値を超えなかったため、結局この空売りのスキャルピングは利益を上げた。仕掛け足が終わったら、損切りの逆指値を仕掛け足の高値の1ティック上に動かす。ただ、この例ではシグナル足と仕掛け足の高値が同じだったため、損切りを近づけることはなかった。

　仕掛け足3はすぐに下げたが、シグナル足の安値もシグナル足の高さの60％（シグナル足が大きすぎるため、その下にプライスアクションに基づいた損切りを置くと離れすぎていると感じてマネーストップ

図10.19　最初の損切りの逆指値はシグナル足の1ティック先に置く

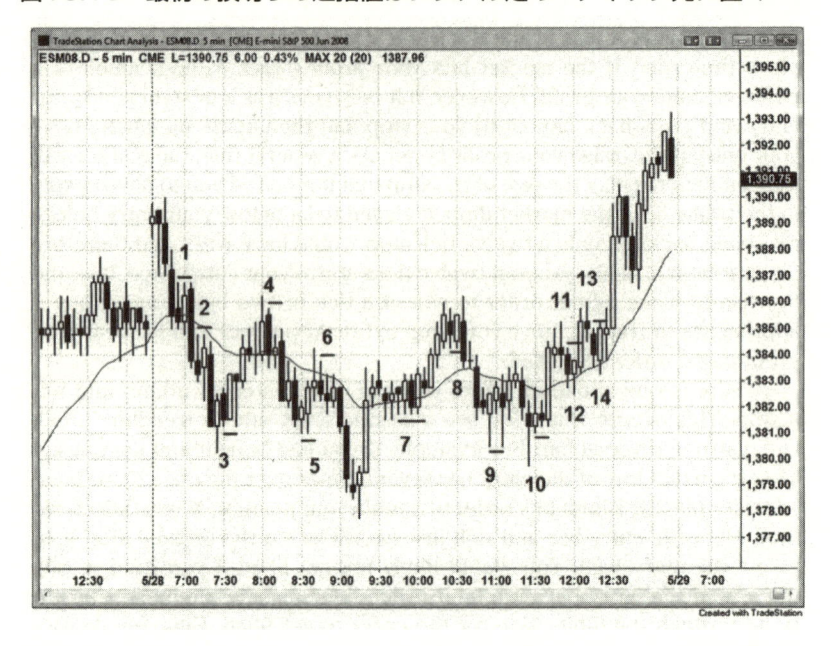

を使った場合）も下回らなかった。仕掛け足が終われば、損切りの逆指値を仕掛け足の安値の下に動かす。その２本あとにプルバック足ができたが損切りには達しなかった。もし仕掛け足の安値を正確に試せばダブルボトムという大きな落とし穴が買いポジションを建てているパターン信奉者を追い出すことになる。

　足４のM2Sで仕掛けた空売りは、２本あとの足がプルバックでも損切りの逆指値には達しなかった。足が大きいときは、陽線の下の安値２よりも陰線の安値の下で空売りするほうがよい。このときの損切りの逆指値は仕掛け足の上で、価格がトレード方向に４ティック程度動いてから損切りを直近の足の高値の上に近づければよい。トレードには価格が動く時間が必要なのである。また、仕掛け足が同時線の場合は、プルバックの１ティックを見ておいたほうがよい。同時線は１本の足のトレーディングレンジで、その上で買うのはバカげているた

め、ここで空売りを買い戻してはならない。マーケットが少なくとも数ティック順行するまでは、最初に置いた損切りの逆指値を尊重してほしい。

　高値2で買った足5は、すぐに下げてシグナル足の安値を試して2本足のダブルボトム（この図では分からないが1分足チャートにははっきりと表れている）ができたあと、スキャルピングの買いの目標値に達した。最初に置いた損切りの逆指値を信頼し、1分足チャートは無視してほしい。5分足チャートで仕掛けたときは5分足の損切りを尊重すべきで、リスクを小さくしても結局は素晴らしいトレードの多くが損切りに達することになる。

　M2Bで買った足7は、シグナル足の下に置いた損切りの逆指値の1ティック手前まで試したあと、仕掛け足の下に近づけた損切りも試したが、どちらにも達しなかった。仕掛け足の前の同時線を含むバーブワイヤーがこのトレードのリスクを高めているが、この日の安値から急騰したあとで6本の足がEMAの上で終値を付けていて2本目のレッグアップが期待できるため、M2Bは妥当な仕掛けポイントだった。しかし、それよりもさらに良いのがその3本あとの小さい陰線の上で、ここは実質的に高値4の買いポイントになっていた（バーブワイヤーから抜け出したあとの高値2で2回目の試し）。

　もし足8のiiの上で買えば仕掛け足で損切りの逆指値に達するが、多くの失敗のiiパターンのように良い反転ポイントになる。ただ、ここでは足4と合わせてダブルトップベアフラッグが形成されつつあるため、上昇トレンドにないかぎり、足8の高値近くで買うべきではない。また、その前の20本の足の多くが数本の足と重なっているため、マーケットはトレーディングレンジの性質を帯びている（足7からの上昇は強気のスパイク・アンド・チャネルの小さいチャネル部分になっている）。そのため、上昇の終わりかもしれない2番目のレッグの高値で買うべきではない。

図10.20　損切りの逆指値を置く

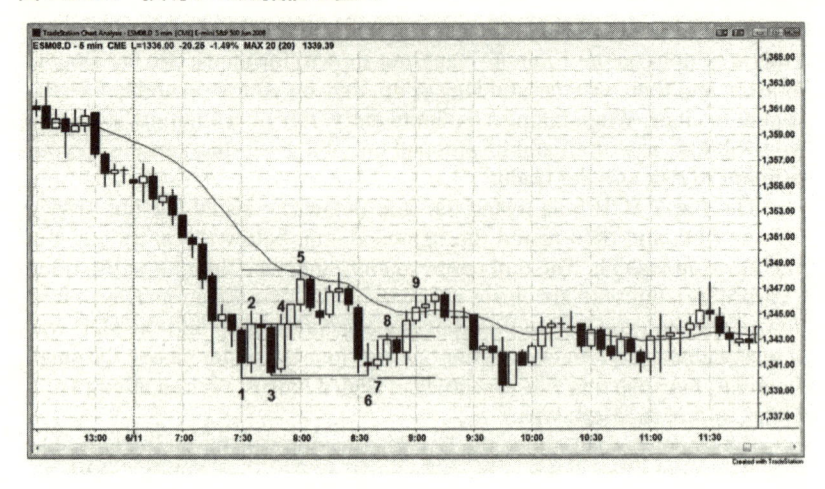

　もし足11のスイングの高値で空売りしたときは、EMAを試した反転足12か、足11のあとの仕掛け足の1ティック上に置いた買いの仕掛けの逆指値で反転トレードを仕掛ければよい。

　足13のスイングの高値で安値2からの空売りは5ティックだけブレイクアウトしたダマシになったため、安値2もダマシになった。ここは足14の仕掛け足（足13がシグナル足）の1ティック上で反転買いすれば、追い詰められた空売り派によって少なくとも2本以上のレッグアップが期待できる。

　図10.20の足1までの売りのクライマックスは、その2本前のはらみ足のファイナルフラッグの失敗をブレイクアウトしたあとダウンアップツインボトムで上げに転じた。もし足1の上で買えば（陰線なのであまり賢い方法ではない）、ツーレッグの上昇を期待でき、足1の安値よりも下げることはない。この強力な下降トレンドでは、2回目のシグナルを待つほうがよいし、それまでのトレンドラインに小さいブレイクすらないことを考えればなおさらだ。

　足3のプルバックは仕掛け足2の1ティック下まで下げてから反転

して２回目のダウンアップツインの反転になったが、シグナル足１の安値には１ティック届かなかった。もしそのあと足３の上で買ったら、足１は許容範囲にはあるがリスクが高めで、実際、足３は17ティックまで下げたため、このトレードを維持するためには18ティックの損切り幅が必要だった。つまり、目標値のほうも４ティックから16ティック程度に上げなければならない。結局、２本目のレッグアップは仕掛け価格からぴったり18ティック上げた。リスクが通常の２倍のときは、リスク額を同じにするためにトレード枚数を半分にする必要がある。今回は足４が終わるのを待ち、それが強力な陽線で、過去４本の足のなかで２本目の強力な陽線で、吸引効果があるEMAまで距離があることを確認すれば、足４の高値の１ティック上に逆指値を置いて買うとよいだろう。確かにこれはベアフラッグの高値での買いではあるが、今回はブル派に力があり、EMAまで上げる余裕もある。

　同様の状況は足６の安値にも見える。ここでは、足３の安値とともにダブルボトムブルフラッグを形成しようとしているが、足６の終値には力がなかった。保守的なトレーダーはこの足の高値の１ティック上では買わずに、２回目のシグナルを待つだろう。そして足７が終わると、許容できる２回目のシグナルは足７の１ティック上での買いだが、これは２回目の上昇の試しでも終値にはやはり力がないため理想的とは言えない。この足８の仕掛けも損切りの逆指値は足６の下のダブルボトムブルフラッグの安値になり、これは最初のシグナル足と同じなので仕掛け足から２～３ティックしか下ではないが、ツーレッグアップの可能性を考えればリスクを増やす価値はある。足８で買いを仕掛けると、損切り幅は12ティックなので、そのあと12ティック上昇する可能性がある。つまり、目標値の10ティックを狙う価値はある（そして実際うまくいった）。マーケットは次の２本の足が足８の安値をそれぞれ試したため、機関投資家は損切りに達しないように上昇させようとする可能性が高い。そして足９で12ティックに達し、その２本

図10.21 最初の1時間で必要となった最大の損切り幅がその日の最適な損切り幅になる

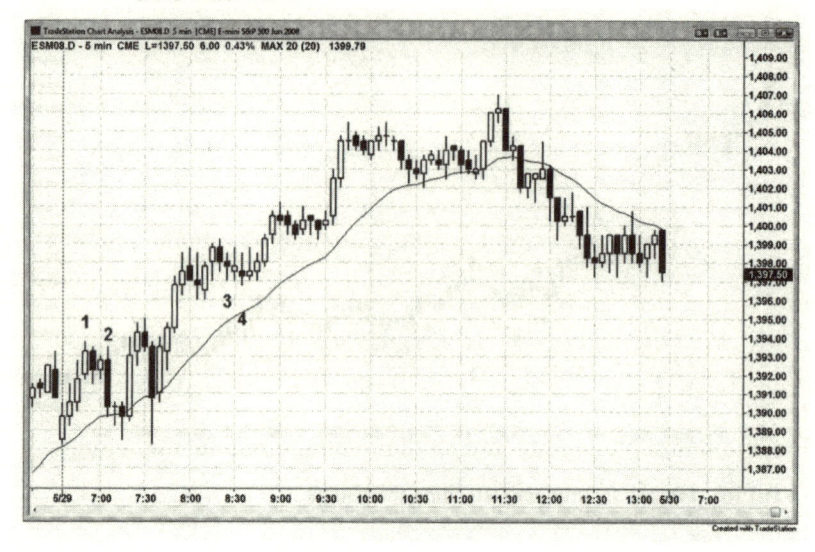

先であと2ティック上げた。足8の強さはブル派が底を割らない意志を示しているため、ここでは陽線8のあとの陰線のはらみ足の上で仕掛けるのが安全だろう。

図10.21では、前日の高値を上抜いたシグナル足1の空売りは、仕掛け足が終わったあとにその足の高値の1ティック上に損切りの逆指値を動かすため、9ティックの損切り幅が必要になる。そして、足2が仕掛け足の高値を試し、損切りに8ティックまで迫ったが9ティックには達しなかった。このことを今日1日は覚えておいてほしい。

もし足3の安値2の失敗で買って最初の損切りの逆指値をシグナル足の安値の1ティック下に置けば、8ティックのリスクをとることになる。同時線があるときは、損切りを1ティック超えることがよくあり、この日の早い時間にも9ティックの損切りが必要だったことを考えると、あと1ティック余裕を持っておいたほうがよいだろう。ただ、ここではブレイクアウトが小さいうえに過去7本の足は同時線が多く、ほぼ横ばいのバーブワイヤーなので素晴らしい買いポイントとは言い

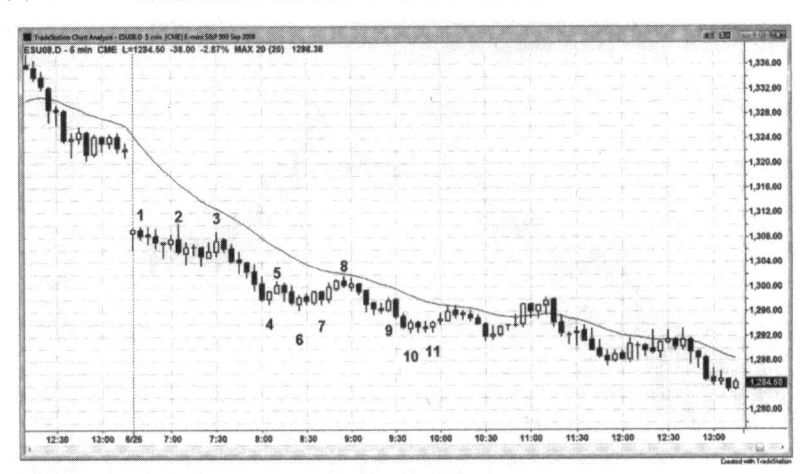

図10.22　機関投資家が損切りに達するのを阻止している

難い。ここは2回目のチャンスを待ったほうがよい。

図10.22は下に大きくギャップを空けて寄り付いたため、上下どちらかのトレンド日になる可能性が高い。足3のあと、マーケットは大きく下げてさらに安いレンジを形成し、足6までにはトレンディング・トレーディングレンジ日か寄り付きからの下降トレンド日だということが見えてきた。トレンディング・トレーディングレンジでは、レンジの安値近くで買うか、高値近くで空売りしておくほうが安心だ。

足5はミクロトレンドラインを上抜いた。足4と足6は強力に反転する陽線で、足6はブレイクアウトプルバックの買いのセットアップになった。しかし、仕掛け足が陰線になったのは強さがないサインと言える。もしこの足の安値を1ティック下抜けば、買いは失敗に終わって、すぐあとに2本のレッグで下落する可能性がある。しかし、この日がトレンディング・トレーディングレンジ日だと考えて2回目の仕掛け（1回目は足5）で買っているスマートマネーは、下落を阻止するために仕掛け足の安値まで買い支えていく。あと1ティックで負けトレードになってしまうからだ。次の15分間にマーケットは何回も

損切りの1ティック手前まで行ったが、結局それに耐えた買い方は報われた。

第11章　最初の1時間
The First Hour

　最高のトレードは前日の動きと関係するパターンが多いため、まずはブレイクアウトのダマシやブレイクアウトプルバック、寄り付きからのトレンドとその最初のプルバック（押しや戻り）などを確認してから通常のプライスアクションパターンを探すとよい。最初の1時間はパターンが少し違うと考えがちだが、プライスアクションの観点からすればそうではない。セットアップは1日のどの時間帯のどんな時間枠でも同じなのである。ただ、違うのはボラティリティが高くなることが多い点で、そのためパターンの動きが大きくなり、突然反転することもよくある。また、トレンドがブレイクアウトされる前に2～3本の同時線があって力強さが見えない反転もよく見られる。このことを覚えておき、仕掛けたあとでこの弱い反転があっても手仕舞ってはならない。あとは自分の読みが正しいことを信じてトレードしていけば、いずれは利益も大きくスイングするだろう。

　ただ、足が全体的に大きいときは、リスクを同じにするためにトレードする枚数を減らす必要がある。しかし、マーケットは素早く動いているため、チャートを読んで注文を出しながらリスク計算までするのは難しい。そこで、単純にポジションを半分や3分の2にすればよい。ここではどうするかではなく、素早く行動して頭を切り替え、もっと大事なこと、つまりチャートを正しく読んで注文を出すことに集

中してほしい。

　寄り付きについては、多くのセットアップが前日のプライスアクションに基づいてできるという特徴もある。前日の最後の2～3時間に大きいフラッグができ、それが今日の寄り付きでブレイクアウトされたり、フラッグから大きく離れてギャップを空けて寄り付いたりすることがあるのだ。いずれのケースも反転か継続かを注視してほしい。

　あとひとつ重要な違いは、最初の1時間にその日の高値か安値を付けることが多いということである。重要な高値や安値に至るスイングの一部だけでもとらえて、損切りの逆指値をトントンに動かし、寄り付き近くで手に入ることが多い棚ぼたの利益を確実に手に入れることが重要だ。

　1日の最初の1～2時間には、信頼できるトレードがたくさんできる場合が多い。ほとんどの日には1つ以上のトレード可能な反転があり、スキャルピングで利食ったあとにも数回のチャンスができる。また、最初の足か次の足からトレンドが始まり、プルバックしないで1時間以上進むこともある（寄り付きからのトレンドまたは1本目の足からのトレンド）。ただし、これはあくまで経験則であって例外ではないため、最初の1時間であっても必ず反転も探してほしいし、もしあれば長いトレンドにつながることも多い。

　ほとんどの日には、最初の2～3時間に1つ以上のトレード可能な反転がある。しかし、なぜ取引開始から数本の足が大きく動いてから反転するのだろうか。なぜ、最初からその日の高値や安値を付けないのだろうか。寄り付きの価格は特定の売買主体が決めるものではなく、買い方と売り方がほんの一瞬拮抗している状態を示している。もしどこかの機関投資家がその日に大きな買いを計画していると、なぜ前日の終値よりも上で寄り付いたあと下落してから上昇して高値を更新するのだろうか。もしあなたが機関投資家のトレーダーで、今日のうちに顧客から受けた大量の買い注文を執行しなければならないとすれば、

買いたい価格よりも上で寄り付いたあとに急落して積極的に買いたい価格帯になればうれしい。ちなみに、このようなときはほかの機関投資家も似たような注文を受けていて買おうとしている。そして、そのあとさらに少し下げてその日の安値を付けるのが望ましい。

　もし上昇に転じたときに十分な強さがあれば、そのときはみんなが上昇モメンタムに適度な強さがあって安値が試されるとしても、その前に少なくとも2回目のレッグアップが期待できると思っているため、そこで空売りしようとする人はあまりいない。もしあなたが機関投資家のトレーダーならば、この状態を作るためにできることはあるだろうか。実はある。プレマーケットが終わる直前に買って価格を上げておき、注文の一部を執行しておくのである。先物でも株でも午前6時30分より前ならば大した出来高がなくても価格は動く。そのあと、マーケットが開いたら先に買ったポジションの全部または一部を手仕舞い、多少の空売りをしてもよい。目的は安く買うことなので、マーケットが下げて価値に見合った価格だと思う水準になるまで買い始めない。プライスアクションは非常に重要だ。マーケットがカギとなる水準――例えばEMA（指数移動平均線）、前のスイングの高値や安値、前日の安値など――に達したときの反応を見ておいたほうがよい。もし下降モメンタムが衰え始めてカギとなる価格から上げに転じたときは、すべての空売りポジションを手仕舞って積極的に顧客の買い注文を実行していかなければならない。機関投資家はどこも似たような注文を受けているため、マーケットは上昇し始める。そして、その日の安値を付けたと思えば上がっても買い続け、プルバックでもさらに買っていく。機関投資家の注文はサイズが大きいため、一度に買うとスパイク（突出高）して買いのクライマックスで買わなければならなくなるリスクがある。そこで、彼らは通常のサイズで注文がすべて処理できるまで1日中買い続けていくことになる。

　しかし、本当は何が起こっているのだろうか。機関投資家のトレー

ダーは何が起こっているか分かっているが、それ以外の人にはなぜその日に反転したのかは分からない。しかし、理由は関係ない。大事なのはプライスアクションだけなのである。反転が起こるのは何がしかの発表の何秒かあとだが、個人トレーダーがCNBCを見ているだけではマーケットがどのように反応するかは分からない。マーケットは、強気や弱気の発表に対して上げるときもあれば下げるときもあり、トレーダーはプライスアクションがなければ発表を正確に解釈することはできないのだ。つまり、マーケットがどのように反応するかを知るための最善の方法は単純にマーケットを観察することで、あとはプライスアクションの進展に合わせて、トレードしていけばよい。発表直前の足が素晴らしいセットアップになって発表がトリガーを引くことはよくある。仕掛けと損切りの逆指値を置いたら、あとは自分の読みを信じてほしい。

　寄り付きからの反転は素早いことが多く、急角度で反転するとファンダメンタルズを読み取るのは難しい。2～3分前に弱気だったマーケットがなぜ今はこれほど強気なのだろうか。それについて悩んではならない。それよりも、通常のプライスアクションのセットアップを探し、反転の理由を考えたりせずにただ淡々とトレードすればよい。ここで知っておくべきことは、実際に起こっていることと、仕掛けなければならないということだけなのである。

　ちなみに、最も読みやすくて最も信頼できるチャートは5分足チャートだが、3分足チャートもトレードしやすく、特に最初の1時間に関してはそう言える。ただ、最高の勝率を望み、負けたときの嫌な気分を避けたいのならば、5分足チャートだけを使ってポジションサイズを増やしていくことに専念してほしい。負けが込んでいればなおさらだ。

　トレーダーとしては、シンプルに分析することが重要で、マーケットが急激に上下する寄り付き後の1時間は特にそうである。ほとんど

の寄り付きでの値動きは、前日の最後の1時間のプライスアクションに関係している。そして、それらはブレイクアウトやブレイクアウトのダマシ、ブレイクアウトプルバックという形になって現れ、寄り付き直後のトレンドを形成する。また、これら一連の値動きは非常に素早く動く。

プレマーケットにかかわるパターン

24時間トレードのグローベックスのティックチャートや出来高チャートを見ると、通常の取引時間はその一部であり、寄り付きが分かりにくい。しかし、グローベックスの高値や安値は日中の取引時間帯に試されることが多いし、グローベックスのパターンが日中の寄り付きから何本かの足で完成することもよくある。最初の1時間程度は動きが速いが、日中の取引時間だけでも素晴らしいプライスアクションは十分ある。多くのトレーダーにとって2枚のチャートを使いこなすのは難しいうえ、寄り付き直後の動きが速い時間帯はなおさらなので、5分足チャートだけを使ってほしい。グローベックスのチャートにできたセットアップの多くは、日中のプライスアクションのみに基づいても同じトレードができる。2枚のチャートを素早く分析して仕掛けや損切りや仕切りの注文を出そうとして混乱し、結局資金を失うリスクをとるよりも、いくつかトレードを見送ってもよいと思っておいてほしい。

図11.1は左側がグローベックスのチャート、右側が日中のチャートで、足1はどちらも午前6時40分の足を指している。グローベックスはフラッグの失敗による反転で買いシグナルを出しており、日中のチャートは強力な陽線の反転足が前日の終値に向けたツーレッグアップの動きよりも上でブレイクアウトプルバックして、寄り付きからの上昇トレンドになる可能性がある。このとき、もし寄り付きから最初

図11.1　グローベックスと日中のチャートを両方使っても得るものはない

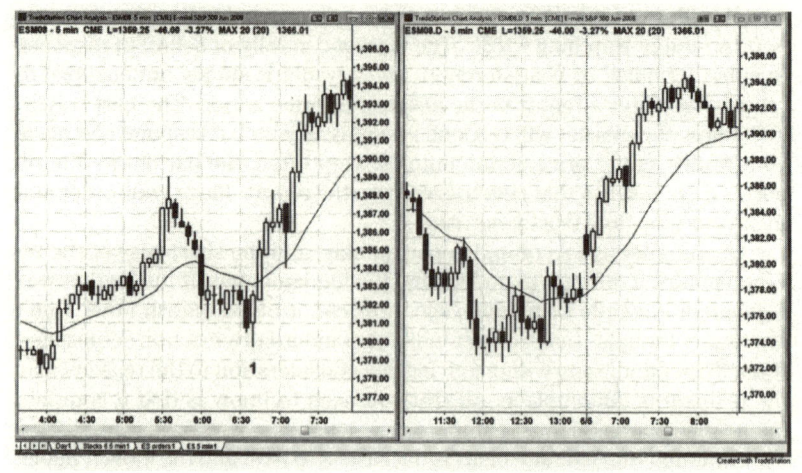

の足がトレンド足ならば、たいていはスキャルピングのセットアップになる。そして、それが失敗に終われば（特に反対方向のトレンド足ならば）、反対方向のセットアップに変わる。

　ただ、両方のチャートを使っても得るものはないし、それをすれば可能なトレードをすべて仕掛ける時間がなかったり、注文を間違えたりする可能性が高くなる。

前日と関連するパターン

　ブレイクアウト、ブレイクアウトのダマシ、前日のスイングの高値や安値からのブレイクアウトプルバック、大きいフラッグ、トレンドライン、トレーディングレンジなどは最初の1時間では最も信頼できるパターンと言える。これらはその日のどちらかの極値につながることが多い重要なセットアップなので、少なくともポジションの一部はスイングしてほしい。そのためには、前日のプライスアクションに基づいて、マーケットが開く前にこれらのセットアップができることを

予想しておいてほしい。この時間帯の多い出来高は、世界中のトップトレーダーがトレードを仕掛けたことを示している。あなたもそこに加わるべきだろう。

　最初の１時間に仕掛けられるトレードの多くは前日のパターンと関連していることが多く、大口トレーダーの多くは日足チャートと前日の高値と安値と終値に基づいて仕掛けを決めている。取引開始前に、前日の最後の１～２時間について強いトレンドやトレーディングレンジの有無とそのトレンドラインを観察し、もしトレンドラインがブレイクされたのならば極値を試す可能性が高いのか、スリープッシュパターンやトレンドチャネルラインを試すセットアップができそうかなどと考えてほしい。マーケットは最初の１時間に前日の高値や安値を試すことが多いため、トレード可能なブレイクアウトプルバックや反転になることも多い。

　図11.2のオメガ・インシュアランス（OIH）の５分足チャートでは、１日目の寄り付きから下落したあと３時間に及ぶツーレッグの上昇が重要な下降トレンドライン（表示していない）をブレイクした。しかし、そのあと反転して上昇トレンドチャネルラインを２回オーバーシュート（価格が重要な価格を超えること）したが、どちらも下げに転じて（足４と足５）、ブル派が主導権を失いつつあることを示した。上昇の長さはブル派の強さの証拠と言える。ちなみに、最後の１～２時間でツーレッグのカウンタートレンド方向の動きがメジャーなトレンドラインをブレイクするというパターンはよく見られる。そして、これは翌日の寄り付きが安値を切り上げたり切り下げたりする形でトレンドの反転につながる可能性があることを警告している。

　２日目は、下にギャップを空けて寄り付いてから、すぐに前日の安値を下抜いて強力な陽線の反転足を形成した。この大きいベアフラグのブレイクアウトのダマシは２日間にわたるパターンで、シグナル足７の高値の１ティック上は素晴らしい買いの仕掛けポイントになっ

図11.2　ブレイクアウトがダマシに

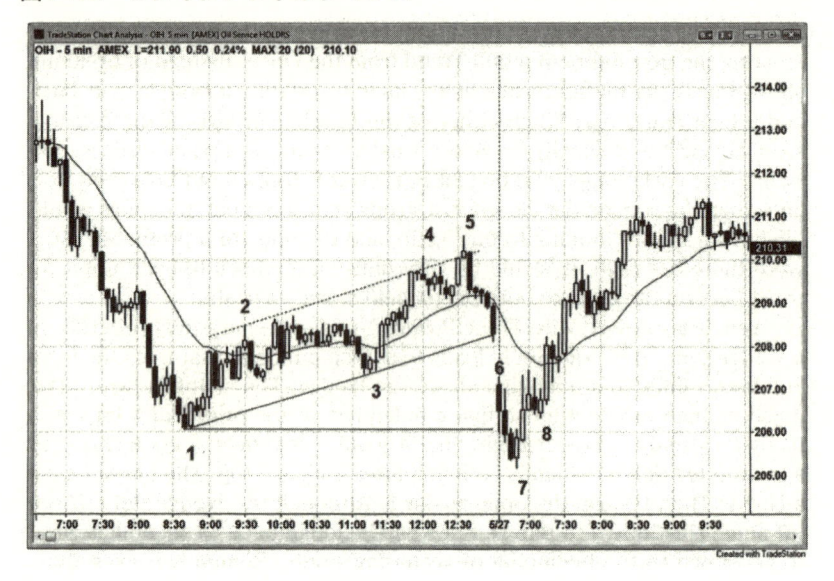

た。前日の高値か安値の水準で寄り付きから反転するときは、それがその日の高値か安値になる場合が多いため、そのときのトレードは少なくとも一部をスイングしてほしい。

　1日の極値のひとつは最初の1時間の時間帯に付けることが多いため、ポジションの一部または全部をスイングすることが重要だ。ここでは損切りの逆指値をトントンに置くことで、足5の上で高値を更新するまでにうまくいけば5ドルの利益が上がったはずだ。

　寄り付きが前日の引け値からブレイクアウトのパターンになったときは、ブレイクアウトのダマシのセットアップ（例えば足7）で仕掛け、ブレイクアウトのダマシがダマシになってブレイクアウトプルバックになれば反対方向に仕掛けるとよい。今回のブレイクアウトプルバックは足7の安値からの上昇に力があったため、空売りは勧められない（2回目の空売りは仕掛ける価値があるが、ここでは安値1はあっても安値2がなく、安値1は足8の高値1の買いポイントにつなが

った)。ただ、細かく見れば足8はこの日の新高値からのプルバックのなかのブレイクアウトプルバックの買いポイントになっていた。

　マーケットがEMAから離れたところで寄り付いたあとに強く反転すれば、最初の1時間のEMAは当然あまり当てにならない。例えば、EMAは下げているのにマーケットは力強く上げていたりすることもよくある。最初の1時間もEMAが大いに助けになる場合もあるが、プライスアクションのほうが重要なので、指標ではなくマーケットの動きに従ってほしい。

　図11.3の陽線5は上方にギャップを空けて寄り付いたため、寄り付きから上昇トレンド日になる可能性がある。しかし、マーケットは足5を上抜かずに大陰線で下抜いてダブルトップツインを形成した。寄り付きから1本目か2本目の足が強力なトレンド足ならば、少なくともスキャルピング、うまくいけばスイングトレードができることが多い。最初の足5で買った買い方はこの足の安値の下で損切りに達し、2本目の陰線が終わった時点ですぐまた買うつもりはないため、空売りが成功する可能性は高い。寄り付きで反対方向のトレンド足が続いたときに両方とも失敗に終わることは非常に珍しいため、少なくともスキャルピングはうまくいくだろう。

　前日は急騰したあとにスリープッシュアップで引けた(実質的なウエッジ)。このようなときはそのあとに安値を試す深いプルバックがあり、それが安値を試してから上昇してウエッジの上で高値を更新することが多い。足4までの下げには十分なモメンタムがあるため、その前の足3への高値の試しは失敗になる可能性が高く(普通は高値を切り下げる)、2回目のレッグダウンを狙って良い空売りができることが多い。このような形はウエッジの高値のあとによく見られる。しかし、実際には寄り付きの足5で高値を切り上げて足3を試した。ウエッジのあとの足4までの下げは小さかったが、足5は前日の上昇の始まりを試す2回目の試しだと見ることもできる。マーケットではす

図11.3　前日の高値への試しが失敗したあとで前日の安値を試して安値を切り上げた

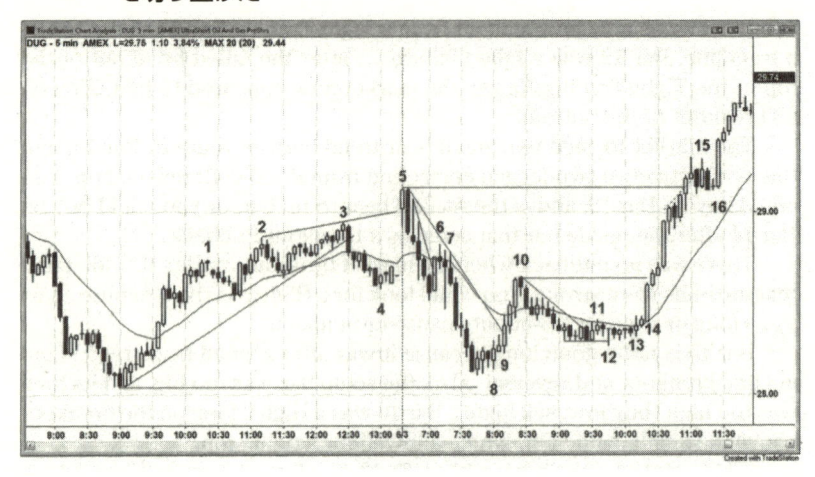

べてがグレーゾーンにあるということを忘れてはならない。ウエッジが失敗になることはあまりないが（足5はウエッジの高値を上抜いたが失敗）、今回は失敗が失敗になり、これは良い仕掛けポイントになることが多い。このように、何が起こっているのかを常に考えておかなければならない。通常、ウエッジは少なくともツーレッグで調整する前に失敗になることはないため、マーケットが上方にギャップを空けて陽線を形成するとブル派は喜んだ。しかし、そのすぐ次の足で彼らは損切りに遭ったため、賢いトレーダーはこの失敗の失敗で空売りした。

　足6は急な下降トレンドのなかでミクロトレンドラインのブレイクがダマシになったため、空売りポイントになった。

　足7は下降トレンドにできたM2Sの空売りのセットアップになった。

　足8は足3のウエッジのあとプライスアクショントレーダーが探していた深い調整になった。これは、この日だけで見れば2本のレッグダウンで、前日の安値を試した。足8は2回目の買いの素晴らしい仕

掛けポイントになった。足9の安値2の失敗も買いのチャンスで、通常はあと2本のレッグアップが期待できる（そうなると安値4ができるかもしれない）。ここは損切りして強い上昇に乗り遅れたブル派がマーケットを追いかけざるを得なくなるところで、素晴らしいトレードになった。トレンドの始まりにはこのような落とし穴がよくあり、トレンドがさらに順行するサインでもある。たくさんの陽線が並ぶ足10までの強い上昇レッグはトレンドラインとEMAを上抜いたため、そのあと安値を切り上げる可能性が高い。また、足10はEMAギャップ足（EMAとの間にギャップがある）でもあり、陰線のシグナル足なので、ここで空売りすれば少なくともスキャルピングの利益は上げられると考えてよいだろう。しかし、反転したことを確認するまではまだ上昇トレンドのつもりでトレードするため、この時点では引き続きプルバックで買いポイントを探していく。

　足11は狭いトレーディングレンジからのブレイクアウトがダマシになり、トレンドラインをブレイクした。足12はダマシのダマシ、つまり狭いトレーディングレンジの高値へのブレイクアウトがダマシになったあとで、安値へのブレイクアウトもダマシになりそうに見える。

　そのあと足13までに2本の小さい陰線ができ、これが実質的には足12で反転したあとのツーレッグの調整になった。ここでは足13の間に2本目の陰線の上で買うか、ブレイクアウトプルバックになったはらみ足のあとの足14で買うことができる。

　マーケットが足10を上抜いたときにプルバックがないことは、ブル派に力があることを示している。ここでは1分足チャートで高値2を探すか5分足チャートでポーズかプルバックを探して買えばよい。

　足15は小さい下降トレンドチャネルラインがブレイクアウトされてから反転したあとなので、良い買いポイントとは言えない。また、セットアップの足が大きすぎて高値が高すぎるため「安く買って高く売る」にならない。足16は小さいはらみ足を上抜いた高値2の買いポイ

図11.4 ファイナルフラッグの失敗のあとの試しでスリープッシュアップとダブルトップを形成した

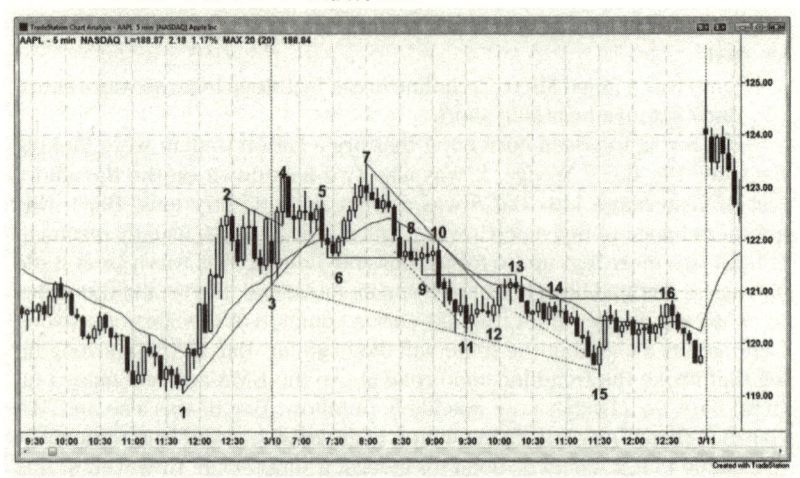

ントで、ここは損切りの逆指値を近くに置くことができる。

　図11.4のアップル（AAPL）は前日の引け近くで狭いトレーディングレンジを形成し、ファイナルフラッグが失敗に終わる可能性があった。寄り付きの足3は前日の終値であるブルフラッグの安値を下抜いたあと、すぐにその高値を上抜いた。しかし、次の足でまた下げに転じた。これは妥当なファイナルフラッグの失敗による空売りポイントだが、モメンタムが強いうえに最初の下方へのブレイクアウトがダマシになったことは仕掛ける前にさらなるプライスアクションを待つべきだということを示しているのかもしれない。この時点では、フラッグのブレイクアウトの失敗と前日の高値での反転から判断すると、これから下落する可能性のほうが高い。

　バーブワイヤーの最後にできた足5はブル派を落とし穴にはめて高値2で買わせたが、その直前の高値2でシグナル足の1ティック下は素晴らしい空売りポイントになった。この足1本でブル派を落とし穴にはめて買わせてから損切りさせることができる。バーブワイヤーは2回目の反転があることも多いため、それに備えておかなければなら

ない。足6のブレイクアウトはダマシで、上昇トレンド（ほとんどの足が上昇するEMAよりも上にある）のなかでEMAに達する2回目のレッグダウンであることから買いに転じるシグナルと見てよい。

　ただ、足6までの下落がトレンドラインをブレイクしたことはベア派が積極的になろうとしているということなので、足4の高値への試しが失敗に終わる可能性を考えておいたほうがよい。

　反転足7はブレイクアウトして新高値を更新したがダマシになり、これは足4に続いて前日の高値をブレイクしようとする2回目のダマシとなった。ただ、ここまでの値幅は最近の1日の値幅の約半分しかないため、これからどちらかの方向にブレイクしてこれまでの値幅と同じくらい進む可能性が高く、そのときは少なくともツーレッグはできるだろう（トレンドトレーダーならばどんなプルバックでも自信を持って2回目の仕掛けをするだろう）。しかし、ダブルトップを形成し、上昇トレンドの3回目のプッシュアップでもある足7が結局この日の高値になった。

　足9はスイングの安値である足6を下抜いたが、この日の安値には達しなかった。この安値にはマグネット効果があり、非常に近くまで来ているため、これを試す下降レッグが少なくともあと1本はできる可能性が高い。足10はバーブワイヤーパターンを完成させたが、2回目のレッグダウンがこの日の安値を更新するとみんなが思っているため、小さいはらみ足の下は素晴らしいM2Sの空売りポイントになる。ここは、足6を下抜いたあとのブレイクアウトプルバックにもなっている。

　バーブワイヤーのプルバックである足10が小さいトレンドライン（示していない）をブレイクしたということはこれが最初の下降レッグを終わらせる調整かもしれないが、それまでの下降モメンタムが強かったため、ブル派にはまだ積極的に買うほどの自信がない。彼らにはもう少しプライスアクションを見る必要がある。

この日の安値を更新した足11までのブレイクは、ほぼまっすぐ下げているため、これが最後の下げとは思えない。つまり、みんなが少なくとも足11の安値を試す２回目の下降レッグを探すことになる。ただ、下降トレンドチャネルラインへのブレイクアウトはダマシになったことから、まずは２本のレッグアップがあると思われる。

　足12はダブルボトムプルバックの買いポイントで、安値２の失敗でもあるが、その前にトレンドラインがきちんとブレイクされておらず、強力な反転足もないことから、スキャルピングしか狙えない。そのうえ、２本目のレッグダウンが期待されることから、長いヒゲの足７本から成る横ばいのあとでわずかなスキャルピングの買いに気をとられるよりも、再び空売りするか空売りポジションを積み増すことに集中したほうがはるかに賢い。

　足13はベア派にとってM2Sのチャンスだが、EMAまで上昇して大きな下降トレンドラインを上抜いた。これはブル派にとってもベア派にとっても新しいスイングの安値からの反転に強さがあればツーレッグアップになる可能性が高いというシグナルになっている。

　足14もM2Sの空売りポイントになった。

　足15は２本の下降トレンドチャネルラインを下抜いて安値を更新してから陽線の反転足になった。ここは弱気のスパイク・アンド・チャネルになっているため、チャネルが始まる足14を試す可能性が高い。また、足15は下降トレンドラインを最初にブレイクした足13までのプルバックから２本目のレッグダウンになる。そして最後に、足15はこの日の高値からの２本目のレッグダウンにもなっている。これらのことはすべて強さを表すサインで、ツーレッグで上昇する可能性を高めている。この２本目のレッグは足16で終わり、最初のレッグの高値を上抜いてから反転したため足14の高値をブレイクすることはできず、足14と合わせてダブルトップベアフラッグを形成した。

　ちなみに、スリープッシュアップで終わる強い動きのあとの下落に

図11.5 小さなブレイクアウトプルバックと寄り付きから下降トレンドになる可能性

モメンタムがなければ(傾斜が少ない、トレンド足が小さい、ヒゲが長いなど)、長い時間枠では安値を切り上げているため、スリープッシュの高値が近いうちに上抜かれる可能性が高い。結局、翌日の寄り付きでマーケットは足7を上抜いた。

図11.5は前日がトレンディング・トレーディングレンジ日またはトレンディング・ステア日だが、スリープッシュアップで上昇したため、通常は近いうちにトレンドラインがブレイクされる。結局、トレンドラインは翌日の下方へギャップを空けての寄り付きでブレイクされた。足1はブレイクアウトプルバックの空売りポイントで、寄り付きからの下降トレンドになるかもしれない。

足3でのブレイクアウトはダマシになりかけたが、下げる途中に重なり合う足が多すぎて売りのクライマックスにはならなかった。足3まではスリープッシュダウンになっているが、1プッシュが小さいうえ、事前にトレンドラインもブレイクされていなかった。

足5は前日の安値と合わせて1セント差でダブルボトムを形成しかけたが、そうはならずに小さいウエッジの上昇になって足6でダブルトップベアフラッグになった。ダブルトップベアフラッグは寄り付きから下落したときによくできるセットアップで（特に株では）、そのあとには長めの下降トレンドが続くことが多く、なかでもトレンディング・トレーディングレンジで下げることが多い。ちなみに、シグナル足6はEMAギャップ足になった。

足7はブレイクアウトにはなっていないが、ブレイクアウトプルバックの空売りポイントになっている。あと少しでブレイクアウトにはなった。また、これはダブルボトムプルバックの失敗で、ダブルトッププルバックのセットアップで、ミクロトレンドラインの空売りポイントでもある。

足9は、前日と今日の安値を下抜いたあとにツーレッグのブレイクアウトプルバックになった。

前日、1日中続いた上昇トレンドは実際には大きなベアフラッグで、今日はそれをブレイクアウトして下降トレンドになった。

図11.6は、前日が強力な下降トレンド日だったが、足4がメジャーなトレンドラインを上抜いたことで足3の安値を試したあとに（たいていはツーレッグの下げで）、反転する可能性を示唆している。しかし、実際にはツーレッグで下げてそのまま引けた。

足8が足4の高値を通る新しくて前よりも傾斜が緩いメジャーなトレンドラインを上抜いたあと、小さいツーレッグ（陽線9とその前後の陰線）のブレイクアウトプルバックが足9でEMAに達した。このブレイクアウトプルバックが、寄り付きからの上昇トレンドにつながった。また、安値を切り上げた足9はトレンドチャネルラインをオーバーシュートした足7から数えて2本目のレッグの始まりになった。

足10は3回目のプッシュアップ（3つのトレンディング・トレーディングレンジ）なので、ツーレッグのプルバックが期待できる。

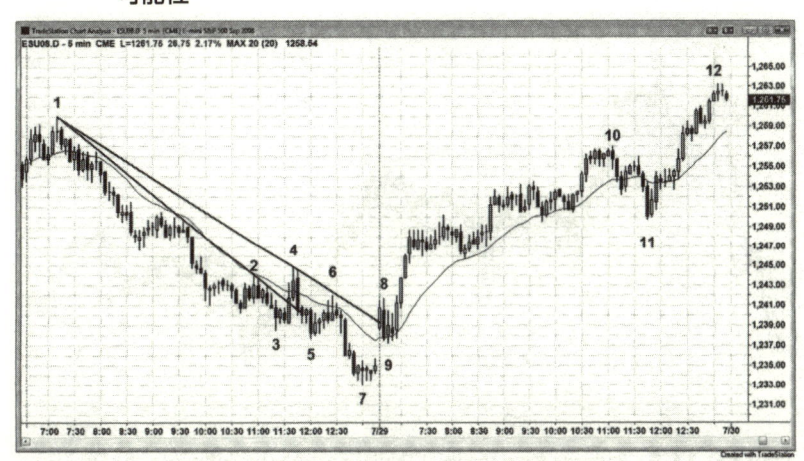

図11.6　ブレイクアウトプルバックと寄り付きから上昇トレンドになる可能性

　足11は前のトレーディングレンジの安値を試したあと午前11時45分に急落してブル派を追い出した。そのあとEMAギャップ足で高値2の買いポイントができ、最後の陽線が3つ目のトレーディングレンジの高値を上抜いてメジャードムーブ近くまで上げたところで取引が終了した（足10から足11までの下落の2倍の高さ）。

　図11.7の足1はその前日の最後に急騰した終値を試す鋭いプルバックで、そのあとすぐに上昇に転じて足1の高値の1ティック上が買いポイントになった。

　足4はブレイクアウトプルバックの空売りのセットアップである。足3が高値を切り下げたあと、7月24日の寄り付きで安値を切り下げて安値2の空売りのセットアップになった。

　足5は、前日の足4からの下降トレンドがブレイクされてからその安値が試されたあとに位置している。7月25日は寄り付きから上げてすぐに下げ、前日に切り下げた安値を試した。足5は2回目のレッグダウン（前日の終値までの下げが最初のレッグ）なので、足5の上のブレイクアウトプルバックの仕掛けポイントは、実質的に高値2にな

図11.7　前日のパターンは最初の1時間の動きにほぼ必ず影響を及ぼしている

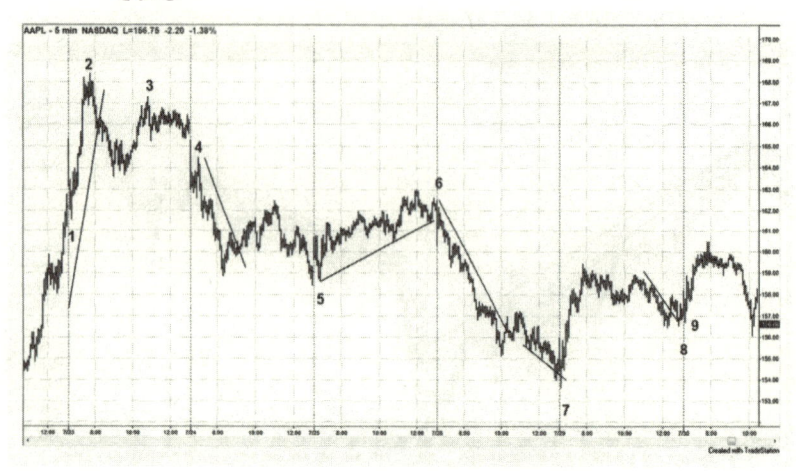

っている。

　高値を切り下げた小さい足6は、そのあとトレンドラインを切り下げてブレイクアウトプルバックの空売りポイントになった。前日の7月25日は全体が大きいベアフラッグで、24日の高値と合わせればダブルトップベアフラッグになった。

　足7はウエッジの買いのセットアップ（下降トレンドチャネルラインと前日の安値を下にブレイクアウトしたのがダマシになった）で、ウエッジの前には重要な下降トレンドラインがブレイクされている。

　足8は、下降トレンドラインをブレイクした足7から始まった強力な上昇のあとのツーレッグのブレイクアウトプルバックである。ここでは2本目のレッグアップになる可能性が高いため、買いポイントを探してほしい。最も簡単な仕掛けポイントは、足9の高値2だった。

　図11.8の左上のアマゾン（AMZN）は、ブレイクアウトプルバックの買いポイントになった。足1は、前日の引けから始まった下降トレンドラインを上抜いたあとの大きいブレイクアウトプルバックのなかにあるダブルボトムプルバックになっていた。これは、トレンドラ

第11章　最初の1時間

図11.8　5分足のバーチャートでスイングトレードができる銘柄

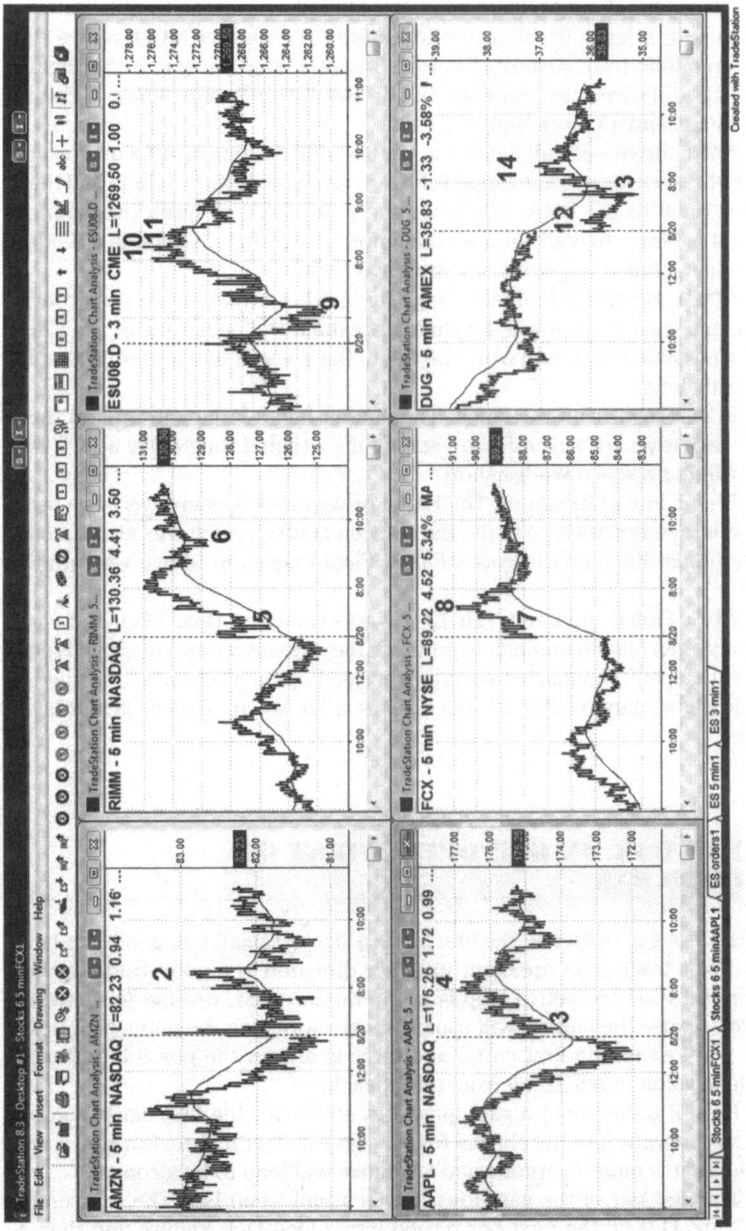

443

インがブレイクされたあと安値を切り上げて、よい仕掛けポイントになっている。足2はウエッジの空売りポイントで、ファイナルフラッグの失敗でもあり、高値を切り下げている。

　左下のアップル（AAPL）も、ブレイクアウトプルバックの買いポイントになった。前日の下降トレンドラインをギャップで上抜いてからEMAまでプルバックしたあと再びEMAを試した足3は、高値2の買いポイントになった。3本以上重なった足があるときは、高値2のように2回目の仕掛けを待つほうがよい。足4はウエッジの空売りポイントで、前日の高値をブレイクアウトしたがダマシになった。

　中央上のリサーチ・イン・モーション（RIMM）も、ブレイクアウトプルバックの買いポイントである。マーケットは前日の高値を上抜いたあと、足5がEMAのすぐ上に高値2のブレイクアウトプルバックを形成して買いポイントになった。これは寄り付きからの上昇トレンドかもしれない。足6は、ツーレッグでEMAギャッププルバックの買いポイントになった。

　中央下のフリーポート・マクモラン（FCX）は寄り付きからのトレンド日になっている。マーケットは上方への大きなギャップを空けて寄り付いたあと、足数本が横ばいになり、足7のⅱの上で高値2の買いのセットアップになった。そのあとは、足8がウエッジの空売りポイントになった。

　右上のＥミニのブレイクアウトはダマシだ。この日は前日の大きいベアフラッグを下抜いたが、そのあと足9で上げに転じて2回目の仕掛けポイントになり、これもファイナルフラッグの失敗だった。足10は、前日の高値よりも上でファイナルフラッグの失敗による空売りポイントになった。

　右下のプロシェアーズ・ウルトラショート・オイル＆ガス（DUG）のブレイクアウトもダマシだった。足12はダブルトップベアフラッグで、大きなギャップのすぐあとにプルバックがないことからこの日は

寄り付きからの下降トレンドになるのかもしれない。しかし、何らかの発表に反応して大きく反転してから足13で安値を小さく切り上げた。足14は、前日の終値に近いところでウエッジの空売りポイントになった。

ギャップを空けての寄り付きのトレンド足――１本目か２本目の足

　もしギャップを空けて寄り付いて最初のトレンド足に力があれば（ヒゲが短い、足自体が大きいなど）、どちらかの方向にブレイクアウトしたときに仕掛けると良いトレードになる。そして、もし仕掛けた次の足で損切りの逆指値に達すれば、すぐに反対方向にスイングトレードを仕掛けるとよい。このようなときは損切りした分以上に動く可能性が高いからで、これが寄り付きからのトレンドに発展する可能性は常にある。

　ちなみに、ギャップではなくても最初の足がトレンド足ならば良いセットアップになるが、ギャップのときのほうがマーケットが行きすぎてすべての動きが大きくなる傾向があるため勝率は高い。

　図11.9は、最初の足が下方にギャップを空けて寄り付き、陽線になっている。次の足で買いを仕掛けると、最初の足を１ティックだけ上にブレイクアウトしての下げに転じて、ダマシになった。このときは損切りにあったら前の陽線の１ティック下で売りを仕掛けなければならない。この２回目の仕掛けは、最初の損失を相殺する以上に動くことが多い。

ギャップを空けての寄り付き――反転と継続

　前日の終値から大きくギャップを空けて寄り付くのは極端な動きで、

図11.9　寄り付きでの仕掛けが反転して失敗になった

どちらかの方向のトレンド日になることが多い。ちなみに、日足チャートにギャップがあってもなくても結局は同じトレードになるため、あまり関係ない。唯一大事なことは、この比較的極端な動きにマーケットがどう反応するか、つまりこれを許容するのか拒否するのかということだ。大きなギャップがあるときは、トレンドが前日の終値と離れたところから始まる可能性が高い。寄り付きから最初の2～3本の足の大きさと方向とトレンド足の数は、そのあとに展開するトレンド日の方向を示していることが多い。トレンドのなかには最初の1～2本の足から始まるものもあるが、それよりも間違った方向を試してから反転したあとのトレンドが1日中続くことのほうが多い。大きなギャップを空けて寄り付くときは、強いトレンドになると思っておいたほうがよい。ただ、トレンドが始まるのに1時間くらいかかるときも

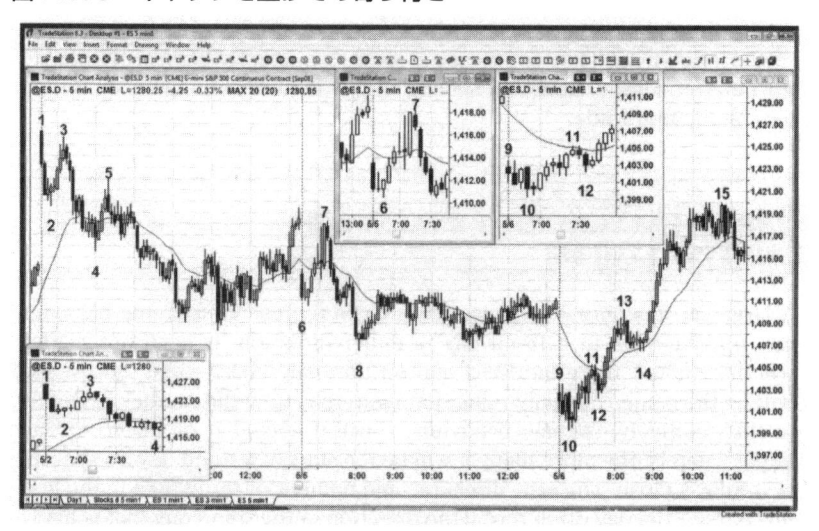

図11.10　ギャップを空けての寄り付き

　ある。それでもトレードは必ず一部をスイングすることが大事で、たとえいくつかのトレードでスイング部分が損切りに達したとしても続けてほしい。スイングトレードがうまくいけば、それだけでスキャルピングの10倍の利益になることも可能なので、トレンド日ではないことがはっきりするまではスイングを続けてほしい。

　ギャップは、目に見えない巨大なトレンド足と考えるとよい。例えば、もし大きく上方にギャップを空けて寄り付いたあとに小さいプルバックがあって、そのあとは引けまでチャネルで上昇していけばこれはギャップがスパイクになっている強気のギャップスパイク・アンド・チャネルと言ってよいだろう。

　図11.10に示した3日間はどれも前日からはギャップを空けて寄り付いており、足1と足9は日足チャートでもギャップになっている。

　足1は上ヒゲがない大陰線になった。これは良いスキャルピングのセットアップで（サムネイルからも分かるように、最初の足が大きいトレンド足で特にそれがギャップを付けているならばフォロースルー

があることが多い)、その次も大陰線になった。このようなときは下降トレンド日になる場合が多く、この日もそうなった(寄り付きからの下降トレンド)。足3までの上昇で寄り付きを試したが、これはブレイクアウトプルバックの失敗(足2から上昇したがダマシになった)で、高値を切り下げてダブルトップを形成したあとは長い期間下落した。

　足6はEMAギャップ足であり、前日の最後の2時間にできた大きなベアフラッグのブレイクアウトに失敗し、寄り付きからの陰線がダマシになった。この陰線に基づいた空売りは、前日の終わりにできたトレーディングレンジの価格帯にあるため、リスクが高い。この場合は2回目の仕掛けポイントを待つか(実際にはできなかった)、失敗(シグナル足6のあとになった)を待つほうがよい。

　足7までの上昇は前日の終値を試したが高値を切り上げるのに失敗し、ブレイクアウトプルバックとダブルトップベアフラッグ(前日の最後の足と合わせて)を形成した。急激な上昇(足7まで)のあとに急激な下落があると最後はトレーディングレンジになることが多く、この日もそうなった。

　陰線9は前日の安値を下回る下方にギャップを空けての寄り付きだが、長いヒゲが付いていた。これは寄り付きからの下降トレンドかもしれない。さらに2本目の足も陰線で、その終値が安値になったことはベア派の力強さを示している。そこで、ほとんどのトレーダーがこの安値の下で空売りを仕掛けるが、仕掛け足は陽線の反転足になった。しかし、この高値の上に置いた損切りの逆指値にも2ポイントのマネーストップにも達しなかったため、足10で部分的にスキャルピングの利食いをすればよい。

　足10は足7の高値から見ると2本目のレッグダウンでもあり、これは反転につながるかもしれない。この日の最初の4本の足のほとんどが重なり合っていて狭いトレーディングレンジを形成しているため、

ブレイクアウトでのトレードはリスクが高い。狭いトレーディングレンジはバーブワイヤーと似ており、マグネットの効果があるためブレイクアウトしても中央に引き寄せられようとする。ここでは極値の近くの小さい足で逆張りするかブレイクアウトのダマシで逆張りするかブレイクアウトプルバックを探すのが最善策だろう。この日はそれがすべてそろっていた。

足10がブレイクアウトされて安値を更新したあとに小さいはらみ足ができて、高値2の変形による買いのセットアップになった。これは許容できる買いのセットアップだが、寄り付きから5本の足のうち4本が陰線であることを考えると理想的とは言えない。この時点では、前日の安値を下にブレイクアウトしたのはダマシということしか言えない。

足11はブレイクアウトプルバック（前日のトレーディングレンジを下回るブレイクアウト）で弱気のM2Sになった。このM2Sは足12で小さい上昇トレンドラインをブレイクしてから上げに転じ、足12の次のはらみ足の上でブレイクアウトプルバックの買いのセットアップになった。安値2で反転すると少なくともツーレッグは上昇することが多いうえに、大きなギャップ日もトレンド日になることが多いため、これは大きい動きの始まりかもしれず、実際にそうだった。

寄り付きからのトレンドと最初の足からのトレンド

トレンド日のなかには、最初の足がその日の高値か安値になって、その足からトレンドが始まることがある（寄り付きからのトレンドのなかの最初の足から始まるパターン）。また、2本目の足や、ときには2～3本の横ばいのあとでトレンドが始まることもあるが、それも寄り付きから始まるトレンドとみなされる。このような日は強いトレンド日になることが多く、もし寄り付きで仕掛けられなかったときは

最初のプルバックを探して仕掛けてほしい。

図11.11は下方にギャップを空けて、前日の安値よりも下で始まった。前日の後半に形成された大きなトレーディングレンジ（ヘッド・アンド・ショルダーズ・ベアフラッグ）を下にブレイクした。しかし、今日の最初の足は陽線で、ギャップの一部を埋めていたため、多くの人がこの陽線の1ティック上に逆指値の買い注文を置いて仕掛けた。しかし、その2本先の足がシグナル足兼仕掛け足である陽線の安値を下抜いて買い方を落とし穴に落とした。前の陽線の1ティック下は追い詰められた買い方が損切りしてマーケットを下げるところなので、足1は空売りの素晴らしいチャンスになった。これはブレイクアウトプルバックの空売りポイントになる。さらに、買い方はこの時点ではさらなるプライスアクションを待とうとするため、売り方しかないマーケットでの空売りの勝率は高くなる。売り方はそのあとのベアフラッグでも残りの買い方が追い詰められるのに合わせてポジションを積み増していった。

足2は安値2の失敗に見えるが、仕掛け足の上に置いた損切りの逆指値には達しなかったため、賢いトレーダーは下降トレンド日のなかで空売りトレードを保有し続けた。今回の下落は大きい反転足もしっかりとしたトレンドラインのブレイクもなく、寄り付きからの下落のモメンタムは強かった。また、この下降するバーブワイヤーパターンは、下方にブレイクアウトする可能性が高い。おそらくこの日は寄り付きからの下降トレンド日で、強力なトレンドになると思われるため、賢いトレーダーは空売りを続けようとする。また、多くのトレーダーは安値2のあとに陽線の包み足が続いたため、空売りを躊躇していた。彼らは2回目の仕掛けポイントを待ち、足2の下で仕掛けた。

足3のフラッグはこの日2本目のダウンレッグで、マーケットはたいていツーレッグのあとは反転しようとするため、ベア派は注意深くなり、ブル派は大胆になる。しかし、それが失敗に終わると、みんな

図11.11　寄り付きからのトレンド

が少なくともあと2本のレッグダウンを期待するし、実際にそうなった（最初の小さいレッグダウンは足4のフラッグまでで、2本目のレッグはその次の足まで）。これがスリープッシュダウンのパターンで、そのあと小さいツーレッグがEMAを試したが、強いトレンド日には買いは無視して、空売りを逃さないことに集中してほしい。

　足4〜5はファイナルフラッグの失敗で、そこからウエッジのベアフラッグにつながった。ウエッジの最初のレッグは足4の高値までで、2本目のレッグはファイナルフラッグの失敗から反転した足の安値だった。あと2本のプッシュアップは足5までの2本の小さい上昇レッグだ。このウエッジはのちに大きいファイナルフラッグの失敗の一部になったが、このようなことはよくある。

　賢いブル派は、足5までの上昇が下降トレンドラインをブレイクしてEMAに達したあと初めて、買いポイントを探し始める。

　足6は新安値までのツーレッグの下落で、安値を切り下げて高値2の買いポイントになった。

　足7は安値を切り上げた仕掛けポイントで、高値2とミクロトレン

ドラインのブレイクアウトがダマシになった。ここではベア派でさえ少なくとも2回目のレッグアップがあると思っているため、良い買いポイントになった。その3本前の大陰線はベア派の大きな落とし穴で、多くのトレーダーがベア派が主導権を取り戻したと信じた。しかし、そのあとに2本の同時線ができたことで売りに確信を持てなくなり、買い方は素晴らしいトレードを手仕舞わざるを得なかった。みんなを一掃する安値の切り上げは、新しい上昇トレンドの始まりかもしれないし、少なくともカウンタートレンド方向に2本のレッグアップが考えられる。ちなみに、仕掛けてから2本目と4本目の足はプルバック足（安値1と安値2）になっている。これは自信があるブル派には珍しいことで、上昇レッグが長く続くためにはさらなる強気のプライスアクションが必要だということを示している。しかし、下降トレンドの安値2の失敗はさらに2本のレッグアップになることが多く、実際にそのあと数本の足でそうなった。これによってベア派は追い詰められ、急いで利食わざるを得なくなる。彼らが最初にポジションの一部または全部を利食うのは、前のスイングの高値周辺になる。

　2回目のレッグアップで新しいスイングの高値を付けたあと、安値4が失敗になった。ブル派はここで利食うと、次に明確な強気のプライスアクションがあるまでは買うつもりがない。2回目にスイングの高値が失敗に終わると、新たな空売り派はこの下降トレンド日においてブル派が近いうちに主導権を握ることはないと確信するため、マーケットが下げるたびに空売りしていく。これが7本連続の陰線をもたらした。

　図11.12の足1は、5分足のシグナル足と仕掛け足を下抜いた。足2は2本の足のミクロトレンドラインを上抜いて高値2を形成した。これが熱心なブル派を落とし穴にはめ、彼らは次の足で仕掛け足の1ティック下で手仕舞ったため、安値2を付けた。この安値2は、トレンド方向の安値2だったうえに新たに損切りを強いられた買い方がい

図11.12　図11.11と同じ時間帯の１分足チャート

て彼らはしばらくは買わないことから、ベア派にとって素晴らしい仕掛けポイントになった。これによって大陰線の仕掛け足とそのあとに数本の陰線ができた。この時点でマーケットにはベア派しかないため、５分足を使っているブル派と１分足を使っているブル派は損切りせざるを得ない。ブル派は次に仕掛けるために必要な反転を示す強力な証拠となるプライスアクションを探しており、空売り派はポジションを積み増していく。空売り派は、ビルドアップがあってもそれは一時的なもので新しいスイングの安値で逃げ出せば最悪でもトントンで手仕舞うことができると思っている。

　図11.13では、最初の陰線３が寄り付きからの下降トレンドの始まりかもしれない。マーケットは前日にスイングの安値となった足２

の水準での反転が失敗したため、前日の安値で明らかにマグネット効果がある足1を試す可能性が高い。ここは長い下ヒゲがベア派が完全に主導権を握っているわけではないことを示していたとしても、足3の安値の1ティック下で空売りを仕掛けてほしい。マーケットが前日の安値である足1を下抜いたら上昇に転じようとするはずなので、最初の明確なシグナル足の1ティック上で買うための仕掛けの逆指値を置いてほしい。足4は陰線だが、次の足でダウンアップツインの買いのセットアップになり、そのあと買いを仕掛けた。もしこの買い注文が執行されなくて次の足が安値を切り下げれば、寄り付きからの下げが前日の安値を下抜いたあとで失敗に終わる、つまり寄り付き後の反転になるのを待つことになり、そうなったら失敗した足の高値の上で買う。しかし、もし仕掛けの良いセットアップができないまま下げ続ければ、下降トレンドラインが上方にブレイクされるまでは空売りに徹してほしい。

マーケットはツーレッグでEMAに達してこの日の高値を上抜いた。このツーレッグは陽線のあとに陰線が続き、陽線5が2本目のレッグアップになった。カウンタートレンド方向の動きはツーレッグで構成されることが多く、この日は下降トレンド日になる可能性があることを考えればこれは良い空売りのセットアップかもしれない（ツーレッグアップで高値を更新すると、下方にギャップを空けた日のEMA上にダブルトップベアフラッグが形成されたことになる）。ここでは足5のあとに出した空売り注文が執行されなかったため、仕掛けの逆指値を次の陰線はらみ足の安値の1ティック下に動かすと執行されるだろう。これは安値2のブレイクアウトプルバックの空売りでもある（足3の次の足が安値1）。

足6は高値2の買いのセットアップ（高値1は足4のあと）で、この日の新安値を付けたあと反転し、2回目の前日の安値への試しとなった。この買いトレードはEMAで失速して横ばいになり、このなか

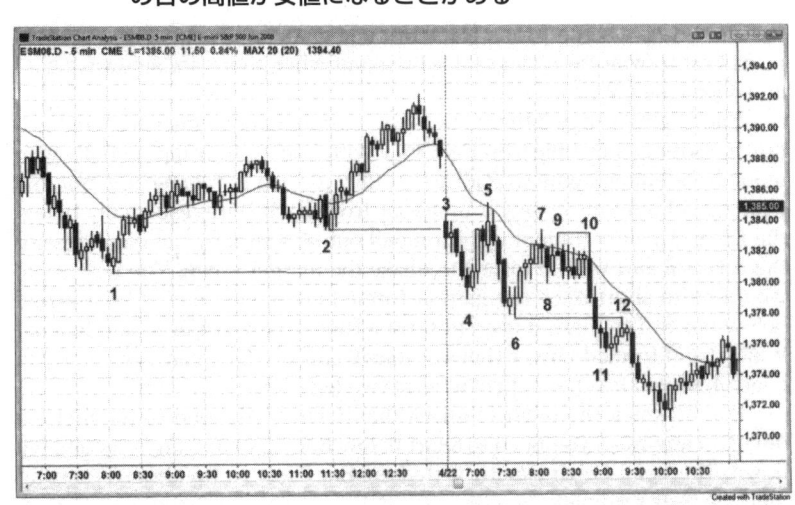

図11.13　下方にある程度のギャップを空けて寄り付いたときはそれがその日の高値か安値になることがある

には同時線が何本もあった。

　足9はM2Sの空売りセットアップで、これは妥当なセットアップではあるが、同時線を含む横ばい（バーブワイヤー）になったときは明確なブレイクアウトのダマシを待つほうがよい。

　足10は高値2を上抜いたがすぐに下げに転じ、足9と合わせてダブルトップベアフラッグを形成して、手仕舞うだけでなく反転すべきだったことに気づく暇がなかったブル派を落とし穴に突き落とした。バーブワイヤーのブレイクアウトでは買ってはならないし、EMAの下ならばなおさらだ。素早い反転に空売りが間に合わなかった人たちは、マーケットを追いかけなければならない。ここではマーケットが包み足を形成するか足8を下抜いたときに空売りを仕掛けるのが最高のトレードになる。マーケットは足8で安値を切り上げようとしたが失敗し、足9と足10で高値を切り下げた。しかし、ベア派が明らかに主導権を握っているため、少なくとも2本のレッグダウンがあると思ったほうがよい。

足12はブレイクアウトプルバックで、これは最初のレッグダウンの終わりかもしれない。いずれにしても、2本目のレッグダウンを期待して足12の下で空売りしなければならない。足12の高値は足6の安値を正確に試し（ブレイクアウトの試し）、そのあと下降トレンドが再開した。

　足5の新高値は、それまで寄り付きからの強力な下降トレンド日かと思われた動きを、トレンディング・トレーディングレンジ日かもしれない日に変えてしまった。トレーディングレンジ日は下げがさほどきつくなく、遅い時間帯に反転して少なくとも最後のトレーディングレンジの分くらいは上げるため、その日の安値よりも上で引けることが多い。

3番目の足と15分足の引け

　5分足チャートでトレードしていれば、15分足チャートにも注意を払っている機関投資家のトレーダーのことなど考えないほうが楽だ。ただ、15分足チャートで最初の足が終わるのは5分足チャートの3本目の足が終わるときなので、3本目の足の動きが最初の15分足の形に影響を及ぼすことは知っておいてもよい。例えば、その日最初の2本の足が同じ方向で3本目が小さめのポーズの足ならば、その足がブレイクアウトするかどうかが15分足をブレイクアウトするかしないかを決めるため、3本目の足のブレイクアウトでトレードすると大きい動きにつながることがよくある。そこで、3本目の足で仕掛けるときは、そこにそれ以上の意味があるということを覚えておくとよい。ただ、これが重要な足ならば、たいていはそのトレードを後押しするほかのプライスアクションもあるため、その追加情報に基づいてトレードすればよい。ちなみに、これは重要なポイントではないため、ほとんどのトレーダーは無視してよい。

図11.14　寄り付きから3番目の足は最初の15分足の引けに影響する

　同様のことは30分足チャートや60分足チャートの最後に当たる5分足についても言えるが、このような長い時間枠のたまにしかない仕掛けポイントに注目しても5分足のトレードチャンスを見落とすことにしかならないため、気にする必要はない。

　図11.14の足1はこの日3番目の足で、小さい陽線の反転足で、EMAで反転し、前日からのスイングの安値だった。これは寄り付きからの反転で買う素晴らしい仕掛けポイントであり、最初の15分足が大陰線になるのを阻止した。

　足3も前日からのスイングの安値で反転してスキャルピングの利益にはなったが、仕掛け足の陽線のあと下げに転じてアップダウンツインの反転で空売りポイントになった。足3が陰線で良い反転足ではないことに注目すれば、カウンタートレンド方向で買う良いセットアップではないことが分かる。

　足3の安値を下抜いたブレイクアウトは、15分足チャートでも下にギャップを空けた最初の足を下抜いてトレード可能な下降スイングの勝率を高めた。

最初の1時間に大きいトレンド足ができると、その日の後半に同じ方向で強い動きがあることが多い

　トレンドは寄り付きから1本目か2本目の足から始まって、その始まりが結局その日の極値になることがある。寄り付きからトレンドになったときには、なるべく早く仕掛けることが重要だ。このパターンはギャップを空けて寄り付いたときによく見られ、そのときのギャップの大きさはあまり関係ない。最初の1時間で仕掛けたら必ずポジションの一部をスキャルピングで利食うべきだが、仕掛けたところが大きなトレンドの始まりになる可能性があるときは、ポジションの一部をスイングすることが特に重要になる。もし強力なパターンならば、ポジションのほとんどをスイングして損切りの逆指値を素早くトントンに動かしてほしい。

　しかし、もし力強く寄り付いたあとに反転して反対方向にブレイクして極値を更新すれば、その日は反対方向にトレンドするかトレーディングレンジ日（大きく上下する日）になるかもしれない。寄り付きからの強いトレンドは、たとえ反転しても最初の方向に積極的にトレードしようとしているトレーダーがいるということで、彼らはその日の後半も反対方向の勢いが衰えてくれば素早くトレードしようと思っている。

　もし寄り付きから何本も長いトレンド足が続いたあとに小さなプルバック（押しや戻り）ができて、それが5～10本先の足で試されれば（プルバックのあとに小さいリトレースメントがあり、そのあとプルバックの極値が再び試されれば）、これはダブルボトムブルフラッグかダブルトップベアフラッグの仕掛けポイントになってその日の極値を更新したりトレンドにつながったりする可能性が高い。

　図11.15は7本の足で足4まで上昇しているが、ほとんどが大陽線で陰線は小さくて2本しかないことがブル派の積極性を表している。

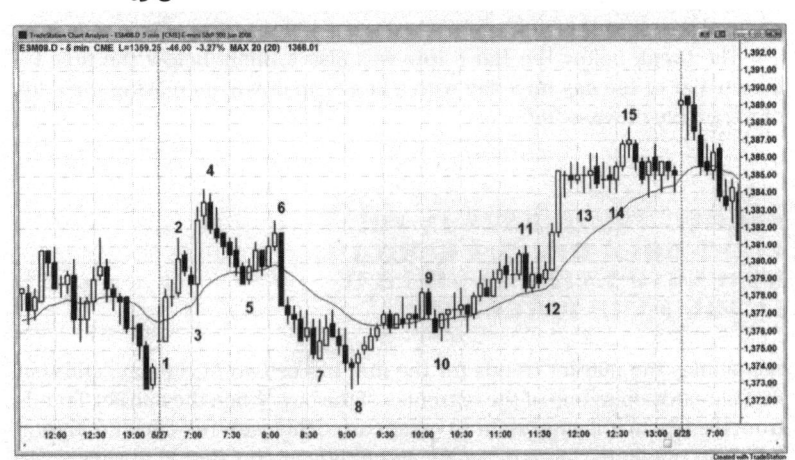

図11.15　寄り付きからの強い動きはその日の後半に繰り返されることがある

このことを覚えておけば、その日の後半に買いのセットアップができたとき、買いトレードのスイングトレードに回す部分を多めにすることができるかもしれない。

　足8はこの日の安値をブレイクアウトして、そこからの反転が2回目で成功したため、少なくともツーレッグの上昇が期待できる。実際にもツーレッグの上昇は小さいプルバックが1回あっただけで（足10）、足9までの上昇はさらに長い足11までのレッグの最初のレッグになった。

　足12はM2Bの買いポイントで、ここでは2回目の大きなレッグアップが期待できる。ちなみに、このレッグも小さいツーレッグで構成されている。

　通常、1日のレンジが3ドル未満の銘柄はスキャルピングには向かないが、このようなマーケットでもプライスアクションの仕掛けは使える。ただ、トレードサイズがかなり大きくないと、1ドルの手数料が10セントのスキャルピングの利益をほとんど相殺することになりかねない。**図11.16**のインテル（INTC）の5分足チャートでは、最初

図11.16　1日の値幅が小さい銘柄でのスキャルピング

の15分間で2本の大陰線ができたあとに足3と足5がダブルトップベアフラッグを形成した。これは信頼できるパターンで、下降トレンド日につながることが多い。ただ、前日の上昇トレンドが非常に強力だったため、今日のツーレッグの下落は足6（おそらく15分足や60分足チャートではEMA上にある）で反転した。それでも、少なくとも10セントのスキャルピングには十分だった。

寄り付きのパターンと反転

　ギャップで寄り付いたあとの反転や寄り付きからのトレンドがある状態以外の寄り付きでの反転パターンやそれらの動きは、日中のほか

の時間帯と同じで、そのなかには次のような動きが含まれる。

●トレンディング・レンジブレイクアウト
●EMAに向かう急なプルバック
●スイングポイント、トレンドライン、トレンドチャネルライン、トレーディングレンジ、前日の極値などを含む、それらへのブレイクアウトのダマシ
●ブレイクアウトプルバック（ブレイクアウトのダマシのダマシ、つまりブレイクアウトがダマシになって、そのダマシがすぐにまたダマシになること）

　ほとんどの日は、最初の１時間でその日の高値か安値を付ける。そして、その日の一方の極値が付くと、マーケットは反転してもう一方の極値に向かう。もちろん寄り付きからのトレンド日には反転しないが、それでもマーケットは反対側の極値に向かい、たいていはその日の引け近くで到達する。この寄り付きでの反転は分かりやすく、素晴らしいスイングトレードのチャンスになることが多い。寄り付き直後は素早くたくさんのポイントができることが多く、突然、反対方向に向かうとは考えにくいが、そうなることはよくある。また、反転は何らかのキーポイントで起こることが多い——前日の高値や安値を試したときや、前日や今日のスイングの高値や安値、前日や今日のトレーディングレンジやトレンドラインやトレンドチャネルラインや移動平均線のブレイクアウト、そしてほかの時間枠のチャートやグローベックスチャートにおけるこれらのポイントなど。もし60分足や日足チャートで最高のセットアップができたとしても、５分足チャートにも必ず同じトレードを示すプライスアクションができるため、チャートの読みに精通したトレーダーは、トレードに使う１枚のチャートのみを観察しておけばよい。

最初の1時間にできるパターンはそのあとの時間帯と同じだが、反転は激しくて、トレンドは長く続くことが多い。トレードの利益を最大にするためには、その日の高値や安値に達する可能性を考えてすべてのポジションの一部をスイングすることが重要なカギとなる。もし仕掛けているトレードが特に良さそうならば、ポジションのすべてをスイングして、最初のリスク額の2～3倍に達したところで3分の1から2分の1程度を利食えばよい。Eミニでプライスアクションを使うと損切りは3ポイントになるため（例えば、シグナル足の反対側から3ポイント）、2ポイントのマネーストップを置いた場合は、最初のリスクは2ポイントになるので4ポイント進んだ辺りで3分の1から2分の1程度を利食えばよい。もしトレンドラインが大きくブレイクされてから動きが止まったり、反転してブレイクアウトを試したりするようならば、パターンが無効になった場合に備えてあと少し（例えば4分の1）利食っておく。残りのポジションは、反対方向の明確かつ強力なシグナルが現れるかトントンの損切りに達するまで保有しておけばよい。また、トレンド方向のセットアップができれば増し玉していく（例えば、強いトレンドがあるときにツーレッグのプルバックがEMAに達したときなど）。追加のポジションについては、ほとんどまたは全部をスキャルピングで利食うが、一部はスイングしてもよい。

　反転はときには静かに始まり、しばらくはほんのわずかなトレンドが進んだあと急に力強いトレンドに変わることもあれば、最初の足からモメンタムが強いこともある。すべての可能性を考え、すべてのシグナルで仕掛けることが大事で、トレンドが強いときはなおさらだ。ただ難しいのは、鋭く反転したときにそのセットアップが本当に反転につながるのかどうかを確かめる時間がないときだ。しかし、シグナル足が長いトレンド足ならば勝率は高いため、仕掛けたほうがよい。もしセットアップを評価する時間がほしいときは、マーケットが急に

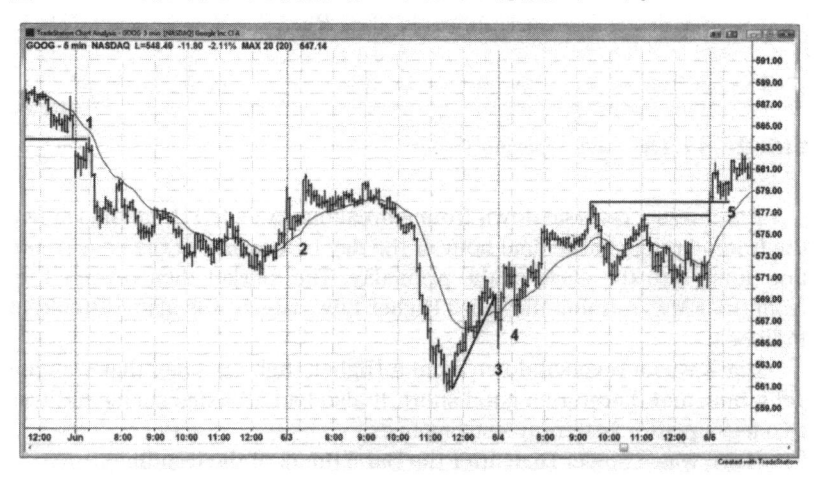

図11.17　寄り付きでの反転（グーグルの５分足チャート）

大きく動いた場合に備えて少なくとも半分か４分の１のポジションを仕掛けてほんの少しでもマーケットに参加しておかなければならない。あとは、最初のプルバックでポジションを積み増していけばよい。

図11.17の足１は急落するEMAの近くにできたM2Sで、前日の安値と６セントギャップで終わり、ブレイクアウトプルバックの反転セットアップでこの日の高値となった。

足２はEMAまでのプルバックで、そのあとｉｉで上方にブレイクアウトしてから小さいトレンドチャネルラインをオーバーシュートして反転して、ダマシになった。

足３は、トレンドラインを下にブレイクアウトしたが、前日の大引けに向け上昇トレンドラインを上にブレイクアウトしてダマシになった。

足５は高値２のダブルボトムブルフラッグで（最初のボトムは２本前の足）、前日の高値を上抜いたあとの最初のプルバックになった（ブレイクアウトプルバック）。これは、寄り付きからのトレンド日になる可能性がある。

図11.18　寄り付きでのトレード（アップル）

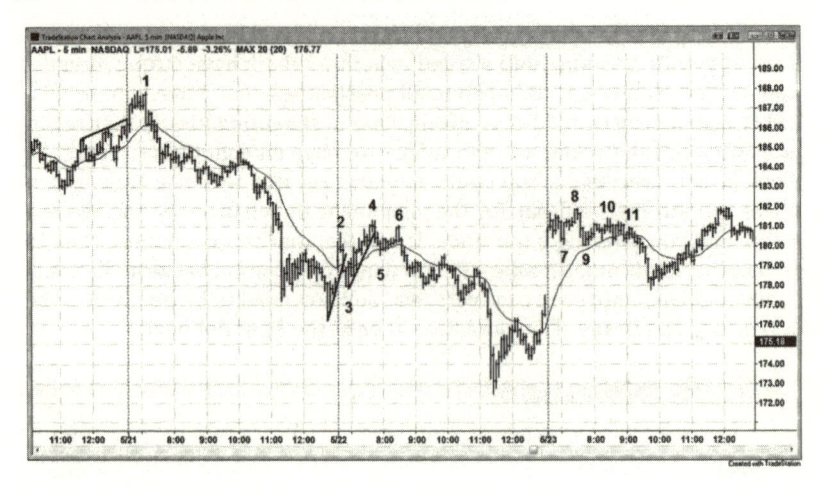

　図11.18はアップル（AAPL）の５分足チャートで、トレンドチャネルラインをオーバーシュート（トレンドチャネルラインのブレイクアウトはダマシ）したあと、寄り付きで反転すると足１は安値２で２回目の仕掛けポイントとなった。

　足２は前日の最後の１時間のトレーディングレンジと前日の大引けまでの下降トレンドを上抜いたあと下げた（上へのブレイクアウトはダマシになった）。マーケットはそのあとEMAから反転に転じ、足３で安値を切り上げた。これはブレイクアウトプルバックでもある。

　足４は、まだ上昇日とは決まっていないなかで高値を切り上げてから反転して下げたため、良い空売りポイントと言える。この辺りはウエッジを形成しており、前日の強い下落からツーレッグアップになっていた。

　足６は、足５がトレンドラインをブレイクしたあと高値を切り下げている。

　足７は大きな上方へのギャップを空けて寄り付いた日の高値２のブレイクアウトプルバックだが、高値を切り上げた足８から下げに転じ、

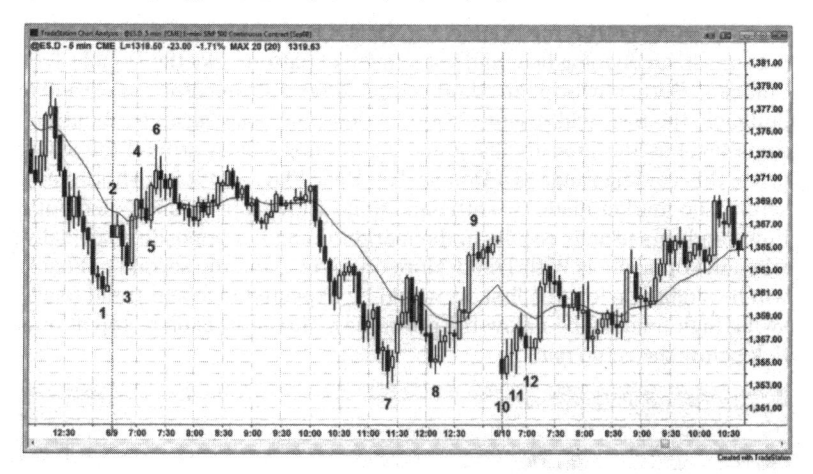

図11.19　寄り付きからのトレード（Eミニ）

ファイナルフラッグのブレイクアウトはダマシになった。この時点でこの日は上昇トレンド日ではないため、これは良い空売りポイントと言える。

　足9は安値を更新したが、モメンタムが強かったため、2本目のダウンレッグがある可能性が高い。

　足10は安値2で高値を切り下げた。

　足11はM2Sで2回目の空売りポイントになった。これはスパイク・アンド・トレーディングレンジの高値のあと弱気のスパイク・アンド・チャネルになる可能性もある。

　図11.19の足2は強い下降トレンドのなかでEMAを試した陰線の反転足で、前日の下降トレンドライン（示していない）を上抜いたブレイクアウトはダマシになった。しかし、前日の下げのトレンドラインを上へのギャップの寄り付きで上抜いたため、2本目のレッグアップがあるかもしれない（最初のレッグはギャップ）。

　足3は反転足ではなかったが、高値2の変形で（高値2は陰線2のあとの陽線）、ブレイクアウトプルバックだった（前日の下降トレン

ドラインのブレイクアウト）。これは引けにかけて急落したあとの安値の切り上げの可能性があり、クライマックス（引けに向けたほとんどプルバックがない強い下降トレンドで、持続しない可能性が高いためクライマックスと言える）のあとにはカウンタートレンド方向にツーレッグの動きがあることが多い。

　足6はウエッジの高値で、安値を切り上げた足3からツーレッグで上昇した。

　足10はダブルボトムブルフラッグで、足7からのツーレッグの上昇よりも下にブレイクアウトしたのはダマシに終わった。最初のボトムは足8または足7の次のはらみ足のシグナル足だ。また、足10は前日の安値を試してから上昇に転じている。

　足12は安値を切り上げてｉｉパターンのブレイクアウトにつながった。この足は下降トレンドのなかの安値2の失敗でもあり、下方に大きなギャップを空けたのを見て、2回目の仕掛けポイント（安値2のギャップのプルバック）で空売りを仕掛けたベア派を落とし穴に落とした。

ダブルボトムブルフラッグとダブルトップベアフラッグ

　反転パターンであるダブルボトムプルバックと違い、ダブルボトムブルフラッグは継続パターンで、上昇トレンドがすでに始まったあとにできる。どちらも買いのセットアップということを考えれば、ダブルボトムプルバックと機能的には同じとも言える。

　同じことは、下降トレンドのなかにできる継続パターンであるダブルトップベアフラッグにも言える。やはり反転パターンであるダブルトッププルバックとは違うが、どちらも空売りセットアップには違いない。強い下落とプルバックのあと、下降トレンドが再開するのであ

図11.20　ダブルトップベアフラッグ

る。もしマーケットが最初のプルバックと同じ水準まで再びプルバックしたあと、再び同じ水準に売り方がいれば、このトレーディングレンジはダブルトップベアフラッグで、空売りのセットアップになる。マーケットは同じ価格を2回上抜こうとしてどちらも失敗すると次は反対に向かうことが多く、特に反対側がトレンド方向ならばなおさらだ。もちろん下降トレンドでは2回目のプルバックが1回目よりも少し下になることが多い（スイングの高値がその前の高値よりも安くなる）。仕掛けの逆指値注文は、セットアップの足の1ティック下に置く。

　図11.20の足2と足3は下方に大きなギャップを空けた日にダブルトップベアフラッグを形成した（ギャップがベアフラッグのポール部分になっている）。

　足3はM2Sの空売りポイントで、小さいファイナルフラッグの失敗だった。

　図11.21の足3と足4は、足2まで上昇したあとで大きいダブルボトムブルフラッグを形成した。また、足6と足7は足5までの激しい下げのあとでダブルトップベアフラッグを形成した。

467

図11.21　ダブルボトムブルフラッグ

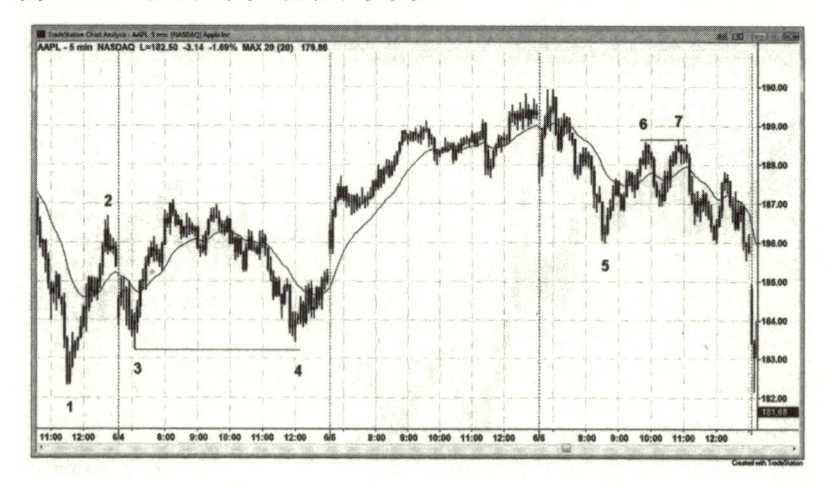

図11.22のゴールドマン・サックス（GS）は、足1まで力強く上昇してから横幅のあるダブルボトムブルフラッグを形成した。

足10は足6に少し届かなかったがダブルトップベアフラッグを形成した。ここでは、足5や足7を試しても同じパターンになった。

足8と足9ははっきりとしないダブルボトムブルフラッグで、バーブワイヤーの要素が強すぎて素晴らしいセットアップとは言い難い。

トレーディングレンジ・ブレイクアウト

マーケットでは最初の3～10本の足でトレーディングレンジを形成する、つまり2回以上反転することがある。このとき、もしその値幅が1日の平均的な値幅よりも小さければ、ブレイクアウトする可能性が高い。そこで、レンジをブレイクアウトしたところで仕掛けることもできるが、レンジの高値か安値の小さい足で逆張りするか、通常のレンジと同じようにブレイクアウトを待ってそれがダマシになったときか、ブレイクアウトプルバックで仕掛ければリスクは小さくなる。

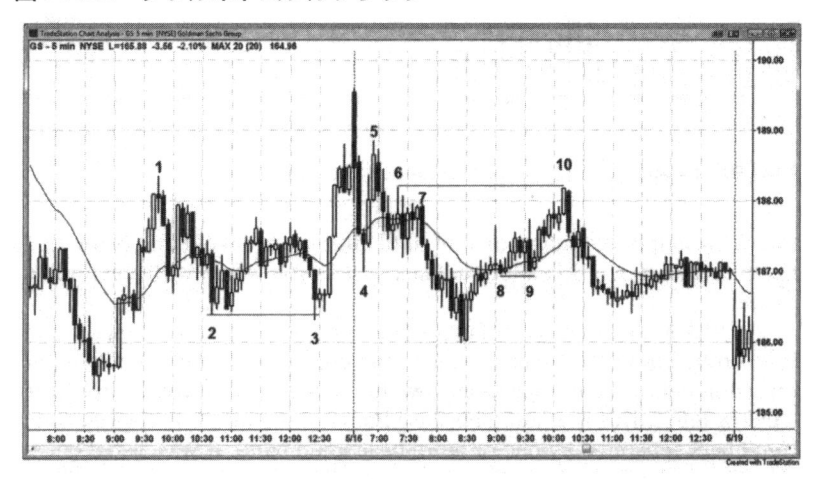

図11.22　ダブルボトムブルフラッグ

　図11.23のグーグル（GOOG）は午前７時の何かの発表までは横ばいで、そのあと下方にブレイクアウトした。このとき、トレーディングレンジの安値の下に逆指値注文を置いて空売りを仕掛けてもよいが、足５の下の安値で空売りするほうがリスクは小さくなる。ここは足３と足５がツーレッグアップになっているため、安値２になる（陽線と陽線の間を１本以上の陰線が分けている）。ちなみに、ここは高値２の失敗でもあった。このレンジは実質的にはEMAの下のバーブワイヤーなので、下方にブレイクアウトする可能性が高い（ベアフラッグ）。

　なかには、寄り付きのEMAがほぼ水平で、長い足が重なり合い、安全なセットアップがない日もある（レンジの高値や安値に小さい足がないために逆張りができない）。**図11.24**のバーブワイヤーもほかのブレイクアウトと同様に忍耐を持ってトレードしなければならない。トレンド足がブレイクアウトしてどちらかの側が落とし穴に落ちたら、ブレイクアウトで逆張りするポイントを探してほしい。

　足７はバーブワイヤーの安値でブレイクアウトしたあと上昇に転じ

図11.23　トレーディングレンジのブレイクアウト

たが、その前に複数の陰線があり、それまでにトレンドラインもブレイクされていないことから、良いシグナル足とは言えない。ここは２回目の仕掛けポイントを待ってほしい。また、ここは高値２ではあっても高値１が包み足の陰線で買い方を落とし穴に突き落としたため、この足が下落の始まりとみなすべきだろう。つまり、この陽線の包み足の落とし穴のあとには２本のレッグダウンが期待できる。この下落は足５の高値ではなく足６の高値から始まったため、実質的には足７が高値１と言える。

　足７はミクロトレンドライン（表示していないが、それまでの３本の足にかかるライン）をブレイクしたあと、足９がこの日と前日の安値を下回る新安値を付けて反転する２回目の試しとなった。２回目の仕掛けは常に実行すべきで、特にトレンドがない日はそう言える。も

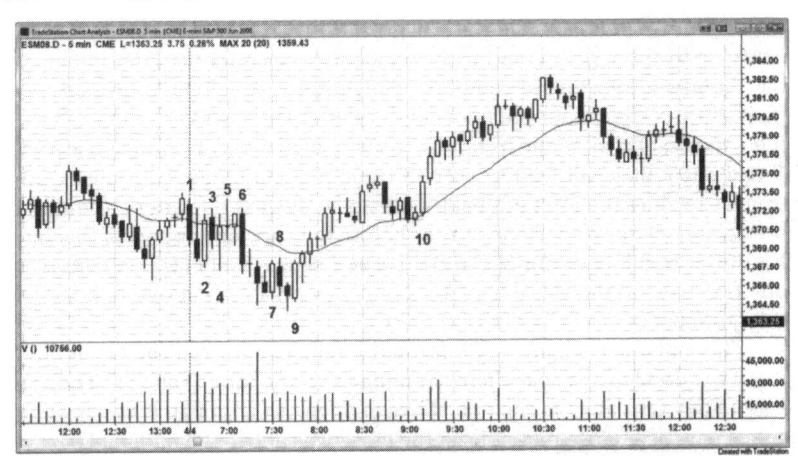

図11.24　寄り付きのバーブワイヤー

し反転足が小さくても、これだけで買う理由になるのである（陰線だが、少なくとも終値は足の上半分にあった）。マーケットはそのあと上昇して寄り付きのレンジを上抜き、足10でM2Bブレイクアウトプルバックの買いポイントになった。

最初のプルバック

　強力な最初の足のあとにできた最初のプルバックで仕掛けると、強い動きが極値を試すという傾向を利用できる。強力な動きの多くは少なくともツーレッグはあるため、トレンドラインを抜けた最初のプルバックで仕掛ければ利益が上がる可能性は高い。この仕掛けは、寄り付きからのトレンドで最初の仕掛けを逃したときには特に重要だ。強いトレンドがあるときは、どれが最初のプルバックかが必ずしも明確ではない。多くのトレンドには、メジャーなトレンドラインをブレイクしない足２～３本の横ばいがあり、これにはプルバックとしての重要性がないからだ。しかし、これらはみんな素晴らしいトレンド方向

図11.25　最初のプルバック

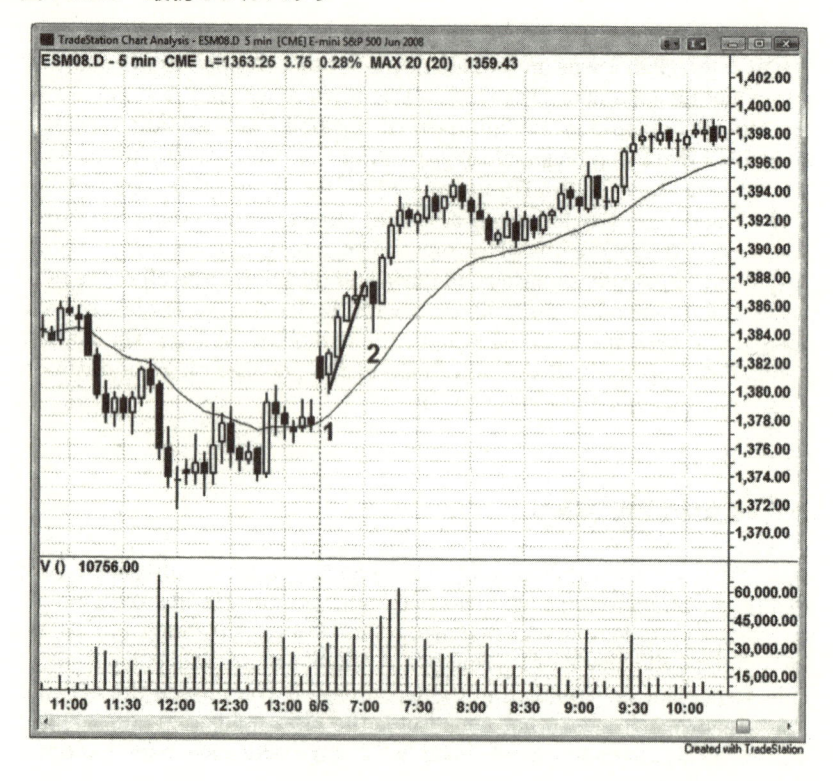

の仕掛けポイントになるため、メジャーなトレンドラインをブレイクした最初のプルバックのあとでも自信を持ってトレンド方向に仕掛けていってほしい。そして、トレンドラインがブレイクされて重要なプルバックができれば、最初のレッグが終わった可能性が高い。しかし、そうなってもトレンドラインの最初のブレイクは高勝率のトレンド方向のセットアップで、2本目のレッグが極値を更新する可能性が高い。最初のプルバックでのトレードをトレンドラインがブレイクされたあとの最初のトレードと考え、それ以前のトレンド方向の仕掛けはトレンドの最初のレッグを狙ったものだと考えればよい。高値1と2や安値1と2のセットアップを探してセットアップの足の1ティック先で

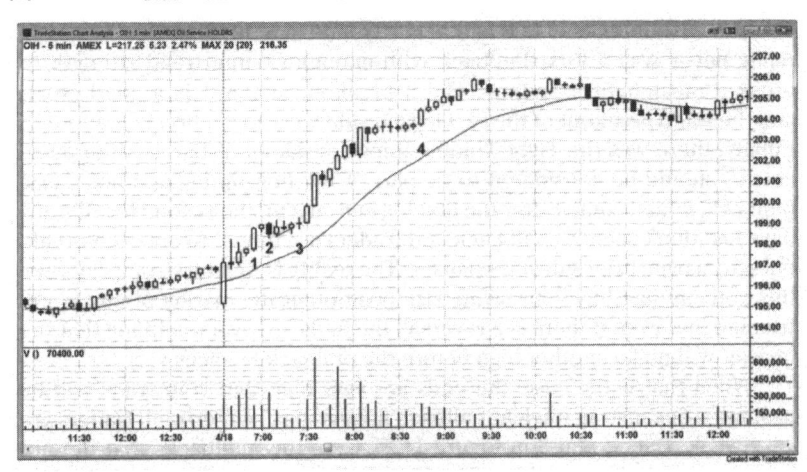

図11.26　最初の足からの上昇トレンドで最初のプルバックがないケース

仕掛けていってほしい（買いならばセットアップの足の1ティック上に仕掛けの逆指値を置く）。

　図11.25は寄り付きからの上昇トレンドで、ミクロトレンドラインを下抜いた足2が最初のプルバックになった。足2は小さいシグナル足（陰線だが少なくとも終値は足の上半分にあった）だが、それでもこの足の高値の1ティック上に置いた逆指値で買ってほしい。

　図11.26のオメガ・インシュアランス（OIH）は最初の足からの上昇トレンドで、メジャーなトレンドラインをブレイクするほどのカウンタートレンド方向の強さがある最初のプルバックはなかった。しかし、足1のｉｉブレイクアウトは良い仕掛けポイントで、ツーレッグの横ばいの調整をブレイクアウトした足3もそうなった。そしてあとひとつ、狭いトレーディングレンジをブレイクアウトした足4もあった。これらの仕掛けポイントはすべて最初のプルバックではなく最初のレッグアップの一部と考えてほしい。ちなみに、最初のプルバックは最初のレッグアップのあとにできて2本目のレッグアップのもとになる。ただ、プルバックができないためにわずかな横ばいのポーズ

図11.27　強いトレンドでは最初のプルバックがはっきりと分からないことも多い

をブレイクアウトしたところで仕掛けざるを得ない日もまれにある。実際、このような強い動きがある日には、たとえ反転してもプルバックが深くなる前に再び高値を更新することを信じて、スイングサイズのポジションをどこででも成り行きで仕掛けてよい。

　プルバックがはっきりと分からないということはカウンタートレンド派に力がないということなので、トレンド方向のトレードは利益が上がる可能性が高い。**図11.27**の足2と足3は小さいプルバックで、メジャーなトレンドラインをブレイクしなかった。最初にそうなったプルバックは足4である。トレンドラインの最初のブレイクのあとは2本目のトレンド方向のレッグが続く可能性が高いため、素晴らしい仕掛けポイントになる。足4の空売りはその一例だ。

第12章　デイトレードの詳しい例
Detailed Day Trading Examples

　図12.1の足3、足4、足5は、下降するEMA（指数移動平均線）を試した空売りポイントになっている。

　足6は下降トレンドチャネルラインをオーバーシュート（価格が重要な価格を超えること）してから上昇に転じた2回目の仕掛けポイントだが、シグナル足は短い同時線で力強さがなかった。また、ここはウエッジの安値を試した買いポイントでもあった。ただ、足6からの上昇はトレンドラインをブレイクして安値を試したところで買いのセットアップになった。

　足9は安値を切り下げて足6を試した下降トレンドチャネルのオーバーシュートとそこから反転したところで、陽線の反転足だった。また、ウエッジの失敗に終わり、それがダマシにもなって（ウエッジの安値の足6が失敗になり、上方へのブレイクアウトがトレンドラインを上抜いてからツーレッグダウンで安値を切り下げた）、これは非常に強力な買いシグナルになる。このことは、そのあとの力強い上昇を見れば分かる。

　はらみ足10は最初の小さなプルバック（陰線）を終わらせたため、その上で買うことができる。弱気のスパイク・アンド・チャネル（足2がスパイクの終わり）とスリープッシュダウン（それぞれ足2、足6、足9まで）のあとは、長めのツーレッグの上昇が期待できるため、

図12.1　トライコンチネンタルの１万株チャート（１本の足が時間ではなく１万枚の出来高を表すチャート）

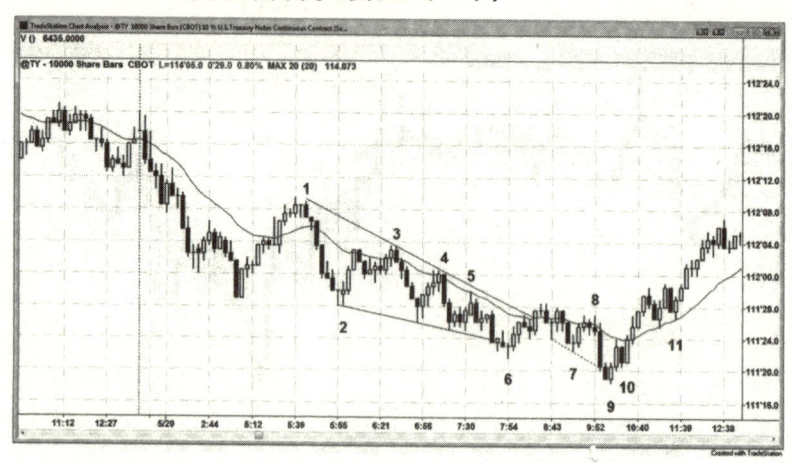

　足10のポーズの足は最初のレッグアップを終わらせるのではなく、その途中だと考えられる（終わりだと反転パターンの大きさから見てレッグが小さすぎる）。スパイク・アンド・チャネルはチャネルの始まりまでリトレースすることが多く、この場合は足３の高値がそれに当たる。

　足11はM2Bの買いのセットアップ（２本前の足が高値１）で、トレンドラインがブレイクされたあとの実質的な最初のプルバックとなった。

　図12.2のユーロ/ドル（FX）の５分足チャートは高値を更新したあと足２で下げに転じた。この上昇レッグは８本連続の陽線からも分かるとおりモメンタムが強いため、レッグの初めの足１を下抜く前に安値を切り上げて足２の高値を試す可能性が高い。足３はEMAギャップ足で、上昇が始まる足１を試した。

　マーケットはトライアングルを形成し、最後は狭いトレーディングレンジになった。

　足８は上方にブレイクアウトを試したが失敗に終わり（足４の高値

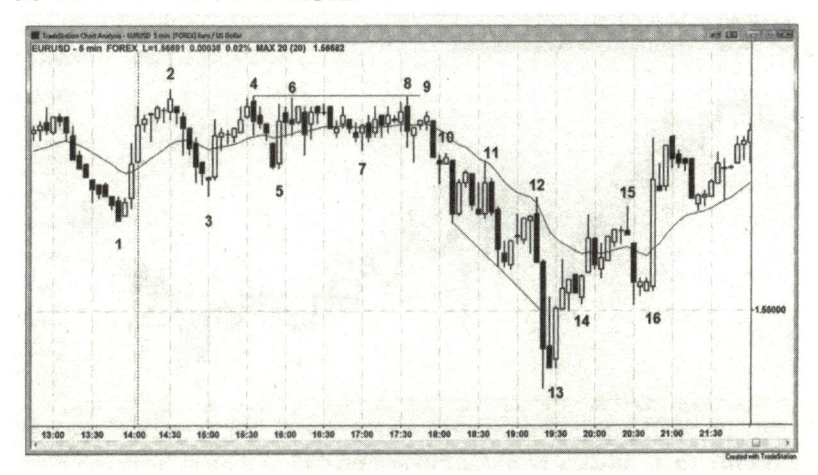

図12.2 ユーロ/ドルの5分足チャート

の1ティック下までしか届かなかった)、そこから反転して包み足でレンジの安値まで下げた。それによって、足6と共にダブルトップベアフラッグを形成した。

足9は、その包み足の中間よりも上にあるブレイクアウトプルバックの小さい足で、低リスクの空売りポイントになった。

足10もブレイクアウトプルバックの空売りポイントだ。同時線は足1本でもトレーディングレンジで、マーケットが下落しているときにトレーディングレンジの上では買わないため、足10の上でも買わない。

足11はM2Sの空売りポイントで、足3のスパイクの安値を下抜こうとする2回目の試しでもある。

足12もM2Sになった。注文は必ず出してほしい。陽線の同時線が安値を切り上げたことでベア派はやる気を失ったかもしれないが、マーケットはまだ下降スイングにあり、さらに下げればM2Sを形成するということを忘れないでほしい。

足13はトレンドチャネルラインがオーバーシュートされたあとにできたⅱの買いのセットアップで、2本目は長い陽線だった。

図12.3　大豆の５分足チャート

　足15はスリープッシュアップで、最初のEMAギャップ足になった。

　足16は陽線のｉｉセットアップで、安値を切り上げて買いポイントになった。ここではトレンドチャネルがオーバーシュートして反転してから少なくともツーレッグアップが期待できるため、足13の安値で仕掛ける。そのあと足14と合わせてダブルボトムブルフラッグが形成された。大陰線がベア派を落とし穴に落として空売りさせ、気弱なブル派には買いポジションを手仕舞わせた。

　図12.3の足２は、足１のスパイクアップのあとのトレーディングレンジにある。足３は足１のスパイクダウンのあと２回目の小さいレッグアップで、レンジの高値をブレイクしたがダマシになった（ファイナルフラッグの失敗）。そして、足３の下かトレーディングレンジの下で良い空売りのセットアップになった。

　足４は下降するミクロトレンドラインチャネルラインをオーバーシュートしてから上昇に転じた。仕掛けポイントはｉｉの陽線６の上になる。

　足９はウエッジで、足４の安値から４レッグで上昇して安値４の変

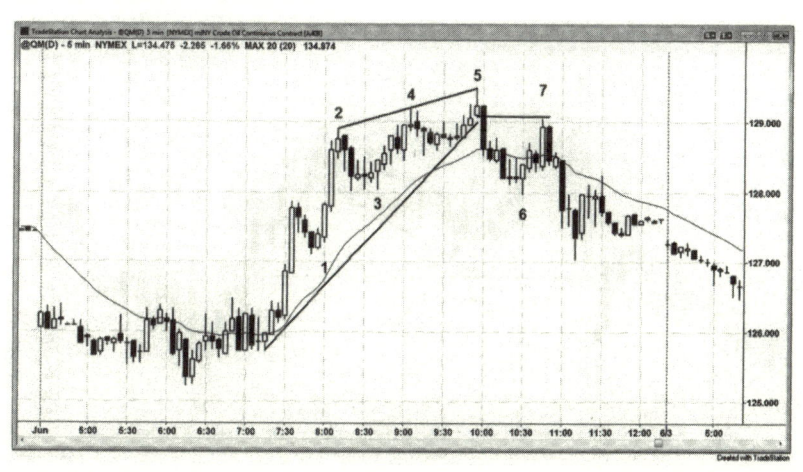

図12.4 原油の5分足チャート

形になった。この足は足3の高値を試したが、完璧なダブルトップベアフラッグを形成するところまでは上昇しなかった。

足10はトレンドラインがブレイクアウトされたあとのブレイクアウトプルバックだった。

足11はこの日の安値を付けたあとの長い陽線の反転足だが、足12はそれを上抜くことができなかった。陰線のはらみ足である足12の下で空売りすれば足11で早めに仕掛けた買い方を落とし穴に落とすことができるため、良い仕掛けポイントになる。また、足13と同様に、ここもブレイクアウトプルバックになっている。

図12.4の足1は、前のトレーディングレンジをブレイクアウトしたあとの高値1のブレイクアウトプルバックだった。

足3は、バーブワイヤーであっても足2がクライマックスにならずにモメンタムの強さを保っていたため（足2までの大陽線がそれを表している）、高値2の良い買いポイントになった。

足5はスリープッシュの高値の空売りポイントなので、ツーレッグダウンが期待できる（クライマックスのあとは少なくとも2本のカウ

ンタートレンド方向のレッグができることが多い)。足6までの下げはトレンドラインをブレイクしたあと、前の上昇トレンドで安値を切り上げた足3も下抜いてベア派の強さを示した。

足7はツーレッグでシグナル足5を試したあと高値を切り下げてアップダウンツインの空売りセットアップを形成し、EMAが上抜かれるのを鋭く拒否した。

図12.6は図12.5の寄り付き部分を拡大したチャートになっている。多くのトレーダーはチャートを素早く正確に読んで、図12.5に示したトレードをすべて実行するのはほぼ不可能だと思うが、このチャートはプライスアクション分析が1分足でも通用するということを示している。

図12.6の足1は安値2のダマシになったため、実質的には高値2の買いポイントになった。

足2はブルフラッグのブレイクアウトがダマシになったため、ウエッジの空売りポイントになった。

足3はブレイクアウトプルバックの空売りポイントだった。

足4は、足3のスイングの高値を切り上げて強さを示したが、ブレイクアウトの試しで終わり、空売りポイントになった。

足5は高値を切り下げてEMAの下でM2Sになった。

足6はウエッジの買いポイントで、拡大トライアングルの底になった。

足7はトレンドラインをブレイクしたがダマシになり、空売りポイントになった。

足8は足7がトレンドラインをブレイクしたあとにツーレッグで安値を切り下げ、トレーディングレンジ日の安値も切り下げた。

足10はウエッジでトレーディングレンジ日の安値を切り下げた。

足11は、トレンドラインがブレイクされたあとの最初のプルバックで、M2Bの買いポイントでもあった。

図12.5　1分足チャートでは最初の90分だけでもたくさんのプライスアクションに基づいたスキャルピングのセットアップがある

図12.6　Eミニの最初の90分を拡大した1分足チャート(番号はプライスアクションに基づいたスキャルピングのセットアップを示している)

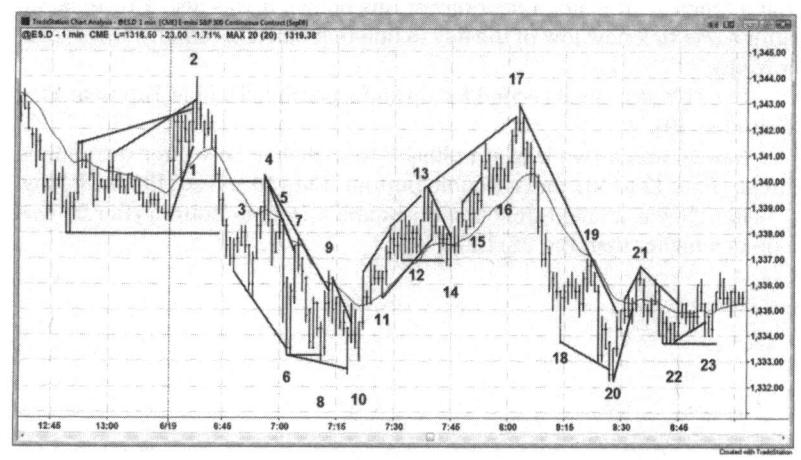

足12も強気のM2Bだった。

足13はウエッジの空売りポイントで、足4と共にダブルトップベアフラッグになるかもしれない。

足14はトレンドラインとトレーディングレンジのブレイクアウトがダマシになり、ダブルボトムブルフラッグだけでなく2本目のレッグアップの始まりかもしれない。

足15は、その2本前の足のブレイクアウトを試す高値2になった。

足16は上昇トレンドのなかの高値2だった。

足17はウエッジで、この日の高値への試しが失敗に終わったため、高値を切り下げる可能性がある。

足19は下降トレンドラインの下にある安値2（M2S）で、足18で買った人にとっては5ティックだけブレイクアウトしてダマシになった。

足20はツープッシュ（足18までが最初のプッシュ）でこのトレーディングレンジ日の安値を更新した（足17の高値から力強い下降レッグができたが、この時点では下降トレンド日ではない）。また、ここではこの日の安値を1ティック更新したあとで上昇に転じている（1ティックだけブレイクアウトしてダマシになった）。ちなみに、これはウエッジでもある。

足21は2回目の小さいレッグアップで、足19と合わせてダブルトップベアフラッグになるかもしれない。

足22は、足17～19のトレンドラインがブレイクされたあとのツーレッグのプルバックで、安値を切り上げてダブルボトム（足10と足20）プルバックの買いポイントになった。

足23はトレンドラインをブレイクしたがダマシになり、足23は足22よりも1ティック上だがダブルボトムブルフラッグでもある。

第13章 日足、週足、月足のチャート
Daily, Weekly, and Monthly Charts

　日足、週足、月足チャートも日中のシグナルを出してくれるが、頻度が低くデイトレーダーにとってはジャマにしかならないため、無視したほうがよい。最もよくあるシグナルは前日の高値や安値に基づくものだが、それは5分足チャートでも分かる。ちなみに、長い時間枠のチャートにもプライスアクションの仕掛けポイントはたくさんあるが、シグナル足が大きいため、デイトレードと同じリスクに抑えようと思うと実際にトレードできる枚数はかなり少なくなる。また、オーバーナイトのリスクを考えると、トレードサイズをさらに減らすか、リスクを限定するためにアウトライトやスプレッドなどのオプション戦略を取り入れるべきなのかもしれない。デイトレーダーが長い時間枠のチャートを使う場合は、それがデイトレードのジャマにならないときのみにしなければならない。日足チャートで小さいサイズのトレードを管理している間に大きいサイズのデイトレードのチャンスを見落とすことはよくあることで、その分の機会損失が日足チャートのトレード利益を上回ることは十分あり得る。

　世界的な大企業の株価のプライスアクションは、小企業の株価よりも予想どおりの動きになることが多い。大企業の株価は、巨額のリスク、オーバーナイトでの反転、なかでも長引いた上昇トレンドの高値での反転ははるかに少ない。つまり、ウォルマート（WMT）のトレ

ードが失敗する確率はチェサピーク・エネルギー（CHK）よりもはるかに小さいのである。

　強いトレンドのなかのカウンタートレンド方向の動きの多くはプルバックでトレンド方向の仕掛けポイントになることが多いため、カウンタートレンド方向にトレードするときは目標値を１～２％のスキャルピングにすべきである。ギャップは仕掛けを難しくするうえ、通常は前日のレンジのなかで寄り付いてからレンジの１ティック先の仕掛けの逆指値を超えていくほうがリスクは小さい。日中の株価を見ることができなくてギャップを空けて寄り付いた場合は、トレードを見送ったほうがよいのかもしれない。ただ、株価を見ることができてギャップを空けて寄り付いたときは、ギャップにかかるプルバックを待ち、そのプルバックが終わりかけて前日のレンジから離れる動きが再開したところで仕掛ければよい。つまり、買おうとしているのに上方にギャップを空けて寄り付いたときは、そのあと下落してブレイクアウトプルバックが上昇に転じるときに買って、今日の安値の１ティック下に損切りの逆指値を置けばよい。もし仕掛けが執行されずに損切りの位置まで逆行したときは、別の銘柄に切り替えるか、２回目の買いのセットアップができたときにあと１回だけ仕掛けてみてもよい。期待どおりの動きにならないのにその銘柄に固執していると、資金を失うことになりかねない。損失を出すと同じ銘柄でそれを取り戻したいと思うのは自然なことだが、それは気持ちの弱さを示すサインでもある。もしあなたがチャートを読むのが得意で自分が正しいことを常に証明したいと感じているならば、読みは正しくても素晴らしいトレーダーとは言えない。優れたトレーダーは損失を受け入れて先に進むことができる。

　日足チャートでは、プルバックが典型的な反転足になることはあまりないため、５分足チャートでトレードするときよりも確信が持てない。そして、確信が持てないということはリスクがあるということで、

リスクが増えればポジションサイズは小さくする必要がある。このようなときには小さいポジションで仕掛け、プライスアクションの進展に合わせて積み増していくという方法も考えてほしい。上昇トレンドでプルバックした（押した）ときは、少し下げてもベア派がまだ主導権を握っていなければ増し玉していく。そして、トレンドが再開して小さいプルバックが仕掛け価格よりも上で安値を切り上げれば、少し高い価格でも増し玉してよい。

　１日の終わりに日足チャートを見ると、翌日に仕掛けられるセットアップが見つかることはよくある。しかし、セットアップが動き始めれば、日中のトレンドが５分足でもたくさんのトレンド方向の仕掛けポイントを提供してくれる。もしそれが通常は日中にトレードしていない銘柄でも出来高が500万株以上あれば、１～２日はトレード候補に入れてみてもよいだろう。ただ、オメガ・インシュアランス（OIH）のように流動性が高い銘柄でもブローカーが空売りするための貸株を持っていないことがあるため、買うことしかできない場合もある。

　プライスアクションは非常にたくさんのトレーダーがそれぞれの理由で最高の利益を上げるために行動した結果を累積したものである。その足跡はそのままチャート上に残っているため、これを読める人にとっては利益を上げるための常に信頼できるツールになってくれる。**図13.1**は1933年と1934年のダウ平均の日足チャートで、見た目は今日のどの銘柄のどんな時間枠のチャートとも変わらない。

　足２は安値２で、トレンドラインをブレイクした。

　足３は小さいファイナルフラッグの失敗による反転で、トレンドラインがブレイクされたあとに安値を切り下げて足１の安値を試した。トレンドラインのブレイクのあとにトレンドラインの極値を試せば、メジャーなトレンドが反転する可能性がある。

　足４はブレイクアウトプルバックで安値を小さく切り上げた。

　足５は強い上昇トレンドの最初のプルバックで、高値２でもあった。

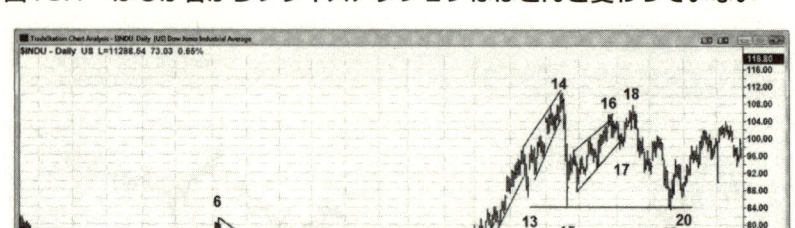

図13.1　はるか昔からプライスアクションはほとんど変わっていない

　足6はウエッジで、そこから足8まで2本の大きいレッグダウンになった。大きく上昇したあとにできたウエッジは、深くプルバックして（押して）から高値を更新することが多い。
　足7はトレンドラインをブレイクしたあとにツーレッグでプルバックした。
　足8はトレンドラインがブレイクされたあとに安値を切り下げ、ブレイクアウトして足2を試した。
　足10は安値を切り上げた。
　足11は、足7と足9のダブルトップベアフラッグを上抜いて失敗に終わり、高値2のブレイクアウトプルバックになった。
　足12と足13は小さいトレンドラインをブレイクしたあとに上昇に転じた。
　足14はウエッジだった。
　足15はトレンドラインのブレイクとモメンタムが強いカウンタートレンド方向の動きで、足14の高値が試されたあとに足15も試されるだろう。

足16はウエッジで、足17はウエッジのダマシのブレイクアウトになった。

足18は高値を切り下げて上昇トレンドの極値である足14を試し、ウエッジのブレイクアウトはどちらもダマシになり、安値2の空売りポイントになった。ウエッジを下にブレイクアウトしたのがダマシになり、今度はウエッジを上にブレイクアウトしたのがダマシになった。ウエッジの上へと下へのブレイクアウトが双方ともダマシになったので、それは力強い反転につながることが多い。足18はブレイクアウトしてシグナル足14の安値を試した。

足19は足15の安値を試してダブルボトムブルフラッグになった。

足20は、上昇に転じたあとプルバックで安値を切り上げてダブルボトムプルバックになった。

図13.2のアップル（AAPL）は日足チャート（サムネイル）では強い上昇トレンドにあり、最初のEMAプルバックは下降トレンドチャネルをオーバーシュート（価格が重要な価格を超えること）した足1だった（2つのチャートの番号は同じ足を指している）。日足チャートの足2は日中に大きく上昇に転じて高値近くで引けた。2日目（5月22日）の高値の1ティック上で買いたくなるのは理解できる。しかし、23日は上方にギャップを空けて22日の高値よりも上で寄り付いた。ここは下落日に反転するリスクをとるよりも、プルバックしてギャップを試したあとに上昇に転じるのを待つほうが賢い。

5分足チャートのEMAギャップ足6は下降トレンドチャネルをオーバーシュートして寄り付きのときのギャップを埋めてから上昇に転じた。これは素晴らしい買いの仕掛けポイントで、損切りの逆指値は足6の下に置く。ここでは62セントのリスクをとって数ドルの利益を上げることができた。

図13.3では上昇トレンドが長く続いたが、高値2を付けた足2のプルバックのあとマーケットはブルフラッグをブレイクアウトした。

図13.2　アップルの5分足チャート

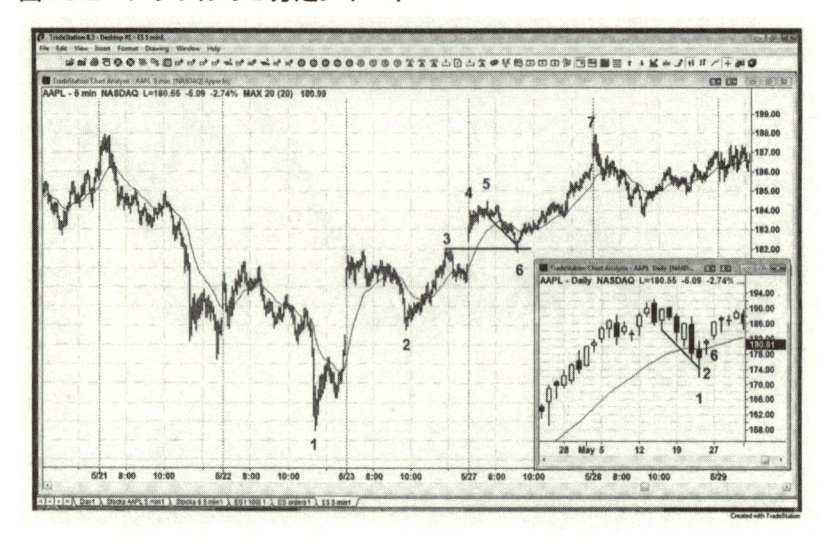

　足7は、足3と足5の高値を結ぶトレンドチャネルラインを試した。また、足7は拡大トライアングルのシグナル足で、これは少なくともツーレッグのプルバックが期待できる素晴らしい空売りポイントになった。重要な反転になり得るときは、ポジションの一部をスキャルピングで利食ったら損切りの逆指値をトントンのところに置いて、残りはスイングすることが重要だ。

　足11は下降トレンドラインを上抜いたが、ブル派はこのように大きな下落のあとは買おうとしないため、少し上げたら2本目のレッグダウンが期待できる。マーケットが足10と足12を結ぶトレンドチャネルを上抜いて足13で2本の同時線を形成したことは、足11からの上昇をもたらしたブル派がすでに主導権を失っていることを示している。これはEMAギャップ足2の下げ（EMAまでのギャップを埋める2回目の試し）のセットアップになるかもしれないため、足13の安値の1セント下で空売りの注文を出しておかなければならない。株では寄り付きでのギャップがよく起こり、ひどい価格で執行されることがある。

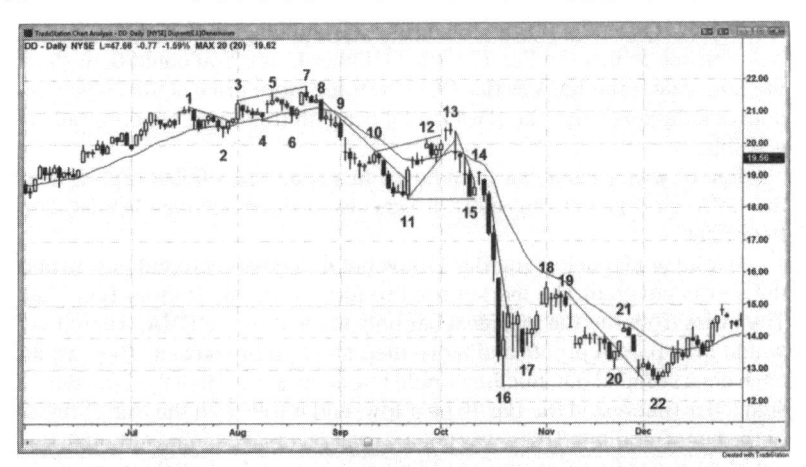

図13.3　1987年のブラックマンデーのデュポンの日足チャート

　そこで、ギャップがあるときは寄り付きのあとで注文を出すようにしてほしい。また、下方にギャップを空けるようならば、ギャップを埋める上昇のあとで５分足チャートのプライスアクションを見て空売りが正当かどうかを確認すればよい。

　足14はミクロトレンドラインを上抜いた。ここは足14の安値の１セント下に空売りの注文を置いてほしい。この時点ではまだ足11の安値を下抜いていないが、これはブレイクアウトプルバックの変形と言える。足11の安値を試した４本足の下げは非常に急で、小さいブレイクアウトがあった場合と同じ動きが期待できる。そのため、足14の下での空売りはブレイクアウトプルバックの仕掛けの一種であり、このようなトレードは長めの動きになることが多い。仕掛け足には上ヒゲがなく、これはベア派がこの足の最初から主導権を握っていたことを意味している。

　足11は最初のレッグダウンを終わらせ、足16がツーレッグの２本目を完成させた。足16までの下げは非常に急だったため、買いを仕掛ける前に安値の試しを待つか、売り方が空売りする前にさらなるプライ

スアクションを待とうとしている何らかの兆しを待ったほうがよい。ただ、２本目のレッグが急で陰線が大きいと売りのクライマックスである可能性が高く、そうであればそのあとには予想以上の足の数で少なくともツーレッグのカウンタートレンド方向に上昇すると思われる。

安値からの２本の足の上昇で急なトレンドラインをブレイクしたため、安値を切り上げた高値２の足17で買うのは理にかなっている。そして、そのあとはEMA近くの安値２である足18で空売りしてもよいが、今回のプルバックはEMAに達しなかったうえに陽線でさらに上がる可能性もあるため、もう少しプライスアクションを見てからでもよい。

シグナル足19は下降トレンドのなかの安値２で、高値２の失敗で、EMAの近くにあるため、力強い空売りポイントになった。また、これは３本の足のダブルトップベアフラッグを形成している。

足20は足17の安値を下抜いたが、すぐに買いが入ったため、空売り派は買い戻した。マーケットはダブルボトムブルフラッグを形成しようとした。シグナル足20での買いトレードは、一部を利食って損切りをトントンに動かす目安であるEMAまでしか行かなかった。ただ、損切りに達しても、下降トレンドの安値を付けた足16を試したシグナル足22（その前に足21が下降トレンドラインをブレイクしている）の高値２で再び買えばよい。ここは長い上昇トレンドの始まりかもしれないため買わなければならないところだが、強い反転足がないこともあり、どちらかの方向に強いトレンドが始まるまでにはしばらく両方向のトレードが続くと思っておいたほうがよい、

図13.4のゼネラル・エレクトリック（GE）は1987年の前半に急激に上昇したが、足２と足３で描いた上昇トレンドチャネルラインを２回目にオーバーシュートしたシグナル足６で小さい空売りポイントができた。これが執行されたのは仕掛けの逆指値の１ティック（１セント）下だった。ただ、このときはまだ下落の勢いがないため、ツーレ

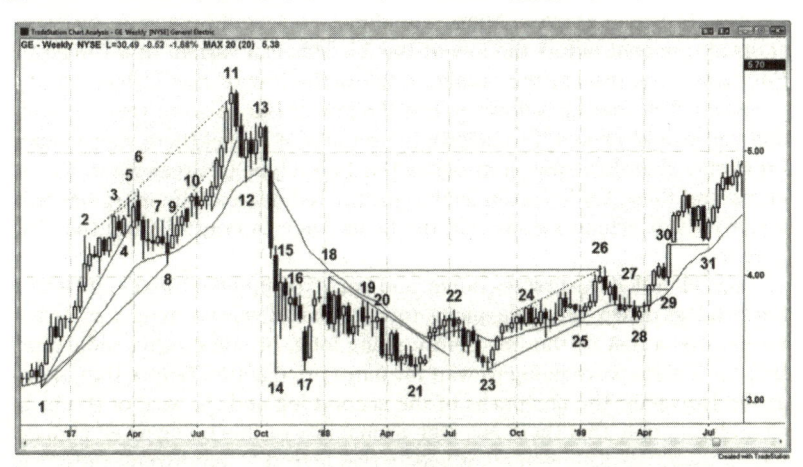

図13.4　1987年のブラックマンデーのGEの週足チャート

ッグでEMA辺りまで下げたあとに高値を更新する可能性が高い。

　足9のM2B（EMA近くの高値2）は高値を試す良い買いポイントになった。

　足11は足5の高値を通るトレンドチャネルラインを上抜いた。このトレンドチャネルラインは足1～8を結ぶトレンドラインと平行になっている。ちなみに、足2と足5の高値を結んだトレンドチャネルラインを使っても似たようなシグナルを得ることができる。

　足11はシグナル足になるかもしれないが、その次の足が安値を切り下げなかった。それどころか、この足ははらみ足で、しかも大きく下げて終わった。この足の安値の1ティック下で空売りの注文を出せば、次の足で執行されたはずだ（この陰線のはらみ足が空売りのシグナル足になる）。このようにトレンドチャネルラインを突き抜ける上昇クライマックスと、その前のトレンドラインを下抜いた足8までの下げのあとでは、少なくともツーレッグダウンで足1～6のスパイクのあとの上昇チャネルの始まりである足8を試すことが期待できる。

　足13は、新しい下降トレンドかもしれないなかのプルバックで、2

本目の小さいレッグアップとなった。ここではEMAに接する陽線のあと陰線（短い時間枠ではダウンレッグ）があり、最後に陽線で構成される2本目のレッグアップと続くため、ツーレッグアップの上昇とみなす。空売り派は高値を更新する前に2本目のレッグダウンを期待しているため、空売りの仕掛けの逆指値を足13（注文が執行されるとこの足はシグナル足になる）の1セント下に置く。最初の損切りの逆指値はシグナル足の高値の上に置く。そして、仕掛け足が終わったらその1セント上に損切りを動かす。

マーケットは、2本目のレッグダウンで足14まで暴落した。このツーレッグダウンは前の上昇トレンドの安値を下抜かなかったため、長い時間枠では上昇トレンドの安値を切り上げた。今回は大陰線のため、そのあとには少なくともツーレッグアップ（フォーレッグになる可能性が高い）が期待でき、横ばいから上昇がしばらく続くと考えられる（チャートから目測して少なくとも足20〜30本程度にはなるだろう）。ベア派はこれからしばらくは主導権をあきらめ、さらなるプライスアクションを待ってからしか積極的に空売りを仕掛けてこないだろう。ただ、彼らは少し上げれば空売りして動きが止まればすぐに利食おうとする。同様に、ブル派もこの先しばらくはおそらく横ばいから上昇になることが分かっているため、上昇トレンドか下降トレンドが始まることを示唆するプライスアクションを確認するまでは押し目で買い、上昇が止まればすぐに利食うということを繰り返していく。

足16は安値2でシグナル足になるかもしれないため、ベア派は安値の1セント下に空売り注文を置く。

足17は下降トレンドの安値を試して高値2のシグナル足になるかもしれないため、ブル派は高値の1ティック上に買いの逆指値を置き、空売りポジションがまだ残っている人はここで買い戻す。ちなみに、これはファイナルフラグの失敗でもある。

足18は、足15と合わせてダブルトップベアフラグを形成した。

足20は安値２の空売りの仕掛け足で、特に足18からの下げの足６本がミクロトレンドライン（示していない）の上に止まっていられなかったことはそれを後押ししている。しかし、これはバーブワイヤーなので、たいていはブレイクアウトのダマシを待ってそこで仕掛けるほうが勝率も高いしストレスも少ない。

足21も下降トレンドの安値を試し、足14とともにダブルボトムを形成した（または最初の底とみなせる足14と足17でもよい）。また、足18までの上昇も足13から足15や足16辺りまでの急な下降トレンドラインをブレイクした。トレンドラインがブレイクされてからダブルボトムができれば、新しい上昇トレンドの始まりかもしれない。足21も７本の足による下降トレンドチャネルライン（直前の７本の足の実体の下限にもっとも適合するように描いた線）を下抜いてから反転した。

足22までの上昇は別の下降トレンドラインをブレイクした。複数の下降トレンドラインをブレイクするということはブル派がその存在を強く主張しているということなので、長めの上昇スイングになる可能性が高い。しかし、EMAを上抜いたのは今回が初めてなので、足22のあとの安値２は２本の小さいレッグダウンが期待できる良い空売りポイントになった。

足23は高値２の買いのセットアップで、足21の安値を切り上げてダブルボトムプルバックを形成した。その前にあった小さいが連続する陽線７本の足22までの上昇も、EMAよりも上にほとんどの終値がある９本足による足24までの上昇も、ブル派がマーケットを支配していることを示している。

足26は、上昇トレンドチャネルライン（足23と足25の安値を結んだ線と平行）と売りのクライマックスのあと最初に上昇した足15を上抜くと反転した。これはダブルトップベアフラッグになるかもしれない。足26までの上昇は力強かったため、足23を下抜く前に足26の高値が試される可能性が高く、そうなれば期待していた少なくとも２本のレッ

グダウンは無効になる。

足28はM2B（EMA上の高値2）のセットアップになった。また、この足は24本の足の終値が連続でEMAを上回ったあとにEMAを下抜こうとした2本目の陰線でもある（1本目はその3本前）。2回ダマシが続いたあとは反対方向に大きな動きが期待できる。また、これは足15からのトレーディングレンジをブレイクした足26からのブレイクアウトプルバックで、大きいダブルボトムプルバックになっている。ちなみに、このダブルボトムは足14（または足17）と足23（または足21）で構成され、カップ・アンド・ハンドルの買いのセットアップとも呼ばれている。

足29は足27の高値をブレイクアウトしようとした試しで、そのあと大きな包み足で急騰して気弱な買い方を手仕舞わせたため、彼らはマーケットを追いかけることになった。

足31は足30のギャップを試して高値2を付け、上昇トレンドのなかのプルバックの買いのセットアップになった。

図13.5では2000年の高値からツーレッグで下げ、最初のレッグは足Bで終わった。足Cまでの上昇はトレンドラインをブレイクしたため、みんなが安値を切り上げるか安値を切り下げるかして足Bを試したら買おうとしていた。

足1は足Bよりもはるかに下げたため、さらなるプライスアクションを待たなければ積極的な買いは起こらない。

足5はバーブワイヤー（3本以上の足が重なっていてその1本以上が同時線）なので、高値近くの小さい足で空売りするか安値近くの小さい足で買うしかない。足1と足5の安値は正確に同じというわけではないが、ダブルボトムとみなせる程度には近い。トレードにおいては近ければそれで十分なのである。足5からの上昇は下降トレンドラインをブレイクしたため、トレーダーは足5の安値を試したら買おうとしている。

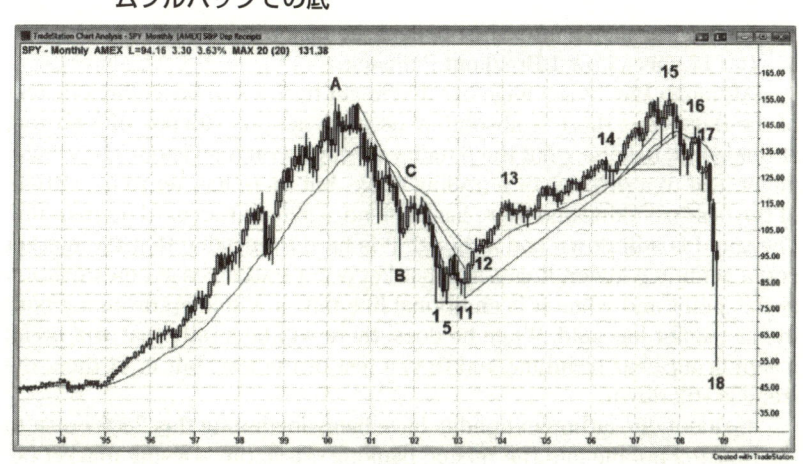

図13.5　スパイダーの月足チャートで2003年に形成されたダブルボトムプルバックでの底

　足11は深く下げてダブルボトムの安値を試してから上昇に転じた。このダブルボトムプルバックが足Aからのツーレッグダウンを終わらせ、これからの長い上昇トレンドを約束した。いつものようにブル派は足Aから足5までの下落の終わりの陽線シグナル足の高値を上抜いた。

　図13.6はダブルボトムプルバックの部分の日足チャートで、足の番号は同じになっている。

　図13.5の足15までの上昇は非常に力強かった。面白いことに、どのプルバックでも足11の安値からの上昇のなかの陰線のシグナル足を試すことが期待できる（**図13.6**参照）。実際、このときの下落はそれまでの弱気のシグナルをすべて下抜いて重要な下降トレンドになった。しかし、マーケットでは何が起こっても不思議はないため、トレーダーは自分が使っているチャートに現れたパターンに従ってトレードすればよく、あえて月足チャートのパターンを確認する必要はない。

　足15の高値はスリープッシュアップで高値を切り上げて足Aを試した（もちろん足Aからの下降トレンドのなかでトレンドラインがブレ

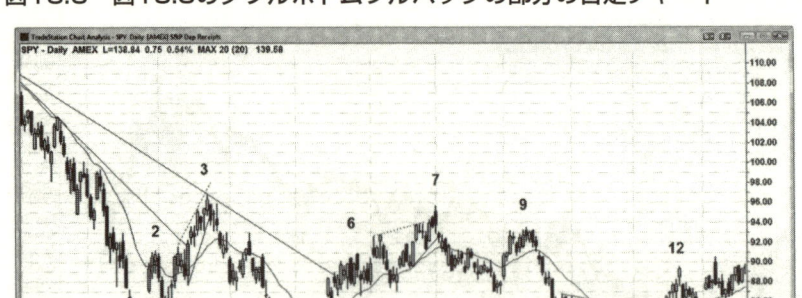

図13.6　図13.5のダブルボトムプルバックの部分の日足チャート

イクされていた)。また、足15までの3回目のプッシュアップのあとでも小さいトレンドラインがブレイクされている。

　足16は、メジャーな上昇トレンドがブレイクされたあとのM2Sになった。

　足17は安値1のブレイクアウトプルバックになった。

　足18は売りのクライマックスに足5の安値を試す可能性がある長大線だが、評論家たちがテレビで何と言おうとこの時点で底を示唆するプライスアクションはまったくない。クライマックスは反転かトレーディングレンジにつながるかもしれないが、まだ下降トレンドラインはブレイクされていないし、目立った上方のモメンタムも強くない。トレンドはまだ下降しており、マーケットがこれ以上下げるとは思えないが、可能性がないわけではない。ちなみに、この時点のマーケットは価値に基づいてトレードされていない。このように感情的になっているときは最後の売り方が売るまで下がり続ける。そして、売り方がいなくなると上昇して重要な下降トレンドラインがブレイクされてから安値が試されるが、そうなるまではあくまで下降トレンドだと考

えてほしい。

　評論家たちはこの2008年の暴落を住宅バブルとそれに伴う金融危機のせいにしているが、住宅市場の暴落はこれよりも約3年前に始まっており、信用危機も少なくとも2～3年前から始まっていた。実はこのとき、世界はオバマ政権が発足すると企業に対する規制が強化され、労務費も上がるため、企業の利益率は下がるということに気づいたのだった。企業の利益が下がると、その会社の株の価値は下がる。世界中の株式市場では、スマートマネーが考えるオバマ政権下の減益に合わせて急速に株価が調整された。ただ、このときのディスカウントは大きすぎた可能性があり、マーケットは次の何カ月かでオバマ大統領の政策を見ながら少しずつ上げていくだろう。これは、1994年に共和党が圧勝したときにそれとは関係なく株式市場が大きく上昇し始めたのと似ている（ちなみに、私は無所属のリベラル派で共和党員ではない）。このとき、世界は利益予想を劇的に上方修正したことで、株の価値が上がった。この情報はデイトレーダーにとって何の意味もないが、専門家とは違う考え方をすることや少数派の意見でも自信を持ってよいということの一例と思ってほしい。みんなと違った見方をすることを恐れてはならない。特にテレビに出ている専門家を気にする必要はない。

　図13.6の足3までの強い上昇は、EMAを大きく上抜いてトレンドラインもブレイクした。この上昇の終わりはウエッジに似た形になり、強い上昇の最後にウエッジができたときはその動きの始まりを試すことが多い（この場合は足1の安値）。

　足5は足1を試して安値を切り下げ、ダブルボトムを形成した。トレーダーは不完全な世界で生きており、もし信頼できるパターンにある程度似た形があれば、同じような動きをすることが多い。足3からの大きい下げの最後に下降トレンドチャネルがブレイクされてから安値で反転すれば、足3を試すかもしれない。

足7は足3を試したが届かずに高値を切り下げ、ダブルトップベアフラッグを形成した。そして、最後に小さいウエッジを形成したため、深くリトレースする可能性が高い。

　足11は足5の安値を試して深く押してから上昇に転じ、ダブルボトム（足1と足5）プルバックを形成したあとは上昇した。足11は下降トレンドラインを下にブレイクしたがダマシになり、足7からのレッグダウンを試すセットアップになった。しかし、日足チャートや週足チャートや月足チャートのダブルボトムプルバックでは、下値を試した売りが失敗に終わった代わりに、上へのブレイクアウトが足7への試しになった。

　多くのテクニカルアナリストはこれを逆ヘッド・アンド・ショルダーズと呼ぶが、それではプライスアクションについて何も説明していない。ほとんどのダブルボトムプルバックは逆ヘッド・アンド・ショルダーズでもあるが、ほとんどのヘッド・アンド・ショルダーズのパターンは失敗に終わり（たいていは反転パターンではなく継続パターンに変わる）、ほとんどのダブルボトムプルバックはうまくいくため、「ヘッド・アンド・ショルダーズ」という名前に惑わされずにこの2つを区別しなければならない。

　図13.7の足1はスパイクで、足6までのチャネルにつながった。

　足2～3の上昇もスパイクで、これも足6までのチャネルにつながった。マーケットには力強さがあり、足2と足4からの2つのチャネルの始まりまでリトレースする兆しはなかった。

　足2～6の上昇もスパイクで、足9までのチャネルにつながった。ここでも非常に力強さがあり、足10のプルバックはチャネルの始まりである足7までにはるかに届かなかった。

　足1と足4の間には細い領域があり、そのあと足4までの小さなトレーディングレンジがある。そして、そのあと足6の高値までの動きはメジャードムーブに近い（足2から足4のトレーディングレンジの

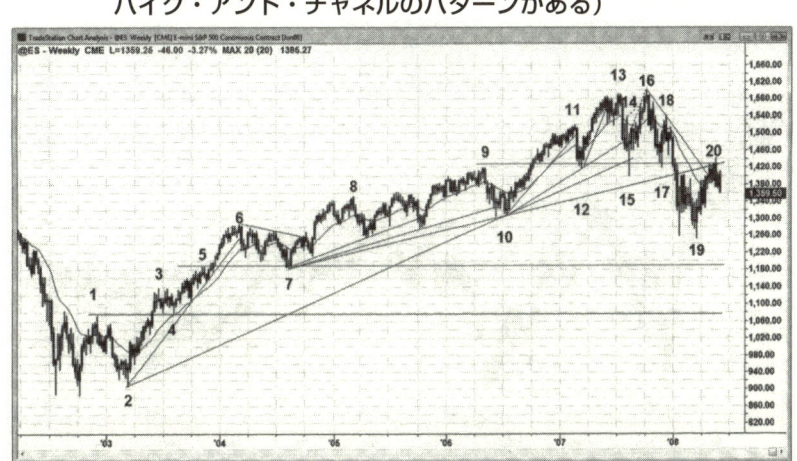

図13.7　Eミニの週足チャート（ダブルボトムプルバックの安値である足2から始まった大きな上昇トレンドにはいくつもの強気のスパイク・アンド・チャネルのパターンがある）

中間までとだいたい同じになっている）。

　足5と足7の間にもブレイクアウト後の細い領域があり、そのあとに足4～5までと同じくらいの動きが足9まで続いた。

　足7のトレーディングレンジの中間はスパイクのあとのポーズで、チャートの安値から高値までのメジャードムーブになっている。そして、このフラッグのブレイクアウトのすぐあとでブレイクアウトプルバックの買いポイントになった。ただ、メジャードムーブはあくまで観察結果なので、トレード中には考慮しなくてよい。

　チャネルは足10の下落で破られかけたが、EMAの下のギャップ足でダブルボトムを形成した。そのあと、トレンドラインのブレイクがダマシになり続けながら（良いセットアップ）、足16まで上げた。足9と足12の間の狭い領域を挟んで、足7の安値から足13の高値までの動きが予測できる。

　足15はEMAとメジャーなトレンドラインを大きく割り込んだため、高値を試したあと、これが試されるのはほぼ間違いない。

　高値への試しはウエッジパターン（スパイクアップしてから足16ま

での小さいスリープッシュアップ）のオーバーシュート（高値の切り上げ）で、拡大トライアングル（足11、足12、足13、足15、足16）の終わりでもあった。

　足18はブレイクアウトプルバックで（実際には足15を下抜かなかったので変形パターンだが、足17までのモメンタムが強い下げはブレイクアウトと同じ動きを十分もたらした）、ダブルトッププルバックでもある。

　足20もブレイクアウトプルバックで、足7と足10を結ぶトレンドラインを下から試した。

　マーケットが足19の安値を試すために下落するとダブルボトムプルバックを形成することになるが、足19までの下げの強さを考えると、ここは2本足のレッグダウンで足19を下回る可能性が高く、もしかしたらチャネルの安値である足7を試すか、さらに下げるかもしれない。マーケットにこれほど強さがあって、いくつものパターンの期待した価格（ここでは足1のスパイク・アンド・チャネルの底までのいくつものポイント）を試さなければ、最終的に調整にはいったときにそれが長引いて想像以上に深くなることが多い。

　チャネルのあとの調整はトレーディングレンジにつながることが多く、これは週足チャートなのであと数年間はほとんどが横ばいになるかもしれない。しかし、マーケットはいずれどちらかの方向にブレイクアウトする。経済は成長しており、Eミニは経済の価値の平均値を表しているのだからいずれ上方にブレイクアウトするだろうが、それはかなり先になるかもしれない。

　CNBCに出演している評論家たちはみんな底を打ったから次は高値を更新すると言っているが、プライスアクションはそうは言っていない。ちなみに、テレビ局はマーケットが2～3％上げるとブル派を集めて大相場になると言わせ、2～3％下げるとベア派を集めて不況に向かっていると言わせる。しかし、彼らが語っている予想はあなたが

トレードしている時間枠とは違う話で、あなたの利益ともプライスアクションとも何のかかわりもないため、笑って聞き流せばよい。これまで挙げた例は、デイトレードでうまくいくプライスアクションの考えが長い時間枠にも応用できるということを示している。

大商いでの反転

　日足チャートで株価が急落した日の出来高が普通の日の5～10倍ならば、ブル派が降参したためにトレード可能な底を付けた可能性がある。大商いの日はギャップを下に空けた日であることが多く、もし大きく下げて終われば買いトレードの勝率は上がる。ただ、クライマックスの売りがあれば、少なくともツーレッグでEMAまで上げることが多く、数日から数週間有効なトレードを仕掛けることができるため、みんなが必ずしも上昇に転じるのを待っているのではない。

　ちなみに、強い下降トレンドにあるEミニの1分足チャートで大商いの足（例えば2万5000枚）ができれば、そこで下げが終わる可能性は低いが、近いうちにプルバックがあるサインにはなり、たいていは1～2回薄商いで（出来高のダイバージェンス）安値を切り下げたあとになる。ただ、日中のチャートの出来高は、5分足チャートを使っているトレーダーにとって予想的な価値があまりないため、出来高を見る必要はほとんどあるいはまったくない。あくまで5分足チャートに集中してトレードを行ってほしい。

　図13.8のリーマン・ブラザーズ（LEH）は足3で巨大なギャップで寄り付き、足1～2の下降トレンドチャネルラインを下抜いたが終値に向けて大きく上げた。この日の出来高は前月の平均の約10倍だった。このような大陽線ができたときは（サムネイルだとはっきりと分かる）終値で買うほうが安全だが、さらに注意深いトレーダーはシグナル足になり得る足の高値を上抜くまで待つ。マーケットは翌日に上

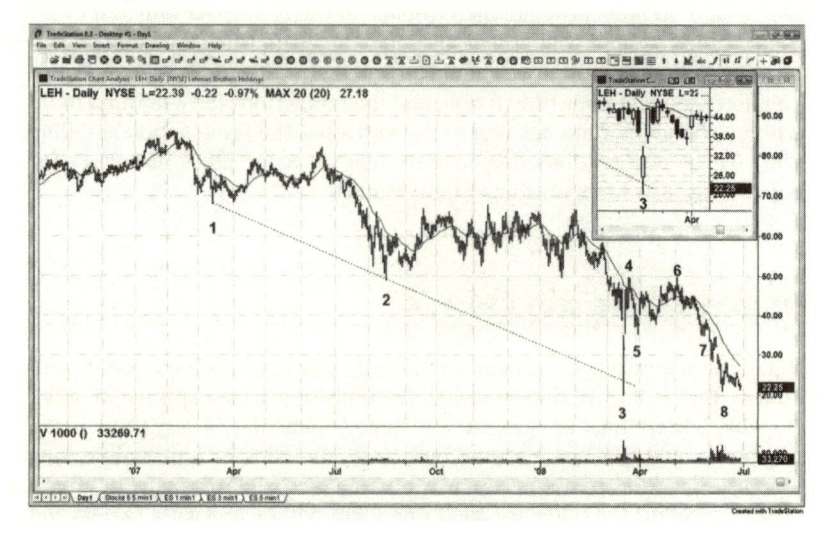

図13.8　日足チャートにできた大商いでの反転足

　方へギャップを空けて寄り付いた。このようなときは寄り付きで買うか、一度下げたあとに高値を更新したときに買うか、5分足チャートで下落したあとにギャップを埋めようとして上昇に転じたときに買うことができる。このように強い下げのあとには必ず少なくとも2本のレッグアップが続き（2本目のレッグアップは、足5がギャップを試して安値を切り上げたあとの足6までの上げ）、EMAも突き抜ける。

　足4と足6はダブルトップベアフラッグを形成した。

　足7は足5と共にダブルボトムブルフラッグを形成しようとしたが、その3本先の足でブレイクアウトプルバックの空売りポイントになった。

　今日の時点では、マーケットは足3の安値を試そうとしているが、その下の損切りの逆指値に引っかかるのを阻止しようとしてダブルボトムを形成すると思われる。しかし、もしそれに失敗すると、強力かつ大商いの足3の安値を超えてパニック売りが起こるだろう。

　図13.9のベアー・スターンズ（BSC）はある金曜日に強力な下降

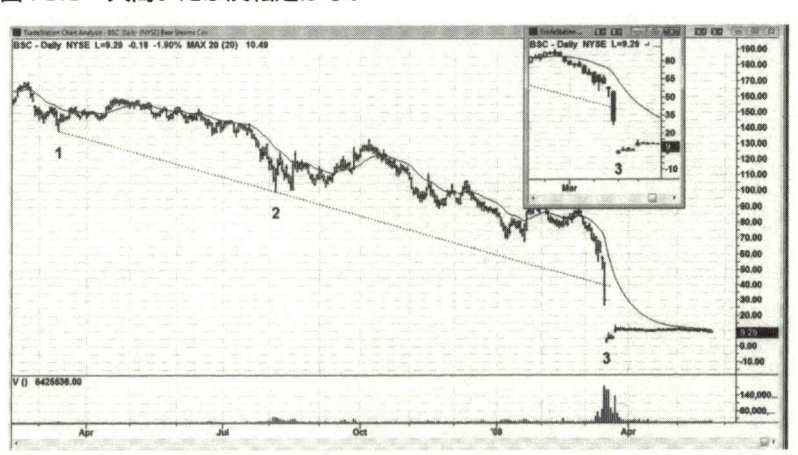

図13.9　大商いだが反転足はない

トレンド日になり、出来高は通常の15倍に上ったが、株の価値は直近の２週間と比べて70％も下落した。しかし、出来高を前日と比べると約1.5倍程度で、下ヒゲも短かった。下降トレンドチャネルをブレイクしても反転しなかったため、プライスアクションは買いを示唆していない。実際、大陰線はトレンドラインのはるか下で終わり、トレンドチャネルラインを破ったベア派の強さを確認した。株価は月曜日（足３）の寄り付きでさらに80％下げたが、出来高は少し減った。金曜日の売りのクライマックスを見て、アメリカで第５位の投資銀行がこれ以上下げるはずがないから底だろうと思って終値で買った人たちは、月曜日に衝撃を受けた。出来高が突然増えても価格が上昇しなければ、強い下降トレンドで逆張りする理由はない。テレビに出演している評論家は買いを勧めるかもしれないが、それを裏づけるプライスアクションがなければリスクが高すぎる。

　このチャートは、ひとつ前のリーマン・ブラザーズのチャートとほぼ同じ時期のベアー・スターンズ（BSC）のチャートである。このとき、リーマンの株価は月曜日まで下降トレンドチャネルラインを下抜かな

かったし（足3）、その日のうちに大きく反転して出来高も多かった。しかし、ベアー・スターンズのほうはその1日前に出来高が増え、下降トレンドチャネルラインも下抜いたが、上げる気配はなく、安値近くで引けた。そのあと、リーマンと同様に足3で下方にギャップを空けたが（足3はどちらも同じ月曜日）、リーマンが力強く上昇したのに対してベアー・スターンズはほとんど上げなかった。ベアー・スターンズの足3も下降トレンドチャネルラインをブレイクしたあとの陽線の反転足ではあるが、この日にどちらかを買おうとするならば長い陽線があるリーマンのほうを選ぶだろう。実は、もしベアー・スターンズを足3の1ティック上で買っても次の3日間で約100％の利益を上げることができたが、リーマンのほうが勝率が高い賭けだった。

　このチャートののちにベアー・スターンズは、ほんの2〜3カ月前の市場価値よりもはるかに安くJPモルガンに買収された。そして、数カ月ののちにリーマンは破綻した。

第14章 オプション
Options

　デイトレーダーは、日足チャートを使わないほうが利益が上がる。日足チャートを見ているとデイトレードに百パーセント集中できないため、全体的な利益が減ることになる可能性が高いからだ。また、オプションで利益を上げるのも楽しいが、その分デイトレードのジャマになって利益は減ることになる。オプション買いは1カ月に2～3回は素晴らしいチャンスがあるが、もしデイトレーダーがそれよりも頻繁にオプションをトレードしているのならば、そのために逃したデイトレードの利益のほうが多いかもしれない。

　プライスアクションに基づいてオプションをトレードするにはさまざまな方法があるが、デイトレードが中心ならば日中はEミニの5分足チャートだけに集中してほしい。しかし、例えば日足の大きい動きで逆張りするときに慎重にオプションを使うことはできる。最も簡単なのは主にプットかコールを買うことで、ときどきスプレッドの売りを1日から数日程度保有してもよい。オプションを使えば逆行してもリスクが明確に限定されているため、1回ならば極値を更新したときに増し玉してもよい。そして、天井かもしれないと思えば小さいサイズで株を空売りすることもできる。ただ、オプションにばかり気を取られていると本業であるEミニのデイトレードを見落として利益を取りこぼすことになる。

また、まれに日中のオプショントレードのほうが株や先物よりも良い場合がある。それはマーケットが暴落してストップ安に近づいているときだ。もし信頼できる反転パターンができれば買いのリスクは小さいと思うかもしれないが、たとえ小さいポジションで信頼できるブローカーを使っていても、暴落は大きな損失を招く可能性がある。なぜなのだろうか。それはシステムがパンクして注文が30分以上執行されないことがあるからだ。もし底だと思ったところで買ったあとに下げて損切りの逆指値に引っかかっても、処理に30分かかるような状態ならば損切りがいつ執行されるか分からない。そうなれば、Eミニで簡単に10ポイントの損失を被ることもあり得る。それならば、コールを買ったほうがリスクを確定できる。

　図14.1のチェサピーク・エネルギー（CHK）は、過去4カ月で85％上昇したが、3月の急落のあとにはたくさんの小さなプルバックができ、新高値を付けて反転する可能性が高まった。そして、足1～3と足3～5をそれぞれ結ぶトレンドチャネルラインが上抜かれた。足6から実体の安値を結んだトレンドラインを描けば、上昇トレンドの最後の6日はウエッジを形成していたことが分かる。足4からの強い上昇のあとにさらに2回上げて高値を更新していたのだ。そして、足8は短い陰線だった。これらのことは、ブル派が主導権を失いつつあり、足2や足4と同様に20日EMA（指数移動平均線）に達するプルバックができる可能性を示唆している。そうなれば、足2と足4を使ったトレンドラインを試すことも十分あり得るし、メジャーなトレンドの反転につながるかもしれない。ここでの理想的な逆張りは足8の日にプットを買うことである。あるいは、翌日にマーケットが足8の安値を下抜いて安値2を付けるのを待てば新高値での2回目の空売りポイントになるので勝率は高くなる。このとき買うのは期近のアット・ザ・マネーのプットで、これはスリッページが最も小さいうえに（最も流動性がある）動きが速いため、タイムディケイの心配もない。

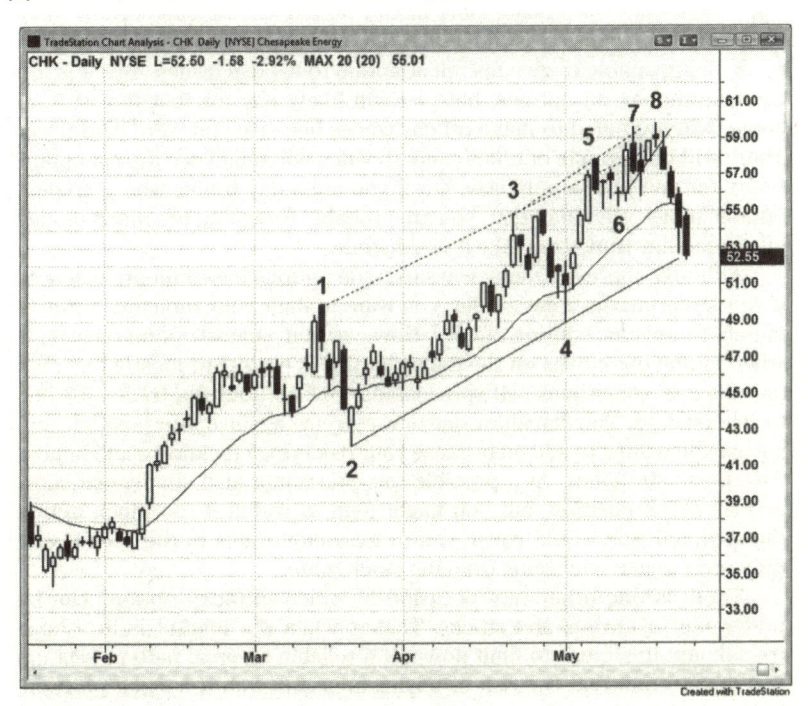

図14.1　チェサピーク・エネルギーの日足チャート

　ちなみに、アット・ザ・マネーのコールを売ってその１つ高い権利行使価格のコールを買うという方法もあるが、それは複雑すぎる。このときの下落は急なはずなので、リスク・リワード・レシオはプットの買いが最も良いだろう。まだこの時点ではEMAギャップ足のプルバックにはなっていないが、今回の下落ならばそれもあり得る。もしそうなれば、足８の高値を試す買いのセットアップになる。

　図14.2はアップルの週足チャートで、株価は２年弱で300％も上昇したあと２カ月で足６まで55％下落した。最初に足３までの強い下げが足１からの上昇トレンドラインを下抜いているため、安値２の足５でプットを買うのは良いトレードと言える。また、この安値２の仕掛け足は足３から描いた上昇トレンドラインの２回目のブレイクで、ツ

図14.2　アップルの週足チャート

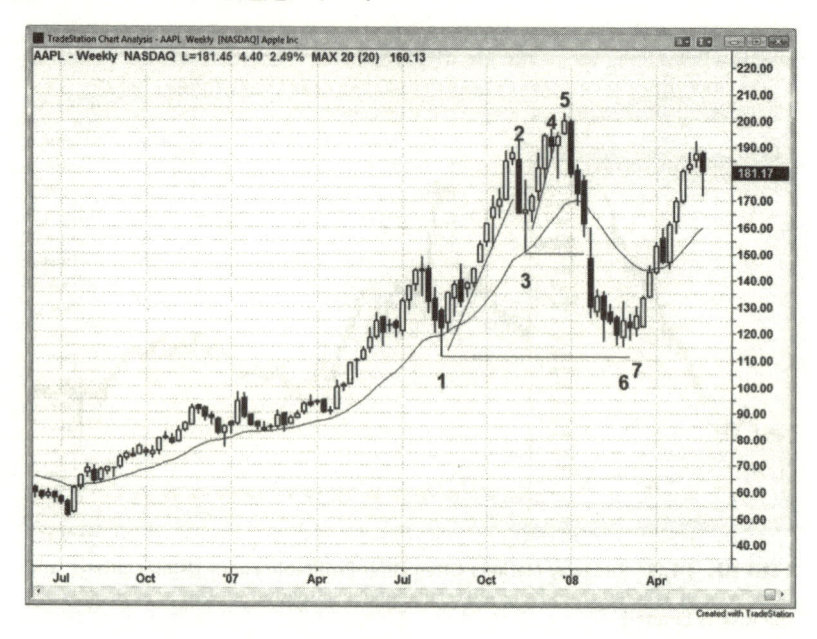

一レッグで高値を切り上げた（ツーレッグでひとつの動きが終わることは多い）。この上昇の前にベア派は足1までの下げと足3までの下げで20週EMAを試してその力を2回も示しているため、少なくとも同じ程度の調整が高値の足5からあることが予想できる。

　足7はEMAギャップ足2、つまり20週EMAの下でギャップを埋めようとする2回目の上昇である。これは足1と共にダブルボトムブルフラッグにもなっている。ここでは、移動平均線への素早い試しが最も近い目標値となる。しかし、上昇には力強さがあり、2回目のレッグアップのようにさらにリトレースする可能性が高い。ただ、高値を付けた足5からの下げも力強かったため、足5の高値を上抜く前に少なくとも足6の安値を試す可能性が高い。ここでは大きいトレーディングレンジが形成されつつあるが、天井を付けた可能性もある。もしシグナル足ができれば、プットを買うのが理にかなっている。

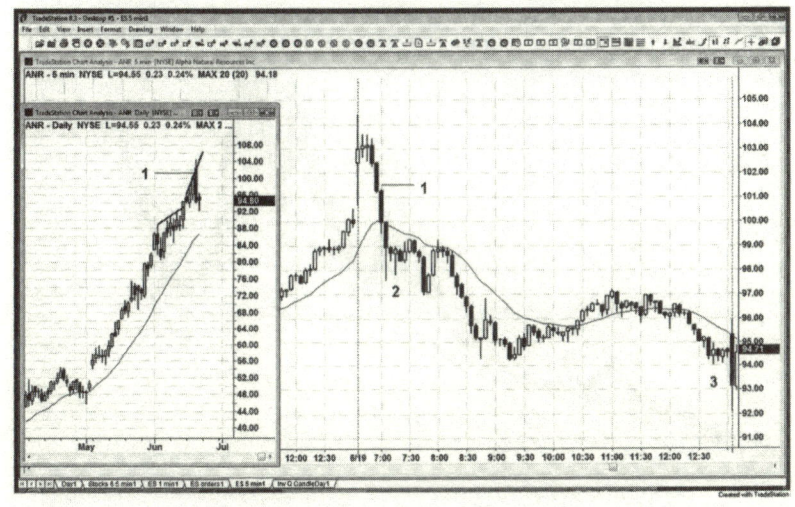

図14.3 トレンドの途中ではオプションを使った逆張りもできる（このようなトレードはリスクが限定されているため、あまりデイトレードのジャマにならない）

　このように激しく動いたときは予測がつきにくいため、リスクが大きくなる。オプションを買うことは、リスクを確定する良い方法である。

　図14.3のアルトナ・エナジー（ANR）は日足チャート（小画面）を見ると強力な上昇トレンドを形成し、４日前にウエッジの高値が上抜かれた。そして、前日にも再び別のトレンドチャネルラインを上方にギャップを空けて上抜いて100ドルを超えた。ちなみにこれは心理的に重要な価格なので、マグネット効果がある。５分足チャートが下げ始めると、100ドルを試す可能性が高い。７月限の100ドルのプットは7.20ドルで買えたため、妥当な損切りポイントは寄り付きからのトレーディングレンジの上で、プットで１ドル程度のリスクをとればよい。足２の時点でこのプットは8.80ドルだった。100ドルよりも下にあるEMAを下抜いたあとに寄り付きからの反転で上昇する可能性もあるため、最初のポーズで一部を利食うと良い。しかし、寄り付きからの下げは強力で、少なくとも２本のレッグダウンになる可能性が高

い。もし損切りの逆指値を7.30ドル辺りに置くとおそらくそこには達しないため、プットの価値は終値までには10ドルを超えるだろう。日足チャートでは、この日は包み足の下げ日になった。強い上昇トレンドは、翌日にあまりフォロースルーがないことが多い（ここでは小さい同時線になった）。大陰線の包み足は狭いトレーディングレンジの始まりになる可能性が高いからだ。しかし、近いうちに上昇する日足のEMAを試すと思われる。デイトレーダーがオプションで思いがけない利益を手にしたときは、ポジションを手仕舞って翌日また新しいチャンスを探したほうがよい。今のポジションから得られるものはもうあまり残っていないため、新しいポジションを翌日まで保有してもデイトレードのジャマになるだけだろう。

図14.4の右側の５分足チャートでは、６月27日に下方にギャップを空けて寄り付き、前日の安値とトレンドチャネルラインを下抜いてから上昇に転じた。この銘柄ならば5.70ドルで７月限の170ドルのコールを買うことができるうえに出来高も多いため、アット・ザ・マネーで50枚買えるし、買い気配値と売り気配値のスプレッドは10セント程度に狭まっていた。これは出来高が大きい銘柄をトレードするメリットと言える。足５が足３の高値を試したところに指値を置いてポジションの半分を9.20ドルで売ることができる。そして、残りはダブルトップで高値を切り下げた足６で同じ価格で売ればよい。このトレードによって、コール１枚当たり150ドルの利益が出た（手数料別）。最初に買った5.70ドルのコールは１枚当たり570ドルだった。これは素晴らしい仕掛けなので、コール１枚当たり200ドルのリスクをとれるし（3.70ドルのコール）、２回目の買いの仕掛けポイントができれば、100ドルのドローダウンを２倍にしてもよい。ただ、今回は最初の仕掛けがうまくいったため、その必要はなかった。

ちなみに、５分足チャートで安値を付けた足Ａの日が、日足チャートの足Ａに当たる。

図14.4　アップルの日足チャート（左側）はスリープッシュダウンになっている

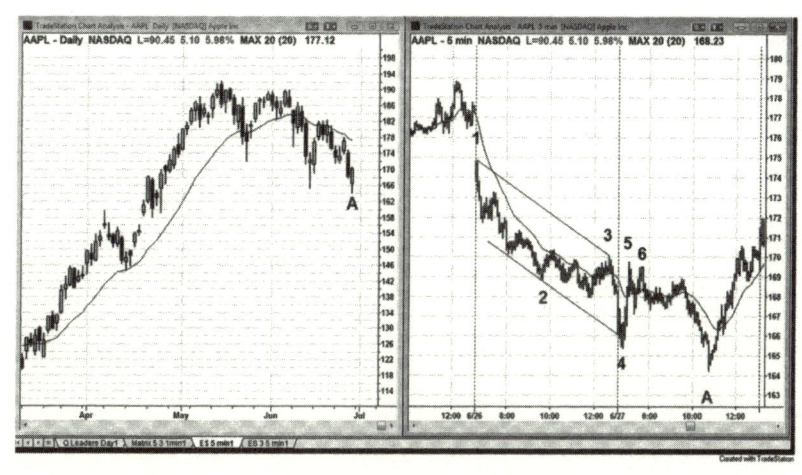

第15章 最高のトレード
Best Trades

　この第15章で紹介するトレードのなかで11件はすでに1回見ているが、さらなる例も入っている。Eミニやそれ以外のほとんどの5分足チャートには、これらのセットアップが毎日1つ以上できている。もしそれができるまで何時間も待つ忍耐力があり、本書に出てくるようなトレードに限ってトレードすることができれば、トレーダーとして成功できるだろう。しかし、最高のトレードだけに限定してトレードするというのは、もしかしたらトレードのなかでも最も難しいことなのかもしれない。まだ、利益を上げられない人は、このことを真剣に試してみるべきだろう。利益を上げるための大事なことのひとつに、悪いトレードを避けるということがある。悪いトレードは、良いトレードで得た利益以上の損失をもたらすからだ。実力がつくまでの間、最も避けるべきはバーブワイヤーでのトレードで、特に日中のレンジのなかやEMA（指数移動平均線）近く、EMAの反対側、見通しが立たない強いトレンド日は避けなければならない。

　まずは本書の冒頭で見たチャートから始めよう。これはアップル（AAPL）の日足チャートで、この章にふさわしいたくさんの素晴らしい仕掛けポイントがある。この第15章のチャートには、トレードを見やすくするために、トレンドラインを描き入れてある。

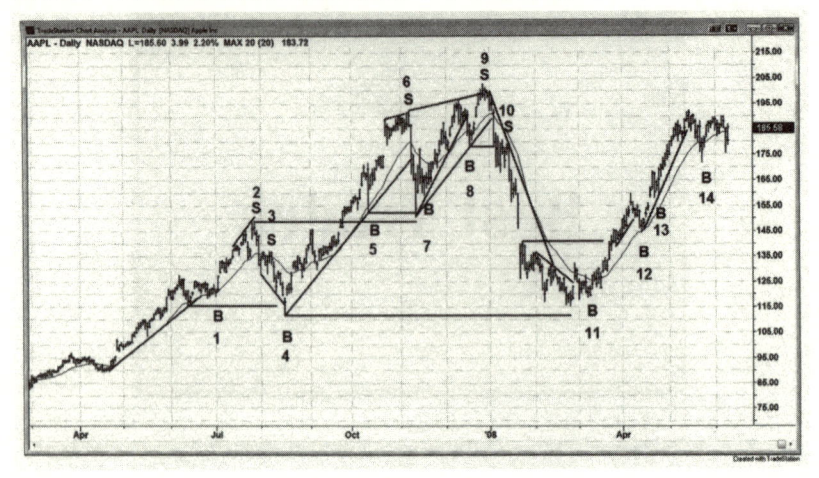

図15.1　2008年6月10日までのアップルの日足チャート

図15.1　足1はEMAに達するツーレッグのプルバック（フラッグ、トライアングル、狭いトレーディングレンジでもある）で、高値2の買いシグナルになっている

　これは傾斜が急なトレンドラインをブレイクしたあとの最初のプルバックである。

　足2はウエッジの空売りポイントで、小さな拡大トライアングルにもなっている。これは足1がトレンドラインをブレイクしたあとなので、カウンタートレンド方向の仕掛けポイントとして有効なうえ、ウエッジのあとなのでツーレッグダウンが期待できる（実際そうなった）。

　足3（番号が足のかなり上にある）は、ウエッジから急落したあとにできたM2Sでダブルトップベアフラッグなので、2本目のレッグダウンができる可能性が高く、そうなれば足1と合わせてダブルボトムブルフラッグになる。

　足4はウエッジとギャップ足2の買いポイントで、足1のフラッグを試して下抜いたあと上昇に転じた。

足5は高値2の買いポイントで、足2を試したが下へのブレイクアウトにはならなかった。

　足6は、足4がトレンドラインを大きくブレイクしたあとのウエッジの空売りポイントになった。通常はツーレッグでEMAを超えることが多い。しかし、今回の売りのクライマックスでかなりの値幅をワンレッグで下抜いた。

　足7はギャップ足2の買いポイントで、足5と合わせてダブルボトムブルフラッグを形成し、足2への2回目の試しになったが、ブレイクアウトはなかった。また、足7はスパイクで足5を下抜いてから上昇に転じた。ここでは2本のレッグダウンが期待できるが、足6の高値を試したときに空売りするつもりならば買う価値がある。

　足8はウエッジのあとの小さいツーレッグの下げで（線は描いていないが、足7からの上昇はスリープッシュアップになっていた）、足6の高値を試したが、このツーレッグアップの試しは足7からの上昇のような大きい上げのあとにできる場合が多い。足8は急なトレンドラインを突き抜けた最初のプルバック（押し）で、EMAで反転して買いのセットアップになった。このように、重要な反転の直前の動きはたいてい難しい。ちゃぶついた動きは両サイドが感情的になっていることを表していて、近いうちにどちらかが勝つだろう。ここでは上げるときはちゃぶついているが、下げるときはメジャーなトレンドラインをブレイクして足7まで下げているため、ベア派のほうが明らかに力がある。

　足9はツーレッグで足6の高値を試し、高値を切り上げた。この前には足7までの下降トレンドラインが強くブレイクされたあと再び足8までの小さいトレンドラインもブレイクされている。少なくとも2本のレッグダウンは期待できる。そして最後に、足9はウエッジの上にブレイクアウトしたがダマシになったため、2回目の仕掛けポイントになった。ちなみに、このウエッジは下方にブレイクされたが足8

で上昇したためダマシになった。そのあと今度は上方にブレイクしたが足9でまた下落に転じてダマシになった。

足10は、最初の急なレッグダウンのあとにM2Sの空売りポイントになった。また、これは足8とEMAを下抜いたあとのブレイクアウトプルバックとなった。

足11はダブルボトムプルバック（ここではきれいな逆ヘッド・アンド・ショルダーズでもある）で、トレンドラインがブレイクされたあと安値を切り上げて高値2の仕掛けポイントになった。この足は足4の下まで下げる前に反転して上昇したため、安値を切り上げてブル派に自信を与えた。最後に、これは足4と合わせてダブルボトムブルフラッグを形成しており、スリープッシュダウンのあとでブレイクアウトプルバックになったため、少なくとも2本目のレッグアップが期待できる。

足12は傾斜が急なトレンドラインがブレイクされたあとに最初にできたプルバックのM2Bの買いポイントで、1月のギャップを上抜いたあと最初のブレイクアウトプルバックとなった。

足13は小さなツーレッグの調整で、安値2がダマシになったので、実質的に高値2の買いポイントになった（下げの試しが2回連続してダマシになるということは、上げの2回目の試しに等しい）。

足14はウエッジのプルバックでEMAを試し、急なトレンドラインをブレイクしたあとの最初のプルバックになった。マーケットは足9の高値近くまで上げ、これが新しい下降トレンドの最初の大きいプルバック（高値の切り下げ）になるのかもしれない。しかし、単に広いトレーディングレンジの高値を試しただけかもしれないし、新高値を付ける前のポーズなのかもしれない。ちなみに最後のシナリオは、足11までの急落とそのあとの比較的弱い上昇のあとでは可能性が最も低い。

足4はチャネルアップしたあとのプルバックの目標値で、足11でそ

こに達するとダブルボトムブルフラッグを形成した。チャネルはトレーディングレンジに続くことが多いため、上昇は足9の高値近辺で止まって、そのあとにもう1回下げる可能性がある。そして、マーケットはいずれどちらかの方向にブレイクする。

トレーダーが新しい手法を試すときにまずすべきことは、自分がトレードしたい銘柄と時間枠のチャートを何週間分か印刷して、自分の手法が有効かどうかを試すことである。そのあと、実際にトレードを始めるときは資金がいくらあっても2枚以内でトレードする。そして、数週間くらい安定して利益が出せるようになったら、ポジションサイズを増やしていけばよい。ただ、ほとんどのトレーダーが安定的に利益を出せるようになるまでには何年もかかる。

トレードでは、セットアップにトレードを仕掛けるだけの価値があるかどうかを判断することが最も難しい。特に、リアルタイムで確認のためにあと1本の足ができるまで待ちたいと感じるものだが、その足ができてしまえば、そのときは最高の仕掛けを逃している。チャートを見た瞬時に何が起こっているのかを見極められるようになるためには何年もの練習が必要だが、仮にそれができるようになっても完全にすべてが分かることなどない。ただ、見分けやすいものと見分けにくいものがあるため、初心者は予測しやすい2～3のセットアップに絞ってトレードすればよい。幸い、勝率が高くて簡単に見つかるセットアップがいくつもある。

もしチャートが左下の隅から始まって右上の隅近くで終わり、画面の下半分に達する下降レッグがないか、スイングにはたくさんの陽線があって小さなプルバックしかなければ、セットアップの足がEMAに接するか突き抜けて高値2になったときにはすべて買ってよい。そして、買ったあとに仕掛け足が終わったら、損切りの逆指値をシグナル足の1ティック下から仕掛け足の1ティック下に動かす。ポジションの半分（利食う割合は経験に基づいて決めればよい）をスキャルピ

ングで利食ったら、損切りの逆指値をトントンかその１～２ティック下に動かす。そして、新しいチャンスができれば、そこで増し玉していってほしい。ほとんどのマーケットで、強いトレンドにある期間は全体の20％にも満たないのである。

　もしマーケットにはっきりとしたトレンドがあれば、新しいスイングの高値や安値の２回目の仕掛けで逆張りしてほしい。このような日は、足５～10本かそれ以上続くスイングが数回あり、そのあとにはトレンドラインがブレイクされて反対方向のスイングが始まる。もしスイングからブレイクアウトまでのモメンタムが強いときは、２回目の仕掛けポイントを待てばよいし、たいていは足５本くらいのうちにできる。

　毎日安定的に何ポイントかの利益を上げられるようになれば（Ｅミニで50セント、アップルなどの主要な銘柄で１ドルなど）、次はセットアップを増やすのではなく、トレードサイズを増やすことを考えてほしい。これらは最高のセットアップであり、Ｅミニを25枚トレードすれば１日２ポイントの利益だけでも年間50万ドルを稼ぐことができる。もし100枚トレードして４ポイントの利益が上がれば、年間500万ドルになるのである。アップル、ゴールドマン・サックス、リサーチ・イン・モーション、ウルトラショート・ファイナンシャルＥＴＦなど3000株以上トレードしても、スリッページがさほど大きくならない銘柄もたくさんある。もし3000株のトレードで１日平均50セントの利益が上げられれば、年間利益は30万ドルに上る。

　だれでも何回かうまくいくと自信を持つのは自然なことで、多くのトレーダーはセットアップを増やそうと考える。また、目の前でうまくいくはずのスキャルピングチャンスがあるのに、１時間以上じっと最高のセットアップを待つのが楽しいはずはない。しかし、バーブワイヤーでトレードしてしまうのは最悪だ。トレーディングレンジがよく形成されるのは日中で、仕掛けを探し始めてから２～３時間たっ

ころが多い。そして、バーブワイヤーができるのはEMA近くのレンジのなかで、とても単純に見える。しかし、これがトレーダーの資金と気持ちを傷つけることになる。残念なことに、多くのトレーダーはこれを解明できると思うのだが、そこでトレードしてしまうと月末になぜか資金が何千ドルか減ったことに気づくことになる。

　もうひとつよくある間違いは、１分足チャートを見ることだ。引け後にトレードを探すのはいとも簡単だが、リアルタイムでそれを探すのは非常に難しい。もし利益を上げたければ（それが目的のはずだ）最高のトレードだけを仕掛けるべきで、それはバーブワイヤーや１分足チャートを避けることでもある。その一方で、もし興奮を得るための趣味としてトレードしているのならば、趣味にはお金がかかるということを自覚してほしい。ただ、趣味ならばもっと安くて同じくらい楽しめることがほかにもある。

　最高の反転パターンのひとつにトレンドラインを強くブレイクしたあとツーレッグで極値を試して更新するというパターンがある。ツーレッグで極値を更新（高値の切り上げか安値の切り下げ）するのは、トレンドラインが強くブレイクされたにもかかわらず、実質的に前のトレンドを再び確立しようとする２回の試しであり、２回目がダマシになったことで強く反転する可能性が高くなる。そうなれば、少なくとも２本のレッグができ、反対方向に新しいトレンドができることも多い。

　最後にもうひとつ、株のトレードで利益を上げる最も簡単な方法のひとつに、最初の約１時間のトレードがある。前日のパターンのなかのブレイクアウトのダマシとブレイクアウトプルバックに注目してほしい。もし強い反転足があれば、最初の仕掛けポイントで仕掛ける。しかし、もし大きく重なっている足が３本以上あれば、２回目の仕掛けポイントまで待ってほしい。そして、含み益が50セントから１ドル程度になったら損切りの逆指値をトントンになるところに動かす。１

ドルのところでポジションの3分の1から半分程度を利食い、2ドルになったら4分の1程度を再び利食う。しかし、最低でも4分の1は損切りをトントンに置いたままにして、明らかに反対方向のシグナルがでるまでは保有してほしい。トレンドは想像以上に続くことがあるからだ。

重要な反転

　重要な反転は、少なくとも2～3時間、ときには数日間続いたトレンドが反転することを指す。トレンドが反転したときの最高の仕掛けポイントはセットアップの前にメジャーなトレンドラインがブレイクされている。カウンタートレンド派が主導権を奪う何らかの兆しがなければ、カウンタートレンド方向には仕掛けたくないからだ。トレンドの極値を試すプルバックで仕掛ければよい。プルバックは前のトレンドの極値をアンダーシュート（新しい下降トレンドならば安値の切り上げ、新しい上昇トレンドならば高値の切り下げ）したり、オーバーシュート（新しい下降トレンドならば安値の切り下げや新しい上昇トレンドならば高値の切り上げ）したりすることもあり、もしオーバーシュートが前の極値を大きく超えたときはトレンドが再開する。そのときは新しいトレンドラインがブレイクされるのを待ってほしい。

図15.2　トレンドラインがブレイクされたあとに安値を切り下げる（足9）

　グーグル（GOOG）はギャップダウンで寄り付いたあとギャップと傾斜が急なEMAを試してからこの日の安値をブレイクした。足1は良い空売りポイント（EMA近くでギャップを試した安値2）だが、安値をブレイクしたあとのほうがトレンドがより明確になり、それは

図15.2　グーグルの5分足チャート

2本の短いヒゲの大陰線にも表れている。足2と足3の安値2（M2S）が最高のトレードと言える。

足4はウエッジ（下降トレンドのチャネルライン）から反転した2回目の試しなので、2本のアップレッグが期待でき、実際にもそうなった。シグナル足は同時線、つまり1本の足のトレーディングレンジで、通常は下降するトレーディングレンジの高値では買うべきではないが、今回はスリープッシュパターンの2回目の仕掛けでファイナルフラッグの失敗による反転（その前にあるほぼｉｉに近い2本の実体が小さな足）でもあるため仕掛けてよい。

足5は足1～3のトレンドラインをほぼブレイクしたが、足7は明らかにモメンタムの強い上昇で、トレンドラインとEMAをブレイクしたため、次に足4の安値を試したら買いに備えてほしい。足7はEMAギャップの空売りポイントになり、足3と共にダブルトップベアフラッグを形成し、下降トレンドのなかのツーレッグアップになった。ただ、ここではトレンドラインをブレイクしてもトレンドが上昇に変わるわけではないことを覚えておいてほしい。マーケットが安値

を試すまでは、引き続き空売りポイントを探してほしい。

　足8はこの日の安値で反転したが、足8までの下げが力強かったため、それを反転とするためには長い反転足か2回目の仕掛けポイントが必要となる。足8は陽線の包み足で、この場合は明らかに落とし穴に落ちたトレーダーがいれば仕掛けることができる。しかし、もしそれがはっきり分からないときはさらなるプライスアクションを待ったほうがよい。

　足9は下へのブレイクアウトで安値を更新したあと反転した2回目の試しで、ツーレッグアップが期待できる素晴らしい仕掛けポイントとなった。これはこの日の最高の買いのセットアップで、足7までの上昇でトレンドラインを強くブレイクしたあと、こうなることは簡単に予測できた。

　足10は足9の買いポイントのシグナル足の8セント（500ドルの株ならば8セントはほんのわずかな上げ）上まで上げてから反転し、素晴らしいブレイクアウトへの試しとなった。ここはミクロトレンドラインの買いポイントで、安値を切り上げていて、足9の高値でさらに増し玉するチャンスでもある。さらに、買い方が落とし穴から脱すると、彼らはマーケットの上昇を追いかけざるを得なくなる。重要な安値を切り下げたあと、最初に安値を切り上げたところで必ず買うようにしてほしい。

図15.3　トレンドラインがブレイクされたあと安値を切り下げ（足13）、さらに大きいトレンドライン（示していないが足1と足11を通る線）をブレイクしたあと安値を切り上げる（足17）

　ホームビルダーズ・スパイダースは長い下降トレンドにあった。最初にブル派の力が見えたのは、下降トレンドのチャネルラインをオー

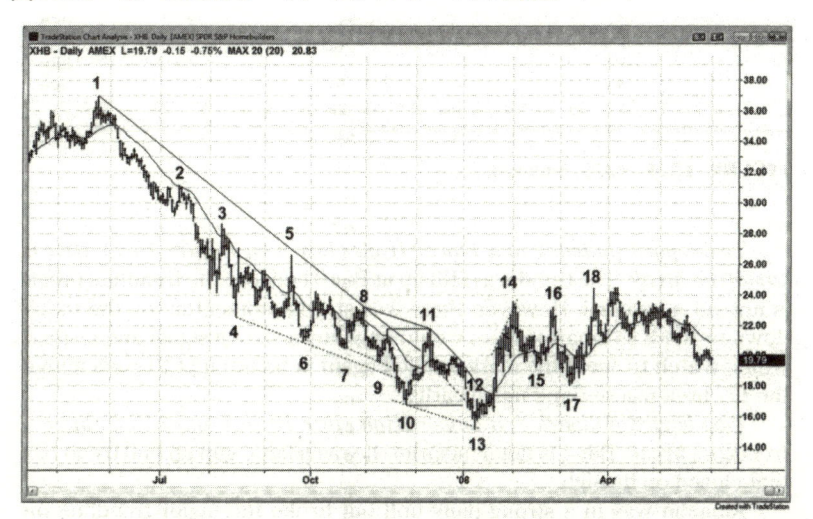

図15.3　ホームビルダーズ・スパイダースの日足チャート

バーシュートして足10の安値で反転したときだった。

　足11は重要な下降トレンドライン（足2か足3か足5から始まるトレンドラインでも効果は同じ）を上にブレイクして、EMAの上にギャップを空けた。もし安値を切り上げるか切り下げて足10の安値を試したら買いポイントを探すが、それまではあくまでも下降トレンドである。

　足13はツーレッグで安値を切り下げたが、トレンドはこのようにして終わることが多い。

　足12は最初の仕掛けポイント（前の足よりも7セント上げただけなので、このチャートではほとんど分からない）だが、下降モメンタムがまだ強かったため、ほとんどのトレーダーはさらなるプライスアクションを待ってから買う。

　その2本あとに足10を下抜いて新安値を付けてから反転した足13は、2回目の買いのセットアップで、足11からツーレッグダウンのところにある。これは少なくともツーレッグの上昇が期待できる完璧なセッ

トアップとなった。

足14は強い上昇で付けた高値なので、これで上昇が終わるとは思えない。いずれ上昇が始まった足13の安値を下抜くほど下落するとしても、その前に足14を試しておそらく上抜く可能性が高い。

足15はツーレッグのプルバックだが、足14は小さな上昇トレンドチャネルをオーバーシュート（その前の5本の足の高値）したため、それに見合う大きな下落になる可能性があり、強力な買いのセットアップではない。

足17は2本目のレッグダウンで高値2の買いのセットアップで、上昇の始まりとなったブレイクアウトを試した。ちなみに、この足は62％のフィボナッチリトレースメントを少し超えたが、フィボナッチの割合は目測の判断とさほど変わらないため、考慮する必要はない。足17は、安値を切り下げたあとにツーレッグのプルバックで安値を切り上げたため、メジャーな上昇トレンドの始まりになるかもしれない。

足18が足14の上の目標値に達したため、たくさんのトレーダーが明らかにここで利食った。

図15.4　トレンドラインがブレイクされたあとにツーレッグのプルバックで高値を切り下げる（足4）

足3では、トレンドラインのブレイクがまだ反転になっていないため、まだ上昇トレンド途上にある。しかし、足3までの下げには強いモメンタムがあるため、賢いトレーダーは強い買いシグナルがあるときしか仕掛けない。彼らは足2で少しだけブレイクしたがダマシに終わった177ドル近辺を再び上抜こうとする試しが失敗するかどうかを見極めようとしている。

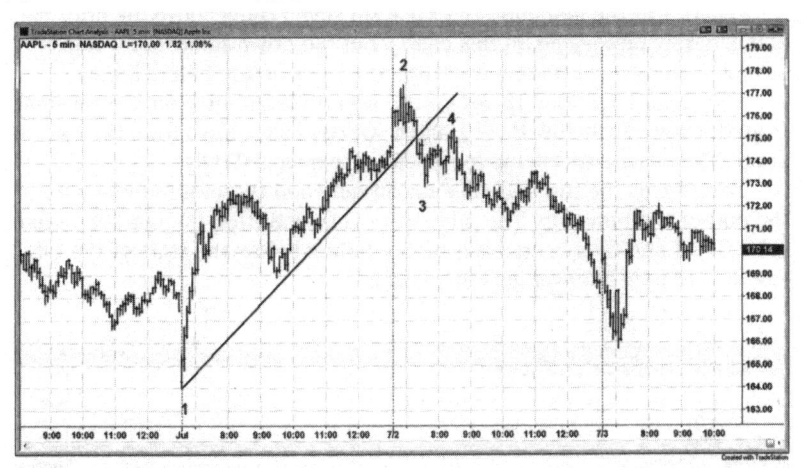

図15.4　アップルの５分足チャート

図15.5　トレンドラインがブレイクされたあとにツーレッグのプルバックで高値を切り下げる（足10）

　足４は間違いではない。これは大きく上にギャップを空けた陽線で、この足の高値で引けた。

　アマゾンの日足チャートは強い上昇トレンドにあったが、メジャーなトレンドラインをブレイクして足５まで下げた。しかし、上昇トレンドはまだ有効で、トレーダーは良い買いのセットアップがあれば（実際にはなかった）高値を試したところで買おうと思っている。しかし、トレンドラインのブレイクとEMAの下げが力強かったため、ここは高値を試したところで高値を切り上げても切り下げても空売りを狙う。特に、２回目の仕掛けポイントならばなおさらだ。

　足６までの上げも力強かったが、高値を試しても明確な２回目の仕掛けポイントはなかった。

　足７は小さな上昇トレンドラインをブレイクしてさらなるベア派の強さを示したあと、足10までの上昇で足３と足４の高値を試した。

図15.5　アマゾンの日足チャート

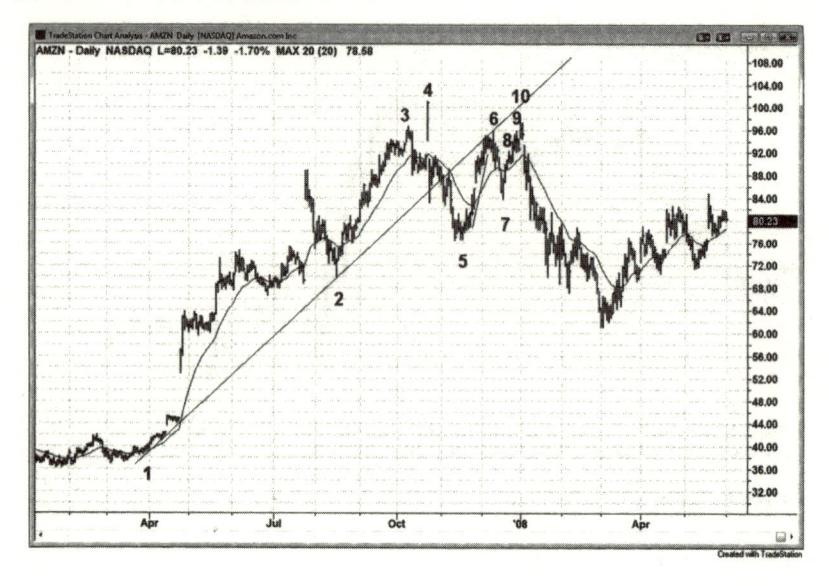

　足10は足7からスリープッシュアップで急騰したが、これは常にウエッジの反転パターンの一種と考えなければならない。足10は足6と合わせてダブルトップベアフラッグに近い形を形成し、足3と足4の高値を2回試したことになる。足5までの下げがメジャーなトレンドラインをブレイクしたあと、ツーレッグの上昇のなかにある小さいウエッジがダブルトップベアフラッグを形成してトレンドの高値（足4）を試したことは、限られたリスクで空売りしたいときに、トレーダーが常に探している2回目の空売りポイントと同じくらい良いポイントなのである。重要な反転のあとは、たとえ1～2回損切りの逆指値に達したとしても、必ずポジションの一部をスイングしてほしい。1回のスイングトレードでスキャルピングの何回分か以上の利益を上げることができるからである。

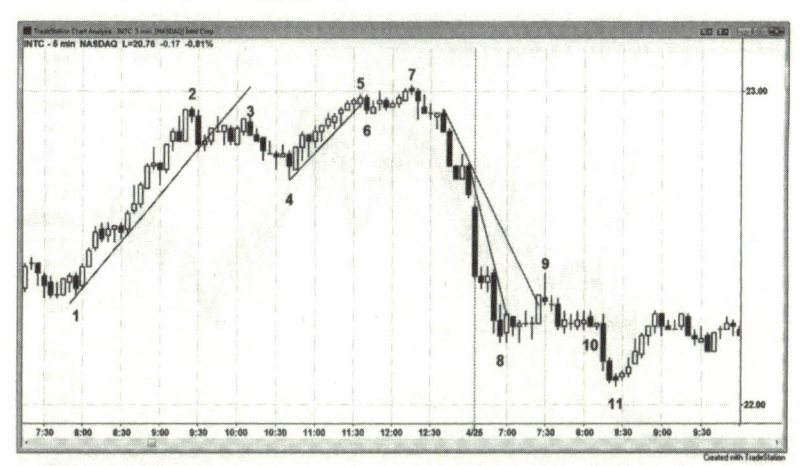

図15.6 インテルの5分足チャート

図15.6 トレンドラインがブレイクされたあとの高値の切り上げ（足5と足7）と、トレンドラインがブレイクされたあと（足11）の安値の切り下げ

足5までの上げはほとんどが陽線なので、空売りするにはさらなるプライスアクションを待つ必要がある。

足6はミクロトレンドラインを下にブレイクしたあと、ツーレッグのプッシュで足2と足5よりも高値を切り上げてから下げて終わったため、強力な空売りのセットアップになった。

また、トレンドラインがブレイクされたあとで高値を切り下げたり（足3）、安値を切り下げたり（足11）したが、それもファイナルフラッグの失敗だった。

足9は下降トレンドラインのブレイクが上昇トレンドに反転させない理由を示す完璧な例になった。これは下降トレンドへの良い反転で、ダブルトップベアフラッグで、ツーレッグアップで、下降トレンドのなかのバーブワイヤーの上方へのブレイクアウトがダマシになっ

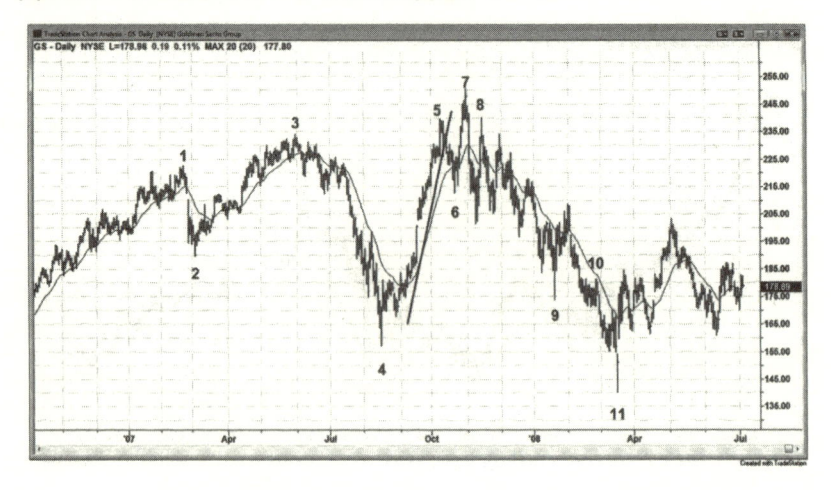

図15.7 ゴールドマン・サックスの日足チャート

て、これらすべてが良い空売りトレードのセットアップになっていた。足9は同時線だが、それでもトレンド方向の仕掛けのセットアップで、トレードの勝率を高めるいくつかの要素がある良いシグナル足と言える。

図15.7 トレンドラインがブレイクされたあとの高値の切り上げ（足7）

これも大きい拡大トライアングル（足1、足2、足3、足4、足7）の高値にできた空売りポイントだった。

足7はトレンドラインを足6が下抜いたあとのファイナルフラッグの失敗による空売りポイントだった。拡大トライアングルの高値は10カ月以上かけて形成されたため、ブル派がすぐにあきらめることはないと考えてよい。しかし、このまま下げ続ければ足7の高値は上抜かれないため、そこに損切りの逆指値を置くべきだろう。

足8は、足6付近まで急落したあと高値を切り下げて最後まで残っ

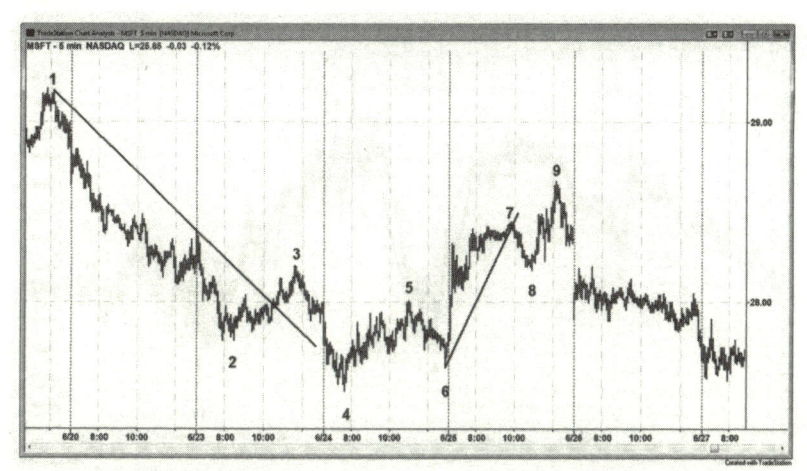

図15.8　マイクロソフトの５分足チャート

たブル派を落とし穴に突き落とした最高のセットアップになった。足8は足7の下で空売りを仕掛けるための、足7へのブレイクアウトの完璧な試しと言える。重要な反転かもしれない高値の切り上げのあとの最初の高値の切り下げでは必ず空売りポイントを探して仕掛けてほしい。

　そして、マーケットがスパイクで下げた足6を下回れば、損切りの逆指値を直近のスイングの高値に移動させればよい。

　足11は継続パターンである拡大トライアングルに向かう買いポイントだった。ただ、これは素晴らしいトレードだが、この第15章のほかの反転パターンほど強力ではない。

　それ以外に、足3のあとで高値を切り下げたところや、足8で高値を切り下げたところでも空売りできたし、足4のあとに安値を切り上げたところ（足4まで小さく上げて急なトレンドラインをブレイクした）や、足11のあとで2回安値を切り上げたところ（ダブルボトムブルフラッグ）は良い買いポイントになった。

図15.9　オラクルの5分足チャート

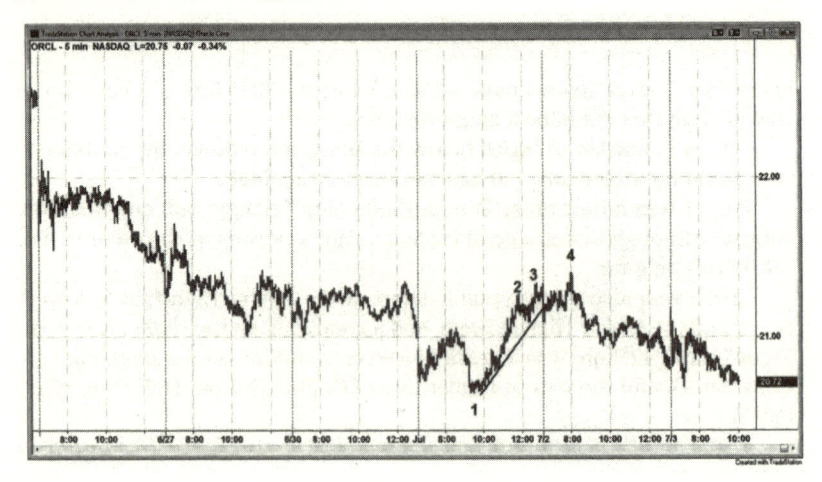

図15.8　トレンドラインがブレイクされたあとに安値を切り下げた（足4）小さなスリープッシュの下げ

トレンドライン（足1からの下降トレンドライン）がブレイクされたあとの安値の切り上げ（足6）

足6は下降トレンドの終わりかもしれない安値の切り下げのあとにできた最初の安値の切り上げだった。

トレンドライン（足6からの上昇トレンドライン）がブレイクされたあとの高値の切り上げ（足9）

足3までの上げがトレンドラインをブレイクしたが、これだけで新しい上昇トレンドは始まらない。足3のウエッジはむしろ強力な空売りポイントになった。

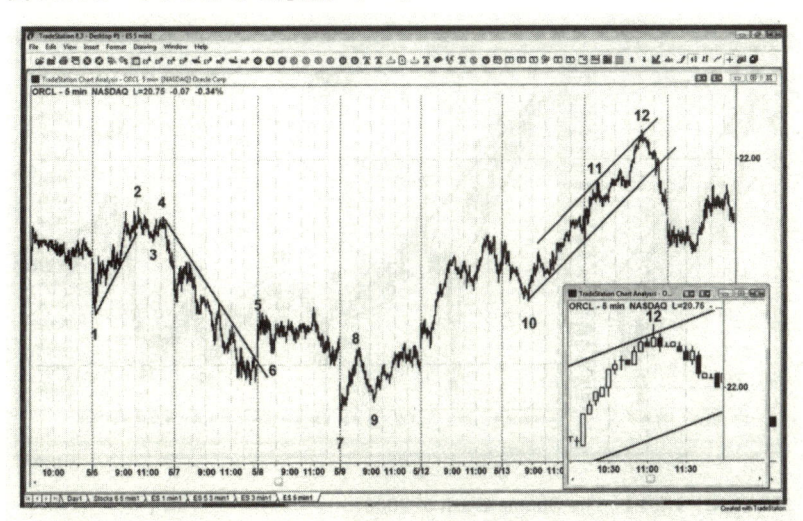

図15.10　オラクルの5分足チャート

図15.9　スリープッシュアップ（足4）

ここは下降するトレーディングレンジの高値に近いため特に強力。急なトレンドライン（示していない）をブレイクして安値を切り下げた足1もそうなっている。

図15.10　トレンドチャネルラインがオーバーシュートしてから反転（足12）

小さなウエッジの高値（足2）。
トレンドラインがブレイクされたあとの高値の切り下げ（足4）。
トレンドラインがブレイクされたあとの安値の切り上げ（足6）。足6からの上昇は2本目のレッグアップで、ダブルトップベアフラグで終わった。
トレンドラインがブレイクされたあとに安値を切り下げ（足7）て

から、足9で安値を切り上げた。

　足9は、トレンドラインがブレイクして底を付けたかもしれない安値を切り下げたあと、最初に安値を切り上げた。

　スパイク・アンド・チャネルのチャネルがブレイクされると、チャネルの始まり（ここでは足10）の近くで、いずれどちらかの方向にブレイクする新しいレンジが形成されようとして調整に入ることが多い。

　この完璧な例が図15.11の右側の5分足チャートである。安値を切り上げた下降トレンドの反転としては形は平凡だが、右側の価格軸を見ると30ポイント以上の長さの足が何本かあり、普通の日の平均レンジが2ポイント程度であることを考えるとはるかに長い。2008年の「オバマ暴落」でダウ平均が1週間に20％下落したあとでマーケットが少なくとも一時的な底を付けようとしたのである。暴落の原因は、サブプライム危機ではなく、オバマ大統領の政策に対する恐れだったが、そのことはトレードには関係ない。マーケットが数年に及ぶトレーディングレンジに入っているらしいことはすでに分かっており、ダウ平均が2008年に1万ドルを下回るはずだということもその1年以上前から明らかだった。どこかで重要な高値を付けたあとは大きく下げるかもしれないが、トレーディングレンジはよくあることなので、結果も予想しやすい。世界中が恐れるオバマ大統領の政策は規制強化とコスト増で企業の業績を悪化させるもので、自由主義世界に経済大国がなくなるという恐れと共に暴落を加速した。

　この日のダウのレンジは約1000ポイントだが、プライスアクショントレーダーにとっては普通の日と何ら変わらない。もしEミニのトレードで10ポイントのリスクをとるためにポジションサイズを20％減らしたとしても、利益目標を4ポイントにすればいつもの日以上の利益を上げることができる。また、このように大きく動いた日は、損切りの逆指値をトントンになるところに置いてポジションの一部をスイングしなければならない。20ポイント以上のスイングがたくさんあるか

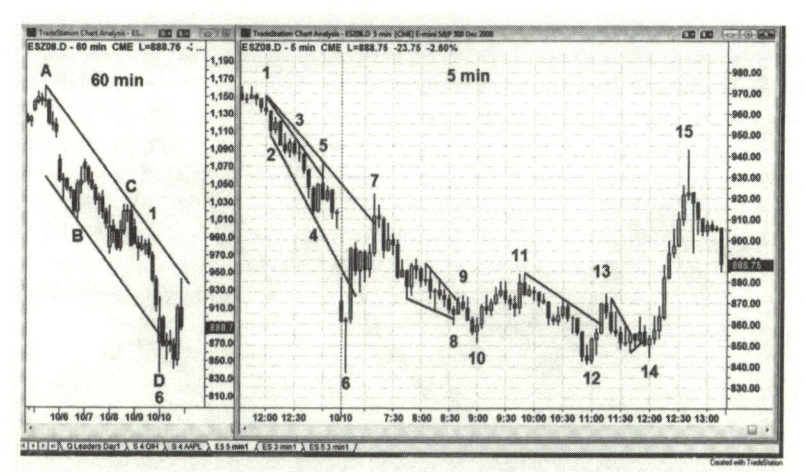

図15.11　2008年のオバマ暴落

らだ。ただ、トントンの損切りに達する前に反対方向のシグナルが出たとしても、手仕舞ったら一服して、手にしたばかりの信じられないほどの利益を実感すればよい。ちなみに、特別に優秀なトレーダーの場合は即座に反転して同じようにトレードすることもできる。

　この日は金曜日だが、この週のダウ平均は毎日200～700ポイント下落したため、反転する可能性が高い。しかし、ここは忍耐強く通常のプライスアクションのセットアップを探してほしい。

　左側のチャートは60分足で、足D（右側の5分足チャートでは足6）は足Aと足Cを結んだトレンドラインと平行のトレンドチャネルラインを下抜いたあと、上昇に転じた。

　5分足チャートのほうは、足6が足2～4のトレンドチャネルラインを下抜いたあとに長大な同時線を形成した。同時線は素晴らしいシグナル足ではないが、5分足チャートでも60分足チャートでもトレンドチャネルラインのブレイクアウトで反転した。ダウ平均は700ポイントも下げたため、トレード可能な上昇がある可能性は高い。

　足7は下降トレンドラインを上抜いたが、ファイナルフラッグの失

敗になり、ツーレッグアップの高値を付けたのでプルバックの可能性が高い。ただ、足6からの上昇は激しかったため、下降トレンドの安値を試したあとに2回目のレッグアップがある可能性が高い。ここは忍耐強く安値を切り上げるのを待てばよい（これほどの上昇モメンタムがあれば、安値を切り下げるとは考えにくい）。もしトントンの損切りに達したら、大きく上昇する素晴らしいチャンスなので再び仕掛けてほしい。このようなときは2～3回トントンの損切りに達してからトレンドが急上昇することも珍しくない。

　足10は足9がミクロトレンドラインをブレイクしてダマシになったあとにウエッジプルバックの失敗がダマシになったため、底かもしれない。しかし、足7からの下げは1時間以上続いたうえに深かったため、最終的な底を付ける前に2本目のレッグダウンがあるかもしれない。

　足11までの上昇は別の下降トレンドラインをブレイクしたため、ブル派の力が増していった。

　足8～11はファイナルフラッグの失敗がウエッジに発展する通常のパターンになった。ここでは足10のようにフラッグがブレイクアウトして上昇に転じてから、実際には3本目のレッグであるツーレッグの上昇があってウエッジになった。最初のレッグは足9の高値までである。このように大きいパターンは、そのあと大きなファイナルフラッグの失敗につながることが多い。

　足12は足10の安値を切り下げたため、次は安値を切り上げる可能性があるが、足12までの下げのモメンタムが強すぎたため、足12への試しがある可能性が高い。

　足13までの上昇レッグは数本の陽線があり、別の下降トレンドラインをブレイクした。

　足14はある程度の長さがある陽線の反転足で、ミクロトレンドラインのブレイクアウトプルバックで、足12よりも安値を切り上げたた

め、足12が大底かもしれない（実際にもそうなった）。足14は足6以降、最初の大きな安値の切り上げとなり、下降トレンドの安値を試した。これはこの日の最高のトレードで、足7までの上昇のあとに待っていたのはこれだった。この日はほかにもたくさんのトレードがあったが、これは予想しやすかったうえに完璧に進展した。5分足でも60分足でも足7がトレンドチャネルラインをオーバーシュートして、安値を切り上げる可能性が高まり、足12までのツーレッグのプルバックが60分足の安値を切り上げる可能性がある。そして、そのあとには5分足の足14が安値を切り上げて足12の安値の切り上げを確認した。ただ、このトレードをするために60分足チャートはいらない。ここでは長い時間枠の力が作用していることを示したかっただけで、出来高を見れば機関投資家が関与していることは明らかだ。

ここでは、チャートに描き入れた4本の下降トレンドラインがすべてブレイクされたことに注目してほしい（ここには示していないが、もっと長いトレンドラインもブレイクされている）。いずれどこかの時点でマーケットは上昇トレンドに変わり、今できつつある上昇トレンドライン（示していない）のほうがもっと重要になるだろう。この上昇トレンドラインのなかには、足6と足10の安値を結んだ線や足6と足12の安値を結んだ線、足12と足14の安値を結んだ線も含まれている。

足15は同時線だが、ここでは素晴らしいシグナル足になっている。この日の新高値に向かう急騰のなかでトレンドチャネルライン（示していないがその前の2～3本の足にかかる線）をオーバーシュートしたからだ。このときの上昇は非常に急で足も長いことから、買い方は足15の下で急いで利食った。積極的なベア派にはそのことがよく分かっており、プルバックまではだれも買おうとしないことを知ったうえで空売りを仕掛けた。

このケースは、重要な安値ではポジションの一部をスイングするこ

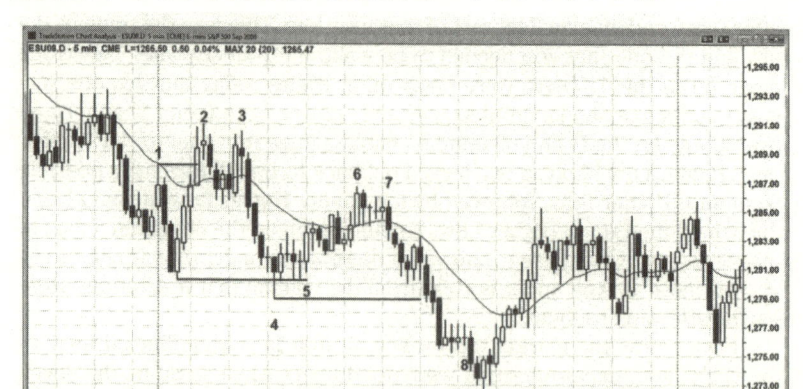

図15.12　トレンド日でないときはトレーディングレンジ日

との重要性を示す完璧な例となった。足12での買いトレードはトントンの損切りに達したが、足14での買いトレードの利益は60ポイントに達した。スキャルピングの目標値を4ポイントに上げたとしても、その15倍の利益である。

　足15はこの日の高値を更新したあと下げに転じた。

トレーディングレンジ日の小さな反転でのスキャルピング

　もしスイングが足2～3本から1時間程度しか持続しなくて、トレンド日でもなければ、スイングの高値や安値で逆張りするのは効果的なスキャルピングのテクニックであり、ときどきはある程度のスイングも期待できる。このような小さな反転では、2回目の仕掛けと極値を更新したときのウエッジが最も良い仕掛けポイントになる。素晴らしいスイングトレードのチャンスがたくさんあるときにスキャルピングをするのかと疑問に思うかもしれないが、その理由は簡単だ。Eミ

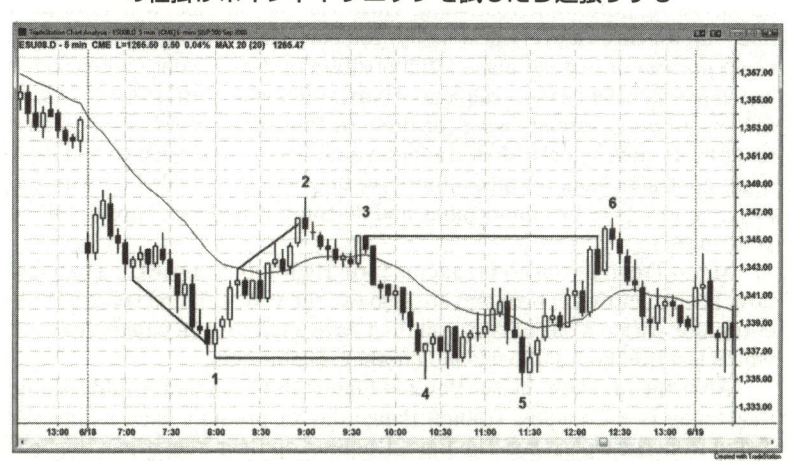

図15.13　はっきりとしたトレンドがない日は極値を更新したり、2回目の仕掛けポイントやウエッジを試したら逆張りする

ニのトレードで、もし仕掛ければ簡単に1ポイントの利益が得られる可能性が非常に高くてマーケットも大きなサイズのポジションを処理できるならば、この1ポイントのスキャルピング1件だけでその日の目標利益を達成できるからである。

図15.12の足2は寄り付きの高値を上抜いたため、賢いトレーダーはブレイクアウトプルバックの買いポイントがダマシになったら2回目の空売りポイントを探し、それは足3のあとに見つかった。足2の上昇モメンタムには十分な強さがあったため、ここは2回目の空売りポイントを待つほうが賢い選択だった。

足9はスイングの安値である足4を下抜いたあとに上昇しようとする2回目の試しで、安値を更新したブレイクアウトで反転する2回目の試しでもあった（1回目は足8のｉｉで、これはファイナルフラッグの失敗であった）。

図15.13の足1は強力な反転足を伴うウエッジの反転だった。

足2はウエッジの高値を付けた。

足4は急落したあとの同時線で、これは1～2本足のベアフラッグになるかもしれないため、2回目の買いポイントを待たなければならない。

足5は下にブレイクアウトして安値1の下で新安値を付ける2回目の試しで、そのあと上昇に転じた。シグナル足となったはらみ足は上げて終わった。この足は、足4からの上げがトレンドラインをブレイクしたあと安値を切り下げ、ファイナルフラッグの失敗にもなっていた。

足6は安値4の空売りポイントで、スイングの高値である足3を上抜いたあとに反転した。この足は足3と合わせると一種のダブルトップベアフラッグでもある。

強いトレンドのなかのプルバック

この手法の必須条件は、その銘柄のチャートを見て、強いトレンドがあると確信できることにある。多くのトレーダーは、ある銘柄の5分足チャートを見て、最初の1～2時間が経過したあとにならないとそれにトレンドがあることに気づかないため、最初の1時間の間には仕掛けることができない。最高のセットアップは、EMAに向かうツーレッグのプルバックである。EMAに向かうプルバック（押しや戻り）は、トレンド方向の大きい動きにはつながるようには見えないが、実は必ず以前のトレンドの極値を更新して想像以上に進んでいく。そこで、トレンド日のトレンド方向のトレードは、ポジションのスイング部分がトントンの損切りに引っかかることがあってもあきらめずに必ずポジションの一部をスイングすることが重要になる。大きくスイングすれば、損切りに引っかかったトレードに十分見合うだけの利益を与えてくれるからだ。新しいセットアップができるたびにスキャルピングの部分を積み増すか、現在のポジションとは別に新たなトレー

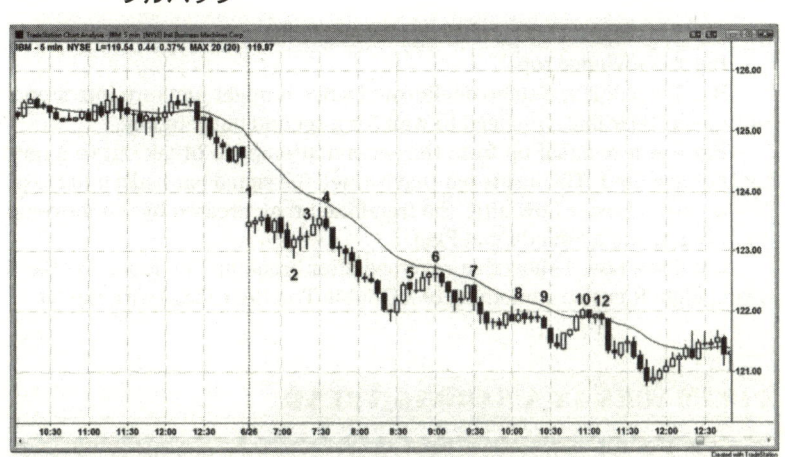

図15.14　IBMの5分足チャートで見た強い下降トレンド途上でのEMAプルバック

ドを仕掛けてもよい。そうすれば、スキャルピングの部分を利食うと、残りのスイング部分は通常のスイングサイズの2倍になる（新しいシグナルのたびに仕掛けていけば3倍にも4倍にもなる）。ただ、多くのトレーダーはトレードする枚数が多いと不安になり、そうなると自分のルールを順守するのが難しくなるため、スキャルピングした分を積み増すほうが気持ちは楽かもしれない。

　ミクロトレンドラインへのブレイクアウトがダマシになれば、上昇トレンドならば高値1の買いポイント、下降トレンドならば安値1の空売りポイントになり、どちらも優れたトレンド方向のセットアップになっている。もしそのブレイクアウトのダマシで仕掛けたが足1～2本のうちにそれがまたダマシになれば、ブレイクアウトのダマシのダマシは信頼できるブレイクアウトプルバックのセットアップになる。

　図15.14では、足2が下抜かれるとこの日はトレンディング・トレーディングレンジ日か寄り付きからの強いトレンド日だと予想できる。結局、足4のダブルトップベアフラッグが寄り付きからの下降トレンドの始まりとなった。

539

図15.15　アップルの５分足チャートで見た上昇トレンド途上でのプルバック

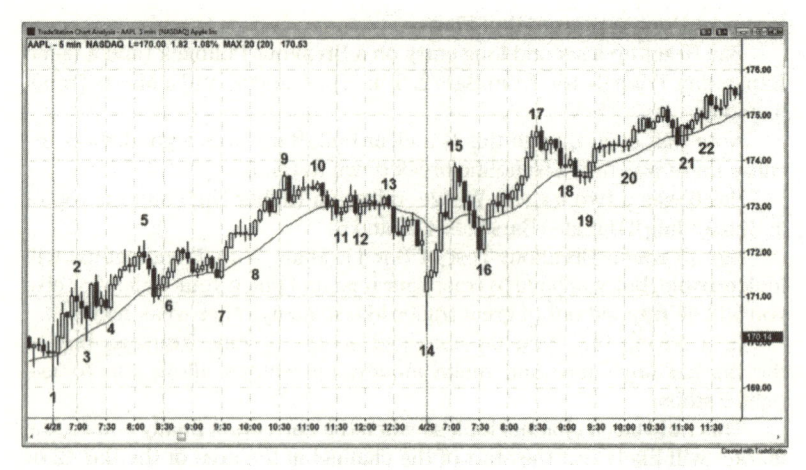

この日は足６までにEMAに向かうツーレッグの動きやそのほかの安値２で空売りしているはずだ。

足６はM2Sだった（足５は最初のレッグアップを終わらせた小さな陰線）。

足９は安値２の空売りポイントで、足12はM2Sだった（その前の短い陽線が２本目のレッグアップを終わらせた）。どちらもあまり良くはないが、M2Sの仕掛けは強い下降トレンド日には非常に高勝率だと信じて仕掛けなければならない。

トレンドは、ほぼ毎日どれかの銘柄にできている。そして、そこにはワンレッグかツーレッグのEMAに向かうプルバックがあり、限られたリスクでトレンド方向に仕掛けられるセットアップができている。

図15.15では足７で、トレーダーたちがこの日はトレンディング・トレーディングレンジ日になると判断するだろう。そこで、足７のM2Bと足８のブレイクアウトプルバック（実体はｉｉｉになっている）で買うだろう。

足14は前日の終了前にできたトレーディングレンジを下にブレイク

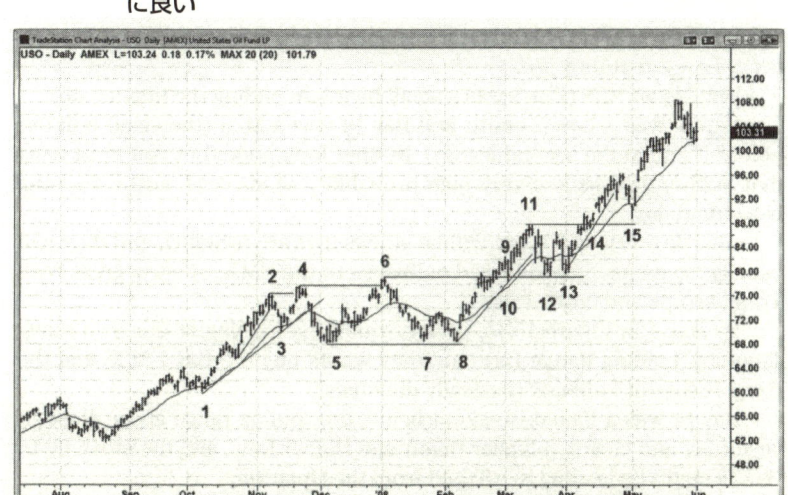

図15.16 USオイルの日足チャートは明らかに上昇トレンドにあるために高値2が最高の仕掛けポイントで、EMAの近くならばさらに良い

アウトしたがダマシになり、長い時間枠では明らかに安値を切り上げている。足15までの上げが寄り付きからのトレンドにつながったのかもしれない。

足16はダウンアップツインがEMAを試した最初のプルバックの買いポイントになった。この足は、安値を切り上げたEMAギャップ足の買いポイントにもなっている。

足18は、セットアップの足が同時線で下げて終わっているうえにマグネット効果があるEMAに近すぎるため、良い高値2ではない。また、足17までの買いのクライマックスは放物線状のような上げなので、高値2はあまり信頼できないことが多い。

足19はスリープッシュダウンの調整でEMAに達した。

足21は高値2で、ダウンアップツインのセットアップで、M2Bでもある。

図15.16の足1と足5と足12は明らかな買いポイントとなった。

541

足8と足13はツーレッグのプルバックでEMAを下抜いてEMAギャップ足になった。

足8はトレーディングレンジの安値である足5への2回目の試しで、足13はトレーディングレンジの高値をブレイクした足6への2回目の試しだった。そして、どちらもダブルボトムブルフラッグを形成した。

足10はブレイクアウトプルバック（および足2、足3、足4、足5、足6、足8、足9から成る拡大トライアングルの高値を下に突き抜けた）で2回目の買いのセットアップになり、ミクロトレンドラインでの買いポイントでもあった。

ちなみに、これは明らかな上昇トレンドだが、足5までの下げがトレンドラインをブレイクしたため、足6は良い空売りポイントになった。

足6はツーレッグかつウエッジの上昇で高値を切り上げて拡大トライアングル（足2、足3、足4、足5、足6）の高値を付けた。

足15は下にブレイクアウトして足11を試した。トレンド方向のセットアップの多くは見た目は良くないが、自分の読みを信じて注文を出さなければならない。そうでなければ落とし穴にはまって多くのパターン信奉者と共に素晴らしいトレードを手仕舞うことになる。

強い上昇トレンドでは、セットアップがなくても買ってよい。ただ、どこで成り行きで買っても利益は出せるが、セットアップを使うと損切りの逆指値を近くに置くことができる。

今回の上昇はチャネルに似ているため、調整に入ったときは足12か、もしかしたら足8の安値の辺りでこのチャネルの始まりを試す可能性が高い。ちなみに、実際には次の6カ月間で30ドルまで下げた。

図15.17の足3までの最初の大きなレッグには強い上昇モメンタムがあった。強い上昇トレンドでは高値2で買いを探ってほしい。足5と足6は素晴らしい高値2の買いポイントで、足6はM2Bでもあった。

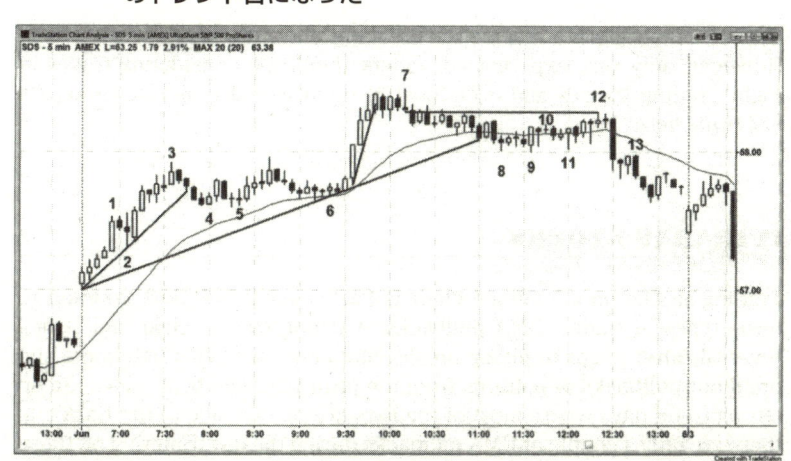

図15.17　ウルトラショートS&P500の5分足チャートは寄り付きからのトレンド日になった

　足7は2回目のレッグアップとフラッグの失敗で、ブレイクアウトからゆっくりと下げながら、この日のメジャーなトレンドラインをブレイクした。

　マーケットに明らかにトレンドがなくなったときは、素晴らしいトレードは期待できない。これ以降に書くことは基本原則の説明なので、ここからのトレードはこの第15章の趣旨である最高のトレードについてではない。この時点でマーケットはたくさんの同時線を含む横ばいになり、こうなると負けトレードになる可能性が高すぎるうえに大きく動くチャンスはほとんどないため、賢いトレーダーならばこのようなプライスアクションは避ける。

　足8までの下げの間に明確な上昇がないままベア派が1時間以上も主導権を握っていたため、2回目のレッグダウンを期待してよいだろう（下降スパイク・アンド・トレーディングレンジの高値になる可能性もある）。足10までの小さなレッグアップのあとに足12までの2回目のレッグアップがあり、足11から上げて安値2を付けた。また、足12は短い足で、EMAの上でギャップ足となった。これは2回目のレ

ッグダウンを狙う良い空売りポイントになる。

足13は、足9のブレイクアウトに対するブレイクアウトプルバックで、陽線の反転足はダマシになって買い方を落とし穴に突き落とした。

それではいったいどれが高勝率トレードなのだろうか。強いトレンドのなかの足5と足6は最高のトレードだが、横ばいになってからの足12の空売りも良い。この空売りは、上昇トレンドラインをブレイクしたあとの2回目のレッグアップであり、安値4で、足11からの2回目のレッグアップで水平のEMAを超えたギャップ足で、シグナル足7を下抜いた空売りポイントへのブレイクアウトの試しで、スイングの高値である足10を上抜いて反転した2回目の試しでもある。しかし、狭いトレーディングレンジでのトレードは経験豊富なトレーダーのみがすべきことで、彼らでさえ別のチャンスを探すことが多い。要するに、ここでトレードしてはならないのである。

日中の株のトレード

5分足チャートを使った株のトレードは3つのタイプのトレードに絞って行えば比較的簡単だ——①強いトレンドがあるときのEMAへのプルバック（押しや戻り）、②メジャーなトレンドラインがブレイクされたあとの明確かつ強力な反転、③最初の1時間に前日のパターンへのブレイクアウトがダマシになったり、ブレイクアウトプルバックになったとき。

最高のトレードは強いトレンド日にある。これはほとんどの足がEMAの一方の側にあり、1日のなかでEMAへのプルバックが2～3回しかない日のことを言う。このようなプルバックで仕掛け、特にそれがM2BやM2Sならば、株のデイトレードとしては最高のトレードになるだろう。出来高が多くて（1日の出来高が500万株以上）、1日のレンジが3ドル以上の5銘柄程度の動きを毎日観察していれば、1

日に１～２件のトレードを仕掛けて、スキャルピング部分で１ドル、スイング部分でそれ以上の利益を上げることができるはずだ。仕掛けたあとは、仕掛け足が終わるまでは損切りの逆指値をシグナル足の先に置き（通常は60セント以下のリスク、１ドル以上になることはほとんどない）、仕掛け足が終われば、その先に動かせばよい。そして、株価が60～80セント順行したら、逆指値の損切り注文をトントンかその数セント遠くに置く。例えば、120.10ドルで買って120.80ドルになったら損切りの逆指値を120.07近辺に動かすのである。そして、利益が１ドルになるところに利食いの指値を置いてスキャルピング部分を利食ったら、あとはトントンの損切りを信じてトレードを続ける。そのあとは、損切りを５分足チャートのスイングポイントの先に置いて利益が２ドルに達したところでポジションの一部を再び利食う。最後に残った部分は、損切りに達するか反対方向の明確かつ強力なシグナルができるまで手仕舞ってはならない。前の項にこのようなトレードが数例あるので参考にしてほしい。

　２つ目はトレンドの反転だが、ほとんどの反転は失敗に終わるため初心者には難しい。初心者はあまり強力ではないセットアップでも待ち切れずに仕掛けてしまうからだ。反転するためにはメジャーなトレンドラインが強くブレイクされ、そのとき最初の反転レッグが強いモメンタムを示し、強力な反転足がなければならない。そのあと、トレンドの極値が試されるのを待って、その試し（天井ならば高値を切り下げるか切り上げたとき、底ならば安値を切り上げるか切り下げたとき）で仕掛けるのである。シグナル足は強い反転足であるほうがよい。もしセットアップがこれらすべてを備えていなければ、仕掛けてはならない。また、損切りの逆指値は、先述のトレンド方向のトレードと同じように管理する必要がある。

　３つ目は、前日のチャートのパターンを見る必要がある。前日のフラッグやスイングポイント、トレンドラインなどを調べておいて、そ

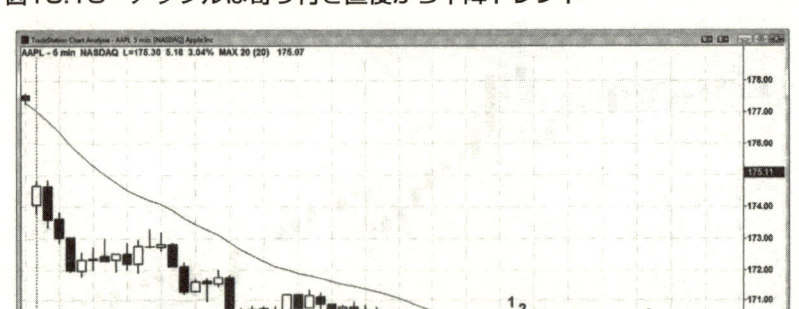

図15.18　アップルは寄り付き直後から下降トレンド

れへのブレイクアウトがダマシになったり、ブレイクアウトプルバックになったりしたときに仕掛けるのである。その日の高値や安値は寄り付きの時間帯で反転した水準で付くことがよくある。

図15.18ではマーケットが数時間ゆっくりと下げており、EMAに達するプルバックはまだないため、非常に強力な下降トレンドであった。ここでの最高のトレードは足2と足10での空売りである。

足2の仕掛け価格は169.88ドルで、最初の損切りの逆指値は仕掛け足の上の170.38ドルに置いた。仕掛け足は陰線の包み足で、仕掛けたあとはその足が終わる前にその高値の上に損切りを移動させる。これはリスクを限定するためで、もしマーケットがすぐに反転して仕掛け足の高値を超えたら空売りをしたくはないため、理にかなっている。もしこれが包み足でなければ、損切りの逆指値をシグナル足の上に置く。今回のトレードの最初のリスクは50セントだった。

足5は空売りの仕掛け価格よりも7セント上の高値1だが、最大の含み益がまだ38セントで、トレードには展開する時間が必要なのでまだ損切りの逆指値を下に移動させていない。通常、含み益が60〜80セ

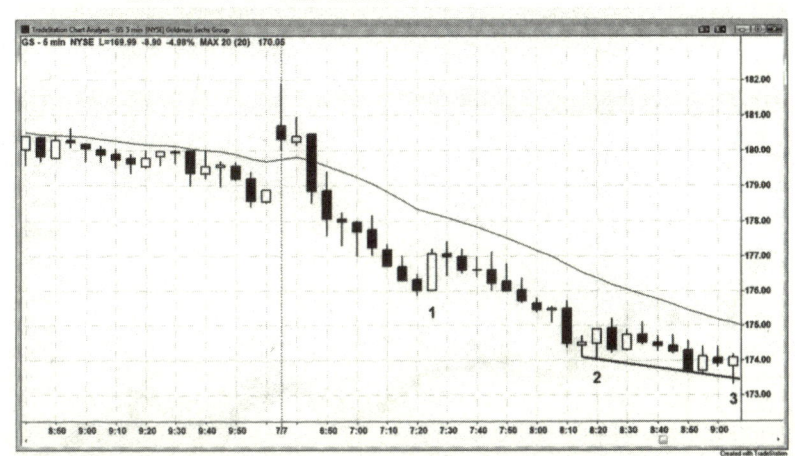

図15.19　ゴールドマン・サックスは大きく下げたが、陽線３の強い反転足でウエッジの底を形成した

ント程度になるまでは損切りの逆指値をトントンに動かさない。

　例えば、足６に利食いの逆指値を置いて１ドルの利益が出た時点でポジションの半分を手仕舞うことはできる（足６の安値は仕掛け価格から1.07ドル下げた）。ここでは多くのトレーダーが陽線の包み足を見て空売りポジションの一部か、全部を買い戻した。この時点で、損切りの逆指値をトントンかそれよりも何セントか下に移動させ（アップルの場合、損切りを２セント以上超えることはめったにないため、170.91ドルが妥当だろう）、明確かつ強力な反転がないかぎり手仕舞わない。ちなみに、今回のような強い下降トレンドでその可能性は低い。ただ、プルバック（戻り）で気弱な空売り派が逃げ出す可能性はある。例えば、足９までの上げがトントンの損切りまであと１セントの170.88ドルまで達してから、再び下げに転じることはあるかもしれない。

　そして、もし損切りに達したら、足９のEMAへの試しやブレイクアウトへの試しとなる足10で空売りすればよい。たくさんの空売り派が再び参入したことから見て、足10はブレイクアウトへの試しでトレ

図15.20　避けるべき仕掛けの完璧な例

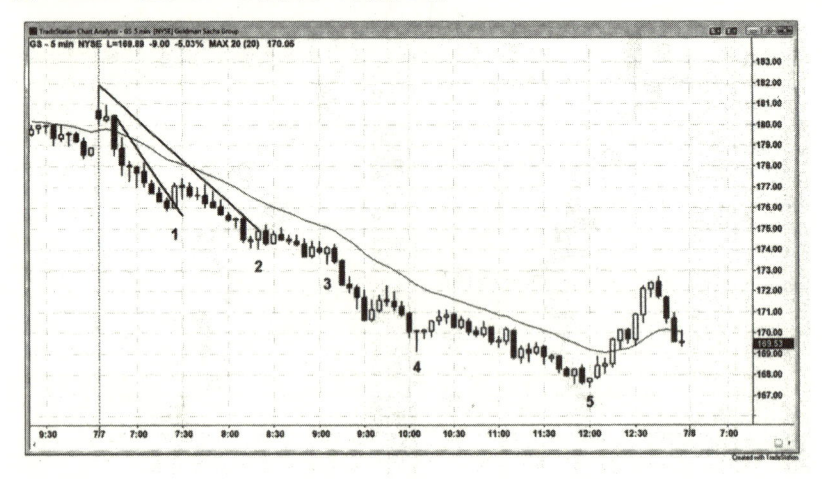

ーダーを怖がらせて追い出すという目的を達成した。もしあなたも損切りになれば再び空売りするのだろうが、前よりも41セントも悪い価格で仕掛けなければならない。

　しかし、**図15.19**のように最初の足からの下降トレンドのときに足2や足3などのような1本の足の上昇が2〜3回あるくらいで、しかもそれがEMAの近くにすら届かない場合は、その前にも大きな買いポイントはない。このようなときはトレンドチャネルラインをブレイクするだけではブル派の力を見せたことにはならず、それができるまではカウンタートレンド方向のトレードはスキャルピングにすべきだが、トレンドが強ければそれも負け戦略でしかない。

　もしマーケットが下げすぎでスピードも速すぎるから上昇が近いと思うならば、**図15.20**のチャートを見てほしい（チャート内の番号は**図15.19**と同じ）。ウエッジの底が破られると、マーケットはさらに6ドルも下げたのである。

　カウンタートレンド方向のトレードは、完璧なセットアップができないかぎり仕掛けてはならない。そして、そのためには事前にトレン

ドラインの強いブレイクと強力な反転足が必要となる。

　トレーダーは毎日、チャートを１日中、特に最初の２～３時間は精査して、その日がトレンド日かどうかを判断しなければならない（主なものは先述のとおり）。そして、もしそうならばカウンタートレンド方向に仕掛けてはならない。**図15.20**のような寄り付きからのトレンド日は、最も簡単にトレンド日だということが分かる。３本目の足ですでに見当がつき（寄り付きから大きく下げた大陰線）、足１が下抜かれたころには確信できるだろう。

　大陽線の足１は上昇して下降トレンドラインをブレイクした。熱心なトレーダーは、トレンドラインのブレイクでブル派が十分な強さを示したと思って反転足２や反転足３や反転足４の上で買うかもしれない。しかし、マーケットは３本目までの足以降ずっとEMAの下にある。このような寄り付きからの下降トレンド日には、最初のEMAへの上昇がダマシになって安値を試すことが多いということを覚えておいてほしい。マーケットが行きすぎているから次は上昇だと独り合点してはならない。あなたがしようとしていることは、強い下降トレンド日のカウンタートレンド方向のスキャルピング（買いトレード）である。安値近くで売るのが怖くて、その代わりにトレンドが反転することを期待しているのだが、それは勝率の低い賭けと言わざるを得ない。少し計算してみてほしい。下降トレンドでの多くの買いのスキャルピングは失敗に終わり、何回も負けていればその合計はいつか１回か２回勝ったとしても取り返せるものではなくなる。

　その一方で、ゴールドマン・サックス（GS）のチャートにはこの日トレード可能なM2Sができなかったため、初心者が利益を上げたければ、ほかの銘柄で最高のトレードを探したほうがよい。しかし、経験豊富なトレーダーは１日を通してほんのわずかなプルバックでも空売りし、通常のプルバックのパターンに従って想定以上に進みそうなときはすぐに手仕舞っていく。最初のプルバックはどのタイプもそ

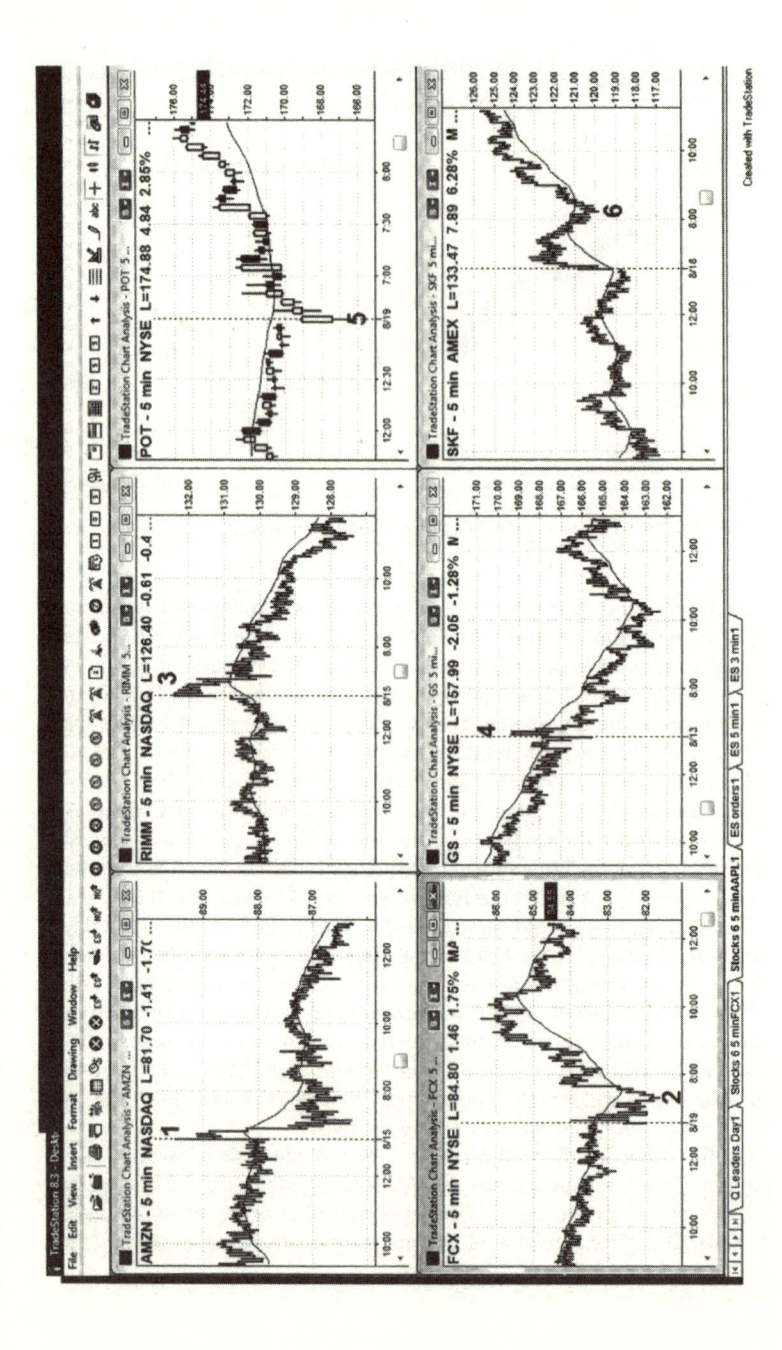

図15.21 さまざまな株式の寄り付きからのトレード

のあとトレンドの極値（今回はこの日の安値）を試すことが多い。

トレードするときは、常にブレイクアウトプルバックやブレイクアウトがダマシになったところを探してほしい。

図15.21の足1は、ブレイクアウトがダマシになって空売りポイントになった。

足2はこの日の安値を試してから上昇に転じたが、これは前日のトレーディングレンジを下抜く2回目の試しだった（ブレイクアウトはダマシになった）。どのような試しでも2回続けてダマシになれば、次は反対（ここでは上昇）に向かう可能性が高い。ちなみに、ここはウエッジでもある。

足3は、前日の高値よりも上にブレイクアウトしたが、ダマシになった。

足4は下降トレンドラインとEMAを上抜いたが、それはダマシになった。

足5は強い陽線の反転足で、前日の安値から下方にギャップを空けて寄り付いた（前日の安値を下抜いたブレイクアウトはダマシだった）。

足6は、前日のトレーディングレンジを寄り付きから上抜いて、上昇したあとにできたブレイクアウトプルバックだった。この足は、EMA近くで安値を切り上げた。

トレードの指針

なぜルールではなく指針なのだろうか。それはトレードにルールはないからである。

1．マーケットではすべてがグレーの霧のなかにある。完全に見晴らせることなどないのである。似ていればそれで十分なのだ。もし信頼できるパターンに似ていれば、信頼できるパターンと似たトレードになるだろう。

2．すべての足は両方向のシグナル足になり得るし、次の足から上昇トレンドや下降トレンドが始まる可能性は常にある。すべての可能性に目を向け、想定外のことが起こったら、それを疑問視したり拒否したりしてはならない。ただそれをありのまま受け入れ、トレードすればよい。

3．すべての動きは理にかなっている。プライスアクションの読み方が分かれば、マーケットが何をしようとしているのかが分かるため、何が起こっても驚くことはなくなる。初心者でも1日の終わりに印刷したチャートを見ればそれが分かる。私たちの目標は、これをリアルタイムで理解して、チャートを素早く読むことを学ぶことなのである。

4．プライスアクションを理解するだけでは利益は上げられない。そのためには、最高のトレードを仕掛け、自分のルールに従わなければならないのである。

5．トレードは仕事である。もしある程度の利益を上げたければ、ほ

かの仕事と同じように事業計画が必要だし、それに従って行動しなければならない。計画は単純でもよい。例えば、1枚の5分足チャートのみを使って2～3種類のセットアップに限定して仕掛け、ポジションの半分をスキャルピングしたら、残りは損切りの逆指値を仕掛け値のトントンになる位置まで移動して、スイングする、というだけでもよい。大事なのは、それに必ず従うことだ。この仕事は利ザヤが小さいため、1日にほんの2～3回規律を守れないだけでも赤字に転落しかねない。

6．マーケットをカジノと混同してはならない。そうした考えをやめることができないと、いずれ破綻が待っている。多くの戦略はいずれ生計を立てられるようになると錯覚する程度にはうまくいくが、実はそうはならない。典型的な例が1分足チャートでのトレードである。多くのトレーダーはある程度の頻度で勝ちトレードができると、いずれスキルを磨いたら大金を稼げると思ってしまう。しかし、現実にはスピードが速すぎて最高のトレードの多くを取り逃がすことになる。結局あまり利益率が高くないトレードばかり仕掛けることになるため、利益が出たとしても結局は5分足チャートでトレードしたほうが儲かったということになりかねない。

7．カウンタートレンド方向（トレンドに反する方向）の信頼できるパターンはない。メジャーなトレンドラインがブレイクされたあとでなければ、けっしてカウンタートレンド方向に仕掛けてはならない。また、トレンドラインがブレイクされたとしても、前のトレンドの極値を試す場合が多いため、まずはトレンド方向のトレードを探してほしい。もしマーケットが前の極値で再び反転すれば、そのときは新しいトレンドの方向に仕掛ければよい。

8．すべてのパターンは失敗になり得るし、その失敗がダマシになることもよくある。そして、失敗のダマシは元の方向の2回目の仕掛けポイントなので、勝率が高い。

9．一方の側が突然落とし穴にはまれば、反対方向のスキャルピングの信頼性は増す。落とし穴に落ちたトレーダーはあなたが仕掛けるところで手仕舞わざるを得なくなる。彼らはしばらくはプライスアクションを見てからでなければ、同じ方向に再び仕掛けようとは思わないため、マーケットにはあなたが仕掛けた方向にしか仕掛ける人はいなくなる。

10．損切りの逆指値に達して損切りしたトレーダーがいるときは、彼らが落とし穴に落ちて追い詰められているときと同じくらい信頼できるシグナルになる。もしマーケットが突然損切りの逆指値を超えたあとにトレンドが再開すれば、少なくともスキャルピングでの利益は見込めるほどの信頼できるセットアップになる。

11．初心者の多くは興奮を求めて、多くのトレードをしすぎる。多くの優れたトレーダーは、トレードは儲かるけれど、孤独で退屈なものだと思っている。

12．単純なほうがよい。チャートは1枚でよいし、指標も必要ない。指標がない1枚のチャートで利益を上げられなければ、さらに分析が必要な要素を加えても、もっと難しくなるだけだ。また、安定的に利益を上げられるようになるまでは、最高のセットアップに限ってトレードしてほしい。

13．自分にとってトレードとは、趣味なのか仕事なのかをまず決めよ

う。もし趣味ならば、ほかを探したほうがよい。これはお金がかかりすぎるうえに危険なほど依存性がある。優れたトレーダーもトレード依存症と似ているが、本当のトレード依存症者は、そのほとんどがいずれ破産するか、破産する高い可能性を有している。

14. もしボールを1つだけ投げてもつかめないならば、2つや3つのボールでやるジャグリングに挑戦すべきではない。もしまだ利益を上げることができないときは、1つのマーケットの1つの時間枠（5分足）のチャートと1つの概念（指標は使わずプライスアクションのみ）を使ってトレードを始めてほしい。

15. 5分足チャートで、仕掛けの逆指値を用いてトレードを始めてほしい。そして、目標値に利食いの逆指値を置いてポジションの一部を利食い、残りのポジションについては損切りの逆指値をトントンのところに移動させればよい。

16. 初心者は、Eミニでスキャルピングやスイングトレードをするよりも、個別株のスイングトレードを考えてほしい。株のチャートは簡単に読めるうえにスイングもできやすい。ただ、トレードサイズが大きくなったときに良い執行価格でトレードするためには、Eミニや債券先物が重要なマーケットになる。

17. 初めてトレードするのならばEミニよりもスパイダースを勧める。Eミニ1枚は500スパイダースに相当するため、スパイダースを300～500枚トレードすれば、リスクを抑えながらトレードの一部をスイングすることができる。そして、スパイダースを1000～1500枚トレードできるようになった時点でなおポジションサイズを増やしたければ、Eミニに切り替えればよい。そのサイズならばEミニのほうがスリッ

ページを気にせずにサイズをかなり大きくすることができる。

18. Eミニのトレードで2～3件のトレードを連続して見送って、その利益を取り損ねたという経験があるならば、ポジションサイズが大きすぎる可能性がある。それならばスパイダースを1トレード当たり100～300枚トレードして少なくとも20～50セントのスイングを狙えばよい。これならば、すぐに大金が得られるわけではないが、少なくともある程度の利益を上げながら自信をつけていくことができる。

19. 安く買って高く売るのが原則だが、強いトレンドがある場合は例外だ（「第3章　トレンド」参照）。上昇トレンドでは、たとえ1日の高値であっても高値2のセットアップが整ったら買い、下降トレンドならば安値2のセットアップが整ったら買いで売る。しかし、マーケットはほとんどの期間がトレーディングレンジである。そこで、もしマーケットが足2～3本上昇したあとにこのレッグアップの高値付近でシグナル足ができたときは、マーケットに本書で紹介した明確かつ強力な上昇トレンドが確立していると確信できるかどうかと考えてほしい。もし自信を持ってそう言い切れないのならば、モメンタムが強そうに見えても高値で買ってはならない。落とし穴である可能性が高いからだ。

20. どのようなチャートのどのような部分でも1つ以上のパターンに分類でき、ほとんどの場合はどのパターンも同じ方向を示している。つまり、仕掛けるためにはそのなかの1つだけ見つかればよい。例えば、最後のベアフラッグの失敗による買いはダブルボトムブルフラッグかもしれないし、強気のスパイク・アンド・トレーディングレンジの反転がトレンドチャネルラインと大きい上昇トレンドラインをオーバーシュートしたあと上昇に転じたのかもしれないし、そこが強気の

スパイク・アンド・チャネルになる途中なのかもしれない。このどれかに気がついたときは、ほかのパターンが見つからなくても仕掛けてよい。

21. 良い執行と悪いトレード。仕掛けや手仕舞いの執行価格が予想よりも有利になったときは必ず疑ってかかるが、良いセットアップならば実行する。執行価格が悪いと、良いはずのトレードもそうならない可能性がある。

22. トレンドには必ずプルバック（押しや戻り）があり、ひどい仕掛けに見えるが利益にはつながる。一方、反転は良さそうに見えるが負けにつながる。トレンドのなかのプルバックは、トレンドが終わったのかどうかと迷ったり、プルバックでの仕掛けを見送ってしまったりするのに十分なくらいクライマックスな動きをする。また、トレンドの反転は、カウンタートレンド派を引き付けて落とし穴に落とすのに十分なくらい進展する。しかし、カウンタートレンド方向のトレードはギャンブルであり、買って楽しめるときもあるが、きちんと計算すればゆっくりだが、必ず破産に向かっていく。強いトレンドのなかのカウンタートレンド方向のセットアップはほぼ必ずダマシになり、素晴らしいトレンド方向のセットアップに変わる。1分足チャートならばなおさらだ。

23. 利益を上げるのが最も簡単なのは寄り付きから最初の90分で、最も簡単に見つかるトレードのひとつが前日のパターンをブレイクアウトして、それがダマシになることと、ブレイクアウトプルバックである。初心者は、1日の取引時間の真ん中辺りでのトレードや、1日のトレーディングレンジの中間辺りでのトレードは避けたほうがよい。

24. トレードを仕掛けようとするときは、必ずそのセットアップがその日最高のトレードのひとつになるかどうかと自問してほしい。これは機関投資家が1日中待っていたトレードなのだろうか。もし答えがノーで、まだ安定した利益を上げることができていなければ、仕掛けるべきではない。また、15分くらいの間に2回連続で負けトレードになったときも、それらのトレードが機関投資家が何時間も待っていたトレードなのかどうかと考えてほしい。もし答えがノーならば、トレードのしすぎなので、もっと忍耐強くなる必要がある。

25. ペラペラしゃべっている人は何も知らず、知っている人は何も語らない。テレビを見たり、ニュースを読んだりしてはならない。トレードで儲けている人たちは、テレビに出ている暇などない。考えてもみてほしい。もし毎日Eミニで大きいポジションを仕掛けて2ポイントでも利益を上げられるならば、時間を割いてテレビに出たいと思うだろうか。つまり、1日に2～3ポイントの利益も上げられない人のトレードの方法を聞く理由はないのである。トレードは仕事であり、宗教ではないのだから、トレードの救世主は必要ない。

26. チャートのなかのそれぞれの足も連続した足もトレンドかトレーディングレンジを形成している。試しに足を1本選んでみれば分かる。トレーダーは1日中（特に午前8時30分ごろ）、その日の動きが本書で紹介したトレンドパターンのどれかに似ていないかと考える必要がある。そして、もし似ていれば、トレンド方向のトレードはすべて仕掛けなければならない。ちなみに、トレンド方向のトレードが残っている間はカウンタートレンド方向には仕掛けない。

27. 最高のシグナル足は、トレンド方向のトレード足である。同時線は1本の足でもトレーディングレンジなので、シグナル足としては良

くない。下降トレンドのなかのトレーディングレンジの高値で買ったり、上昇トレンドのなかのトレーディングレンジの安値で売ったりするのは負けトレードになる。

28. カウンタートレンド方向のスキャルピングをやめないかぎり、安定的に利益を上げられるようにはならない。テクニックを磨きたくなる程度には勝つことができるが、長期で見れば資金は少しずつ減っていく。

29. トレンド方向でのプルバック（押しや戻り）でトレードしなければ、利益は出せない。

30. メジャーなトレンドラインがブレイクされて強力な反転足がトレンドの極値を試すまで待たなければ、反転でのトレードで利益は出せない。

31. 自分のしていることが理解できなければ、利益は出せない。毎日Ｅミニ（株ならば自分がトレードしている銘柄）の５分足チャートを印刷して、見つけたすべてのセットアップを書き込んでほしい。もしいくつかのプライスアクションの特徴が見つかれば、すべてを書き込んでいく。この作業を、チャートのどこを見ても一瞬で何が起こっているのかが分かるようになるまで毎日、何年も続けてほしい。

32. もしトレードで２～３回連続して負けたり、１日の損益がマイナスになったりするならば、忍耐が足りずにトレードのしすぎになっている。もしかしたら「低リスク」を求めて１分足チャートや３分足チャートで早めに仕掛けていたり、カウンタートレンド方向やバーブワイヤーで仕掛けたりしていないだろうか。悪い癖は常に利益以上の損

失をもたらす。ゆっくりではあるが、破産への道を進み、いずれそこに到達することになる。

33. 自分の性格を十分理解し、それに合ったトレードスタイルを見つけないかぎり、長期的に利益を上げることはできない。自分のルールには楽に従えることが重要で、仕掛けるときも手仕舞うときも確信がなかったり、心配だったりすることがほとんど、あるいはまったくないようにしておきたい。トレード手法を会得してもトレード中にストレスを感じているのならば、自分に合うスタイルが見つかっていないか、あなたが自分自身を理解できていないかのどちらかだろう。

34. 常にツーレッグを探す。また、マーケットが２回何かを試してどちらも失敗したり、ダマシになったら、それは反対方向にうまくいく信頼できるシグナルとなる。

35. トレードを選んではならない。選べば必然的にダメなトレードをたくさん選んで結局は損失で終わることになる。スイングトレードをするか、２～３の最高のセットアップのみでトレードするか、有効なセットアップはすべて仕掛けてスキャルピングで利食うかにすべきである。ただ、これは非常に難しいことで、特異な性格の人にしか向かない（私たちのようなトレーダーと比べても変わっている）。

36. 初心者は、最高のトレードのみを仕掛けて、それをスキャルピングかスイングする。トレードしないで画面を２～３時間も見続けるのはとても難しいことだが、初心者が利益を上げるには、それが最善策なのである。もし最大の目的が利益を上げることならば、そうしなければならない。それをしないことは、唯一の目標を妨げる別の目的があると言わざるを得ない。

37. トレードで勝つために最も重要な要素は規律を守ることである。トレードは簡単に理解できるが、実行するのは難しい。単純なルールでもそれに従うのは非常に難しく、たまの甘えが成否を分けることもある。だれでも1ショットだけならばタイガー・ウッズ並みの精神力を持つことはできるが、それを1ラウンドを通じて維持することを一生続けていくことができる人はほとんどいない。精神力や規律についてはだれでも知っているし、みんな毎日何らかの活動にはそれを発揮している。しかし、優れたトレーダーになるためにはものすごく厳格でなければならないということを本当に理解している人はあまりいない。最高のトレードだけを実行するという規律を身に着けてほしい。

38. 優れたトレーダーにとって2番目に重要な特徴は、何時間もの間、何もせずにいられることである。退屈に負けて前回のトレードから時間がたちすぎていると自分を納得させてはならない。

39. 利益が出せるようになったら、トレード数やセットアップの種類を増やすのではなく、トレードサイズを増やしてほしい。Eミニで1日に1ポイントの利益を上げるだけでも十分な収入を得られるのである（100枚トレードして1日1ポイントの利益が上がれば、7桁の年収も可能だ）。

用語集

　ここでの定義は、必ずしもテクニカルアナリストが用いるような理論的な意味ではなく、トレーダーにとって実践的な助けになるような説明になっている。

2HM（2HM）　価格が２時間以上EMA（指数移動平均線）に接していない状態。これは強いトレンドを示すサインで、取引時間帯の最初の２時間である必要はない。

２回目の仕掛け（second entry）　１回目の仕掛けから足２〜３本の間にできる仕掛けポイントで、１回目と同じ理由に基づいている。例えば、足３〜４本あとにできた２回目のシグナル。

５ティックのダマシ（Five-Tick Failure）　Ｅミニのトレードで、シグナル足を５ティックだけ超えてから反転すること（例えば、ブルフラッグをブレイクアウトして５ティック進み、その足が終わるとその安値を次の足の安値が下抜くなど）。通常は、反対方向のセットアップになる。

EMAギャップ足（EMA Gap Bar）　マーケットが横ばいか下落しているときは、安値がEMAよりも上にある足。マーケットが横ばいか上昇しているときは、高値がEMAよりも下にある足。

ｉｉ（ii）　連続したはらみ足で、２番目の足は１番目に対してはらみ足になっている。マーケットが行きすぎているときに反転シグナルになることが多い。ヒゲを無視して実体のみがｉｉになっている場合は信頼度が下がる。

ⅰⅰⅰ（ⅲ） 3本の連続したはらみ足で、ⅰⅰよりも若干信頼度が高い。

EMA、指数移動平均線（EMA） 本書では、足20本で算出した20EMAを使っている。

ｉｏｉ（ioi） 包み足の前後に、高値はそれ以下、安値はそれ以上の足がある状態。ブレイクアウトのセットアップになることが多く、最後のはらみ足の上で買うか下で売る。

M2BとM2S（M2B and M2S） EMAに向かう2回目のプルバック（押し・戻り）。M2Bは上昇トレンドのなかの高値2で、買いのセットアップか仕掛けポイント。M2Sは下降トレンドのなかの安値2で、売りのセットアップか仕掛けポイント。

アップダウンツイン（Up Down Twin） 下落に転じるセットアップ。実体の大きさがほぼ同じで重なり合っている2本の足で、1本目が陽線、2本目が陰線になっている。

アンダーシュート（undershoot） マーケットがスイングポイントやトレンドラインなどの前の重要な価格に近づくが達しないこと。

ウエッジ（Wedge） もともとはスリープッシュの動きで、プッシュのたびに高値と安値を切り上げるか、高値と安値を切り下げるかするため、トレンドラインとトレンドチャネルラインが少しだけでも収束して上昇トライアングルか下降トライアングルかウエッジ型のパターンになる。ウエッジはトレーダーにとって勝率を高めてくれるパターンで、すべてのスリープッシュパターンはウエッジと同様にトレード

してよい。

売り急ぐ（early shorts）　通常ならば下げに転じるパターンや足が完成したあとで、その1ティック下に仕掛けの逆指値を置いて仕掛けるところを、パターンや足が形成されている途中で売ってしまうトレーダーのこと。

追い詰められる（Trapped in a Trade）　スキャルピングの利益に達しないで含み損を抱えているトレーダーのことで、仕掛け足やシグナル足を超えてプルバックすると損切りする可能性が高い。

落とし穴（trap）　仕掛けたあとでスキャルピングの目標値に達する前に逆行し、仕掛けたばかりのトレーダーをだまして損切りさせること。トレーダーを怖がらせて良いトレードを手仕舞わせることもある。

落とし穴に落として追い出す（Trapped Out of a Trade）　プルバックでトレーダーを怖がらせて手仕舞わせたあとに、そのプルバックがプルバックで終わること。マーケットはすぐにトレード方向の動きを再開するが、手仕舞ったばかりのトレーダーは不利になった価格ですぐに仕掛ける気持ちにはなかなかなれない。結局はマーケットを追いかけることになる。

オーバーシュート（overshoot）　マーケットがスイングポイントやトレンドチャネルラインなどの重要な価格を超えること。

買い急ぐ（early longs）　通常ならば上げに転じるパターンや足が完成したあとでその1ティック上に仕掛けの逆指値を置いて仕掛けるところを、パターンや足が形成されている途中で買ってしまうトレーダ

ーのこと。

カウンタートレンド（Countertrend） 現在のトレンドとは反対方向のトレードやセットアップのこと。通常、5分足チャートの直近のシグナルが現在のトレンドの方向とみなす。また、直近の10～20本の足の大部分がEMAよりも下にあれば、トレンド方向のトレードは空売りになる。

空売り（short） 株や先物を売って新しいポジションを建てること（すでに買ったものを売るのではない）。空売りする人や、空売りしたポジションを指すこともある。

逆張り（fade） トレンドと逆の方向にトレードを仕掛けること。例えば、上方にブレイクアウトしても、それがダマシになって下げに転じることを期待して空売りすること。

ギャップ（gap） チャート上の2つの価格の間。寄り付きでのギャップは、その日の最初の足の始値がその前日の足（前日の最後の足）の高値よりも高いか安値よりも安いときで、よく起こる。EMAギャップは、ある足の安値が水平か下降しているEMAの上にあるか、高値が水平か上昇しているEMAの下にある場合を指す。

ギャップ足2（Gap 2） ギャップを埋めようとする1回目の試しが失敗したあとに、再度埋めようとする2回目の試しのこと。

ギャップの反転（gap reversal） 現在の足が前の足よりも1ティックのギャップを空けて寄り付き、それを埋めようと反転すること。

クライマックス（climax）　価格が一方向に大きく急激に動いたあと反転してトレーディングレンジや反対のトレンドに続くこと。ほとんどのクライマックスはトレンドチャネルをオーバーシュートしてから反転することが多い。

下落に転じる（Bear Reversal）　上昇トレンドから下降トレンドに変わること。

仕掛け足（entry bar）　トレードを仕掛けたときの足。

時間枠（time frame）　チャートの１本の足が表す時間の長さ。５分足ならば１本が５分で終わる足で構成されている。ただ、時間ではなく出来高やトレード数(ティック)に基づく足を使ったチャートもある。

シグナル足（Signal Bar）　仕掛け足（仕掛けの注文が執行された足）のすぐ前の足。セットアップの最後の足でもある。

シュリンキングステア（Shrinking Stairs）　上昇トレンドのなかで３つ以上の高値がトレンドを形成するか、下降トレンドのなかで３つ以上の安値がトレンドを形成しているときに、極値を更新するブレイクアウトの値幅が毎回前のブレイクアウトよりも小さくなっている状態。これはモメンタムの衰えを表している。スリープッシュパターンになることもあるが、ウエッジに似ている必要はなく、トレンドのなかの幅広いスイングでもよい。

上昇に転じる（Bull Reversal）　下降トレンドから上昇トレンドに変わること。

スイング(swing) トレンドラインの大きさにかかわらず、それをブレイクする小さいトレンド。スイングと呼ばれるのは、チャート上に少なくとも2本以上ある場合に限る。スイングは、大きいトレンドのなかや横ばいにもできる。

スイングトレード(Swing Trade) 5分足チャートを使うなどして日中の短期トレードをしているデイトレーダーにとってはスキャルピングよりも長いトレードで、ポジションを1つ以上のプルバック(押しや戻り)を超えて保有していく。長い時間枠でトレードしている人にとっては数時間から数日間保有するトレード。少なくもポジションの一部は、大きな動きを期待して目標値を設定しないで保有しておく。

スイングの高値(Swing High) 周りの足よりもはるかに進んだ足で、スパイクに似ている。この足の高値は、その前後の足の高値と同じかそれよりも上にある。

スイングの安値(Swing Low) 周りの足よりもはるかに進んだ足で、スパイクに似ている。この足の安値は、その前後の足の安値と同じかそれよりも下にある。

スイングポイント(Swing Point) スイングの高値またはスイングの安値。

スキャルパー(scalper) 主に少ない利益でスキャルピングをしているトレーダー。損切りの逆指値を近くに置いている場合が多い。

スキャルピング(scalp) 少ない利益が出たら利食うトレードで、プルバック(押しや戻り)ができる前に手仕舞うことが多い。Eミニな

らば、目標値は４～８ティックか前の極値への試し、スパイダースや株ならば10～20セント程度、値嵩株ならば１～２ドル程度にする場合が多い。

スキャルピングの利益（scalper's profit）　多くのスキャルパーが目標としている金額。

スクラッチ（scratch）　トントンの近くまで逆行して少ない利益か損失で終わったトレード。

ステア（Stairs）　トレンドを形成する３本以上のスイングで、傾斜するトレーディングレンジに似ており、チャネルにほぼ収まる。ここでは売りと買いの両方向のトレードが行われているが、一方の力が若干強いために傾斜している。

スリープッシュ（Three Pushes）　３本のスイングの高値が上昇していくか、３本のスイングの安値が下降していくこと。ウエッジの変形と考えてよく、同じようにトレードできる。

セットアップ（setup）　１本以上の足で形成されるパターンで、仕掛けの注文を出すもととなる。もし仕掛けの注文が執行されると、セットアップの最後の足がシグナル足になる。セットアップの多くは１本の足でできている。

狭いトレーディングレンジ（Tight Trading Range）　２本以上の足による横ばいで多くの足が重なっている。ブル派とベア派が拮抗している。

ダウンアップツイン（Down Up Twin） 上昇に転じるセットアップ。実体の大きさがほぼ同じで重なり合っている2本の足で、1本目が陰線、2本目が陽線になっている。

高値1、2、3、4（High 1,2,3, or 4） 高値1は、マーケットが上昇か横ばいのときに調整で高値が前の足よりも上にある足。もしそのあと高値を切り下げる足（次の足の場合もあれば数本先になることもある）があれば、この調整のなかで高値が前の足の高値を超えた足が高値2になる。高値3と高値4も同様。これにはさまざまな変形がある。

高値の切り上げ（Higher High） スイングの高値が前のスイングの高値を上抜くこと。

高値の切り下げ（Lower High） スイングの高値が前のスイングの高値を下抜くこと。

ダブルトップ（Double Top） 現在の足の高値が前のスイングの高値とほぼ同じになった状態。前の高値は1本前の足でも20本以上前の足でもよい。また、高値はその日の高値でなくてもよい。このパターンは、ベアフラッグのなかで形成されることが多い（ダブルトップベアフラッグ）。

ダブルトップツイン（Double Top Twin） 強い上昇トレンドのなかに形成された同じくらいの高値の連続した2本の足で、ヒゲはないかあっても短い。

ダブルトッププルバック（Double Top Pullback） ダブルトップのあと深いプルバックで高値を切り下げる売りのセットアップ。

ダブルトップベアフラッグ（Double Top Bear Flag） 下降トレンドのなかのポーズまたはフラッグで、同じくらいの価格に2回上昇したあと再び反転して下降トレンドが再開する。

ダブルボトム（Double Bottom） 現在の足の安値が前のスイングの安値とほぼ同じになった状態。前の安値は1本前の足でも20本以上前の足でもよい。また、安値はその日の安値でなくてもよい。このパターンはブルフラッグのなかで形成されることが多い（ダブルボトムブルフラッグ）。

ダブルボトムツイン（Double Bottom Twin） 強い下降トレンドのなかに形成された同じ安値の連続した2本の足で、ヒゲはないかあっても短い。

ダブルボトムプルバック（Double Bottom Pullback） ダブルボトムのあと深いプルバックで安値を切り上げる買いのセットアップ。

ダブルボトムブルフラッグ（Double Bottom Bull Flag） 上昇トレンドのなかのポーズまたはフラッグで、同じくらいの価格に2回下落したあと再び反転して上昇トレンドが再開する。

ダマシ、失敗（Failure） 目標値に達したりスキャルピングで利食ったりする前に損切りの逆指値に達することで、落とし穴にはまった人たちが損切りせざるを得なくなって価格が反対方向に向かうことが多い。現在のマーケットで、Eミニのスキャルピングで4ティックの利益を上げるためには6ティック動く必要があり、QQQQの目標値が10ティックならば12セント動く必要がある。

ダマシ（失敗）のダマシ（Failed Failure）　ダマシや失敗がダマシになって最初にブレイクアウトした方向に再び進むこと。2回目のシグナルになるため、信頼できる。

試し（test）　マーケットが以前の重要な価格に向かうことで、そこを突き抜けていくこともあれば、失敗に終わって反転することもある。また、ダマシや失敗はオーバーシュートになることもあればアンダーシュートになることもある。

チャートの種類（chart types）　折れ線チャート、バーチャート、ローソク足チャート、出来高チャート、ティックチャートなどがある。

ツイン（twin）　同じような特性を持つ2本の連続した足（アップダウンツインやダブルボトムなど）。

包み足（Outside Bar）　高値が前の足の高値よりも高く（まれに同じこともある）、安値が前の足の安値よりも安い（まれに同じこともある）足。

ティック（tick）　価格が動く最小単位。ほとんどの株は1セントで、米10年物国債先物（Tノート）ならば64分の1ポイント、Eミニならば0.25ポイントになっている。1ティックチャートや取引データでは、1ティックは執行されたトレードを意味し、トレードのサイズや価格が変化したかどうかは関係ない。取引データを見ると、トレードステーション（チャート用ソフト）がチャートを作成するときにすべてのトレードを1ティックと数えていることが分かる。

デイトレード（day trade）　仕掛けた日のうちに手仕舞うことを目

的としたトレード。

同時線（doji）　実体が小さいかまったくないローソク足。5分足チャートでは、実体が1〜2ティックしかないものを指すが、日足チャートならば10ティック以上あってもほとんど何もないように見えることもある。同時線は、ブル派とベア派のどちらも主導権を握っていない。

トレーディングレンジ（Trading Range）　横ばいの動きで、ブル派とベア派のどちらも主導権を握っていない状態。

トレード可能（tradable）　価格が十分動いて少なくともスキャルピングの利益は上がること。

トレンド（trend）　一連の価格の変化で、ほとんどが上昇しているか（上昇トレンドか強気）、ほとんどが下落している（下降トレンドか弱気）状態。厳密に定義されてはいないが、スイングとレッグとプルバックという3つの小さい変形がある。チャートに表示されるメジャーなトレンドは1〜2つ程度で、もしそれより多くあれば、それはトレンドではなく先の3つのどれかに当たる。

トレンド足（Trend Bar）　実体があるローソク足。これは、終値が始値よりも上か下にあるということで、少なくとも小さな価格の変化があったことを表している。

トレンド形成の終値（Trending Closes）　3本以上の足の終値がトレンドを形成していること。上昇トレンドではそれぞれの足の終値がその前の足の終値よりも上にあり、下降トレンドではそれぞれの足の終値がその前の足の終値よりも下にある。もしこのパターンが足何本

分も続いているときは終値がトレンドになっていない足が1～2本あってもよい。

トレンドを成すスイング（Trending Swings） 3本以上のスイングがトレンドを形成すること。トレンドする上昇スイングはスイングの高値と安値の両方が前のスイングのそれよりも上にあり、トレンドする下降スイングはスイングの高値と安値の両方が前のスイングのそれよりも下にある。

トレンドを成す高値、トレンドを成す安値（Trending Highs or Lows） トレンドする終値と同様に、高値や安値がトレンドを形成すること。

トレンドチャネルライン（Trend Channel Line） トレンド方向に描いた線で、トレンドラインを引いた側とは足を挟んで反対側にある。上昇トレンドチャネルラインは足の高値の上に描いた線で右に上昇していく。下降トレンドチャネルラインは足の安値の下に描いた線で右に下落していく。

トレンドチャネルラインのアンダーシュート（Trend Channel Line Undershoot） 足がトレンドチャネルラインに近づくが、突き抜けないで反転して離れていくこと。

トレンドチャネルラインのオーバーシュート（Trend Channel Line Overshoot） 足がトレンドチャネルラインを突き抜けること。

トレンドの反転（Trend Reversal） トレンドが上昇から下降または下降から上昇に変わるか、トレンドからトレーディングレンジに変わ

ること。

トレンド方向（With Trend） 現在優勢なトレンドの方向のトレードやセットアップ。通常、直近の5分足のシグナルの方向が現在のトレンドの方向と言える。また、過去10～20本の足がEMAの上にあれば、買いのセットアップや仕掛けポイントができる可能性が高い。

トレンドライン（trendline） トレンドの方向に描いた線。たいていはスイングの高値か安値から描き始めるが、回帰分析を使って描いたり、単純に最適に見えるところに描いたりすることもできる。

長い時間枠（Higher Time Frame） 1本の足が現在のチャートよりも長い時間やトレード数を表すチャート。例えば、60分足チャートは59分足以下のチャートよりも長い時間枠のチャートになる。最大の時間枠は月足。

バーブワイヤー（Barb Wire） 3本以上の足から成るトレーディングレンジで、足が大きく重なっていて1本以上の同時線がある。極値に近い小さい足での逆張りしかすべきではない。トレンド方向（例えば、このパターンがEMAのすぐ下ならば空売りを探す）やトレンド足のブレイクアウトではなおさらだ。

はらみ足（Inside Bar） 高値が前の足の高値以下で安値が前の足の安値以上の足。

反対ツイン（Opposite Twins） アップダウンツインまたはダウンアップツインのこと。

反転（Reversal） あらゆる大きさのトレンドが、トレーディングレンジか反対方向のトレンドに変わること。

反転足（Reversal Bar） トレンドと反対方向のトレンド足。下降トレンドでの反転足は下ヒゲがあり、足の終値が始値よりも上の陽線で高値付近で引ける。上昇トレンドでの反転足は上ヒゲがあり、足の終値が始値よりも下の陰線で安値付近で引ける。

プライスアクション（Price Action） あらゆる種類や時間枠のチャートの価格の変化。

プルバック（Pullback） トレンドやスイングやレッグのなかにできる一時的なカウンタートレンド方向の動き（押しや戻り）で、トレンドやスイングやレッグの始まりを超えるまではリトレースしない。例えば、強気のプルバック（＝押し）は上昇トレンドや上昇スイングや上昇レッグのなかの横ばいか下方の動きで、そのあとは少なくとも前の高値を試す。

プルバック足（Bar Pullback、Pullback Bar） 前の足を少なくとも1ティックは反転した足。上昇スイングでは安値が前の足の安値を下抜いた足。下降スイングでは高値が前の足の高値を上抜いた足。

ブレイクアウト（Breakout） 現在の足の高値か安値が、それ以前の重要な価格（スイングの高値や安値、前の足の高値や安値、トレンドライン、トレンドチャネルなど）を超えること。

ブレイクアウト足（Breakout Bar、Bar Breakout） 現在の足の高値が前の足の高値を上抜いたり、現在の足の安値が前の足の安値を下

抜いたりするなど、現在の足が前の足をブレイクアウトすること。

ブレイクアウトへの試し（Breakout Test）　仕掛け価格に近づくブレイクアウトプルバック。2〜3ティックだけオーバーシュートしたりアンダーシュートしたりすることもある。仕掛けから足1〜2本の間に起こるか、大きく動いたあとに起こることが多い（5分足チャートならば数時間あとということもある）。

ブレイクアウトプルバック（Breakout Pullback）　ブレイクアウトから足2〜3本のうちに起こる足1〜5本の小さいプルバック（押しや戻り）。ブレイクアウトがダマシになり、そのダマシがダマシになる。マーケットでは、2回ダマシになると信頼できるトレードになることが多い。

坊主（Shaved Body）　上ヒゲと下ヒゲの両方か、その一方がないローソク足。

ポーズの足（Pause Bar）　トレンドを進めない足。上昇トレンドでは高値が前の足と同じかそれ以下の足、もしくは強力な陽線のあとにできた小さい足で高値が前の足よりも1ティック程度しか高くない足。

マネーストップ（Money Stop）　特定の金額かポイント数で決める損切りの逆指値。例えば、Eミニならば2ポイントなど。

ミクロトレンドライン（micro trendline）　どの時間枠でも足2〜10本程度にかかるトレンドライン。ほとんどの足がその線に接しているか近いところにあり、そのなかの1本がブレイクアウトしてダマシになっている。このブレイクアウトのダマシがトレンド方向の高値1か

安値1の仕掛けのセットアップになる。もしそれが足1～2本のうちにダマシになれば、カウンタートレンド方向のトレードができる（トレンドラインを突き抜けるブレイクからのブレイクアウトプルバック）。

短い時間枠（smaller time frame） 現在の時間枠よりも1時間当たりの足の数が多いチャート。もし時間に基づいたチャートならば、1本の足が表す時間が短い。例えば、3分足チャートは4分足以上のチャートよりも短い時間枠になる。ティックチャートの場合は、1ティックチャートが最小の時間枠となる。

メジャーなトレンドライン（major trendline） 画面のほとんどのプライスアクションをカバーするトレンドラインで、少なくとも10～20本離れた足を結んで描かれる。

安値1、2、3、4（Low 1,2,3, or 4） 安値1は、マーケットが下落か横ばいのときに調整で安値が前の足よりも下にある足。もしそのあと安値を切り上げる足（次の足の場合もあれば数本先になることもある）があれば、この調整のなかで安値が前の足の安値を超えた足が安値2になる。安値3と安値4も同様。これにはさまざまな変形がある。

安値の切り上げ（Higher Low） スイングの安値が前のスイングの安値を上抜くこと。

安値の切り下げ（Lower Low） スイングの安値が前のスイングの安値を下抜くこと。

寄り付きからのトレンド、最初の足からのトレンド（Trend from

the Open or First Bar）　1日の最初か2番目の足からトレンドが始まり、プルバックもなしに足何本分も進むこと。トレンドの最初の足がその日1日（またはその日の大部分）の極値になることが多い。

寄り付きからの反転（Opening Reversal）　寄り付きから最初の1時間くらいの間に反転すること。

レッグ（leg）　何がしかのトレンドラインをブレイクする小さいトレンドで、少なくとも2つ以上あるときに使われる言葉。トレンドを構成する小さいトレンドで、プルバック（カウンタートレンド方向の動き）や、スイングや、横ばいや、2つのプルバックの間のトレンド方向の動きなどがある。

ローソク足（candle）　実体は始値と終値の間の価格を指す。もし終値のほうが上にあれば陽線（本書では白で表示）。もし終値のほうが下ならば陰線で実体は黒。実体の上下にある線はヒゲ、しっぽ、芯、影などと呼ばれている。

ロット（lot）　特定のマーケットでトレードできる最小単位。株ならば株数、Eミニならば枚数で表す。

ロング（long）　マーケットで買い持ちする人、またはそのときのポジション。

■著者紹介
アル・ブルックス（Al Brooks）
1950年生まれ。医学博士で、フルタイムの個人トレーダーとして約20数年の経験を持つ。ニューイングランド地方の労働者階級出身で、トリニティ大学の数学科を優秀な成績で卒業後、シカゴ大学プリッツカー医科大学院に進学、ロサンゼルスで約10年間眼科医院を開業していた。大学生のときからシカゴ・マーカンタイル取引所のフロアトレーダーになりたかったが、怖くて踏み出せなかった。子供が生まれたのをきっかけに医師をやめ、サクラメント郊外の小さな町に引っ越して、子育てとトレードを始めた。最初の10年間に指標やシステムを試すのに1万時間を費やしたが、1996年に彼は一からやり直すことを決意し、指標は使わずにプライスアクションのみを使ったトレードを始めて、現在に至っている。

■監修者紹介
長尾慎太郎（ながお・しんたろう）
東京大学工学部原子力工学科卒。日米の銀行、投資顧問会社、ヘッジファンドなどを経て、現在は大手運用会社勤務。訳書に『魔術師リンダ・ラリーの短期売買入門』『タートルズの秘密』『新マーケットの魔術師』『マーケットの魔術師【株式編】』（いずれもパンローリング、共訳）、監修に『バーンスタインのデイトレード入門』『高勝率トレード学のススメ』『フルタイムトレーダー完全マニュアル 新版 魔術師たちの心理学』『ロジカルトレーダー』『コナーズの短期売買実践』『システムトレード 基本と原則』『脳とトレード』『ザFX』『一芸を極めた裁量トレーダーの売買譜』『FXメタトレーダー4 MQLプログラミング』『裁量トレーダーの心得 初心者編』『裁量トレーダーの心得 スイングトレード編』『内なる声を聞け』『ラリー・ウィリアムズの短期売買法【第2版】』『コナーズの短期売買戦略』『株式売買スクール』『損切りか保有かを決める最大逆行幅入門』『FXスキャルピング』『続マーケットの魔術師』『株式超短期売買法』『アノマリー投資』『続高勝率トレード学のススメ』など、多数。

■訳者紹介
井田京子（いだ・きょうこ）
翻訳者。主な訳書に『ワイルダーのテクニカル分析入門』『トゥモローズゴールド』『ヘッジファンドの売買技術』『投資家のためのリスクマネジメント』『トレーダーの心理学』『スペランデオのトレード実践講座』『投資苑3 スタディガイド』『トレーディングエッジ入門』『千年投資の公理』『ロジカルトレーダー』『チャートで見る株式市場200年の歴史』『フィボナッチブレイクアウト売買法』『ザFX』『相場の黄金ルール』『内なる声を聞け』『FXスキャルピング』（いずれもパンローリング）などがある。

2013年6月3日　初版第1刷発行

ウィザードブックシリーズ ⑳⑥

プライスアクショントレード入門
──足1本ごとのテクニカル分析とチャートの読み方

著　者	アル・ブルックス
監修者	長尾慎太郎
訳　者	井田京子
発行者	後藤康徳
発行所	パンローリング株式会社
	〒160-0023　東京都新宿区西新宿7-9-18-6F
	TEL 03-5386-7391　FAX 03-5386-7393
	http://www.panrolling.com/
	E-mail　info@panrolling.com
編　集	エフ・ジー・アイ（Factory of Gnomic Three Monkeys Investment）合資会社
装　丁	パンローリング装丁室
組　版	パンローリング制作室
印刷・製本	株式会社シナノ

ISBN978-4-7759-7173-4

落丁・乱丁本はお取り替えします。
また、本書の全部、または一部を複写・複製・転訳載、および磁気・光記録媒体に
入力することなどは、著作権法上の例外を除き禁じられています。

本文　© Kyoko Ida／図表　© Panrolling 2013 Printed in Japan

マーク・ダグラス　ブレット・スティーンバーガー　アリ・キエフ　ダグ・ハーシュホーン

トレード心理学の四大巨人による不朽不滅の厳選ロングセラー5冊！

トレーダーや投資家たちが市場に飛び込んですぐに直面する問題とは、マーケットが下がったり横ばいしたりすることでも、聖杯が見つけられないことでも、理系的な知識の欠如によるシステム開発ができないことでもなく、自分との戦いに勝つことであり、どんなときにも揺るがない規律を持つことであり、何よりも本当の自分自身を知るということである。つまり、トレーディングや投資における最大の敵とは、トレーダー自身の精神的・心理的葛藤のなかで間違った方向に進むことである。これらの克服法が満載されたウィザードブック厳選5冊を読めば、次のステージに進む近道が必ず見つかるだろう!!

ブレット・N・スティーンバーガー博士 (Brett N. Steenbarger)

ニューヨーク州シラキュースにある SUNY アップステート医科大学で精神医学と行動科学を教える准教授。自身もトレーダーであり、ヘッジファンド、プロップファーム（トレーディング専門業者）、投資銀行のトレーダーたちの指導・教育をしたり、トレーダー訓練プログラムの作成などに当たっている。

なぜ儲からないのか。自分の潜在能力を開花させれば、トレード技術が大きく前進することをセルフコーチ術を通してその秘訣を伝授！

悩めるトレーダーのためのメンタルコーチ術
定価 本体3,800円+税
ISBN:9784939103575

トレーダーの精神分析
定価 本体2,800円+税
ISBN:9784775970911

マーク・ダグラス (Mark Douglas)

トレーダー育成機関であるトレーディング・ビヘイビアー・ダイナミクス社社長。自らの苦いトレード体験と多くのトレーダーたちの経験を踏まえて、トレードで成功できない原因とその克服策を提示。最近は大手商品取引会社やブローカー向けに、心理的テーマや手法に関するセミナーを開催している。

本国アメリカよりも熱烈に迎え入れられた『ゾーン』は刊行から10年たった今も日本の個人トレーダーたちの必読書であり続けている!

ゾーン
オーディオブックあり
定価 本体2,800円+税
ISBN:9784939103575

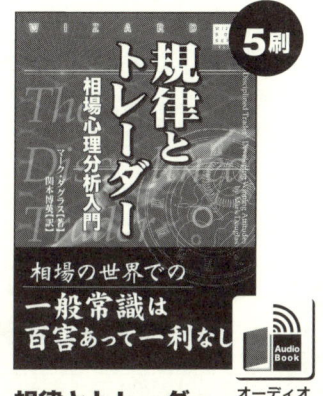

規律とトレーダー
オーディオブックあり
定価 本体2,800円+税
ISBN:9784775970805

アリ・キエフ (Ari Kiev)

スポーツ選手やトレーダーの心理ケアが専門の精神科医。ソーシャル・サイキアトリー・リサーチ・インスティテュートの代表も務め、晩年はトレーダーたちにストレス管理、ゴール設定、パフォーマンス向上についての助言をし、世界最大規模のヘッジファンドにも永久雇用されていた。2009年、死去。

世界最高のトレーダーのひとりであるスティーブ・コーエンが心酔して自分のヘッジファンドであるSACキャピタルに無期限で雇った!

アリ・キエフのインタビューを収録!

トレーダーの心理学
定価 本体2,800円+税
ISBN:9784775970737

マーケットの魔術師 [株式編] 増補版
定価 本体2,800円+税
ISBN:9784775970232

ジャック・D・シュワッガー

現在、マサチューセッツ州にあるマーケット・ウィザーズ・ファンドとＬＬＣの代表を務める。著書にはベストセラーとなった『マーケットの魔術師』『新マーケットの魔術師』『マーケットの魔術師［株式編］』（パンローリング）がある。
また、セミナーでの講演も精力的にこなしている。

ウィザードブックシリーズ 19
マーケットの魔術師
米トップトレーダーが語る成功の秘訣

定価 本体2,800円+税　ISBN:9784939103407

トレード界の「ドリームチーム」が勢ぞろい
世界中から絶賛されたあの名著が新装版で復刻！
投資を極めたウィザードたちの珠玉のインタビュー集！
今や伝説となった、リチャード・デニス、トム・ボールドウィン、マイケル・マーカス、ブルース・コフナー、ウィリアム・オニール、ポール・チューダー・ジョーンズ、エド・スィコタ、ジム・ロジャーズ、マーティン・シュワルツなど。

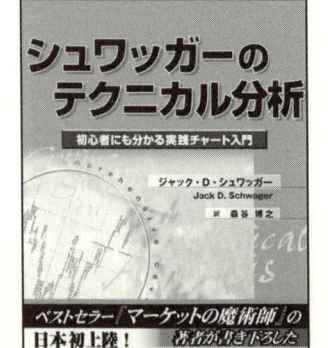

ウィザードブックシリーズ 66
シュワッガーのテクニカル分析
初心者にも分かる実践チャート入門

定価 本体2,900円+税　ISBN:9784775970270

シュワッガーが、これから投資を始める人や投資手法を立て直したい人のために書き下ろした実践チャート入門。
チャート・パターンの見方、テクニカル指数の計算法から読み方、自分だけのトレーデング・システムの構築方法、ソフトウェアの購入基準、さらに投資家の心理まで、投資に必要なすべてを網羅した1冊。

ウィザードブックシリーズ 13
新マーケットの魔術師
米トップトレーダーたちが語る成功の秘密

定価 本体2,800円+税　ISBN:9784939103346

**知られざる"ソロス級トレーダー"たちが、
率直に公開する成功へのノウハウとその秘訣**
高実績を残した者だけが持つ圧倒的な説得力と初級者から上級者までが必要とするヒントの宝庫。

ウィザードブックシリーズ 14
マーケットの魔術師 株式編 増補版

定価 本体2,800円+税　ISBN:9784775970232

今でも本当のウィザードはだれだったのか?
だれもが知りたかった「その後のウィザードたちのホントはどうなの?」に、すべて答えた『マーケットの魔術師【株式編】』増補版！
過去にインタビューした各トレーダーが長引く弱気相場に一体どう対処しているのかについて、詳細なフォローアップインタビューを試みた。この増補版ではそれらすべてを網羅している。

ウィザードブックシリーズ 201
続マーケットの魔術師
トップヘッジファンドマネジャーが明かす成功の極意

定価 本体2,800円+税　ISBN:9784775971680

**『マーケットの魔術師』シリーズ
10年ぶりの第4弾！**
先端トレーディング技術と箴言が満載。「驚異の一貫性を誇る」これから伝説になる人、伝説になっている人のインタビュー集。マーケットの先達から学ぶべき重要な教訓を40にまとめ上げた。

ラリー・R・ウィリアムズ

アメリカ合衆国の著名な投資家、経営者。世界最大の投資持株会社であるバークシャー・ハサウェイの筆頭株主であり、同社の会長兼CEOを務める。金融街ではなく地元オマハを中心とした生活を送っている為、敬愛の念を込めて「オマハの賢人」(Oracle of Omaha) とも呼ばれる。

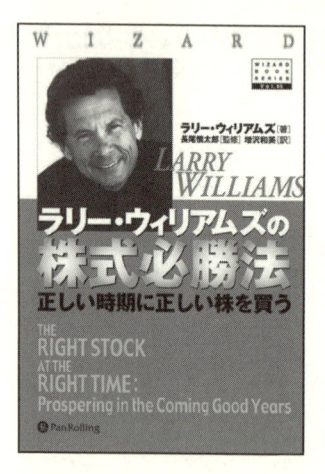

10000%の男

ウィザードブックシリーズ65
ラリー・ウィリアムズの株式必勝法

定価 本体7,800円+税　ISBN:9784775970287

正しい時期に正しい株を買う

話題沸騰! ラリー・ウィリアムズが初めて株投資の奥義を披露! 弱気禁物! 上昇トレンドを逃すな! マーケットの底を予測するとき、10月が最重要視されるのはなぜだろうか? 下1ケタが「2」か「3」で終わる年に、理想的な買いのチャンスが到来することが多いのはなぜだろうか? こうした質問に対する答えが分かれば、株式市場の歴史的パターンを認識し、そのパターンを利用して利益を上げるために役立てられる。

トーマス・R・デマーク

テクニカルサイエンティスト

ウィザードブックシリーズ41
デマークのチャート分析テクニック

定価 本体4,800円+税　ISBN:9784775970027

いつ仕掛け、いつ手仕舞うのか。

トレンドの転換点が分かれば、勝機が見える! チャート分析における世界の第一人者として広く知られているトム・デマークは、世界中の最も成功した多くの取引に対して、テクニカルなシステムや指標を開発した。

ラルフ・ビンス

トレーディング業界へは歩合制外務員として入り、のちには大口の先物トレーダーやファンドマネジャーのコンサルタント兼プログラマーを務める。著書には『投資家のためのマネーマネジメント』(パンローリング)、DVDに『世界最高峰のマネーマネジメント』(パンローリング)などがある。ケリーの公式を相場用に改良したオプティマルfによって黄金の扉が開かれた。

オプティマルfの生みの親

ウィザードブックシリーズ151

ラルフ・ビンスの資金管理大全

定価 本体12,800円+税　ISBN:9784775971185

どんな手法にも
最適なマネーマネジメントが存在する

最適なポジションサイズとリスクでリターンを最大化する方法。リスクとリターンの絶妙なさじ加減で、トントンの手法を儲かる戦略に変身させる!!!
資金管理のすべてを網羅した画期的なバイブル!
基本的な数学法則とコントロール不可能なリスクを伴う一連の結果を扱うときに、これらの数学法則がわれわれにどのような影響を及ぼすのか。

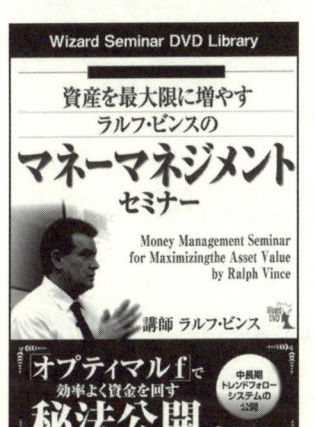

DVD 資産を最大限に増やす
ラルフ・ビンスのマネーマネジメントセミナー

定価 本体100,000円+税　ISBN:9784775962442

中長期トレンドフォローシステムの公開

スペース・レバレッジモデル(資金管理モデル)の公開
↓
オリジナルソフト提供

オプティマルfで定期性リスク率を一般に公表したラルフが次に開発した資金管理モデル。本セミナー参加者だけに公表される数学やプログラムの知識がなくても活用できる資金管理プログラム。

ローレンス・A・コナーズ

TradingMarkets.com の創設者兼 CEO（最高経営責任者）。1982年、メリル・リンチからウォール街での経歴をスタートさせた。著書には、リンダ・ブラッドフォード・ラシュキとの共著『魔術師リンダ・ラリーの短期売買入門（ラリーはローレンスの愛称）』（パンローリング）などがある。

ウィザードブックシリーズ169
コナーズの短期売買入門

定価 本体4,800円+税　ISBN:9784775971369

短期売買の新バイブル降臨！
時の変化に耐えうる短期売買手法の構築法
世の中が大きく変化するなかで、昔も儲って、今も変わらず儲かっている手法を伝授。また、トレードで成功するために最も重要であると言っても過言ではないトレード心理について、決断を下す方法と自分が下した決断を完璧に実行する方法を具体的に学ぶ。

ウィザードブックシリーズ180
コナーズの短期売買実践

定価 本体7,800円+税　ISBN:9784775971475

システムトレーダーのバイブル降臨！
システムトレーディングを目指すトレーダーにとって、最高の教科書。トレーディングのパターンをはじめ、デイトレード、マーケットタイミングなどに分かれて解説された本書は、儲けることが難しくなったと言われる現在でも十分通用するヒントや考え方、システムトレーダーとしてのあなたの琴線に触れる金言にあふれている。

ウィザードブックシリーズ197
コナーズの短期売買戦略

定価 本体4,800円+税　ISBN:9784775971642

検証で分かった
トレーディング業界の常識は非常識！
何十年もかけて蓄えたマーケットに関する知恵、トレーディング業界で当然視されている多くの常識がまったくの間違いであることを、豊富な図表と検証で明らかにしている。

デーブ・ランドリー

TradingMaekets.com の共同設立者兼定期寄稿者。ルイジアナ大学でコンピューターサイエンスの理学士、南ミシシッピ大学で MBA を修得。コナーズに才能を見出され、独自に考案したトレーディング法で成功を収める。公認 CTA のセンシティブ・トレーディングやヘッジファンドのハーベスト・キャピタル・マネジメントの代表で、2/20EMAブレイクアウトシステムなど多くのトレーディングシステムを開発。

コナーズの部下

ウィザードブックシリーズ 190

裁量トレーダーの心得 初心者編

システムトレードを捨てたコンピューター博士の株式順張り戦略

定価 本体4,800円+税　ISBN:9784775971390

PC全盛時代に勝つ方法!
PCの魔術師だからこそ分かった
「裁量トレード時代の到来」!
相場が本当はどのように動いているのか、そして、思いもよらないほど冷酷なマーケットで成功するために何が必要か。

ウィザードブックシリーズ 193

裁量トレーダーの心得
スイングトレード編

押しや戻りで仕掛ける高勝率戦略の奥義

定価 本体4,800円+税　ISBN:9784775971611

高勝率パターン満載!
思いがけないことはトレンドの方向に起こる!
トレンドの確定方法を伝授し、正しい銘柄選択と資金管理を実行すれば、スイングトレードの神様が降臨してくれる!?

アレキサンダー・エルダー

ウィザードブックシリーズ9
投資苑
心理・戦略・資金管理

定価 本体5,800円+税　ISBN:9784939103285

現在13刷

世界12カ国語に翻訳され、各国で超ロングセラー！
精神分析医がプロのトレーダーになって書いた心理学的アプローチ相場本の決定版！成功するトレーディングには3つのM（マインド、メソッド、マネー）が肝心。投資苑シリーズ第一弾。

ウィザードブックシリーズ50
投資苑がわかる203問

定価 本体2,800円+税　ISBN:9784775970119

ウィザードブックシリーズ56
投資苑2
定価 本体5,800円+税　ISBN:9784775970171

世界的ベストセラー『投資苑』の続編、ついに刊行へ！エルダー博士はどこで仕掛け、どこで手仕舞いしているのかが今、明らかになる！

ウィザードブックシリーズ120
投資苑3
定価 本体7,800円+税　ISBN:9784775970867

トレーダーたちが行った実際のトレードを再現して、その成否をエルダーが詳細に解説！
トレードで生活の糧を得るまでになった秘訣とは？

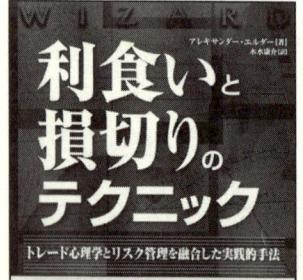

ウィザードブックシリーズ194
利食いと損切りのテクニック
トレード心理学とリスク管理を融合した実践的手法

定価 本体3,800円+税　ISBN:9784775971628

自分の「売り時」を知る、それが本当のプロだ！
「売り」を熟知することがトレード上達の秘訣。
出口戦術と空売りを極めよう！
『投資苑』シリーズでも紹介されている要素をピンポイントに解説。多くの事例が掲載されており、視点を変え、あまり一般的に語られることのないテーマに焦点を当てている。